초고로 읽는 대종경

초고로 읽는
草稿
대종경
大宗經

고시용(원국) 쓰고 엮음

○ 『대종경 필사본』 원본사진

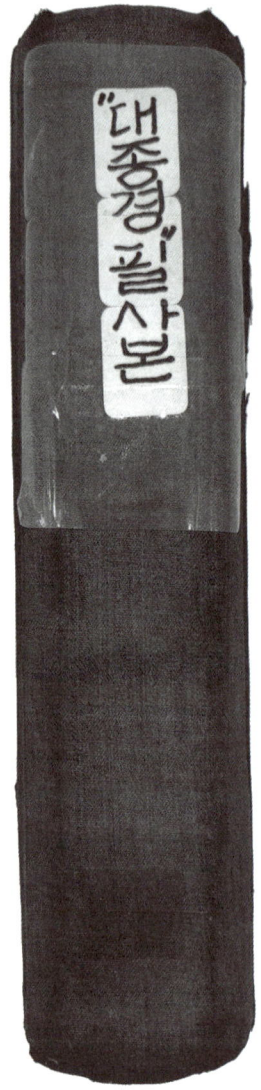
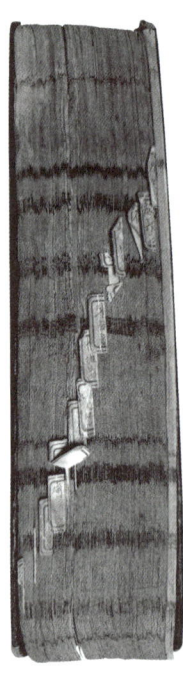

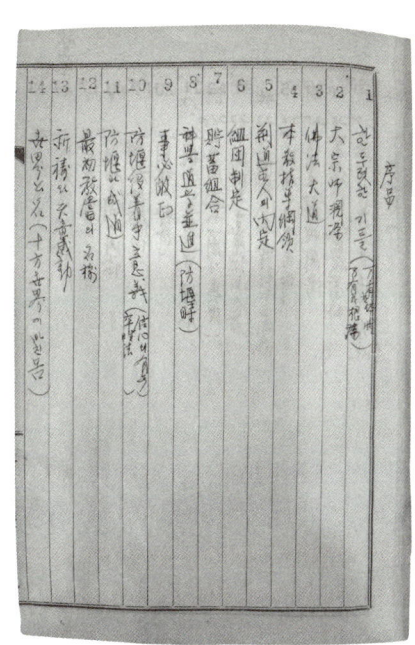

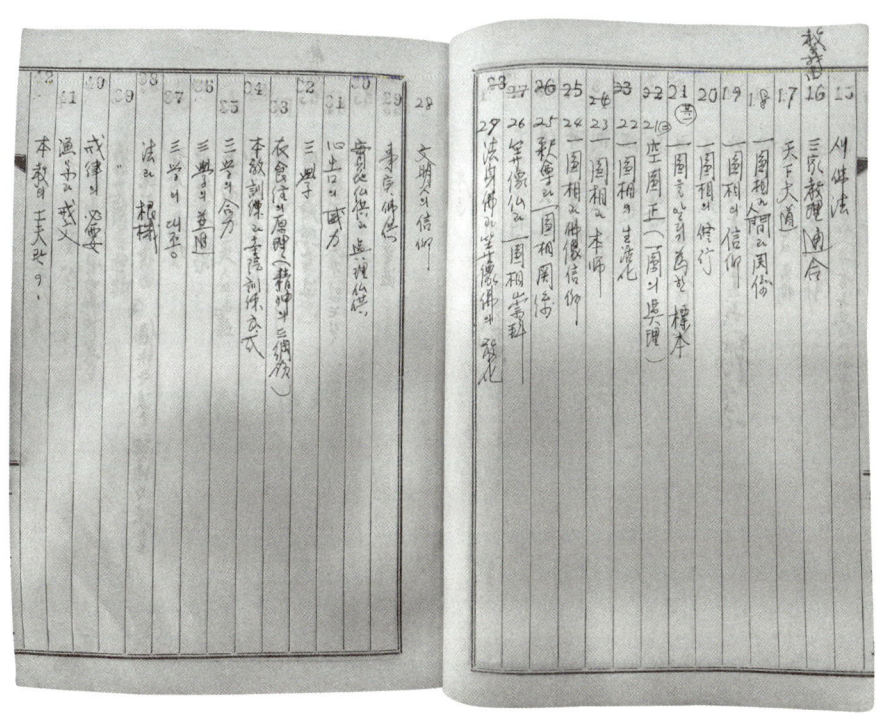

『대종경 필사본』 원본사진

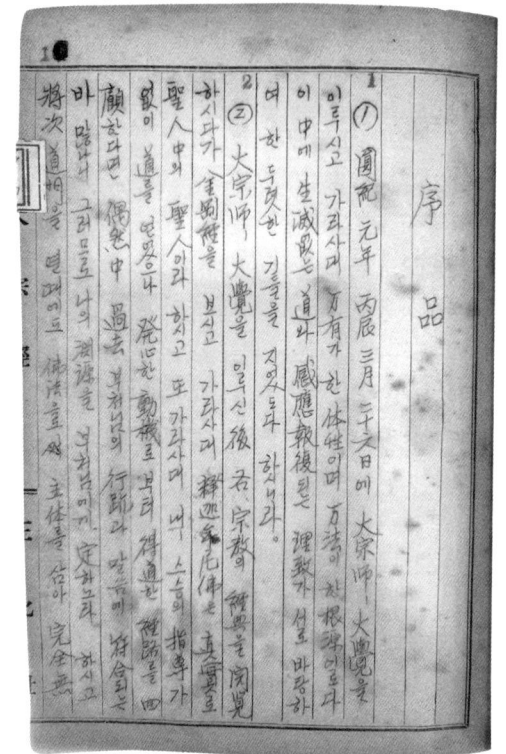

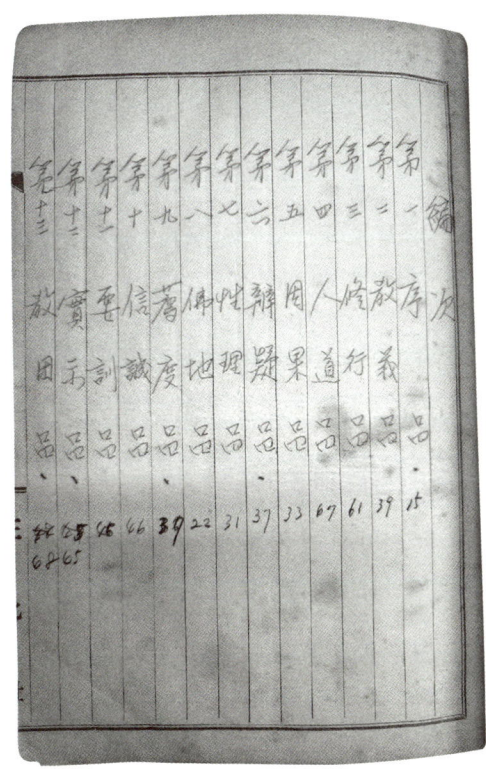
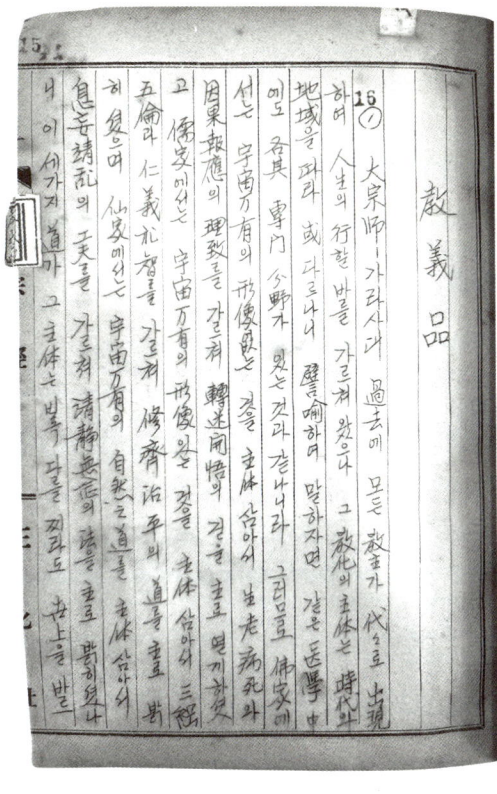

『대종경 필사본』 원본사진

『대종경』 편수과정과 『대종경 필사본』의 가치

⟨ 목 차 ⟩

Ⅰ. 서론
Ⅱ. 『대종경』의 성립과 저본
  1. 『대종경』의 개요
  2. 『대종경』 편수과정
  3. 『대종경』의 저본과 수필 문헌
Ⅲ. 『대종경 필사본』의 내용과 의의
  1. 『대종경 필사본』의 개요
  2. 『대종경 필사본』과 『대종경』 내용 대조
  3. 『대종경 필사본』의 가치
Ⅳ. 결론

Ⅰ. 서론

원각성존 소태산 대종사[圓覺聖尊 少太山 大宗師, 朴重彬, 1891~1943, 이하 '소태산'이라 칭함]는 1916년(원기1) 4월 28일 일원상의 진리를 대각하고 원불교를 개교했다. 이후 소태산은 열반하기 전까지 28년간 전법교화(轉法敎化)하는 과정에서 각종 경전을 직접 집필하여 발행함으로써 공부인으로 하여금 공부하는 방향로를 알게 했다.[1] 소태산의 생애를 정리한 십상(十相)[2] 가운데 '봉래제법상(蓬萊制法相)'과 '신룡전

---

[1] 『정전』, 제3 수행편, 제2장 정기훈련과 상시훈련, 제1 정기훈련법 참조.
[2] 『정산종사 법어』, 제1 기연편 18장 참조.

법상(新龍轉法相)'에서 그 구체적인 면모를 확인할 수 있으며, 『불법연구회 규약』[초판, 1924]을 위시한 각종 헌규(憲規)와 『수양연구요론』(1927), 『보경(寶經)육대요령』(1932), 『보경삼대요령』(1934), 『조선불교혁신론』(1935), 『예전』(1935), 『불교정전』(1943) 등 여러 초기교서가 대표적인 결과물들이다.

소태산의 뒤를 이어서 법통을 계승한 정산종사[鼎山宗師, 宋奎, 1900~1962, 이하 '정산'이라 칭함]와 대산종사[大山宗師, 金大擧, 1914~1998, 이하 '대산'이라 칭함]는 '교재정비(敎材整備)'를 경륜으로 천명하고 원불교 주요 교리를 체계적으로 정리하여 편찬한 『정전(正典)』과 소태산의 언행록인 『대종경(大宗經)』을 편수하고 합본하여 『원불교교전(敎典)』[1962.9.26.]을 발행한 이래 오늘에 이르고 있다. 금년[2022, 원기107]은 『원불교교전』이 발행된 지 60주년이 되는 해이다. 아울러 원불교의 창립한도3에 따르면 창립 제3대[원기73~108년, 1988~2023]를 마무리하는 시점이기도 하다. 지난 발자취를 개괄하면 "창립 제1대[원기1~36년, 1916~1951]는 교단 창업의 기초를 확립한 시기로, 창립 제2대[원기37~72년, 1952~1987]는 양적 성장에 의한 교세 신장을 통해 한국 사회에서 40~50년의 결실의 성업을 이룬 시기로, 창립 제3대는 '내실을 통한 교단 성숙의 시기'로 설정하고"4 매진해왔다.

한편 원불교 교정원 교화훈련부는 2021년(원기106) 4월 10일에 『원불교전서』 개정증보판을 발간·보급했으나 뒤늦게 많은 오류가 발견되었다. 교화훈련부가 편수·편찬의 직무를 추진하는 과정에서 공의 절차상 문제가 있었고, 교서감수위원회의 지도·감독이 소홀했으며, 수위단회의 의결과정에서 허점이 확인되는 등 불상사가 발생했다. 절차상 적법성 여부, 결의내용과 개정증보판 일치성 여부, 회계상 적법성 여부 등

---

3 원불교의 창립을 위해 설정한 시기. 매대(每代)를 36년씩으로 하고, 이를 매회(每回)를 12년씩으로 헤아려 목표를 설정하고 추진하는 제도이다. 1918년(원기3) 10월, 소태산은 새 회상의 창립한도를 발표했다. 이는 장기에 해당하므로 그 중에 중단기를 나누어 12년씩을 1회로 계산하게 된다. 창립 제1대 36년의 제1회 12년은 교단창립의 정신적 경제적 기초를 세우고 창립의 인연을 만나는 기간으로, 제2회 12년은 교법을 제정하고 교재를 편성하는 기간으로, 제3회 12년은 법을 펼 인재를 양성 훈련하여 포교에 주력하는 기간으로 정했다.

4 교단 제3대 설계특별위원회, 「교단 제3대 제3회 설계 종합보고서」, 1988년(원기73) 7월, p.2 참조.

총체적인 문제점이 확인된 것이다.5 결국 제248회 임시수위단회[2021.7.13.]에서 개정증보판『원불교전서』를 전량 회수·폐기하기로 결의했다. 나아가 이를 계기로 종법사를 제외한 수위단원들이 전원 사퇴하는 안타까운 결과가 초래되었다. 하지만 그 과정에서 파악된 총체적인 문제점들은 여전히 과제로 남아있다.

필자는 원불교 교무이자 원불교학 전공연구자로서 원불교 교리성립사에 대하여 천착해왔다. 예컨대 「소태산의 봉래주석기에 대한 연구」[1998, 석사학위논문]와 「원불교 교리성립사 연구」[2003, 박사학위논문]를 위시한 여러 편의 논문을 발표했으며 그 연구 과정에서 다양한 초기교서들과 관련 자료들을 입수·분석하게 되었다.『대종경 필사본』도 그 가운데 하나이다. 이 문헌을 정확하게 명명(命名)하자면 '필사본(筆寫本)'이 아니라 '초고본(草稿本)' 또는 '저본(底本)'이라고 지칭하는 것이 옳다는 것이 필자의 견해이다. 하지만 표제에『대종경 필사본』으로 분명히 밝히고 있으므로 본고에서는 이를 따르기로 한다.

따라서 본고에서는『대종경』발행 60주년을 기하여 편수과정의 역사적 전말을 밝히고 초고본의 정수(精髓)로 평가할 수 있는『대종경 필사본』을 소개하고자 한다. 이를 통해서 소태산의 본의를 재확인하고 되새겨보는 기회를 공유함과 동시에 원불교 초기자료의 중요한 가치를 드러내고 향후 과제를 제시함으로써 원불교학 수립과 발전에 기여하리라고 본다. 더불어 원불교가『원불교전서』개정증보판 폐기라는 참사를 수습하고 창립 제4대[원기109~144년, 2024~2059]를 향하여 재도약하는 데 조금이나마 기여하게 되기를 바란다.

---

5 「원불교 교전·교서 편수 및 전서 개정증보판 관련 보고」, 출가교화단 총단회(원기106.7.19.) 참조.

II. 『대종경』의 성립과 저본

1. 『대종경』의 개요

『대종경』은 소태산의 교설(教說)을 문자로 편찬한 언행록이다. 일반적으로 성인의 말씀을 기록한 책을 '경(經)'이라고 한다. 경이란 한자는 날실(經絲)을 뜻하는 말로써 직물을 만들 때 날실이 근본이 되고 여기에 씨실(緯絲)을 넣어 짜게 되므로 '근본'이라는 뜻을 갖게 되었다. 또한 '대종(大宗)' 역시 사물의 근본이라는 의미를 지니고 있다. 따라서 『대종경』은 근본 진리를 가르치는 책이라는 뜻이다. 한편 『대종경』은 소태산의 존칭인 '대종사(大宗師)'에서 착안하여 정산이 제안한 것으로 알려졌다. 이를 종합하면 『대종경』은 일원상의 진리를 근본으로 한 소태산 대종사의 가르침을 담은 경전[6]이라고 정의할 수 있다.

26세에 대각을 이룬 소태산이 열반에 이르기까지 약 28년 동안 수기응변(隨機應變)으로 설한 법문을 기록한 자료들이 흩어져있었다. 예컨대 소태산은 재세 시에 발행한 『월말통신』, 『월보』, 『회보』 등 정기간행물을 통해서 직접 감정(勘定)한 법설을 계속 게재했다. 더불어 소태산은 1932년(원기17) 창립요론(創立要論)[7]을 제정하면서 법설 수필(手筆)을 중요한 조목으로 내세워 적극 권장했다. 그 결과 송도성[主山 宋道性, 1907~1946], 서대원[圓山 徐大圓, 1910~1945], 이공주[九陀圓 李共珠, 1896~1991], 대산을 비롯한 여러 제자에 의하여 수많은 법설이 채록(採錄)되었다.[8] 교서편수기관인 대종경편수위원회(大宗經編修委員會)와 정화사(正化社)에서 그 자료들을 약 15년[1948~1962]간 수집·정리하여 다음과 같이 15개 품 547개 장으로 편성해서 『대종경』을 발행했다.

---

6 훗날 발행한 『정산종사 법어』(1972), 『대산종사 법어』(2014)와 견주어본다면 『소태산대종사 경』이라고 하는 것이 일관성이 있을 것 같다. 하지만 『대종경』이라고 명명하여 위상과 격을 달리했다.
7 원불교 교단을 창립 발전시켜 가는 요긴한 길이라는 뜻이다. 11개 조항 중에서 "경전 주해와 법설을 많이 기록하는 것"이 포함되어 있다. (『보경육대요령』과 『대종경』, 제13 교단품 34장 참조.)
8 원불교 원광사, 『원광』 제20호, 원광사, 1957년 9월, 사설 참조.

제1 서　 품 (19장, 16쪽)	제6　변의품 (40장, 23쪽)	제11 요훈품 (45장, 9쪽)
제2 교의품 (39장, 29쪽)	제7　성리품 (31장, 11쪽)	제12 실시품 (47장, 22쪽)
제3 수행품 (63장, 43쪽)	제8　불지품 (23장, 15쪽)	제13 교단품 (42장, 30쪽)
제4 인도품 (59장, 36쪽)	제9　천도품 (38장, 21쪽)	제14 전망품 (30장, 23쪽)
제5 인과품 (33장, 16쪽)	제10 신성품 (19장, 10쪽)	제15 부촉품 (19장, 10쪽)

　원불교 제1 본경(本經)이요 원경(元經)으로 받들어지는『정전』에 이어서『대종경』은 제2 본경(本經)이요, 통(通)의 경전9으로 받들어지며『원불교 교헌』제8조10에 소의경전(所依經典)으로 명시되어 있다. 2021년(원기106) 8월 2일 초판 41쇄 발행『원불교전서』에 내재된『원불교교전』을 살펴보면 크기는 가로 13cm×세로 18.5cm이며 408쪽 분량이다. 법신불 일원상, 개교표어, 교리표어, 교리도, 차례를 제외한『정전』의 분량이 표지 포함 73쪽이고『대종경』의 분량은 표지 포함 314쪽이니『원불교교전』전체분량의 약 77%를 차지한다. 따라서『대종경』은 원불교 교리와 역사에 있어서 매우 중요한 기본 경전이라고 누구나 인증할 수밖에 없을 것이다.

　그러므로『대종경』을 통하여 소태산의 심법과 행적, 그리고 경륜과 심오한 사상을 찾아볼 수 있다. 또한 원불교 교법의 기본정신과 개교의 취지 등을 간파할 수 있다.『대종경』을 공부함으로써『정전』을 더욱 폭넓고 바르게 이해할 수 있게 된다.11 따라서 한정석은 "『대종경』은 교법을 사통오달로 밝힌 통경이다.『대종경』은『정전』의 기본적인 강령을 구체적으로 밝힌 것이기 때문에『정전』과『대종경』을 연결시켜 공부해야 한다.『대종경』각 품의 내용에서 교리의 구조에 맞추어 연구해야 한다."12고 양자(兩者)의 관계를 구명(究明)하고 공부와 연구의 방법을 제시했다.

9　『정산종사법어』, 제6 경의편 2장.
수위단회 사무처,『원불교전서 개설』, 2003, p.13 및 p.19 참조.
10　 제8조(교전) 본교는 정전과 대종경을 교전(敎典)으로 하고 그 밖의 교서(敎書)를 편정(編定)하여 이를 전수(專修)하게 한다.
11　 박길진,『대종경 강의』, 원광대학교 출판국, 1980, p.3 참조.
12　 한정석(종만),『원불교 대종경 해의 上』, 도서출판 동아시아, 2001, p.15.

2. 『대종경』 편수과정

1) 정산의 경륜과 이공전의 『종화대강』

정산은 1947년(원기32) 가을에 『대종경』 편찬계획을 공식 발표했다. 당시 유일학림 2학년 재학 중인 약관(弱冠)의 이공전[凡山 李空田, 1927~2013]은 이렇게 증언한다.

> 그때 나는 스무 살의 문턱에 겨우 올라 있었고, 당시의 학감 崇山 스승에게 많은 격려를 받았다. 학림 2학년 2학기 때던가? 경강 시간에 임석하신 정산 종사께서 『대종경』 편찬계획을 우리에게 말씀해주셨다. 그것이 아마 『대종경』에 관한 첫 공식 발표였을지도 모른다. 이미 발표된 대종사님 법설들의 요지를 하나하나 간추리고, 그 후 기록된 법설들도 일일이 요약하고 분류해서 『대종경』이라는 이름으로 우리 회상의 기본 경전을 만드시겠다는 말씀이었다. 특히 시키신 일도 아닌데, 나는 그 말씀을 받들어 수학의 여가 여가에 『蓬萊山法說集』, 『月末通信綴』, 『會報綴』 등을 차례로 섭렵하여 거기에 발표된 법설들의 撮要를 제 나름대로 시작했고, 그것을 다시 분류해서 하나의 노트를 꾸며, 이름을 『宗化大綱』이라 했다. 副題를 거창하게 『大宗師敎化思想料提綱』이라고 붙였던 것을 보면 미거한 솜씨에 패기는 제법 만만했던 모양이다. 조실에서 보시고 많은 칭찬을 내리셨고, 당시의 학장 常山 스승은 특별 시간을 내어서까지 그 노트의 讀會를 학림에서 갖도록 하여 주셨다.13

정산의 경륜을 실현하기 위한 이공전의 자발적인 노력이 『종화대강』이라는 결과물로 구현된 것이다. 이를 계기로 훗날 이공전은 교서 결집의 실무를 담당하게 되었다. 그는 소태산을 친견한 제자로서 정산과 대산을 법주(法主)로 이어 받들면서 원불교 경전 결집에 있어서 매우 중요한 인물로 자리매김했다. 정산은 이공전에게 『대종경』 초안 목록을 정리하라고 명령하고[1951.7.22.] 그동안 구상해 두었던 『대종경』 편차를

---

13 이공전, 『범범록』, 원불교출판사, 1987, pp.142~143.

하교(下敎)했다. [1951.7.25.]14

　한편 『불교정전』이 절판되고 새로 『예전(禮典)』이 탈고되는 동시에 『대종경』 편집이 진행 중이므로 교무부는 교서의 재판(再版) 및 신간에 대한 방안을 강구해야만 했다. 이에 감원도[甘元道, 1912~1984, 부산다대지부장], 윤광언[尹光彦, 경남지부장] 등이 '교서편집위원회(敎書編輯委員會)' 구성에 대한 의견을 제출했고 관계 당무자와 제안자들이 협력하여 주선한 결과로 조직의 결실을 거두었다. [1951.9.20.]15 『대종경』 편집의 소임을 다하기 위하여 이공전은 교무부장 조전권[空陀圓 曺專權, 1909~1976]과 함께 「대종경 편집 자료 수집 요항」이라는 제목의 공한[公翰, 1951.11.20.]을 교단의 요인들에게 발송함으로써 본격적인 작업에 착수했다. 공한의 내용은 다음과 같다.

대종경 편집 자료 수집 要項

대종경 편집의 제2부 자료를 다음의 요항으로써 모집하오니 많이 이에 응하여 주시압.

記

1) 수집자료 종목

①아직 공식으로 발표되지 않은 종사님의 법설.

②종사님의 특별한 처사나 단편적 교훈.

③종사님에 대한 특별한 인상, 혹은 信心의 초점이 된 점. [逸史도 포함함]

④법훈적 의미를 띄운 종사님의 서한류.

14　이공전, 『범범록』, 원불교출판사, 1987, p.496. "새 예전 탈고 전후 일기 抄".
원불교 정화사 편, 『원불교 교고총간』 제5권, 원불교 정화사, 1973, p.201. "「시창36년도 前期分 사업보고서」, 8. 신정예전의 완성과 대종경 편수 개시."

15　원불교 정화사 편, 『원불교 교고총간』 제5권, 원불교 정화사, 1973, p.202. "「시창36년도 前期分 사업보고서」, 11. 교서편집위원회의 구성."

2) 자료제공 방법

①당자가 자료를 정리 成文하여 위원에게 제공.

②직접 구술로써 위원에게 제공.

3) 자료수집 기간

원기36년 12월 1일부터 원기37년 3월 말까지.

단, 될 수 있는 대로 당년도 교무선[自 36.12.18. 至 37.1.26.] 중에 제공하여 주심을 특히 환영함.

4) 자료의 처리

採否는 종법사 親勘으로써 결정하고 채택된 자료는 제공인의 수필 법설로 취급하는 동시에 창립요론에 의하여 시상함.

始創36년 11월 20일
원불교 교무부장 조전권, 대종경 편집위원 이공전[16]

2) 대종경편수위원회 발족

    정산은 1953년(원기38) 제1대 성업봉찬대회를 열흘 앞두고 건강이 나빠져서 부득이 장기요양을 하게 되었다. 병중임에도 불구하고 정산은「내게 남은 일이 허다한 가운데 ①은『대종경』완성이요, ②는『정전』이 어느 시대 어느 지방에든지 맞는 경이 되도록 개편하는 일이요, ③은 법훈을 성편하여 대종사님 사상을 조술 연역하는 일이다. 그런데 꼭 그 시기에 몸에 병이 있으니 내 이 일을 다 하지 못할까 저어한다.」[1954.3.23.][17]고 괘념(掛念)했다.

---

16 이공전, '원불교교전 성립의 역사적 전말',「원불교사상연구원 원보」제22호, 1984.3.30, pp.2~3.

17 이공전,『범범록』, 원불교출판사, 1987, p.518. "갑오년 총부 시탕일기 抄".

전지요양에서 돌아온 정산은 수위단회[1956.5.21.]에서 대종경편수위원회 발족을 결의했다. 종법사[정산]를 총재로 하고 남녀 중앙단원[대산, 이공주]을 지도위원, 수위단원 전원[남자: 박장식, 이운권, 송혜환, 조갑종, 류허일, 김홍철, 박광전, 이완철, 여자: 오종태, 이경순, 김영신, 조전권, 서대인, 이태연, 양도신, 이동진화]을 자문위원으로 하며 전문위원에는 이공전, 주사(主事)에는 오희원[慧陀圓 吳曦圓, 1931~2017]이 선임되었다.[18] 중임을 맡은 이립(而立)의 이공전은 「대종경 편수 자료수집에 관하여 드리는 말씀」이라는 제목의 공문을 통해서 소태산을 친견한 제자들의 적극적인 동참을 호소했다.

대종경 편수 자료수집에 관하여 드리는 말씀

去月 21일 종법사님의 명령에 의하여 수위단회 결의로 구성을 보게 된 대종경편수위원회는 추모의 정 새로운 금 6월을 기하여 드디어 그 업무에 착수하온바 우선 이왕 발표된 모든 자료와 그간 수집된 敎團元老 제선생님의 草稿 정리를 시작하는 한편 널리 先宗師님의 生前弟子이신 재가출가의 宿德諸位에게 남은 자료를 더욱 수집하기로 하였사오니 아직 기록에 오르지 아니한 선종사님의 運心 처리 건과 附囑 법문 등을 혹 마음에 간직하신 바 있으시거든 文體 長短 등에는 掛念치 말으시고 보신 대로 들으신 대로 적어 보내주시면 勘定을 받들어 編修의 자료로 삼겠사오니 동문 숙덕제위께서는 널리 이 뜻에 호응하시와 永劫寶典의 편수 성업이 원만히 성취되게 하여주시옵기를 삼가 간망하옵나이다.

원기41년 6월 10일
대종경편수위원회 전문편수위원 경배[19]

---

18 원불교 정화사 편, 『원불교 교고총간』 제5권, 원불교 정화사, 1973, p.253. "「원기41년도 사업보고서」, 총부 특항 ③대종경편수위원회 발족" 참조.
19 원불교 원광사, 『원광』 제15호, 원광사, 1956년 6월, p.82.

1957년(원기42) 4월, 이공전이 대종경편수위원회 전문위원에게 『대종경』 자료수집과 편수진행에 관하여 보고한 사항은 다음과 같다.

대종경편수위원회 전문위원 보고사항

一. 자료 수집에 관한 사항

1. 舊수집자료

기왕 공표된 자료로써 종법사님 親裁 하에 初정리를 이미 마친 분임. 여기에는 봉래산 법설집·월말통신·월보·회보 등에 발표된 법설 및 주산 선생 수필인 한문법설 번역한 건이 포함되어 있음.

2. 新수집자료

구수집자료 정리 후에 제출되고, 아직 친재 하에 정리를 받지 못한 분임. 이 자료는 구타원·대산·圓山 및 그 외 諸선생에 의하여 수필된 것임.

3. 取材자료

前記 수집자료 이외의 제반 자료 중에서 새로 취재해야 할 분임. 이 자료는 대종사님 親製 문장·가사 및 서한 중에서 抄出할 건과 과거 제반 교과서에서 특색 있는 부분을 초출할 건 및 창건사 중에서 관련 있는 부분을 抄出할 건임.

4. 起稿자료

편차상 새로 기고 편입해야 할 분임. 이 자료는 편집 진행 중 미비점 보충을 위하여 새로 기고할 口傳 법설과 편차상 삽입되어야 할 序·跋·贊 등임.

二. 편수 진행에 관한 사항

1. 정리단계

經多返迷人이라는 대종사님 평시 교훈과 「중복 산만을 제거하고 수지 독송에 요령 잡기 편리하도록 해야 한다」는 현 종법사님의 방침에 의하여 모든 자료를 재정리 코자 함.
① 수다한 자료 중에서 간결 명료한 건을 먼저 選取함.
② 長文의 것은 부득이한 것을 제하고는 分件 또는 撮要함.
③ 중복된 것은 비교 商量하여 取長捨短 또는 합건함.

2. 편집단계
자료 정리가 끝나면 意旨의 類別을 따라 다음의 편차에 의거하여 편집함.
편차[원기37년에 내정하신 것으로 혹 가감 수정이 있을 듯함]
1.서품 2.初度品 3.교의품 4.수행품 5.機緣品 6.인도품 7.실시품 8.인과품 9.변의품 10.성리품 11.천도품 12.佛國品 13.부촉품

3. 감정단계
대강 편집이 끝나면 지도위원들의 校閱을 거쳐 종법사 親勘下에 매 건을 一一 음미 수정함. 음미 수정이 끝나면 본 대종경편수위원회 전체 회합과 교무연합회 등에서 累讀會를 經하여 발간함.[20]

위와 같이 『대종경』은 정리 단계에서 친감 법문에 이르기까지 간결 명료를 원칙으로 편수하되, 상황성은 『논어(論語)』에 대해 『공자가어(孔子家語)』가 있듯 문헌으로 보관하여 보조 자료로 삼자는 것으로 방향을 정했다. 이러한 방향에 반대하는 사람도 물론 없진 않았다. 소태산의 법문을 수필하여 초기교단 출판물에 발표했던 제자 가운데 "대종사님께서 친감하신 후 발표된 법문을 어찌 강령 잡아 다시 법문으로 할 수 있겠느냐."며 반대했다. 그러나 당시 수위단 단장·중앙인 정산, 대산의 일치된 주장으로

---

[20] 원불교 정화사 편, 『원불교 교고총간』 제6권, 원불교 정화사, 1974, pp.276~277.

편집이 추진되었다.21 이로 인해서 훗날 『대종경』에 소태산 설법 당시의 구체적 상황을 서술하지 못하는 결과가 나타났다.

그 뒤 각 방면으로 자료를 계속 수집하고 『대종경』 품·장의 골격이 거의 마무리되었다. 원의회[1957.8.21.] 결의에 따라 이공전은 임시 편수장소를 남원 산동교당[白牛庵]으로 정하고 10월 중순부터 본격적으로 편수업무에 집중하려고 했다. 16품에 걸쳐 약 700건의 전체 편수를 완수하고 자문위원들과 지도위원의 교열을 거쳐 종법사의 친감을 거쳐 『대종경』 편수사업을 완료할 예정이었다.22 이로써 대종경편수위원회의 작업은 일단락되는 듯했다.

3) 『대종경 초고』 분실

1957년(원기42) 10월 12일, 이공전을 전송하며 대산은 「祝大宗經編修完成 圓正之道 大道簡易 聖人無僞」라고 격려했고, 이완철[應山 李完喆, 1897~1965]은 「永發眞誠 闡明聖旨 常持敬謹 盡其精微」라고 당부했다. 이공전은 위원회의 새로운 주사로 임명된 박정훈[理山 朴正薰, 1934~2013]을 데리고 남원 산동교당[백우암]에 도착해서 대종경편수위원회 임시간판을 걸었다.[1957.10.15.] 장수교당에서 요양 중이던 정산은 『대종경』 편수에 관해서 이공전에게 다음과 같이 훈시를 내렸다.

(1) 네 소견을 전신치 말고 天力을 빌리기에 공을 들이라. 나와 대중이 믿고 맡긴 바이니, 일이 비록 중하고 크나, 정성만 전일하면 그만한 힘이 네게 나리리라.
(2) 말씀을 추리고 글을 고르되, 三世를 통하여 막힘이 없고, 시방을 두루 해도 걸림이 없게 하라. 이 경이 장차 한량없는 세상의 한량없는 중생이 다 같이 받들게 될 寶典이니라.23

---

21 송인걸, 『대종경 속의 사람들』, 월간 원광사, 1996, pp.442~443 참조.
22 원불교 정화사 편, 『원불교 교고총간』 제5권, 원불교 정화사, 1973, p.264. "「원기42년도 사업보고서」, 기관 특항 7.대종경편수위원회" 참조.
23 이공전, 『범범록』, 원불교출판사, 1987, p.559.

하지만 안타깝게도 1957년(원기42) 10월 21일, 남원지부장 류청사[靑山 柳靑史, 1900~1990]가 소유한 정화극장(正化劇場) 개관식에 이공전이 참석하면서 맡겨둔 가방을 도둑맞는 재난이 일어났다. 다음 날 박정훈이 가방을 찾으러 갔으나 도난당했다는 소식을 알게 된 것이다. 그 가방에는 『대종경 초고』와 『봉래정사 법설집』 등이 들어있었기 때문에 큰 문제가 생기게 되었다. 이공전은 분실사건에 대하여 다음과 같이 증언했다.

10월 22일
맡긴 짐을 찾으러 正薰 남원 다녀오다. 정화극장 개관 날 柳지부장 댁에 도둑이 들어, 그 집에 맡겨 두었던 우리 가방 하나도 도난당했다는 소식이다. 희원 동지가 정서한 초고가 별도로 보관되어 있음은 천만다행이나 친히 발췌하신 후 남겨 두신 봉래정사 법설집 등 원본을 어찌할꼬. 禍不單行 好事多魔다.

11월 8일
남은 모든 초고 정리해가지고 장수 종법실에 가다. 정화사 창설 계획에 관하여 정식으로 말씀하시다.

11월 10일
총부에 도착하다. 교정원과 감찰원에 가방 분실 전말을 보고하고, 교학연구회 프린트본 대종경 초안과 편수위원회 보존 초안의 대조 작업 시작.

11월 24일
1주일간 편수기도를 올릴 방침. 〈기원문〉

12월 1일

특별기도 마치다.24

그 사건으로 하여, 대중 앞에 發露懺悔하는 수모를 당해야 했고, 위원회 발족 후 정리하고 등서했던 모든 수고와 유일한 원본 몇 가지를 오유(烏有)로 돌려보내는 쓰라림을 감수해야 했다.25

이공전이 류청사 사택에 맡겼다가 분실한 가방 안에 들어있는 유일한 원본은 어떤 것이었을까? 박광수가 1988년(원기73) 4월 이공전에게 물었더니 "분실한 원본은 송도성의 『법해적적(法海滴滴)』, 서대원의 『우당수기(愚堂手記)』, 이공주의 기록자료, 대산 등이 편편이 기록한 자료 200건"26이라고 증언했다. 유일한 원본을 분실한 이공전의 심정은 어떠했을까? 전언에 의하면 당시 총부 분위기는 매우 험악했다고 한다. 그때 상황을 이공전은 다음과 같이 적고 있다.

그때 덕 있는 師友 몇 분은 과거 회상의 첫 結集때에 阿難도 큰 수모를 겪고 나서야 그 큰일을 알차게 해내었었다고 오히려 격려를 해주셨고, 정산 종사께서는 「진실하여 스스로 속임이 없고 다시는 범과 않기로 서원하라[眞實無自欺 誓願不貳過]」27하시고 관용해 주시었으나, 연소했던 우리에게는 이만저만한 충격이 아니었다. 그러나 다시 생각해 보면 그 큰 쓰라림이 자칫 넘치기 쉬운 젊은 마음을 단단히

---

24 이공전, 『범범록』, 원불교출판사, 1987, pp.559~561 참조.
25 이공전, 『범범록』, 원불교출판사, 1987, p.147.
오유(烏有)는 '자허오유(子虛烏有)'라는 고사성어에서 유래되었다. '아무것도 없음, 모조리 사라진다.'는 뜻이다.(필자 註)
26 박광수, 「대종경 법문의 상황성 연구-주산종사 대종사법설 수필집 중심으로-」, 『원불교학』 제3집, 원불교사상연구원, 1998, p.100~101. 대산이 교정원장을 맡기 전 몇 해 동안 요양 여가에 간추려 다듬어 낸 자료라고 이공전이 전함, 1997년 5월중, 원불교사상연구원 주최 세미나에서 발표함.
27 『정산종사법어』, 제8 응기편 41장.

묶어주어, 勤愼과 恭謙으로 萬古大業에 오로지 정진하게 한 좋은 기연도 되어주었
던 것 같다.28

비록 주변에서 사우들의 격려와 정산의 관용이 있었지만, 충격과 쓰라림은 상당히 컸었던 것 같다. 이러한 과오는 이공전에게 평생토록 부담으로 자리매김했으리라고 본다. 그는 버스를 타고 수시로 산동교당에서 장수교당을 오가면서 정산의 명을 받들었다. 그리하여 800건이 넘는 산만한 자료들을 총정리해서 정선(精選)하고 다시 분류하여 분품(分品) 작업을 거의 마무리했다.29

4) 정화사 설립

1958년(원기43) 5월 5일, 장수교당에서 정산의 주재 아래 교전·교서의 편수발간기관으로 '정화사(正化社)'30를 설립했다. 대종경편수위원회는 그간의 성과와 관련 업무를 모두 이관하고 해체되었다. 정화사의 실무를 담당할 사무장에는 이공전이 다시 선임되었다. "이제 추진의 단계에 오르게 된 제(諸) 교서의 편수 결집의 역사적인 계기가 바로 이때임을 재인식하여 본 사업으로 하여금 원만한 결실을 가지는 날까지 당무하는 위원은 물론 재가출가 동지 제현의 거교적인 협찬이 있기를 삼가 촉구하는 바이다."31라며 출범한 정화사의 설립 요강은 다음과 같다.

---

28 이공전, 『범범록』, 원불교출판사, 1987, p.147.
29 이공전, 『범범록』, 원불교출판사, 1987, p.146 참조.
30 정화사는 원불교 대표인 종법사와 최고결의기구인 수위단원으로 구성되었다. 총재: 종법사, 지도위원: 수위단 중앙(남자·여자), 자문위원: 수위단원 전원. 정산의 경륜 중에서 '교재정비'를 실현하기 위한 의지가 표명되었다.
31 원불교 원광사, 『원광』 제23호, 원광사, 1958, pp.5~7.

정화사 설립 요강

①진전하는 교세에 대응하여 각종 교서의 편찬을 조속 추진하며 그 번역과 출판의 임에 당하는 기관으로서 '정화사'를 설립한다.

②정화사는 그 본부를 종법사의 지정하는 장소에 두며 연차계획에 의하여 그 업무를 진행한다. [계획서는 따로 정한다]

③정화사는 종법사[정산]를 총재로 하고 남녀 수위단의 중앙단원을 지도위원으로 하며 편찬위원, 번역위원, 경제위원 및 직원 약간 명을 두어 그 업무에 당하게 하고 남녀수위단원 전원을 자문위원으로 하여 수시로 자문에 응하게 한다.

④정화사에서 출판 및 번역 출판할 교서는 『정전』·『대종경』·『예전』·『악전』·『세전』 및 『교헌』·『교사』이며 총재가 지정하는 교재로 한다.

⑤각 교서는 그 편찬위원들이 그 편찬을 분담 당무하며 번역 또한 번역위원들이 그의 漢譯·英譯·日譯 등을 분담 당무한다.

⑥정화사의 운영비 및 출판 기금은 경제위원들이 그 기금 조달을 담당하며 후원회를 두어 이 사업을 협찬케 하되 총지부[총부와 각 교당] 및 각 기관 임원은 전부 그 위원이 된다.

⑦정화사는 1958년(원기43) 5월에 장수교당에서 우선 그 업무를 개시하며 '대종경편수위원회'는 발전적으로 해체되고 본사[정화사]에서 그 업무를 계승한다.[32]

이로부터 정화사는 『대종경』 뿐만 아니라 각종 교서의 편찬을 빠르게 추진했다. 먼저 1958년(원기43) 6월 20일자로 『대종경 초안[전반부]』을 공람에 부쳤다. 편수위원 제위 앞으로 발송된 공한[정화사 제5호]의[33] 내용은 다음과 같다.

---

32 원불교 원광사, 『원광』 제22호, 원광사, 1958, p.3.
33 『대종경 3차 정고』[원불교 기록관리실 所藏].
원불교 정화사 편, 『원불교 교고총간』 제6권, 원불교 정화사, 1974, p.279.

本稿는 대종사 재세 당시에 여러 친시 제자들이 수필한 공표 혹은 미공표된 법설들과 대종사 열반 후 주산 구타원 대산 원산 諸師에 의하여 주로 기록된 법설들을 주 자료로 하고 원기41년 4월에 발족된 대종경편수위원회가 다시 수집 취재한 자료들을 보충 자료로 하여 현 종법사 내정의 편차와 편수 요령에 의준하여 원기42년 10월 이래 산동에서 정리 편수하고, 同 5월 장수 정화사에서 脫稿한 바를 本社 지도위원 연구위원 자문위원 제위에 자문코저 한정 등사한 것임.

원기43년 6월 정화사

대종경 초안 공람에 관한 건

標記의 건: 대종경편수위원회에 의하여 그간 成編되었던 대종경 초안을 총재 親鑑에 앞서 위원제위께 먼저 공람하여 의견을 廣求하라는 총재 下命이 有하시옵기로 草案 중 전반부를 우선 등사하와 茲에 공람하오니, 다음에 의한 열람 교정으로써 기탄없는 의견을 많이 垂示하시와 결함 없는 만세보전이 이룩되게 하여 주시기를 경망하나이다.

一. 공람 기간은 전후 편, 아울러 9월 말일까지 100일간으로 함.
一. 교열중 ①자구 수정과 부분 삭제에 관한 의견은 해당 부분에 기입하시고, ②건의 존폐에 관한 의견은 해당 件頭에 기입하시고, ③品 전반에 관한 의견은 해당 품 말미 여백에 기입하시고, ④전편에 관한 의견은 권말 여백에 기입하여 주실 것.
一. 새로 보충 편입할 만한 자료가 있으시면 별록하여 보내주시되 각각 何品에 소속될 것인가를 표시하여 주실 것.
一. 校稿는 전후편 아울러 10월 초순 내로 본사에 회송하여 주시되 교정 의견이 전무하실지라도 필히 회보하여 주실 것.

보고사항

편수는 ①수집된 자료의 정리 ②정리된 자료의 분류 ③분류된 자료의 편성 및 수정의 순서로 진행되었음.

1. 수집된 자료의 정리

經多返迷人이라는 대종사 평시 법훈과 「중복 산만을 제거하고 수지 독송에 요령 잡기 편리하도록 하라.」는 종법사 편수 요령을 받들어 既히 수집된 자료[원기42년 교무선 임시 교재로 쓴 바 있음] 약 400건과 별도로 수집 및 취재한 자료 약 200건을 일괄하여 다음과 같이 정리하였음.

① 모든 자료 중에서 간결 명료한 건을 먼저 選取하고,
② 長文의 건은 부득이한 건을 제외하고는 분건 또는 縮約하고,
③ 중복된 건은 비교 商量하여 선택 또는 합건하고,
④ 법훈적 의의가 분명치 못한 건과 異訓·기적에 속한 건과 교사 교전에 속할 건 등은 부분 생략 또는 전건 생략하였음.

2. 정리된 자료의 분류

정리된 자료는 다음 16품으로 분류하되 임시 교재판의 12분품도 다시 분류하였으며, 각 품의 大旨를 略記하자면 다음과 같음.

제1 서품: 대종사의 발원·구도·대각하신 경로와 회상 건설의 내정 등을 自敍하신 법문들.

제2 초도품: 9인 제자를 初度하사 建敎의 기초를 진행하시고, 숙연 깊은 제자들과 차제로 際會하신 법문들.

제3 전망품: 교운의 장래를 전망하시며, 그에 따른 世途의 변천 등을 예시하신 법문들.

제4 교의품: 일원상을 중심으로 신앙 수행의 兩門敎義를 演解하시고 교의 실현에 따라 세상에 미치는 공덕을 설하신 법문들.

제5 인도품: 인도의 대의와 그 본말을 밝히시고 대인 접물하는 도와 修齊治平의 요도를 밝히신 법문들.

제6 신성품: 信誠의 길을 제시하고 그 공덕을 드러내시며, 그 正迷를 분석하시고 실지를 예증하신 법문들.

제7 수행품: 정기·상시 훈련법과 삼학 수행의 길들을 설명하시고, 공부의 대소와 正邪를 구분하시며, 학인들에게 隨機警訓하신 법문들.

제8 요훈품: 일반적이면서 단편적인 요언 법훈들.

제9 교단품: 교단생활에 화합을 강조하시고, 본교의 창립 발전과 사업 守成에 관하여 수기 경훈하신 법문들.

제10 실시품: 만능 겸비하신 威儀 德量과 공명정대하신 運心處事로써 실시 垂範하신 법문들.

제11 인과품: 인과의 원리를 밝히시고 그 실지를 변증하시며 相生作福을 권장하신 법문들.

제12 천도품: 생사 거래의 원리와 영혼 천도의 의의를 설명하시고 그 연마에 대하여 설하신 법문들.

제13 변의품: 우주의 자연 현상과 事理의 의문을 辨釋하시며 선지자들의 前蹟과 법통 연원 등을 해명하신 법문들.

제14 성리품: 성리의 근원을 밝히시고, 그에 대하여 수기 문답하신 법문들.

제15 불지품: 초월 해탈하고 만능 자재하신 佛地의 경계를 開示하시어 우리의 국한을 키워주신 법문들.

제16 부촉품: 대열반 臨近에 미래사를 더욱 부촉하시고 不變의 定義를 宣示하시며 새로운 각성을 촉구하신 법문들.

3. 분류된 자료의 편성 및 수정

16품으로 분류된 각 건은 다시 그 主旨의 차례와 내용의 연관 등을 고려하여 해당 품 내에서 선후를 擇定 편성하고 전후 수차의 자구 수정으로 문체의 통일과 내용의 간명을 기하였음.

4. 기타사항

①序를 권두에 冠하고 碑文을 권말에 附한 바 서에는 대종사의 성업을 봉찬하고

아울러 편경의 경로를 略敍하였으며, 비문은 대종사의 일대기가 요약된 유일한 金石文獻이므로 이를 부록한 것임.

②본 자문판으로써 위원제위의 의견과 신 보충 자료가 수합되면 이를 종합하여 다시 편수하고 완편되면 친감을 받들어 公刊케 될 것임.

5) 대종경 초안

『제1차 자문판 대종경 초안』의 교정본과 의견안을 수렴하여 1958년(원기43) 10월 17일 열린 자문위원회에서 「대종경 초안 재편수 요강」 8개항을 결정하고 총재의 재가를 받았다.34 그로부터 1년여 동안에 걸쳐 『대종경 재자문 초고(再諮問 草稿)』를 편수해서 공람[1959.11.11.]했으니 요강별로 보고한 내역을 살펴보면 다음과 같다.

대종경 초안 재편수 要綱

1. 전편을 통하여 각 件을 더 쉽고 간명하도록 풀이 수정 요약할 것이며, 필요에 따라 合件, 부분 생략, 부분 보완 등을 행할 것.
2. 법문으로서의 뚜렷한 특징이 없고 의의가 희박한 건은 더 정리할 것.
3. 法訓的 의의보다 역사적 의의가 더한 부분은 이를 다 敎史에 미루고 經에서는 略할 것.
4. 初度 당시의 종종의 異訓 기적은 이를 다 逸史에 미루고 경에서는 약할 것.
5. 법훈적 가치보다 개인의 機緣이나 칭찬에 치중된 건은 이를 다 개인 역사에 미루고 경에서는 약할 것.
6. 새 보충자료를 더 수집하여 각 품에 추가할 것.
7. 편차를 재조정하며 이에 따른 각 건의 재배치도 고려할 것.
8. 그의 물음으로 인하여 특별한 法義가 밝혀졌다거나 그의 특성이 연관되어 성립된 법문 외에는 問者나 관련자의 이름은 밝히지 말 것.

---

34 원불교 정화사 편, 『원불교 교고총간』 제6권, 원불교 정화사, 1974, p.282.

◇ 보고사항

1. 요강 제1항에 의거하고 자문기간 중 제위의 직접 加筆하신 부분수정에 基하여 거의 全編 各件에 걸친 풀이와 字句의 수정을 다시 행하였으며 약 100건에 대한 축약, 合件, 부분생략, 부분보충 등을 행하였음.(본항에 해당한 各件의 열거는 略함)

2. 요강 제2,3,4,5항에 의거하여 생략한 건은 다음 48건임.

前초안	서 품 (2건)	1, 2.
	초도품 (21건)	1, 4, 6, 8, 14~17, 20~26, 28~33.
	교의품 (1건)	36.
	인도품 (3건)	8, 24, 42.
	신성품 (1건)	9.
	요훈품 (10건)	7, 13, 24, 29, 32, 40, 46, 47, 54, 57.
	교단품 (7건)	17, 45~50.
	인과품 (1건)	6.
	불지품 (1건)	10.
	부촉품 (1건)	13.

3. 요강 제6항에 의거하여 새로 추가된 건은 다음 16건임.

本초고	서 품 (1건)	1.
	교의품 (5건)	9~11, 19, 34.
	변의품 (4건)	10, 11, 18, 30.
	천도품 (1건)	4.
	신성품 (2건)	15, 19.
	요훈품 (2건)	7, 13.
	교단품 (1건)	40.

4. 요강 제7항에 의거하여 재조정된 편차와 재배치된 건의 내역은 다음과 같음.

①編次의 조정

초도품은 略하고 遷度品은 薦度品으로 하였으며 각 품의 順次를 다음과 같이 재배

치함.(괄호 안이 재배치 순차)

前초안 제1 서품(依舊), 제2 초도품(略), 제3 전망품(제14), 제4 교의품(제2), 제5 인도품(제4), 제6 신성품(제10), 제7 수행품(제3), 제8 요훈품(제11), 제9 교단품(제13), 제10 실시품(제12), 제11 인과품(제5), 제12 遷度品(제9 薦度品), 제13 변의품(제6), 제14 성리품(제7), 제15 불지품(제8), 제16 부촉품(제15)

*前초안 16품 → 新초안 15품

②件의 재배치

前초안　　서품 3, 초도품 25는 성리품으로

　　　　　서품 7, 초도품 5, 27은 전망품으로

　　　　　서품 8, 9는 수행품으로

　　　　　초도품 2, 3, 7, 9~13, 18, 19, 전망품 3~6은 서품으로 移轉하였음.

　　　　　計 20건

5. 요강 제8항에 의거하여 수정한 건은 열거를 略함35

1958년(원기43) 6월 20일부터 동년 9월말까지 석 달 동안 편수위원들이 『제1차 자문판 대종경 초안』을 공람하고 교열을 거쳐 동년 10월 17일 자문회의에서 결정한 「대종경 초안 재편수 요강」에 의거하여 재정리된 결과물이 『대종경 재자문 초고』이다. 이는 다음과 같은 정화사 제9호 공한[1959.11.11.]과 함께 각 위원들에게 공람되었다.

대종경 재자문 초고 공람의 건

원기43년 6월 20일부터 9월 말일까지 위원제위께 공람하온 제1차 자문판 대종경 초안은 同 기간 중 諸位의 면밀하신 교열을 거쳐 그 校稿와 의견서가 본사에 회수

35　원불교 정화사 편, 『원불교 교고총간』 제6권, 원불교 정화사, 1974, pp.285~286 참조. 정화사 發 제9호(1959.11.11) 공한 참조.

되었사오며, 동년 10월 17일의 자문회의에서 다시 議定된 再편수요강은 그 후 총재 재가를 받들어 그에 준하여 담당위원이 그간 재정리를 진행한 결과, 이제 대강 成案되었삽기로 茲以 공람하오니 제위께서는 1차 通覽하시고 거듭 고견을 垂示하여 주시기 敬望하나이다.

記

一. 교열은 回覽制로 하되 원본 합 5통의 복사본을 제1자문시 의견 많이 제출하신 위원 순으로 본사에서 配本 공람함.

一. 일체 의견서는 별지 작성하여 제출하여 주시기 바람.36

6) 대종경 발간

1960년(원기45) 1월 수위단회에서 '『정전』의 자구수정과 그 재간(再刊)의 추진'이 의결되어 그 업무를 진행했다. 하지만 편수 작업을 진행하는 도중 정산의 환후가 점차 침중해져 1961년(원기46) 12월 25일에는 최후의 특별유시로 대산·이공주·이완철·박광전·이운권·박장식에게 교서의 감수(鑑修)가 위촉되고 담당 위원에게 편수의 조속 추진이 촉구되었다.37

『대종경』은 1차에서 6차에 걸쳐 자구나 문구 수정 등의 자문 과정을 거쳤다. 이후 1961년(원기46)까지 편집과정, 재편집 수정 과정 등을 통해 첨삭 보완, 공람의 과정을 거쳤다. 제3회 임시수위단회[1961.1.23.]에서 이공전은 "대종경 복사본 1통을 유달영 38씨에게 증본하여 참고 될 만한 것을 부탁한 적이 있는데 그분으로부터 현대성을 나

---

36   원불교 정화사 편, 『원불교 교고총간』 제6권, 원불교 정화사, 1974, p.285.
37   『원불교 교사』, 제3편 성업의 결실, 제3장 일원세계의 터전, 3.「대종경」편수와 「정전」 재편.
38   유달영(柳達永, 1911~2004)은 독립운동가, 농학자, 사회운동가, 수필가, 서예가, 서울대학교 교수 등 다양한 분야에서 활동했다. 군사정권을 반대하고 민주적인 운동을 꿈꿨던 그는 "전권을 위임하고 간섭하지 않겠다."는 박정희 대통령의 약속을 받고서 조국을 살리고자 재건국민운동본부 본부장을 맡았다.(1961~1964) 당시 재건국민운동본부장은 국무총리 대우였으나 대통령조차 어찌 못하는 최고의 지위였다. 그는 전국에 운동지부를 설립해 7만 명이 넘는 농촌지도자와 41만여 명의 농어촌 청소년 봉사대를 육성하여 전 세계에 유래를 찾기 힘든 기적 같은 성과를 이뤘났다. 하지만 군

타내는 말로서 가령 「말씀하시되」 등으로 했으면 좋겠다."39는 보고를 했고, 그 의견이 받아들여졌다. 나아가 제5회 임시수위단회[1962.2.21.]에서 '교서 발간에 관한 건'을 보고하는 다음 내용이 확인된다.

> 법감 이공전 씨로부터 정전 수정 시안의 종합안 가운데 특색 있는 부분이 소개되었고 사전에 감수위원 제위와 합의하였고 또한 지난 수위단회에서도 이야기한 바 있는 **우리의 교서에 대해서는 순수한 우리 교전으로서 교전이란 서명을 붙이고 정전과 대종경을 합간하되** 뒤에 대종사 비명 병서를 넣기로 하며 대종경 序도 제작되어야겠고 **보조경전으로는 '요전'이라 하여 현 정전의 하권과 근행법 중에서 가려 넣으면 각 종교의 요지를 합편하겠다** 하고 이에 따른 편차와 발행에 따른 판별 단가와 탈고 예정 일자 등이 보고되었다.

또한 1차 교전감수위원회[1962.6.21.]의 회의록을 보면 『원불교교전』에 『금강경』을 편입하는 것에 대해 논의한 결과 부결되었다. 이는 새 시대의 새 종교로서 원불교의 지향점을 확고하게 결정한 것이라고 해석할 수 있다.

> 이공전 사무장 설명: 2월 21일 수위단회 의결로는 『정전』과 『대종경』을 합간하되 총권 제목은 『원불교교전』으로 하자고 되었던바 『금강경』만은 여러 가지 인연 관계나 대 재래불교 체면으로나 이를 『교전』에 넣는 것이 어떠냐는 의견이 그 후로

사정권은 1964년 2월, 재건국민운동본부를 해체시키고 군정 주도의 새마을운동으로 변모시켰다. 유달영은 자신의 민주도의 국가재건운동이 반민주적 새마을운동으로 변질된 것에 분노했고 이후 언론 등에 재건국민운동이 새마을운동의 전신임을 밝히지 못하게 했다. 이로써 세계최빈국에서 OECD 경제대국으로 성장한 한강의 기적의 바탕이 된 그의 모든 공로는 독재정권으로 돌아가게 되었다.

39 설주(說主)로는 초창기 사용한 '종사주', '선생주'라는 표기는 없고, '대종사'라는 표기를 사용하고 있다. 처음으로 시작되는 구절은 「대종사 가라사대」와 「대종사 대중에게 말씀하여 가라사대」, 「대종사 대중에게 말씀하시기를」 등이었다. 주지하듯이 '가라사대'는 고어 형태의 언어이며 1960년대까지 쓰던 말이다. 자문을 거쳐서 「대종사 말씀하시기를」로 확정했다.

많이 있어 자문한 바 가불상반한 편이오니 결정해 주시기 바라나이다.

의결: 지난번 결의대로 『원불교교전』으로는 『정전』, 『대종경』만 합간하고, 다음에 '원불교교전 2'로 고경을 간추려 발간하자.[40]

또한 1962년(원기47) 6월에는 감수위원과 자문위원들이 새로운 보충 자료에 대한 자문절차를 진행했다. 새로운 보충 자료는 ①재자문 당시 추가 제출된 자료, ②『묵산수기』 등에서 새로 선취(選取)한 자료, ③『불교정전』 제1권 중 전재(轉載)하기로 한 자료들을 정리한 다음의 16건이다. 그중에서 ③과 ⑥을 제외한 14건을 채택하여 『대종경』에 수록했다.

○ 대종경 신 보충자료 자문

원기47년 6월 정화사

①(현행 『대종경』 수행품 28장과 비슷하므로 생략)

②(현행 『대종경』 수행품 35장과 같으므로 생략)

③대종사 황정신행 등으로 더불어 산길을 걸으시더니 정신행이 무심히 길가의 소나무 잎을 한 움큼 뽑았다가 버리는지라, 대종사 말씀하시기를 「별 필요 없이 저 솔잎을 뽑아서 버리니, 그 일에도 과보가 있을 것을 아는가?」 정신행이 여쭙기를 「어떠한 과보가 있사오리까?」

대종사 말씀하시기를 「그대가 우연히 무슨 물건에 머리를 다치거나, 무슨 물건에 걸리어 머리를 뽑히는 일이 있거든 무심히 저 솔잎 뽑은 과보인 줄로 알라.」하시니라. 〔인과품〕

④(현행 『대종경』 변의품 24장과 같으므로 생략)

⑤(현행 『대종경』 변의품 25장과 같으므로 생략)

⑥한 제자 여쭙기를 「누가 대종사님의 신통 유무를 묻사오면 어떻게 하오리까?」

---

40 「1차 교전감수위원회의 회록」(원기47.6.21), '1. 금강경 편입에 관하여'.

대종사 말씀하시기를「모른다 하라.」또 여쭙기를「굳이 물으면 어찌 하오리까?」대종사 말씀하시기를「큰 신통이 있느니라고 하라.」또 여쭙기를「어떤 신통이 있으시다 하오리까?」

대종사 말씀하시기를「우리는 각기 제 마음도 제대로 보지 못하는데 우리 스승은 우리들의 마음 쓰는 것까지 살펴보며, 우리는 제 마음도 제 마음대로 쓰지 못하는데 우리 스승은 우리들의 마음에 부처님 마음을 접붙이는 재주까지 있으니, 그것이 어찌 큰 신통이 아니냐 하라.」〔변의품〕

⑦(현행『대종경』성리품 31장과 같으므로 생략)
⑧(현행『대종경』천도품 5장과 같으므로 생략)
⑨(현행『대종경』실시품 8장과 같으므로 생략)
⑩(현행『대종경』실시품 10장과 같으므로 생략)
⑪(현행『대종경』실시품 14장과 같으므로 생략)
⑫(현행『대종경』교단품 11장과 같으므로 생략)
⑬(현행『대종경』교단품 15장과 같으므로 생략)
⑭(현행『대종경』교단품 17장과 같으므로 생략)
⑮(현행『대종경』교단품 35장과 같으므로 생략)
⑯(현행『대종경』교단품 39장과 같으므로 생략)41

제2차 교전 감수위원 회의록

원기47년 6월26일~7월5일

1. 6월 21일 제1차 감수회의에서 의결된 기본 방침에 따라 사무처가 다시 수정한 부분을 먼저 확인하였음.
2. 그 간 여러 차례 수정되었던 부분들을 일일이 원문과 대조하여 修心의 명분이 뚜렷지 않은 부분 상당히 원문 복귀시켰음.

---

41 원불교 정화사 편,『원불교 교고총간』제6권, 원불교 정화사, 1974, pp.306~307 참조.

3. 수정을 이미 인증한 부분도 이를 면밀히 재검토하여 필요한 부분은 재수정을 試하였음.

4. 이상 각 항에 해당하지 않은 부분은 1건 1건 낭독 통과한 바, 특히 변의품 8장에 대하여는 다음 경과를 거쳐 이의 보존을 결정하였음.

1) 낭독이 본 장에 이르렀을 때 참석위원 4인 중 2인은 전장 삭제를 2인은 전장 보존을 각각 주장하였음.

2) 삭제 측 의견은 대종사님이 천문학자가 아니신데 현금 과학이 究明 중에 있는 그 천체에 精靈說 결부시킨 것을 인증하신 것은 분야 외의 언급이 되시므로 마땅히 삭제하여 후론이 없게 해야 한다.

3) 보존 측 의견은 이 말씀은 대종사께서 한두 번 하신 말씀이 아니고 초기 제자들은 귀에 젖게 들은 법문인데, 거기에 의혹을 두어 삭제하자는 것은 우리 분야 외의 일이라는 것.

4) 두 주장이 다 강력하므로 이공전 사무장이 제안하기를 「양론이 다 일리 있으시나 네 분만 가지고는 의견의 귀일이 어려울 것인즉 불참하신 한 분 위원과 신도안 종법사님께 稟議 후 최후에 재론키로 하고 본 장 결정은 보류, 남은 부분의 감수를 진행함이 어떠한가.」

5) 일동 찬성. 사무처에서는 신도안과 서울 서신으로 그 사유를 문의하고 감수를 계속 추행.

6) 그 후 서울 회신은 없고 신도안에서는 口傳으로 「보존하는 방향으로 공론을 모으라」는 전갈.

7) 남은 부분의 감수를 끝내고 드디어 본 장을 다시 상정. 총재를 대리한 박광전 위원은 일동 심고를 인거한 다음 발언하되 「우리가 감수를 하는 것은 이 말씀이 대종사의 말씀이냐 아니냐, 그 말씀이 올바로 적혔느냐 못 적혔느냐를 가려서 대종사의 말씀이 그대로 올바로 전해지게 하자는 것뿐이지, 하신 그 말씀의 내용에 대하여 가부를 미리 논하자는 것은 아니다. 이 장은 대종사께서 늘 하셨던 말씀인 것은 분명하고 그것이 그대로 기록된 것은 사실이니, 이 장에 대하여 다시

왈가왈부할 것 없이 그대로 보존함이 우리 도리인가 한다.」
8) 나머지 한 위원도 동의 – 본 장은 원안대로 보존키로 결정되다.

한편 1962년(원기47) 6월 16일, 수위단원이자 경남지구 교감으로 봉직하던 이경순[恒陀圓 李敬順, 1915~1978]은 "신중을 기하고 경제 사정을 감안하여 내년에 인쇄하자."는 의견을 교정원장·감찰원장에게 내신(內申)했다. 하지만 그 의견은 받아들여지지 않았고『대종경』은 "①프린트판으로 자문위원 전원에게 6개월간 공람, ②복사본으로 의견 제출위 전원에게 1년간 공람, ③전항 공람 중 제출 보충 자료를 감수위 및 자문위에 공람, ④전항 자료를 첨입하고 한자를 풀이하며 부분의 수정과 요약을 추가"하는 자문(諮問)과정[1962.7.5.]을 거쳐 7월 24일 완정(完定)되었다.[42]

교전의 감수완결에 관하여

감수위원 일동

선 종법사의 방침을 받들고 수위단회의 협찬에 의하여 정화사에서 그 대체 시안이 편성되고 그간 수차의 광범위한 의견 수집과 공개 자문을 경한 바 있는 교전의 편수 원고를 최종 감수하기 위하여 총재를 위시한 본 감수위원 일동은 6월 21일 종법실에 회동하여 최종 감수 및 발간에 관한 기본 방침을 수립하고 6월 26일부터 7월 5일까지 본 위원진이 연일 회동하여 전편을 면밀 감수한 결과 상당한 부분에 원문 복귀와 재수정을 시하였으며 바로 종법사의 일람과 수위단회의 봉찬을 경하여 이를 발간키로 합의함으로써 교전에 대한 본 위원진의 감수는 완결되었음을 이에 성명하는 바이다.

원기47년 7월 5일[43]

---

42 「제6회 임시수위단회 회의록」(원기47.7.24.) '교전 완정 동의' 참조.
43 원불교 원광사,『원광』제41호, 원광사, 1962년 10월, p.89.

교전의 鑑定確認에 관하여

종법사

감수위원 제위의 최종 감수를 거쳐 본인에게 공람된 교전의 원고를 7월 7일부터 16일까지 이곳 신도(新都)교당에서 일람한바, 약간의 부분에 수정과 요약을 추가하였으며 수위단회의 협찬을 거쳐 이를 발간하는 데 동의함을 확인하는 바이다.

원기47년 7월 17일[44]

교전의 完定 및 발간에 관하여

제6회 임시수위단회

원기38년에 본 수위단회는 「대종경편수위원회」를 발족시키고 원기40년에 다시 이를 「정화사」로 발전시키어 본교 각 경전의 편수 및 간행 업무를 위임하는 동시에 『대종경』의 편수를 계속 진행한 바 있으며 원기44년에는 선 종법사 편수 방침을 받들어 『정전』의 자구 수정을 병진하도록 의결한 바 있었고 원기47년 2월에는 『정전』과 『대종경』의 양부를 합하여 『교전』으로 발행할 것을 합의한 바 있으며 그 동안 담당 위원이 전후 수차의 광범위한 의견 수집과 공개 자문을 거쳐 그 편수를 끝내었고 감수위원진에서 면밀한 감수를 행하였으며 종법실에서 다시 최종 교열을 필한바 있는 『敎典』에 대하여 完定하는 절차를 밟는 뜻으로 이에 본회의를 개회하고 특히 중요한 몇 부분의 일독을 마친 다음 이를 무수정 봉찬함으로써 『교전 제일권』, 『정전』 및 『대종경』은 완결이 확정되었음을 성명하는 동시에 앞으로는 길이 이에 대한 一字 一句의 修訂도 加할 수 없음을 거듭 결의하고 아울러 이의 조속한 발간에 동의하는 바이다.

원기47년 7월 24일[45]

---

44 원불교 원광사, 『원광』 제41호, 원광사, 1962년 10월, p.90.
45 원불교 원광사, 『원광』 제41호, 원광사, 1962년 10월, p.91.

여기서 주목해야 할 점은 「앞으로는 길이 이에 대한 一字 一句의 수정도 가할 수 없음을 거듭 결의」한 것이다. 이보다 앞서 1960년(원기45) 1월 18일 수위단회에서도 「宗法師님 親裁下에 全般의 修正을 거쳐 再刊된 以後에는 다시 一言一句의 修正도 加할 수 없음」을 결의[46]했다. 그 이유는 소태산의 열반 이후에 진행된 관계로 성지(聖址)에 훼손될까 우려되었기 때문이며, 훗날에 준례(準例)가 되어서는 안 된다고 판단을 했기 때문이기도 하다. 또한 다른 한편으로는 현행 『원불교교전』이 세계의 보전(寶典)으로서 충분히 완정되었다는 자신감을 신중히 표출한 것이라고 해석해 볼 수도 있을 것이다.

참고로 교정(校正) 기간 중 이공주가 제시한 '변의품 38장 종법사 자격 건에 관한 의견'[1962.8.26.]과 '천도품 4장 성주(聖呪) 및 성리품 30장 과거칠불(七佛)의 게송'[1962.8.28.] 등 4건의 수정의견이 있었다. 제시된 의견은 대산의 결재와 감수위원의 동의를 거쳐서 수정되었다.[1962.9.1.] 또한 최현배[崔鉉培, 한글학자, 연세대 교수, 1894~1970]에게 자문하여 '물론하고'를 '막론하고'로, '잠깐'을 '잠간'으로 교정하는 과정[1962.9.12~13.]이 있었음을 밝혀둔다.[47]

이를 토대로 정화사는 1962년(원기47) 9월 26일에 『원불교교전』을 발간함으로써 제1차 과업을 완결했다. 「정화통신」[1962.9.26.]에는 『대종경』에 대한 해설을 다음과 같이 게재함으로써 대중의 이해를 도모했다.

「해설」대종경

대종경

원불교교전 제2부 대종사 일대의 언행록.

대종사의 당대 제자들에 의하여 수필된 바를 정화사에서 정리 편찬하였음.

제1 서품에서 부촉품까지 15품으로 되어 있음.

46　원불교 정화사 편, 『원불교 교고총간』 제6권, 원불교 정화사, 1974, p.289.
47　이공전, 『범범록』, 원불교출판사, 1987, p.587 참조.

서품에는 대종사의 대각·연원·개교에 관한 서설적 법문.

교의품에는 교법의 주체·일원상·신앙문·수행문·그 활용과 실행에 따른 공덕들.

수행품에는 수양 연구 취사의 공부 방법·공부의 대소 본말 正邪·수행상의 수시 교훈들.

인도품에는 도덕의 본말·인도의 대의·대인 접물하는 처세의 도와 지도 요법들.

인과품에는 인과의 원리와 그 변증·상생과 작복의 권장 등.

변의품에는 우주·人事·經義·교운·수행 등 각 방면의 의문에 답변하신 법문들.

성리품에는 성리의 근원과 그에 대한 수시 문답들.

불지품에는 대자대비 만능자재하신 불타의 경지에 관한 법문들.

천도품에는 생사 거래의 원리와 영혼 천도의 의의 및 그에 대한 연마의 길들.

신성품에는 신성의 의미와 그 공덕 및 옳고 그른 신성과 그 실지의 예증들.

요훈품에는 솔성·덕행·봉공 등 일반적 단편적 교훈들.

실시품에는 만능이 겸비하신 위의 덕량과 공명정대하신 운심처사로 실지 시범하신 법문들.

교단품에는 교단의 화합·발전·守成에 관한 교훈들.

전망품에는 교운의 장래, 세상의 변천, 그 밖의 예언들.

부촉품에는 열반을 앞두신 특별 교훈·최후 법설들이 분류 촬요 편찬되어 있음.

원불교의 제2 本經이요, 通의 경이다.

참고로 『대종경』에 실명으로 등장하는 소태산의 제자는 69인이다.[48] 남녀별, 가나다순으로 거명하면 다음과 같다.

- 남자 (36인)

권대호, 김광선, 김기천, 김남천, 김대거, 문정규, 박광령, 박광전, 박대완, 박동국,

---

[48] 송인걸, 『대종경 속의 사람들』, 월간 원광사, 1996 참조.

박세철, 박제봉, 박호장, 서대원, 서중안, 송 규, 송도성, 송만경, 송벽조, 송적벽, 오송암, 오창건, 유 건, 유허일, 이동안, 이순순, 이완철, 이재철, 이춘풍, 이호춘, 전음광, 정일성, 조갑종, 조송광, 조원선, 황이천.

● 여자 (33인)

구남수, 권동화, 김삼매화, 김영신, 김정각, 노덕송옥, 민자연화, 박사시화, 성성원, 양도신, 양하운, 오종순, 오종태, 이공주, 이동진화, 이만갑, 이운외, 이원화, 이인의화, 이정원, 이청춘, 이청풍, 임칠보화, 장적조, 전삼삼, 정석현, 정세월, 정양선, 조전권, 최내선, 최도화, 최수인화, 황정신행.

또한 『대종경』 편수 과정을 통해서 확인되는 편차(編次) 확정 과정을 정리하면 다음 〈표1〉과 같다. [처음 등장하는 품에 한자를 함께 기록하고, 다음 단계에서 삭제된 품은 ✕로 표기함.]

〈표1〉『대종경』 편차 확정과정

1	2	3	4	5
대종경 초록 필사본 (1956이전 추정)	대종경편수위원회 전문위원 보고사항 (1957.4.)	대종경 초안 (1958.6.20.)	대종경 재자문 초고 (1959.11.11.) 이후	대종경 (1962.9.26.)
서품 序品	서품	서 序 ✕	제1 서품	제1 서품
초도품 初度品	초도품	제1 서품	제2 교의품	제2 교의품
교의품 敎義品	교의품	제2 초도품 ✕	제3 수행품	제3 수행품
인도품 人道品	수행품	제3 전망품 展望品	제4 인도품	제4 인도품
실시품 實示品	기연품 ✕	제4 교의품	제5 인과품	제5 인과품
인과품(一) 因果品	인도품	제5 인도품	제6 변의품	제6 변의품
변의품 辨疑品	실시품	제6 신성품 信誠品	제7 성리품	제7 성리품
성리품 性理品	인과품	제7 수행품	제8 불지품	제8 불지품
천도품 遷度品	변의품	제8 요훈품 要訓品	제9 천도품 薦度品	제9 천도품

1	2	3	4	5
불국품 佛國品 인과품(二) 因果品 수행품 修行品 기연품 機緣品	성리품 천도품 불국품 부촉품 附囑品	제9 교단품 教團品 제10 실시품 제11 인과품 제12 천도품 제13 변의품 제14 성리품 제15 불지품 佛地品 제16 부촉품 附 대종사 비명 병서 ✂	제10 신성품 제11 요훈품 제12 실시품 제13 교단품 제14 전망품 제15 부촉품	제10 신성품 제11 요훈품 제12 실시품 제13 교단품 제14 전망품 제15 부촉품 附囑品

위에서 확인되는 바와 같이 초도품과 기연품이 구상되었으나 나중에 기연품과 초도품의 순으로 각각 삭제되었다. 천도의 한자 표기도 '遷度'에서 '薦度'로 정정(訂正)되었다. 불국품은 불지품으로 변경되었다. 중간에 서(序)와 대종사 비명 병서를 덧붙일 것을 구상했으나 최종적으로 삭제하기로 결정했다. 『대종경 재자문 초고』 이후 『대종경』 편차가 확정되는 과정에서 부촉의 한자 표기가 '咐囑'에서 '附囑'으로 변경된 점은 상고(詳考)해야 할 바이다. 대산은 『원불교교전』 간행을 마무리하고 다음과 같이 특별담화(1962.10.20.)를 발표했다.

◇ 종법사 특별담화

教典刊行에 際하여

정전(正典)이 초간(初刊)된 지 만(滿) 19년이요, 대종경편수위원회(大宗經編修委員會)가 구성된 지 만 9년이며 정전과 대종경의 편수(編修) 완결을 촉구하시는 선사(先師)의 유시(諭示)를 받든지 만 9개월이 된 오늘 비로소 우리 「원불교교전」의 발간을 보게 됨에 즈음하여 그동안 이 일에 당무한 동지들과 힘을 모은 동지들께 치하를 드리며 앞으로 더욱 융창한 교운(教運)을 자축하는 동시에 몇 마디 소회를 말씀하고자 하는 바입니다. 옛 말씀에 「성인(聖人)들이 나시기 전에는 진리가 천지에 있고 성인들이 가신 뒤에는 진리가 그 경전에 있다」하였으며 불교에서는 삼보(三寶) 가운데 법보(法寶)가 그 하나를 차지하였으니 이것은 다 경전의 소중함을 뜻하는 말인 것입니다. 실로 경전은 모든 진리의 결집(結集)된 바로서 우리들의 마음의 등불이며 전 인류의 태양이 되어 영원한 앞날에 중생의 혜복문로(慧福門路)를 개발해 놓은 것이니 이와 같이 소중한 경전의 간행은 불사(佛事) 가운데서도 가장 거룩한 사업이며 삼계중생이 다 같이 축복할 경사가 아닐 수 없는 것입니다. 더욱 우리 교전(敎典)으로 말씀하자면 역대 어느 경전에도 비할 바가 아니어서 앞으로 천여래(千如來) 만보살(萬菩薩)을 배출하여 구류(九類) 중생이 다 함께 제도를 받으며 일체 생령의 혜복문로를 열어주고도 남음이 있을 전만고 후만고에 희유한 대법보(大法寶)입니다. 이 세계가 넓고 넓으나 대소유무(大小有無)의 이치에 벗어나지 아니하고 인간의 일이 다단하나 시비이해(是非利害)의 일에 벗어나지 아니하여 이 대소유무의 이치와 시비이해의 일을 남김없이 밝혀놓으신 것이 바로 이 한 권의 교전입니다. 또는 인간 세상을 살아가면서 해야 할 공부가 많으나 그 진리를 지키고 그 진리를 써 나가는 공부보다 더 크고 긴요한 공부가 없는데 이러한 공부 길을 누구나 쉽게 행할 수 있도록 물샐틈없이 짜놓은 것이 이 한 권의 교전인 것입니다. 그러므로 종교가나 정치가나 문학자나 철학자나 실업가를 막론하고 이 한 권의 교전에 의하여 하나의 큰 진리를 연마하고 해득하고 실행해간다면 복혜의 문로는 자연히 열릴 것입니다. 그런즉 우리 동지들은 시방삼계 육도사생과 함께 이 교전의 발간을 환희 경축하는 동시에 이 공부 이 사업에 더욱 힘써서 이 법은(法恩)이 무량세계의 중생에게 고루 미치도록 전하는데 함께 힘써 주시기를 간절히 바라는 바입니다.49

아울러 이공전은 『원불교교전』 간행을 봉고하는 경축식전에서 다음과 같이 보고연설문을 발표했다.

49　원불교 원광사,『원광』제41호, 원광사, 1962년 10월, pp.82~83.

교전이 발간되기까지
교전간행 奉告 및 慶祝式典에서의 보고 연설

교전의 편수로부터 발간에 이른 경과를 대강 보고하겠읍니다. 보고에 앞서 먼저 우리 회상이 창립된 이후 우리가 받들어온 교서의 연혁을 대충 살펴보고 본 보고에 들어가고자 합니다.

우리가 맨 먼저 받들게 된 우리의 교서는 원기12년에 간행한 「불법연구회 취지규약서(佛法硏究會 趣旨規約書)」라는 노란 가위 책이었으니 우리가 우리의 경전을 갖기 시작한 것은 만 36년 전의 일입니다.

그후 「수양연구요론(修養硏究要論)」과 「조선불교혁신론(朝鮮佛敎革新論)」을 차례로 받들게 되었고 원기17년 4월에는 「보경육대요령(寶經六大要領)」을 받들게 되었으니 이 「육대요령」은 「불교정전(佛敎正典)」이 발간될 때까지 십여 년 동안 우리의 표준 교서로 의용(依用)되었읍니다.

이밖에도 「예전(禮典)」 「단규(團規)」 「삼대요령(三大要領)」 「회원수지(會員須知)」 등이 있었으나 이는 다 앞에 말한 교서들에서 촬요(撮要)한 것이거나 제도에 관한 내용의 것이었읍니다.

대종사님께서는 이와 같이 여러 가지 교서들을 차제로 발간하시어 우리에게 정도(正道)를 훈련시켜 주시다가 열반을 3년 앞두신 원기26년부터 이 모든 교서의 내용을 종합 정리하시고 보충 개편하시어 「하나의 새 경전」 편찬에 착수하여 2년 남짓에 이를 완결하시니 이가 곧 「불교정전」이었습니다.

「불교정전」은 대종사님 열반 전 6개월인 원기27년 12월에 인쇄에 부치시고 열반 후 9개월인 원기29년 3월에야 발행이 시작되어 그 후 19년 동안 우리의 유일한 소의경전(所依經典)으로 봉대되어 왔읍니다. 그 열아홉 해의 초기에 우리는 해방을 맞아 교명(敎名)을 선포하였고 「불교정전」을 부분개쇄(部分改刷)하였으며 계속하여 선종법사님 주재(主宰) 아래 여러 가지 성업(聖業)을 이룩하여 왔읍니다마는 그 중 「대종경(大宗經)」의 편수·간행」사업과 「정전(正典)의 수정·개간(改刊)」사업을 교단의 가장 큰 과업으로 다 같이 인정하고 그 대업을 조속히 달성할 길을 모색하기 시작하였습니다.

드디어 9년 전인 원기38년 5월에 선종법사님을 총재(總裁)로 하고 수위단(首位團)을 모체로 하는「대종경편수위원회(大宗經編修委員會)」가 발족되었고, 2년 후인 원기40년 5월에는 이를「정화사(正化社)」로 발전시켜서「대종경」뿐 아니라「정전」을 비롯한 일곱 가지 교서의 편수간행업무를 담당케 하였습니다.「정화사」는 장수(長水)에서 첫 업무를 개시하여 먼저「대종경편수위원회」의 업무를 이어받아 전후 세 차례에 걸친「대종경」초안의 공식 자문(諮問)을 행하였고 원기45년 1월에는「정전의 자구 수정과 그 재간사업 추진에 관한 건」을 수위단회에 상정하여 정식 의견을 받들어 양대경전(兩大經典) 편수의 업무를 병진하게 되었습니다.

이에 총재이신 선종법사님께서는 원기46년 7월 동산선원(東山禪院)에 정화사의 임시사무소를 설치하시고「정전의 수정대요(修訂大要)」4개 조를 지시하시니 그 내용은「가능한한 최소의 수정으로 최대의 성지천양(聖旨闡揚)이 이룩되도록 하되 ①범위가 조선이나 불교에 국한된 듯 해석될 부분 ②주세경전(主世經典)의 체모에 맞지 않은 겸사나 조사어록 등에서 인거된 부분 ③창작 또는 활용하신 자구나 표어 중 그 본의 표현에 미흡한 부분 ④편차에 관한 부분 등에 특히 유의할 것」이었습니다.

이 대요를 받들어 몇 분의 중진(重鎭) 수위단원과 담당 위원이 각각 수정 의견을 성안하였으나 그 후 선사(先師)의 서울 입원 관계로 그 진행이 일시 중단 상태에 있다가 동년 12월에「정전 및 대종경의 편수완결 촉진에 관한 특별유시(特別諭示)」를 받들게 되어 그 업무를 급진시켜서 원기47년 1월 중에「정전수정시안(試案) 종합안」을 공개 자문에 부치게 되었습니다. 그러나 자문을 진행 중에 우리는 선종법사님의 열반지통(涅槃之痛)을 당하였으며 초종(初終)의 예를 엄수한 다음 망극한 가운데에서도 유시에 지정하신 완결 기일을 과히 넘기지 말자는 뜻으로 교무진(教務陳) 자문진(諮問陳) 감수진(鑑修陳)이 일제히 2월 중에 자문 회보(回報)를 제출하여 주셨습니다.

다시 2월 21일의 수위단회에서는 정전과 대종경을 양부 합간하되 총책명은「원불교교전(圓佛敎敎典)」으로 할 것을 의결 받았고 그간의 여러 자문 결과를 종합하여 제1부 정전과 제2부 대종경의 최종 정고(淨稿)를 완결하여 가지고 6월 21일에 감수진과 중앙 간부진의 연석회합을 열어 최종 감수의 방침을 의결받았읍니다.

그 회합의 의결에 따라 그달 26일부터 7월 5일까지 감수위원 여러 어른의 연일 독회(讀會)에서 감수가 완결되었고 7월 7일부터 16일까지 신도안에서 선종법사님의 최종 일독으로 감정(鑑定)이 완결되었으니 「교전의 완결 및 발간에 관한 건」을 의결하기 위하여 특별 소집된 7월 24일의 제6회 임시수위단회에서 전면적인 봉찬(奉贊)을 받는 동시에 이의 조속한 발간을 촉구받게 되었습니다.

「정화사」는 즉시로 서울교당에 임시사무소를 설치하고 일주일간 한글학회의 맞춤법 교열(校閱)을 거쳐 8월 8일에 원고를 인쇄에 회부한 다음 40여 일만인 9월 24일에 인쇄를 끝내고 29일부터 발행을 시작하였으며 오늘 총부 주관으로 이 「봉고(奉告) 및 경축식전」을 거행하기에 이르니 실로 감개무량합니다.

오늘이 음력으로 중양(重陽)의 가절! 창립50년 기념총회를 앞둔 우리 교운(敎運)이 오늘 이후로 새 빛이 더할 것을 자축하는 동시에 두 스승님 성령(聖靈) 앞에 이 일을 봉고하며 새로운 추모의 생각에 잠기게 되는 것은 우리 피차가 일반인 줄 압니다.

끝으로 오늘을 맞이하기까지 자문과 감수·감정·교정 등에 일심합력하신 여러 어른과 발간의 기금 조성에 동참헌성(同參獻誠)하신 서울을 비롯한 각 지방 호법동지 여러분께 깊은 사례를 올리며, 커다란 감격과 감사 속에 이 보고를 끝마칩니다.50

돌이켜보면 1947년(원기32) 가을, 정산이 『대종경』 편찬계획을 공식 발표한 이래로 교서편집위원회(1951), 대종경편수위원회(1956), 정화사(1958)를 거쳐서 『원불교교전』 발간(1962)에 이르기까지 꼬박 15년이 흘렀다. 실로 놀랄만한 『대종경』 편찬사업의 대업을 완수해 낸 것이다. 『대종경』을 중심으로 『원불교교전』 편수의 대략적인

---

50 원불교 원광사, 『원광』 제41호, 원광사, 1962년 10월, pp.84~88.

추진과정을 종합 정리하면 다음과 같다.

1943년(원기28) 6월1일	소태산 열반
1943년(원기28) 6월7일	정산, 新단장으로 추대됨
	『대종경』 편수 발의, 제1대 성업봉찬회에 위임[진전 없음]
1947년(원기32) 가을	정산, 『대종경』 편찬계획 공식발표
1948년(원기33) 6월1일	이공전, 『宗化大綱』 편찬
1950년(원기35)	「원광」 제6호, 『대종경』 편수사업 염원하는 글 게재
1951년(원기36) 7월22일	이공전, 정산의 下命을 받아 『대종경』 초안 목록 정리
1951년(원기36) 7월25일	정산, 『대종경』 編次 구상 발표
1951년(원기36) 8월초순	감원도[부산다대지부장]·윤광언[경남지부장], '敎書編輯委員會' 구성 의견제출
1951년(원기36) 9월20일	교서편집위원회 조직[담당위원: 이공전]
1951년(원기36) 11월20일	'교서편집위원회'를 '大宗經編修委員會'로 개칭
	교무부, '대종경 편집자료수집 요항' 公翰 발송
	본격적으로 소태산 법설 자료 수집
1954년(원기39) 3월23일	정산, 『원불교교전』 발행 관련 경륜 掛念

1956년(원기41) 5월21일	수위단회, '대종경편수위원회' 구성[총재: 정산, 지도위원: 수위단 남녀 중앙단원 대산, 이공주, 자문위원: 수위단원 전원, 전문편수위원: 이공전]
1956년(원기41) 6월10일	「원광」제15호, '대종경 편수자료 수집에 관하여 드리는 말씀'(광고)
1956년(원기41) 11월20일	교무부, '대종경 편집자료 수집 요항' 공문 발송. 대산, 미발표 새로운 자료 200여 건 제출 접수된 자료 베껴 쓰기 시작[主事: 오희원]
1957년(원기42) 4월	대종경편수위원회 專門委員 회의
1957년(원기42) 10월15일	대종경편수위원회, 남원 산동의 白牛庵으로 이전
1957년(원기42) 10월22일	『대종경 초고』 및 『봉래정사 법설집』 등 분실 확인[산동교당 지부장, 柳靑史 집] 수집자료 縮約分品 작업 진행[약 6개월]
1957년(원기42) 11월8일	정산, 교전·교서 편수발간기관 '正化社' 설립 지시
1957년(원기42) 11월10일	이공전, 교정원·감찰원에 가방 분실 전말 보고. 교학연구회 프린트본 대종경 초안과 편수위원회 보존 초안의 대조 작업 시작
1957년(원기42) 11월25일	편수기도[일주일] 결제
1957년(원기42) 11월26일	『종화대강』에 의거하여 서품, 초도품 촬요 시작
1957년(원기42) 11월30일	종전의 13품 안을 보충하여 17품 안을 작성 [기연품 삭제, 불국품을 불지품으로 변경, 開敎·敎運·信誠·法訓·建敎品 등 신설 구상]

1957년(원기42) 12월1일	편수기도[일주일] 해제
1957년(원기42) 12월14일	정산, 새 分品 안 下敎
1957년(원기42) 12월	대종경편수위원회, 『대종경抄』 공람
1958년(원기43) 1월10일	이공전, 정화사 설립 요강 초안
1958년(원기43) 1월27일	교무연합회, 정화사 설립 요강 채택
1958년(원기43) 2월8일	정산, 서품·초도품 정리된 것 결재, 더 줄이라고 下敎
	이공전, 훨씬 더 줄이고, 역사적으로 뜻이 있는 것은 敎史로 미루라는 下命에 따라 서품·초도품 손질
1958년(원기43) 2월16일	이공전, 변의품에 관련된 불교 숙어들을 『불교대사전』에 의거하여 정리
1958년(원기43) 4월10일	교단품, 전망품, 실시품, 초도품 등의 제3 초고 재편성, 부촉품 재편성 시작
1958년(원기43) 4월18일	정기수위단회, 정화사 발족 의결, 위원 및 직원 선정
1958년(원기43) 5월1일	제2차 淨稿 완성 봉고기도
1958년(원기43) 5월2일	대종경편수위원회 임시간판 내림. 이공전·박정훈 장수 도착
1958년(원기43) 5월5일	산동교당[白牛庵]에서 800여 건이 넘는 자료를 정리하고 정선하여 『대종경』 분품 작업 마무리[약 9개월 소요]
	'대종경편수위원회' 발전적 해체
	장수교당에서 '정화사' 발족[총재: 정산, 사무장: 이공전]

	약 2년간 수집 정리한 법문[총 16품 650건]을 이관
1958년(원기43) 5월11일	이공전·박정훈, 자문판 『대종경』초안 謄書 업무 착수
1958년(원기43) 6월3일	1차 자문[자문본 逸失]
1958년(원기43) 6월20일~9월30일	자문판 『대종경』초안[前半部] 100일간 공람
1958년(원기43) 8월	수위단회, 정화사 社則 제정
1958년(원기43) 9월1일	정화사 위원·직원 명단 확정
1958년(원기43) 9월5일	『대종경 상편 자문판』 발송
1958년(원기43) 9월7일	대산, 이공전에게 『대종경 자문판』에 관한 보고받고 의견교환
1958년(원기43) 10월	2차 자문[교무선]
1958년(원기43) 10월17일	대종경편수위원회 자문회의, 『대종경』 재편수 요강 議定
	3차 자문
	4차 자문
1959년(원기44) 10월7일	5차 자문
1959년(원기44) 11월11일	『대종경』 再자문 草稿 공람
	6차 자문
1959년(원기44) 연중	자문판 『대종경』 초안 3차 공식 자문
1960년(원기45) 1월18일	수위단회, 「『정전』의 字句 수정과 그 재간 사업추진에 관한 건」 의결
1960년(원기45) 2월26일~9월30일	『정전』 修訂에 관한 의견안 수집
1960년(원기45) 7월11일	정산의 동산선원 행가에 따라 정화사 임시사무소 설치
	정산, 「『정전』의 修訂大要」 4개 조항 지시

1960년(원기45) 7월11~18일	일주일 특별기도
1960년(원기45) 7월말	동산선원[이운권·이공전]과 하섬[대산]에서 『정전』修訂 試案 작성
1960년(원기45) 8월1일	『정전』 수정 시안 작성의뢰 公翰 발송[중진 수위단원 5인]
1961년(원기46) 1월23일	제3회 임시수위단회, 『대종경』 관계 보고사항[현대성을 나타내는 말로서 「말씀하시되」 등으로 했으면 좋겠다는 유달영의 의견] 受理
1961년(원기46) 7월6일~9월9일	정산, 입원 치료[익산 중앙병원]
1961년(원기46) 9월10일~11월21일	정산, 입원 치료[서울대학병원]
1961년(원기46) 12월25일	정산, 『정전』 및 『대종경』의 편수 완결 촉진에 관한 特別諭示. 감수위원[대산·이공주·이완철·박광전·이운권·박장식]에게 가능하면 新年 4월 이내로 편찬을 완결하도록 촉구
1962년(원기47) 1월1~7일	이공전, 정산의 嚴命에 따라 『정전』의 자구 수정에 專務
1962년(원기47) 1월중순	『정전』 수정 시안 자문안을 공개하고 자문진에 回附
1962년(원기47) 1월24일	오전 9시30분, 정산 열반 대산, 新단장으로 추대됨
1962년(원기47) 1월31일	『정전』 수정 시안 자문안 제출 기일을 2월 10일로 연장
1962년(원기47) 2월2~23일	「諮問案『정전』修訂 試案[綜合案]」을 자문진에 回附
1962년(원기47) 2월21일	제5회 임시수위단회, 『정전』과 『대종경』을 합간하되 책명은 『원불교교전』으로 하기로

	의결. 『대종경』 序文 제작 등 일체를 감수위원과 상의하여 하도록 일임함
1962년(원기47) 2월23일	대산, 종법사로 추대됨. 제2대 정화사 총재 취임
1962년(원기47) 3월9~13일	『정전』 수정자문 개요를 자문진이 감수 照覽
1962년(원기47) 5월14일	교전 편수 발간 예고, 연구위원진·일선 교무진의 의견 수집
1962년(원기47) 5월14일	교전에 『金剛經』 원문 편입 여부 자문진에 回附
1962년(원기47) 6월6~25일	수정판 『정전』 원고 全文 공람[정화사 위원, 교무 諸位]
1962년(원기47) 6월10일	교전 발간에 대비한 보고 의뢰[각 교무 기관장 諸位]
1962년(원기47) 6월13일	교전 예상 단가 수정 통지[각 교무 기관장 諸位]
1962년(원기47) 6월16일	이경순, 신중을 기하고 경제 사정을 감안하여 내년에 인쇄하자는 의견을 교정원장·감찰원장에게 內申
1962년(원기47) 6월21일	감수진과 중앙간부진의 연석회합에서 최종 감수의 방침 의결
	제1차 교전감수위원회의, 감수 일정 및 감수 방향 의결
1962년(원기47) 6월26일~7월5일	제2차 교전감수위원회의, 최종 讀會 후 완결 확정
1962년(원기47) 7월7~16일	대산, 新都교당에서 最終 一讀으로 鑑定 완결
1962년(원기47) 7월17일	대산, 「교전의 鑑定 確認에 관하여」 승인 날인
1962년(원기47) 7월24일	제6회 임시수위단회, 「교전의 완결 및 발간에

	관한 건」 의결-이공주·이운권·이공전을 교정위원으로 선임하여 인쇄 기간의 일체 사항을 위임
1962년(원기47) 7월25일	서울교당에 정화사 임시사무소 설치
1962년(원기47) 7월26일	「교전의 완결확정 및 발간에 관하여」公翰 발송
1962년(원기47) 7월29일	鄭在道[한글학회 중진, 경향신문 교정부장]에게 1주일간 『교전』 원고 맞춤법 校閱 의뢰
1962년(원기47) 7월30일	조전권, 남산고아원에서 수위단 성명에 추가 서명
1962년(원기47) 7월31일	이공주, 한남동 자택에서 이공전으로부터 『교전』 감수에 관한 설명을 듣고 확정에 관한 추가 서명
1962년(원기47) 8월5일	정재도, 교열 마친 원고 가지고 용산교당에 도착
1962년(원기47) 8월7일	동아출판사에서 정식 인쇄 계약[착수금 20만 원]
1962년(원기47) 8월8일	동아출판사에서 인쇄 회부
1962년(원기47) 8월9~25일	『교전』初校[임정관51, 송순봉, 이운권, 이공주]
1962년(원기47) 8월26~27일	『교전』再校
1962년(원기47) 8월26일	이공주, 종법사 자격[변의품 38]에 관한 의견 제시

---

51 임정관(暢陀圓 林正觀, 1908~1994)은 이화여자전문학교를 졸업한 재원이며 박용철(朴龍喆, 1904~1938) 시인의 부인이다. 말년에 원남교당 교도회장을 역임했다. 그의 아들(朴仁圓)은 소촌교당을 창립했다.

1962년(원기47) 8월28일	이공주, 聖呪[천도품 4]와 과거칠불 게송[성리품 30] 부분에 추가 수정 의견 제시
1962년(원기47) 8월28일	李喆卿[서예가]에게 한글 題字 의뢰
1962년(원기47) 8월31일	이공전, 『대종경』 중 추가 수정안[4건] 품달코자 신도안 행
1962년(원기47) 9월1일	대산, 수정원고 결재, 감수위원 일동 동의
1962년(원기47) 9월2일	이철경의 題字가 미흡하다는 중론에 따라 이공전 글씨로 선정. 판권 초안 합의
1962년(원기47) 9월4일	『교전』 三校
1962년(원기47) 9월5일	『교전』 四校
1962년(원기47) 9월6일	판권 원고 공무부로 전달
1962년(원기47) 9월8일	전편 최종 교정 완료[朴煥斗52 등 협력]
1962년(원기47) 9월12일	12개 처 '물론하고'를 '막론하고'로 교정, 崔鉉培[한글학자, 연세대 교수]에게 의문 사항 전화 문의
1962년(원기47) 9월13일	14개 '물론하고'를 '막론하고'로, 2개 '잠깐'을 '잠간'으로 교정

---

52 박제중(恬山 朴濟衆, 1936~2020)의 호적이름이다. 박장식(常山 朴將植, 1911~2011)의 장남으로 태어난 그는 강직하고 주밀한 성품으로 모든 것을 내려놓고 출가를 단행한 결이 있는 수행인이었고, 박장식을 아버님이라 부르지 않을 만큼 공과 사가 분명했다. 1963년(원기48) 총부 교무부 주사를 시작으로 원광대학교, 교화부, 원광대학교를 거쳐 총부 박물관(현 원불교역사박물관) 관장을 봉직하다가 2005년(원기90) 정년퇴임했다. 그는 초창기 교단의 어려움 속에서도 뛰어난 영민함으로 교무부 편수과 업무에 노력했으며, 꼼꼼하게 교단의 유물을 모아 박물관을 운영하는 등 대의에 맞고 공사가 분명했다. 소태산의 유품을 목숨처럼 소중히 여기며 원불교의 유물을 관리했다. 또한 창의적 사고로 정기간행물 『원광』의 새로운 방향을 제시하며 문화교화의 새로운 지평을 열었다. 교중 살림을 알뜰하게 챙기고 법대로 철두철미한 생활로 구도에 열정이 깊었으며, 교단을 향한 오롯한 신심과 공심으로 이사병행 하는 공도자였다.(「원불교신문」 제1969호, 2020.2.5. 참조.)

1962년(원기47) 9월14일	『교전』 모든 교정 완결
1962년(원기47) 9월21~24일	『교전』 인쇄
1962년(원기47) 9월24일	인쇄 완료, 한양제본소에서 제본
1962년(원기47) 9월26일	『원불교교전』 발행
1962년(원기47) 9월29일	「동아일보」[석간]에 『교전』 광고 게재
1962년(원기47) 10월7일	총부에서 敎典의 刊行 奉告 및 경축식 거행[53]

아울러 교서 발간기금 희사인(喜捨人)의 명단은 다음과 같다.

敎書發刊基金 喜捨人 名鑑

普行委員[10,000원 이상]

종로: 김성진, 김보원, 최행덕, 한덕형, 최인수, 남궁법, 홍인덕, 송경심, 정도진, 손성인화, 공덕종, 김묘영, 장귀만, 김도진행, 장근형

동래: 이건세, 김춘국

마산: 진명일, 백은명

대구: 유대신행, 서유성

동산: 백자인

전주: 양영진

대신: 박은시화

통영: 이만수화

서울: 문종건

一般喜捨人[1,000원 이상]

---

[53] 정화사가 추진한 『정전』의 발행과정은 『원불교 교고총간』(제5권·제6권), 이공전 『범범록』, 박정훈 『정산종사전』 등을 기초자료로 참고하여 정리했다.

종로: 이한성, 김순근, 조정복, 박진신, 김법진, 정법원, 이윤정, 송달준, 김지원행, 김상만, 이성관

산서: 모성철, 최보순, 이대중화, 최응심, 박철원

삼례: 이영성, 유인화

이리: 조원준, 김법원, 장법인, 조은주화, 김법인행, 임유성

제원: 김성학, 정혜관

대신: 박보선, 박덕륜, 정윤철, 유수안, 손여진

전주: 정우진, 진중옥, 정두원, 최은혜화

동래: 김흥연

동산: 박석원

함양: 이근수화

군산: 장의순

서성로: 이교중

경남: 이정혜, 정오진화, 강영산월, 마원현, 김유성, 공귀원, 석경진화 김정수

보절: 소일완

서면: 정정기화

오수: 김성욱, 정수원, 안재원, 신일창화, 이용근, 정순환, 이수명, 진충옥

초량: 김서식, 나용선, 추성도

대구: 마명숙, 오광원, 권호경, 오은성, 김경신, 이근열, 정경진, 최인숙, 이경윤

통영: 방양전화, 윤계신, 권덕진화, 김윤정, 고효준, 홍봉연, 이수천, 송덕전, 유순일행, 김일직심, 김연운

김해: 이선권, 김일륜화, 박춘경, 김선명화, 김묘정화, 송덕선화, 김법계화, 최영복화, 김보현화, 한안식

영도: 김정진행, 최정선

광주: 김성덕, 박성관, 박현순, 정용숙, 김정희, 김송기, 노청성심, 김광준

마산: 김도은화, 장이성, 이정봉, 김공덕화, 임원덕화

진영: 황법정행, 주순정화

수계: 유평석, 심지원

당리: 문봉림

보화당: 최영석

贊助喜捨人[100원 이상]

서울: 김해은

삼례: 김덕윤

대신: 서장은, 정수도

아영: 배석원

대구: 김연지행, 서숙인, 송도영, 윤대명심, 배지국, 이선국, 이삼정화, 배양신, 백인경

광주: 노법준

종로: 고혜림화, 김정복, 김선인, 이봉신, 김명동, 이봉희, 한희화, 이희봉, 이성도, 윤덕봉54

이어서 정화사는 1965년(원기50) 12월에 연원고경(淵源古經)으로 『불조요경』을 발간했다. 이는 일찍이 소태산이 『불교정전』 권2, 권3에 편입한 바 있는 『금강경』 등 5경과 『수심결』 등 3론(論)을 개역(改譯)한 것이다. 1968년(원기53) 3월에는 그동안 수정 보완을 거듭해 온 새 『예전』과 총 126곡을 담은 『성가』를 동시에 발간했으며, 1972년(원기57) 1월에 『정산종사법어』[제1부 『세전』, 제2부 『법어』], 『원불교 교사』(1975)를 발행했다. 나아가 1948년(원기33) 4월 26일 제정 이후 세 차례 개정한55 『원불교 교헌』(1977)을 합본하여 『원불교전서』(1977)로 편정하고 그 과업을 마쳤다.

---

54 원불교 원광사, 『원광』 제44호, 원광사, 1964년 2월, pp.92~93.
55 『원불교 교헌』은 1차 개정(1959년 4월 25일), 2차 개정(1964년 4월 29일), 3차 개정(1977년 3월 1일)이 이루어졌다. 또한 『원불교전서』 발행 이후 4차 개정(1987년 11월 15일), 5차 개정(1999년 11월 8일)이 이루어졌다.

정화사는 교서편수 관련 자료를 정리하여 발간하고 1977년(원기62) 10월 해체했다.

해체에 앞서 정화사는 초기교단 관계 자료를 수집 정리하고 1974년(원기59) 12월 26일 『교고총간(敎故叢刊)』 전(全) 6권을 발행했다. 정화사에 의해 이루어진 기초자료의 조사와 수집, 정리 및 분류작업은 부족한 인력·재정·시간에 비추어볼 때 놀랄만한 것이었다. 아울러 일련의 성과를 교서로 간행하여 보급함으로써 원불교 사상의 전개를 위한 기초를 확고히 했다는 점에서 원불교교교사 뿐만 아니라 한국종교사에서도 유념할만한 업적이라 할 수 있다.

그러나 자료조사와 수집이 단기간에 이루어짐으로써 교서 간행 이후 새로운 자료가 속출하게 된 점,[56] 방대한 자료들이 수집은 되었으나 특정한 시각에 의해 일정한 자료들이 교서 간행 시 배제된 점 등은 정화사가 진행한 기초자료의 조사와 수집, 정리 및 분류작업에 미비점이 있음을 보여주고 있다. 『교고총간』에 있어서도 일제강점기 억압으로 인하여 원불교 교단이 어쩔 수 없이 보였던 친일적 태도에 관련된 자료와 훼절된 교리의 흔적을 배제함으로써 후학들로 하여금 굴절된 교사(敎史)에 대한 비판과 극복의 길을 차단해버린 과오도 지적되어야 할 것이다.

또한 1977년(원기62) 10월 26일에 『원불교전서』를 발행하고 정화사가 발전적으로 해체되었으나, 정화사 해체 이후 정화사의 임무를 계승할 만한 기관이 존속되지 못함으로써 미비 사항의 보완이나 지속적인 자료 수집 조사, 분류정리 작업이 중단된 점도 지적하고 넘어가야 할 사항이다. 예를 들어서 유·불·도 삼교와 기타 종교를 통합한 경전인 (가칭) 『원통경(圓統經)』의 발행을 유시한 정산의 경륜[57]은 아직도 실현되지 않고 있다.

---

[56] 이공전의 『대종경 선외록』(1985), 박정훈의 『한 울안 한 이치에』(1982), 손정윤의 『소태산대종사 일화집』(1995) 등과 교화부 간행 『선진문집』전5권(1979~1984), 박용덕의 『원불교 통신강좌-교사편』(1982~1983) 등에는 정화사가 행한 기초자료의 수집 조사에 누락된 자료가 상당수 실려 있어 교서 재결집의 필요성을 제기하고 있다.

[57] 「원통(圓統) 두 자를 써 놓으라. 유·불·선 삼교와 기타 종교를 통합하여 한 경전을 만들려 한다. 수심정경(修心正經)도 써 두어라.」(박정훈, 『한 울안 한 이치에』, 원불교출판사, 1982, p.98. "제1편 법문과 일화 6.돌아오는 세상 69절".)

3. 『대종경』의 저본과 수필 문헌

소태산은 「이 회상의 창조자는 경전 연습도 부지런히 하여 우리의 교리와 제도를 철저히 알아 가지고 자기의 실생활에 이 법을 잘 활용하여 어느 모로든지 다른 사람의 모범이 되어 은연중 이 회상의 발전에 공헌하는 사람」[58]이니 「경전 주해와 법설 기록을 많이 하라.」[59]고 강조했다. 나아가 「스승이 법을 새로 내는 일이나, 제자들이 그 법을 받아서 후래 대중에게 전하는 일이나, 또 후래 대중이 그 법을 반가이 받들어 실행하는 일이 삼위일체(三位一體)되는 일이라, 그 공덕도 또한 다름이 없다.」[60]고 부촉했다.

따라서 여러 제자가 정성껏 기록해둔 소태산의 법설들이 『대종경』의 기초자료이자 저본(底本)으로 활용되었다. 소태산의 친감을 거쳐서 정기간행물에 게재된 법설들이 대표적인 사례라고 할 수 있다. 반면에 『대종경 초고』와 함께 분실된 수필 문헌을 비롯해서 끝내 『대종경』에 수록되지 못한 자료들이 적지 않기 때문에 아쉬움을 안겨준다. 다시 새롭게 모든 자료를 수집하고 정리하여 촬요(撮要)하는 것은 또 다른 과제로 여전히 남아 있다.

1) 정기간행물 게재 법설

소태산은 교화기관지를 창간하고 정기적으로 간행하는 데에도 심혈을 기울였다. 1928년(원기13) 4월 10일 송도성이 제출한 의견 즉 "소태산의 법설을 각지의 회원들에게 전달하고 본관과 지부의 상호연락을 통해서 성장과 발전을 도모하려는 취지"[61]에 대하여 소태산은 '갑(甲)'이라는 감정을 내리고 채택하여 정기간행물을 발행했다.

『월말통신』에는 소태산의 법설과 공부인들의 감각 건과 처리 건, 예회에 대한 기록, 인사동정 및 각종 소식, 본관과 지부의 근황을 명료하게 기재했다. 『월말통신』 1~35호[1928년 5월~1932년 4월]를 비롯하여 제호를 바꾸어 계승 발행한 『월보』 36~47

---

58 『대종경』, 제13 교단품 33장 참조.
59 『대종경』, 제13 교단품 34장 참조.
60 『대종경』, 제15 부촉품 19장.
61 원불교 원광사, 『원불교자료총서』 제Ⅰ권, 원불교출판사, 1984, pp.13~15 참조.

호[1932년 5월~1933년 5월], 『회보』 1~65호[1933년 8월~1940년 6월]로 이어지는 정기간행물[통권 112호]은 『대종경』 편수에 있어서 매우 중차대한 자료라고 평가할 수 있다. 왜냐하면 소태산의 친감을 거친 법설 127건[62]이 약 13년에 걸쳐서 연속 게재되어 있기 때문이다. 『월말통신』 27건(21.3%), 『월보』 13건(10.2%), 『회보』 87건(68.5%)이 각각 확인된다. 그 내용을 살펴보면 원불교의 신앙·수행, 원불교인의 사명, 세계사의 방향, 원불교의 제도 사업, 불교(혁신), 창립정신, 마음공부, 교법 실천, 미래 전망, 성리 등 개교정신과 교리 사상을 일관성 있게 밝히고 있어서 소태산 법설 기록의 전범(典範)이라고 할 수 있다.

2) 청법 제자들의 수필 문헌

소태산을 친견하고 직접 청법(聽法)한 제자들이 수필[手筆·受筆]한 문헌들도 주목할 바이다. 예컨대 이춘풍[薰山 李春風, 1876~1930], 송도성, 전음광[惠山 全飮光, 1909~1960], 서대원, 조송광[慶山 曺頌廣, 1876~1957], 이공주, 박창기[默山 朴昌基, 1917~1950] 등이 기록한 문헌 자료들을 꼽을 수 있다. 또한 『대종경』의 저본으로 추정할 수 있는 문헌 자료들도 있는데 중앙선원의 『대종경초(抄)』가 대표적이다. 소태산의 법설을 수필한 주요 문헌과 저본으로 추정할 수 있는 문헌의 목록을 정리하면 다음 〈표2〉와 같다. 여기서 *표한 일부 문헌은 『대종경』 편수 후 발굴된 관계로 많은 아쉬움을 안겨줌과 동시에 보완의 필요성이 제기된다.

〈표2〉 소태산 법설 수필 문헌

번호	명칭	수필자	발행일	기타
1	山中風景	이춘풍	1927	
2	*法說受筆集1	송도성	1931.5.	양면 괘지. 43쪽. 14건. 세로쓰기.
3	*法說受筆集2	송도성	1931.5.	양면 괘지. 133쪽. 43건. 세로쓰기.

---

62 박영학, 「불법연구회 잡지의 법설 기록자에 관한 연구」, 『원불교사상과 종교문화』 제32집, 원불교사상연구원, 2006, p.220 참조.

번호	명칭	수필자	발행일	기타
4	*禪院日誌	書 記	1936~1940	13권. 161건.
5	*愚堂手記	서대원	1943~1945	노트. 114쪽.
6	*法說集	박창기	1944.6.15	2권 1책. 총136쪽. 152건. 1권[90쪽, 105건]. 2권[46쪽, 47건].
7	大宗師 略傳	송도성	1943~1945	52쪽. 미완성 초고본.
8	法海滴滴	송도성	1944~1946	노트. 10장. 국한문혼용. 20건.
9	*宗化大綱	이공전	1948.6.1	대종경 시안.
10	*曹沃政 百年史	조송광	1932~1933	법설 45건.
11	大宗經抄	중앙선원	未詳	노트. 총3권. 총195쪽. 291건. 1권[70쪽, 106건], 2권[70쪽, 101건], 3권[55쪽, 84건].
12	大宗經 抄錄 筆寫本	대산[추정]	未詳	최영진 발굴.
13	대산 기록자료	대산	未詳	
14	이공주 유필자료	이공주	未詳	
15	대종경 필사본	정화사	1961	전용지[2종]. 15품. 531장. 총528쪽.
16	大宗經 選外錄	이공전	1982	22장. 314건. 歌詞.
17	생불님의 함박웃음	김정용	2010	

①산중풍경

『산중풍경(山中風景)』은 이춘풍이 1922년(원기7)부터 1927년(원기12)까지 6년 동안 전라북도 부안군 봉래산에 살면서 보고 듣고 느끼고 연구한 감각감상, 논설, 예문, 서간문 등을 모아서 1927년(원기12) 음력10월에 편집한 것이다. 이는 개인의 관점에서 당시 느낀 바를 진솔하게 기록한 것이며 봉래정사 풍경과 익산총부 건설 당시 풍경의 일단과 동지간의 교리논쟁 등을 서술하고 있어서 소태산의 봉래주석기에 있었던 역사를 연구하는 데 중요한 자료로 평가되고 있다.[63]

---

63 박용덕, 「훈산유고『산중풍경』연구」, 『원불교사상』 제12집, 원광대학교 원불교사상연구원,

②법설수필집1

『법설수필집(法說受筆集)1』은 송도성이 소태산의 법설을 수필하여 1931년(원기 16) 5월에 정리를 마친 다음 이공주에게 증정한 것이다. 표제에 붓글씨로 "『법설수필집1』, 주산증(主山贈)"이라고 적었다. 내용은 양면 괘지에 펜글씨로 쓴 수고본(手稿本)으로 전체분량은 43쪽이며 법설 14건이 수록되어 있다. 그중에서 『대종경』에 직접 반영된 것이 9건[64]이나 된다.[65]

③법설수필집2

『법설수필집2』는 『법설수필집1』과 마찬가지로 송도성이 소태산의 법설을 수필하여 이공주에게 증정한 것이다. 표제에 붓글씨로 "『법설수필집2』, 주산증(主山贈)"이라고 적었다. 내용은 양면 괘지에 펜글씨로 쓴 수고본으로 전체분량은 133쪽이며 법설 43건이 수록되어 있다. 그중에서 『대종경』에 직접 반영된 것이 25건[66]이나 된다.[67]

④선원일지

원불교의 정기훈련 제도는 1925년(원기10) 하선(夏禪)에서부터 시작되었다. 하선은 음력 5월 6일부터 8월 6일까지, 동선(冬禪)은 음력 12월 6일부터 이듬해 3월 6일

1988 참조.
[64] 수행품 26·33장, 인도품 15·30·36·39장, 불지품 20장, 교단품 22장, 전망품 8장.
[65] 박광수, 「『대종경』 법문의 상황성 연구-주산종사의 대종사법설 수필집 중심으로-」, 『원불교학』 제3집, 한국원불교학회, 1998 참조.
양은용, 「주산종사의 소태산대종사 수필법문과 그 교의사적 의의」, 『원불교학』 제4집, 한국원불교학회, 1999 참조.
[66] 서품 11장, 교의품 24장, 수행품 19·29·52·54장, 인도품 32·39장, 인과품 12·30·31장, 변의품 2장, 성리품 10·13·15장, 신성품 2·9·31장, 실시품 3·4·31장, 교단품 3·24장, 전망품 7·13장.
[67] 박광수, 「『대종경』 법문의 상황성 연구-주산종사의 대종사법설 수필집 중심으로-」, 『원불교학』 제3집, 한국원불교학회, 1998 참조.
양은용, 「주산종사의 소태산대종사 수필법문과 그 교의사적 의의」, 『원불교학』 제4집, 한국원불교학회, 1999 참조.

까지 각 3개월씩 진행되었다. 그중에서 1936년(원기21) 하선에서 1940년(원기25) 동선까지 해당 기간에 남자부와 여자부의 서기를 지정해서 작성한「선원일지」총 13권이 전해진다. 1차 자료의 특성 그대로 초창기 교단 상황에 대한 다양한 분야의 복원을 가능하게 하는 보고(寶庫)로 평가할 수 있다. 정기훈련에서 시행된 프로그램과 교과과정, 인물들의 면면, 교단 제도의 단계와 명칭, 회화·강연·성리문답의 시행상황 등이 확인되기 때문이다.

「선원일지」에는 법설 161건이 수록되어 있으며 그중에서 31건이『대종경』28건[68]에 직접 반영되었다. 설법 시기가 분명하고 상황성이 드러나며 제도의 흐름, 교리 형성의 과정, 신앙과 수행, 그리고 관련 인물 등의 구체적인 상황이 밝혀지기 때문에『대종경』수록 법문을 해석하는 데 좋은 자료라고 평가할 수 있다.[69]

⑤우당수기

『우당수기(愚堂手記)』는 서대원이 가로 15㎝×세로 23㎝ 크기의 노트에 기록한 것으로 분량은 114쪽이다. 소태산 열반(1943)경부터 자신의 열반(1945) 당대 사이에 작성된 것으로 추정된다. 구성은 123개 번호를 붙여가면서 시문(詩文) 등의 자작문, 소태산 법설 초록, 독서록, 교법에 대한 변증문, 잡문 등으로 이루어져 있다. 여기에 나타나는 교리는 일원상과 삼학·사은 등이며, 이를 해설 변증하는 관심이 확인된다. 아울러 탐독했던 서적 이름을 적고 있는 등 사색의 세계가 드러나는 특징이 있다.[70]

⑥법설집

『법설집(法說集)』은 박창기가 1933년(원기18)부터 소태산을 시봉(侍奉)하면서 초

---

68 서품 4장, 교의품 2·8·17·20·27·30·34·35장, 수행품 3·9·11·22·23·53장, 인도품 33·34장, 인과품 3·31장, 성리품 27·31장, 천도품 28장, 전망품 16·17·18장, 부촉품 8·14·17장.
69 양은용,「소태산 대종사의 정기훈련 중 법문 연구: 1936년 하선에서 1940년 동선까지의『선원일지』를 중심으로」,『원불교사상과 종교문화』제41집, 원광대학교 원불교사상연구원, 2009 참조.
70 '깨달음을 노래한 서대원 대봉도의 우당수기',「원불교신문」제1813호, 2016.9.2 참조.

록(抄錄)해두었던 법설을 모아서 소태산 열반 1주년을 기념하며 1944년(원기29) 6월 15일에 펴낸 것이다. 소태산의 추선공양(追善供養)과 함께 교법을 널리 퍼뜨리기 위해서 작성한 것이다. 양지(洋紙) 가로 13㎝×세로 10㎝의 필사본 2권 1책으로 총 136쪽[1권 90쪽, 2권 46쪽]이다. 각 쪽은 20자 이내의 부정행(不定行)이며, 각 행도 20자 이내의 부정자(不定字)이다. 문자는 한문체에 한글을 혼용했다. 한글에 한자를 차용하여 표기하고 토(吐)나 어미에 한글을 섞어 쓰고 있다. 문어체가 아니라 구어체이기 때문에 현대어로 옮겨 쓰기에 어려움이 있다.

일원상(一圓相)으로 시작되는 각 권은 총 152건[1권 118건, 2권 34건]의 소태산 법설을 수록하고 있다. 일기형식의 법설 모음이며 대부분 소태산의 만년[晩年, 1933~1942] 법설이기 때문에 교리 형성의 흐름을 잘 드러내고 있다. 교의(敎義) 정비, 교단 체제 정비, 생사 해탈 강조 등의 경향이 드러난다. 『법설집』은 광복 이전의 작품이라는 점과 소태산 법설의 상황을 매우 상세하게 전한다는 점에서 원형이 잘 보존되어있다는 평가를 받는다. 다만 일부 해독(解讀)하기 어려운 부분과 시대적 제약 때문에 윤색된 부분을 어떻게 털어버리고 소태산의 본회(本懷)와 경륜에 다가설 것인지에 대한 문제가 제기된다. 『대종경』 편수 과정에 이 자료가 참조되지 않은 관계로 혹자는 『대종경』과 다른 설이 있을 것을 염려하기도 한다.[71]

⑦대종사 약전

『대종사 약전(大宗師 略傳)』은 송도성이 소태산의 생애를 기록한 수기본 유고이다. 내제(內題)는 '대종사약력(大宗師略歷)'이라고 했다. 가로 24.5㎝×세로 17.5㎝의 불법연구회 전용 갱지 52쪽의 단권에 국한문 혼용 펜글씨 초고이다. 연호를 '대정(大正)' 등 일기(日紀)로 사용하고 있으므로 저술 시기는 1943년(원기28) 6월 1일 소태산이

---

[71] 양은용, 「묵산수필『법설집』의 서설적 연구」, 『원불교사상』 제10·11집, 원광대학교 원불교사상연구원, 1987 참조.
이이원, 「소태산 만년법설에 관한 연구-묵산수필 법설집을 중심으로」, 『원불교문화논총』 제8집, 일원문화연구재단, 2006 참조.

열반한 뒤부터 1945년(원기30) 8월 15일 광복 이전까지로 추정할 수 있다. 특히 「불법을 천하의 대도(大道)로 선언」[72]한 내용은 다른 제자들이 수록하지 않은 유일한 기록이라는 점에서 사료적 가치가 뛰어나다. 아울러 소태산의 봉래주석기[1919~1924]에 설해진 법문들을 주로 수록하고 있다.[73] 소태산에 대한 관점을 정립함은 물론이요 원불교 교사를 정리하는 데 유용한 자료로 평가된다.

⑧법해적적

『법해적적(法海滴滴)』은 송도성이 수필한 소태산의 법설집이다. 가로 15㎝×세로 19㎝의 노트 10장에 수고본(手稿本) 한문 법설 20건으로 이루어져 있다. 다만 한문에 국문의 토를 달아 내용의 큰 흐름을 파악하게 하였으므로 엄밀하게 말하자면 국한문 혼용체라고 할 수 있다. 법문 수필 형식은 육하원칙에 의한 방법이 아니라 법문의 대의를 중심으로 기록되었다. 『법해적적』에 수록된 법설이 모두 『대종경』 22개 장에 채록되었기 때문에 법문의 원형이라는 점에서 원불교 해석학의 지평을 넓힐 수 있는 가치를 지니고 있다고 평가된다.[74]

⑨종화대강

『종화대강(宗化大綱)』은 이공전이 소태산 열반 5주기[1948.6.1.]를 기하여 소태산의 법문을 영구히 보존코자 하는 의지를 가지고 편집한 것이다. 모든 기록을 찾아서 취록(聚錄)하고 법문의 요지를 초집(抄集)하여 정리해서 작성했다. 제1집에는 1928년(원기13) 총회까지 준비 시대의 교화경로 및 가사 등이 역사의 차례로, 제2집에는 이후 발표된 법설 등이 의지(意旨)의 종류별로 초록되었으며 소태산 친저 문장, 가사 등

---

[72] 『대종경』, 제1 서품 3장 참조.
[73] 양은용, 「주산종사의 소태산대종사 수필법문과 그 교의사적 의의」, 『원불교학』 제4집, 한국원불교학회, 1999 참조.
[74] 양은용, 「주산종사 수필 소태산 대종사 법문집 『법해적적』의 연구」, 『원불교사상과 종교문화』 제34집, 원광대학교 원불교사상연구원, 2006 참조.

의 원문이 수록되었다. 이공전은 『종화대강』 서(序)에 밝히기를 "소태산의 교화 사상에 관한 모든 기록이 그 대강만은 망라 제시된 편이라고 믿는다."라고 했다.75

⑩조옥정 백년사

『조옥정 백년사(曺沃政 百年史)』는 조송광의 연대기(年代記)이다. '옥정(沃政)'은 그가 꿈에서 얻은 도호(道號)로서 이 연대기는 그가 만 56세 되던 해 가족과 일본 오사카(大阪)에서 살 때인 1932년 11월 5일부터 1933년 1월 30일까지 3개월 동안 재구성 편성된 것으로 보인다. 자필 묵사본으로 10절 미농지 45장, 한장 수본(手本) 비단 표지로 되어 있고 전면에는 『曺沃政 百年史』 후면에는 「人之宗法 道之大源 春秋以筆 陰陽以定」이라 붓글씨로 썼다. 200자 원고지로 환산하면 130장에 해당하는 내용이 장당 20행 20~25자로 쓰여 있다.

조송광이 송적벽[夏山 宋赤壁, 1874~1939]의 인도로 1924년(원기9) 5월 소태산과 전주 한벽루에서 만난 기록76이 수록되어 있다. 이후 1925년(원기10) 7월 14일 영광 길룡리를 찾아가 소태산의 본가에서 법명을 받은 내용, 1928년(원기13) 3월 26일 총회에서 회장으로 피선된 내용, 1929년(원기14) 동선에서 이루어진 소태산과 선객(禪客)의 문답, 1930년(원기15) 2월 6일 동선 해제 후에 소태산과 봉서사(鳳捿寺)를 가던 중 들은 법문, 1931년(원기16) 3월 26일 총회에서 또다시 회장으로 인임(因任)된 내용 등이 확인된다.

조송광은 불법연구회 2대 회장으로 피선되어 9년[1928~1936]이나 역임했다. 따라서 조송광은 소태산과 불법연구회의 대소사를 함께 논의하고 처리했다. 그러던 중 소태산은 당시 부산에 머물며 교화하던 장적조[二陀圓 張寂照, 1878~1960]의 초청을 받아 1931년(원기16) 10월에 경상도 여행[부산: 동래온천·범어사·통도사, 경주: 오릉·불국사·석굴암·용담정·최수운 묘 등]을 다녀왔다. 그때 조송광은 소태산을 배종

---

75 이공전, 『범범록』, 원불교출판사, 1987, pp.40~41 참조.
76 『대종경』, 제14 전망품 14장.

(陪從)했고 자세한 기록을 여기에 남겼다.77

⑪대종경초

『대종경초(抄)』는 항간에 이공전이 기록한 것으로 알려져 있는데 공식적으로 확인된 바는 없다. 필자가 입수하여 연구를 진행하고 있으며 마무리되는 대로 대중에게 공개할 계획이다. 노트 표지에는 '중앙선원용(中央禪院用)'이라고 병기(倂記)되어 있으며, 각 권마다 만년필을 사용하여 제일 앞쪽에 일련번호에 따라 법설 요지를 기록한 뒤 소태산의 법설을 상세히 서술하고 있다. 총 3권으로 구성되어 있고 각 권은 70쪽 분량이다. 노트 1권[70쪽, 106건], 노트 2권[70쪽, 101건], 노트 3권[55쪽, 84건]이며 그중에서 노트 3권의 15쪽은 여백이므로 산입하지 않았다. 따라서 291건의 법설이 노트 195쪽 분량에 수록되어 있다.

⑫대종경 초록 필사본

최영진이 2014년(원기99)경『대종경』[국한문혼용 필사본]을 입수하여 원불교역사박물관에 기증했다. 이를 좌산상사[左山上師, 李廣淨, 1936~현재, 이하 '좌산'이라 칭함.]가 주석(住錫)한 구룡상사원의 시무실에서 편집 정리하고 한글화하여 2019년(원기104) 9월 18일『대종경 초록 필사본((抄錄筆寫本)』을 발행했다.

『대종경 초록 필사본』은 붓글씨 필사본이며 한지에 모필로 정교하게 적은 것으로, 표제는『대종경』이라 적혀 있고 총 450쪽이다. 책의 크기는 가로 21.2㎝×세로 32.3㎝이다.『대종경 초록 필사본』은 하드커버 양장본으로 되어 있고, 한지에 세로로 쓴 글씨이며, 각 쪽은 10행 30자 내외의 부정자(不定字)이다. 국한문 혼용으로 필사되어 있다. 한문은 어려운 글들도 보이고, 언문은 과거의 글 표기법으로 쓰여 있다.『대종경 초록 필사본』의 편수를 위해서 모인 자료들을 2~3인이 분량을 나누어서 쓴 후 합본했으며, 앞부분은 달필로 쓴 붓글씨체이고, 뒷부분으로 갈수록 서툰 글씨체가 보인다. 다

---

77 박용덕,「경산연대기『조옥정 백년사』고(考)」,『정신개벽』제6집, 신룡교학회, 1988 참조.

음과 같이 13품 총 397장으로 편성되어 있으며 『대종경』 목차와 문체의 원형을 보여주고 있다는 특징이 드러난다.[78]

목차　　　　(15쪽)	제5 실시품 (30장, 22쪽)	제10 불국품 (16장, 24쪽)
제1 서　품 (5장, 8쪽)	제6 인과품1 (37장, 25쪽)	제11 인과품2 (9장, 16쪽)
제2 초도품 (10장, 10쪽)	제7 변의품 (13장, 22쪽)	제12 수행품 (125장, 143쪽)
제3 교의품 (26장, 33쪽)	제8 성리품 (22장, 17쪽)	제13 기연품 (19장, 21쪽)
제4 인도품 (74장, 99쪽)	제9 천도품 (11장, 6쪽)	

한편 좌산은 『대종경 초록 필사본』을 대산의 필사본 『대종경』이라고 확인하면서 "대각전 앞 사가에서 요양 차 계실 때 대종경 초안을 집필 정리하시면서 운동 삼아 대각전 뒷길을 거닐며 구상하시었다."[79]고 회고했다. 하지만 『대종경 초록 필사본』이 대산의 작품인지는 필적 검증을 비롯한 심도 있는 고증 절차가 다각도로 이루어진 후 확정해야 한다고 본다.

⑬대산의 기록자료

대산은 교정원장으로 부임하기 전 몇 해 동안 요양 여가에 소태산의 법설을 알뜰히 간추리고 다듬어서 정리했다. 그리하여 대종경편수위원회가 소태산의 법문을 수집했을 때 미발표의 새로운 자료를 비롯한 200건이 넘는 자료를 제출하여 최다제출자로 꼽혔다. 그 기록자료가 발굴된다면 분명 소태산 법설의 보고(寶庫)가 될 것이다.

---

[78] 최문채(영진), 「『대종경』(초편본) 발굴에 대한 고찰Ⅰ」, 『원불교사상과 종교문화』 제90집, 원광대학교 원불교사상연구원, 2021 참조.
[79] 구룡상사원 시무실 편, 『대종경 초록 필사본』, 원불교역사박물관, 2019, p.3 참조.

⑭이공주의 유필자료

이공주는 소태산의 표현 그대로 '무가지보(無價之寶)'[80]와 '법낭(法囊)'[81]의 역할을 했다. 1996년(원기81) 7월부터 1997년(원기82) 3월까지 그의 유품에 대한 분류·복사·정리 작업이 진행되었다.[82] 그중 분류 목록에 자필 원고 43개를 비롯한 다양한 유필 문건이 확인되며 소태산의 법설로 추정되는 목록이 다수 있다. 앞으로 그 내용을 파악하는 연구를 진행한다면 새로운 소태산 법설 자료가 발굴되리라고 기대한다. 아울러『대종경』에서 제외된『계유년[83] 동선 기간 오전 경전 시간 필기 노트』의 소태산 법설 74건도 가치가 매우 높다.

⑮대종경 필사본

『대종경 필사본』은 정화사에서『대종경』편수과정 중 막바지에 작성한 초고이다. 본 책에서 전문(全文)을 소개하면서 그 가치를 드러내고 있다.

⑯대종경 선외록

『대종경 선외록(大宗經 選外錄)』은 이공전이『대종경』에 수록되지 않은 자료들을 모아서「원불교신문」제203호[1978.1.25.]부터 제244호[1979.11.25.]까지 근 2년 동안 연재한 기사를 모아서 편집하여 1982년(원기67)에 발간한 것이다. 보조 경전의 성격을 갖는다고 할 수도 있으나 구체적으로 말하자면 '경(經)'과 '록(錄)'이라는 법문의 위상과 차별적 성향을 띠고 있다. 이공전은 다음과 같이 허두(虛頭) 말씀을 전한다.

공자의 정경(正經)은 〈논어〉이지만 따로 〈공자가어〉 10권이 전해오고 있다. 대종

---

[80] 원불교 제1대 성업봉찬회 편,『원불교 제1대 창립유공인역사』1, 원불교출판사, 1986, p.24.
[81] 법문 수필과 관련하여 1928년(원기13) 소태산이 하사한 애칭이다.
[82] 양은용,「이공주종사 수필자료의 교단사적 의의」,『원불교문화논총』제1집, 일원문화연구재단, 1997 참조.
[83] 1933년(원기18)에 해당한다.

사의 정경은 〈대종경〉이지만 대종사 28년의 일대 소설이 어찌 5백 47장의 대종경 법문만으로 망라될 수 있었겠는가. 1일 1건이라도 1만 건이 넘을 무량 법문인 것이다. 그래서 대종경 편수 당시 대은법주 정산 종사께서는 「선택에서 제외된 자료들과 미처 수집 못한 자료들은 후일에 〈가어(家語)〉처럼 엮어 전하라.」 부촉하셨던 것이다. 편차는 후일 가르기로 하고 그동안 보존하여온 선외 초고 중에서 우선 손 닿는 대로 몇 건씩을 간추려 차례 없이 연재하기로 한다. 간추림이 끝나면 다른 모든 관계 문건과 함께 일괄하여 소각 처분하기로 되어 있는 정화사 각항 편수자료들. 그야말로 연금사 같은 슬기와 차분함이 이 일에도 따라야 할 것이다. 정화사 간판 내린 후 맨 먼저 착수한 이 잔무 수행에 삼세 스승 동지들의 더욱 크신 보살피심이 계셔주시길 빈다.[84]

목차는 다음과 같이 총 22장 315절로 구성되어 있다. 각 장의 제목은 내용의 특성을 살리고 『대종경』의 '품(品)'과 구분하여 '장(章)'으로 이름 지었다.

1. 實示威德章 (19절, 5쪽)　　11. 濟生醫世章 (15절, 7쪽)　　21. 敎團受難章　(25절, 13쪽)
2. 遺示啓後章 (33절, 10쪽)　　12. 恩族法族章 (6절, 7쪽)　　22. 最終選外章　(4절, 3쪽)
3. 求道苦行章 (7절, 4쪽)　　13. 佛祖同事章 (8절, 4쪽)　　부록 大宗經序　　(2쪽)
4. 初度異蹟章 (8절, 7쪽)　　14. 主世佛地章 (8절, 4쪽)　　부록 親著歌詞篇 (6편, 40쪽)
5. 師弟際遇章 (20절, 8쪽)　　15. 生死因果章 (17절, 4쪽)
6. 因緣果報章 (3절, 4쪽)　　16. 辨別大體章 (4절, 4쪽)
7. 敎化機緣章 (8절, 4쪽)　　17. 禪院垂訓章 (12절, 10쪽)
8. 一心積功章 (15절, 7쪽)　　18. 自初至終章 (8절, 4쪽)
9. 靈寶道局章 (20절, 7쪽)　　19. 要言法訓章 (38절, 8쪽)
10. 道運開闢章 (13절, 7쪽)　　20. 原始反本章 (24절, 12쪽)

『대종경 선외록』은 『대종경』에서 볼 수 없는 자료, 새롭게 발굴된 자료가 상당 부

---

84 '대종경 선외록 〈1〉', 「원불교신문」 제203호, 1978.1.25.

분 수록되어 있기 때문에 소태산의 가르침을 또 다른 차원에서 접할 수 있다는 점에서 그 의의가 크다. 하지만 『법설집』, 『우당수기』 등 미발굴 자료가 포함되지 않았다는 점에서 여전히 한계를 안고 있다.[85]

⑰생불님의 함박웃음

『생불님의 함박웃음』은 김정용[文山 金正勇, 1925~2014]이 틈틈이 모아온 법문 90여 편을 재정리해서 2010년 발행한 것이다. 김정용은 14세에 출가하여 주경야독하며 구전심수로 소태산의 가르침을 받았다. 특히 28세의 젊은 나이에 원광대학교에 부임해 30여 년 동안 박광전[崇山 朴光田, 1915~1986] 총장을 보필하며 불철주야 대학발전에 열과 성을 다했다. 그리고 원광대학교 제5·6대 총장을 역임하며 대학발전을 이끌었다.

본 책은 "제1편 간단없는 공부법, 제2편 도인 만드는 공장, 제3편 세계의 일등국, 제4편 구세주로 오신 대종사님"으로 편목을 삼았다. 물론 책의 내용 가운데는 이미 『대종경』과 『대종경 선외록』에 생생하게 수록되어 있는 부분도 있다. 이 점에 대해 저자는 "법문의 의지가 잘 밝혀져 있지만 분량 등으로 인해서 법문이 설해진 상황성이 생략되고, 많은 법문이 채록되지 못한 안타까움이 있다."며 이 책을 발간하게 된 동기에 대해 부연했다.[86]

3) 취재자료

대종경편수위원회에서 모집한 자료 이외에 새로 취재(取材)한 부분이다. 소태산의 친제(親製) 문장(文章)과 가사(歌詞) 및 서한(書翰) 중에서 골라서 뽑아낸 자료, 『조선불교혁신론』, 『불법연구회창건사』, 『불교정전』 등에서 일부분을 뽑아낸 자료이다.

---

85 원광대학교 원불교사상연구원 편, 『원불교대사전』, 원불교출판사, 2013, pp.226~227 참조.
86 '생불님의 함박웃음', 「원불교신문」 제1517호, 2010.4.16 참조.

4) 기고자료

『대종경』편차를 구성하면서 새로 써서 편입한 기고(起稿) 자료이다. 편집 과정 중 미비점을 보충하기 위하여 말로 전해져 내려오는 법설과 편차 구성과정에서 서문(序文)과 발문(跋文), 찬문(贊文) 자료 등을 삽입했으며,[87] 일부는 편수과정에서 제외되었다. 미처 기록되지 않은 소태산의 법설을 실무자들이 작성하여 감수위원들과 정산의 동의를 거쳐 게재했다.

III.『대종경 필사본』의 내용과 의의

1.『대종경 필사본』의 개요

『대종경 필사본』은 한 권으로 제책되어 있다. 군청색 포크로스와 검은색 하드커버로 제작된 표지 앞부분은 일부 찢겨 있고 벗겨진 흔적도 있지만 상태는 비교적 양호한 편이다. 표지의 크기는 가로 17㎝×세로 24.5㎝, 속지의 크기는 가로 16㎝×세로 24㎝, 두께 약 6㎝의 필사본 1책으로 총 528쪽이다. 제책의 상태는 위아래 두 군데에 따로 두 곳씩 뚫어서 묶은 형태이다.

속지는 두 종류이다. 하나는 세로쓰기 14열 형식의 표로 편집하고 왼쪽 세로 변 하단에 '원불교'라고 붉은색으로 주문 인쇄한 양면 괘지이다. 각 열의 폭은 1㎝, 길이는 21㎝이다. 총 분량은 60쪽이고 39쪽 분량에『대종경』편차(編次)를 따라서 각 장의 요지를 1열에 각각 빠짐없이 기록했다. 각 열의 윗부분에 일련번호를 매겼는데 일부[1~126]는 넘버링기를 사용하여 스탬프로 찍었고 일부[127~529]는 필사자(A) 1명이 만년필을 사용하여 국한문혼용으로 적었다. 21쪽 분량은 공란이다.

또 다른 속지는 세로쓰기 14열 형식의 표로 편집하고 왼쪽 세로변 상단에 '大宗經', 세로변 하단에 '正化社'라고 파란색으로 주문 인쇄한 전용지(專用紙)인데 양면 습자지

---

[87] 원불교 정화사 편,『원불교 교고총간』제6권, 원불교 정화사, 1974, pp.276~277 참조.

사이에 갱지를 넣어서 주문 제조했다. 각 열의 폭은 1㎝, 길이는 20.6㎝이다. 총 분량은 234장[468쪽]이며 각 품의 마지막 장이 홀수 쪽으로 마무리되는 경우 그다음 쪽을 여백으로 두었는데 5쪽을 차지하므로 총 463쪽이다. 필사자(B) 1명[88]이 세로쓰기로 1행에 대략 25자 내외의 국한문혼용 글자를 연필로 정서(淨書)했다.

앞에서 『대종경』 편수 과정에 6차에 걸쳐서 원고를 자문 정리하는 과정이 있었음을 언급한 바가 있다. 그중에서 『대종경 필사본』은 5차 정고[89]를 1961년(원기46) 무렵 다시 정서하고 품별로 각 장의 요지를 별도로 적어서 앞부분에 추가하여 제본한 것이다.

주지하듯이 필사본은 "베껴 쓴 것"을 지칭하는 반면에 초고(草稿)는 "초벌 원고"를 뜻한다. 따라서 『대종경 필사본』은 간행본 『대종경』에 비추어볼 때 그 저본(底本)이라는 점에서 '초고'라고 명명(命名)하는 것이 적합하다고 본다.[90] 하지만 표제에 『대종경 필사본』이라고 명기(明記)되어있으므로 본고에서는 이를 따르기로 한다.

2. 『대종경 필사본』과 『대종경』 내용 대조

공식적으로 『대종경』은 6차 정고(淨稿) 과정을 거쳐서 발간되었다. 정화사의 영구보존 문서들이 원광대학교 중앙도서관 원불교자료실에 일괄 기증되어 보존되다가 현재는 원불교 교정원 문화사회부의 기록관리실에 영구보존 중이다. 그 자료들과 대조한 결과 『대종경 필사본』은 5차 정고 후에 작성된 것으로 추정할 수 있으며 내용에 있어서 4차 정고 이전과는 확연한 차이점이 드러난다. 6차 정고는 원고지에 작성하고 각

---

88 다른 글씨체로 여겨지는 일부가 있는 데 이에 관해서는 정확한 필적 감정이 필요하다.
89 백색바탕의 간지(間紙) 첫 장에 붓글씨로 '大宗經最終諮問鑑修稿'라고 쓰고 훗날 '最終' 글씨 오른쪽에 '(第五次)'라고 볼펜으로 써서 정정했다. 세로쓰기 14열 형식의 표로 편집하고 왼쪽 세로변 하단에 '正化社'라고 파란색으로 주문 인쇄한 전용지 첫 장에는 연필로 '再諮問版 大宗經 草案 正化社'라고 썼다. 전체분량은 총 486쪽이다.[정화사, 『대종경최종자문감수고』, 원불교기록관리실 所藏.]
90 이공전은 『대종경』 편수과정을 '원초안(原草案)·정초안(淨草案)·1차 정고(淨稿)·2차 정고·초자문판·재자문판'의 순으로 밝혔다.[이공전, 『대종경 선외록』, 원불교출판사, 1985, p.15. 일러두기 참조.]

장의 본문 내용에 수정사항을 덧씌워 기록하고 있으므로 사료(史料)로서 높은 가치를 갖고 있다. 하지만 정고가 아니기 때문에 전재하여 단행본으로 발행하는 데에는 한계가 분명하다. 따라서 본고에서는 『대종경 필사본』과 『대종경』의 내용을 상호 대조하여 각 품의 순서에 따라 주요 사항을 간략하게 제시하기로 한다. 주요 사항에 대한 상세한 연구는 후일의 과제로 남겨둔다.

1) 서품

『대종경 필사본』에서 제일 주목해야 할 것은 서품 1장, 즉 소태산의 대각일성(大覺一聲)이 처음으로 등장한다는 사실이다. 또한 『대종경 필사본』은 서품을 15개의 장으로 구성했으나 『대종경』 서품에는 말미에 16장, 17장, 18장, 19장을 추가했다. 추가된 내용은 『조선불교혁신론』 중 개선론(改善論)의 내용을 일부 발췌한 것이다. 이로써 서품은 총 19개의 장으로 증보되었다.

2) 교의품

『대종경 필사본』 교의품 21장과 22장은 『대종경』 교의품 21장으로 통합되었고, 『대종경 필사본』 교의품 35장은 『대종경』 교의품 34장과 35장으로 분리했다. 따라서 교의품의 총 39개의 장은 그대로 유지되었다.

3) 수행품

『대종경 필사본』 수행품에 없는 내용이 『대종경』 수행품 중간중간에 추가로 삽입되었다. 수행품 28장과 35장이 그것이다. 수행품 28장은 "범상한 사람이 지혜 어두워지는 조건 두 가지"를 밝히고 있으며, 수행품 35장은 "어린이는 하늘 사람이다."라고 천명(闡明)했다. 따라서 『대종경』 수행품은 총 61개의 장에서 63개의 장으로 늘었다.

또한 『대종경 필사본』 수행품 28장의 첫 구절 '제세교인(濟世敎人)'이 『대종경』 수행품 29장으로 옮겨지면서 '동학 교인'으로 바뀌었다. 제세교는 조일제[趙一濟,

?~1957]가 창립한 선교(仙敎)의 초기 이름이다.91 선교는 동학계 계통의 교단이기 때문에 제세교인을 동학 교인으로 수정한 듯하다. 제주도에서 출생한 조일제는 천도교 신자였다. 일본으로 건너가 천명교(天命敎)라는 명칭으로 천도교를 포교하다가 해방 이후 귀국했다. 그는 1923년에 이민제[李民濟, 1880~1926]가 성도교(性道敎)를 창립하고 "선천과 후천의 다음에 중천이 온다."는 새로운 개벽관을 제시한 저술인 『삼역대경(三易大經)』의 원리에 감명을 받아 입교하게 되었다. 하지만 성도교의 신행을 따르지 않고 별도의 분파로 활동하다가 제세교라 이름했다. 계룡산 아래 하대리에 본부를 두고 교명을 다시 선교로 바꾸었다.92 1957년 조일제가 사망하자 일부 간부들이 신도를 이끌고 도학교(道學敎)에 입교했다.93

『대종경』 수행품 39장은 『대종경 필사본』 수행품 37장에서 확인되는데 좌선 공부에 전력하여 신통 허령을 나타낸 제자로 이만갑[完陀圓 李萬甲, 1878~1961]의 이름이 밝혀져 있다. 실명을 삭제한 이유는 「그의 물음으로 인하여 특별한 법의(法義)가 밝혀졌다거나 그의 특성이 연관되어 성립된 법문 외에는 문자(問者)나 관련자의 이름은 밝히지 말 것」이라는 「대종경 초안 재편수 요강」[1958.10.17.]을 따른 것으로 볼 수 있다. 하지만 필자의 견해로는 분명히 이만갑의 특성이 연관되어 성립된 법문이라고 본다.

> 이만갑은 1878년 2월 30일 전북 전주 완산정에서 부친 이원석(李元碩)과 모친 이삼례(李三禮)의 11남매 중 넷째 딸로 출생했다. 17세에 전북 김제군 금산면 구월리 황새몰 김화성(金化成)과 결혼하여 슬하에 6남매를 두었다. 구남수와 더불어 불교와 태을도에 독실했으며, 40세 되던 1917년(원기2) 4월 원평 송적벽의 집에서 둘째 아들 김원형과 함께 정산을 만났다. 42세 되던 1919년(원기4) 금산사 송대에서

---

91 한국신종교학회·원불교사상연구원 편, 『한국신종교사전』, 도서출판 한맘, 2018, p.900.
92 한국신종교학회·원불교사상연구원 편, 『한국신종교사전』, 도서출판 한맘, 2018, p.917.
93 한국신종교학회·원불교사상연구원 편, 『한국신종교사전』, 도서출판 한맘, 2018, p.513.

소태산을 뵙고 음식을 공양한 후 법설을 받들고 제자가 되었으며, 그해 12월 월명암에 임시 거주하던 소태산을 실상사 옆 초가를 매입하여 거주케 하고 식량과 땔감을 부담하는 등 초기 변산의 간고한 시기에 투철한 신성을 바쳤다. 이때 소태산으로부터 만갑(萬甲)이라는 법명과 함께 '북방세계칠중옥(北方世界七中玉)'이라는 특별한 호까지 받았다. 1921년(원기6) 훗날 북방교화와 경상도 교화의 기수인 장적조(張寂照)를 입문시켰으며, 1925년(원기10) 원평지역 최초의 법회를 둘째 아들 김원형(金元亨)의 집에서 열도록 했고, 다섯째 아들 김정종(金貞鍾)을 전무출신하도록 권장했다. 평생을 독실한 신성으로 일관하다가 1961년(원기46) 4월 2일 84세를 일기로 중앙수양원에서 열반했다.94

4) 인도품

『대종경 필사본』 인도품 2장은 『대종경』 인도품 2장과 3장으로 분리되었다. 또한 중간에 인도품 6장이 추가로 삽입되었다. 아울러 인도품 30~39장이 추가되었는데 『대종경 필사본』 교단품 19·20·24·25·26·28·29·30·34·35장을 옮겨서 배치한 것이다.

5) 인과품

『대종경』 인과품 28장에서 언급된 '옛 선사'는 『대종경 필사본』에 '중국의 지정 선사(知正禪師)'로 밝혀져 있다. 이는 다음과 같은 정산의 법문에서도 다시 확인된다.

"지정 선사(知正禪師)는 제자를 위하여 여러 사람이 복 비는 재물로 먹이지 않고 손수 가꾼 과수의 수입으로 먹이셨다 하는데 그것도 역시 빚이 아닙니까?"
"남이 복 지으러 가져온 것을 먹는 것과 스승이 정의로 제자를 먹이는 것을 비교하면 먹는 것은 같으나 갚는 데는 큰 차이가 있다. 같은 사과 한 바구니를 받아먹는

---

94 원광대학교 원불교사상연구원 편, 『원불교대사전』, 원불교출판사, 2013, p.882 참조.

것도, 친구와 놀며 얻어먹는 것과 큰일을 잘 보아달라는 조건부로 얻어먹는 것과는 그 안에 큰 차이가 있는 것과 같다."[95]

다만 중국의 『고승전(高僧傳)』[96]을 찾아봐도 지정 선사에 관한 내용을 찾아볼 수 없어서 아쉽다. 소태산이 어떻게 지정 선사에 대한 예화를 알고 언급하게 되었는지 구명(究明)하는 것은 후일의 과제로 남겨둔다.

6) 변의품

『대종경 필사본』 변의품 38장은 교정 기간 중 이공주가 제시한 '변의품 38장 종법사 자격 건에 관한 의견'[1962.8.26.]을 대산의 결재와 감수위원의 동의를 거쳐서 수정[1962.9.1.]했다.[97]

또한 『대종경』 변의품에는 3개의 장[24~26장]이 추가로 삽입되었다. 따라서 총 37개의 장이 40개의 장으로 늘어났다.

7) 성리품

『대종경 필사본』 성리품 17장에는 소태산이 봉래정사에 주석할 때 서중안의 인도

---

95 박정훈, 『한 울안 한 이치에』, 원불교출판사, 1982, p.35. "제1편 법문과 일화, 2. 심은 대로 거둠 10절."
96 『고승전』은 중국 남북조시대 양나라(梁: 502~557) 때 승려 혜교(慧皎, 497~554)가 저술한, 고승들의 전기를 집성한 문헌이다. 현존하는 가장 오래된 고승전으로, 후대의 다른 고승전과 구분하기 위해 양나라 때 편찬되었다 하여 『양고승전(梁高僧傳)』 또는 『양전(梁傳)』이라고 부른다. 후대에 쓰인 여러 고승전의 표준이 되었다. 중국 불교의 여러 고승전 가운데 대표적인 넷을 '사조고승전(四朝高僧傳)'이라 하는데, 혜교의 『고승전』 즉 『양고승전』은 이들 중 하나이다. 나머지 셋은 당나라 정관 23년(649)에 도선(道宣)에 의해 편찬된 『속고승전(續高僧傳)』 또는 『당고승전(唐高僧傳)』, 송나라 옹희 5년(988)에 찬영(贊寧) 등에 의해 편찬된 『송고승전(宋高僧傳)』, 명나라 만력 45년(1617)에 여성(如惺)이 편찬한 『명고승전(明高僧傳)』이다. 사조고승전에서 『명고승전』을 제외한 나머지 셋을 가리켜 '삼조고승전(三朝高僧傳)'이라고도 한다.
97 이공전, 『범범록』, 원불교출판사, 1987, p.587 참조.

로 찾아온 사람을 '만경사람 정석창'이라고 밝혔다. 하지만 『대종경』에는 이름을 삭제했다. 정석창은 교도원명부 검색 결과 자료가 없는 것으로 확인되는데 교도가 아니라서 실명을 삭제한 것으로 보인다.

앞에서 언급한 바와 같이 교정 기간 중 이공주가 제시한 '성리품 30장 과거칠불(七佛)의 게송'[1962.8.28.]에 대한 수정의견이 대산의 결재와 감수위원의 동의를 거쳐서 수정되었다.[1962.9.1.]98 『대종경 필사본』에서「法은 本來 無法에서 法하였고 無法이란 法도 또한 空한 것이로다.」고 했으나「법은 본래 무법(無法)에 법하였고 무법이란 법도 또한 법이로다.」고 수정했다.「이 偈頌의 眞義만 了達하면 千萬 經典을 더 볼 것이 없으리라.」는「이 게송의 참뜻만 깨치면 천만 경전을 다 볼 것이 없으리라.」로 바뀌었다.

그리고 『대종경 필사본』 성리품 31장에 수록된 '일원상 법어'가 『대종경』에는 '게송'으로 대치(代置)되었다.

8) 불지품

『대종경 필사본』 불지품 15장은 『대종경』 불지품 15장과 16장으로 분리되었다. 따라서 불지품은 총 22개의 장에서 23개의 장으로 늘어났다.

9) 천도품

『대종경 필사본』 천도품 4장에는 영혼 천도를 위한 성주(聖呪)와 천도법문을 발표한 사실만 기록했다. 하지만 『대종경』 천도품 4장에는 이공주, 성성원[正陀圓 成聖願, 1905~1984]의 이름을 추가로 명기(明記)했다. 앞에서 언급한 바와 같이 교정 기간 중 이공주가 제시한 '천도품 4장 성주'[1962.8.28.]의 수정의견이 대산의 결재와 감수위원의 동의를 거쳐서 수정되었다.[1962.9.1.]99

---

98   이공전, 『범범록』, 원불교출판사, 1987, p.587 참조.
99   이공전, 『범범록』, 원불교출판사, 1987, p.587 참조.

또한 소태산이 친제하여 발표한 천도법문을 『대종경』 천도품 5장으로 추가 삽입했다.100 따라서 천도품은 총 37개의 장이 38개의 장으로 늘어났다.

10) 신성품
신성품 19개의 장은 순서가 동일하고 내용에도 특별한 변화가 없다.

11) 요훈품
『대종경 필사본』 요훈품 34장이 삭제됨에 따라 총 46개의 장이 45개의 장으로 줄었다. 요훈품 34장의 내용 「어리석은 사람은 남의 過失만 밝히므로 恒常 제 앞이 어둡고 智慧 있는 사람은 恒常 自己의 허물을 살피므로 남을 是非할 餘暇가 없나니라.」가 『대종경 필사본』 교단품 29장의 마지막 부분과 동일하다는 사실을 뒤늦게 발견했기 때문에 삭제한 것으로 판단된다. 또한 앞에서 밝힌 바와 같이 『대종경 필사본』 교단품 29장은 『대종경』 인도품 36장으로 옮겨서 배치했다.

12) 실시품
실시품은 순서에 많은 변화가 이루어졌다. 『대종경』 실시품 중간에 8장, 10장, 14장이 추가로 삽입되었다. 또한 다음과 같이 김성명화로 인하여 부산 교세가 발전했다는 내용이 담긴 『대종경 필사본』 실시품 25장은 삭제되었다.

> 25. 大宗師- 釜山에서 金性明華에게 일러 가라사대 그대로 비롯하여 이 地方 敎勢가 많이 發展하겠도다 하시니 그가 內心에 생각하되 이같이 無識하고 貧寒한 한 개 女子로 어찌 敢히 이런 말씀을 감당할 수 있으리오 하였던바 大宗師 總部에 還

---

100 「대종경편찬자문회의록」(1958.10.17.)을 보면 이경순이 "師祖母님 別世하시고 천도법문 내시다."고 발언한 기록이 있다.(원불교 정화사 편, 『원불교 교고총간』 제6권, 원불교 정화사, 1974, p.284.)

駕하신 後 다시 下書로 일러 가라사대 그대는 걱정을 말고 오직 힘을 다하라. 天下의 일이 모두 定한 바 있어 나타나나니라. 하시므로 信을 더욱 굳게 하고 布敎를 繼續하였더니 뜻 아니 한 좋은 同志를 많이 얻어 釜山 敎勢가 크게 發展되니라.

김성명화[性陀圓 金性明華, 1887~1977]는 장적조가 연원하여 1931년(원기16) 8월 13일에 입교한 부산 남부민의 교도이다. 장적조는 1929년(원기14) 봄이 되자 부산에 사는 수양아들[이덕환]의 집에 머물며 순교(巡敎)를 시작했다. 남부민동에 왔을 때는 자그마한 보자기를 들고 다니면서 전라도 이리에 산 부처님이 나셨다고 선전하고 다녔다. 이때 불교 신자인 김돈오의 귀를 솔깃하게 했다. 김돈오는 그 나이 또래 중 유식한 김성명화의 집으로 장적조를 데리고 갔다. 마루에 앉은 장적조가 보자기를 펼치니 『수양연구요론』이 들어 있었다. 처음에는 점하러 다니는 노인인 줄 알았으나 그것이 아니었다. 김돈오는 김성명화에게 불교를 잘 아니까 저 노인네 이야기를 한번 들어 보라 한 것이 교화의 시작이었다. 거기에 모인 노인들이 단체가 되어 자주 김성명화의 집으로 드나들었다. 1931년(원기16) 그들의 간절한 열망으로 소태산을 초청하기에 이르렀다. 나아가 뜻을 같이하는 사람들이 40여 명에 이르자 교도들이 교당 창립을 염원하고 기금을 모아 낙동강 하구 하단에 초가 2동 8칸을 매입하여 불법연구회 하단지부의 간판을 붙이게 되었다.

한편 1934년(원기19) 9월 남부민교당[현 부산교당] 신축기념식에 참석하고 소태산이 총부로 돌아가는 길에 김성명화가 부산역까지 배웅하게 되었다. 역에 당도하자 이미 기차가 떠나가고 없었다. 그래서 소태산은 김성명화의 제안으로 초량에 사는 그의 딸 이정혜의 집에서 하루를 유숙(留宿)하게 되었다. 이때 이웃에 살던 김통제화, 이삼중행, 이영주, 김상도화를 소태산에게 인도했다. 이튿날 부산역까지 배웅하러 온 그들에게 소태산은 기차에 오르면서 이렇게 말했다. 「내가 지금까지 어디를 가든 기차 시간에 늦어 본 일이 없었는데, 어제는 아마 그대들 같은 좋은 제자를 얻으려고 그렇게 늦었나 보다. 그대들은 진리가 우리 회상에 보낸 인물들이니 큰 일군이 되기를 바란다.」 네 명의 제자들은 모두 자기들에게 중대한 사명이 주어졌음을 깊이 느꼈고 남부민교당 김영신[融陀圓 金永信, 1908~1984] 교무를 초청해서 각자의 집에서 돌아가며 법회를 보기 시작했다. 이것이 초량교당이 창설된 시초가 되었다.[101] 이렇듯 부산교화의 발전에 끼친 김성명화의 공로가 적지 않았을 뿐만 아니라 남다른 공부심을 발휘한 그의 자취를 확인할 수 있다. 예컨대 『회보』 29호에 「우리의 목적을 성공하려면 부단(不斷)의 정성이 필요하다」는 제목으로 감상을 기고한 내용이 실려 있으며[102] 소태산에게 해몽(解夢)을 의뢰한 내용이 『대종경 선외록』에 다음과 같이 수록되어 있다.

> 8. 김성명화 하룻밤 비몽사몽간에 돌문이 열리더니 그 가운데 좋은 보검 한 자루가 있었다. 곁에 있던 노인에게 그 연유를 물어보았더니 그 노인이 답하기를 「돌문이 열린 것은 앞으로 큰 운이 열릴 징조요 보검을 얻은 것은 모든 일을 잘 헤쳐 나갈 지혜를 얻음이라. 그대가 이 지혜의 칼을 보배로 잘 간직하여 두면 좋은 일이 많으리라.」 하였다. 성명화 홀로 기뻐하고 있던 차 대종사께서 부산에 오셨다는 소식을 들었다. 바로 찾아가 뵈오니 대종사 반가이 맞아주시며 말씀하시었다. 「그대로 비롯하여 부산 교세가 많이 발전하겠도다.」 대종사 총부로 올라가신 후 성명화 스스로 생각하였다. 「무식하고 빈한하고 겸하여 홀로 된 한 개 여자의 몸으로 내 가정 하나도 지탱할 줄 모르는 나에게 어찌 그러한 과중한 말씀을 하시는고.」 대종사 총부로부터 하서하시었다. 「그대는 걱정을 말라. 천하의 대사가 모두 정한 바 있어 나타나느니라.」 성명화 일방 두렵고 일방 기뻐하여 더욱 믿음을 굳게 바치고 법을 폈더니 뜻 아니 한 좋은 연원을 많이 얻어 부산 교세가 날로 발전되었다.[103]

한편 『대종경 필사본』 실시품 28장에서 교중 초가지붕을 이면서 나래만 두르고 새끼는 두르지 않은 제자로 '김남천[角山 金南天, 1869~1941]'의 이름이 적혀있었으나

---

101 '만남의 미학 4, 초량교당 창설', 「원불교신문」 제146호, 1975.7.25. 참조.
102 『회보』 제29호, 1936년 10월호, p.23.
103 이공전, 『대종경 선외록』, 원불교출판사, 1985, p.57. "7.교화기연장 8절."

『대종경』 실시품 30장에는 '한 제자'로 바꾸었다. 개인의 한때 잘못이 명예훼손으로 야기되는 것을 방지하고 후래 대중들에게 잘못된 선입견을 주지 않기 위해서 이름을 삭제한 것으로 추정할 수 있다.

김남천은 『대종경』 수행품 26·54장, 인도품 36장, 실시품 3장, 전망품 29장에도 등장하는 제자이다. 집 짓는 일[특히 목수일]에 능했고, 태을교[증산교의 일파] 도꾼이었다. 1919년(원기4) 10월 13일(음력 8월 20일) 친구 송적벽과 함께 같은 날에 소태산을 뵙고 제자가 되었다. 소태산이 변산 월명암을 의탁하여 지내는 것을 보고 송구히 여겨 홀로 된 딸 김혜월, 외손녀 이청풍과 함께 실상초당에서 소태산을 시봉했다. 한편 둘째 딸 김순풍과 사위 박원석(朴元石, 1892~?)은 익산총부 기지 확정에 결정적인 역할을 담당했으며, 종질녀인 이청춘[五陀圓 李靑春, 1886~1955]은 총부에 사재 70두락을 희사하여 총부 유지 대책의 활로를 여는 등 일가가 모두 불법연구회 창립에 큰 역할을 담당하도록 했다.104

13) 교단품

『대종경』 교단품 11장, 15장, 17장, 35장, 39장이 중간에 추가로 삽입되었다. 『대종경 필사본』 교단품 45장은 삭제되었다. 일제강점기라는 당시 상황에 비추어보면 오늘날 유감스러운 법설이라고 꼽힐 수 있어서 삭제한 것으로 추정된다. 그 내용은 다음과 같다.

> 45. 大宗師- 一般 敎務에게 일러 가라사대 그대들이 모든 일을 進行할 때에는 恒常 國家의 指導에 違反되지나 않는가 一般 敎徒의 輿論에 背馳되지나 않는가 一般 社會의 非難받을 일이 있지나 않는가를 穩全한 생각으로 對照하여 잘 取捨한 후에 行하라. 그리한다면 우리의 事業이 앞으로 過大한 錯誤는 없으리라 하시고 또 가라사대 敎化線上에 나선 사람으로서 大勢에 順應하지 아니하고 大衆을 煽動하여 政

---

104 원광대학교 원불교사상연구원 편, 『원불교대사전』, 원불교출판사, 2013, p.172 참조.

治에 反抗하는 일 等은 自身 뿐 아니라 여러 사람을 塗炭에 넣기 쉽나니 그대들은 언제나 그 線을 넘지 않도록 注意하라.

위에서 언급한 바와 같이 『대종경 필사본』의 교단품 19·20·24·25·26·28·29·30·34·35장을 『대종경』 인도품 30~39장으로 옮겨서 배치했다. 교단품 총 48개의 장이 42개의 장으로 줄었다.

추가로 삽입된 교단품 35장에는 황정신행[八陀圓 黃淨信行, 1903~2004]의 질문에 대한 소태산의 법설이 등장한다. 황정신행은 서울 종각 부근에 포목점[순천상회]을 차리고 동대문 부인병원[현 이화여대 부속병원]을 인수하는 등 부(富)를 축적했다. 황정신행과 원불교의 인연은 불연지인 금강산에서 비롯되었다. 원만하지 못한 가정 문제와 세속생활의 번뇌를 떨치고자 1935년(원기20) 여름에 아들 강필국[康弼國, 1931~1950]을 데리고 금강산을 찾아 여행하던 중 개성교당 교도 이천륜[月陀圓 李天倫]을 만나 불법연구회를 소개받았다. 이어 1938년(원기23) 35세 되던 해에 서울교당에서 소태산과 만남이 이뤄졌다. 소태산과의 문답을 통해 30년 동안 들어온 기독교 목사의 말과는 달리 현세에서 무슨 희망이 있는 것 같았고, 부처 되는 법까지 가르쳐 준다는 말씀이 마음 가운데 크게 부딪혀 옴에 황정신행은 신심을 크게 발하여 제자가 되었다. 영생과 인과의 진리에 대한 믿음과 소태산이 새 부처님이라는 확신을 가진 황정신행은 총부와 서울교당의 유지 발전은 물론 창업기 경제난을 극복하는 데 중추적인 역할을 했다.

소태산은 황정신행이 서울에서 한 번씩 총부에 오면 특별히 대중을 모아 성리 법문을 설하여 그로 하여금 큰 사업과 속 깊은 공부를 겸하도록 배려했다. 1939년(원기24) 기묘동선(己卯冬禪) 때였다. 대중이 공회당에 모여서 소태산의 법설을 받든 후 송도성의 지도로 일기를 기록하고 있었다. 황정신행은 혜수와 혜시 등 사업성적 관련 사항을 세세히 기록하게 하는 것을 보고 소태산에게 심도 있는 질의를 했고 그에 대한 답을 정리한 것이 다음 『대종경』 교단품 35장 내용이다.

35. 황정신행(黃淨信行)이 여쭙기를 「과거 부처님께서는 무념보시(無念布施)를 하라 하시고 예수께서는 오른손으로 주는 것을 왼손도 모르게 하라 하셨사온데, 대종사께서는 사업 등급의 법을 두시어 모든 교도의 성적을 다 기록하게 하시니, 혹 사업 하는 사람들의 계교심을 일으키는 원인도 되지 아니하오리까.」 대종사 말씀하시기를 「사업을 하는 당인들에 있어서는 마땅히 무념으로 하여야만 무루의 복이 쌓이려니와 공덕을 존숭(尊崇)하고 표창할 처지에서는 또한 분명하여야 하지 않겠는가.」

14) 전망품

『대종경 필사본』 전망품 3장에 수록되었던 「大宗師- 가라사대 내 어려서부터 이 宇宙가 한 氣運이요 十方이 한 몸인 것으로 생각되어 '宇宙神適氣適氣', '十方神接氣接氣'라는 呪文을 많이 외웠고 또 工夫가 專一하면 한 걸음 한 걸음 부처의 境界에 符合되는 것이 생각되어 '一陀同功一陀來 二陀同功二陀來 三陀同功三陀來 四陀同功四陀來 五陀同功五陀來 六陀同功六陀來 七陀同功七陀來 八陀同功八陀來 九陀同功九陀來 十陀同功十陀來'라는 呪文을 많이 외웠노라.」는 삭제되었다.[105]

전망품 12장과 13장은 11장으로 통합되었다. 따라서 전망품 총 32개의 장이 30개의 장으로 줄었다. 『대종경 필사본』 전망품 18장에는 미륵불과 용화회상에 대해서 질문한 제자로 '김남천'을 명기하고 있으나 『대종경』 전망품 16장으로 옮겨지면서 질문자가 최도화, 장적조, 정세월로 바뀌었다. 그 이유와 근거를 구명하는 것은 훗날의 과제로 남겨둔다.

15) 부촉품

『대종경』 부촉품 16장은 오늘날 논란이 발생하는 부분이다. 『대종경 필사본』 부촉품 16장과는 달리 중간 부분 「교리의 대강령은…」에 이어서 「삼학 팔조와 사은 등은」을 추가하면서 '사요'를 명시하지 않았다. 따라서 교리해석은 물론이요, 세계 교화에

---

105 이공전, 『대종경 선외록』, 원불교출판사, 1985, p.33 참조.

따른 교리강령의 변화 가능성 논쟁이 야기되고 있다. 부촉품 총 19개의 장이 유지되었으나 내용 일부가 수정됨으로써 훗날 논쟁의 발단이 생겼다. 또한 부촉의 한자 표기가 『대종경 필사본』에는 '咐囑'이었으나 『대종경』에서 '附囑'으로 변경된 점도 상고(詳考)해야 할 바이다.

앞에서 『대종경 필사본』과 『대종경』을 대조한 결과 주요 변경사항과 논점을 정리하면 다음 〈표3〉과 같다.

〈표3〉『대종경 필사본』과 『대종경』의 내용 대조

목차	대종경 필사본 (1961)	대종경 (1962)	변경 내용 및 논점
1. 서 품	15장	19장	1장 처음 등장. '감응보복'→'인과보응' 末尾 16~19장 추가 삽입(『조선불교혁신론』 중 개선론에서 발췌)
2. 교의품	39장	39장	21~22장→통합(22장) 35장→분리(34장, 35장)
3. 수행품	61장	63장	중간 28장, 35장 추가 삽입 29장 '제세교인'→'동학교인' 39장 '이만갑' 법명 삭제
4. 인도품	47장	59장	2장→분리(2장, 3장) 6장 추가 삽입 13장 예화 삭제 25장 일부 삭제 30~39장 교단품(19·20·24·25·26·28·29·30·34·35장)에서 移置
5. 인과품	33장	33장	28장 '중국 知正禪師'→'옛 선사'
6. 변의품	37장	40장	20장 '無父無子'→'무부 무군(無父無君)' 24~26장 추가 삽입
7. 성리품	31장	31장	13장 '無上한 法'→'현묘한 자리' 17장 '정석창' 실명 삭제 30장 '空한 것이로다.'→'法이로다.' '더'→'다' 31장 '일원상 법어'→'게송' 代置

목차	대종경 필사본 (1961)	대종경 (1962)	변경 내용 및 논점
8. 불지품	22장	23장	11장 '大圓見性'→'대원정각' 15장→분리(15장, 16장)
9. 천도품	37장	38장	4장 '이공주·성성원' 법명 추가 5장 추가 삽입(열반 전후에 후생 길 인도하는 법설)
10. 신성품	19장	19장	순서·내용 동일
11. 요훈품	46장	45장	34장 삭제(이유: 교단품 29장 마지막 부분과 동일)
12. 실시품	45장	47장	중간 8장, 10장, 14장 추가 삽입 25장 삭제(김성명화, 부산 교세 발전) 28장 '김남천' 법명 삭제
13. 교단품	48장	42장	중간 11장, 15장, 17장, 35장, 39장 추가 삽입 45장 삭제 19·20·24·25·26·28·29·30·34·35장을 인도품 30~39장으로 移置
14. 전망품	32장	30장	3장 삭제(주문) 12~13장→통합(11장) 18장→16장, '김남천'→'최도화·장적조·정세월'
15. 부촉품	19장	19장	16장 "교리의 대강령은…"에 이어서 "삼학 팔조와 사은 등은"을 추가하면서 '사요'를 제외한 이유와 수정 절차 규명 필요
	531장	547장	

3. 『대종경 필사본』의 가치

우선 『대종경』을 비롯한 모든 교서의 편수 관계 문건들이 하마터면 일괄 소각 처리될 뻔했으나 다행스럽게도 현존하게 된 과정과 결정에 안도감을 갖지 않을 수 없다. 다음과 같은 이공전의 보고에서 확인되는 것처럼 원광대학교 총장 박광전과 도서관장의 공한이 극적인 반전을 일구어냄으로써 후학들의 연구가 가능해졌다.

본고의 간추림이 끝나면 상당히 방대한 대종경 관계 각항 초고 문건들은 다른 모든 교서의 편수 관계 문건들과 함께 일괄 소각 처리할 예정임을 허두 말에 예고한 바 있었다. 이에 대하여, 원광대학교 총장 공한(公翰)과 도서관장 공한이 다 같이 해당 자료들의 원불교 자료실 영구 보전을 제의해옴으로써 필자는 다시 종명을 받들어 성가의 작사·운문·작곡 관계 원본철들과 교전 또는 각 교서의 초고 및 감수 관계 원본철 등 정화사 영구 보존 문서 20여 건도 함께 원광대학교 도서관 원불교 자료실에 이를 일괄 기증하여 영구 보존키로 하였음을 여기 보고해둔다.[106]

이에 『대종경 필사본』의 위상을 정립하고 학문적 가치를 드러냄과 동시에 필자의 견해를 대략 정리하여 제시하고자 한다.

첫째, 『대종경 필사본』은 『대종경』 결집과정에서 확인되는 저본들 중에서 정수라고 평가할 수 있다. 『대종경 필사본』은 『대종경』과 관련한 가장 근본적이고 구체적인 자료라는 점에서 원불교학 연구를 위해 주목해야 할 가치가 매우 높다. 『대종경』의 저본으로서 매우 중요한 가치를 지니고 있다. 이를 토대로 『대종경』은 물론이요 원불교 경전의 원문에 대한 다양하고 심도 있는 연구가 활성화 될 것이다. 그뿐만 아니라 원불교 교리해석학의 새로운 지평을 열어주는 단초가 마련되었다고 본다.

둘째, 『대종경 필사본』에는 편차(編次)를 따라서 각 장의 요지를 빠짐없이 기록하고 있으므로 소태산 법설의 핵심내용을 알 수 있다.

셋째, 『대종경 필사본』을 통해서 『대종경』의 원형을 찾아볼 수 있다. 모든 장의 법문들이 여러 차례 자문 과정을 거치면서 적지 않은 변화가 생겼다. 『대종경 필사본』에 수록된 총 531장의 내용도 최종 편수에 이르는 과정을 거쳐서 많은 변화가 있었음을 확인하게 되었다. 『대종경 필사본』을 『대종경』과 대조해보면 자구(字句) 수정과 내용이 어떻게 변화하였는지 알 수 있다. 따라서 『대종경 필사본』을 통해서 자료를 첨삭하기 전 원형의 법문들을 확인할 수 있기 때문에 학문적으로 연구하는 데 많은 도움이 될 것이다. 예컨대 서품 1장과 부촉품 16장이 각각 어떻게 변화되었는지 살펴보면 다음과 같다.

---

[106] '선외록을 끝내며', 「원불교신문」 제244호, 1979.11.25.

구분	대종경 필사본	대종경
서 품 1장	圓紀 元年 丙辰 三月 二十六日에 大宗師- 大覺을 이루시고 가라사대 萬有가 한 體性이며 萬法이 한 根源이로다. 이 中에 生滅없는 도와 感應報復되는 理致가 서로 바탕하여 한 두렷한 기틀을 지었도다 하시니라.	원기(圓紀) 원년 사월 이십팔일(음 3월 26일)에 대종사(大宗師) 대각(大覺)을 이루시고 말씀하시기를 「만유가 한 체성이며 만법이 한 근원이로다. 이 가운데 생멸 없는 도(道)와 인과 보응되는 이치가 서로 바탕하여 한 두렷한 기틀을 지었도다.」
부촉품 16장	大宗師- 가라사대 나의 敎法 中에서 一圓을 宗旨로 한 敎理의 大綱領은 어느 時代 어느 國家를 勿論하고 다시 變更할 수 없으나 그 細目이나 制度는 그 時代와 그 國家에 適當하도록 或 變更할 수 있나니라.	대종사 말씀하시기를 「나의 교법 가운데 일원을 종지로 한 교리의 대강령인 삼학 팔조와 사은 등은 어느 시대 어느 국가를 막론하고 다시 변경할 수 없으나, 그 밖의 세목이나 제도는 그 시대와 그 국가에 적당하도록 혹 변경할 수도 있나니라.」

이 두 법설을 비교해 보면 법문의 전체적인 흐름은 동일하지만 자구에 있어서 변화된 부분을 발견하게 된다. 서품 1장은 교리가 완정된 이후의 것으로 판단할 수 있다. 후일 『대종경』 편수 과정에서 균형과 형식을 위하여 삽입되었을 가능성도 있다.[107] 이 공전이 서품 1장의 근거로, 소태산이 대각 후 동학 교인들이 '궁궁을을(弓弓乙乙)' 하는 소리를 듣고 '궁궁을을 하나로 이으면 일원상이 아닌가?' 하는 것에서 근거를 두고 '한 두렷한 기틀을 지었도다.'라고 한 것[108]이라고 언급한 내용 등도 상황성 보완에 중요한 자료라고 본다.

여하튼 '감응보복되는 이치'가 '인과 보응되는 이치'로 바뀌었다는 사실에 주목하면 일원상의 진리는 불교의 교리를 수용한 것이 아니라 소태산의 자수성각(自修成覺)에

---

107 정순일, 「일원상 신앙 성립사의 제문제」, 제21회 원불교사상연구 학술대회 『21세기와 원불교』, 원불교사상연구원, 2002.1, pp.90~91 주 2.
108 '교리형성 관련 증언 확보', 『원불교신문』 제924호, 1997.6.6 참조.

따른 독창적인 교리로서 상호관계의 측면으로 해석할 가능성이 열려있음을 시사해준다. 『대종경 필사본』과 『대종경』 교의품 1장을 보면 「불가(佛家)에서는 우주 만유의 형상 없는 것을 주체 삼아서 생멸 없는 진리와 인과 보응의 이치를 가르쳐 전미개오(轉迷開悟)의 길을 주로 밝히셨고…」라고 언급하고 있다. 감응보복과 인과 보응을 구별해서 사용하고 있는 사실을 통해서 소태산의 대각과 원불교의 교법이 불교의 교리와는 결이 사뭇 다르다는 점을 분명히 드러내고 있다.

또한 『대종경 필사본』 부촉품 16장 중 「교리의 대강령」이 『대종경』에서 「교리의 대강령인 삼학 팔조와 사은 등은」으로 변경되었다. 여기서 '사요'를 교리의 대강령에서 제외한 근거와 과정이 석연치 않은데, 원불교학 연구에 있어서 이로 인한 논쟁이 지속되고 있는 것이 사실이다. 소태산 열반 후에 제자들에 의해 『대종경』이 편수되다 보니 인위성이 가미된 점이 전혀 없다고 볼 수 없다. 따라서 원불교학 연구에 있어서 『대종경』 일부 구절의 인위성 극복이 과제로 부각된다고 본다.[109]

넷째, 『대종경 필사본』을 참고함으로써 통합·분리되기 전 상황이나 법문의 연기 관계를 이해하는 데 있어서 도움을 받을 수 있다. 『대종경 필사본』의 내용을 통해서 『대종경』 편수과정 중 통합[2건]되거나 분리[3건]된 법문들이 확인된다.

다섯째, 『대종경 필사본』에는 새 시대의 새 종교로서 원불교를 개교한 당위성과 독창성, 주체성이 드러난다. 『대종경 필사본』과 『대종경』 교의품 39장에는 소태산이 「우리가 … 어찌하여야 … 새로운 종교로서 세상을 잘 교화하겠는가?」라고 질문했다. 박대완[靈山 朴大完, 1885~1958], 송만경[慕山 宋萬京, 1876~1931], 조송광의 대답에 이어서 소태산은 「만일 세상을 개선하기로 하면 먼저 개선하는 법이 있어야 하는데 우리는 이미 법이 있고 그대들이 공부하는 이치를 알았으니 더욱 정성을 다하여 오늘의 문답이 반드시 실천으로 나타나게 하라.」는 당부가 확인된다. 일원상과 사은·사요·삼학·팔조를 만고(萬古)의 대도정법(大道正法)으로 천명한 원불교가 세상을 개선하는 새로운 종교임을 선언한 것이다. 원불교학 연구의 원점(原點)이 『원불교교전』에

---

109 류성태, 『대종경 풀이』상, 원불교출판사, 2006, p.33 참조.

있다면 마땅히 십분 검토하고 논증하여 소태산의 본회(本懷)가 밝혀져야 한다.

예컨대 '불가(佛家)'가 아닌 '도가(道家)'라고 표현한 것에 착안하여 소태산의 불교관을 새롭게 재조명해야 한다.[교단품 6장, 부촉품 12장] 원불교를 새 시대의 새 불교라는 틀에 고정시켜서는 안 될 것이라고 본다. 특히 「인도의 요법을 부지런히」를 「부처님의 무상대도를」로 변경한 것은 원불교의 독창적이고 주체적인 교리를 불교적으로 변모시킨 명확한 증거사례라고 할 수 있다.[전망품 7장] 더불어 「모든 교회 가운데 모범적 교회」[전망품 7장]라는 표현은 소태산이 '새 종교'를 지향했음을 입증하는 분명한 사례라고 볼 수 있다.

여섯째, 『대종경 필사본』에는 원불교 교리해석에 있어서 논쟁을 명쾌하게 해결하는 데 도움을 주는 내용이 확인된다. 그뿐만 아니라 그 반대로 논쟁을 불러일으킬 소지가 있는 표현도 공존하므로 원불교학 연구자들의 분발을 요한다. 예를 들어서 『대종경 필사본』 부촉품 18장 '정법(正法)의 종통(宗統)'이 갖는 의미는 무엇인가? 현행 『대종경』에 수록된 '법통(法統)'과 같은 표현인가? 원불교학 정립의 차원에서 엄밀한 검토와 심도 있는 연구를 거쳐야 할 내용들이다.[110]

『대종경 필사본』과 『대종경』에 함께 수록되어 있는 확률적인 표현도 마찬가지다. 『원불교전서』 개정증보판에 대한 뜨거운 논쟁거리 가운데 『대종경』 인도품 29장도 주목을 받았다. 다음 〈표〉에서 확인되는 바와 같이 「십분의 육」이 「조금만」으로 바뀌고, 「십분의 십」이 「십분」을 거쳐 「모두가」로 바꾸어 소태산의 본의를 손상시켰다는 논란이 제기된 것이다.

---

[110] 정순일, 제93차 원불교사상연구원 월례발표회 발표요지, 「원불교학 탐구방향에 관한 一提言」, 원불교사상연구원, 1996.3.28, p.2.

『대종경 필사본』(1961) 인도품 27장	『대종경』(1962) 인도품 29장	『대종경』(개정증보판, 2021) 인도품 29장
大宗師- 가라사대 世上萬事가 다 뜻대로 滿足하기를 求하는 사람은 모래 위에 집을 짓고 千萬年의 榮華를 누리려는 사람보다 어리석나니 智慧 있는 사람은 世上을 살아가는데 十分에 六만 뜻에 맞으면 그에 滿足하고 感謝를 느끼며 또한 十分의 十이 다 될찌라도 그 滿足한 일을 혼자 차지하지 아니하고 世上과 같이 나누어 즐기므로 그로 因하여 害를 當하지 않을뿐더러 福이 恒常 無窮하나니라.	대종사 말씀하시기를 「세상 만사가 다 뜻대로 만족하기를 구하는 사람은 모래 위에 집을 짓고 천만 년의 영화를 누리려는 사람같이 어리석나니, 지혜 있는 사람은 세상을 살아 가는 데 십분의 육만 뜻에 맞으면 그에 만족하고 감사를 느끼며 또한 십분이 다 뜻에 맞을지라도 그 만족한 일을 혼자 차지하지 아니하고 세상과 같이 나누어 즐기므로, 그로 인하여 재앙을 당하지 않을뿐더러 복이 항상 무궁하나니라.」	대종사 말씀하시기를 "세상 만사가 다 뜻대로 만족하기를 구하는 사람은 모래 위에 집을 짓고 천만년의 영화를 누리려는 사람같이 어리석나니, 지혜있는 사람은 세상을 살아가는데 조금만 뜻에 맞으면 그에 만족하고 감사를 느끼며, 또한 모두가 다 뜻에 맞을지라도 그 만족한 일을 혼자 차지하지 아니하고 세상과 같이 나누어 즐기므로, 그로 인하여 재앙을 당하지 않을뿐더러 복이 항상 무궁하나니라."[111]

　비슷한 용례를 찾아보면 「사람의 인격이 그 구분(九分)은 배우는 것으로 이루어지는지라」,[112] 「작업에 취사력으로도 불의와 정의를 능히 분석하여 정의에 대한 실행이 십중팔구(十中八九)는 될 것」[113]이라는 구절이 있다. 주지하듯이 '구분'은 90%를 뜻하고 '십중팔구'는 열에 여덟이나 아홉 정도로 거의 예외가 없다는 뜻으로 '십상팔구(十常八九)'라고도 한다. '십분'은 100%, '십분의 육'은 60%를 의미하는 것은 아주 당연하다. '십분'을 모든 경우에 '넉넉히, 충분히'와 같은 부사(副詞)로 바꾸어 놓으면 어색해지는 결과가 발생할 수 있듯이 '십분의 육'을 '조금'으로 치환(置換)하는 것도 적

111　원불교 교정원 교화훈련부, 『원불교전서』(개정증보판), 원불교출판사, 2021.4.10., p.179. 『원불교전서』(개정증보판)은 공식 폐기되었으나 참고삼아 서지정보를 남겨둔다.
112　『대종경 필사본』 및 『대종경』, 제2 교의품 34장.
113　『대종경 필사본』 및 『대종경』, 제3 수행품 9장.

절하지 않다는 것이 필자의 견해이다.

Ⅳ. 결론

지금까지 『대종경』 편수 과정을 밝히고 『대종경 필사본』을 소개했다. 먼저 『대종경』 편수 작업이 약 15년 동안 진행된 것은 소태산의 본의를 살리고 만전을 기하려는 신중한 처사라고 할 수 있다. 하지만 『대종경』 편수과정을 통해서 몇 가지 한계와 문제를 확인하게 된다. 추진과정에서 초고를 분실한 점, 『묵산수기』와 『종화대강』 등 중요한 가치를 지닌 저본들을 촬요(撮要)하지 못한 점, 소수의 편수위원과 전문위원이 거의 전담하다시피 진행된 점 등이 그것이다. 수집하지 못한 자료들이 적지 않고, 수집자료 중에서 채택되지 않은 부분도 상당하다. 『대종경』 내용 중 일부는 조금씩 변경된 부분들이 있어서 소태산의 본의를 훼손하고 있다는 비판이 가능하다.

정산은 「『대종경』 편수 과정에서 선택되지 못한 자료들과 미처 수집 못한 자료들은 후일에 『가어(家語)』처럼 엮어 전하라.」[114]고 부촉했다. 공자의 말을 『논어』에 모두 담을 수 없었기 때문에 자연스럽게 문인들이 『공자가어』를 편찬했듯이, 소태산의 법설도 『대종경』에 전부 담을 수 없었기 때문이다. 이공전은 『묵산수기』와 『종화대강』이 정리되면 『대종경 선외록』 후편을 「원불교신문」에 게재할 것이라고 밝히기도 했다.[115] 하지만 소태산 법설 수필 문헌들이 다수 발굴되었음에도 별다른 진전이 이루어지지 않았다.

이후 약 19년이나 흘러 제8회 원로회의[1998.10.15.][116]에서 『대종경 선외록』 법문 추록의 건을 논의했다. 그 결과 저자인 이공전의 동의하에 추록할 사항에 대하여 공식

---

114 이공전, 『대종경 선외록』, 원불교출판사, 1985, p.17 참조.
115 '묵산수기와 종화대강 발견', 「원불교신문」 제250호, 1980.2.25.
116 삼동원에서 좌산 종법사의 주재로 열렸으며 재적의원 42명 중 31명이 참석했다.

기구를 두어 합법적으로 추진하기로 했다.117 하지만 이 결의사항도 약 24년이 지난 현재까지 공식기구가 출범되지 않고 있어서 그 이유가 무척 궁금하고 매우 유감스럽다.

정화사가 해체된 이후 그 임무를 계승하는 전문기관이 부재함으로써 미비사항의 보완이나 지속적인 자료 수집과 조사·분류·정리가 이루어지지 않고 있어서 매우 안타깝다. 원불교의 법보로서 길이 계승될 교서와 각종 기록물의 보전을 위한 기록관리실에 대한 지원이 강화됨은 물론이요 전문적인 연구·분석을 통해서 가치를 드러내고 공유하는 학술 활동이 더욱 활발하게 전개되어야 할 것이다. 그 일환으로 교서편수위원회를 상설하고 전문연구위원들의 지속적인 논의를 거쳐 원불교 경전편찬과 교리 해석에 만전을 기할 필요가 있다.118

돌이켜보면 제201회 임시수위단회[2013.5.6.]와 제204회 임시수위단회[2013.10.18.]에서 「교서편수규정」을 제정하려는 논의가 진행되었으나 '내용보완과 재검토'를 결의했을 뿐 별다른 진전이 없다. 제248회 임시수위단회[2021.7.13.]는 '교전, 교서 편찬 향후 추진의 건'에 대하여 다음과 같이 향후 추진 방향을 결의했다. 만시지탄(晩時之歎)이지만 결의사항이 조속히 추진되기를 바란다.

1. 교전, 교서 편찬에 대한 방향은 원점에서 재논의한다.
2. 재가·출가와 전문가의 의견을 충분히 수렴하여 편찬하되, 편찬 기간은 조급히 한정하지 않는다.
3. 편찬업무를 전문적으로 수행할 수 있는 상설기구를 설치한다.119

한편 『대종경 필사본』은 소태산의 법설을 체계적으로 정리하는 데 있어서 매우 중요한 사료적 가치를 지닌다. 첫째, 『대종경 필사본』은 『대종경』 결집과정에서 확인되

---

117 '『대종경 선외록』 보완 결의', 「원불교신문」 제986호, 1998.10.23.
118 고시용, 『원불교 교리성립사』, 한국학술정보, 2012, p.305~306 참조.
119 「제248회 임시수위단회 회의록」(2021.7.13.) 참조.

는 저본들 중에서 정수라고 평가할 수 있다. 둘째, 『대종경 필사본』에는 편차를 따라서 각 장의 요지를 빠짐없이 기록하고 있으므로 소태산 법설의 핵심 내용을 알 수 있다. 셋째, 『대종경 필사본』을 통해서 『대종경』의 원형을 찾아볼 수 있다. 넷째, 『대종경 필사본』을 참고함으로써 통합·분리되기 전 상황이나 법문의 연기관계를 이해하는 데 있어서 도움을 받을 수 있다. 다섯째, 『대종경 필사본』에는 새 시대의 새 종교로서 원불교를 개교한 당위성과 독창성, 주체성이 드러난다. 여섯째, 『대종경 필사본』에는 원불교 교리해석에 있어서 논쟁을 명쾌하게 해결하는 데 도움을 주는 내용이 확인된다. 뿐만 아니라 그 반대로 논쟁을 불러일으킬 소지가 있는 표현도 공존하므로 원불교학 연구자들의 분발을 요한다.

지금까지 원불교학계에서는 소태산의 사상을 조명함에 있어서 『정전』과 『대종경』을 유일한 공식 텍스트로 활용해왔다. 하지만 앞으로 『대종경 필사본』을 비롯한 각종 관련 자료의 발굴과 그에 대한 분석, 논증, 비교 검토가 활발하고 진지하게 지속되어야 한다. 그에 따른 연구 성과를 토대로 하여 각종 교서의 수정 원칙이 마련되어야 한다. 각 교서들을 수정하기에 앞서서 어느 선까지 어떻게 수정할 것인가에 대한 기본 원칙을 마련할 필요가 있다. 예를 들면 오자나 탈자, 띄어쓰기 등만을 바로잡을 것인지, 아니면 더욱더 폭넓게 수정 보완할 것인지에 대한 의견이 정리되어야 한다. 그 추진과정에는 원불교학계가 중심이 되어 역할을 담당해야 하리라고 본다.

소태산의 대각이 원불교의 개교로 이어졌다. 그리고 일원상의 진리와 수기설법(隨機說法)을 세계만방에 두루 전할 혜명의 등불을 양성하기 위해서 중앙선원(1924)·영산선원(1927)·이리고등선원(1953)·동산선원(1955) 등 교육기관이 설립되었다. 나아가 유일학림(1946)을 계승한 원광대학교의 개교 및 교학대학 원불교학과의 개설로 가능해진 고등교육 시행 및 원불교학 수립은 제2의 개교라고 평가할 수 있을 것이다. 이 자리를 빌려 원불교학 수립과 발전, 후학 양성에 평생을 바치신 선진들의 업적과 노고에 깊이 감사드린다. 앞으로 원불교학을 전공한 전문연구자들이 많이 양성되기를 바란다. 끝으로 본고를 통하여 지금까지 알려지지 않은 소태산의 가르침이 널리 바르게 공유됨으로써 많은 학인에게 조금이나마 도움이 되기를 염원한다.

일러두기

- 이 책은 1961년(원기46) 정화사에서 제본한 『대종경 필사본』을 입수한 엮은이가 2021년(원기106) 7월부터 2022년(원기107) 3월까지 직접 입력하고 발행한 것이다.
- 이 책의 머리말을 대신해서 졸고 '『대종경』 편수과정과 『대종경 필사본』의 가치'를 게재했다.
- 이 책을 정확하게 명명(命名)하자면 '필사본'이 아니라 '초고본(草稿本)' 또는 '저본(底本)'이라고 지칭하는 것이 옳다는 것이 필자의 견해이다. 하지만 표제에 『대종경 필사본』으로 분명히 밝히고 있으므로 이를 따랐다.
- 원문 그대로 전재(轉載)하면서 세로쓰기를 가로쓰기로 바꾸었다.
- 원문의 오탈자는 그대로 전재하고 각주에 올바른 표기를 기재했다.
- 각주는 독자의 이해를 돕기 위해 엮은이가 단 것이다.
- 『대종경 필사본』에는 없지만 현행 『대종경』에 수록된 법설은 저본의 출전을 찾아서 추가로 제공하고 다른 글자색으로 구분했다.
- 『대종경 필사본』에는 있지만, 현행 『대종경』에 수록되지 않은 법설은 '※현행 『대종경』에서는 제외'라고 표기했다.
- 독자의 이해를 돕기 위해서 현행 『대종경』 원문을 게재하여 상호대조에 편리를 제공했다.
- 본문편집은 현행 『대종경』의 순서를 기준으로 하여 직접 대응관계인 『대종경 필사본』의 내용을 대조해서 게재했다.
- 『대종경』 1~6차 정고(淨稿), 일부 관련인물에 관한 정보는 고대진 교무의 도움을 받았다.
- 『대종경』 전재는 주성균 교무의 지원을 받았고 전반적인 교정은 오선허 교무의 도움을 받았다.

> 차례

『대종경 필사본』 원본사진 ·· 004
『대종경』 편수과정과 『대종경 필사본』의 가치 ············· 008
일러두기 ·· 093

序品

1. 한 두렷한 기틀(萬有 한 體性 萬有 한 根源) ············ 116
2. 大宗師 淵源 ·· 116
3. 佛法大道 ··· 116
4. 本敎指導綱領 ·· 117
5. 創道主人의 內定 ·· 117
6. 組團制定 ··· 118
7. 貯蓄組合 ··· 119
8. 科學道學竝進(防堰時) ··· 119
9. 事必歸正 ··· 120
10. 防堰役着手意義(信心의 有無, 牽性法) ················ 121
11. 防堰과 成道 ·· 123
12. 最初敎堂의 名稱 ·· 123
13. 祈禱와 天意感動 ·· 124
14. 世界公名(十方世界에 바친 몸) ···························· 125
15. 새 佛法 ··· 126

敎義品

1. 三家敎理統合 ·· 142
2. 天下大道 ··· 143
3. 一圓相과 人間과 關係 ·· 143
4. 一圓相의 信仰 ·· 144

5. 一圓相의 修行 ··· 145
6. (其一)一圓을 알리기 爲한 標本 (二)空圓正(一圓의 眞理) ······ 146
7. 一圓相의 生活化 ··· 147
8. 一圓相과 本師 ··· 147
9. 一圓相과 佛像信仰 ··· 148
10. 釋尊과 一圓相 關係 ······································· 149
11. 等像佛과 一圓相 崇拜 ···································· 150
12. 法身佛과 等像佛의 敎化 ·································· 151
13. 文明의 信仰 ·· 152
14. 事實佛供 ··· 152
15. 實地佛供과 眞理佛供 ····································· 154
16. 心告의 偉力 ·· 155
17. 三學 ··· 156
18. 衣食住의 原理(精神의 三綱領) ···························· 157
19. 本敎訓練과 寺院訓練 方式 ································ 160
20. 三學의 合力 ·· 160
21. 三學의 竝進 ·· 161
22. 三學의 대종 ·· 162
23. 法과 根機 ·· 162
24. 法과 根機 ·· 162
25. 戒律의 必要 ·· 163
26. 漁業과 戒文 ·· 164
27. 本敎의 工夫란? ··· 166
28. 工夫와 生活의 主人 ······································ 167
29. 本敎는 무엇을 배우는가? ································· 168
30. 萬法의 主人(用心法) ····································· 168
31. 內外文明의 竝進 ··· 170
32. 道德文明의 偉力 (其一)偏狹한 法을 融通한 法으로 ········ 171
33. 社會의 大病 ·· 172
34. 宗敎와 政治 ·· 173

35. 東南風	173
36. 수레의 本分	177
37. 첫째 마음改善부터	177
38.	179
39.	180

修行品

1. 챙기고 對照하는 法	184
2. 動靜間 三大力 얻는 길	185
3. 動靜間 三大力 얻는 길	186
4. 專門入禪生活	187
5. 精誠과 關係	188
6. 大慾은 無慾	189
7. 돈 버는 方式	189
8. 用心法(돈 버는 法)	190
9. 動靜一如	192
10. 恒常 準備하라	194
11. 工夫人과 非工夫人의 比較	194
12. 空寂靈知	197
13. 坐禪의 必要	197
14. 丹田住와 話頭	198
15. 水昇火降의 理致	199
16. 氣質修養과 心性修養	199
17. 完全한 一心	200
18. 正當과 不當의 結果	202
19. 外定靜과 內定靜	202
20. 끌리지 말라	203
21. 道人과 愛着心	204

22. 十年의 讀書보다 一朝의 參考 ················· 205
23. 間斷없는 經典 ································ 207
24. 敏捷의 道 ···································· 208
25. 새겨들어라 ·································· 209
26. 燈下不明과 自他의 相 ························ 209
27. 着하지 말라 ································· 210
28. 知識 넓히는 法 ······························· 212
29. 習慣 ··· 212
30. 男女의 長短 ································· 213
31. 大小事間의 工夫 ····························· 214
32. 取捨의 대종 ································· 214
33. 一行三昧工夫(쉬운 일에 더욱 조심) ········· 215
34. 慾心을 키우라 ······························· 216
35. 큰 成就의 法 ································ 216
36. 工夫事業의 危機 ····························· 217
37. 修道의 注意 ································· 218
38. 圓滿한 工夫法 ······························· 218
39. 工夫의 順序(根原 없는 大道) ················ 219
40. 神通보다 正道를 ····························· 220
41. 發心根機順序 ································ 221
42. 無形의 積功을 쌓아라 ······················· 222
43. 外學과 外智에 몰두말라 ····················· 223
44. 靈門과 智覺 ································· 223
45. 大乘修行과 苦行證據 ························ 224
46. 修道人의 試驗 ······························· 225
47. 工夫人의 勘定 ······························· 226
48. 境界中에 길드리라 ··························· 227
49. 佛法을 利用하라 ····························· 228
50. 道를 用處에 活用 ···························· 228
51. 法縛(一心執着) ······························ 229

52. 金南天의 소 ·········· 230
53. 소 길드리는 法(入禪工夫時) ·········· 232
54. 마음病院(結制時) ·········· 233
55. 治療方法 ·········· 235
56. 마음亂離와 그 兵法 ·········· 235
57. 心田啓發 ·········· 237
58. 心田啓發 ·········· 238
59. 듣고 듣고 行하고 行하라 ·········· 240
60. 解制가 곧 結制 ·········· 241
61. 法强降魔位와 戒文 ·········· 241

人道品

1. 道德의 意義 ·········· 244
2. 道德의 意義 ·········· 246
3. 人道와 無放心 ·········· 248
4. 本末과 主從 ·········· 249
5. 董仲舒의 글 ·········· 250
6. 根本을 알라 ·········· 250
7. 順逆의 區分 ·········· 251
8. 順理와 事實로 求하는 道 ·········· 251
9. 孝는 百行之本 ·········· 252
10. 내 마음 미루어 생각하라 ·········· 253
11. 남 재주 自己 재주 ·········· 253
12. 本意에 感謝와 조심 ·········· 253
13. 情誼의 變과 不變 ·········· 254
14. 有念과 無念 ·········· 256
15. 無念之德과 變과 不變 ·········· 257
16. 憎愛에 끌리지 않는 길 ·········· 258

17. 끌리는 바 없는 訓戒가 곧 法 ·· 260
18. 섬기는 道 ··· 260
19. 和의 나팔 ··· 260
20. 指導法은 곧 實行 ·· 261
21. 責任履行과 責任中樞 ·· 262
22. 强弱의 和合 ·· 263
23. 남 恭敬은 나의 恭敬 ·· 264
24. 永遠한 强 ··· 265
25. 야윈 돼지의 산 經典(苦樂을 超越하라) ······················· 266
26. 安貧樂道의 뜻 ·· 267
27. 十分의六만 滿足하라 ·· 268
28. 福 짓는 職業 ··· 278
29. 九가지 治家法 ··· 279
30. 家庭은 나라의 縮小 ·· 280
31. 十가지 治家法 ··· 280
32. 胎母의 謹愼 ·· 282
33. 子女教育法 ··· 282
34. 子女教育法 ··· 283
35. 職業選擇의 愼重 ·· 284
36. 喜捨位 功德 ·· 285
37. 母親侍湯과 濟度事業 ·· 285
38. 新禮法 本意 ·· 286
39. 어린이의 利害觀 ·· 287
40. 知德兼備의 聖將 ·· 288
41. 天地運을 받으려면?(分數) ··· 289
42. 頌德의 名譽와 嘲笑의 名譽 ······································· 289
43. 中道之處事(子息과 捕手*) ··· 290
44. 歷史是非注意(小說文人) ·· 292
45. 濟度의 方便과 時期(孔子님과 盜跖) ··························· 292
46. 武王의 處事에 對하여(天子의 位 辭讓하라) ················· 293

47. 聖人而能知聖人 —————————————— 294
* '砲手'의 誤字.

因果品

1. 宇宙의 常道 —————————————————— 298
2. 因果報應의 原理 ————————————————— 298
3. 天地人을 속이지 말라 ——————————————— 299
4. 眞理의 賞罰 —————————————————— 299
5. 相生相克의 氣道 ————————————————— 300
6. 自然之變化와 修養 ———————————————— 300
7. 罪福을 代身할 수 없다 —————————————— 301
8. 부처님 定業 —————————————————— 301
9. 定業不免과 定業輕 ———————————————— 302
10. 相克의 業 ——————————————————— 304
11. 因緣과 無心 —————————————————— 304
12. 報復因果例 —————————————————— 304
13. 因果의 內譯(몇種) ———————————————— 305
14. 벼락의 業因 —————————————————— 305
15. 陰助와 陰害 —————————————————— 306
16. 急한 眞理(生滅의 도 因果의 理致) ————————— 307
17. 因果의 原則(播種과 收穫) ————————————— 307
18. 짓는 대로 받는 標本(公七) ———————————— 308
19. 福과 慧 ———————————————————— 308
20. 實相된 名譽 —————————————————— 308
21. 福줄 能力 ——————————————————— 309
22. 三가지 制裁 —————————————————— 310
23. 大衆의 마음 하늘마음 —————————————— 310
24. 進級者와 降級者 ————————————————— 311

25. 大衆의 입 ·· 312
26. 衆生罪業 五가지 ··· 312
27. 세 가지 罪業 ·· 313
28. 自利行者 布施받지 말라 ····························· 313
29. 福 받는 內譯 ·· 315
30. 그대가 그대를 속인 罪 ······························ 316
31. 因果의 빠르고 늦는 것은 그 일의 性質에 有 ··· 318
32. 刀山地獄 ·· 319
33. 當代의 因果 ··· 319

辨疑品

1. 天地의 識 ··· 322
2. 天地는 隱密한 罪過도 안다 ······················· 325
3. 地靜과 地動原理 ·· 326
4. 燒天燒地 ··· 326
5. 三千大千世界와 宇宙 ··································· 327
6. 東洋의 進級期 ·· 328
7. 水火風 三輪의 變化 ····································· 328
8. 天地萬物의 精靈 ·· 329
9. 自己가 造物主 ·· 329
10. 極樂地獄은 어디? ······································ 330
11. 天上에 三十三天 ·· 330
12. 無情物의 因果 ·· 331
13. 呪文과 精誠 ··· 332
14. 마음齋戒 ·· 333
15. 根本을 알면 事理間 밝다 ·························· 333
16. 供養餘飯과 成佛 ·· 335
17. 塔을 마음으로 돌아라 ······························· 336

18. 三明六通 ·············· 336
19. 四相 ·············· 337
20. 虛無寂滅之道와 各宗各派道 ·············· 338
21. 局限없는 功德 ·············· 344
22. 大宗師의 스승? ·············· 340
23. 記念像은? ·············· 340
24. 四恩에 輕重이 있는가? ·············· 341
25. 無相布施와 有相布施 ·············· 345
26. 利在弓弓乙乙은? ·············· 346
27. 나의 道德을 믿으라 ·············· 346
28. 先人을 評하지 말라 ·············· 347
29. 後天開闢의 順序 ·············· 348
30. 鄭氏王 ·············· 349
31. 根機와 法位 ·············· 349
32. 根機와 法位 ·············· 350
33. 根機와 法位 ·············· 350
34. 根機와 法位 ·············· 351
35. 宗法師의 資格 ·············· 351
36. 宗法師의 資格 ·············· 352
37. 宗法師의 資格 ·············· 352

性理品

1. 得道詩 ·············· 354
2. 無善無惡 能善能惡 ·············· 354
3. 至善과 極樂 ·············· 354
4. 大道는 둘이 아니다 ·············· 354
5. 通萬法 明一心 ·············· 354
6. 佛性을 본 사람 ·············· 355

7. 見性의 目的 ·· 355
8. 見性과 率性 ·· 356
9. 性理는 萬法의 祖宗 ··· 356
10. 萬法歸一의 消息 ·· 356
11. 글 두 句 ··· 357
12. 고기 數를 아는가 ··· 357
13. 白雪과 無上法 ··· 357
14. 東天에서 오는 기러기 南天으로 ······················· 358
15. 道의 所在處 ·· 359
16. 胎中에서 衆生濟度 ··· 359
17. 마음 바로 잡는 話頭 ······································· 360
18. 鶴鳴禪師 見性認可 ··· 360
19. 禪師의 글과 大宗師 答 ···································· 361
20. 天地萬物 未生前의 體? ··································· 362
21. 見性을 하면? ·· 362
22. 三山 見性 認可와 鼎山 ···································· 362
23. 見性과 成佛 ·· 363
24. 萬法歸一 一歸何處 ··· 364
25. 性理論頭尾 ··· 365
26. 虛空法界를 所有하라 ······································ 365
27. 性理의 體用 ·· 366
28. 心性理氣와 염소먹이 ······································ 367
29. 貴敎의 부처님은? ·· 367
30. 七佛偈頌 ·· 368
31. 一圓相 法語 ·· 369

佛地品

1. 德과 慈悲 ··· 372

2. 大慈大悲(부처의) ······ 372
3. 大慈大悲 意義 ······ 373
4. 佛菩薩의 法度 ······ 374
5. 萬法을 創造하는 道人 ······ 375
6. 佛菩薩과 率性之道 ······ 375
7. 震黙大師와 酒色 ······ 376
8. 佛의 喜怒哀樂 ······ 377
9. 降魔位의 道人 ······ 377
10. 靈通 道通 法通 ······ 377
11. 큰 살림 큰 氣運 ······ 378
12. 天人 聖人 ······ 378
13. 天地의 運轉手 ······ 378
14. 큰 그릇 ······ 379
15. 天上樂과 人間樂 ······ 380
16. 天下가 나의 所有 ······ 383
17. 돈에 끌리지 말라 ······ 385
18. 天造의 博覽會場 ······ 386
19. 大宇宙의 本家(三大力 열쇠 八條 造成) ······ 388
20. 廣闊한 天地 ······ 389
21. 宇宙物이 다 利用物 ······ 390
22. 世上은 佛의 安住處 ······ 391

薦度品

1. 生死人事 ······ 394
2. 靈魂보내는 方法 ······ 394
3. 靈魂보내는 方法 ······ 396
4. 聖呪 ······ 398
5. 火災保險과 死의 準備 ······ 401

6. 生死之道 ·· 402
7. 生死一如 ·· 402
8. 짓는 해 솟는 해 ······························ 403
9. 이생과 저생 ···································· 403
10. 自由輪迴法 ···································· 404
11. 最後一念 ······································ 404
12. 새 肉身 받는 經路 ······················ 404
13. 生死의 疑心 ·································· 405
14. 永遠한 造物主 ······························ 406
15. 生과 死 去年과 今年 ·················· 407
16. 永遠한 慧福의 主人 ···················· 407
17. 閻羅國이 울타리 ·························· 408
18. 平素 着을 없애라 ························ 409
19. 着心을 굳게 가진 사람 ·············· 409
20. 固執을 떼라 ·································· 410
21. 每日 精神을 맑히라 ···················· 410
22. 하늘 사람 땅 사람 ······················ 411
23. 慾心의 구름 걷혀라 ···················· 411
24. 扶安 邊山의 맑은 氣運 ·············· 411
25. 맑은 氣運과 탁한 氣運 ·············· 412
26. 成佛할 좋은 種子 ························ 413
27. 業報滅度에 對한 法 ···················· 413
28. 七七齋와 涅槃記念의 意義 ········ 415
29. 獻貢 誦經 精誠 道力의 差異 ···· 416
30. 薦度法문과 靈魂 ·························· 417
31. 어린 靈 薦度에 對하여 ·············· 417
32. 어린 靈 薦度에 對하여 ·············· 418
33. 어린 靈 薦度에 對하여 ·············· 418
34. 最後一念 最初一念 ······················ 419
35. 着心에 묶인 心身 ························ 420

36. 가까운 因緣 ··· 421
37. 生前 薦度 ··· 422

信誠品

1. 四大信誠 ·· 424
2. 三根機(道家의) ··· 425
3. 道家의 成功(信忿疑誠) ·· 426
4. 信心의 變動 ··· 426
5. 入道發心나기 어려운 人物 ···································· 427
6. 心法 通하는 길 ··· 428
7. 信은 곧 法器 ·· 428
8. 三寶信仰 ·· 429
9. 父母, 師의 慈悲(當하기 어려운) ····························· 429
10. 法받는 信誠 ··· 430
11. 法받는 信誠(法은 私가 없다) ······························· 431
12. 基督教의 篤信者 ··· 431
13. 똥과 信誠 ··· 432
14. 알뜰한 師弟 ··· 433
15. 一心의 造化(사무친 信誠) ································· 434
16. 苦를 超越하라(樂受用) ····································· 434
17. 信誠은 마음에 ·· 435
18. 鼎山 兄弟 ··· 436
19. 大聖을 不敬하면? ··· 437

要訓品

1. 모든 工夫 祖宗 ··· 440

2. 修道人의 求 目的 ·· 440
3. 善惡根本 ·· 440
4. 마음 正하면 ·· 440
5. 얽매지 말라 ·· 441
6. 智慧와 어리석음 ·· 441
7. 큰 道人과 事業家 ······································ 441
8. 勇猛人과 材操人 ······································ 442
9. 어리석은 사람 ·· 442
10. 조급하지 말라(큰 나무도 적은 열매부터) ········ 442
11. 두 魔障 ·· 443
12. 希望이 끊어진 者 ···································· 443
13. 如意寶珠 ·· 443
14. 서로 化하는 道 ·· 444
15. 이기는 힘 ·· 444
16. 어리석음(두 가지) ···································· 444
17. 求하는 데 道가 있다 ······························ 445
18. 君子 小人 ·· 445
19. 罪福의 根源 ·· 445
20. 貴하는 富한 사람 ···································· 446
21. 自己 일과 남의 일 ·································· 446
22. 智慧 있는 사람 ·· 446
23. 높은 체 하는 사람 ·································· 447
24. 功德과 뿌리 ·· 447
25. 德의 陰助 ·· 447
26. 善惡의 움 ·· 447
27. 공것을 좋아 말라 ···································· 448
28. 眞人과 聖人 ·· 448
29. 빈말 말라 ·· 448
30. 惡氣와 毒氣 ·· 449
31. 禍福의 根本 ·· 449

32. 眞心 참회 ··· 449
33. 道人과 衆生 ··· 450
34. 남의 過失 밝히지 말라 ································· 450
35. 惡한 사람을 불쌍히 여겨라(善惡皆吾師) ········· 450
36. 버릴 것 없다 ·· 451
37. 罪되고 福되는 길 ·· 451
38. 더 큰 惡 더 큰 善 ·· 451
39. 濟度 어려운 人 셋 ·· 452
40. 大衆의 規則과 意思 ······································ 452
41. 平凡을 지키라 ··· 452
42. 道家의 命脈 ·· 453
43. 참 自由 참 利益 ·· 453
44. 福田 ··· 453
45. 편벽된 앎 ·· 453
46. 十方三界 所有者 ··· 454

實示品

1. 社會의 不淨은 道場의 不淨 ························· 460
2. 내가 먼저 버리지 말라 ································· 461
3. 佛性은 職業 貴賤 없다(엿木板) ···················· 462
4. 慢藏誨盜 ·· 459
5. 威德에 信賴하라 ·· 456
6. 濟度의 妙方 ··· 456
7. 질 자리에 지라 ·· 463
8. 知覺을 얻어야 그 사람을 아노라 ················· 465
9. 黃刑事의 感服(濟度) ······································ 465
10. 位를 求하는 法 ·· 466
11. 마음의 除草(工夫와 除草作業) ···················· 469

12. 道具정돈과 마음정돈 ·········· 469
13. 見物生心의 罪를 防止 ·········· 470
14. 아껴쓰라 ·········· 470
15. 廢物利用 ·········· 471
16. 사치를 말라 ·········· 471
17. 接人應物의 信 ·········· 472
18. 願없는 喜捨 ·········· 472
19. 書信取扱 ·········· 473
20. 破邪顯正 ·········· 473
21. 떳떳한 生活 ·········· 473
22. 相 없는 大德 ·········· 474
23. 最後責任은 自己 ·········· 475
24. 供養과 宿緣 ·········· 475
25. 天下事의 定 ·········· 476
26. 解緣의 例示 ·········· 458
27. 日之 法名 ·········· 477
28. 요행과 正道 ·········· 477
29. 마음醫師 肉身醫師 ·········· 478
30. 光靈 死에 泰然 ·········· 479
31. 公事의 情分 ·········· 479
32. 개의 薦度 ·········· 480
33. 弟子統率 ·········· 480
34. 弟子統率 ·········· 481
35. 統率四要 ·········· 481
36. 賞罰五種 ·········· 481
37. 꾸중과 칭찬 ·········· 482
38. 첫째 信心 ·········· 483
39. 定靜과 孝友 ·········· 483
40. 苦樂을 같이 하라 ·········· 483
41. 出役을 잘 하라 ·········· 484

42. 山과 人과 大道德 ················· 484
43. 島山의 來訪 ····················· 485
44. 不知中 能知 ····················· 485
45. 大宗師의 人格 ··················· 486

教團品

1. 師弟 情이 父子같이 ················ 490
2. 先進과 後進 ····················· 490
3. 永遠히 좋은 因緣 ·················· 492
4. 特性을 理解하라 ·················· 493
5. 좋은 소리를 내라 ·················· 495
6. 事業의 大小 ····················· 496
7. 專務出身의 本分 ·················· 497
8. 凡夫의 雜鐵때라 ·················· 499
9. 修道人과 鐵條網 ·················· 500
10. 膏血魔가 되지 말라 ··············· 500
11. 과외 收入도 公中에 ··············· 502
12. 私心없는 공사에 專力 ············· 503
13. 衆人의 精誠어린 공물 ············· 504
14. 松竹같은 굳은 마음을 내라(世俗生活) · 505
15. 出家誓願과 天地神明 ············· 507
16. 財와 色은 그물과 銃彈 ············ 507
17. 工夫人의 마음 비리 몇 가지 ········ 508
18. 손이 가는 弟子 안 가는 弟子 ······· 509
19. 罪惡은 작은 過失로부터 ··········· 268
20. 三十歲에 人品決定 ··············· 270
21. 옹기장수와 지게꾼의 喜色 ········· 510
22. 心眼이 어둔 소경 ················ 512

23. 商店開始와 物品값 ··· 513
24. 올챙이의 生命과 降을 濫用하는 者 ··············· 270
25. 몸과 마음 지키는 方法(敬畏心) ······················· 271
26. 亂世의 秘訣 ·· 273
27. 常不輕 ··· 515
28. 是非評論을 말라 ··· 274
29. 自己 허물을 살피라 ······································· 275
30. 自力있는 工夫人 ··· 275
31. 當行之事만 꾸준히 ··· 515
32. 諸佛諸聖의 苦難 ··· 516
33. 三가지 失敗의 原因 ······································· 519
34. 失手는 寶鑑삼고 奮發하라 ···························· 276
35. 願行을 一致하라 ··· 277
36. 적은 失敗는 本末의 寶鑑 ······························ 519
37. 以少成大는 天理原則 ····································· 521
38. 大事와 하늘의 試驗 ······································· 523
39. 알뜰한 主人은 血心의 眞人 ·························· 524
40. 創造者와 破壞者 ··· 524
41. 創立要領 十一條 ··· 525
42. 公道의 主人이 되라 ······································· 527
43. 興亡을 左右하는 三條件 ································ 527
44. 敎化線上에서 注意할 몇 가지 ······················· 528
45. 敎化線上에서 注意할 몇 가지 ······················· 529
46. 世上에 有益 없는 말(敎務는) ·························· 530
47. 大衆의 精神을 恒常 살피라(어느 곳으로 흐르나) ··············· 531
48. 十大弟子의 敎化方法 ····································· 532

展望品

1. 聖者出世機緣 ·· 536
2. 法義大全 歌詞 ·· 536
3. 宇宙의 한 氣運 呪文 ··· 538
4. 漢文 崇尙 말라 ·· 538
5. 본 會上은 모자리판 ··· 539
6. 世界의 公園(金剛山) ·· 540
7. 朝鮮 金剛山 主人 ·· 540
8. 날이 밝은 줄 모르더라 ·· 542
9. 거짓 先生이 참 先生 ·· 543
10. 낮도깨비(大明天地) ·· 544
11. 正道는 畢竟 利롭다 ·· 545
12. 世上敎化方法(自己行은 남의 敎化) ····················· 547
13. 四方八面 막힘없는 法說 ····································· 547
14. 大宗師 傳代는 어떻게? ······································· 549
15. 宗敎界의 將來 ·· 550
16. 예수敎 長老의 發心 ·· 551
17. 根機 따라 法 안다(땅의 高下에 先後差別有) ········ 553
18. 彌勒佛과 龍華會上 ··· 555
19. 참 龍華會上 ··· 556
20. 새 時代의 形相 ··· 556
21. 只今은 묵은 世上의 끝 ······································· 557
22. 오는 世上은 이러 하리라 ···································· 558
23. 참 文明世界 ··· 559
24. 過去世上 未來世上 ··· 560
25. 朝鮮의 文明相 ·· 560
26. 朝鮮의 文明相 ·· 561
27. 朝鮮의 文明相 ·· 561
28. 朝鮮의 文明相 ·· 562

29. 朝鮮의 文明相 ········· 563
30. 朝鮮의 文明相 ········· 564
31. 춤추고 절하는 責任 菩薩 ········· 565
32. 敎運의 將來 ········· 566

咐囑品

1. 法을 求함에 情이 건넨다 ········· 568
2. 大宗師 傳法 偈頌 ········· 569
3. 抱負와 經綸이 正典에 表現 ········· 569
4. 正法 받아 피살 되라 ········· 570
5. 自力으로 大衆을 거나려보라(鼎山) ········· 570
6. 中根이 무서운 고개 ········· 571
7. 敎理圖(本敎法의 眞髓) ········· 573
8. 外學으로 道門을 등지지 말라 ········· 573
9. 解釋에 치우치지 말라 ········· 574
10. 판이 큰 會上 ········· 575
11. 遺憾되는 三가지 ········· 575
12. 道家의 어려움 三가지 ········· 575
13. 雨露와 法의 恩惠 ········· 576
14. 철든 아이 철든 道理 ········· 576
15. 事業目標 ········· 578
16. 敎理의 綱領과 制度의 變更 ········· 579
17. 差別없는 制度 ········· 579
18. 더욱 重한 傳道 ········· 580
19. 三位一體 ········· 580

編次

- 제1 序 品 ·· 115
- 제2 敎義品 ·· 141
- 제3 修行品 ·· 183
- 제4 人道品 ·· 243
- 제5 因果品 ·· 297
- 제6 辨疑品 ·· 321
- 제7 性理品 ·· 353
- 제8 佛地品 ·· 371
- 제9 薦度品 ·· 393
- 제10 信誠品 ·· 423
- 제11 要訓品 ·· 439
- 제12 實示品 ·· 455
- 제13 敎團品 ·· 489
- 제14 展望品 ·· 535
- 제15 咐囑品 ·· 567

序品

| 대종경 필사본 | 대종경 |

1 圓紀 元年 丙辰 三月 二十六日에 大宗師- 大覺을 이루시고 가라사대 萬有가 한 體性이며 萬法이 한 根源이로다. 이 中에 生滅없는 도와 感應報復되는 理致가 서로 바탕하여 한 두렷한 기틀을 지었도다 하시니라.

2 大宗師- 大覺을 이루신 後 各 宗敎의 經典을 閱覽하시다가 金剛經을 보시고 가라사대 釋迦牟尼佛은 眞實로 聖人中의 聖人이라 하시고 또 가라사대 내- 스승의 指導가 없이 道를 얻었으나 發心한 動機로부터 得道한 經路를 回顧한다면 偶然中 過去 부처님의 行跡과 말씀에 符合되는 바 많나니 그러므로 나의 淵源을 부처님에게 定하노라 하시고 將次 道門을 열 때에도 佛法으로써 主體를 삼아 完全無缺한 大會上을 이 世上에 建設하리라 하시니라.

3 大宗師- 가라사대 佛法은 天下의 大道라 참된 性品의 根源을 밝히고 生死의 大事를 解決하며 因果의 理致를 들

---

1 원기(圓紀) 원년 사월 이십 팔일에 대종사(大宗師) 대각(大覺)을 이루시고 말씀하시기를 「만유가 한 체성이며 만법이 한 근원이로다. 이 가운데 생멸 없는 도(道)와 인과 보응되는 이치가 서로 바탕하여 한 두렷한 기틀을 지었도다.」

2 대종사 대각을 이루신 후 모든 종교의 경전을 두루 열람하시다가 금강경(金剛經)을 보시고 말씀하시기를 「서가모니 불(釋迦牟尼佛)은 진실로 성인들 중의 성인이라」 하시고, 또 말씀하시기를 「내가 스승의 지도 없이 도를 얻었으나 발심한 동기로부터 도 얻은 경로를 돌아본다면 과거 부처님의 행적과 말씀에 부합 되는 바 많으므로 나의 연원(淵源)을 부처님에게 정하노라.」 하시고, 「장차 회상(會上)을 열 때에도 불법으로 주체를 삼아 완전 무결한 큰 회상을 이 세상에 건설하리라.」 하시니라.

3 대종사 말씀하시기를 「불법은 천하의 큰 도라 참된 성품의 원리를 밝히고 생사의 큰 일을 해결하며 인과의 이

대종경 필사본

어내고 修行의 길을 갖추어서 能히 모든 敎法에 卓越한 바 있나니라.

4 大宗師- 當時의 時局을 觀察하사 그 指導 綱領을 標語로 定하여 가라사대 物質이 開闢되니 精神을 開闢하자 하시니라.

5 大宗師- 처음 敎化를 始作하신지 몇 달만에 信從하는 사람이 數十人에 達하는지라 그 中에서 特히 眞實하고 信心 굳은 九人을 먼저 選擇하사 會上創立의 標準弟子로 內定하시고 일러 가라사대 大凡 사람은 萬物의 主人이요 萬物은 사람의 使用物이며 人道는 仁義가 主體요 權謀術數는 그 끝이니 사람의 精神이 能히 萬物을 支配하고 仁義의 大道가 世上에 서게 되는 것은 理致의 當然함이거늘 近來에 그 主張이 位를 잃고 權謀術數가 世間에 紛騰하여 大道가 크게 어지러운지라 우리가 이 때에 먼저 마음을 모으고 뜻을 合하여 나날이 衰退하여 가는 世道人心을 바로잡아야 할 것이니 그대들은 이 뜻을 잘

대종경

치를 드러내고 수행의 길을 갖추어서 능히 모든 교법에 뛰어난 바 있나니라.」

4 대종사 당시의 시국을 살펴 보시사 그 지도 강령을 표어로써 정하시기를 「물질이 개벽(開闢)되니 정신을 개벽하자.」 하시니라.

5 대종사 처음 교화를 시작하신 지 몇 달만에 믿고 따르는 사람이 사십 여명에 이르는지라 그 가운데 특히 진실하고 신심 굳은 아홉 사람을 먼저 고르시사 회상 창립의 표준 제자로 내정하시고 말씀하시기를 「사람은 만물의 주인이요 만물은 사람의 사용할 바이며, 인도는 인의가 주체요 권모 술수는 그 끝이니, 사람의 정신이 능히 만물을 지배하고 인의의 대도가 세상에 서게 되는 것은 이치의 당연함이거늘, 근래에 그 주체에 위(位)를 잃고 권모 술수가 세상에 횡행하여 대도가 크게 어지러운지라, 우리가 이 때에 먼저 마음을 모으고 뜻을 합하여 나날이 쇠퇴하여 가는 세도(世道) 인심을 바로 잡아야 할 것이니, 그대들은

| 대종경 필사본 | 대종경 |

알아서 永遠한 世上에 길이 創道의 主人이 되라 하시니라.

이 뜻을 잘 알아서 영원한 세상에 대 회상 창립의 주인들이 되라.」

6 大宗師- 將次 十方世界 모든 사람을 두루 統治敎化할 十人一團의 組團方法을 制定하시고 가라사대 이 法은 오직 한 스승의 가르침으로 많은 사람을 고루 訓練하는 빠른 方法이니 몇 億萬의 多數라도 可히 指導할 수 있으나 그 功力은 恒常 九人에 지나지 아니하는 簡易한 組織이니라 하시고 앞서 選擇하신 九人弟子로 本敎 最初의 團을 組織하신 後 가라사대 이 團은 곧 十方世界를 應하여 組織된 것이니 團長은 하늘을 應하고 中央은 땅을 應하였으며 八人團員은 八方을 應한 것이라 펴서 말하면 이 團이 곧 十方을 代表하고 거두어 말하면 十方을 곧 한 몸에 합한 理致니라 하시니 團長에 大宗師요 中央에 宋奎요 八人 團員에 李載喆 李旬旬 金幾千 吳昌建 朴世喆 朴東局 劉巾 金光旋 이러라.

6 대종사 앞으로 시방 세계(十方世界) 모든 사람을 두루 교화할 십인 일단(十人一團)의 단 조직 방법을 제정하시고 말씀하시기를 「이 법은 오직 한 스승의 가르침으로 모든 사람을 고루 훈련할 빠른 방법이니, 몇 억만의 많은 수라도 가히 지도할 수 있으나 그 공력은 항상 아홉 사람에게만 들이면 되는 간이한 조직이니라.」 하시고, 앞서 고르신 구인 제자로 이 회상 최초의 단을 조직하신 후 「이 단은 곧 시방 세계를 응하여 조직된 것이니 단장은 하늘을 응하고 중앙(中央)은 땅을 응하였으며 팔인 단원은 팔방을 응한 것이라, 펴서 말하면 이 단이 곧 시방을 대표하고 거두어 말하면 시방을 곧 한 몸에 합한 이치니라.」 하시니, 단장에 대종사, 중앙에 송규(宋奎), 단원에 이재철(李載喆) 이순순(李旬旬) 김기천(金幾千) 오창건(吳昌建) 박세철(朴世喆) 박동국(朴東國) 유건(劉巾) 김광선(金光旋)이러라.

| 대종경 필사본 | 대종경 |

7 大宗師- 會上 創立의 期成體로 貯蓄組合을 設施하시고 團員들에게 일러 가라사대 우리가 經營하는 이 大事業은 普通사람이 다 하는 바가 아니며 普通사람이 다 하지 못하는 바를 하기로 하면 반드시 特別한 忍耐와 特別한 努力이 있어야 할 것인바 우리의 現在生活이 모두 無産한 處地에 있는지라 各 方面으로 特別한 節約과 勤勞가 아니면 사업의 土臺를 세우기 어려운 터인즉 우리는 이 組合의 모든 條項을 至誠으로 實行하여 이로써 後進에게 創立의 模範을 세워주자 하시고 먼저 禁酒 禁煙과 報恩米 貯蓄과 共同出役 等을 하게 하시니라.

8 宗師- 吉龍里 干潟地의 防堰役을 始作하사 이를 監役하시며 弟子들에게 일러 가라사대 只今 八九人은 本來 일을 아니하던 사람들이로되 大道 創立 初에 나왔으므로 남다른 苦生이 많으나 그 대신 滋味도 또한 적지 아니하리라. 무슨 일이든지 남이 다 이루어놓은 뒤에 受苦 없이 지키고만 있는 것보다는 내가 苦生을 하고 創立을 하여 남의 始祖가 되는

7 대종사 회상 창립의 준비로 저축조합을 설시하시고, 단원들에게 말씀하시기를 「우리가 시작하는 이 사업은 보통 사람이 다 하는 바가 아니며 보통 사람이 다 하지 못하는 바를 하기로 하면 반드시 특별한 인내와 특별한 노력이 있어야 할 것인 바 우리의 현재 생활이 모두 가난한 처지에 있는지라 모든 방면으로 특별한 절약과 근로가 아니면 사업의 토대를 세우기 어려운 터이니, 우리는 이 조합의 모든 조항을 지성으로 실행하여 이로써 후진에게 창립의 모범을 보여 주자.」 하시고, 먼저 금주 금연과 보은미(報恩米) 저축과 공동 출역(出役)을 하게 하시니라.

8 대종사 길룡리(吉龍里) 간석지(干潟地)의 방언(防堰) 일을 시작하사 이를 감역하시며, 제자들에게 말씀하시기를 「지금 구인은 본래 일을 아니하던 사람들이로되 대회상 창립 시기에 나왔으므로 남 다른 고생이 많으나 그 대신 재미도 또한 적지 아니하리라. 무슨 일이든지 남이 다 이루어 놓은 뒤에 수고 없이 지키기만 하는 것보다는 내가 고생을 하

| 대종경 필사본 | 대종경 |

것이 意味 깊은 일이니 우리가 建設할 會上은 過去에도 보지 못하였고 未來에도 보기 어려운 大會上이라 그러한 會上을 建設하자면 그 法을 制定할 때에 道學과 科學이 並進하여 地上樂園이 展開되게 하고 動과 靜이 골라 맞아서 工夫와 事業이 並進되게 하고 千萬敎法을 두루 通合하여 한 덩어리 한 집안을 만들어 서로 넘나들고 和하게 하여야 하므로 모든 點에 缺陷됨이 없이 하려함에 自然 이렇게 일이 많도다 하시니라.

고 창립을 하여 남의 시조가 되는 것이 의미 깊은 일이니, 우리가 건설할 회상은 과거에도 보지 못하였고 미래에도 보기 어려운 큰 회상이라, 그러한 회상을 건설하자면 그 법을 제정할 때에 도학과 과학이 병진하여 참 문명 세계가 열리게 하며, 동(動)과 정(靜)이 골라 맞아서 공부와 사업이 병진되게 하고, 모든 교법을 두루 통합하여 한 덩어리 한 집안을 만들어 서로 넘나들고 화하게 하여야 하므로, 모든 점에 결함됨이 없이 하려함에 자연 이렇게 일이 많도다.」

9 團員들이 防堰役을 陣行*할 때에 近洞의 富豪 한 사람이 이를 보고 곧 紛爭을 이르키어 自己도 干潟地 開拓願을 提出한 후 關係 當局에 頻繁히 出入하여 將次 土地權 問題에 걱정되는 바가 적지 아니한지라 團員들이 그를 깊이 미워하거늘 大宗師- 일러 가라사대 그 事 中에 이러한 紛爭이 생긴 것은 하늘이 우리의 精誠을 試驗하심인듯하니 그대들은 조금도 이에 끌리지 말고 또는 저 사람을 미워하고 怨望하指導 말라 事必歸正이 理致의 當然함이어니와 或 우

9 단원들이 방언 일을 진행할 때에 이웃 마을의 부호 한 사람이 이를 보고 곧 분쟁을 일으키어 자기도 간석지 개척원을 관청에 제출한 후 관계 당국에 자주 출입하여 장차 토지 소유권 문제에 걱정되는 바가 적지 아니한지라 단원들이 그를 깊이 미워하거늘, 대종사 말씀하시기를 「공사 중에 이러한 분쟁이 생긴 것은 하늘이 우리의 정성을 시험하심인 듯하니 그대들은 조금도 이에 끌리지 말고 또는 저 사람을 미워하고 원망하지도 말라. 사필 귀정(事必歸正)이 이치의

| 대종경 필사본 |

리의 努力한 바가 저 사람의 所有로 된다 할찌라도 우리에 있어서는 良心에 부끄러울 바가 없으며 또는 우리의 本意가 恒常 公衆을 爲하여 活動하기로 하였는 바 비록 처음 計劃과 같이 널리 使用되지는 못하나 그 사람도 또한 衆人 中의 한 사람은 되는 것이며 이 貧窮한 海邊 住民들에게 相當한 耕作地가 생기게 되었으니 또한 大衆에게 利益을 줌도 되지 않는가 이때에 있어서 그대들은 自他의 觀念을 超越하고 오직 公衆을 爲하는 本意만 變치말고 勤實히 努力하면 일은 自然 바른대로 解決되리라 하시니라.

* '進行'의 誤字.

10 하루는 李春風이 와서 뵈옵거늘 大宗師- 가라사대 저 사람들이 나를 찾아온 것은 道德을 배우려 함이거늘 나는 무슨 뜻으로 道德은 가르치지 아니하고 이 같이 먼저 堰을 막으라 하였는지 그 뜻을 알겠는가? 春風이 가로되 저 같은 淺見으로 어찌 깊으신 뜻을 다 알으리까마는 저의 생각에는 두 가지 理由가 있는 듯 하오니 첫째는 이 堰을 막아서 工夫하는 費用을 準備하게 하심이요, 다

| 대종경 |

당연함이어니와 혹 우리의 노력한 바가 저 사람의 소유로 된다 할지라도 우리에 있어서는 양심에 부끄러울 바가 없으며, 또는 우리의 본의가 향상 공중을 위하여 활동하기로 한 바인데 비록 처음 계획과 같이 널리 사용 되지는 못하나 그 사람도 또한 중인 가운데 한 사람은 되는 것이며, 이 빈궁한 해변 주민들에게 상당한 논이 생기게 되었으니 또한 대중에게 이익을 주는 일도 되지 않는가. 이 때에 있어서 그대들은 자타의 관념을 초월하고 오직 공중을 위하는 본의로만 부지런히 힘쓴다면 일은 자연 바른 대로 해결되리라.」

10 하루는 이춘풍(李春風)이 와서 뵈오니, 대종사 말씀하시기를 「저 사람들이 나를 찾아온 것은 도덕을 배우려 함이거늘, 나는 무슨 뜻으로 도덕은 가르치지 아니하고 이 같이 먼저 언(堰)을 막으라 하였는지 그 뜻을 알겠는가.」 춘풍이 사뢰기를 「저 같은 소견으로 어찌 깊으신 뜻을 다 알으오리까마는 저의 생각에는 두 가지 이유가 있는 듯하오니, 첫째는 이 언을 막아서 공부하는 비용을

대종경 필사본

음은 同心合力으로 나아가면 이루지 못할 일이 없다는 實證을 보이시기 爲함인가 하나이다. 大宗師- 가라사대 그대의 말이 大槪 옳으나 그 外에도 나의 뜻을 더 들어보라. 저 사람들이 元來에 工夫를 目的하고 온 것이므로 第一은 먼저 굳은 信心의 有無를 알아야 할 것이니 數萬年 不顧하던 干潟地를 開拓하여 논을 만들기고 함에 이웃 사람들의 嘲笑를 받으며 兼하여 勞動의 經驗도 없는 사람들로서 充分히 믿기 어려운 일을 할 때에 그것으로 참된 信心의 有無를 알게 될 것이요, 또는 이 한 일의 始終을 볼 때에 將次 모든 事業을 成就할 힘이 있고 없는 것을 알 수 있을 것이요, 또는 消費節約과 勤勞作業으로 自作自給하는 方法을 보아서 福祿이 어데로부터 오는 根本을 알게 될 것이요 또는 그 괴로운 일을 할 때에 率性하는 法이 골라져서 스스로 고를 이길만한 힘을 얻을 수 있을 것이니 이러한 생각으로 이 役事를 着手시켰노라.

대종경

준비하게 하심이요, 다음은 동심 합력으로 나아가면 이루지 못할 일이 없다는 증거를 보이시기 위함인가 하나이다.」 대종사 말씀하시기를 「그대의 말이 대개 옳으나 그 밖에도 나의 뜻을 더 들어 보라. 저 사람들이 원래에 공부를 목적하고 온 것이므로 먼저 굳은 신심이 있고 없음을 알아야 할 것이니, 수 만년 불고하던 간석지를 개척하여 논을 만들기로 하매 이웃 사람들의 조소를 받으며 겸하여 노동의 경험도 없는 사람들로서 충분히 믿기 어려운 이 일을 할 때에 그것으로 참된 신심이 있고 없음을 알게 될 것이요, 또는 이 한 일의 시(始)와 종(終)을 볼 때에 앞으로 모든 사업을 성취할 힘이 있고 없는 것을 알 수 있을 것이요, 또는 소비 절약과 근로 작업으로 자작 자급하는 방법을 보아서 복록(福祿)이 어디로부터 오는 근본을 알게 될 것이요, 또는 그 괴로운 일을 할 때에 솔성(率性)하는 법이 골라져서 스스로 괴로움을 이길 만한 힘을 얻을 수 있을 것이니, 이 모든 생각으로 이 일을 착수시켰노라.」

| 대종경 필사본 | 대종경 |

11 防堰役이 竣工되니 團員들이 서로 가로되 처음 始作할 때에는 平地에 泰山을 쌓을 것같이 어려운 생각이 들더니 이제 이만큼 되고 보니 防堰은 오히려 쉬운 일이나 앞으로 成道할 일은 얼마나 어려울고 하거늘 大宗師- 들으시고 가라사대 그대들이 只今은 成道하는 法을 알지 못하므로 그러한 말을 하거니와 알고 보면 그 넉넉하고 閑暇한 心境이 어찌 저 堰 막기와 같이 어려우리오. 그대들이 이 뜻이 未詳하거든 잘 들어 두었다가 工夫길을 깨친 뒤에 다시 생각하여 보라 하시니라.

11 방언 일이 준공되니 단원들이 서로 말하기를 「처음 시작할 때에는 평지에 태산을 쌓을 것같이 어려운 생각이 들더니, 이제 이 만큼 되고 보니 방언은 오히려 쉬운 일이나 앞으로 도(道) 이룰 일은 얼마나 어려울꼬.」하는지라, 대종사 들으시고 말씀하시기를 「그대들이 지금은 도 이루는 법을 알지 못하므로 그러한 말을 하거니와, 알고 보면 밥 먹기보다 쉬운 것이니 그 넉넉하고 한가한 심경이 어찌 저 언 막기같이 어려우리요. 그대들이 이 뜻이 미상하거든 잘 들어 두었다가 공부 길을 깨친 뒤에 다시 생각하여 보라.」

12 吉龍里 玉女峰下에 本敎 最初의 敎堂을 建築할새 大宗師- 그 上樑에 써 가라사대 「梭圓機日月 織春秋法呂」라 하시고 또 그 아래 써 가라사대 「松收萬木餘春立 溪合千峰細雨鳴」이라 하시었으며 그 後 이 敎堂의 名稱을 「大明局靈性巢左右通達萬物建判養生所」라 하시니라.

12 길룡리 옥녀봉(玉女峰) 아래에 이 회상 최초의 교당을 건축할 때, 대종사 그 상량에 쓰시기를 "사원기일월(梭圓機日月) 직춘추법려(織春秋法呂)"라 하시고 또 그 아래에 쓰시기를 "송수만목여춘립(松收萬木餘春立) 계합천봉세우명(溪合千峰細雨鳴)이라 하시니라.

대종경 필사본

13 大宗師- 九人團員에게 일러 가라사대 現下 物質文明은 그 勢力이 날로 隆盛하고 物質을 使用하는 사람의 精神은 날로 衰弱하여 個人 家庭 社會 國家가 모두 安定을 얻지 못하고 蒼生의 塗炭이 將次 限이 없게 될찌니 世上을 구할 뜻을 가진 우리로서 어찌 이를 汎然히 생각하고 있으리오. 옛 聖賢들도 蒼生을 爲하여 至誠으로 天地에 祈禱하여 天意를 感動시킨 일이 없지 않나니 그대들도 이 때를 當하여 專一한 마음과 至極한 精誠으로 모든 사람의 精神이 物質에 끌리지 아니하고 物質을 使用하는 사람이 되어주기를 天地에 祈禱하여 天意에 感動하심이 있게 하여 볼찌어다. 그대들의 마음은 곧 하늘의 마음이라 그러므로 마음이 한 번 專一하여 조금도 私私한 낱이 없게 되면 곧 天地로 더부러 그 德을 合하여 모든 일이 다 그 마음을 따라 成功이 될찌니 그대들은 各自의 마음에 能히 天意를 感動시킬 要素가 있음을 알아야 할 것이며 各自의 몸에 또한 蒼生을 制度할 責任이 있음을 恒常 銘心하라 하시고 定例日字에 各各 指定된 方位에서 祈禱를 繼續하도록 命하시니라.

대종경

13 대종사 구인 단원에게 말씀하시기를 「지금 물질 문명은 그 세력이 날로 융성하고 물질을 사용하는 사람의 정신을 날로 쇠약하여, 개인·가정·사회·국가가 모두 안정을 얻지 못하고 창생의 도탄이 장차 한이 없게 될지니, 세상을 구할 뜻을 가진 우리로서 어찌 이를 범연히 생각하고 있으리요. 옛 성현들도 창생을 위하여 지성으로 천지에 기도하여 천의(天意)를 감동시킨 일이 없지 않나니, 그대들도 이 때를 당하여 전일한 마음과 지극한 정성으로 모든 사람의 정신이 물질에 끌리지 아니하고 물질을 사용하는 사람이 되어주기를 천지에 기도하여 천의에 감동이 있게 하여 볼지어다. 그대들의 마음은 곧 하늘의 마음이라 마음이 한 번 전일하여 조금도 사가 없게 되면 곧 천지로 더불어 그 덕을 합하여 보든 일이 다 그 마음을 따라 성공이 될 것이니, 그대들은 각자의 마음에 능히 천의를 감동시킬 요소가 있음을 알아야 할 것이며, 각자의 몸에 또한 창생을 제도할 책임이 있음을 항상 명심하라.」 하시고, 일자와 방위를 지정 하시어 일제히 기도를 계속하게 하시니라.

대종경 필사본

14 圓紀四年 己未 七月 二十六日에 生死를 超越하는 九人 團員의 至極한 精誠이 드디어 白指血印의 異蹟으로 나타남을 보시고 大宗師- 가라사대 그대들의 마음은 天地神明이 이미 感應하였고 陰府工事가 이제 判決이 났으니 우리의 成功은 이로부터 비롯하였도다. 이제 그대들의 몸은 곧 十方世界에 바친 몸이니 앞으로 모든 일을 陣行할 때에 비록 千辛萬苦와 陷之死地를 當할찌라도 오직 오늘의 이 마음을 變치 말고 또는 家庭 愛着과 五慾의 境界를 當할 때에도 오직 오늘 일만 返照한다면 거기에 끌리지 아니할 것인 즉 그 끌림 없는 純一한 생각으로 工夫와 事業에 專務하라 하시고 다시 九人에게 法號 法名을 주시며 가라사대 그대들의 前日 이름은 곧 世俗의 이름이요 個人의 私名이었던 바 그 이름을 가진 사람은 이미 죽었고 이제 世界 公名인 새 이름을 주어 다시 살리는 바이니 삼가히 받들어 가져서 많은 蒼生을 制度하라 하시니라.

대종경

14 원기 사년 팔월 이십일일에 생사를 초월한 구인 단원의 지극한 정성이 드디어 백지 혈인(白指血印)의 이적으로 나타남을 보시고, 대종사 말씀하시기를「그대들의 마음은 천지 신명이 이미 감응하였고 음부 공사(陰府公事)가 이제 판결이 났으니 우리의 성공은 이로부터 비롯하였도다. 이제, 그대들의 몸은 곧 시방 세계에 바친 몸이니, 앞으로 모든 일을 진행할 때에 비록 천신 만고와 함지 사지를 당할지라도 오직 오늘의 이 마음을 변하지 말고, 또는 가정 애착과 오욕(五欲)의 경계를 당할지라도 오직 오늘 일만 생각한다면 거기에 끌리지 아니 할 것인 즉, 그 끌림 없는 순일한 생각을 공부와 사업에 오로지 힘쓰라.」하시고, 법호(法號)와 법명(法名)을 주시며 말씀하시기를「그대들의 전날 이름은 곧 세속의 이름이요 개인의 사사 이름이었던 바 그 이름을 가진 사람을 이미 죽었고, 이제 세계 공명(公名)인 새 이름을 주어 다시 살리는 바이니 삼가 받들어 가져서 많은 창생을 제도하라.」

대종경 필사본

15 大宗師- 가라사대 이제는 우리가 배울 바도 부처님의 道德이요 後進을 가르칠 바도 부처님의 道德이니 그대들은 먼저 이 佛法의 大義를 硏究하여 그 眞理를 깨치는 데에 努力하라. 내가 진즉 이 佛法의 眞理를 알았으나 그대들의 程度가 아직 그 眞理分析에 未及한 바가 있고 또는 佛敎가 이 나라에서 數百年間 賤待를 받은 餘風이 있으므로 누구를 勿論하고 佛敎의 名稱을 가진 데에는 尊敬의 意思가 적게 되지라 未開한 人心에 時代의 尊敬을 받지 못할가 하여 짐짓 法의 邪正眞僞를 勿論하고 오직 人心의 趨向을 따라 順序 없는 敎化로 한갓 發心 信仰에만 注力하여 왔거니와 이제 그 根本的 眞理를 撥遣하고 참다운 工夫를 成就하여 一切 衆生의 慧福 兩路를 引導하기로 할찐대 이 佛法으로 主體를 삼아야 할 것이며 뿐만 아니라 佛敎는 未來 數千年이 지나면 將次 이 나라의 主敎가 될 것이요 이 나라의 主敎가 된 뒤에는 또한 世界的 主敎가 될 것을 豫想하는 바이다. 그러나 未來의 佛法은 在來에 지켜오던 制度의 佛法이 아니라 士農工商을 여의지 아니하고 또는 在世 出世를 勿論하고 一般的으로 工夫

대종경

15 대종사 말씀하시기를 「이제는 우리가 배울 바도 부처님의 도덕이요, 후진을 가르칠 바도 부처님의 도덕이니, 그대들은 먼저 이 불법의 대의를 연구해서 그 진리를 깨치는 데에 노력하라. 내가 진작 이 불법의 진리를 알았으나 그대들의 정도가 아직 그 진리 분석에 못 미치는 바가 있고, 또는 불교가 이 나라에서 여러 백년 동안 천대를 받아 온 끝이라 누구를 막론하고 불교의 명칭을 가진 데에는 존경하는 뜻이 적게 되지라 열리지 못한 인심에 시대의 존경을 받지 못할까 하여, 짐짓 법의 사정 진위를 물론하고 오직 인심의 정도를 따라 순서 없는 교화로 한갓 발심 신앙에만 주력하여 왔거니와, 이제 그 근본적 진리를 발견하고 참다운 공부를 성취하여 일체 중생의 혜·복(慧福) 두 길을 인도하기로 하면 이 불법으로 주체를 삼아야 할 것이며, 뿐만아니라 불교는 장차 세계적 주교가 될 것이니라. 그러나, 미래의 불법은 재래와 같은 제도의 불법이 아니라 사·농·공·상을 여의지 아니하고, 또는 재가 출가를 막론하고 일반적으로 공부하는 불법이 될 것이며, 부처를 숭배하는 것도 한갓 국한된 불상에만 귀의하지

대종경 필사본

하는 佛法이 될 것이며 부처를 崇拜하는 것도 한갓 局限된 等像佛에만 歸依하지 않고 宇宙萬物 虛空 法界를 다 부처로 알게 되므로 일과 工夫가 따로 있지 아니하고 世上일을 잘하면 그것이 곧 佛法 工夫를 잘하는 사람이요, 佛法工夫를 잘하면 世上일을 잘하는 사람이 될 것이며 또는 佛供하는 法도 佛供할 處所와 부처가 따로 있는 것이 아니라 佛供者의 일과 願을 따라 그 佛供하는 處所와 부처가 있게 되나니 이리 된다면 法堂과 부처가 없는 곳이 없게 되며 부처의 恩惠가 化被草木 賴及萬方하여 想像치 못할 理想의 佛國土가 되리라. 그대들이여! 時代가 비록 千萬번 輪廻하나 이 같은 機會 만나기가 어렵거늘 그대들은 多幸히 만났으며 許多한 사람 중에 아는 사람이 稀少하거늘 그대들은 多幸히 이 機會를 알아서 처음 會上의 創立主가 되었나니 그대들은 오늘에 있어서 아직 證明하지 못할 나의 말일찌라도 虛無하다 생각지 말고 모든 指導에 依하여 次次 次次 지내가면 不遠한 將來에 가히 그 實地를 보게 되리라.

대종경

않고, 우주 만물 허공 법계를 다 부처로 알게 되므로 일과 공부가 따로 있지 아니하고, 세상 일을 잘하면 그것이 곧 불법 공부를 잘하는 사람이요, 불법 공부를 잘하면 세상 일을 잘하는 사람이 될 것이며, 또는 불공하는 법도 불공할 처소와 부처가 따로 있는 것이 아니라, 불공하는 이의 일과 원을 따라 그 불공하는 처소와 부처가 있게 되나니, 이리 된다면 법당과 부처가 없는 곳이 없게 되며, 부처의 은혜가 화피초목(化被草木) 뇌급만방(賴及萬方)하여 상상하지 못할 이상의 불국토가 되리라. 그대들이여! 시대가 비록 천만 번 순환하나 이 같은 기회 만나기가 어렵거늘 그대들은 다행히 만났으며, 허다한 사람 중에 아는 사람이 드물거늘 그대들은 다행히 이 기회를 알아서 처음 회상의 창립주가 되었나니, 그대들은 오늘에 있어서 아직 증명하지 못할 나의 말일지라도 허무하다 생각하지 말고, 모든 지도에 의하여 차차 지내가면 멀지 않은 장래에 가히 그 실지를 보게 되리라.」

대종경 필사본

『조선불교혁신론』

불교는 조선에 인연이 깊은 교로써 환영도 많이 받았을 것이며 배척도 많이 받았을 것이나, 환영은 여러 백 년 전에 받았고 배척받은 지는 오래지 아니하여, 儒敎의 세력에 밀려서 세상을 등지고 山中에 들어가 有耶無耶 중에 超人間的 생활을 하고 있었으므로 조선 사회에서는 그 법을 아는 사람이 적은지라, 이에 따라 혹 안다는 사람은 말하되 山水와 경치가 좋은 곳에는 寺院이 있다고 하며, 그 사원에는 승려와 불상이 있다고 하며, 승려와 불상이 있고 보면 세상에 사는 사람은 福을 빌고 罪를 赦하기 위하여 佛供을 다닌다 하며, 그 승려는 불상의 제자가 되어가지고 妻子 없이 獨身 생활을 한다 하며, 削髮을 하고 머리에는 굴갓을 쓰고 몸에는 儉朴한 옷을 입고 목에는 念珠를 걸고 손에 다는 短珠를 들고 입으로는 염불念佛이나 誦經을 하며, 등에다는 바랑을 지고 밥을 빌며 動鈴을 하며 혹 세속 사람을 대하면 아무리 천한 사람일지라도 '問安을 올린다' 하며, 魚肉酒草를 먹지 아니한다 하며, 모든 생명을 죽이지 아니한다 하나, 우리 세상 사람은 양반이라든지 富貴를

대종경

16 대종사 말씀하시기를 「불교는 조선에 인연이 깊은 교로서 환영도 많이 받았으며 배척도 많이 받아 왔으나, 환영은 여러 백년 전에 받았고 배척받은 지는 오래지 아니하여, 정치의 변동이며 유교의 세력에 밀려서 세상을 등지고 산중에 들어가 유야 무야 중에 초인간적 생활을 하고 있었으므로 일반 사회에서는 그 법을 아는 사람이 적은지라, 이에 따라 혹 안다는 사람은 말하되 산수와 경치가 좋은 곳에는 사원이 있다고 하며, 그 사원에는 승려와 불상이 있다고 하며, 승려와 불상이 있는 데 따라 세상에 사는 사람은 복을 빌고 죄를 사하기 위하여 불공을 다닌다 하 하며, 승려는 불상의 제자가 되어 가지고 처자 없이 독신 생활을 한다 하며, 삭발을 하고 검박한 옷을 입으며, 단주를 들고 염불이나 송경을 하며, 바랑을 지고 동냥을 하며, 혹 세속 사람을 대하면 아무리 천한 사람에게라도 문안을 올린다 하며, 어육주초(魚肉酒草)를 먹지 아니한다 하며, 모든 생명을 죽이지 아니한다 하나, 우리 세상 사람은 양반이라든지 부자라든지 팔자가 좋은 사람이라면 승려가 아니 되는 것이요, 혹 사주를 보아서 운명이

대종경 필사본

한다든지 팔자가 좋은 사람이든지 하면 승려가 아니 되는 것이요, 혹 부모 없는 불쌍한 아이나 四柱를 보아서 短命하다는 아이나 죄를 짓고 亡命하는 사람이나 혹 팔자가 사나운 사람이나 衣食없이 乞食하는 사람이나 이러한 류가 다 승려가 되는 것이라 하며, 혹 승려 중에도 공부를 잘하여 道僧이 되고 보면 사람 사는 집터나 白骨을 葬事하는 묘지나 呼風喚雨와 移山渡水하는 것을 마음대로 한다고도 하지마는 그런 사람은 千에 一人이요, 萬에 일인이 되는 것이니, 佛法이라 하는 것은 허무한 道요, 세상 사람은 못 하는 것이라 하며, 우리는 돈이 있다면 酒肉과 音樂器具를 준비하여 가지고 경치 찾아서 한 번씩 놀다 오는 것은 좋다고 하며, 누가 절에를 다닌다든지 승려가 된다든지 하면 그 집은 망할 것이라 하며, 屍體를 火葬하니 子孫이 도움을 얻지 못할 것이라 하며, 불법을 믿는 승려라면 人種은 人種이라도 別 동물과 같이 아는 것이 조선 사회의 습관이 되었나니, 이와 같은 조선에 어떠한 능력으로써 불교를 발전시키며 불법에 대한 好感을 갖게 하리오.

이 말을 하고자 하는 이 사람도 과거 조

대종경

좋지 못하다는 사람이나 혹 세간사에 실패하고 낙오한 사람들이 승려가 되는 것이라 하며, 승려 중에도 공부를 잘하여 도승이 되고 보면 사람 사는 집터나 백골을 장사하는 묘지나 호풍 환우(呼風喚雨)나 이산 도수(移山渡水)하는 것을 마음대로 한다고도 하지마는, 그런 사람은 천에 하나나 만에 하나가 되는 것이니, 불법이라는 것은 허무한 도요 세상 사람은 못 하는 것이라 하며, 우리는 경치 찾아서 한 번씩 놀다 오는 것은 좋다고 하며, 누가 절에 다닌다든지 승려가 된다든지 하면 그 집은 망할 것이라 하며, 시체를 화장하니 자손이 도움을 얻지 못할 것이라 하여, 불법을 믿는 승려라면 별다른 사람같이 알아 왔나니라. 그러나, 승려들의 실생활을 들어 말하자면 풍진 세상을 벗어나서 산수 좋고 경치 좋은 곳에 정결한 사원을 건축하고 존엄하신 불상을 모시고, 사방에 인연 없는 단순한 몸으로 몇 사람의 동지와 송풍 나월(松風蘿月)에 마음을 의지하여, 새 소리 물 소리 자연의 풍악을 사면으로 둘러놓고, 신자들이 가져다 주는 의식으로 걱정 없이 살며, 목탁을 울리는 가운데 염불이나 송경도 하고 좌선을 하다가 화

대종경 필사본

선 사회의 한 사람으로 불교에 대한 상식이 없다가, 어떠한 생각 어떠한 인연으로 불교를 신앙하는 동시에 불교에 대한 약간의 상식이 있게 됨으로써 조선 승려의 實生活을 말하게 되었다.

그 생활을 들어 말하자면, 風塵世上을 벗어나서 산수 좋고 경치 좋은 곳에 정결한 寺院을 건축하고 존엄하신 불상을 모시고, 사방에 인연 없는 단순한 몸으로 몇 사람의 동지와 松風蘿月에 마음을 의지하여, 새소리 물소리 자연의 風樂을 四面으로 둘러놓고 세속 사람이 가져다주는 의식으로 근심 걱정 하나도 없이 등 다습게 옷 입고 배부르게 밥 먹고, 몸에는 수수한 修道服 黑色 長衫을 입고 어깨에는 비단 紅袈裟에 광日月光을 胸背로 놓아 둘러매고, 한 손에는 芭蕉扇 또 한 손에는 短珠, 이와 같은 威儀로 목탁을 울리는 가운데 염불이나 혹은 송경이나 혹은 좌선이나 하다가 樹木 사이로 있는 화려하고 雄壯한 大建物 중에서 몸을 내어놓고 散步하는 것을 보면, 조선 사람의 생활로써는 그 위에 더 좋은 생활이 없을 줄로 알았다. 그러면 승려가 되어서는 다 이와 같이 생활을 하였는가?

대종경

려하고 웅장한 대건물 중에서 나와 수림 사이에 소요하는 등으로 살아 왔나니, 일반 승려가 다 그러한 것은 아니라 거개가 이와 같이 한가한 생활, 정결한 생활, 취미 있는 생활을 하여 왔나니라. 그러나, 이와 같은 생활을 계속하여 오는 동안에 부처님의 무상 대도는 세상에 알려지지 못하고 승려들은 독선 기신(獨善其身)의 소승(小乘)에 떨어졌나니 이 어찌 부처님의 본회(本懷)시리요. 그러므로, 부처님의 무상 대도에는 변함이 없으나 부분적인 교리와 제도는 이를 혁신하여, 소수인의 불교를 대중의 불교로, 편벽된 수행을 원만한 수행으로 돌리자는 것이니라.」

대종경 필사본

조선 일반 승려가 다 그러한 것은 아니나, 일반적으로 본다 하더라도 반수 이상은 이와 같은 생활을 하는 줄로 안다. 그러나 내면으로 들어가서 心理 생활하는 것은 잘 알 수 없지마는 불교의 교리와 제도 된 것이 세간 생활을 本位로 한 것이 아니라 出世間 생활을 본위로 하였나니, 출세간 생활이라 하는 것은 대개는 세간 생활과 같이 번거한 것이 없는 것이므로 심리 생활도 또한 세속 사람과는 차이가 있을 줄로 안다.

世俗 風塵 중에 사는 사람은 혹 萬石을 받는 사람이나 혹 宰相이나 이러한 부귀를 한 사람이라도 그와 같이 한가한 생활, 정결한 생활, 취미 있는 생활은 하지 못할 것이오. 아무리 못난 승려, 빈천한 사람이라도 俗家에 1, 2백 석을 받는 사람보다는 취미 있는 생활, 한가한 생활을 한다 할 것이다.

우리 세간 농촌 窮民의 생활하는 것을 보면 두 줄 새에 목을 넣고 팥죽 같은 땀을 흘려가며, 여름이 되고 보면 보리밥 삶아 먹은 더운 방에서 모기 빈대 뜯겨가며 잠을 자고, 밥은 순 麥食에 된장 간장이 반찬이요, 그도 못 먹으면 혹은 보리죽을 먹으며, 자리는 갈 자리나 밀대

대종경

대종경 필사본

방석을 사용하며, 몸에는 흉악한 무명베로 儉朴한 옷을 해 입고, 三伏시절 더운 날에 쉴 틈 없이 노력하여 겨우겨우 농사라고 지어 놓으면, 빚 받을 사람은 성화같이 달려와서 다 가져가고 보면 먹을 것이 없게 되어, 畢竟에는 부모·처자 식구들까지라도 서로 싸우고 원망하며 이러한 세상에서 죽었으면 좋겠다고 한숨으로 세월을 보내나니, 이에 비하면 산중 승려 수도 생활은 天上 仙官의 생활이라 아니할 수 없다. 세속 사람으로 이만한 생활을 알고 보면 그 어찌 승려 되기를 원치 아니하리오.

『조선불교혁신론』

우리는 모든 衆生이 生死 있는 줄만 알고 多生이 없는 줄로 아는데 부처님께서는 생사 없는 이치와 多生劫來에 한없는 생이 있는 줄을 더 알으셨으며, 우리는 우리 一身의 본래 이치도 모르는데 부처님께서는 천지 만물의 본래 이치까지 더 알으셨으며, 우리는 善道가 무엇인지 惡道가 무엇인지 구별이 분명치 못하여 우리가 우리 一身을 악도에 떨어지게 하는데 부처님께서는 자신을 제도하신 후에

대종경

17 대종사 이어서 말씀하시기를 「부처님의 무상 대도는 한량 없이 높고, 한량 없이 깊고, 한량 없이 넓으며, 그 지혜와 능력은 입으로나 붓으로 다 성언하고 기록할 수 없으나, 대략을 들어 말하자면 우리는 모든 중생이 생사 있는 줄만 알고 다생이 있는 줄은 모르는데, 부처님께서는 생사 없는 이치와 다생 겁래에 한 없는 생이 있는 줄을 더 알으셨으며, 우리는 우리 일신의 본래 이치도 모르는데 부처님께서는 우주 만유의 본래

대종경 필사본

十方世界 一切衆生을 악도에서 선도로 제도하는 능력이 계시며, 우리는 우리가 지어서 받는 苦樂도 모르는데 부처님께서는 중생이 지어서 받는 고락과 우연히 받는 고락까지 알으셨으며, 우리는 福樂을 受用하다가도 못하게 되면 할 수 없는데 부처님께서는 못하게 되는 경우에는 복락을 또 오게 하는 능력이 계시며, 우리는 智慧가 어두웠든지 밝았든지 되는대로 사는데 부처님께서는 지혜가 어두워지면 밝게 하는 능력이 계시고 밝으시면 계속하여 어두워지지 않게 하는 능력이 계시며, 우리는 貪心이나 瞋心이나 痴心에 끌려서 잘못하는 일이 많이 있는데 부처님께서는 탐심·진심·치심에 끌리는 바가 없으시며, 우리는 천지 만물 虛空 法界 있는 놈에 끌려서 천지 만물 허공 법계 없는 놈을 모르는데 부처님께서는 있는 놈을 당할 때에 없는 놈까지 알으시고 없는 놈을 당할 때에 있는 놈까지 알으시며, 우리는 天道·人道·地獄·餓鬼·畜生·修羅 이 六途와 胎·卵·濕·化 四生을 알지도 못하는데 부처님께서는 이 육도사생의 변화하는 이치까지 알으시며, 우리는 다른 물건을 해하여 다가 우리를 좋게 하려고 하는데 부

序品

대종경

이치까지 더 알으셨으며, 우리는 선도와 악도의 구별이 분명하지 못하여 우리가 우리 일신을 악도에 떨어지게 하는데 부처님께서는 자신을 제도하신 후에 시방 세계 일체 중생을 악도에서 선도로 제도하는 능력이 계시며, 우리는 우리가 지어서 받는 고락도 모르는데 부처님께서는 중생이 지어서 받는 고락과 우연히 받는 고락까지 알으셨으며, 우리는 복락을 수용하다가도 못하게 되면 할 수 없는데 부처님께서는 못하게 되는 경우에는 복락을 다시 오게 하는 능력이 계시며, 우리는 지혜가 어두웠든지 밝았든지 되는 대로 사는데 부처님께서는 지혜가 어두워지면 밝게 하는 능력이 계시고, 밝으면 계속하여 어두워지지 않게 하는 능력이 계시며, 우리는 탐심이나 진심이나 치심에 끌려서 잘못하는 일이 많이 있는데 부처님께서는 탐·진·치에 끌리는 바가 없으시며, 우리는 우주 만유 있는 데에 끌려서 우주 만유 없는 데를 모르는데 부처님께서는 있는 데를 당할 때에 없는 데까지 알으시고 없는 데를 당할 때에 있는 데까지 알으시며, 우리는 천도(天道) 인도(人道) 수라(修羅) 축생(畜生) 아귀(餓鬼) 지옥(地獄)의 육도(六

대종경 필사본

처님께서는 事物을 당할 때에 自利利他로 하시다가 못하시게 되면 이해와 생사를 不顧하시고 他物을 이롭게 하는 것으로써 당신의 복락을 삼으시며, 우리는 몇萬 石을 받는다 하더라도 사방 주위 몇천 리 안이 자기의 소유가 될 것이요, 집으로 말하더라도 몇백 간 몇천 간 밖에 자기의 소유가 아닐 것이며, 眷屬으로만 말하더라도 몇십 명 몇백 명밖에는 자기의 권속이 아닐 것인데, 부처님께서는 十方世界가 다 부처님의 소유요, 시방세계의 모든 건물이 다 부처님의 건물이요, 시방세계의 일체중생이 다 부처님의 眷屬이라 하셨으니, 이런 말을 보고 들을 때에는 이해 없는 사람은 부황한 말이라 할 것이나, 아는 사람에 있어서는 字字 글귀가 다 설金言玉說로 알 것이다.

이 부처님의 지혜와 능력을 어리석은 중생의 입으로나 붓으로 어찌 다 成言하며 기록하리오마는, 대략을 들어 중생제도하는 그 교리를 말하자면 높기로는 須彌山 같고, 깊기로는 恒河水 같고, 교리 數爻로는 恒河沙 모래 수와 같고, 넓고 크기로 말하면 천지 만물 허공 법계를 다 포함하였나니, 우리 불법 신자는 이와

대종경

途)와 태란습화(胎卵濕化) 사생(四生)이 무엇인지 알지도 못하는데 부처님께서는 이 육도 사생의 변화하는 이치까지 알으시며, 우리는 남을 해하여다가 자기만 좋게 하려 하는데 부처님께서는 사물을 당할 때에 자리 이타로 하시다가 못하게 되면 이해와 생사를 불고하고 남을 이롭게 하는 것으로써 자신의 복락을 삼으시며, 우리는 현실적으로 국한된 소유물 밖에 자기의 소유가 아니요, 현실적으로 국한된 집 밖에 자기의 권속이 아닌데, 부처님께서는 우주 만유가 다 부처님의 소유요 시방 세계가 다 부처님의 집이요 일체 중생이 다 부처님의 권속이라 하였으니, 우리는 이와 같은 부처님의 지혜와 능력을 얻어 가지고, 중생 제도하는 데에 노력하자는 바이니라.」

대종경 필사본

같은 부처님의 지혜와 능력을 얻어 가지고 제도 중생 하는 데에 노력하기 바라는 바이다.

『조선불교혁신론』
재래 조선 불교는 배척을 받을 때에 小數人의 종교로써 世間을 버리고 出世間 생활하는 승려를 본위하여 교리와 제도가 조직되었으므로 세간 생활하는 俗人에게 있어서는 모든 것이 서로 맞지 아니하고 반대같이 되었으며, 또는 세간 생활하는 속인의 신자가 있다 할지라도 주체가 되지 못하고 客觀的이므로, 그 중에서 특수한 사업과 특별한 공부를 한 사람이 있다면 이어니와 그렇지 아니하고 보통 신자에 있어서는 출세간 생활하는 승려와 같이 부처님의 直統 제자로나 불가의 조상으로 들어가기가 어려웁게 되었으니, 어찌 그 교리 그 제도로써 대중화가 되리오.

또는 이상에 말한 출세간을 본위 한 교리와 제도가 세간 생활에 맞지 않는 내역을 대강 들어 말하자면, 敎라 하는 것은 사람을 가르치는 것인데 인간이 없는 곳에다 교당을 두었으니 세간 생활에 奔

대종경

18 대종사 또 말씀하시기를 「과거의 불교는 출세간 생활을 본위로 하여 교리와 제도가 조직이 되었으므로, 세간 생활하는 일반 사람에 있어서는 모든 것이 잘 맞지 아니하였으며, 세간 생활하는 신자는 주가 되지 못하고 객과 같이 되었으므로 그 중에서 특수한 사업과 특별한 공부를 한 사람이 있다면이어니와, 그렇지 못한 보통 신자는 출세간 공부하는 승려와 같이 부처님의 직통 제자로나 불가의 조상으로 들어가기가 어렵게 되었으며, 또는 종교라 하는 것은 인간을 상대로 된 것인데, 인간이 없는 산간에 교당을 두었으니 세간 생활에 분망한 사람들이 어느 여가에 세간을 벗어나서 그 가르침을 받을 것이며, 또는 일반 사람이 배우기도 어렵고 알기도 어려운 숙어와 명사로 경전이 되어 있으므로 유무식·남녀·노소를 망라하여 가르쳐 주기가 어렵게 되었으며, 의식 생활에 있어서도 사·농·공·상의 직업을 놓아 버리고

대종경 필사본

忙한 그 사람들로 어느 여가에 人間을 벗어나서 그 교를 받을 것이며, 衣食 생활에 있어서도 사농공상의 原 직업을 놓아버리고 佛供이나 施主나 動鈴으로써 생활을 하였으니, 어찌 대중이 다 할 생활이며 또는 결혼생활에 들어가서도 출세간 공부하는 사람에게 있어서는 절대로 하지 못하게 되었으니, 그 생활이 또한 넓지 못하다 할 것이며, 교리로 말하여도 세간 생활하는 교리가 구체적으로 되지를 못하였으니, 어찌 그 법이 넓다 할 것인가?

그러면 어찌하여야 할 것이냐? 하면 세간 공부하는 사람이나 출세간 공부하는 사람에 대하여 主客의 차별이 없이 공부와 사업의 등급만 따를 것이며, 繼統하는 데에도 차별이 없이 直統으로 할 것이며, 수도하는 處所도 신자를 따라서 어느 곳이든지 건설하여야 할 것이며, 衣食 생활에 들어가서도 각자의 처지를 따라서 하게 할 것이며, 결혼생활에 들어가서도 자의에 맡길 것이며, 在家·出家를 하는 것도 특수한 서원은 말할 것이 없으나, 정식에 들어가서 幼年期에는 文學을 배우게 하고, 壯年期에 있어서는 道學을 배우며 제도사업에 노력하게 하

대종경

불공이나 시주나 동냥으로써 생활을 하였으니 어찌 대중이 다 할 생활이며, 결혼에 있어서도 출세간 공부인에게는 절대로 금하게 되었으며, 예법에 있어서도 여러 가지 형식 불공만 밝히고 세간 생활에 대한 예법은 밝히지 아니하였으니 어찌 그 생활이 또한 넓다 할 것인가. 그러므로, 우리는 재가와 출가에 대하여 주객의 차별이 없이 공부와 사업의 등위만 따를 것이며, 불제자의 계통에 있어서도 재가 출가의 차별이 없이 할 것이며, 수도하는 처소도 신자를 따라 어느 곳이든지 설치할 것이며, 경전도 그 정수를 가려서 일반 대중이 다 배울 수 있도록 쉬운 말로 편찬할 것이며, 출가 공부인의 의식 생활도 각자의 처지를 따라 직업을 갖게 할 것이며, 또는 결혼도 각자의 원에 맡길 것이며, 예법도 번잡한 형식 불공법을 다 준행할 것이 아니라 사실 불공을 주로하여 세간 생활에 적절하고 유익한 예법을 더 밝히자는 것이니라. 또는 출가를 하는 것도 특수한 경우를 제외하고는, 유년기에는 문자를 배우게 하고, 장년기에는 도학을 배우며 제도 사업에 노력하게 하고, 노년기에는 경치 좋고 한적한 곳에 들어가 세간의

| 대종경 필사본 |

고, 60이 넘어서는 경치 좋은 산중 사원에 들어가서 세간의 애착·탐착을 다 여의고 生死大事를 연마하며, 不寒不熱한 春秋 6개월이 되고 보면 세간 교당을 巡廻하여 모든 신자로 하여금 善道에 나아가도록 하며, 冬夏 6개월이 되고 보면 출입을 중지하고 산중생활에 들어가서 물소리 새소리 자연의 風樂을 둘러놓고 이 무삼 道理와 南無阿彌陀佛로 벗을 삼아 餘年을 마치고 보면, 一生 생활에 결함 된 점이 없을 것이며, 또는 세간·출세간을 물론 하고 대중화하기로 하니, 교리에 들어가서도 見性·養性만 주체로 할 것이 아니라 率性을 가하여 三大綱領을 주체로 하여야 할 것이므로 출세간 공부하는 공부의 요도를 만들어야 할 것이며, 세간 생활하는 인생의 요도를 만들어야 할 것이며, 세간·출세간을 물론 하고 공부에 대한 훈련의 과목을 만들어야 할 것이며, 기관에 들어가서도 시대와 인심을 따라서 이 교리 이 제도를 운전하는데 결함이 없도록 조직하여야 할 것이니, 우리 일반 신자는 이에 노력하기 바라는 바이다.

| 대종경 |

애착·탐착을 다 여의고 생사 대사를 연마하면서 춘추로는 세간 교당을 순회하여 교화에 노력하고, 동하에는 다시 수양 생활을 주로하여서, 이와 같이 일생 생활에 결함된 점이 없게 하자는 것이며, 이 교리 이 제도를 운전하는 기관에 있어서도 시대와 인심을 따라 결함됨이 없도록 하자는 것이니라.」

대종경 필사본

『조선불교혁신론』

재래 불교에서 신자에게 가르치는 과목은 혹은 經傳을 가르치며 혹은 話頭 들고 坐禪하는 법을 가르치며 혹은 念佛하는 법을 가르치며 혹은 呪文을 가르치며 혹은 佛供하는 법을 가르치는데, 그 가르치는 본의가 모든 경전을 가르쳐서는 불교에 대한 교리나 제도나 역사를 알리기 위함이요, 화두를 들어서 좌선시키는 것은 경전으로 가르치기도 어렵고 말로 가르치기도 어려운 현묘한 진리를 깨치게 함이요, 염불과 주문을 읽게 하는 것은 번거한 세상에 사는 사람이 愛着·탐착이 많아서 정도에 들기가 어려운 고로 처음 불문에 오고 보면 번거한 정신을 통일시키기 위하여 가르치는 법이요, 불공법은 승려의 생활에 도움을 얻기 위하여 가르치나니, 신자에 있어서는 이 과목을 한 사람이 다 배워야 할 것인데, 불법에 대한 이해가 적은 사람은 이 과목 내에 혹은 한 과목이나 혹은 두 과목이나 가지고 주장하며 하는 말이 '내가 옳네, 네가 그르네.' 是非가 紛紛하며, 각자가 서로 黨派를 모집하여 初入者의 信誠을 방해하며 신자의 통일을 방해하며, 일반 불교의 威信을 墮落케 하여 발

대종경

19 대종사 또 말씀하시기를 「과거 불가에서 가르치는 과목은 혹 경전을 가르치며, 혹은 화두(話頭)를 들고 좌선하는 법을 가르치며, 혹은 염불하는 법을 가르치며, 혹은 주문을 가르치며, 혹은 불공하는 법을 가르치는데, 그 가르치는 본의가 모든 경전을 가르쳐서는 불교에 대한 교리나 제도나 역사를 알리기 위함이요, 화두를 들려서 좌선을 시키는 것은 경전으로 가르치기도 어렵고 말로 가르치기도 어려운 현묘한 진리를 깨치게 함이요, 염불과 주문을 읽게 하는 것은 번거한 세상에 사는 사람이 애착 탐착이 많아서 정도(正道)에 들기가 어려운 고로 처음 불문에 오고 보면 번거한 정신을 통일 시키기 위하여 가르치는 법이요, 불공법은 신자의 소원 성취와 불사(佛事)에 도움을 얻기 위하여 가르치나니, 신자에 있어서는 이 과목을 한 사람이 다 배워야 할 것인데 이 과목 중에서 한 과목이나 혹은 두 과목을 가지고 거기에 집착하여 편벽된 수행 길로써 서로 파당을 지어 신자의 신앙과 수행에 장애가 되었으므로, 우리는 이 모든 과목을 통일하여 선종의 많은 화두와 교종의 모든 경전을 단련하여, 번거한 화두와 번

대종경 필사본

전에 대한 장해가 있게 되므로, 이 과목을 통일하여 禪宗의 천만 화두와 敎宗의 모든 경전을 단련하여 번거한 화두와 번거한 경전은 다 놓아 버리고 그중에 제일 강령과 요지가 많은 화두와 경전으로 일과 이치에 연구력 얻는 과목을 정하고, 염불·좌선·주문을 단련하여 정신 통일하는 수양 과목을 정하고, 모든 戒律과 과보 받는 내역과 네 가지 중대한 은혜를 단련하여 세간 생활에 적절한 作業取捨의 과목을 정하고, 모든 신자로 하여금 이 三大 과목을 竝進하게 하되, 연구 과목을 단련하여서는 부처님과 같이 理無碍 事無碍하는 硏究力을 얻게 하며, 수양 과목을 단련하여서는 부처님과 같이 사물에 끌리지 않는 定力을 얻게 하며, 취사 과목을 단련하여서는 부처님과 같이 不義와 正義를 분석하여 실행하는 데 取捨力을 얻게 하여, 이 三大力으로써 一生 생활에 불공 하는 자료를 삼아 모든 서원을 달성하는데 보감을 삼게 되면 교리가 자연 통일할 것이요, 신자도 또한 통일될 줄로 믿는다.

대종경

거한 경전은 다 놓아 버리고 그 중에 제일 강령과 요지를 밝힌 화두와 경전으로 일과 이치에 연구력 얻는 과목을 정하고, 염불·좌선·주문을 단련하여 정신 통일하는 수양 과목을 정하고, 모든 계율과 과보 받는 내역과 사은의 도를 단련하여 세간 생활에 적절한 작업 취사의 과목을 정하고, 모든 신자로 하여금 이 삼대 과목을 병진하게 하였으니, 연구 과목을 단련하여서는 부처님과 같이 이무애(理無碍) 사무애(事無碍) 하는 연구력을 얻게 하며, 수양 과목을 단련하여서는 부처님과 같이 사물에 끌리지 않는 수양력을 얻게 하며, 취사 과목을 단련하여서는 부처님과 같이 불의와 정의를 분석하고 실행하는 데 취사력을 얻게 하여, 이 삼대력(三大力)으로써 일상 생활에 불공하는 자료를 삼아 모든 서원을 달성하는 원동력을 삼게 하면 교리가 자연 통일될 것이요 신자의 수행도 또한 원만하게 될 것이니라.」

教義品

대종경 필사본

1 大宗師- 가라사대 過去에 모든 敎主가 代代로 出現하여 人生의 行할 바를 가르쳐왔으나 그 敎化의 主體는 時代와 地域을 따라 或 다르나니 譬喻하여 말하자면 같은 醫學 中에도 각기 專門 分野가 있는 것과 같나니라. 그러므로 佛家에서는 宇宙萬有의 形像 없는 것을 主體삼아서 生老病死와 因果報應의 理致를 가르쳐 轉迷開悟의 길을 주로 열게 하셨고 儒家에서는 宇宙萬有의 形像 있는 것을 主體삼아서 三綱五倫과 仁義禮智를 가르쳐 修齊治平의 道를 主로 밝히셨으며 仙家에서는 宇宙萬有의 自然之道를 主體삼아서 息妄靖亂의 工夫를 가르쳐 淸靜無念의 法을 主로 밝히셨나니 이 세 가지 道가 그 主體는 비록 다를찌라도 世上을 바르게 하고 生靈을 이롭게 하는 것은 다 같은 것이니라. 그러나 過去에는 儒佛仙 三敎가 各各 그 分野만의 敎化를 主로 하여 왔지마는 오는 世上에는 그 一部만 가지고는 널리 世上을 救援하지 못할 것이므로 우리는 三家의 敎理를 通合하여 修養 硏究 取捨의 一圓化와 또는 靈肉雙全 理事竝行 等 方法으로 모든 課程을 定하였나니 누구든지 이대로 잘 工夫한다면 다만 儒佛仙 三敎의

대종경

1 대종사 말씀하시기를 「과거에 모든 교주(敎主)가 때를 따라 나오시어 인생의 행할 바를 가르쳐 왔으나 그 교화의 주체는 시대와 지역을 따라 서로 달랐나니, 비유하여 말하자면 같은 의학 가운데도 각기 전문 분야가 있는 것과 같나니라. 그러므로, 불가(佛家)에서는 우주 만유의 형상 없는 것을 주체 삼아서 생멸 없는 진리와 인과 보응의 이치를 가르쳐 전미 개오(轉迷開悟)의 길을 주로 밝히셨고, 유가(儒家)에서는 우주 만유의 형상 있는 것을 주체 삼아서 삼강·오륜과 인·의·예·지를 가르쳐 수·제·치·평(修齊治平)의 길을 주로 밝히셨으며, 선가(仙家)에서는 우주 자연의 도를 주체 삼아서 양성(養性)하는 방법을 가르쳐 청정 무위(淸靜無爲)의 길을 주로 밝히셨나니, 이 세 가지 길이 그 주체는 비록 다를지라도 세상을 바르게 하고 생령을 이롭게 하는 것은 다 같은 것이니라. 그러나, 과거에는 유·불·선(儒佛仙) 삼교(三敎)가 각각 그 분야만의 교화를 주로하여 왔지마는, 앞으로는 그 일부만 가지고는 널리 세상을 구원하지 못할 것이므로 우리는 이 모든 교리를 통합하여 수양·연구·취사의 일원화(一圓

대종경 필사본

宗旨를 一貫할 뿐만 아니라 兼하여 世界 各 宗敎의 敎理며 其他 天下 萬法이 다 한 마음에 돌아와서 能히 四通五達의 大道를 얻게 되리라.

2 한 弟子 여짜오되 어떠한 것을 大道라 이르나이까. 大宗師- 가라사대 天下 사람이 다 行할 수 있는 것은 天下의 大道요 적은 數만 行할 수 있는 것은 작은 道라 이르나니 그러므로 우리의 一圓 宗旨와 四恩 四要 三學 八條는 온 天下 사람이 다 알아야 하고 다 實行할 수 있으므로 天下의 大道가 되나니라.

3 光田이 여짜오되 一圓相과 人間과의 關係가 어떠하오니까? 大宗師- 가라사대 네가 큰 眞理를 물었도다. 우리 會上에서 一圓相을 모시는 것은 在來 佛家에서 等像佛을 모시는 것과 一例이나 等像佛은 佛祖의 形體를 나타낸 것이요 一圓相은 佛祖의 心體를 나타낸 것이므로

대종경

化)와 또는 영육 쌍전(靈肉雙全)·이사병행(理事竝行) 등 방법으로 모든 과정을 정하였나니, 누구든지 이대로 잘 공부한다면 다만 삼교의 종지를 일관할 뿐 아니라 세계 모든 종교의 교리며 천하의 모든 법이 다 한 마음에 돌아와서 능히 사통 오달의 큰 도를 얻게 되리라.」

2 한 제자 여쭙기를 「어떠한 것을 큰 도라 이르나이까.」 대종사 말씀하시기를 「천하 사람이 다 행할 수 있는 것은 천하의 큰 도요, 적은 수만 행할 수 있는 것은 작은 도라 이르나니, 그러므로 우리의 일원 종지와 사은 사요 삼학 팔조는 온 천하 사람이 다 알아야 하고 다 실행할 수 있으므로 천하의 큰 도가 되나니라.」

3 광전(光田)이 여쭙기를 「일원상과 인간과의 관계가 어떠하오니까.」 대종사 말씀하시기를 「네가 큰 진리를 물었도다. 우리 회상에서 일원상을 모시는 것은 과거 불가에서 불상을 모시는 것과 같으나, 불상은 부처님의 형체(形體)를 나타낸 것이요, 일원상은 부처님의 심체(心

대종경 필사본

形體라 하는 것은 한 人形에 不過한 것이요, 心體라 하는 것은 廣大無量하여 能히 有無를 總攝하고 三世를 貫通하였나니 곧 天地萬物의 本源이며 言語道斷의 入定處라 儒家에서는 이를 일러 太極 或은 無極이라 하고 仙家에서는 이를 일러 自然 或은 道라 하고 佛家에서는 이를 일러 淸淨法身佛이라 하였나니 그 이름은 各各 다르나 原理에 있어서는 모두 같은 바로서 비록 어떠한 方面 어떠한 길로 조차온다 할찌라도 最後 究竟에 들어가서는 다 이 一圓의 眞理에 歸合되나니 萬一 道德이라 이름하여 이러한 眞理에 根源을 세운 바가 없다면 그것은 곧 邪魔外道라 그러므로 우리 會上에서는 이 一圓相의 眞理로써 우리의 現實生活과 連絡시키는 標準을 삼았으며 또는 信仰과 修行의 두 門을 밝히었나니라.

4   또 여짜오되 一圓相의 信仰은 어떻게 하나이까? 大宗師- 가라사대 一圓相을 信仰의 對象으로 하고 그 眞理를 믿어 복락福樂을 求하나니 一圓相의 內譯을 말하자면 곧 四恩이요, 四恩의 內

대종경

體)를 나타낸 것이므로, 형체라 하는 것은 한 인형에 불과한 것이요, 심체라 하는 것은 광대 무량하여 능히 유와 무를 총섭하고 삼세를 관통하였나니, 곧 천지 만물의 본원이며 언어도단의 입정처(入定處)라, 유가에서는 이를 일러 태극(太極) 혹은 무극(無極)이라 하고, 선가에서는 이를 일러 자연 혹은 도라 하고, 불가에서는 이를 일러 청정 법신불이라 하였으나, 원리에 있어서는 모두 같은 바로서 비록 어떠한 방면 어떠한 길을 통한다 할지라도 최후 구경에 들어가서는 다 이 일원의 진리에 돌아가나니, 만일 종교라 이름하여 이러한 진리에 근원을 세운 바가 없다면 그것은 곧 사도(邪道)라, 그러므로 우리 회상에서는 이 일원상의 진리로써 우리의 현실 생활과 연락시키는 표준을 삼았으며, 또는 신앙과 수행의 두 문을 밝히었나니라.」

4   또 여쭙기를 「일원상의 신앙은 어떻게 하나이까.」 대종사 말씀하시기를 「일원상을 신앙의 대상으로 하고 그 진리를 믿어 복락을 구하나니, 일원상의 내역을 말하자면 곧 사은이요, 사은의

대종경 필사본

譯을 또 말하자면 곧 森然한 宇宙의 萬有로서 天地萬物 虛空法界가 다 佛性 아님이 없나니 우리는 어느 때 어떠한 곳이든지 恒常 敬畏心을 놓지 말고 尊嚴하신 부처님을 對하는 淸淨한 마음과 敬度한 態度로 千萬事物에 應할 것이며 千萬事物의 當處에 直接 佛供하기를 爲主하여 現實的으로 福樂을 작만할찌니 이를 몰아 말하자면 偏狹한 信仰을 돌려 圓滿한 信仰을 만들며 迷信的 信仰을 돌려 事實的 信仰을 하게 한 것이니라.

5 또 여짜오되 一圓相의 修行은 어떻게 하나이까? 大宗師- 가라사대 一圓相을 修行의 標本으로 하고 그 眞理를 體得하여 自己의 人格을 養成하나니 一圓相의 眞理를 깨달아 天地 萬物의 始終 本末과 人間의 生老病死와 因果報應의 理致를 걸림 없이 알자는 것이며 또는 一圓과 같이 마음 가운데에 一毫의 私心이 없고 愛慾과 貪着에 이울고* 굽히는 바가 없이 恒常 두렷한 性品 자리를 養成하자는 것이며, 또는 一圓과 같이 千萬 境界를 對應하여 마음을 쓸 때 喜怒哀樂과 遠近親疏에 끌리지 아니하

대종경

내역을 말하자면 곧 우주 만유로서 천지 만물 허공 법계가 다 부처 아님이 없나니, 우리는 어느 때 어느 곳이든지 항상 경외심을 놓지 말고 존엄하신 부처님을 대하는 청정한 마음과 경건한 태도로 천만 사물에 응할 것이며, 천만 사물의 당처에 직접 불공하기를 힘써서 현실적으로 복락을 장만할지니, 이를 몰아 말하자면 편협한 신앙을 돌려 원만한 신앙을 만들며, 미신적 신앙을 돌려 사실적 신앙을 하게 한 것이니라.」

5 또 여쭙기를 「일원상의 수행은 어떻게 하나이까.」 대종사 말씀하시기를 「일원상을 수행의 표본으로 하고 그 진리를 체받아서 자기의 인격을 양성하나니 일원상의 진리를 깨달아 천지 만물의 시종 본말과 인간의 생·로·병·사와 인과 보응의 이치를 걸림 없이 알자는 것이며, 또는 일원과 같이 마음 가운데에 아무 사심(私心)이 없고 애욕과 탐착에 기울고 굽히는 바가 없이 항상 두렷한 성품 자리를 양성하자는 것이며, 또는 일원과 같이 모든 경계를 대하여 마음을 쓸 때 희·로·애·락과 원·근·친·소에 끌

대종경 필사본

고 萬事를 오직 바르고 공변되게 處理하자는 것이니 一圓의 原理를 깨닫는 것은 見性이요, 一圓의 體性을 지키는 것은 養性이요, 一圓과 같이 圓滿한 實行을 하는 것은 率性인 바 우리 工夫의 要道인 精神修養 事理研究 作業取捨도 이것이요 옛날 부처님의 말씀하신 戒定慧 三學도 이것으로서 修養은 定이며 養性이요 研究는 慧며 見性이요 取捨는 戒며 率性이라 이 工夫를 至誠으로 하면 學問 有無에도 關係가 없으며 聰明 有無에도 關係가 없으며 男女老少를 勿論하고 다 成佛함을 얻으리라.

* '기울고'의 誤記.

6 또 여짜오되 그러하오면 形式으로 그려진 저 圓相 自體가 그러한 眞理와 威力과 工夫法을 그대로 갖아 있다는 것이오니까? 大宗師─ 가라사대 저 圓相은 참 一圓을 알리기 위한 標本이라 譬컨대 손가락으로 달을 가리킴에 손가락이 참 달은 아닌 것과 같나니라. 그런즉 工夫하는 사람은 마땅히 저 標本의 一圓相으로 因하여 참 一圓을 發見하여야 할

대종경

리지 아니하고 모든 일을 오직 바르고 공변되게 처리하자는 것이니, 일원의 원리를 깨닫는 것은 견성(見性)이요, 일원의 체성을 지키는 것은 양성(養性)이요, 일원과 같이 원만한 실행을 하는 것은 솔성(率性)인 바, 우리 공부의 요도인 정신 수양·사리 연구·작업 취사도 이것이요, 옛날 부처님의 말씀하신 계·정·혜(戒定慧) 삼학도 이것으로서, 수양은 정이며 양성이요, 연구는 혜며 견성이요, 취사는 계며 솔성이라, 이 공부를 지성으로 하면 학식 있고 없는 데에도 관계가 없으며 총명 있고 없는 데에도 관계가 없으며 남녀 노소를 막론하고 다 성불함을 얻으리라.」

6 또 여쭙기를 「그러하오면 도형(圖形)으로 그려진 저 일원상 자체에 그러한 진리와 위력과 공부법이 그대로 갖아 있다는 것이오니까.」 대종사 말씀하시기를 「저 원상은 참 일원을 알리기 위한 한 표본이라, 비하건대 손가락으로 달을 가리킴에 손가락이 참 달은 아닌 것과 같나니라. 그런즉 공부하는 사람은 마땅히 저 표본의 일원상으로 인하여 참 일원을

대종경 필사본

것이며 發見한 以上에는 그 一圓의 참된 性品을 지키고 一圓의 圓滿한 마음을 實行하여야 一圓相의 眞理와 우리의 生活이 完全히 合致되리라.

7 大宗師- 가라사대 一圓의 眞理를 要約하여 말하자면 곧 空과 圓과 正이니 養性에 있어서는 有無超越한 자리를 觀하는 것이 空이요, 마음의 去來 없는 것이 圓이요 마음이 기우려지지 않는 것이 正이며 見性에 있어서는 一圓의 眞理가 徹底하여 言語道가 끊어지고 心行處가 없는 자리를 아는 것이 空이요, 知量이 廣大하여 막힘이 없는 것이 圓이요 아는 것이 的實하여 모든 事物을 바르게 보고 바르게 判斷하는 것이 正이며 率性에 있어서는 每事에 無念行을 하는 것이 空이요 每事에 無着行을 하는 것이 圓이요 每事에 過不及 없는 것이 正이니라.

8 大宗師- 가라사대 모든 修行人이 玄妙한 眞理를 悟得하려 하는 것은 그 眞理를 實生活에 活用코저 함이니 萬一

대종경

발견하여야 할 것이며, 일원의 참된 성품을 지키고, 일원의 원만한 마음을 실행하여야 일원상의 진리와 우리의 생활이 완전히 합치되리라.」

7 대종사 말씀하시기를 「일원의 진리를 요약하여 말하자면 곧 공(空)과 원(圓)과 정(正)이니, 양성에 있어서는 유무 초월한 자리를 관하는 것이 공이요, 마음의 거래 없는 것이 원이요, 마음이 기울어지지 않는 것이 정이며, 견성에 있어서는 일원의 진리가 철저하여 언어의 도가 끊어지고 심행처가 없는 자리를 아는 것이 공이요, 지량(知量)이 광대하여 막힘이 없는 것이 원이요, 아는 것이 적실하여 모든 사물을 바르게 보고 바르게 판단하는 것이 정이며, 솔성에 있어서는 모든 일에 무념행을 하는 것이 공이요, 모든 일에 무착행을 하는 것이 원이요, 모든 일에 중도행을 하는 것이 정이니라.」

8 대종사 말씀하시기를 「공부하는 사람들이 현묘한 진리를 깨치려 하는 것은 그 진리를 실생활에 활용하고자 함이

대종경 필사본

活用치 못하고 그대로 둔다면 이는 無用之物에 不過한지라 이제 法身佛 一圓相을 實生活에 符合시켜 말하여 주리라. 첫째는 一圓相을 對할 때마다 見性成佛하는 話頭를 삼을 것이요, 둘째는 日常生活에 一圓相과 같이 圓滿하게 修行하여 나가는 標本을 삼을 것이며, 셋째는 이 宇宙萬有의 全體가 罪福을 直接 나려주는 事實的 權能이 있는 것을 알아서 信仰生活을 開拓하여 나가야 될찌니 이런 眞理를 아는 사람은 法身佛을 對할 때마다 마치 父母의 寫眞 같이 崇拜될 것이나 모르는 사람은 저 形式의 圓相에서 罪福이 直接 나오는 줄로 그릇 아나니라.

9 한 사람이 여짜오되 貴敎에서는 어느 부처님을 本師로 모시나이까? 大宗師- 가라사대 釋迦牟尼佛을 本師로 崇拜하노라. 그 사람이 가로되 釋迦牟尼佛이 本師일찐대 法堂에 어찌 釋迦牟尼佛像을 모시지 아니하고 一圓相을 모셨나이까? 大宗師- 가라사대 釋迦牟尼佛像이 우리에게 罪주고 福주는 證據는 事實的으로 解釋하여 가르치기가 어려우나 一圓相은 곧 淸淨法身佛을 表象한

대종경

니 만일 활용하지 못하고 그대로 둔다면 이는 쓸 데 없는 일이라, 이제 법신불 일원상을 실생활에 부합시켜 말해 주리라. 첫째는 일원상을 대할 때마다 견성 성불하는 화두(話頭)를 삼을 것이요, 둘째는 일상 생활에 일원상과 같이 원만하게 수행하여 나아가는 표본을 삼을 것이며, 셋째는 이 우주 만유 전체가 죄복을 직접 내려주는 사실적 권능이 있는 것을 알아서 진리적으로 믿어 나아가는 대상을 삼을 것이니, 이러한 진리를 아는 사람은 일원상을 대할 때마다 마치 부모의 사진 같이 숭배될 것이니라.」

9 한 사람이 여쭙기를 「귀교에서는 어느 부처님을 본사(本師)로 모시나이까.」 대종사 말씀하시기를 「서가모니 불을 본사로 숭배하노라.」 또 여쭙기를 「서가모니 불이 본사일진대 법당에 어찌 서가모니 불상을 모시지 아니하고 일원상을 모셨나이까.」 대종사 말씀하시기를 「서가모니 불상이 우리에게 죄 주고 복 주는 증거는 사실적으로 해석하여 가르치기가 어려우나, 일원상은 곧 청정

대종경 필사본

바로서 天地 父母 同胞가 다 法身佛의 化身이요 法律도 또한 法身佛의 주신 바이라 이 天地 父母 同胞 法律이 우리에게 罪주고 福주는 證據는 얼마든지 解釋하여 가르칠 수가 있으므로 人智의 發達을 따라 一圓相을 信仰의 對象으로 모신 것이니라. 그 사람이 가로되 그러하오면 釋迦牟尼佛을 本師로 모신다는 것이 말 뿐이요 特別히 崇拜하는 行事는 없지 아니 하나니까. 大宗師- 가라사대 그렇지 아니하나니 비록 法堂에 佛像을 모시지는 아니하였으나 一般 信者들에게 釋迦牟尼佛을 至心尊崇하도록 信心을 引導하는 同時에 참다운 崇拜는 부처님의 말씀하신 經典의 根本精神을 尊重히 받들고 또한 六根을 作用할 때에 그대로 行을 닦아서 부처님의 事業을 永遠히 繼承發展함에 있다는 뜻을 力說하는 바인즉 어찌 佛像을 모시고 朝夕禮佛하는 것만을 崇拜로 하리오.

10 또 여짜오되 一圓相을 모시고 罪福의 出處를 事實的으로 解釋하여 가르치는 것이 人智가 發達된 이 時代에 智慧 있는 사람들에게는 極히 適合할 일이

대종경

법신불을 나타낸 바로서 천지·부모·동포가 다 법신불의 화신(化身)이요, 법률도 또한 법신불의 주신 바이라 이 천지·부모·동포·법률이 우리에게 죄 주고 복 주는 증거는 얼마든지 해석하여 가르칠 수가 있으므로 일원상을 신앙의 대상으로 모신 것이니라.」 또 여쭙기를 「그러하오면 서가모니 불을 본사로 모신다는 것은 말뿐이요, 특별히 숭배하는 행사는 없지 아니하나이까.」 대종사 말씀하시기를 「비록 법당에 불상을 모시지는 아니하였으나, 일반 신자들에게 부처님을 지극히 존숭하도록 신심을 인도하는 동시에 참다운 숭배는 부처님의 말씀하신 근본 정신을 존중히 받들고 또한 육근을 작용할 때에 그대로 행을 닦아서 부처님의 법통과 사업을 영원히 계승 발전시킴에 있다는 뜻을 역설하는 바인즉, 어찌 불상을 모시고 조석 예불하는 것만을 숭배라 하리요.」

10 또 여쭙기를 「일원상을 모시고 죄복의 출처를 사실적으로 해석하여 가르치는 것이 인지가 발달된 이 시대에 지혜 있는 사람들에게는 극히 적합할 일이

대종경 필사본

오나 어느 世上을 勿論하고 智慧 있는 사람은 적고 愚痴한 사람이 많은 것은 事實이오니 愚痴한 大衆에게 信仰心을 넣어 주는 데에는 佛像을 모시는 것이 더 有利하지 아니하겠나이까? 大宗師- 가라사대 法身佛 四恩이 우리에게 罪주고 福주는 證據는 아무리 愚者일찌라도 仔詳히 說明하여 주면 알기도 쉽고 믿기도 쉬울 줄로 생각하는 바이나 佛像이 아니면 信心이 나지 않는 사람은 佛像을 모신 곳에서 制度를 받아도 또한 좋을 것이니 이리 한다면 佛像을 믿는 사람도 制度할 수 있고 一圓相을 믿는 사람도 制度할 수가 있지 아니하겠는가?

11 또 여짜오되 一圓相과 釋迦牟尼佛과의 關係는 어떠하오니까? 大宗師- 가라사대 一圓은 곧 모든 眞理의 根源이요 釋迦牟尼佛은 이 眞理를 깨치사 우리에게 가르쳐주신 스승님이시니 비록 이 世上에 아무리 좋은 眞理가 있다 할찌라도 그를 發見하여 가르쳐주시는 분이 없다면 그 眞理가 無用之物이 될 것이요 비록 釋迦牟尼佛이 世上에 나오셨다 할찌

대종경

오나, 어느 세상을 물론하고 지혜 있는 사람은 적고 어리석은 사람이 많은 것은 사실이오니, 어리석은 대중에게 신심을 넣어 주는 데에는 불상을 모시는 것이 더 유리하지 아니하겠나이까.」 대종사 말씀하시기를 「법신불 사은이 우리에게 죄 주고 복 주는 증거는 아무리 어리석은 사람이라도 자상히 설명하여 주면 알기도 쉽고 믿기도 쉬울 줄로 생각하는 바이나, 불상이 아니면 신심이 나지 않는 사람은 불상을 모신 곳에서 제도를 받아도 또한 좋을 것이니, 그러한다면 불상을 믿는 사람도 제도할 수 있고 일원상을 믿는 사람도 제도할 수가 있지 아니하겠는가.」

11 또 여쭙기를 「일원상과 서가모니 불과의 관계는 어떠하오니까.」 대종사 말씀하시기를 「일원은 곧 모든 진리의 근원이요, 서가모니 불은 이 진리를 깨치사 우리에게 가르쳐 주신 스승님이시니, 비록 이 세상에 아무리 좋은 진리가 있다 할지라도 그를 발견하여 가르쳐 주시는 분이 없다면 그 진리가 우리에게 활용되지 못할 것이요, 비록 서가

대종경 필사본

라도 이 世上에 一圓相의 眞理가 없었다면 釋迦牟尼佛이 되실 수도 없고 무엇으로 四十九年동안 說法하실 資料도 없었을찌라 그러므로 우리는 法身佛 一圓相을 眞理의 對象으로 하고 釋迦牟尼佛을 本師로 하여 法身如來와 色身如來를 同一히 崇拜하노라. 그러나 이것은 一圓相과 釋迦牟尼佛을 區別하여 보는 자리에서 하는 말이요 萬一 區別 없는 眞理 자리에서 본다면 一圓相과 釋迦牟尼佛이 둘이 아님을 또한 알아야 하리라.

12 한 弟子 여짜오되 等像佛 崇拜와 一圓相 崇拜의 差異點은 어떠하옵나이까? 大宗師- 가라사대 等像佛 崇拜는 부처님의 人格에 局限하여 後來 弟子로서 그 부처님을 追慕尊崇하는 데에 意義가 있을 뿐이나 一圓相 崇拜는 그 意義가 실로 廣大하나니 부처님의 人格만 信仰의 對象으로 모시는 것보다 宇宙萬有 全體를 다 부처로 모시고 信仰하여 모든 罪福과 苦樂의 根本을 宇宙萬有 全體 가운데에 구하는 것이요 또는 이를 直接 修行의

대종경

모니 불이 이 세상에 나오셨다 할지라도 이 세상에 일원상의 진리가 없었다면 서가모니 불이 되실 수도 없고, 또는 사십구년 동안 설법하실 자료도 없었을지라, 그러므로 우리는 법신불 일원상을 진리의 상징으로 하고 서가모니 불을 본사로 하여 법신 여래(法身如來)와 색신 여래(色身如來)를 같이 숭배하노라. 그러나, 이것은 일원상과 서가모니 불을 구별하여 보는 자리에서 하는 말이요 만일 구별 없는 진리 자리에서 본다면 일원상과 서가모니 불이 둘이 아님을 또한 알아야 하리라.」

12 한 제자 여쭙기를 「불상 숭배와 일원상 숭배의 다른 점은 어떠하옵나이까.」 대종사 말씀하시기를 「불상 숭배는 부처님의 인격에 국한하여 후래 제자로서 그 부처님을 추모 존숭하는 데에 뜻이 있을 뿐이나, 일원상 숭배는 그 뜻이 실로 넓고 크나니, 부처님의 인격만 신앙의 대상으로 모시는 것보다 우주 만유 전체를 다 부처님으로 모시고 신앙하여 모든 죄복과 고락의 근본을 우주 만유 전체 가운데에 구하게 되며, 또는 이

대종경 필사본

標本으로 하여 一圓과 같이 心身을 圓滿하게 지키며 一圓 가운데 갚아있는 모든 事理를 圓滿히 알며 一圓과 같이 心身을 圓滿히 使用하는 工夫를 하게 되는 것이니 그 意義의 差가 大槪 이러하나니라.

13 大宗師- 가라사대 等像佛을 崇拜하는 것이 敎化 發展에 或 必要가 있기도 하였으나 現在로부터 未來를 생각하면 그렇지 못할 것이 事實이니 사람들이 저 等像佛을 數千年이나 모셔보았으므로 이제는 漸次 그 威力 如何에 對한 覺醒이 생겨날 것이요, 覺醒이 생겨난다면 無上大道의 理致는 알지 못하고 다못 그 한 方便만 虛無하다 하여 믿지 아니하게 될 것이니 어찌 發展에 障害가 없을 것이며 또는 尊嚴하신 佛像을 한갓 各自의 生活 圖謀하는 手段으로 모시는 사람도 적지 아니할 것이니 어찌 遺憾스럽지 아니하리오. 그러므로 우리는 法身佛 一圓相을 모시기로 한 것이니라.

14 또 가라사대 이 時代는 全世界 人類가 次次 壯年期에 드는지라 모든 사

대종경

를 직접 수행의 표본으로 하여 일원상과 같이 원만한 인격을 양성하자는 것이니, 그 다른 점이 대개 이러하나니라.」

13 대종사 말씀하시기를 「불상을 숭배하는 것이 교화 발전에 혹 필요가 있기도 하였으나 현재로부터 미래를 생각하면 그렇지 못할 것이 사실이니, 사람들이 저 불상을 수천 년이나 모셔 보았으므로 이제는 점차 그 위력에 대한 각성이 생겨날 것이요, 각성이 생겨난다면 무상 대도의 이치는 알지 못하고 다만 그 한 방편만 허무하다 하여 믿지 않게 될 것이라 어찌 발전에 장해가 없을 것이며, 또는 존엄하신 불상을 한갓 각자의 생활 도모하는 수단으로 모시는 사람도 적지 아니할 것이니 어찌 유감스럽지 아니하리요. 그러므로, 우리는 법신불 일원상을 모시기로 한 것이니라.」

14 또 말씀하시기를 「이 시대는 전세계 인류가 차차 장년기에 들어 그 지견

대종경 필사본

람이 順逆境界를 當할 때에는 혹 罪福에 對한 理解가 있을 것이며 罪福에 對한 理解가 있고 보면 그 罪福의 根本處를 찾을 것이며 찾기로 하면 그 義旨가 들어날 것이요 그 意旨가 들어나고 보면 잘 믿을 것이니 事實로 理解하기 좋은 信仰處를 發見하여 崇拜하면 智愚를 勿論하고 安心立命을 얻을 것이며 또는 在來와 같이 自己 佛供을 다른 사람에게 依賴할 것이 아니라 自己 佛供은 自己가 主로 하여야 할 것이며 佛供하는 方式도 信者에 있어서는 다 알아야 할 것이니 그 方法은 곧 이 敎理와 制度라 할 것이며 佛供하는 方法을 알아 佛供을 한 後에 成功을 하는 것도 또한 區分이 있나니 그 일의 形勢를 따라서 精誠을 繼續하여야 成功이 있으리라. 그러므로 因緣作福을 잘하고 못하는 것과 富貴貧賤되는 것이 다 多生劫來를 往來하면서 佛供 잘하고 못하는 데에 있나니 福이 많고 智慧가 많은 사람은 法身佛 一圓相의 理致를 悟得하여 天地萬物 虛空法界를 다 부처로 崇拜하며 成功의 期限區別도 分明하여 罪福의 根源處를 찾아서 佛供하므로 무슨 誓願이든지 百發百中할 것이므로 우리는 等像佛 한 분만 부처님으

대종경

이 발달되는지라, 모든 사람이 고락 경계를 당할 때에는 혹 죄복에 대한 이해가 있을 것이며, 죄복에 대한 이해가 있고 보면 그 죄복의 근본처를 찾을 것이며, 찾고 보면 그 뜻이 드러날 것이요, 그 뜻이 드러나고 보면 잘 믿을 것이니, 사실로 이해하기 좋은 신앙처를 발견하여 숭배하면 지자와 우자를 막론하고 안심입명(安心立命)을 얻을 것이며, 또는 과거와 같이 자기 불공을 다른 사람에게 의뢰할 것이 아니라, 자기 불공은 자기가 주로 하여야 할 것이며 불공하는 방식도 신자에 있어서는 다 알아야 할 것이니 그 방법의 강령은 곧 이 교리와 제도라 할 것이며, 불공하는 방법을 알아 불공을 한 후에 성공을 하는 것도 또한 구분이 있나니, 그 일의 형세를 따라서 정성을 계속하여야 성공이 있으리라. 그러므로, 인연 작복(因緣作福)을 잘하고 못하는 것과 부귀 빈천되는 것이 다 다생 겁래를 왕래하면서 불공 잘하고 못하는 데 있나니, 복이 많고 지혜가 많은 사람은 법신불 일원상의 이치를 깨치어 천지 만물 허공 법계를 다 부처님으로 숭배하며, 성공의 기한 구별도 분명하며, 죄복의 근원처를 찾아서 불공하므로 무

대종경 필사본

로 모실 것이 아니라 天地萬物 虛空法界를 다 부처님으로 모시기 爲하여 法身佛 一圓相을 崇拜하자는 것이니라.

15 大宗師- 蓬萊精舍에 계실 때 하루는 近洞의 한 老夫婦가 와서 말하되 自己들의 子婦가 性質이 不順하여 不孝가 莫甚하므로 實相寺 부처님께 佛供이나 올려볼가 하고 가는 中이라 하는지라 大宗師- 가라사대 그대들이 어찌 等像부처에게는 佛供할 줄 알면서 산 부처에게는 佛供할 줄을 모르는가? 老夫婦 가로되 산 부처가 어데 계시나이까? 大宗師- 가라사대 그대들의 집에 있는 그대들의 子婦가 곧 산 부처이니 그대들에게 孝道하고 不孝할 直接 權能이 그 사람에게 있는 緣故라 거기에 먼저 功을 드려봄이 어떠하겠는가? 老夫婦 가로되 어떻게 功을 드리나이까? 大宗師- 가라사대 그대들이 佛供할 費用으로 子婦의 뜻에 맞을 물건도 사다주며 子婦를 오직 부처님 恭敬하듯 爲해주어 보라. 그리하면 그대들의 精誠 如何를 따라 佛供한 效果가

154

대종경

슨 서원이든지 반드시 성공할 것이니, 그러므로 우리는 불상 한 분만 부처로 모실 것이 아니라 천지 만물 허공 법계를 다 부처님으로 모시기 위하여 법신불 일원상을 숭배하자는 것이니라.」

15 대종사 봉래정사(蓬萊精舍)에 계실 때에 하루는 어떤 노인 부부가 지나가다 말하기를, 자기들의 자부(子婦)가 성질이 불순하여 불효가 막심하므로 실상사(實相寺) 부처님께 불공이나 올려볼까 하고 가는 중이라고 하는지라, 대종사 들으시고 말씀하시기를 「그대들이 어찌 등상불에게는 불공할 줄을 알면서 산 부처에게는 불공할 줄을 모르는가.」 그 부부 여쭙기를 「산 부처가 어디 계시나이까.」 대종사 말씀하시기를 「그대들의 집에 있는 자부가 곧 산 부처이니, 그대들에게 효도하고 불효할 직접 권능이 그 사람에게 있는 연고라, 거기에 먼저 공을 드려 봄이 어떠하겠는가.」 그들이 다시 여쭙기를 「어떻게 공을 드리오리까.」 대종사 말씀하시기를 「그대들이 불공할 비용으로 자부의 뜻에 맞을 물건도 사다 주며 자부를 오직 부처님 공경하듯

초고로 읽는 대종경

대종경 필사본

나타나리라. 老夫婦 집에 돌아가 그대로 하였더니 果然 不過 數月에 孝婦가 되는지라 老夫婦 다시 와서 無數히 感謝를 올리거늘 大宗師- 左右弟子에게 일러 가라사대 이것이 곧 罪福을 直接 當處에 비는 事實佛供이라 하시니라.

16 金永信이 여짜오되 四恩當處에 實地佛供하는 外에 다른 佛供法은 없나이까? 大宗師- 가라사대 佛供하는 法이 두 가지가 있으니 하나는 當處에 直接 올리는 實地佛供이요 둘은 無形한 虛空法界를 통하여 法身佛께 올리는 眞理佛供이라 그대들은 이 두 가지 佛供을 때와 곳과 일을 따라서 適當히 活用하되 그 願하는 일에 成功하도록 까지 精誠을 繼續하면 時日의 遲速은 있을찌언정 이루지 못할 일은 없으리라. 또 여짜오되 眞理佛供은 어떻게 올리나이까? 大宗師- 가라사대 心身을 齋戒하고 法身佛을 向하여 各己 所願을 세운 後 一切 邪念을 除去하고 禪定에 들든지 또는 念佛과 誦經을 하든지 或은 呪文 等을 외

대종경

위해 주어 보라. 그리하면, 그대들의 정성을 따라 불공한 효과가 나타나리라.」 그들이 집에 돌아가 그대로 하였더니, 과연 몇 달 안에 효부가 되는지라 그들이 다시 와서 무수히 감사를 올리거늘, 대종사 옆에 있는 제자들에게 말씀하시기를 「이것이 곧 죄복을 직접 당처에 비는 실지 불공(實地佛供)이니라.」

16 김영신(金永信)이 여쭙기를 「사은 당처에 실지 불공하는 외에 다른 불공법은 없나이까.」 대종사 말씀하시기를 「불공하는 법이 두 가지가 있으니, 하나는 사은 당처에 직접 올리는 실지 불공이요, 둘은 형상 없는 허공 법계를 통하여 법신불께 올리는 진리 불공이라, 그대들은 이 두 가지 불공을 때와 곳과 일을 따라 적당히 활용하되 그 원하는 일이 성공되도록까지 정성을 계속하면 시일의 차이는 있을지언정 이루지 못 할 일은 없으리라.」 또 여쭙기를 「진리 불공은 어떻게 올리나이까.」 대종사 말씀하시기를 「몸과 마음을 재계(齋戒)하고 법신불을 향하여 각기 소원을 세운 후 일체 사념을 제거하고, 선정(禪定)에 들든지 또는

대종경 필사본

워 一心으로 精誠을 올리면 結局 所願을 이루는 同時에 큰 威力이 나타나 惡途衆生을 濟度할 能力과 百千邪魔라도 降伏歸順시킬 能力까지 있을 것이니 이렇게 하기로 하면 一百骨節이 다 힘이 쓰이고 一千精誠이 다 事務쳐야 되나니라.

17 한 弟子 心告의 感應되는 理致를 여짜온대 大宗師- 가라사대 心告의 感應은 心告하는 사람의 精誠에 따라 無爲自然한 가운데 想像치 못할 威力을 얻게 되는 것이라. 말로써 이를 다 證據하기가 어려우나 假令 惡心이 자주 일어나서 없애기가 힘이 드는 때에 精誠으로 心告를 올리면 自然中 그 마음이 나지 않고 善心으로 돌아가게 되며 惡을 犯하지 아니하려하나 前日의 習慣으로 할 수 없이 그 惡이 자주 犯하여지는 境遇에 그 罪過를 眞心으로 告白하고 後日의 善行을 至誠으로 發願하면 自然 中 改過遷善의 힘이 생겨도 지나니 이것이 곧 感應을 받는 卑近한 證據의 하나이니라. 그러나 至誠不息한 마음으로 꾸준히 그 誓願을 繼續하며 한번 告白한 誓願에 決定코

대종경

염불과 송경을 하든지 혹은 주문 등을 외어 일심으로 정성을 올리면 결국 소원을 이루는 동시에 큰 위력이 나타나 악도 중생을 제도할 능력과 백천 사마라도 귀순시킬 능력까지 있을 것이니, 이렇게 하기로 하면 일백 골절이 다 힘이 쓰이고 일천 정성이 다 사무쳐야 되나니라.」

17 한 제자 심고의 감응되는 이치를 여쭙거늘 대종사 말씀하시기를 「심고의 감응은 심고하는 사람의 정성에 따라 무위 자연한 가운데 상상하지 못할 위력을 얻게 되는 것이라, 말로써 이를 다 증거하기가 어려우나, 가령 악한 마음이 자주 일어나 없애기가 힘이 드는 때에 정성스럽게 심고를 올리면 자연중 그 마음이 나지 않고 선심으로 돌아가게 되며, 악을 범하지 아니하려하나 전일의 습관으로 그 악이 자주 범하여지는 경우에 그 죄과를 실심(實心)으로 고백하고 후일의 선행을 지성으로 발원하면 자연히 개과천선의 힘이 생기기도 하나니, 이것이 곧 감응을 받는 가까운 증거의 하나이며, 과거 전설에 효자의 죽순이나 충신의 혈죽(血竹)이나 우리 구인의 혈인

대종경 필사본

違反되는 일이 없어야만 結局 큰 感應과 威力이 나타나는 것이니 이 點에 특히 銘心하여야 할 것이며 萬一 이와 같이 하여서 確乎한 心力을 얻으면 無窮한 天權을 잡아 天地같은 威力을 發揮할 수도 있나니라.

18 大宗師- 가라사대 우리 工夫의 要道 三學은 우리의 精神을 鍛鍊하여 圓滿한 人格을 養成하는 데에 必要한 法이며 暫間도 떠날 수 없는 法이니 例를 들면 肉身에 對한 衣食住 三件과 다름이 없다 하노라. 卽 우리의 肉身이 이 世上에 나오면 먹고 입고 居處할 집이 있어야 하나니 萬一 한 가지라도 없으면 우리의 生活에 缺陷이 있게 되는 것과 같이 우리의 精神에는 修養 研究 取捨의 세 가지를 利用하여야 살 수 있나니 萬一 한 가지라도 不足하다면 모든 일을 圓滿히 이룰 수가 없나니라. 그대들이 이 자리에서 經典工夫를 하는 것도 精神에 屬한 일로서 이 工夫를 잘 하기로 하면 먼저

대종경

이 다 이 감응의 실적으로 나타난 바이니라. 그러나, 지성스러운 마음으로 꾸준히 그 서원을 계속하며, 한번 고백한 서원에 결코 위반되는 일이 없어야만 결국 큰 감응과 위력이 나타나는 것이니, 이 점에 특히 명심하여야 할 것이며, 만일 이와 같이 하여 확호한 심력(心力)을 얻으면 무궁한 천권(天權)을 잡아 천지같은 위력을 발휘할 수도 있나니라.」

18 대종사 말씀하시기를 「우리 공부의 요도 삼학(三學)은 우리의 정신을 단련하여 원만한 인격을 이루는 데에 가장 필요한 법이며, 잠간도 떠날 수 없는 법이니, 예를 들면 육신에 대한 의·식·주(衣食住) 삼건(三件)과 다름이 없다 하노라. 즉, 우리의 육신이 이 세상에 나오면 먹고 입고 거처할 집이 있어야 하나니, 만일 한 가지라도 없으면 우리의 생활에 결함이 있게 될 것이요, 우리의 정신에는 수양·연구·취사의 세 가지 힘이 있어야 살 수 있나니, 만일 한 가지라도 부족하다면 모든 일을 원만히 이룰 수 없나니라. 그러므로, 나는 영육 쌍전의 견지에서 육신에 관한 의·식·주 삼건과

대종경 필사본

穩全한 精神 즉 一心을 드려야 할 것이니 一心이 되지 못하고 보면 아무리 明哲한 法을 듣는다 할찌라도 그 뜻을 알지 못할 것이며 뿐만 아니라 길을 가는 데에도 一心이 아니면 失足이 있을 것이며 잠을 자는 데에도 一心이 아니면 穩숙히 자지 못할찌라 이와 같이 어느 일을 勿論하고 그 일이 잘 되고 못 되는 것은 一心이 되고 안 되는 데에 있나니 예로부터 忠臣 孝子 烈女도 오직 純全한 一心으로 좇아 된 것이요 聖賢 佛菩薩도 오직 一心으로 좇아 이룬 것이며 그 外에 어떠한 사람을 勿論하고 特別한 資格을 成就하는 것은 다 이 一心으로 좇아 되는 것이니 一心의 힘은 實로 廣範하고 偉大한 것이니라. 다음에는 알음알이가 있어야 할 것이니 아무리 우리의 精神이 穩全하다 하더라도 모든 일에 是非利害를 가려내는 區別力과 宇宙萬有의 本來性과 生死苦樂의 變遷되는 理致를 알지 못하면 무슨 일이든지 이루지 못할 것은 또한 事實이라 自古로 大人들은 이 모든 理致를 알므로 그 生活이 明朗하고 窘塞함이 없나니 그러므로 한 동리에 들어난 사람보다는 한 面에 들러난 사람의 아는 것이 큰 것이요, 한 道에 들어난 사람보

대종경

정신에 관한 일심·알음알이·실행의 삼건을 합하여 육대 강령이라고도 하나니, 이 육대 강령은 서로 떠날 수 없는 관계를 가지고 한 가지 우리의 생명선이 되나니라. 그러나, 보통 사람들은 육신에 관한 세 가지 강령은 소중한 줄 알면서도 정신에 관한 세 가지 강령이 중한 줄은 알지 못하나니, 이 어찌 어두운 생각이 아니리요. 그 실은 정신의 세 가지 강령을 잘 공부하면 육신의 세 가지 강령이 자연히 따라오는 이치를 알아야 할 것이니, 이것이 곧 본(本)과 말(末)을 알아서 행하는 법이니라.」

다는 한 나라에 들어난 사람의 아는 것이 큰 것이며, 世界에 들어난 諸佛諸聖은 한 나라에 들어난 사람보다 그 아는 것이 훨신 큰 것이니 우리의 精神을 運轉하는 데는 그 아는 힘이 또한 그와 같이 必要하나니라. 다음에는 實地 實行이 있어야 할 것이니 아무리 우리의 精神이 穩全하여 一心이 되었고 事理間에 아는 것이 크다 하더라도 萬一 그대로 實行하는 힘이 없다면 그 一心과 아는 것이 水泡化할 것은 事實이 아닌가. 그래서 精神을 運轉해 쓰는 데에는 一心과 알음알이와 實行의 三件이 肉身에 對한 衣食住 三件과 똑같이 必要하다는 말이니라. 그러므로 나는 靈肉雙全의 見地에서 肉身의 三件과 精神의 三件을 합하여 六大綱領이라고도 하나니 이 六大綱領은 서로 떠날 수 없는 連關으로 한 가지 우리의 生命線이 되나니라. 그러나 世上 사람들은 肉身에 關한 三綱領은 다 알고 있으나 精神에 關한 三綱領은 아는 사람이 적으니 이 어찌 愚昧한 생각이 아니리오. 그 實은 精神에 관한 三綱領을 잘 工夫하면 肉身에 관한 三綱領이 自然 中 따라오는 理致를 알아야 할 것이니 이것이 곧 本末을 알아 行하는 法이니라.

대종경 필사본

19 大宗師- 가라사대 世上 사람들의 生活은 한갓 衣食住를 求하는 데에만 努力하고 衣食住를 나오게 하는 原理를 찾지 아니하나니 이것이 實로 恨스러운 일이라. 肉身의 衣食住가 必要하다면 肉身生活을 支配하는 精神에 一心과 知識과 實行의 힘은 더 必要할 것이 아닌가. 肉身에 이 세 가지 힘이 養成되어야 그에 따라 衣食住가 잘 求하여질 것이요 이것으로 그 사람의 圓滿한 人格도 養成될 것이며 또는 사람이 各自의 마음의 根本을 알고 그 마음을 마음대로 쓸 줄 알면 衣食住를 求하는 데에 正當한 道가 實踐될 것이며 老病死를 解脫하여 永生의 길을 얻고 因果의 理致를 알아 慧福을 구한다면 이것이 또한 永遠한 衣食住 解決의 길이라. 그 어찌 精神의 三綱領이 衣食住 三件의 根本이 아니라 하리오.

20 大宗師- 禪院 大衆에게 일러 가라사대 그대들은 우리의 訓練方式과 在來 寺院의 訓練方式의 差異點을 아는가? 在來 寺院에서는 念佛宗은 언제나 念佛만 하고 教宗은 언제나 看經만 하며 禪

대종경

19 대종사 말씀하시기를 「보통 사람들의 생활은 한갓 의·식·주를 구하는 데만 힘을 쓰고, 그 의·식·주를 나오게 하는 원리는 찾지 아니하나니 이것이 실로 답답한 일이라, 육신의 의·식·주가 필요하다면 육신 생활을 지배하는 정신에 일심과 알음알이와 실행의 힘은 더 필요할 것이 아닌가. 정신에 이 세 가지 힘이 양성되어야 그에 따라 의·식·주가 잘 얻어질 것이요, 이것으로 그 사람의 원만한 인격도 이루어질 것이며, 각자의 마음 근본을 알고 그 마음을 마음대로 쓰게 되어야 의·식·주를 얻는 데에도 정당한 도가 실천될 것이며, 생·로·병·사를 해탈하여 영생의 길을 얻고 인과의 이치를 알아 혜복을 구하게 될 것이니, 이것이 또한 참답고 영원한 의·식·주 해결의 길이라, 그러므로 정신의 삼강령이 곧 의·식·주 삼건의 근본이 된다 하노라.」

20 대종사 선원 대중에게 말씀하시기를 「재래 사원에서는 염불종(念佛宗)은 언제나 염불만 하고, 교종(教宗)은 언제나 간경(看經)만 하며, 선종(禪宗)은 언제나 좌선만 하고, 율종(律宗)은 언제나

대종경 필사본

宗은 언제나 坐禪만 하고 律宗은 언제나 戒律만 主로 하여 같은 佛法 中에서 서로 是非長短을 말하고 있으나 그것은 다 戒定慧 三學을 訓練하는 한 分科에 不過한 것이므로 우리 禪院에서는 이것을 竝進시키어 每日 새벽에는 坐禪을 하게 하고 낮과 밤에는 經典 講演 會話 疑頭 性理 日記 念佛 등을 하게 하여 이 여러 課程으로 고루 訓練하나니 누구든지 이에 精進한다면 비록 같은 期間의 訓練일찌라도 在來 寺院에 比하여 몇 倍 以上의 實效果를 얻을 수 있으리라.

21 또 가라사대 大凡 工夫하는 法이 三學이 비록 부분은 다르나 그 行하는 데에는 서로 떠날 수 없는 聯關이 있어서 修養을 하는 데에도 硏究 取捨의 합力이 있어야 할 것이요, 硏究를 하는 데에도 修養 取捨의 합力이 있어야 할 것이요, 取捨를 하는 데에도 또한 修養 硏究의 합力이 있어야 하리니 그러므로 三學을 竝進하는 것은 三學이 서로 힘을 밀어서 遲滯 없이 前進케 하자는 것이며 또는 大衆이 모여서 工夫에 對한 意見을 交換하는 것은 그에 따라 慧頭가 널리

대종경

계(戒)만 지키면서, 같은 불법 가운데 서로 시비 장단을 말하고 있으나 그것은 다 계·정·혜 삼학의 한 과목들이므로 우리는 이것을 병진하게 하되, 매일 새벽에는 좌선을 하게 하고, 낮과 밤에는 경전·강연·회화·의두·성리·일기·염불 등을 때에 맞추어 하게 하여, 이 여러가지 과정으로 고루 훈련하나니, 누구든지 이대로 정진한다면 재래의 훈련에 비하여 몇 배 이상의 실효과를 얻을 수 있으리라.」

21 또 말씀하시기를 「우리가 경전으로 배울 때에는 삼학이 비록 과목은 각각 다르나, 실지로 공부를 해나가는 데에는 서로 떠날 수 없는 연관이 있어서 마치 쇠스랑의 세 발과도 같나니, 수양을 하는 데에도 연구·취사의 합력이 있어야 할 것이요, 연구를 하는 데에도 수양·취사의 합력이 있어야 할 것이요, 취사를 하는 데에도 수양·연구의 합력이 있어야 하나니라. 그러므로, 삼학을 병진하는 것은 서로 그 힘을 어울려 공부를 지체 없이 전진하게 하자는 것이며,

대종경 필사본

發達되어 過한 힘을 드리지 아니하고도 能히 큰 知見을 얻을 수 있게 하자는 것이니라.

22 大宗師- 가라사대 우리가 經典으로 배울 때에나 그 意旨를 解釋할 때에는 三學을 區分하여 따로 말하기도 하지마는 實地로 工夫를 하는 데에는 이 세 가지 工夫가 恒常 아울러 나아가야 하나니 그러므로 三學은 소스랑의 세 발과 같아서 서로 떠나지 못할 關係가 있으며 先後와 輕重도 또한 없나니라.

23 大宗師- 가라사대 工夫하는 사람은 世上 千萬境界에 恒常 三學의 대종을 놓지 말아야 할 것이니 三學을 譬喻하여 말하자면 배를 運轉하는데 指南鐵과 機關手 같은지라 指南鐵과 機關手가 없으면 能히 바다를 건느지 못할 것이요 三學의 대종이 없으면 能히 世上을 잘 살아나가기 어렵나니라.

24 大宗師- 가라사대 나의 敎化하는 法은 譬하건대 나무의 가지와 잎사귀로

대종경

또는 선원에서 대중이 모이어 공부에 대한 의견을 교환하는 것은, 그에 따라 혜두가 고루 발달되어 과한 힘을 들이지 아니하여도 능히 큰 지견을 얻을 수 있게 하자는 것이니라.」

22 대종사 말씀하시기를 「공부하는 사람은 세상의 천만 경계에 항상 삼학의 대중을 놓지 말아야 할 것이니, 삼학을 비유하여 말하자면 배를 운전하는데 지남침 같고 기관수 같은지라, 지남침과 기관수가 없으면 그 배가 능히 바다를 건너지 못할 것이요, 삼학의 대중이 없으면 사람이 능히 세상을 잘 살아 나가기가 어렵나니라.」

23 대종사 말씀하시기를 「나의 교화하는 법은 비하건대 나무의 가지와 잎사

| 대종경 필사본 | 대종경 |

부터 뿌리에 이르게도 하고 뿌리로부터 잎사귀와 가지에 이르게도 하나니 이는 各各 그 사람의 根機를 따라 法을 베푸는 緣故이니라.

귀로부터 뿌리에 이르게도 하고, 뿌리로부터 가지와 잎사귀에 이르게도 하나니, 이는 각각 그 사람의 근기를 따라 법을 베푸는 연고이니라.」

25 宋道性이 여짜오되 제가 前日에 옛 聖人의 經典도 或 보았고 經義의 說明도 들어보았사오나 그 때에는 한갓 읽어서 외울 뿐이요, 道德의 참 뜻이 實地로 解得되지 못하옵더니 大宗師를 뵈온 後로는 次次 事理에 밝아짐이 있사오나 알고 보니 前에 보던 그 글이요 前에 듣던 그 말씀이온데 어찌하여 모든 것이 새로 알아지는 感이 있사온지 그 理由를 알高低 하나이다. 大宗師- 가라사대 그러하리라. 옛 經典은 譬喻하여 말하면 이미 지어놓은 옷을 가지고 千人萬人에게 다 같이 입히는 것과 같아서 모든 사람의 몸에 고루 다 맞기가 어려우나 法을 아는 이가 口傳心授로 直接 가르치는 것은 그 몸의 大小長短에 맞추어 衣服을 지어 입히는 것과 같아서 그 곳이 各各 그 몸에 맞으리니 사람의 根機를 따라 千 사람을 對하면 千 가지 法으로 萬 사람을 대하면 萬 가지 法으로 그 心機

24 송도성(宋道性)이 여쭙기를 「제가 전 일에 옛 성인의 경전도 혹 보았고 그 뜻의 설명도 들어보았사오나 그 때에는 한갓 읽어서 욀 뿐이요, 도덕의 참 뜻이 실지로 해득되지 못하옵더니 대종사를 뵈온 후로는 차차 사리에 밝아짐이 있사오나, 알고 보니 전에 보던 그 글이요, 전에 듣던 그 말씀이온데, 어찌하여 모든 것이 새로 알아지는 감이 있사온지 그 이유를 알고자 하나이다.」 대종사 말씀하시기를 「옛 경전은, 비유하여 말하자면, 이미 지어 놓은 옷과 같아서 모든 사람의 몸에 고루 다 맞기가 어려우나 직접 구전 심수(口傳心授)로 배우는 것은 그 몸에 맞추어 새 옷을 지어 입는 것과 같아서 옷이 각각 그 몸에 맞으리니, 각자의 근기와 경우를 따라 각각 그에 맞는 법으로 마음 기틀을 계발하는 공부가 어찌 저 고정한 경전만으로 하는 공부에 비할 바이리요.」

대종경 필사본

를 열어주는 能力이 저 固定한 經典으로는 可히 大等하지 못하나니라.

26 牧師 한 사람이 大宗師께 뵈옵고 말하되 예로부터 어느 敎團을 勿論하고 敎法을 世上에 宣布할 때에는 반드시 많은 戒律을 말하였으나 저의 생각으로는 그것이 도리어 사람은 純眞한 天性을 抑壓하고 自由의 精神을 束縛하여 個人 敎化로나 敎會 發展에 적지 않은 支障이 되는가 하나이다. 大宗師- 가라사대 어느 點에서 그러한 原因을 發見하였는고? 牧師 가로되 저 亦是 敎會의 한 責任者로 多年間 傳道 事業에 從事하는 中 自然 여러 사람을 지내본 結果 그러한 實經驗을 얻었나이다. 世上 사람이 宗敎의 眞理를 理解하지 못하여 空然히 排斥하는 수도 없지 않사오나 大概는 敎理의 神聖함을 느끼면서도 事實로 믿음에 들지 않는 것은 그 裡面에 戒律을 꺼리어 躊躇하는 사람이 많은듯 하오니 이러한 무리로 말하면 차라리 戒律이 없엇으면 自然 濟度의 範圍에 들었을 것이 아니옵니까? 大宗師- 가라사대 貴下는 다못 그 사람들이 濟度의 範圍에 들

대종경

25 목사 한 사람이 말하기를 「예로부터 어느 교단을 막론하고 대개 계율(戒律)을 말하였으나 저의 생각으로는 그것이 도리어 사람의 순진한 천성을 억압하고 자유의 정신을 속박하여 사람을 교화하는 데 적지 않은 지장이 되는가 하나이다.」 대종사 말씀하시기를 「어떠한 점에서 그러한 생각을 하게 되었는가.」 목사 말하기를 「세상 사람들이 종교의 진리를 이해하지 못하여 공연히 배척하는 수도 없지 않지마는 대개는 교리의 신성함은 느끼면서도 사실로 믿음에 들지 않는 것은 그 이면에 계율을 꺼리어 주저하는 수도 적지 않사오니 이러한 사람들은 계율이 없었으면 구제의 범위에 들었을 것이 아니오니까.」 대종사 말씀하시기를 「귀하는 다만 그러한 사람들이 제도의 범위에 들지 못하는 것만 애석히 알고 다른 곳에 큰 영향이 미칠 것은 생각지 아니하는가. 우리에게도 서른 가지 계문이 있으나 한 가지도 삭제할 만한 것이 없으므로 그대로 지키게 하노

대종경 필사본

지 못한 것만 哀惜히 알고 다른 곳에 影響이 미치는 것은 생각지 아니하는가. 本敎에서도 三十條의 戒文이 있으나 한 가指導 削除할 만한 것이 없으므로 그대로 쓰고 있노라. 그러나 戒律을 주는 方法에 있어서는 사람의 程度를 따라 階段的으로 주나니 누구나 처음 入敎하면 저 世上에서 젖은 習慣이 쉽게 떨어지지 않을 것이므로 그네들에게 能히 지킬만한 程度로 十戒를 주고 또 階段을 밟는 대로 十戒를 주어서 三十戒를 다 마친 後에는 戒律을 더 주지 아니하고 自由에 맡기게 되나니 어찌하여 그런고하면 그는 不當한 일과 當然한 일을 미리 알아 行하는 까닭이라 그러나 이것을 모르는 사람에 對하여는 到底히 그대로 放任할 수가 없나니 自覺이 있는 工夫人과 아직 初學者를 다스리는 方式이 어찌 서로 같을 수 있으리오. 世上에는 智者는 적고 愚者는 많거늘 方今 貴下의 主張은 千萬人 가운데에 한 두 사람에게나 適當할 法이라 어찌 한 두 사람에게 適當할 法으로 千萬人의 行하는 길을 等閑視하리오. 또는 사람이 혼自慢 生活한다면 自行自止하여도 別關係가 없을지 모르나 世上은 그렇지 아니하여 모든 法網이 整

대종경

라. 다만 계율을 주는 방법에 있어서는 사람의 정도를 따라 계단적으로 주나니, 누구나 처음 입교하면 저 세상에서 젖은 습관이 쉽게 떨어지지 않을 것이므로 그들에게 능히 지킬 만한 정도로 먼저 십계를 주고 또 계단을 밟는 대로 십계씩을 주며 삼십 계를 다 마친 후에는 계율을 더 주지 아니하고 자유에 맡기나니, 그 정도에 이른 사람은 부당한 일과 당연한 일을 미리 알아 행하는 까닭이니라. 그러나, 그렇지 못한 사람은 도저히 그대로 방임할 수 없나니 자각있는 공부인과 초학자 다스리는 방식이 어찌 서로 같을 수 있으리요. 세상에는 어리석은 사람이 더 많거늘 방금 귀하의 주장은 천 만인 가운데 한 두 사람에게나 적당할 법이라 어찌 한 두 사람에게 적당할 법으로 천 만인을 등한시하리요. 또는, 사람이 혼자만 생활한다면 자행 자지하여도 별 관계가 없을지 모르나 세상은 모든 법망(法網)이 정연히 벌여 있고 일반 사회가 고루 보고 있나니, 불의의 행동을 자행한다면 어느 곳을 향하여 설 수 있겠는가. 그러므로, 나는 생각하기를 사람이 세상에 나서면 일동 일정을 조심하여 엷은 얼음 밟는 것 같이 하

대종경 필사본

然히 벌려있고 一般社會가 고루 보고 있나니 不義의 行動을 恣行한다면 어느 곳을 向하여 立脚할 수 있겠는가. 그러므로 나는 생각하되 사람이 世上에 出身하면 一動一靜을 조심하여 엷은 어름을 밟는 것같이 하여야 人道에 脫線됨이 없을 것이며 그러므로 修行人에게 戒律을 줌이 없지 못할 일이라 하노라.

27 大宗師- 釜山地方에 가시었더니 敎徒 몇 사람이 와서 뵈옵고 가로되 저희들이 大宗師의 法을 欽仰하기 限量 없사오나 다못 漁業으로써 生計를 삼음으로 恒常 첫 戒文을 犯하게 되오니 이것이 부끄러워 스스로 退屈心이 나나이다. 大宗師- 가라사대 근심치 말라. 사람의 生業은 猝地에 바꾸기 어렵나니 그대들의 받은 三十戒文 가운데에 그 한 戒文은 비록 犯한다 할찌라도 그 외의 二十九戒를 誠心으로 지킨즉 能히 二十九善을 行하여 社會에 무량한 功德이 나타나리니 어찌 한 조목을 修行하지 못한다 하여 可히 지킬 만한 남은 戒文까지 犯하게 되어 더욱 罪苦의 구렁에 들어가리오. 또는 남은 戒文을 다 能히

대종경

여야 인도에 탈선됨이 없을 것이며, 그러므로 공부인에게 계율을 주지 않을 수 없다 하노라.」

26 대종사 부산 지방에 가시었더니, 교도 몇 사람이 와서 뵈옵고 말하기를 「저희들이 대종사의 법을 한량없이 흠앙하오나, 다만 어업으로써 생계를 삼으므로 항상 첫 계문을 범하게 되오니, 이것이 부끄러워 스스로 퇴굴심이 나나이다.」 대종사 말씀하시기를 「근심하지 말라. 사람의 생업(生業)은 졸지에 바꾸기 어렵나니, 그대들의 받은 삼십 계문 가운데에 그 한 계문은 비록 범한다 할지라도 그 밖의 스물 아홉 계를 성심으로 지킨다면 능히 스물 아홉 선을 행하여 사회에 무량한 공덕이 나타나리니, 어찌 한 조목을 수행하지 못한다 하여 가히 지킬 만한 남은 계문까지 범하게 되어 더욱 죄고의 구렁에 들어가리요. 또는,

| 대종경 필사본 | 대종경 |

지킨즉 그 한 戒文도 自然히 지킬 길이 생기게 되리니 이와 같은 信念으로 工夫에 조금도 躊躇하지 말라.

남은 계문을 다 능히 지키면 그 한 계문도 자연히 지킬 길이 생기게 되리니 이와 같은 신념으로 공부에 조금도 주저하지 말라.」

28 大宗師- 禪院에 出席하여 가라사대 仁義華가 只今 큰 發心이 나서 營業하는 것도 잊어버리고 例會를 본다 禪院에 參詣한다 하여 그 信誠이 大端하므로 賞을 주는 대신에 이 時間을 仁義華에게 許諾하노니 물을 일이 있거든 물어보라. 李仁義華- 여짜오되 어떤 사람이 너의 敎에서는 무엇을 가르치고 배우느냐고 묻는다면 어떻게 對答하오리까? 大宗師- 가라사대 元來 佛敎는 一切唯心造되는 理致를 스스로 깨쳐 알게 하는 敎이니 그 理致를 가르치고 배운다고 하면 곧 될 것이요, 그 理致를 알고 보면 不生不滅의 理致와 因果報應의 理致까指導다 解決되나니라. 또 여짜오되 그 理致를 안 後에는 어떻게 工夫를 하나이까? 大宗師- 가라사대 마음이 境界를 對하여 搖亂하指導 않고 어리석指導 않고 그르指導 않게 하나니라.

27 대종사 선원에 출석하여 말씀하시기를 「이 인의화(李仁義華)가 지금 큰 발심이 나서 영업하는 것도 잊어 버리고, 예회를 본다 선원에 참예한다 하여 그 신성이 대단하므로 상을 주는 대신에 이 시간을 인의화에게 허락하노니 물을 일이 있거든 물어보라.」 인의화 여쭙기를 「어떤 사람이 너희 교에서는 무엇을 가르치고 배우느냐고 묻는다면 어떻게 대답하오리까.」 대종사 말씀하시기를 「원래 불교는 일체유심조(一切唯心造)되는 이치를 스스로 깨쳐 알게 하는 교이니 그 이치를 가르치고 배운다고 하면 될 것이요, 그 이치를 알고 보면 불생 불멸의 이치와 인과 보응의 이치까지도 다 해결되나니라.」 또 여쭙기를 「그 이치를 안 후에는 어떻게 공부를 하나이까.」 대종사 말씀하시기를 「마음이 경계를 대하여 요란하지도 않고 어리석지도 않고 그르지도 않게 하나니라.」

대종경 필사본

29 大宗師- 金永信에게 물어 가라사대 사람이 世上에서 生活하기로 하면 어떠한 것이 第一 緊要한 것이 될고? 永信이 가로되 衣食住에 關한 것이 第一 緊要하다고 생각하옵나이다. 또 물어가라사대 네가 學校에서 배운 여러 科目 中에서는 어떠한 科目이 第一 緊要한 것이 될고? 또 가로되 修身하는 科目이 제일 緊要하다고 생각되옵나이다. 大宗師- 가라사대 네의 말이 옳도다. 사람이 肉身生活을 하는 데에 衣食住를 重히 알지 아니하거나 工夫를 하는 데에 修身을 重히 알지 아니한다면 이는 生活이나 工夫에 先後와 本末을 모르는 사람이라 하리라. 그러나 이 修身으로 말하면 只今 學校에서 가르치는 科目만으로는 充分히 못할 것이요 오직 마음 닦는 工夫를 主張하는 道家가 아니면 그 眞境을 다 발휘치 못할 것이니 그러므로 道學工夫는 모든 學術의 主人이요 모든 工夫의 根本이 되는 줄을 恒常 銘心하여야 하리라.

30 大宗師 禪院 大衆에게 물어 가라사대 그대들은 여기서 무엇을 배우느냐

대종경

28 대종사 김 영신에게 물으시기를 「사람이 세상에서 생활하기로 하면 어떠한 것이 제일 긴요한 것이 되겠느냐.」 영신이 사뢰기를 「의·식·주에 관한 것이 제일 긴요하다고 생각하나이다.」 또 물으시기를 「네가 학교에서 배운 여러 과목 중에서는 어떠한 과목이 제일 긴요한 것이 되겠느냐.」 영신이 사뢰기를 「수신하는 과목이 제일 긴요하다고 생각되나이다.」 대종사 말씀하시기를 「네 말이 옳도다. 사람이 육신 생활을 하는 데에는 의·식·주가 중요하고 공부를 하는 데에는 수신이 중요하나니, 이는 곧 의·식·주나 수신이 생활과 공부의 근본이 되는 까닭이니라. 그러나 지금 학교에서 가르치는 수신 과목만으로는 수신의 법이 충분하지 못할 것이요, 오직 마음 닦는 공부를 주장하는 도가가 아니면 그 진경을 다 발휘하지 못할 것이니, 그러므로 도학 공부는 모든 학술의 주인이요, 모든 공부의 근본이 되는 줄을 항상 명심하라.」

29 대종사 선원 대중에게 물으시기를 「그대들은 여기서 무엇을 배우느냐

| 대종경 필사본 | 대종경 |

고 묻는 이가 있다면 그대들은 어떻게 對答하겠는가 하시니 한 禪院은 三大力 工夫를 한다 하겠나이다 하고 또 한 禪員은 人生의 要道를 배운다 하겠나이다 하며 그 외에도 각인의 對答이 한갈 같지 아니한지라, 大宗師 들으시고 가라사대 그대들의 말이 다 그럴 듯하나 나도 또한 거기에 敷衍하여 한 말 하여주리니 仔細히 들으라. 大凡 무슨 問答이나 그 相對便의 人物과 態度에 따라 그 때에 適當한 對答을 하여야 할 것이나 大體的으로 對答한다면 나는 모든 사람들의 마음 作用하는 法을 가르친다고 할 것이며 거기에 다시 部分的으로 말하자면 知識 있는 사람에게는 知識 使用하는 方式을, 權利 있는 사람에게는 權利 使用하는 方式을, 物質 있는 사람에게는 物質 使用하는 方式을, 怨望生活하는 사람에게는 感謝生活하는 方式을, 福 없는 사람에게는 福 짓는 方式을, 他力生活하는 사람에게는 自力生活하는 方式을, 배울 줄 모르는 사람에게는 배울 줄 아는 方式을, 가르칠 줄 모르는 사람에게는 가르칠 줄 아는 方式을, 公益心 없는 사람에게는 公益心이 생겨나는 方式을 가르쳐 준다고 하겠노니 이를 모라 말하자면 모

고 묻는 이가 있다면 어떻게 대답하겠는가.」하시니, 한 선원(禪員)은 「삼대력 공부를 한다 하겠나이다.」하고, 또 한 선원은 「인생의 요도를 배운다 하겠나이다.」하며, 그 밖에도 여러 사람의 대답이 한결같지 아니한지라, 대종사 들으시고 말씀하시기를 「그대들의 말이 다 그럴 듯하나 나도 또한 거기에 부연하여 한 말 하여 주리니 자세히 들으라. 무릇 무슨 문답이나 그 상대편의 인물과 태도에 따라 그 때에 적당한 대답을 하여야 할 것이나, 대체적으로 대답한다면 나는 모든 사람들의 마음 작용하는 법을 가르친다고 할 것이며, 거기에 다시 부분적으로 말하자면 지식 있는 사람에게는 지식 사용하는 방식을, 권리 있는 사람에게는 권리 사용하는 방식을, 물질 있는 사람에게는 물질 사용하는 방식을, 원망 생활하는 사람에게는 감사 생활하는 방식을, 복 없는 사람에게는 복 짓는 방식을, 타력 생활하는 사람에게는 자력 생활하는 방식을, 배울 줄 모르는 사람에게는 배우는 방식을, 가르칠 줄 모르는 사람에게는 가르치는 방식을, 공익심 없는 사람에게는 공익심이 생겨나는 방식을 가르쳐 준다고 하겠노니, 이를 몰아

대종경 필사본

든 재주와 모든 物質과 모든 環境을 오직 바른 道로 利用하라고 가르친다 함이니라.

31 또 가라사대 只今 世上은 物質文明의 發展을 따라 士農工商에 對한 學識과 技術은 많이 進步되었으며 生活器具도 많이 華麗하여졌으므로 이 華麗한 物質에 눈과 마음이 황홀하여지고 그 反面에 物質을 使用하는 精神은 極度로 衰弱하여 主人된 精神이 도리어 物質의 奴隸가 되고 말았으니 이는 實로 크게 근심될 現狀이라 이 世上에 아무리 좋은 物質이라도 使用하는 마음이 바르지 못하면 그 좋은 것이 도리어 惡用되고 마는 것이며 아무리 좋은 재주라도 그 使用하는 마음이 바르지 못하면 그 좋은 것이 도리어 公衆에 害毒을 주게 되는 것이며 아무리 좋은 環境이라도 그 使用하는 마음이 바르지 못하면 좋은 것이 도리어 罪業으로 化하지 아니하는가. 그러므로 天下에 羅列한 모든 外華의 文明이 비록 燦爛하다 하나 오직 마음 使用하는 法의 操縱如何에 따라 이 世上을 좋게도 하고 낮게도 하나니 마음을 바르

대종경

말하자면 모든 재주와 모든 물질과 모든 환경을 오직 바른 도로 이용하도록 가르친다 함이니라.」

30 또 말씀하시기를 「지금 세상은 물질 문명의 발전을 따라 사·농·공·상에 대한 학식과 기술이 많이 진보되었으며, 생활 기구도 많이 화려하여졌으므로 이 화려한 물질에 눈과 마음이 황홀하여지고 그 반면에 물질을 사용하는 정신은 극도로 쇠약하여, 주인된 정신이 도리어 물질의 노예가 되고 말았으니 이는 실로 크게 근심될 현상이라. 이 세상에 아무리 좋은 물질이라도 사용하는 마음이 바르지 못하면 그 물질이 도리어 악용되고 마는 것이며, 아무리 좋은 재주와 박람 박식이라도 그 사용하는 마음이 바르지 못하면 그 재주와 박람 박식이 도리어 공중에 해독을 주게 되는 것이며, 아무리 좋은 환경이라도 그 사용하는 마음이 바르지 못하면 그 환경이 도리어 죄업을 돕지 아니하는가. 그러므로, 천하에 벌여진 모든 바깥 문명이 비록 찬란하다 하나 오직 마음 사용하는 법의 조종 여하에 따라 이 세상을 좋게도 하고

대종경 필사본

게 使用하면 모든 文明이 다 樂園을 建設하는 데에 補助하는 機關이 되는 것이요, 마음을 바르지 못하게 使用하면 모든 文明이 도리어 盜賊에게 武器를 주는 것과 같이 되나니라. 그러므로 그대들은 새로히 覺醒하여 이 萬法의 主人이 되는 用心法을 부지런히 배워서 千萬境界에 恒常 自利利他로 萬事를 善用하는 마음의 操縱士가 되며 따라서 그 操縱方法을 여러 사람에게 敎化하여 物心兩面으로 한 가지 참 文明世界를 建設하는 데에 努力할찌어다.

32 大宗師- 가라사대 안으로 精神文明을 促進하여 道學을 發展시키고 밖으로 物質文明을 促進하여 科學을 發展시켜야 靈肉이 雙全하고 內外가 兼全하여 缺陷 없는 世上이 되리라. 그러나 萬一 現代와 같이 物質文明에만 치우치고 精神文明을 等閑히 하면 마치 철모르는 아이에게 칼을 들려준 것과 같아서 어느 날 어느 때에 禍를 當할찌 모를 것이니 이는 마치 肉身은 완전하나 精神에 病이 든 不具者와 같고 精神文明만 되고

대종경

낮게도 하나니, 마음을 바르게 사용하면 모든 문명이 다 낙원을 건설하는 데 보조하는 기관이 되는 것이요, 마음을 바르지 못하게 사용하면 모든 문명이 도리어 도둑에게 무기를 주는 것과 같이 되나니라. 그러므로, 그대들은 새로이 각성하여 이 모든 법의 주인이 되는 용심법(用心法)을 부지런히 배워서 천만 경계에 항상 자리 이타로 모든 것을 선용(善用)하는 마음의 조종사가 되며, 따라서 그 조종 방법을 여러 사람에게 교화하여 물심 양면으로 한 가지 참 문명 세계를 건설하는 데에 노력할지어다.」

31 대종사 말씀하시기를 「안으로 정신 문명을 촉진하여 도학을 발전시키고 밖으로 물질 문명을 촉진하여 과학을 발전시켜야 영육이 쌍전하고 내외가 겸전하여 결함 없는 세상이 되리라. 그러나, 만일 현대와 같이 물질 문명에만 치우치고 정신 문명을 등한시하면 마치 철 모르는 아이에게 칼을 들려 준 것과 같아서 어느 날 어느 때에 무슨 화를 당할 지 모를 것이니, 이는 육신은 완전하나 정신에 병이 든 불구자와 같고, 정신 문명

대종경 필사본

物質文明이 없는 世上은 精神은 完全하나 肉身에 病이 든 不具者와 같나니 어찌 完全한 世上이라 할 수 있으리오. 그러므로 內外文明이 並進되는 時代라야 비로소 缺陷 없는 平和安樂한 世界가 될 것이니라.

33 大宗師- 가라사대 世上 사람들이 物質文明과 道德文明의 두 가지 惠澤으로 그 生活에 限없는 便利와 有益을 받게 되나니 여러 發明家와 道德가에게 늘 感謝하지 아니치 못할찌니라. 그러나 物質文明은 주로 肉身生活에 便利를 주는 것이므로 그 功效가 바로 現狀에 나타나기는 하나 그 功德에 局限이 있으며 道德文明은 元來 無形한 사람의 마음을 鍛鍊하므로 그 功效가 더디기는 하나 그 功德에 局限이 없나니 濟生醫世하는 偉大한 힘이 어찌 그 物質文明에 比할 것이며 그 光明이 어찌 한 世上에 그치고 말 것이리오. 그러나 只今 사람들은 아직까지 物質文明의 나타나는 것은 찾을 줄 알면서도 道德文明의 根本을 찾는 사람은 적으니 이것이 當面의 큰 遺憾인가

대종경

만 되고 물질 문명이 없는 세상은 정신은 완전하나 육신에 병이 든 불구자와 같나니, 그 하나가 충실하지 못하고 어찌 완전한 세상이라 할 수 있으리요. 그러므로, 내외 문명이 병진되는 시대라야 비로소 결함 없는 평화 안락한 세계가 될 것이니라.」

32 대종사 말씀하시기를 「세상 사람들이 물질 문명과 도덕 문명의 두 가지 혜택으로 그 생활에 한 없는 편리와 이익을 받게 되나니, 여러 발명가와 도덕가에게 늘 감사하지 아니할 수 없나니라. 그러나, 물질 문명은 주로 육신 생활에 편리를 주는 것이므로 그 공효가 바로 현상에 나타나기는 하나 그 공덕에 국한이 있으며, 도덕 문명은 원래 형상 없는 사람의 마음을 단련하는 것이므로 그 공효가 더디기는 하나 그 공덕에 국한이 없나니, 제생 의세(濟生醫世)하는 위대한 힘이 어찌 물질 문명에 비할 것이며, 그 광명이 어찌 한 세상에 그치고 말 것이리요. 그러나, 지금 사람들은 아직까지 나타난 물질 문명은 찾을 줄 알면서도 형상 없는 도덕 문명을 찾는 사람은 적

| 대종경 필사본 | 대종경 |

하노라.

으니 이것이 당면한 큰 유감이니라.」

34 大宗師- 가라사대 過去에는 부처님께서 모든 出家修行者에게 잘 입으려는 것과 잘 먹으려는 것과 잘 居處하려는 것과 世上樂을 즐기려는 것 等을 다 嚴重히 禁誡하시고 世上樂에 慾心이 나면 오직 心身을 寂寂하게 만드는 것으로만 樂을 삼으라 하시었으나 나는 가르치기를 그대들은 正當한 일을 부지런히 하고는 分數에 맞게 衣食住도 需用하며 慰安을 爲하여 더러는 消暢도 하라 하노니 人智가 發達되고 生活이 向上되는 이 時代에 어찌 偏狹한 法만으로 敎化를 할 수 있으리오. 마땅히 融通한 佛法으로 個人 家庭 社會 國家에 두루 活用되게 하여야 할 것이니 이것이 내 法의 主體이니라.

33 대종사 말씀하시기를 「과거에는 부처님께서 모든 출가 수행자에게 잘 입으려는 것과 잘 먹으려는 것과 잘 거처하려는 것과 세상 낙을 즐기려는 것들을 다 엄중히 말리시고 세상 낙에 욕심이 나면 오직 심신을 적적하게 만드는 것으로만 낙을 삼으라 하시었으나, 나는 가르치기를 그대들은 정당한 일을 부지런히 하고 분수에 맞게 의·식·주도 수용하며, 피로의 회복을 위하여 때로는 소창도 하라 하노니, 인지가 발달되고 생활이 향상되는 이 시대에 어찌 좁은 법만으로 교화를 할 수 있으리요. 마땅히 원융(圓融)한 불법으로 개인·가정·사회·국가·세계에 두루 활용되게 하여야 할 것이니 이것이 내 법의 주체이니라.」

35 大宗師- 靈山에서 禪院 大衆에게 일러 가라사대 只今 世上은 前古에 없던 文明한 時代가 되었다하나 우리는 한갓 그 밖으로 燦爛하고 便利한 物質文明에 陶醉할 것이 아니라 마땅히 그에 따

34 대종사 영산에서 선원 대중에게 말씀하시기를 「지금 세상은 전에 없던 문명한 시대가 되었다 하나 우리는 한갓 그 밖으로 찬란하고 편리한 물질 문명에만 도취할 것이 아니라, 마땅히 그에 따

대종경 필사본

르는 缺陷과 將來의 影響이 어떠할 것을 잘 생각해 보아야 할 것이니 只今 世上은 밖으로 文明의 度數가 한층 增進할수록 안으로 病脈의 根源이 깊어져서 이것을 이대로 放任하다가는 將次 구하지 못할 危境에 빠지게 될찌라 世道에 關心을 가진 사람들로 하여금 깊은 근심을 禁치 못하게 하는 바이니라. 그러면 只今 世上은 어떠한 病이 들었는가? 첫째는 돈의 病이니 人生의 온갖 享樂과 慾望을 達成함에는 돈이 먼저 必要하다는 것을 알게 된 사람들은 義理와 廉恥보다 오직 돈이 重하게 되어 이로 因하여 모든 倫氣가 衰해지고 情誼가 傷하는 現狀이라 이것이 곧 病이며, 둘째는 怨望의 病이니 個人 家庭 社會 國家가 서로 自己의 잘못은 알지 못하고 저 편의 잘못만 살리며 남에게 恩惠 입은 것은 알지 못하고 나의 恩惠 입힌 것만을 생각하여 서로서로 미워하고 怨望함으로써 크고 작은 싸움이 그칠 날이 없나니 이것이 곧 病이며, 셋째는 依賴의 病이니 이 病은 數百年 文弱의 弊를 입어 朝鮮 사람에게 더욱 甚한 바로서 富裕한 집안 子女들은 하는 것 없이 놀고먹으려 하며 自己의 親戚 朋友 중에라도 혹 넉넉

대종경

르는 결함과 장래의 영향이 어떠할 것을 잘 생각해 보아야 할 것이니, 지금 세상은 밖으로 문명의 도수가 한 층 나아갈수록 안으로 병맥(病脈)의 근원이 깊어져서 이것을 이대로 놓아 두다가는 장차 구하지 못할 위경에 빠지게 될지라, 세도(世道)에 관심을 가진 사람들로 하여금 깊은 근심을 금하지 못하게 하는 바이니라. 그러면, 지금 세상은 어떠한 병이 들었는가. 첫째는 돈의 병이니, 인생의 온갖 향락과 욕망을 달성함에는 돈이 먼저 필요하다는 것을 알게 된 사람들은 의리나 염치보다 오직 돈이 중하게 되어 이로 인하여 모든 윤기(倫氣)가 쇠해지고 정의(情誼)가 상하는 현상이라 이것이 곧 큰 병이며, 둘째는 원망의 병이니, 개인·가정·사회·국가가 서로 자기의 잘못은 알지 못하고 저 편의 잘못만 살피며, 남에게 은혜 입은 것은 알지 못하고 나의 은혜 입힌 것만을 생각하여, 서로서로 미워하고 원망함으로써 크고 작은 싸움이 그칠 날이 없나니, 이것이 곧 큰 병이며, 셋째는 의뢰의 병이니, 이 병은 수 백년 문약(文弱)의 폐를 입어 이 나라 사람에게 더욱 심한 바로서 부유한 집안 자녀들은 하는 일 없이 놀고 먹으려

대종경 필사본

하게 사는 사람이 있으면 거기에 依勢하려 하며 한 사람이 벌면 열 사람이 먹으려 하는 現狀이라 이것이 곧 病이며, 넷째는 배울 줄 모르는 病이니 사람의 人格이 그 九分은 배우는 것으로 이루어지는지라 마치 벌이 꿀을 모으는 것과 같이 어느 方面 어느 階級의 사람에게라도 나에게 必要한 知識이 있다면 반드시 몸을 굽혀 그것을 배워야 할 것이거늘 世上 사람들 中에는 제 各各 되지 못한 我慢心에 사로 잡혀 그 배울 機會를 놓치고 마는 수가 許多하나니 이것이 곧 病이며, 다섯째는 가르칠 줄 모르는 病이니 아무리 知識이 많은 사람이라도 그 知識을 直接 事物에 活用할 줄을 모르거나 그것을 펴서 後進에게 가르칠 줄을 모른다면 그것은 알지 못함과 다름이 없는 것이거늘 世上 사람들 中에는 或 좀 아는 것이 있으면 그것으로 自慢하고 自矜하여 모르는 사람과는 相對도 아니하려 하는 수가 許多하나니 이것이 곧 病이며, 여섯째는 公益심 없는 病이니 過去 數千年 동안 쩌리고 쩌린 個人主義가 銀山鐵壁같이 굳어져서 남을 爲하여 일하려는 사람은 根本的으로 드물 뿐 아니라 一時的 어떠한 名譽에 끌려서 公衆事를 標榜

教義品

대종경

하며, 자기의 친척이나 벗 가운데에라도 혹 넉넉하게 사는 사람이 있으면 거기에 의세하려 하여 한 사람이 벌면 열 사람이 먹으려 하는 현상이라 이것이 곧 큰 병이며, 넷째는 배울 줄 모르는 병이니, 사람의 인격이 그 구분(九分)은 배우는 것으로 이루어지는지라 마치 벌이 꿀을 모으는 것과 같이 어느 방면 어느 계급의 사람에게라도 나에게 필요한 지식이 있다면 반드시 몸을 굽혀 그것을 배워야 할 것이거늘 세상 사람들 중에는 제 각기 되지 못한 아만심에 사로잡혀 그 배울 기회를 놓치고 마는 수가 허다하나니, 이것이 곧 큰 병이며, 다섯째는 가르칠 줄 모르는 병이니, 아무리 지식이 많은 사람이라도 그 지식을 사물에 활용할 줄 모르거나, 그것을 펴서 후진에게 가르칠 줄을 모른다면 그것은 알지 못함과 다름이 없는 것이거늘 세상 사람들 중에는 혹 좀 아는 것이 있으면 그것으로 자만(自慢)하고 자긍(自矜)하여 모르는 사람과는 상대도 아니하려 하는 수가 허다하나니, 이것이 곧 큰 병이며, 여섯째는 공익심이 없는 병이니, 과거 수천 년 동안 내려온 개인주의가 은산 철벽같이 굳어져서 남을 위하여 일하려는 사람은 근

대종경 필사본

하고 무엇을 하다가도 다시 私心의 發動으로 그 일을 失敗中止하여 이로 말미암아 모든 公益機關이 거의 疲弊하는 現狀이라. 이것이 곧 病이니라. 그런즉 이 병들을 고치기로 할찐대 무엇보다 먼저 道學을 獎勵하여 分數에 便安하는 道와 根本的으로 恩惠를 發見하는 道와 自力生活하는 道와 배우는 道와 가르치는 道와 公益生活하는 道를 가르쳐서 個個人인으로 하여금 안으로 自己를 反省하여 各自의 病든 마음을 治療하게 하는 同時에 先病者醫라는 말과 같이 밖으로 世上을 觀察하여 病든 世上을 治療하는 데에 함께 努力하여야 할찌니 只今 世上의 이 大病을 治療하는 큰 方文은 곧 우리 人生의 要道 四恩 四要와 工夫의 要道 三學 八條라 萬一 이 法이 널리 世上에 普及된다면 世上은 自然 缺陷 없는 世界가 될 것이요 사람들은 모두 佛菩薩로 變하여 다시없는 理想의 天國에서 男女老少가 다 같이 樂園 受用을 하게 되리라.

대종경

본적으로 드물 뿐 아니라 일시적 어떠한 명예에 끌려서 공중사를 표방하고 무엇을 하다가도 다시 사심의 발동으로 그 일을 실패 중지하여 이로 말미암아 모든 공익 기관이 거의 피폐하는 현상이라 이것이 곧 큰 병이니라.」

35 대종사 이어서 말씀하시기를 「그런즉 이 병들을 고치기로 할진대 무엇보다 먼저 도학을 장려하여 분수에 편안하는 도와, 근본적으로 은혜를 발견하는 도와, 자력 생활하는 도와, 배우는 도와, 가르치는 도와, 공익 생활하는 도를 가르쳐서 사람 사람으로 하여금 안으로 자기를 반성하여 각자의 병든 마음을 치료하게 하는 동시에, 선병자 의(先病者醫)라는 말과 같이 밖으로 세상을 관찰하여 병든 세상을 치료하는 데에 함께 노력하여야 할지니, 지금 세상의 이 큰 병을 치료하는 큰 방문은 곧 우리 인생의 요도인 사은 사요와 공부의 요도인 삼학 팔조라, 이 법이 널리 세상에 보급된다면 세상은 자연 결함 없는 세계가 될 것이요, 사람들은 모두 불 보살이 되어 다시 없는 이상의 천국에서 남녀 노소가 다 같이 낙원을 수용하게 되리라.」

대종경 필사본

36 大宗師- 가라사대 宗敎와 政治는 한 家庭에 慈母와 嚴父 같나니 宗敎는 道德에 根源하여 사람의 마음을 가르쳐 罪를 짓기 전에 미리 防止하는 法이요, 政治는 法律에 根源하여 일의 結果를 보아서 賞罰을 베푸는 法이라 慈母가 慈母의 道를 다하고 嚴父가 嚴父의 道를 다하여 父母가 各各 그 道에 밝으면 子女는 반드시 幸福을 누릴 것이나 萬一 父母가 그 道에 밝지 못하면 子女가 不幸하게 되나니 子女의 幸과 不幸은 곧 父母의 잘 하고 못하는 데에 있는지라 濟生醫世를 目的하는 우리는 먼저 우리의 敎義를 充分히 알아야 할 것이요, 안 後에는 이 敎義를 世上에 充分히 實現하여 모든 生靈과 한 가지 樂園의 生活을 建設하여야 우리의 責任을 다 하였다 하리라.

37 大宗師- 禪院 解制式에 出席하사

대종경

36 대종사 말씀하시기를 「종교와 정치는 한 가정에 자모(慈母)와 엄부(嚴父) 같나니 종교는 도덕에 근원하여 사람의 마음을 가르쳐 죄를 짓기 전에 미리 방지하고 복을 짓게 하는 법이요, 정치는 법률에 근원하여 일의 결과를 보아서 상과 벌을 베푸는 법이라, 자모가 자모의 도를 다하고 엄부가 엄부의 도를 다하여, 부모가 각각 그 도에 밝으면 자녀는 반드시 행복을 누릴 것이나 만일 부모가 그 도에 밝지 못하면 자녀가 불행하게 되나니, 자녀의 행과 불행은 곧 부모의 잘하고 잘못하는 데에 있는 것과 같이 창생의 행과 불행은 곧 종교와 정치의 활용 여하에 달려 있는지라 제생 의세를 목적하는 우리의 책임이 어찌 중하지 아니하리요. 그러므로, 우리는 먼저 우리의 교의(敎義)를 충분히 알아야 할 것이요, 안 후에는 이 교의를 세상에 널리 베풀어서 참다운 도덕에 근본한 선정 덕치(善政德治)를 베풀어 모든 생령과 한 가지 낙원의 생활을 하여야 우리의 책임을 다하였다 하리라.」

37 대종사 선원 해제식에서 대중에게

대종경 필사본

가라사대 나는 禪中 三個月間에 바람 불리는 法을 그대들에게 가르쳤노니 그대들은 바람의 意義를 아는가? 大凡 天地에 東南과 西北의 바람이 있는 것 같이 世上에는 道德과 法律의 바람이 있나니 道德은 곧 東南風이요 法律은 곧 西北風이라 이 두 바람이 한 가지 世上을 다스리는 綱領이 되는 바 西北風은 賞罰을 主宰하는 法律家에서 이를 擔當하였거니와 東南風은 敎化를 主宰하는 우리가 直接 任務를 擔當하였나니 그대들은 마땅히 東南風 불리는 法을 잘 배워서 天地의 相生相和하는 道를 널리 實行하여야 할 것이니라. 그런즉 東南風 불리는 法은 果然 어떠한 것인가. 이것은 예로부터 모든 부처님과 聖者들의 敎法이나 只今 우리의 敎義가 다 그 바람 불리는 法이요 이 禪期中에 여러 가지의 課程이 또한 그 法을 訓練시키는 것이니 그대들은 各自의 집에 돌아가면 그 어떠한 바람을 불리겠는가. 마치 嚴冬雪寒에 모든 生靈이 陰鬱한 空氣 속에서 가진 苦痛을 받다가 東南風의 薰薰한 氣運을 만나서 一齊히 蘇生함과 같이 恐怖에 있던 무리가 安心을 얻고 怨望에 쌓인 무리가 感謝를 얻고 相克에 쌓인 무리가 相生을

대종경

말씀하시기를 「나는 선중(禪中) 삼개월 동안에 바람 불리는 법을 그대들에게 가르쳤노니, 그대들은 바람의 뜻을 아는가. 무릇, 천지에는 동남과 서북의 바람이 있고 세상에는 도덕과 법률의 바람이 있나니, 도덕은 곧 동남풍이요 법률은 곧 서북풍이라, 이 두 바람이 한 가지 세상을 다스리는 강령이 되는 바, 서북풍은 상벌을 주재하는 법률가에서 담당하였거니와 동남풍은 교화를 주재하는 도가에서 직접 담당하였나니, 그대들은 마땅히 동남풍 불리는 법을 잘 배워서 천지의 상생 상화(相生相和)하는 도를 널리 실행하여야 할 것이니라. 그런즉, 동남풍 불리는 법은 어떠한 것인가. 이것은 예로부터 모든 부처님과 성자들의 교법이나 지금 우리의 교의가 다 그 바람을 불리는 법이요, 이 선기 중에 여러 가지의 과정(課程)이 또한 그 법을 훈련시킨 것이니, 그대들은 각자의 집에 돌아가 그 어떠한 바람을 불리겠는가. 엄동설한에 모든 생령이 음울한 공기 속에서 갖은 고통을 받다가 동남풍의 훈훈한 기운을 만나서 일제히 소생함과 같이 공포에 싸인 생령이 안심을 얻고, 원망에 싸인 생령이 감사를 얻고, 상극(相克)에 싸

대종경 필사본

얻고 罪苦에 얽힌 무리가 解脫을 얻고 墮落에 處한 무리가 更生을 얻어서 家庭 社會 國家 어느 곳에 있든지 當하는 곳마다 化하게 된다면 그 얼마나 거룩하고 壯한 일이겠는가. 이것이 곧 나의 가르치는 本意요, 그대들의 行할 바 길이니라. 그러나 이러한 東南風의 感化는 한갓 說敎나 言說만으로 주는 것이 아니요, 먼저 그대들의 마음 가운데에 길이 이 東南風이 마련되어서 心和 氣和하며 實踐躬行하는 데에 이루어지나니 그대들은 이 禪期中에 배운 바 모든 敎義를 더욱 鍊磨하고 널리 實用하여 在在處處에 항시 東南風의 主人公이 되어주기를 付託하노라.

38 大宗師- 가라사대 宗敎와 政治가 世上을 運轉하는 것은 수레의 두 바퀴와 같나니 萬一 두 바퀴가 다 腐敗하였다든지 또는 한 바퀴라도 무슨 故障이 있다면 그 수레는 잘 運轉하지 못할 것이니라. 그런즉 어찌하여야 그 수레를 잘 運轉하여 수레의 本分을 잃지 아니하게 할 것인가. 이는 곧 두 가지 方法이 있나니 하나는 수레를 자주 修繕하여 腐敗하거

대종경

인 생령이 상생을 얻고, 죄고에 얽힌 생령이 해탈을 얻고, 타락에 처한 생령이 갱생을 얻어서 가정·사회·국가·세계 어느 곳에든지 당하는 곳마다 화하게 된다면 그 얼마나 거룩하고 장한 일이겠는가. 이것이 곧 나의 가르치는 본의요, 그대들이 행할 바 길이니라. 그러나, 이러한 동남풍의 감화는 한갓 설교 언설만으로 주어지는 것이 아니요, 먼저 그대들의 마음 가운데에 깊이 이 동남풍이 마련되어서 심화 기화(心和氣和)하며 실천 궁행하는 데에 이루어지나니, 그대들은 이 선기 중에 배운 바 모든 교의를 더욱 연마하고 널리 활용하여, 가는 곳마다 항상 동남풍의 주인공이 되라.」

38 대종사 말씀하시기를 「종교와 정치가 세상을 운전하는 것은 수레의 두 바퀴 같나니, 만일 두 바퀴가 폐물이 되었다든지, 또는 한 바퀴라도 무슨 고장이 있다든지, 또는 그 운전사의 운전이 서투르다면 그 수레는 잘 운행되지 못할 것이니라. 그런즉, 어찌하여야 그 수레를 잘 운전하여 수레의 본분을 잃지 아니하게 할 것인가. 이는 곧 두 가지 방법

대종경 필사본

나 故障이 생기지 않게 하는 것이요, 하나는 그 수레를 運轉하는 사람이 地理를 잘 알아서 그에 맞추어 安全하게 運轉하는 것이라. 宗敎와 政治도 또한 이와 같아서 世上을 運轉하기로 하면 時代를 따라 腐敗하거나 故障이 나는 데에 이르지 않게 할 것이요 그 指導者가 人心의 程度를 맞추어서 適當하게 法을 써야 할 것이니라.

39 大宗師- 물어 가라사대 우리가 旣爲 한 敎門을 열었으니 어찌하여야 過去의 모든 弊端을 改善하고 새로운 宗敎로서 世上을 잘 敎化하겠는가? 朴大完이 가로되 모든 일이 다 가까운 데로부터 되옵나니 萬一 世上을 改善하기로 하오면 먼저 제의 마음을 改善하여야 하겠나이다. 다시 宋萬京이 가로되 우리의 敎理와 制度가 이미 時代를 應하여 制定되었사오니 그 敎理와 制度대로 實行만 하오면 自然 世上이 改善되겠나이다. 다시 曹頌廣이 가로되 저는 아직 大宗師의 깊으신 뜻을 다 알지 못하오나 저의 見

대종경

이 있나니, 하나는 수레를 자주 수선하여 폐물이 되거나 고장이 생기지 않게 하는 것이요, 하나는 그 수레를 운전하는 사람이 지리(地理)를 잘 알아서 그에 맞추어 안전하게 운전하는 것이라, 종교와 정치도 또한 이와 같아서 세상을 잘 운전하기로 하면 시대를 따라서 부패하거나 폐단이 생기지 않게 할 것이요, 그 지도자가 인심의 정도를 맞추어서 적당하게 법을 쓰고 정사를 하여야 할 것이니라.」

39 대종사 물으시기를 「우리가 기위한 교문을 열었으니 어찌하여야 과거의 모든 폐단을 개선하고 새로운 종교로써 세상을 잘 교화하겠는가.」 박대완(朴大完)이 사뢰기를 「모든 일이 다 가까운 데로부터 되는 것이오니 세상을 개선하기로 하오면 먼저 우리 각자의 마음을 개선하여야 하겠나이다.」 송만경(宋萬京)이 사뢰기를 「우리의 교리와 제도가 이미 시대를 응하여 제정되었사오니 그 교리와 제도대로 실행만 하오면 자연 세상이 개선되겠나이다.」 조송광(曺頌廣)이 사뢰기를 「저는 아직 대종사의 깊으

대종경 필사본

地로 생각하오면 大宗師의 法은 지극히 圓滿하고 지극히 平等하사 世界의 大運을 따라 無爲而化로 모든 人類가 改善될 줄 믿나이다. 大宗師- 가라사대 그대들의 말이 다 옳도다. 사람이 萬一 世上을 改善하기로 하면 먼저 自己의 마음을 改善하여야 할 것이요 마음을 改善하기로 하면 먼저 그 改善하는 法이 있어야 하는데 우리는 이미 法이 있고 또는 그대들이 이 工夫하는 理致를 알았으니 더욱 精誠을 다하여 오늘의 이 問答이 반드시 實踐으로 나타나게 하라. 우리의 마음이 改善되면 宗敎가 自然 改善될 것이요 宗敎가 改善되면 政治도 또한 改善되니 宗敎와 政治가 비록 分野는 다르나 그 裡面에는 서로 떠나지 못할 聯關이 있어서 한 가지 世上의 善 不善을 左右하게 되나니라.

대종경

신 뜻을 다 알지 못하오나 대종사의 법은 지극히 원만하고 지극히 평등하사 세계의 대운(大運)을 따라 무위이화(無爲而化)로 모든 인류가 개선될 줄 믿나이다.」 대종사 말씀하시기를 「그대들의 말이 다 옳도다. 사람이 만일 세상을 개선하기로 하면 먼저 자기의 마음을 개선하여야 할 것이요, 마음을 개선하기로 하면 먼저 그 개선하는 법이 있어야 하는데, 우리는 이미 법이 있고 또는 그대들이 이 공부하는 이치를 알았으니 더욱 정성을 다하여 오늘의 이 문답이 반드시 실천으로 나타나게 하라. 각 종교가 개선되면 사람들의 마음이 개선될 것이요, 사람들의 마음이 개선되면 나라와 세계의 정치도 또한 개선되나니 종교와 정치가 비록 분야(分野)는 다르나 그 이면에는 서로 떠나지 못할 연관이 있어서 한 가지 세상의 선 불선(善不善)을 좌우하게 되나니라.」

修行品

대종경 필사본

1   大宗師- 가라사대 내가 그대들에게 日常修行의 要法을 朝夕으로 讀誦케 하는 것은 그 글만 讀誦하라는 것이 아니요 그 뜻을 새겨서 마음에 對照하라는 것이니 멀리로는 날로 한 번씩 對照하라는 것이요 가까히로는 境界를 對할 때마다 잘 살피라는 것이라 곧 心地에 擾亂함이 있었는가 없었는가, 心地에 어리석음이 있었는가 없었는가, 心地에 그름이 있었는가 없었는가, 信·忿·疑·誠의 推進이 있었는가 없었는가 怨望生活을 하였는가 感謝生活을 하였는가 依賴生活을 하였는가 自力生活을 하였는가 誠心으로 배웠는가 아니 배웠는가, 誠心으로 가르쳤는가 아니 가르쳤는가, 남에게 有益을 주었는가 害毒을 주었는가 아니 가르쳤는가를 對照하고 또 對照하며 챙기고 또 챙겨서 畢竟은 챙기지 아니하여도 그 마음이 나타나는 境界에까지 到達하라 함이니라. 사람의 마음이란 지극히 微妙하여 잡으면 있어지고 놓으면 없어진다 하였다니 챙기지 아니하고 어찌 그 마음을 닦을 수 있으리오. 그러므로 나는 또한 이 챙기는 마음을 實現시키기 爲하여 常時應用注意事項과 教務部에 와서 하는 行事를 定하였고 그것을 調査

대종경

1   대종사 말씀하시기를 「내가 그대들에게 일상 수행의 요법을 조석으로 외게 하는 것은 그 글만 외라는 것이 아니요, 그 뜻을 새겨서 마음에 대조하라는 것이니, 대체로는 날로 한 번씩 대조하고 세밀히는 경계를 대할 때마다 잘 살피라는 것이라, 곧 심지(心地)에 요란함이 있었는가 없었는가, 심지에 어리석음이 있었는가 없었는가, 심지에 그름이 있었는가 없었는가, 신·분·의·성의 추진이 있었는가 없었는가, 감사 생활을 하였는가 못하였는가, 자력 생활을 하였는가 못 하였는가, 성심으로 배웠는가 못 배웠는가, 성심으로 가르쳤는가 못 가르쳤는가, 남에게 유익을 주었는가 못 주었는가를 대조하고 또 대조하며 챙기고 또 챙겨서 필경은 챙기지 아니하여도 저절로 되어지는 경지에까지 도달하라 함이니라. 사람의 마음은 지극히 미묘하여 잡으면 있어지고 놓으면 없어진다 하였나니, 챙기지 아니하고 어찌 그 마음을 닦을 수 있으리요. 그러므로, 나는 또한 이 챙기는 마음을 실현 시키기 위하여 상시 응용 주의 사항과 교당 내왕시 주의 사항을 정하였고 그것을 조사하기 위하여 일기법을 두어 물 샐 틈 없이 그 수

| 대종경 필사본 | 대종경 |

하기 爲하여 有無念과 日記法 等을 가르쳐서 물샐 틈 없이 그 修行방법을 指導하였나니 그대들은 이 法대로 부지런히 工夫하여 하루 속히 超凡入聖의 大業을 成就할찌어다.

2 大宗師- 가라사대 내 오늘은 動靜間 三大力 얻어나가는 빠른 길을 分析하여 일러주리니 잘 들으라. 第一은 動靜間에 修養力을 얻는 方法이니 이 法이 길이 많으나 要領으로 말하자면 첫째는 모든 일을 作用할 때에 나의 精神을 시끄럽게 하고 精神을 빼앗아 갈 일을 짓지 말며 또는 그와 같은 境界를 멀리 할 것이요, 둘째는 모든 事物을 接應할 때에 愛着 貪着을 두지 말며 恒常 담담한 맛을 길드릴 것이요 셋째는 이 일을 할 때에 저 일에 끌리지 말고 저 일을 할 때에 이 일에 끌리지 말아서 오직 그 일 그 일에 一心만 얻도록 할 것이요 넷째는 餘暇 있는 대로 念佛과 坐禪하기를 注意할 것이니라. 第二는 動靜間에 硏究力 얻는 方法이니 이 法이 또한 길이 많으나 要領으로써 말하자면 첫째는 人間萬事를 作用할 때에 그 일 그 일에 아름아

행 방법을 지도하였나니 그대들은 이 법대로 부지런히 공부하여 하루 속히 초범(超凡) 입성(入聖)의 큰 일을 성취할지어다.」

2 대종사 말씀하시기를 「공부인이 동(動)하고 정(靜)하는 두 사이에 수양력(修養力) 얻는 빠른 방법은, 첫째는 모든 일을 작용할 때에 나의 정신을 시끄럽게 하고 정신을 빼앗아 갈 일을 짓지 말며 또는 그와 같은 경계를 멀리 할 것이요, 둘째는 모든 사물을 접응할 때에 애착 탐착을 두지 말며 항상 담담한 맛을 길들일 것이요, 셋째는 이 일을 할 때에 저 일에 끌리지 말고 저 일을 할 때에 이 일에 끌리지 말아서 오직 그 일 그 일에 일심만 얻도록 할 것이요, 넷째는 여가 있는 대로 염불과 좌선하기를 주의할 것이니라. 또는, 동하고 정하는 두 사이에 연구력 얻는 빠른 방법은, 첫째는 인간 만사를 작용할 때에 그 일 그 일에 알음알이를 얻도록 힘쓸 것이요, 둘째는 스승이나 동지로 더불어 의견 교환하기를 힘쓸 것이요, 셋째는 보고 듣고 생각하는

대종경 필사본

리를 얻도록 힘쓸 것이요, 둘째는 스승이나 同志로부터 意見交換하기를 힘쓸 것이요 셋째는 보고 듣고 생각하는 중에 疑心處가 생기면 硏究하는 順序를 따라 그 疑心을 解決하도록 힘쓸 것이요, 넷째는 우리의 經典 練習하기를 힘쓸 것이요, 다섯째는 우리의 經典 練習을 다 마친 뒤에는 過去 모든 道學가의 經典을 參考하여 知見을 넓힐 것이니라. 第三은 動靜間에 取捨力을 얻는 方法이니 이 法이 또한 길이 많으나 要領으로써 말하자면 첫째는 正義인 줄 알거든 大小事를 勿論하고 죽기로써 實行할 것이요 둘째는 不義인 줄 알거는 大小事를 勿論하고 죽기로써 하지 않을 것이요, 셋째는 모든 일을 作用할 때에 卽時實行이 되지 않는다고 落望하지 말고 精誠을 繼續하여 끊임없는 功을 쌓을 것이니라.

3 또 가라사대 在來 모든 道學家에서 工夫하는 것을 보면 靜할 때 工夫에만 偏重하여 일을 하자면 工夫를 못하고 工夫를 하자면 일을 못한다 하여 或은 父母妻子를 離別하고 山中에 가서 一生을 지내며 或은 비가 와서 마당에 널어

대종경

중에 의심나는 곳이 생기면 연구하는 순서를 따라 그 의심을 해결하도록 힘쓸 것이요, 넷째는 우리의 경전 연습하기를 힘쓸 것이요, 다섯째는 우리의 경전 연습을 다 마친 뒤에는 과거 모든 도학가(道學家)의 경전을 참고하여 지견을 넓힐 것이니라. 또는, 동하고 정하는 두 사이에 취사력 얻는 빠른 방법은, 첫째는 정의인 줄 알거든 크고 작은 일을 막론하고 죽기로써 실행할 것이요, 둘째는 불의인 줄 알거든 크고 작은 일을 막론하고 죽기로써 하지 않을 것이요, 셋째는 모든 일을 작용할 때에 즉시 실행이 되지 않는다고 낙망하지 말고 정성을 계속하여 끊임없는 공을 쌓을 것이니라.」

3 대종사 말씀하시기를 「과거 도가(道家)에서 공부하는 것을 보면, 정할 때 공부에만 편중하여, 일을 하자면 공부를 못 하고 공부를 하자면 일을 못 한다고 하여, 혹은 부모 처자를 이별하고 산중에 가서 일생을 지내며 혹은 비가 와서

대종경 필사본	대종경

놓은 穀食이 떠나려가도 모르고 讀書만 하여 그것으로 唯一한 工夫法을 삼았나니 이 어찌 圓滿한 法이라 하리오. 그러므로 우리는 工夫와 일을 둘로 보지 아니하고 工夫를 잘 하면 일이 잘 되고 일을 잘 하면 곧 工夫가 잘 되어 動靜 두 사이에 繼續的으로 三大力 얻는 法을 말하였나니 그대들은 이 動靜에 間斷이 없는 無上大道에 힘쓸찌어다.

마당의 곡식이 떠내려가도 모르고 독서만 하였나니 이 어찌 원만한 공부법이라 하리요. 그러므로, 우리는 공부와 일을 둘로 보지 아니하고 공부를 잘하면 일이 잘되고 일을 잘하면 공부가 잘되어 동과 정 두 사이에 계속적으로 삼대력 얻는 법을 말하였나니 그대들은 이 동과 정에 간단이 없는 큰 공부에 힘쓸지어다.」

4 大宗師- 禪院大衆에게 일러 가라사대 專門 入禪하는 것이 初學者에 있어서는 그 規則生活에 或 괴로운 感도 있고 或 不自由한 생각도 있을 것이나 工夫가 漸漸 純熟되고 心身이 次次 鍛鍊되는 때에는 이 보다 便安하고 滋味있는 生活이 더 없을 것이니 그대들은 每日 課程을 지킬 때에 매양 마음을 對照하여 보라. 時間時間에 괴로운 生活을 하는가 便安한 生活을 하는가 괴로운 生活을 하는 사람은 아직 塵世의 業緣이 남아있는 것이요, 便安한 生活을 하는 사람은 漸漸 成佛의 門이 열리는 것이니라.

4 대종사 선원 대중에게 말씀하시기를 「전문 입선하는 것이 초학자에 있어서는 그 규칙 생활에 혹 괴로운 감도 있고 혹 부자유한 생각도 있을 것이나, 공부가 점점 익어 가고 심신이 차차 단련되는 때에는 이보다 편안하고 재미있는 생활이 더 없을 것이니, 그대들은 매일 과정을 지킬 때에 괴로운 생활을 하는가 편안한 생활을 하는가 늘 그 마음을 대조하여 보라. 괴로운 생활을 하는 사람은 아직 진세의 업연이 남아있는 것이요, 편안한 생활을 하는 사람은 점점 성불의 문이 열리는 것이니라.」

대종경 필사본

5 大宗師- 가라사대 사람이 무슨 일이나 그 일에 精誠이 있고 없는 것은 그 일이 自己에게 어떠한 關係가 있는가를 알고 모름에 있나니 假令 衣食을 求하는 사람이 衣食 구하는 데에 精誠이 있는 것은 그 衣食이 自己의 生活維持에 直接 關係있는 것을 아는 緣故이요, 病을 治療하는 사람이 病治療에 精誠이 있는 것은 그 治療가 自己의 健康保存에 重要한 關係가 있는 것을 아는 緣故이며 工夫하는 사람이 工夫에 精誠이 있는 것은 이 工夫가 自己의 前途에 重大한 關係가 있는 것을 아는 緣故이라. 이 重大한 關係를 아는 사람은 工夫하기에 비록 千萬苦痛이 있을찌라도 이를 能히 克服할 것이며 스승이나 同志들이 或 自己에게 무슨 凡然한 일이 있다하여도 조금도 트집이 나지 아니할 것이나 이 關係를 알지 못하는 사람은 工夫하는 데에도 忍耐力이 없을 것이요, 스승이나 同志에게도 空然한 不滿을 품기가 쉬우며 工夫나 事業하는 것이 남의 일하여 주는 듯한 感을 내게 되리니 그대들은 이 工夫를 하는 것이 各各 그대들에게 어떠한 關係가 있는 것을 깨치었는가 冷靜한 精神으로 한 번 더 생각하여 보라.

대종경

5 대종사 말씀하시기를 「사람이 무슨 일이나 그 하는 일에 정성이 있고 없는 것은 그 일이 자기에게 어떠한 관계가 있는가를 알고 모름에 있나니, 가령 의식(衣食)을 구하는 사람이 의식을 구하는 데에 정성이 있는 것은 그 의식이 자기의 생활 유지에 직접 관계 있는 것을 아는 연고요, 병을 치료하는 사람이 치료에 정성이 있는 것은 그 치료가 자기의 건강 보존에 중요한 관계가 있는 것을 아는 연고며, 공부하는 사람이 공부에 정성이 있는 것은 그 공부가 자기의 앞 날에 중대한 관계가 있는 것을 아는 연고라, 이 관계를 아는 사람은 공부하기에 비록 천만 고통이 있을지라도 이를 능히 극복할 것이며, 스승이나 동지들이 혹 자기에게 무슨 범연한 일이 있다 하여도 조금도 트집이 나지 아니할 것이나, 이 관계를 알지 못하는 사람은 공부하는 데에도 인내력이 없을 것이요, 스승이나 동지에게도 공연한 불만을 품기가 쉬우며, 공부나 사업하는 것이 남의 일을 하여 주는 듯한 감을 가지게 되리니, 그대들은 이 공부를 하는 것이 각각 그대들에게 어떠한 관계가 있는 것을 깨치었는가 냉정한 정신으로 한 번 더 생각하여 보라.」

대종경 필사본

6 大宗師- 가라사대 獅子나 범을 잡는 砲手는 꿩이나 토끼를 보아도 銃을 쏘지 아니하나니 이는 작은 짐승을 잡다가 큰 짐승을 놓칠까 저어함이라 큰 工夫에 發心한 사람도 또한 이와 같아서 큰 慾心을 이루는 데 妨害가 될까하여 작은 慾心을 내지 않나니라. 그러므로 成佛을 目的하는 工夫人은 世間의 모든 貪着과 愛慾을 能히 不顧하여야 그 目的을 이룰 것이니 萬一 소소한 慾心을 끊지 못하여 큰 誓願과 目的에 어긋난다면 꿩이나 토끼를 잡다가 獅子나 범을 놓친 셈이라 그 어찌 哀惜치 아니하리요. 그러므로 나는 큰 慾心있는 사람은 작은 貪心을 버리라 하노라.

7 大宗師- 禪院 大衆에게 일러 가라사대 靈光의 敎徒 한 사람은 품싹 얼마를 벌기 爲하여 例會날 支部 近處에서 일만 하고 있더라 하니 그대들은 그 일을 어떻게 생각하는가? 한 弟子 여짜오되 그 사람이 돈만 알고 工夫에 等閑한 것은 잘못이오나 萬一 그날 하루의 먹을 것이 없어서 父母妻子가 주리게 되었다

대종경

6 대종사 말씀하시기를 「사자나 범을 잡으러 나선 포수는 꿩이나 토끼를 보아도 함부로 총을 쏘지 아니하나니, 이는 작은 짐승을 잡으려다가 큰 짐승을 놓칠까 저어함이라, 큰 공부에 발심한 사람도 또한 이와 같아서 큰 발심을 이루는 데에 방해가 될까 하여 작은 욕심은 내지 않나니라. 그러므로, 성불을 목적하는 공부인은 세간의 모든 탐착과 애욕을 능히 불고하여야 그 목적을 이룰 것이니 만일 소소한 욕심을 끊지 못하여 큰 서원과 목적에 어긋난다면, 꿩이나 토끼를 잡다가 사자나 범을 놓친 셈이라 그 어찌 애석하지 아니하리요. 그러므로, 나는 큰 발심이 있는 사람은 작은 욕심을 내지 말라 하노라.」

7 대종사 선원 대중에게 말씀하시기를 「영광(靈光)의 교도 한 사람은 품삯 얼마를 벌기 위하여 예회(例會)날 교당 근처에서 일을 하고 있더라 하니 그대들은 그 사람을 어떻게 생각하는가.」 한 제자 사뢰기를 「그 사람이 돈만 알고 공부에 등한한 것은 잘못이오나 만일 그날 하루의 먹을 것이 없어서 부모 처자

대종경 필사본

하오면 하루의 例會에 빠지고라도 家眷의 飢寒을 免하게 하는 것이 옳지 아니하오리까. 大宗師- 가라사대 그대의 말이 그럴 듯하나 例會는 날마다 있는 것이 아니니 萬一 工夫에 참 發心이 있고 法의 價值를 重히 아는 사람이라면 그동안에 무엇을 하여서라도 例會날 하루 먹을 것은 準備하여 둘 것이거늘 例會날을 當하여 비로소 먹을 것을 찾는 것은 벌써 工夫에 等閑하고 法에 誠意 없는 것이라. 그러므로 이러한 弊端을 防止하기 爲하여 工夫人이 敎務部에 와서 하는 責任 第五條에 미리 말하여 둔 바가 있는 것이며 또는 或 많은 努力을 하였으되 먹을 것이 넉넉지 못하더라도 그 사람의 마음 가운데에 一毫의 私心이 없이 工夫에 專力한다면 自然 먹을 것이 생기는 理致도 있나니 例를 들어 말하자면 어린 兒孩가 그 어머니의 배 밖에만 나오면 안나던 젖이 나와져서 그 天祿을 먹고 長養되는 것과 같나니라.

8 大宗師 例會 大衆에게 일러 가라사대 내 오늘은 그대들에게 돈 버는 方式을 일러 주려하노니 잘 들어서 各各 富

대종경

가 주리게 되었다 하오면, 하루의 예회에 빠지고라도 식구들의 기한(飢寒)을 면하게 하는 것이 옳지 아니하오리까.」 대종사 말씀하시기를 「그대의 말이 그럴 듯하나 예회는 날마다 있는 것이 아니니 만일 공부에 참 발심이 있고 법의 가치를 중히 아는 사람이라면 그 동안에 무엇을 하여서라도 예회 날 하루 먹을 것은 준비하여 둘 것이거늘, 예회 날을 당하여 비로소 먹을 것을 찾는 것은 벌써 공부에 등한하고 법에 성의 없는 것이라, 그러므로 "교당 내왕시 주의 사항"에도 미리 말하여 둔 바가 있는 것이며, 또는 혹 미리 노력을 하였으되 먹을 것이 넉넉지 못하더라도 그 사람의 마음 가운데 일호의 사심이 없이 공부한다면 자연 먹을 것이 생기는 이치도 있나니, 예를 들어 말하자면 어린아이가 그 어머니의 배 밖에만 나오면 안 나던 젖이 나와져서 그 천록(天祿)을 먹고 자라나는 것과 같나니라.」

8 대종사 예회에서 대중에게 말씀하시기를 「내가 오늘은 그대들에게 돈 버는 방식을 일러 주려 하노니 잘 들어서

대종경 필사본

裕한 生活을 하여보라. 그 方式이란 밖으로 무슨 技術을 가리키는 것이 아니라 안으로 마음 쓰는 法을 이름이니 이 敎法이 곧 돈을 버는 方式이 되는 緣故이니라. 보라 世上 사람들의 普通生活 중에는 酒色이나 雜技로 金錢을 消耗하는 것이 얼마이며 虛榮이나 外華로 物質을 浪費하는 것이 얼마이며 懶怠나 信用 없는 것으로 財産을 喪失하는 것이 또한 그 얼마인가 生活의 標準이 없이 되는 대로 지내던 그 사람이 例會에 나와서 모든 法을 배우는 同時에 하라는 일과 말라는 일을 다만 몇 가지만 實行할찌라도 空然히 虛費하던 돈이 밖으로 새어가지 아니라고 勤儉과 信用으로 얻는 財産이 안에서 불어날찌니 이것이 곧 돈을 버는 것이 아니고 무엇이리오. 그러하거늘 世上 사람들은 그 工夫하는 것이 돈 버는 것과는 아무 關係가 없는 줄로 알고 돈이 없으니 工夫를 못한다 하며 돈을 벌자니 例會에 못간다 하니 그 어찌 한 편만 보는 생각이 아니리오. 그러므로 이 이치를 아는 사람은 돈이 없으니 工夫를 더 잘 하고 돈을 벌자니 例會에 잘 나와야 하겠다는 信念을 얻어서 工夫와 生活이 같이 向上의 길을 얻게 되리라.

대종경

각각 넉넉한 생활들을 하여보라. 그 방식이라 하는 것은 밖으로 무슨 기술을 말하는 것이 아니라 안으로 각자의 마음 쓰는 법을 이름이니, 우리의 교법이 곧 돈을 버는 방식이 되나니라. 보라! 세상 사람들의 보통 생활에는 주색이나 잡기로 소모되는 금전이 얼마이며, 허영이나 외화로 낭비되는 물질이 얼마이며, 나태나 신용 없는 것으로 상실되는 재산이 또한 그 얼마인가. 생활의 표준이 없이 되는 대로 지내던 그 사람이 예회에 나와서 모든 법을 배우는 동시에 하라는 일과 말라는 일을 다만 몇 가지만 실행할지라도 공연히 허비하던 돈이 밖으로 새어 나가지 아니하고 근검과 신용으로 얻는 재산이 안에서 불어날 것이니, 이것이 곧 돈을 버는 방식이니라. 그러하거늘, 세상 사람들은 공부하는 것이 돈 버는 것과는 아무 관계가 없는 줄로 알고 돈이 없으니 공부를 못 한다 하며 돈을 벌자니 예회에 못 간다 하나니, 그 어찌 한 편만 보는 생각이 아니리요. 그러므로, 이 이치를 아는 사람은 돈이 없으니 공부를 더 잘 하고 돈을 벌자니 예회에 더 잘 나와야 하겠다는 신념을 얻어서 공부와 생활이 같이 향상의 길을 얻게 되리라.」

대종경 필사본

9 大宗師- 가라사대 내 오늘은 때 없이 하는 工夫法을 說하여 주리니 그대들은 銘心하여 큰 工夫를 成就하라. 普通 사람들은 恒常 조용히 앉아 坐禪하고 念佛하고 經典이나 읽는 것만 工夫로 알고 實地生活上에 鍛鍊하는 工夫는 알지 못하나니 어찌 內定靜 外定靜의 큰 工夫法을 알았다 하리로. 大凡 큰 工夫는 먼저 自性의 原理를 硏究하여 元來 着이 없는 그 자리를 알고 實生活에 나아가서는 着이 없는 行을 하는 것이니 이 길을 잡은 사람은 可히 날을 期約하고 큰 實力을 얻으리라. 工夫하는 사람이 處地處地를 따라 이 일을 할 때 저 일에 끌리지 아니하고 저 일을 할 때 이 일에 끌리지 아니하면 곧 이것이 一心工夫요, 이 일을 할 때 알음아리*를 求하여 順序 있게 하고 저 일을 할 때 알음알이를 求하여 順序 있게 하면 곧 이것이 硏究工夫요, 이 일을 할 때 不義에 끌리는 바가 없고 저 일을 할 때 不義에 끌리는 바가 없게 되면 곧 取捨工夫며 閑暇한 때에는 念佛과 坐禪으로 一心에 專攻도 하고 經典 練習으로 硏究에 專攻도 하여 일이 있는 때나 일이 없는 때를 오직 間斷없이 工夫로 繼續한다면 不知中 精神에는

192

대종경

9 대종사 말씀하시기를 「보통 사람들은 항상 조용히 앉아서 좌선하고 염불하고 경전이나 읽는 것만 공부로 알고 실지 생활에 단련하는 공부가 있는 것은 알지 못하나니, 어찌 내정정(內定靜) 외정정(外定靜)의 큰 공부 법을 알았다 하리요. 무릇, 큰 공부는 먼저 자성(自性)의 원리를 연구하여 원래 착(着)이 없는 그 자리를 알고 실생활에 나아가서는 착이 없는 행(行)을 하는 것이니, 이 길을 잡은 사람은 가히 날을 기약하고 큰 실력을 얻으리라. 공부하는 사람이 처지 처지를 따라 이 일을 할 때 저 일에 끌리지 아니하고, 저 일을 할 때 이 일에 끌리지 아니하면 곧 이것이 일심 공부요, 이 일을 할 때 알음알이를 구하여 순서 있게 하고, 저 일을 할 때 알음알이를 구하여 순서 있게 하면 곧 이것이 연구 공부요, 이 일을 할 때 불의에 끌리는 바가 없고, 저 일을 할 때 불의에 끌리는 바가 없게 되면 곧 이것이 취사 공부며, 한가한 때에는 염불과 좌선으로 일심에 전공도 하고 경전 연습으로 연구에 전공도 하여, 일이 있는 때나 일이 없는 때를 오직 간단없이 공부로 계속한다면 저절로 정신에는 수양력이 쌓이고 사리에는 연

대종경 필사본

修養力이 쌓이고 事理에는 智慧가 밝아지고 作業에는 取捨力이 생겨나리니, 보라. 宋奎는 入門한 以來로 只今까지 或은 本館 或은 地方에서 任務에 努力하는 中 正式으로는 單 三個月 入禪도 못하였으나 現在 그의 實力을 調査하여 본다면 精神의 修養力으로도 愛着 貪着이 거의 떨어져서 喜怒哀樂과 遠近親疎에 끌리는 바가 드물고 事理에 研究力으로도 일에 對한 是非利害와 理致에 對한 大小有無를 大體的으로 다 分析하고 作業에 取捨力도 不義와 正義를 能히 分析하여 正義에 對한 實行이 十中八九는 될 것이며 事務에 奔忙한 中에도 써 보낸 글들을 보면 眞理도 深長하려니와 一般이 알기 쉬운 文法이며 條理綱領이 分明하여 修正할 곳이 別로 없게 되었으니 그는 오래지 아니하여 充分한 三大力을 얻어 어데로 가든지 衆人을 利롭게 하는 貴重한 人物이 될 것인바 이는 곧 動靜間에 間斷없는 工夫를 잘 한 功德이라 그대들도 그와 같이 動靜一如의 無時禪 工夫에 더욱 精進하여 願하는 三大力을 充分히 얻을찌어다.

* '알음알이'의 誤字.

대종경

구력이 얻어지고 작업에는 취사력이 생겨나리니, 보라! 송규는 입문(入門)한 이래로 지금까지 혹은 총부 혹은 지방에서 임무에 노력하는 중 정식으로는 단 삼개월 입선(入禪)도 못하였으나, 현재 그의 실력을 조사하여 본다면 정신의 수양력으로도 애착 탐착이 거의 떨어져서 희·로·애·락과 원·근·친·소에 끌리는 바가 드물고, 사리에 연구력으로도 일에 대한 시비 이해와 이치에 대한 대소 유무를 대체적으로 다 분석하고 작업에 취사력으로도 불의와 정의를 능히 분석하여 정의에 대한 실행이 십중 팔·구는 될 것이며, 사무에 바쁜 중에도 써 보낸 글들을 보면 진리도 깊으려니와 일반이 알기 쉬운 문체며 조리 강령이 분명하여 수정할 곳이 별로 없게 되었으니, 그는 오래지 아니하여 충분한 삼대력을 얻어 어디로 가든지 중인을 이익 주는 귀중한 인물이 될 것인 바, 이는 곧 동정간에 끊임 없는 공부를 잘 한 공덕이라, 그대들도 그와 같이 동정 일여(動靜一如)의 무시선(無時禪) 공부에 더욱 정진하여 원하는 삼대력을 충분히 얻을지어다.」

| 대종경 필사본 | 대종경 |

10 大宗師- 가라사대 일이 없을 때에는 恒常 일이 있을 때에 할 것을 準備하고 일이 있을 때에는 恒常 일 없을 때의 心境을 가질찌니 萬一 일 없을 때에 일 있을 때의 準備가 없으면 일을 當하여 창惶顚倒*함을 免하지 못할 것이요, 일 있을 때에 일 없을 때의 心境을 가지지 못한다면 마침내 版안의 사람이 되고 마나니라.

★ '창'의 정확한 한자표기 확인 필요. 본 『대종경 필사본』에는 '마음忄+푸를蒼'이나 존재하지 않는 글자임.

10 대종사 말씀하시기를 「일이 없을 때에는 항상 일 있을 때에 할 것을 준비하고 일이 있을 때에는 항상 일 없을 때의 심경을 가질지니, 만일 일 없을 때에 일 있을 때의 준비가 없으면 일을 당하여 창황 전도(蒼惶顚倒)함을 면하지 못할 것이요, 일 있을 때에 일 없을 때의 심경을 가지지 못한다면 마침내 판국에 얽매인 사람이 되고 마나니라.」

11 禪中 會話時間에 全飮光이 工夫人과 非工夫人의 다른 點이란 問題로 談話하는 중 이 工夫를 하지 않는 사람들도 어떠한 境遇에 이르고 보면 또한 다 三學을 利用하게 되나 그들은 그 때 그 일만 지나가면 放心이요 無關心이기 때문에 平生을 지내도 工夫上 아무 進步가 없지마는 우리 工夫人은 때의 動靜과 일의 有無를 헤아릴 것 없이 이 三學을 工夫로 繼續하는 까닭에 法대로 꾸준히만 繼續한다면 반드시 큰 人格을 完成할 것이라 하는지라 大宗師- 들으시고 가라

11 회화(會話) 시간에 전음광(全飮光)이 공부인과 비공부인의 다른 점이란 문제로 말하는 가운데 「이 공부를 하지 않는 사람들도 어떠한 경우에 이르고 보면 또한 다 삼학을 이용하게 되나, 그들은 그때 그 일만 지내 가면 방심이요 관심이 없기 때문에 평생을 지내도 공부상 아무 진보가 없지마는, 우리 공부인은 때의 동·정과 일의 유·무를 헤아릴 것 없이 이 삼학을 공부로 계속하는 까닭에 법대로 꾸준히만 계속한다면 반드시 큰 인격을 완성할 것이라.」 하는지라, 대종

대종경 필사본

사대 飮光의 말이 매우 뜻이 있으며 工夫한 사람에게 많은 도움이 될듯하나 내 이제 더욱 仔詳한 말로써 그 點을 밝혀주리라. 假令 여기에 세 사람이 모여 앉았는데 그 中 한 사람은 機械發明의 硏究를 골똘히* 하고 앉았으며 또 한 사람은 水昇火降의 坐禪法에 專心하고 앉았으며 또 한 사람은 그도 저도 하는 것 없이 無聊히 앉아있다 하면 外面으로 보아 그들의 앉아있는 모양은 別로 다를 것이 없을 것이나 一年 三年 乃至 몇 十年의 長久한 時日을 繼續한 後에는 各各 큰 差異가 나타나게 될 것이니 機械硏究를 한 사람은 어떠한 發明이 나타날 것이요, 坐禪에 힘쓴 사람은 精神의 威力을 얻을 것이요 無聊度日한 사람은 아무 成果가 없을지라. 이와 같이 무엇이나 그 하는 것을 쉬지 않은 結果는 偉大하나니 時時處處에 三學의 대종이 있이 지내는 사람과 없이 지내는 사람의 將來가 그 어떠할 것은 可히 쉽게 判斷할 일이 아닌가. 그러므로 한 時間의 坐禪을 더 하고 덜 함이 무슨 큰 差異가 있으며 한 가지 일의 잘 하고 못함이 얼마나 큰 關係가 있으랴 하지마는 그 한 時間 한 時間이 쌓이고 쌓여서 사람의 一平生이 되

대종경

사 들으시고 말씀하시기를 「음광의 말이 뜻이 있으나 내 이제 더욱 자상한 말로 그 점을 밝혀주리라. 가령, 여기에 세 사람이 모여 앉았는데 한 사람은 기계의 연구를 하고 있으며, 한 사람은 좌선을 하고 있으며, 한 사람은 그저 무료히 앉아 있다 하면, 외면으로 보아 그들이 앉아있는 모양은 별로 다를 것이 없으나, 오랜 시일을 계속한 후에는 각각 큰 차이가 나타나게 될 것이니, 기계 연구를 한 사람은 어떠한 발명이 나타날 것이요, 좌선에 힘쓴 사람은 정신에 정력을 얻을 것이요, 무료 도일(無聊度日)한 사람은 아무 성과가 없을지라, 이와 같이 무엇이나 그 하는 것을 쉬지 않은 결과는 큰 차이가 있나니라. 또는, 내가 어려서 얼마 동안 같이 글 배운 사람 하나가 있는데, 그는 공부에는 뜻이 적고 광대소리 하기를 즐겨하여 책을 펴 놓고도 그 소리, 길을 가면서도 그 소리이더니 마침내 백발이 성성하도록 그 소리를 놓지 못하고 숨은 명창 노릇하는 것을 연전(年前)에 보았고, 나는 또 어렸을 때부터 우연히 진리 방면에 취미를 가지기 시작하여 독서에는 별로 정성이 적고, 밤낮으로 생각하는 바가 현묘한 그 이치

대종경 필사본

는 것이요 한 가지 한 가지가 쌓이고 쌓여서 人品의 善惡 高下를 나타내게 되나니 어찌 짧은 時間이라 하여 疏忽히 하리오. 내가 어려서 얼마동안 가치 글 배운 사람 하나가 있는데 그는 工夫에는 뜻이 적고 광대소리하기를 즐겨하여 책을 펴놓고도 그 소리 길을 가면서도 그 소리이더니 마침내 白髮이 성성하도록 그 소리를 놓지 못하고 숨은 名唱 노릇 하는 것을 年前에 내가 보았고 나는 또 어렸을 때부터 偶然히 眞理方面에 趣味를 가지기 始作하여 讀書에는 別로 精誠이 적고 밤낮으로 생각하는 바가 玄妙한 그 理致여서 이로 因하여 寢食을 다 잊고 冥想에 잠긴 적이 한 두 번이 아니었으며 그로부터 繼續되는 精誠이 조금도 쉬지 않은 結果에 드디어 이날까지 眞理生活을 하게 되었으니 이것을 두고 볼찌라도 사람의 一生에 그 方向의 選擇이 第一 重大한 것이며 이미 方向을 定하여 옳은 데에 立脚한 以上에는 邪心 없이 그 目的하는 바에 努力을 繼續하는 것이 바로 成功의 基礎가 되나니라.

* '골똘히'의 誤字.

대종경

이어서 이로 인하여 침식을 다 잊고 명상에 잠긴 적이 한두 번이 아니었으며, 그로부터 계속되는 정성이 조금도 쉬지 않은 결과 드디어 이날까지 진리 생활을 하게 되었으니, 이것을 두고 볼지라도 사람의 일생에 그 방향의 선택이 제일 중요한 것이며, 이미 방향을 정하여 옳은 데에 입각한 이상에는 사심 없이 그 목적하는 바에 노력을 계속하는 것이 바로 성공의 기초가 되나니라.」

대종경 필사본

12 大宗師- 가라사대 禪家에 많은 祖師가 千萬方便과 千萬門路를 열어놓았으나 一言으로 統合하여 말하자면 妄念을 쉬고 眞性을 길러서 오직 空寂靈智*가 앞에 나타나게 하자는 것이니 그러므로 寂寂한 가운데 惺惺함은 옳고 寂寂한 가운데 無記는 그르다 하며 또는 惺惺한 가운데 寂寂함은 옳고 惺惺한 가운데 妄想은 그르다 하는 말씀이 禪의 綱領이 되나니라.

* '空寂靈知'의 誤字.

13 大宗師 坐禪時間에 禪院에 出席하사 大衆에게 물어가라사대 그대들이 이와 같이 오는 잠을 참고 坐禪을 하고 있으니 將次 무엇을 하려함인고? 權動華 答하여 가로되 사람의 精神은 元來 穩全하고 밝은 것이오나 慾心의 境界를 따라 千枝萬葉으로 흩어져서 온전한 精神을 잃어버리는 同時에 智慧의 光明이 또한 昧하게 되므로 이 法으로써 이러나는 煩惱를 가라앉히고 흩어지는 精神을 統一시키어 修養의 힘과 智慧의 光明을 얻기 위함이옵니다. 大宗師- 가라사대 그대들이 眞實로 修養에 對한 功德을 안

대종경

12 대종사 말씀하시기를 「선종(禪宗)의 많은 조사가 선(禪)에 대한 천만 방편과 천만 문로를 열어 놓았으나, 한 말로 통합하여 말하자면 망념을 쉬고 진성을 길러서 오직 공적 영지(空寂靈知)가 앞에 나타나게 하자는 것이 선이니, 그러므로 "적적(寂寂)한 가운데 성성(惺惺)함은 옳고 적적한 가운데 무기(無記)는 그르며, 또는 성성한 가운데 적적함은 옳고 성성한 가운데 망상은 그르다." 하는 말씀이 선의 강령이 되나니라.」

13 대종사 좌선 시간에 선원에 나오시어 대중에게 물으시기를 「그대들이 이와 같이 오는 잠을 참고 좌선을 하고 있으니 장차 무엇을 하려 함인가.」 권동화(權動華) 사뢰기를 「사람의 정신은 원래 온전하고 밝은 것이오나, 욕심의 경계를 따라 천지 만엽으로 흩어져서 온전한 정신을 잃어버리는 동시에 지혜의 광명이 또한 매(昧)하게 되므로, 일어나는 번뇌를 가라앉히고 흩어지는 정신을 통일시키어 수양의 힘과 지혜의 광명을 얻기 위함이옵니다.」 대종사 말씀하시기를 「그대들이 진실로 수양에 대한 공덕을 안다면 누

대종경 필사본

다면 누가 獎勵하지 아니할찌라도 精誠이 스스로 繼續될 것이나 한 가지 注意할 일은 그 方法에 對하여 或 仔詳히 알지 못하고 그릇 조급한 마음을 내거나 異常한 자취를 求하여 純一한 禪法을 바로 行하지 못한다면 工夫하는 中 或 病에 걸리기도 하고 邪道에 흐르기도 하며 도리어 煩惱가 더 일어나는 수도 있나니 우리의 坐禪法에 자조 對照하고 또는 先進者에게 매양 그 經路를 물어서 工夫에 조금도 그릇됨이 없게 하라. 萬一 바른 工夫를 부지런히 잘 行한다면 쉽게 自由의 心身을 얻게 되나니 諸佛諸聖과 一切偉人이 다 이 禪法으로써 그만한 心力을 얻었나니라.

14 大宗師- 禪院 大衆에게 일러 가라사대 近來 禪宗 各派에서 禪의 方法을 가지고 서로 是非를 論하고 있으나 나는 그 中 丹田住法을 取하여 修養하는 時間에는 穩全히 修養만 하고 話頭硏磨는 適當한 機會에 가끔 한 번씩 하라 하노니 疑頭 깨치는 方法이 沈鬱한 생각으로 오래 생각하는 데에만 있는 것이 아니요, 明朗한 精神으로 기틀을 따라 硏磨

대종경

가 권장하지 아니할지라도 정성이 스스로 계속될 것이나, 한 가지 주의할 일은 그 방법에 대하여 혹 자상히 알지 못하고 그릇 조급한 마음을 내거나 이상한 자취를 구하여 순일한 선법(禪法)을 바로 행하지 못한다면, 공부하는 가운데 혹 병에 걸리기도 하고 사도(邪道)에 흐르기도 하며, 도리어 번뇌가 더 일어나는 수도 있나니, 우리의 좌선법에 자주 대조하고 또는 선진자에게 매양 그 경로를 물어서 공부에 조금도 그릇됨이 없게 하라. 만일 바른 공부를 부지런히 잘 행한다면 쉽게 심신의 자유를 얻게 되나니, 모든 부처 모든 성인과 일체 위인이 다 이 선법으로써 그만한 심력을 얻었나니라.」

14 대종사 선원 대중에게 말씀하시기를 「근래에 선종 각파에서 선의 방법을 가지고 서로 시비를 말하고 있으나, 나는 그 가운데 단전주(丹田住)법을 취하여 수양하는 시간에는 온전히 수양만 하고 화두 연마는 적당한 기회에 가끔 한 번씩 하라 하노니, 의두 깨치는 방법이 침울한 생각으로 오래 생각하는 데에만 있는 것이 아니요, 명랑한 정신으로 기

| 대종경 필사본 | 대종경 |

하는 것이 그 힘이 도리어 더 優越한 緣故이니라.

15 한 弟子 水昇火降되는 理致를 여짜온대 大宗師- 가라사대 물의 性質은 아래로 順하는 同時에 그 氣運이 서늘하고 맑으며 불의 性質은 우으로 거스리는 同時에 그 氣運이 더웁고 濁하나니 사람이 萬一 煩據한 생각을 이러내어 氣運이 오르면 腦髓가 더웁고 精神이 濁하며 津液이 마르나니 이는 불 氣運이 오르고 물 氣運이 나리는 緣故이요, 萬一 생각이 잠자고 氣運이 平順하면 腦髓가 서늘하고 精神이 明朗하며 맑은 춤이 潤滑하나니 이는 물 氣運이 오르고 불 氣運이 나리는 緣故이니라.

16 大宗師- 가라사대 修養力을 얻어 나가는 데 두 길이 있나니 하나는 氣質의 修養이요, 둘은 心性의 修養이라 譬컨대 軍人이 實地戰爭에서 마음을 鍛鍊하여 不動心이 되는 것은 밖으로 氣質을 鍛鍊한 修養이요, 修道人이 五慾境界 中에서 魔軍을 降伏받아 順逆境界에

틀을 따라 연마하는 것이 그 힘이 도리어 더 우월한 까닭이니라.」

15 한 제자 수승 화강(水昇火降)되는 이치를 묻자온데 대종사 말씀하시기를 「물의 성질은 아래로 내리는 동시에 그 기운이 서늘하고 맑으며, 불의 성질은 위로 오르는 동시에 그 기운이 덥고 탁하나니, 사람이 만일 번거한 생각을 일어내어 기운이 오르면 머리가 덥고 정신이 탁하여 진액(津液)이 마르는 것은 불기운이 오르고 물기운이 내리는 연고이요, 만일 생각이 잠자고 기운이 평순(平順)하면 머리가 서늘하고 정신이 명랑하여 맑은 침이 입 속에 도나니 이는 물기운이 오르고 불기운이 내리는 연고이니라.」

16 대종사 말씀하시기를 「수양력을 얻어나가는 데 두 길이 있나니, 하나는 기질(氣質)의 수양이요 둘은 심성(心性)의 수양이라, 예를 들면 군인이 실지 전쟁에서 마음을 단련하여 부동심(不動心)이 되는 것은 밖으로 기질을 단련한 수양이요, 수도인이 오욕의 경계 중에서 마

대종경 필사본

不動心이 되는 것은 안으로 心性을 鍛鍊한 修養이라, 저 軍人이 비록 밖으로 氣質의 修養은 얻었다 할찌라도 안으로 心性의 修養을 얻지 못하면 完全한 修養力이 되지 못하고 저 修道人이 또한 안으로 心性의 修養은 얻었으나 實地의 境界에 鍛鍊하여 밖으로 氣質의 修養을 얻지 못하면 또한 完全한 修養力이 되지 못하나니라.

17 梁道信이 여짜오되 大宗師께옵서 平日에 말씀하시기를 이 일을 할 때 저 일에 끌리지 아니하며 저 일을 할 때 이 일에 끌리지 아니하고 언제든지 하는 그 일에 마음이 便安하고 穩全해야 된다 하시므로 저희들도 그와 같이 하기로 努力하옵던 바 제가 近者에 바느질을 하면서 藥을 다리기로 되었사온데 全精神을 바느질하는 데 두었삽다가 藥을 태워버린 일이 있사온즉 바느질을 하면서 藥을 살피기로 하오면 이 일을 하면서 저 일에 끌리는 바가 될 것이옵고 바느질만 하고 藥을 不顧하오면 藥을 또 버리게 될 것이오니 이런 境遇에 어떻게 하는 것이 工夫의 옳은 길이 되나이까? 大宗師

대종경

군(魔軍)을 항복 받아 순역 경계에 부동심이 되는 것은 안으로 심성을 단련한 수양이라, 군인이 비록 밖으로 기질의 수양력을 얻었다 할지라도 안으로 심성의 수양력을 얻지 못하면 완전한 수양력이 되지 못하고, 수도인이 또한 안으로 심성의 수양력은 얻었으나 실지의 경계에 단련하여 기질의 수양력을 얻지 못하면 또한 완전한 수양력이 되지 못하나니라.」

17 양도신(梁道信)이 여쭙기를 「대종사께옵서 평시에 말씀하시기를, 이 일을 할 때 저 일에 끌리지 아니하며, 저 일을 할 때 이 일에 끌리지 아니하고, 언제든지 하는 그 일에 마음이 편안하고 온전해야 된다 하시므로 저희들도 그와 같이 하기로 노력하옵던 바, 제가 이 즈음에 바느질을 하면서 약을 달이게 되었사온데 온 정신을 바느질 하는 데 두었삽다가 약을 태워버린 일이 있사오니, 바느질을 하면서 약을 살피기로 하오면 이 일을 하면서 저 일에 끌리는 바가 될 것이옵고, 바느질만 하고 약을 불고하오면 약을 또 버리게 될 것이오니, 이런 경우에 어떻게 하는 것이 공부의 옳은 길

대종경 필사본	대종경

- 가라사대 네가 그 때 藥을 다리고 바느질을 하게 되었으면 그 두 가지 일이 그 때의 네 責任이니 眞心誠意를 다하여 그 責任을 잘 지키는 것이 完全한 一心이요, 참다운 工夫인즉 그 한 가지에만 精神이 뽑혀서 失手가 있었다면 그것은 두렷한 一心이 아니라 쪼각의 마음이며 不注意한 일이라 그러므로 열 가지 일을 살피나 스므가지 일을 살피나 乃至 百千萬가지 일을 살핀다 할찌라도 自己의 責任 範圍에서만 할 것 같으면 그것은 放心이 아니고 穩全한 마음이며 動할 때 工夫의 要緊한 方法이니라. 다만 내가 아니 생각하여도 될 일을 空然히 생각하고 내가 안 들어도 좋을 일을 空然히 들으려하고 내가 안 보아도 좋을 일을 空然히 보려하고 내가 안 關涉하여도 좋을 일을 空然히 關涉하여 이 일을 할 때에는 精神이 저 일로 가고 저 일을 할 때에는 精神이 이 일로 와서 心猿意馬의 奔馳함이 조금도 쉴 사이가 없는 것이 비로소 工夫人의 크게 忌할 바이라. 自己의 責任事만 가지고 이 일을 사피고 저 일을 살피는 것은 비록 하루에 百千萬件을 아울러 나간다 할찌라도 一心工夫하는 데에는 何等의 妨害가 없나니라.

이 되나이까.」 대종사 말씀하시기를 「네가 그때 약을 달이고 바느질을 하게 되었으면 그 두 가지 일이 그 때의 네 책임이니 성심 성의를 다하여 그 책임을 잘 지키는 것이 완전한 일심이요 참다운 공부니, 그 한 가지에만 정신이 뽑혀서 실수가 있었다면 그것은 두렷한 일심이 아니라 조각의 마음이며 부주의한 일이라, 그러므로 열 가지 일을 살피나 스무 가지 일을 살피나 자기의 책임 범위에서만 할 것 같으면 그것은 방심이 아니고 온전한 마음이며, 동할 때 공부의 요긴한 방법이니라. 다만, 내가 아니 생각하여도 될 일을 공연히 생각하고, 내가 안 들어도 좋을 일을 공연히 들으려 하고, 내가 안 보아도 좋을 일을 공연히 보려 하고, 내가 안 간섭하여도 좋을 일을 공연히 간섭하여, 이 일을 할 때에는 정신이 저 일로 가고 저 일을 할 때에는 정신이 이 일로 와서 부질없는 망상이 조금도 쉴 사이 없는 것이 비로소 공부인의 크게 꺼릴 바이라, 자기의 책임만 가지고 이 일을 살피고 저 일을 살피는 것은 비록 하루에 백천만 건(件)을 아울러 나간다 할지라도 일심 공부하는 데에는 하등의 방해가 없나니라.」

| 대종경 필사본 | 대종경 |

18 大宗師- 가라사대 그대들이 一心을 求하는데 煩擾한 마음과 便安한 마음의 좇아나오는 根源을 아는가 그것은 곧 일 있을 때에 모든 일을 正當하게 行하고 못하는 데 있나니 正當한 일을 行하는 사람은 처음에는 或 複雜하고 어려운 일이 많은 것 같으나 行할수록 心身이 漸漸 너그럽고 便安하여 蕩蕩한 큰 길이 열리게 되는 것이요, 不正當한 일을 行하는 사람은 처음에는 혹 便安하고 쉬운 것 같으나 行할수록 心身이 次次 複雜하고 險難하여 그 前途가 막히게 되나니 그대들은 마땅히 穩全한 精神으로 調査하여 보라. 그대들의 마음을 複雜하게 하고 散亂하게 하는 것이 正當한 일이 들어서 그리하는가 不當한 일이 들어서 그리하는가 萬一 不當한 일이 들어서 그리한다면 그 不當한 願을 除去하고 不當한 行을 그치면 精神은 自然 淸靜하여지며 恒常 便安하여지리라.

19 李旬旬이 大宗師께 뵈오니 물어가라사대 그대는 在家工夫를 어떻게 하는가? 旬旬이 가로되 마음 安定하기를 主張하나이다. 大宗師- 가라사대 어떠한

18 대종사 말씀하시기를 「그대들이 일심 공부를 하는데 그 마음이 번거하기도 하고 편안하기도 하는 원인을 아는가. 그것은 곧 일 있을 때에 모든 일을 정당하게 행하고 못 하는 데에 원인이 있나니, 정당한 일을 행하는 사람은 처음에는 혹 복잡하고 어려운 일이 많은 것 같으나 행할수록 심신이 점점 너그럽고 편안하여져서 그 앞 길이 크게 열리는 동시에 일심이 잘 될 것이요, 부정당한 일을 행하는 사람은 처음에는 혹 재미 있고 쉬운 것 같으나 행할수록 심신이 차차 복잡하고 괴로와져서 그 앞 길이 막히게 되는 동시에 일심이 잘 되지 않나니, 그러므로 오롯한 일심 공부를 하고자 하면 먼저 부당한 원을 제거하고 부당한 행을 그쳐야 하나니라.」

19 대종사 이순순(李旬旬)에게 물으시기를 「그대는 재가 공부(在家工夫)를 어떻게 하는가.」 순순이 사뢰기를 「마음 안정하기를 주장하나이다.」 또 물으

| 대종경 필사본 |

方法으로 安定을 主張하는가? 순순이 가로되 그저 安定코저 할 따름이옵고 特別한 方法을 알지 못하나이다. 大宗師 - 가라사대 大凡 사람에게는 恒常 動과 靜 두 때가 있고 定靜을 얻는 法도 外定靜과 內定靜의 두 가지 길이 있나니 外定靜은 動하는 境界를 當할 때에 반드시 大義를 세우고 取捨를 먼저 하여 妄侫되고 煩據한 일을 짓지 아니 하는 것으로 精神 擾亂케 하는 魔의 根源을 없이 하는 것이요 內定靜은 일이 없을 때에 念佛과 坐禪도 하며 其他 무슨 方法으로든지 이러나는 煩惱를 잠재우는 것으로 穩全한 根本精神을 養成하는 것이니 外定靜은 內定靜의 根本이 되고 內定靜은 外定靜의 根本이 되어 內外가 한 가지 進行하여야만 自然히 마음의 安定을 얻게 되리라.

20 宋道性이 新聞을 愛讀하여 新聞을 받으면 잡았던 事務라도 停止하고 읽으며 急務가 있을 때이면 記事의 題目이라도 본 後에야 安心하고 事務에 着手하더니 大宗師- 하루는 일러 가라사대 네

| 대종경 |

시기를 「어떠한 방법으로 안정을 주장하는가.」 순순이 사뢰기를 「그저 안정하고자 할 따름이옵고 특별한 방법을 알지 못하나이다.」 대종사 말씀하시기를 「무릇, 사람에게는 항상 동과 정 두 때가 있고 정정(定靜)을 얻는 법도 외정정과 내정정의 두 가지 길이 있나니, 외정정은 동하는 경계를 당할 때에 반드시 대의(大義)를 세우고 취사를 먼저 하여 망녕되고 번거한 일을 짓지 아니하는 것으로 정신을 요란하게 하는 마(魔)의 근원을 없이하는 것이요, 내정정은 일이 없을 때에 염불과 좌선도 하며 기타 무슨 방법으로든지 일어나는 번뇌를 잠재우는 것으로 온전한 근본정신을 양성하는 것이니, 외정정은 내정정의 근본이 되고 내정정은 외정정의 근본이 되어, 내와 외를 아울러 진행하여야만 참다운 마음의 안정을 얻게 되리라.」

20 송도성이 신문을 애독하여 신문을 받으면 보던 사무라도 그치고 읽으며, 급한 일이 있을 때에는 기사의 제목이라도 본 후에야 안심하고 사무에 착수하더니, 대종사 하루는 경계하시기를 「네가

대종경 필사본

가 小小한 新聞 하나 보는 데에 그와 같이 精神을 빼앗기니 다른 일에도 或 그러할까 憂慮되노라. 사람마다 各各 하고 싶은 일과 하기 싫은 일이 있는 바 凡夫는 그 하고 싶은 일을 當하면 거기에 끌리어 穩全하고 참된 精神을 잃어버리고 그 하기 싫은 일을 當하면 거기에 끌리어 人生의 本分을 잃어버려서 正當한 公道를 밟지 못하고 煩惱와 苦痛을 스스로 取하나니 이러한 사람은 決코 精神의 慧光을 얻지 못하나니라. 내가 이와 같은 적은 일에 너를 警戒하는 것은 너에게 精神의 끌리는 眞相을 잡아 보이는 바이니 너는 마땅히 그 하고 싶은 데에도 끌리지 말고 하기 싫은 데에도 끌리지 말고 恒常 正當한 道理만 밟아 行하여 能히 千萬境界를 應用하는 사람은 될찌언정 千萬境界에 끌려다니는 사람은 되지 말라. 그러하면 永遠히 네의 참되고 떳떳한 本性을 여이지 아니하리라.

21 李靑春이 여짜오되 大道人도 愛着心이 있나이까? 大宗師 가라사대 愛着心이 있으면 道人은 아니니라. 靑春이

대종경

소소한 신문 하나 보는 데에 그와 같이 정신을 빼앗기니 다른 일에도 혹 그러할까 근심되노라. 사람마다 각각 하고 싶은 일과 하기 싫은 일이 있는데 범부는 그 하고 싶은 일을 당하면 거기에 끌리어 온전하고 참된 정신을 잃어 버리고, 그 하기 싫은 일을 당하면 거기에 끌리어 인생의 본분을 잃어버려서 정당한 공도(公道)를 밟지 못하고 번민과 고통을 스스로 취하나니, 이러한 사람은 결코 정신의 안정과 혜광(慧光)을 얻지 못하나니라. 내가 이러한 작은 일에 너를 경계하는 것은 너에게 정신이 끌리는 실상을 잡아 보이는 것이니, 너는 마땅히 그 하고 싶은 데에도 끌리지 말고, 하기 싫은 데에도 끌리지 말고, 항상 정당한 도리만 밟아 행하여 능히 천만 경계를 응용하는 사람은 될지언정 천만 경계에 끌려다니는 사람은 되지 말라. 그러하면, 영원히 너의 참되고 떳떳한 본성을 여의지 아니하리라.」

21 이청춘(李靑春)이 여쭙기를 「큰 도인도 애착심(愛着心)이 있나이까.」 대종사 말씀하시기를 「애착심이 있으면 도인

대종경 필사본

가로되 鼎山도 子女를 사랑하오니 그것은 愛着心이 아니오니까? 大宗師- 가라사대 靑春이는 感覺없는 木石을 道人이라 하겠도다. 愛着이라 하는 것은 사랑에 끌리어 서로 멀리 떠나지를 못한다든지 갈려 있을 때에 보고 싶은 생각이 나서 自身의 修道나 公事에 支障이 있게 됨을 이름이니 宋奎는 그러한 일이 없나니라.

22 大宗師- 가라사대 世上 사람들은 經典을 많이 읽은 사람이라야 道가 있는 것으로 認證하여 같은 眞理를 말할찌라도 古經을 引據하여 말하면 그것은 믿어웁게 들으나 쉬운 말로 直接 原理를 밝혀줌에 對하여는 오히려 輕忽히 듣는 便이 많으니 이 어찌 답답한 생각이 아니리오. 經典이라 하는 것은 過去 世上의 聖者 哲人들이 世道人心을 깨우치기 爲하여 그 道理를 밝혀놓은 것이지마는 그것이 오랜 時日을 지내오는 동안에 敷衍과 註解가 더하여 畢竟은 五車詩書와 八萬藏經을 이루게 되었나니 그것을 다 보기로 하면 平生의 精力을 다하여도 能치 못할찌라 어느 餘暇에 修養 硏究 取

대종경

은 아니니라.」 청춘이 여쭙기를 「정산(鼎山)도 자녀를 사랑하오니 그것은 애착심이 아니오니까.」 대종사 말씀하시기를 「청춘은 감각 없는 목석을 도인이라 하겠도다. 애착이라 하는 것은 사랑에 끌리어 서로 멀리 떠나지를 못한다든지 갈려 있을 때에 보고 싶은 생각이 나서 자신 수도나 공사(公事)에 지장이 있게 됨을 이름이니 그는 그러한 일이 없나니라.」

22 대종사 말씀하시기를 「세상 사람들은 경전을 많이 읽은 사람이라야 도가 있는 것으로 인증하여, 같은 진리를 말할지라도 옛 경전을 인거하여 말하면 그것은 미덥게 들으나, 쉬운 말로 직접 원리를 밝혀줌에 대하여는 오히려 가볍게 듣는 편이 많으니 이 어찌 답답한 생각이 아니리요. 경전이라 하는 것은 과거 세상의 성자 철인들이 세도 인심을 깨우치기 위하여 그 도리를 밝혀 놓은 것이지마는, 그것이 오랜 시일을 지내 오는 동안에 부연(敷衍)과 주해(註解)가 더하여 오거지서(五車之書)와 팔만장경(八萬藏經)을 이루게 되었나니, 그것을 다 보기로 하면 평생 정력을 다하여도 어려운

대종경 필사본

捨의 實力을 얻어 出衆超凡한 大人格者가 되리오. 그러므로 옛날 부처님께서도 正法과 像法과 季法으로 區分하여 法에 對한 時代의 變遷을 豫言하신 바 있거니와 그 變遷되는 主要原因은 이 經典이 煩多하여 後來衆生이 各自의 自力을 잃게 되고 自力을 잃는데 따라 그 行動이 愚癡하여져서 正法이 自然 衰하게 되는지라 그러므로 다시 正法時代가 오면 새로히 簡單한 敎理와 便利한 方法으로 모든 사람을 實地로 訓練하여 口傳心授의 正法아래 人人個個히 그 大道를 體驗覺得하도록 하나니 五車詩書 다 배워 무엇하며 八萬藏經은 다 읽어 무엇하리오. 그대들은 삼가히 浩繁한 옛 經典에 精神을 빼앗기지 말고 마땅히 簡單한 敎理와 便利한 方法으로 부지런히 工夫하여 優越한 力量을 얻은 後에 저 古經과 諸家學說은 參考로 한번 가져다 보라. 그러하면 그 때에는 十年의 讀書보다 一朝의 參考가 더 나으리라.

대종경

바라, 어느 겨를에 수양·연구·취사의 실력을 얻어 출중 초범한 큰 인격자가 되리요. 그러므로, 옛날 부처님께서도 정법(正法)과 상법(像法)과 계법(季法)으로 구분하여 법에 대한 시대의 변천을 예언하신 바 있거니와, 그 변천되는 주요 원인은 이 경전이 번거하여 후래 중생이 각자의 힘을 잃게 되고 자력을 잃은 데 따라 그 행동이 어리석어져서 정법이 자연 쇠하게 되는지라, 그러므로 다시 정법 시대가 오면 새로이 간단한 교리와 편리한 방법으로 모든 사람을 실지로 훈련하여 구전 심수의 정법 아래 사람사람이 그 대도를 체험하고 깨치도록 하나니, 오거 시서는 다 배워 무엇하며 팔만 장경은 다 읽어 무엇하리요. 그대들은 삼가 많고 번거한 옛 경전들에 정신을 빼앗기지 말고, 마땅히 간단한 교리와 편리한 방법으로 부지런히 공부하여, 뛰어난 역량(力量)을 얻은 후에 저 옛 경전과 모든 학설은 참고로 한 번 가져다 보라. 그러하면, 그때에는 십 년의 독서보다 하루아침의 참고가 더 나으리라.」

대종경 필사본

23 大宗師- 가라사대 그대들 中에 누가 能히 間斷 없이 읽을 수 있는 經典을 發見하였는가. 世上 사람들은 四書三經이나 八萬藏經이나 其他 各 敎會의 書籍들만이 經典인 줄로 알고 現實로 나타나 있는 큰 經典은 알지 못하나니 어찌 애닯지 아니하리오. 사람이 萬一 참된 精神을 가지고 본다면 이 世上 모든 것이 하나도 經典 아님이 없나니 눈을 뜨면 곧 經典을 볼 것이요, 귀를 기우리면 곧 經典을 들을 것이요, 말을 하면 곧 經典을 읽을 것이요, 動하면 곧 經典을 活用하여 日日時時에 조금도 間斷없는 經典이 展開되나니라. 大凡 經典이라 하는 것은 일과 理致의 두 가지를 밝혀놓은 것이니 일에는 是非利害를 分析하고 理致에는 大小有無를 闡明하여 우리 人生으로 하여금 方向을 定하고 人道를 밟도록 引導하는 것이라. 儒佛의 數千萬語와 각 敎會의 모든 글들을 통하여 본다하여도 다 여기에 벗어남이 없으리라. 그러나 일과 理致가 글에 있는 것이 아니라 世上 全體가 곧 일과 理致 그것이니 우리 人生은 일과 이치 가운데에 나서 일과 이치 가운데에 살다가 일과 이치 가운데에 죽고 도로 일과 이치 가운데에 나는 것이므로 일과

대종경

23 대종사 말씀하시기를 「그대들 가운데 누가 능히 끊임없이 읽을 수 있는 경전을 발견하였는가. 세상 사람들은 사서삼경(四書三經)이나 팔만장경이나 기타 교회의 서적들만이 경전인 줄로 알고 현실로 나타나 있는 큰 경전은 알지 못하나니 어찌 답답한 일이 아니리요. 사람이 만일 참된 정신을 가지고 본다면 이 세상 모든 것이 하나도 경전 아님이 없나니, 눈을 뜨면 곧 경전을 볼 것이요, 귀를 기울이면 곧 경전을 들을 것이요, 말을 하면 곧 경전을 읽을 것이요, 동하면 곧 경전을 활용하여 언제 어디서나 조금도 끊임없이 경전이 전개되나니라. 무릇, 경전이라 하는 것은 일과 이치의 두 가지를 밝혀 놓은 것이니, 일에는 시비 이해를 분석하고 이치에는 대소 유무를 밝히어, 우리 인생으로 하여금 방향을 정하고 인도를 밟도록 인도하는 것이라, 유교·불교의 모든 경전과 다른 교회의 모든 글들을 통하여 본다 하여도 다 여기에 벗어남이 없으리라. 그러나, 일과 이치가 글에 있는 것이 아니라 세상 전체가 곧 일과 이치 그것이니 우리 인생은 일과 이치 가운데에 나서 일과 이치 가운데에 살다가 일과 이치 가운데에 죽고 다시 일과

대종경 필사본

이치는 人生이 여이지 못할 關係가 있는 것이며 世上이란 일과 이치를 그대로 펴 놓은 經典이라 우리는 이 經典 中에서 是非善惡의 많은 일들을 잘 보아서 옳고 利될 일을 取하여 行하고 그르고 害될 일은 놓아버리며 또는 宇宙의 大小의 物相과 生滅盛衰의 모든 이치를 잘 보아서 그 根本에 깨침이 있어야 할 것이니 그런다면 이것이 산 큰 經典이 아니고 무엇이리오. 그러므로 나는 그대들에게 浩繁한 千萬經典을 읽기 前에 먼저 이 나타나 있는 經典을 잘 읽도록 付託하노라.

24 한 弟子 여짜오되 저는 늘 事物에 敏捷치 못하오니 어찌하면 事物에 밝아질 수 있사오리까? 大宗師- 가라사대 일을 當하기 전에는 미리 硏磨하고 일을 當하여서는 取捨하고 일을 지낸 뒤에는 다시 對照하는 工夫를 부지런히 하며 비록 다른 사람의 일이라도 마음 가운데에 매양 反照*하는 工夫를 잘 하면 漸漸 事物에 能熟하여 모든 應用에 걸리고 막히지 아니하리라.

* '返照'의 誤字.

대종경

이치 가운데에 나는 것이므로 일과 이치는 인생이 여의지 못할 깊은 관계가 있는 것이며 세상은 일과 이치를 그대로 펴 놓은 경전이라, 우리는 이 경전 가운데 시비선악의 많은 일들을 잘 보아서 옳고 이로운 일을 취하여 행하고 그르고 해 될 일은 놓으며, 또는 대소 유무의 모든 이치를 잘 보아서 그 근본에 깨침이 있어야 할 것이니, 그런다면 이것이 산 경전이 아니고 무엇이리요. 그러므로, 나는 그대들에게 많고 번거한 모든 경전을 읽기 전에 먼저 이 현실로 나타나 있는 큰 경전을 잘 읽도록 부탁하노라.」

24 한 제자 여쭙기를 「저는 늘 사물(事物)에 민첩하지 못하오니 어찌하면 사물에 밝아질 수 있사오리까.」 대종사 말씀하시기를 「일을 당하기 전에는 미리 연마하고, 일을 당하여서는 잘 취사하고, 일을 지낸 뒤에는 다시 대조하는 공부를 부지런히 하며, 비록 다른 사람의 일이라도 마음 가운데에 매양 반조(返照)하는 공부를 잘하면, 점점 사물에 능숙하여져서 모든 응용에 걸리고 막히지 아니하리라.」

| 대종경 필사본 | 대종경 |

25 大宗師- 例會 大衆에게 일러 가라사대 그대들이 法說이나 講演을 들을 때에는 반드시 큰 寶貨나 얻을 듯이 精神을 고누고 들어야 할 것이니 法師나 講師가 아무리 有益한 말을 한다 하더라도 듣는 사람이 要領을 잡지 못하고 泛然히 듣는다면 그 하는 말이 다 實效를 얻지 못하나니라. 그러므로 무슨 말을 듣든지 내 工夫와 내 境界에 對照하여 穩全한 精神으로 마음에 새겨듣는다면 그 얻음이 많아지는 同時에 實地行事에 自然 返照가 되어 例會의 功德이 더욱 들어나게 되리라.

25 대종사 예회에서 대중에게 말씀하시기를 「그대들이 법설이나 강연을 들을 때에는 반드시 큰 보화나 얻을 듯이 정신을 고누고 들어야 할 것이니, 법사(法師)나 강사(講師)가 아무리 유익한 말을 한다 하더라도 듣는 사람이 요령을 잡지 못하고 범연히 듣는다면 그 말이 다 실지 효과를 얻지 못하나니라. 그러므로, 무슨 말을 듣든지 내 공부와 내 경계에 대조하여 온전한 정신으로 마음에 새겨듣는다면 그 얻음이 많아지는 동시에 실지 행사에 자연 반조가 되어 예회의 공덕이 더욱 드러나게 되리라.」

26 大宗師- 蓬萊精舍에 계시사 燈盞불을 가리키시며 가라사대 저 등잔불이 그 光明은 四面을 다 밝히는 데 어찌하여 제의 臺 밑은 어두운고? 金南天이 가로되 이는 實로 저와 같사오니 저는 大宗師의 門下에 直接 侍奉하온지가 벌서 여러 해가 되었으되 모든 일의 아는 것과 行하는 것이 遠方에서 來往하는 兄弟들만 같지 못하옵니다. 大宗師- 웃으시며 다시 宋奎에게 물으신대 宋奎 가로되 저 등불은 火光이 우으로 發하여 먼

26 대종사 봉래정사(蓬萊精舍)에 계시사 등잔불을 가리키시며 말씀하시기를 「저 등잔불이 그 광명은 사면을 다 밝히는데 어찌하여 제 밑은 저 같이 어두운고.」 김남천(金南天)이 사뢰기를 「이는 실로 저와 같사오니, 저는 대종사의 문하에 직접 시봉하온 지 벌써 여러 해가 되었사오나 모든 일에 아는 것과 행하는 것이 멀리서 내왕하는 형제들만 같지 못하나이다.」 대종사 웃으시며 다시 송규에게 물으시니, 송규 사뢰기를 「저

대종경 필사본

곳을 밝히고 燈臺는 가까운 데에 있어서 아래를 어둡게 하오니 이것을 譬喩하오면 혹 사람이 남의 허물은 잘 아나 제의 그름은 알지 못하는 것과 같다고 하겠나이다. 어찌하여 그런고 하면 사람이 남의 일을 볼 때에는 아무 것도 거리낌이 없으므로 그 長短과 高低를 바로 비춰볼 수 있사오나 제가 저를 볼 때에는 恒常 나라는 相이 가운데 있어서 그 그림자가 智慧光明을 덮으므로 그 是非를 제대로 알지 못하나이다. 大宗師- 가라사대 그와 같이 圓滿치 못한 사람이 自他 없이 밝히기로 하면 어찌하여야 될고? 宋奎 가로되 喜怒哀樂에 偏着하지 아니하며 마음 가운데에 모든 相을 끊어 없애면 그 아는 것이 自他가 없겠나이다. 大宗師- 가라사대 그대의 말이 옳다 하시니라.

27 大宗師- 가라사대 그대들이 圓滿한 사람이 되어 너른 知行을 얻고저 하면 반드시 한 편에 着하지 말라. 只今 世上 모든 사람들이 거의 다 各各 한 편에 執着하여 圓滿한 道를 이루지 못하나니

대종경

등불은 불빛이 위로 발하여 먼 곳을 밝히고 등대는 가까운 데 있어서 아래를 어둡게 하오니, 이것을 비유하오면 혹 사람이 남의 허물은 잘 아나 저의 그름은 알지 못하는 것과 같다고 하겠나이다. 어찌하여 그런가 하면, 사람이 남의 일을 볼 때에는 아무것도 거리낌이 없으므로 그 장단과 고저를 바로 비춰 볼 수 있사오나, 제가 저를 볼 때에는 항상 나라는 상(相)이 가운데 있어서 그 그림자가 지혜 광명을 덮으므로 그 시비를 제대로 알지 못하나이다.」 대종사 말씀하시기를 「그렇게 원만하지 못한 사람이 자타(自他) 없이 밝히기로 하면 어찌하여야 될꼬.」 송규 사뢰기를 「희·로·애·락에 편착하지 아니하며, 마음 가운데에 모든 상을 끊어 없애면 그 아는 것이 자타가 없겠나이다.」 대종사 말씀하시기를 「그대의 말이 옳다.」

27 대종사 말씀하시기를 「그대들이 원만한 사람이 되어 넓은 지견(知見)을 얻고자 하면 반드시 한 편에 집착(執着)하지 말라. 지금 세상의 모든 사람들이 거의 다 각각 한 편에 집착하여 원만한

대종경 필사본

선비는 儒家의 習慣에 중은 佛家의 習慣에 그 外 다른 宗敎나 社會의 事業家들은 또한 다 各各 제의 아는 바에 偏着하여 是非利害를 널리 알지 못하고 다른 사람의 法을 取하여 쓸 줄 모르므로 圓滿한 사람을 이루지 못하나니라. 한 弟子 여짜오되 萬一 自家의 傳統과 主張을 벗어난다면 或 主見을 잃지 않겠나이까? 大宗師- 가라사대 이 말은 主見을 잃고 모든 法을 濫用하라는 것이 아니라, 正當한 主見을 세운 後에 다른 法을 參考로 널리 應用하라는 것이니 이 뜻을 또한 잘 알아야 하나니라.

『대종경 초록 필사본』 수행품 125장
대종사 말씀하시기를 "사람의 지혜가 어두워지는데 두 가지 원인이 있나니, 그 하나는 한 방면에 능함이 있음으로써 다른 곳에 어두워지고, 둘째는 한 방면에 求함이 있음으로써 다른 곳에는 어두워지느니라."

대종경

도를 이루지 못하나니, 선비는 유가의 습관에, 승려는 불가의 습관에, 그 외에 다른 종교나 사회의 사업가들은 또한 다 각각 자기의 아는 바와 하는 바에 편착하여, 시비 이해를 널리 알지 못하고 다른 사람의 법을 취하여 쓸 줄 모르므로 원만한 사람을 이루지 못하나니라.」 한 제자 여쭙기를 「만일 자가(自家)의 전통과 주장을 벗어난다면 혹 주견(主見)을 잃지 않겠나이까.」 대종사 말씀하시기를 「이 말은 자가의 주견을 잃고 모든 법을 함부로 쓰라는 것이 아니라 정당한 주견을 세운 후에 다른 법을 널리 응용하라는 것이니 이 뜻을 또한 잘 알아야 하나니라.」

28 대종사 말씀하시기를 「범상한 사람에게는 무슨 일에나 지혜 어두워지게 하는 두 가지 조건이 있나니, 하나는 욕심에 끌려 구하므로 중도를 잃어서 그 지혜가 어두워지는 것이요, 또 하나는 자기의 소질 있는 데에만 치우쳐 집착되므로 다른 데에는 어두워지는 것이라, 수도하는 사람은 이 두 가지 조건에 특히 조심하여야 하나니라.」

대종경 필사본

28 濟世敎人 한 사람이 와서 뵈옵고 말하되 제가 先生의 高名을 듣삽고 멀리 왔사오니 기리 사랑하여 주시옵소서. 大宗師- 가라사대 그대의 뜻이 그러할찐대 마음에 무엇을 求함이 있으리니 말하라. 그 사람이 가로되 어찌하면 知識이 넓어지나이까? 大宗師- 가라사대 그대가 나를 찾아와서 묻는 것이 곧 知識을 넓히는 法이요, 나는 그대를 應對하여 그대의 말을 듣는 것이 또한 知識을 넓히는 法이니 例를 들면 살림하는 사람이 살림 器具에 不足함이 있으면 市場에서 사오게 되고 事業을 하는 사람이 事業의 知識에 不足함이 있으면 곧 世上에서 知識을 얻어 오나니라. 그러므로 나는 무슨 일이든지 내가 구태여 硏究하여서만 아는 것이 아니요, 여러 사람을 應用할 때에 거기서 知識을 取하여 쓰노니 그대를 對應할 때에는 濟世敎의 知識을 얻게 되고 또 다른 敎人을 對應할 때에는 그 敎의 知識을 얻게 되노라.

29 大宗師- 가라사대 사람의 性品은 元來 善惡이 없는 것이나 習慣에 따라

대종경

29 동학(東學)의 한 교인이 와서 뵈옵고 말하기를 「제가 선생의 고명(高名)을 듣고 멀리 왔사오니 길이 애호하여 주소서.」 대종사 말씀하시기를 「그대의 뜻이 그러할진대 마음에 무엇을 구함이 있으리니 말하라.」 그 사람이 사뢰기를 「어찌하면 지식이 넓어지오리까.」 대종사 말씀하시기를 「그대가 나를 찾아와서 묻는 것이 곧 지식을 넓히는 법이요, 나는 그대를 대하여 그대의 말을 듣는 것이 또한 지식을 넓히는 법이라, 예를 들면 살림하는 사람이 살림 기구에 부족함이 있으면 저자에서 기구를 사오게 되고, 사업하는 사람이 사업의 지식에 부족함이 있으면 곧 세상에서 지식을 얻어 오나니라. 그러므로, 나는 무슨 일이든지 나 혼자 연구하여서만 아는 것이 아니요, 여러 사람을 응대할 때에 거기서 지식을 취하여 쓰노니, 그대를 대할 때에는 동학의 지식을 얻게 되고, 또 다른 교인을 대할 때에는 그 교의 지식을 얻게 되노라.」

30 대종사 말씀하시기를 「사람의 성품은 원래 선악이 없는 것이나 습관에

대종경 필사본

善惡의 人品이 있어지나니 習慣은 곧 當人의 처음 한 생각이 左右의 모든 因緣에 應하고 또 應하는 가운데 이루어지는 것이라 假令 그대들이 工夫에 發心하여 처음으로 이 修道場에 와서 스승과 同志를 만나고 法과 規則에 服從하여 나갈 때에 처음에는 모든 일이 서툴고 맞지 아니하여 堪耐하기가 어려우나 그 發心을 變하지 아니하고 오래오래 繼續하면 次次 마음과 行動이 익혀져서 畢竟에는 힘들지 아니하고도 自然 골라지게 되나니 이것이 곧 習慣이라 이와 같이 自他의 因緣을 따라 習慣 되는 理致가 善惡이 서로 다르지 아니하나 善한 일에는 習慣 되기가 어렵고 惡한 일에는 習慣 되기가 쉬우며 또는 善한 習慣을 드리기 爲하여 工夫하는 중에도 조금만 放心하면 不知中 惡한 境界에 흘러가서 처음 目的한 바와는 反對로 가기 쉽나니 이 點에 늘 注意하여야 착한 人品을 이루게 되리라.

30 大宗師- 가라사대 많은 男女 學人들을 지내보는 가운데 男子들은 大體로 너그러우나 虛虛하여 堅實性 없는 것이

대종경

따라 선악의 인품(人品)이 있어지나니 습관은 곧 당인의 처음 한 생각이 좌우의 모든 인연에 응하고 또 응하는 가운데 이루어지는 것이라, 가령 그대들이 공부에 발심하여 처음으로 이 도량에 와서 스승과 동지를 만나고 법과 규칙을 지켜나갈 때에, 처음에는 모든 일이 서투르고 맞지 아니하여 감내하기가 어려우나, 그 발심을 변하지 아니하고 오래 계속하면 차차 마음과 행동이 익어져서, 필경에는 힘 들지 아니하고도 자연히 골라지게 되나니 이것이 곧 습관이라, 이와 같이 좌우의 인연을 따라 습관되는 이치가 선과 악이 서로 다르지 아니하나, 선한 일에는 습관되기가 어렵고 악한 일에는 습관되기가 쉬우며, 또는 선한 습관을 들이기 위하여 공부하는 중에도 조금만 방심하면 알지 못하는 가운데 악한 경계에 흘러가서 처음 목적한 바와는 반대로 되기 쉽나니 이 점에 늘 주의하여야 착한 인품을 이루게 되리라.」

31 대종사 말씀하시기를 「많은 남녀 학인(學人)들을 지내 본 가운데 남자들은 대체로 너그러우나 허한 듯하여 견실

대종경 필사본

病이 되고, 女子들은 大體로 周密하나 固定하여 容納性이 없는 것이 病이 되는 것을 알았노라. 그러므로 사람이 圓滿한 人品을 이루려하면 男子는 너그러운 가운데 內心이 堅固하고 眞實되기에 주로 努力하고 女子는 周密한 가운데 內心이 圓滿하고 寬大하기에 主로 努力하여야 되리라.

31 한 弟子 急히 밥을 먹으며 자조 말을 하는지라 大宗師- 가라사대 사람이 밥 하나 먹고 말 한 마디 하는 데에도 工夫가 있나니 萬一 너무 急히 먹거나 過食을 하면 病이 따라들기 쉽고 아니 할 말을 하거나 程度에 벗어난 말을 하면 災殃이 따라 붙기 쉬운지라 밥 하나 먹고 말 한 마디 하는 것을 적은 일이라 하여 어찌 放心하리오. 그러므로 工夫하는 사람은 大小事間에 일을 當하면 工夫할 機會가 이르렀다 하여 그 일 그 일을 잘 處事하는 것으로 자미를 삼나니 그대도 이 工夫에 留意하라 하시니라.

32 文正奎- 여짜오되 境界를 當할 때

대종경

성(堅實性) 없는 것이 병이 되고, 여자들은 대체로 주밀하나 고정하여 용납성 없는 것이 병이 되므로, 사람이 원만한 인품을 이루려 하면 남자는 너그러운 가운데 내심(內心)이 견고하고 진실되기에 주로 노력하고, 여자는 주밀한 가운데 내심이 원만하고 관대하기에 주로 노력하여야 되리라.」

32 한 제자 급히 밥을 먹으며 자주 말을 하는지라, 대종사 말씀하시기를 「사람이 밥 하나 먹고 말 한마디 하는 데에도 공부가 있나니, 만일 너무 급히 먹거나 과식을 하면 병이 따라 들기 쉽고, 아니 할 말을 하거나 정도에 벗어난 말을 하면 재앙이 따라붙기 쉬운지라, 밥 하나 먹고 말 한마디 하는 것을 작은 일이라 하여 어찌 방심하리요. 그러므로, 공부하는 사람은 무슨 일을 당하든지 공부할 기회가 이르렀다 하여 그 일 그 일을 잘 처리하는 것으로 재미를 삼나니 그대도 이 공부에 뜻을 두라.」

33 문정규(文正奎) 여쭙기를 「경계를

대종경 필사본

에 무엇으로 取捨하는 대종을 삼으오리까? 大宗師- 가라사대 세 가지 생각으로 取捨하는 대종을 삼나니 첫째는 自己의 세운 바 本來 誓願을 생각할 것이요, 둘째는 스승이 가르치는 本意를 생각하는 것이요, 셋째는 當時의 形便을 살펴서 한 편에 치우침이 없는가를 생각하는 것이라. 이 세 가지로 대종을 삼은즉 工夫가 恒常 昧하지 아니하고 모든 處事가 自然 골라지리라.

33 大宗師 李春風으로 더부러 靑蓮庵 뒷산 險한 재를 넘으시다가 일러 가라사대 險한 길을 當하니 一心工夫가 제절로 되는도다. 그러므로 길을 가되 險한 곳에서는 失手가 적으나 平坦한 곳에서 失手있기가 쉽고 일을 하되 어려운 일에는 失手가 적으나 쉬운 일에 失手가 있기가 쉽나니 工夫하는 사람이 險하고 平坦한 곳이나 어렵고 쉬운 일에 恒常 一如하여야 一行三昧의 工夫를 成就하나니라.

대종경

당할 때에 무엇으로 취사하는 대중을 삼으오리까.」 대종사 말씀하시기를 「세 가지 생각으로 취사하는 대중을 삼나니, 첫째는 자기의 세운 바 본래 서원(誓願)을 생각하는 것이요, 둘째는 스승이 가르치는 본의를 생각하는 것이요, 셋째는 당시의 형편을 살펴서 한편에 치우침이 없는가를 생각하는 것이라, 이 세 가지로 대중을 삼은즉 공부가 항상 매(昧)하지 아니하고 모든 처사가 자연 골라지나니라.」

34 대종사 이춘풍으로 더불어 청련암(靑蓮庵) 뒷산 험한 재를 넘으시다가 말씀하시기를 「험한 길을 당하니 일심 공부가 저절로 되는도다. 그러므로, 길을 가되 험한 곳에서는 오히려 실수가 적고 평탄한 곳에서 실수가 있기 쉬우며, 일을 하되 어려운 일에는 오히려 실수가 적고 쉬운 일에 도리어 실수가 있기 쉽나니, 공부하는 사람이 험하고 평탄한 곳이나 어렵고 쉬운 일에 대중이 한결같아야 일행 삼매(一行三昧)의 공부를 성취하나니라.」

대종경 필사본

『대종경 제2차 제1고』
대종사 말씀하시기를 "그대들은 天人을 보았는가? 천인이 하늘나라 멀리 있는 것이 아니요, 저 어린이들이 바로 천인이니 저들은 마음 가운데 一毫의 私心이 없으므로 어머니를 통하여 天祿이 나오느니라. 그러나 차차 사심이 생기면 천록도 따라서 그치게 되나니 수도인들도 사심만 없고 보면 한량없는 천록이 따르지마는 사심이 일어나면 천록이 바로 막히게 되느니라."

34 한 弟子 여짜오되 무슨 方法으로 修養하여야 五慾을 다 없애고 修道에 專一하여 부처님과 같이 한가롭고 넉넉한 生活을 하오리까? 大宗師- 가라사대 慾心은 없앨 것이 아니라 도리어 키울 것이니 작은 慾心을 잘 돌리어 큰 誓願으로 키워서 마음이 거기에 專一하면 小小한 慾心은 自然 잠을 잘 것이요 그러하면 不知中 한가롭고 넉넉한 生活을 하게 되리라.

35 大宗師- 가라사대 나는 그대들에

대종경

35 대종사 말씀하시기를 「그대들은 하늘 사람을 보았는가. 하늘 사람이 하늘나라에 멀리 있는 것이 아니요, 저 어린이들이 바로 하늘 사람이니 저들은 마음 가운데 일호의 사심이 없으므로 어머니를 통하여 천록(天祿)이 나오나니라. 그러나, 차차 사심이 생기면 천록도 따라서 그치게 되나니, 수도인들도 사심만 없고 보면 한량없는 천록이 따르지마는 사심이 일어나면 천록 길이 따라서 막히게 되나니라.」

36 한 제자 여쭙기를 「무슨 방법으로 수양하여야 오욕을 다 없애고 수도에 전일하여 부처님과 같이 한가롭고 넉넉한 생활을 하오리까.」 대종사 말씀하시기를 「욕심은 없앨 것이 아니라 도리어 키울 것이니, 작은 욕심을 큰 서원으로 돌려 키워서 마음이 거기에 전일하면 작은 욕심들은 자연 잠잘 것이요, 그러하면 저절로 한가롭고 넉넉한 생활을 하게 되리라.」

37 대종사 말씀하시기를 「나는 그대

대종경 필사본

게 이 世上 모든 慾心을 억지로 끊고 없애라고 가르치는 것이 아니라 그 작은 慾心들을 잘 키워서 限量없이 큰 發願이 되게 하라고 하며 喜怒哀樂의 感情을 억지로 없애라고 가르치는 것이 아니라 喜怒哀樂을 곳과 때에 마땅하게 써서 自由로운 心機를 걸림 없이 運用하되 다못 中道에만 어그러지지 않게 하라고 하며 가벼운 재주를 미워할 것이 아니라 그 재주의 크지 못함을 걱정하라 하노니 그러므로 나의 가르치는 法은 오직 작은 것을 크게 할 뿐이며 배우는 사람도 작은 데에 드리던 그 功力을 다시 큰 데로 드리라는 것이니 이것이 곧 큰 것을 成就하는 法이 되는 까닭이니라.

36 大宗師- 가라사대 그대들이 工夫와 事業을 進行하는 中에 크게 危殆한 때가 있음을 미리 알아야 할 것이니 工夫하는 사람의 크게 危殆한 때는 곧 모든 智慧가 열리는 때요, 事業하는 사람의 크게 危殆한 때는 곧 모든 權利가 돌아오는 때라 어찌하여 그런고 하면 根機가 엷은 사람은 若干의 智慧가 생김으로써 큰 工夫를 하는데 誠意가 없어지고

대종경

들에게 희·로·애·락의 감정을 억지로 없애라고 가르치는 것이 아니라, 희·로·애·락을 곳과 때에 마땅하게 써서 자유로운 마음 기틀을 걸림없이 운용하되 중도에만 어그러지지 않게 하라고 하며, 가벼운 재주와 작은 욕심을 미워할 것이 아니라 그 재주와 발심의 크지 못함을 걱정하라 하노니, 그러므로 나의 가르치는 법은 오직 작은 것을 크게 할 뿐이며, 배우는 사람도 작은 데에 들이던 그 공력을 다시 큰 데로 돌리라는 것이니, 이것이 곧 큰 것을 성취하는 대법이니라.」

38 대종사 말씀하시기를 「그대들이 공부와 사업을 진행하는 가운데 크게 위태한 때가 있음을 미리 알아야 할 것이니, 공부하는 사람에게 크게 위태한 때는 곧 모든 지혜가 열리는 때요, 사업하는 사람에게 크게 위태한 때는 곧 모든 권리가 돌아오는 때라, 어찌하여 그런가 하면 근기가 낮은 사람은 약간의 지혜가 생김으로써 큰 공부를 하는 데 성의가

| 대종경 필사본 | 대종경 |

我慢心이 나기 쉬우며 若干의 權利가 생김으로써 私慾과 懶怠가 나게 되어 더욱 前進을 보지 못하는 까닭이라, 이때를 조심하지 못하고 보면 不知中 限없는 구렁에 빠지게 되나니라.

37 李萬甲이 數十年間 篤實한 信을 바치고 특히 坐禪工夫에 專力하더니 次次 精神이 맑아져서 손님의 來往할 것과 비오고 그칠 것을 미리 아는지라 大宗師 — 일러 가라사대 그는 修行하는 途中에 혹 반디불 같이 나타나는 虛靈이니 精神을 차려 그 마음을 除去하라. 萬一 그것에 樂을 붙이면 참 眞理를 깨닫지 못할 뿐 아니라 邪道에 떨어져서 阿修羅의 類가 되기 쉽나니 어찌 正法門下에 그런 것을 容納하리오 하시니라.

38 宋碧照가 坐禪에만 專力하여 水昇火降을 躁急히 바라다가 도리어 頭痛을 얻게 된지라 大宗師— 가라사대 이것이 工夫하는 길을 잘 알지 못하는 緣故

없어지고 작은 지혜에 만족하기 쉬우며, 약간의 권리가 생김으로써 사욕이 동하고 교만이 나게 되어 더 전진을 보지 못하는 까닭이라, 공부와 사업하는 사람이 이런 때를 조심하지 못하고 보면 스스로 한 없는 구렁에 빠지게 되나니라.」

39 한 제자 수십 년간 독실한 신을 바치고 특히 좌선 공부에 전력하더니 차차 정신이 맑아져서 손님의 내왕할 것과 비오고 그칠 것을 미리 아는지라, 대종사 말씀하시기를 「그는 수행하는 도중에 혹 반딧불 같이 나타나는 허령(虛靈)에 불과하나니 그대는 정신을 차려 그 마음을 제거하라. 만일 그것에 낙을 붙이면 큰 진리를 깨닫지 못할 뿐 아니라 사도(邪道)에 떨어져서 아수라(阿修羅)의 유가 되기 쉽나니 어찌 정법 문하에 그런 것을 용납하리요.」

40 송벽조(宋碧照) 좌선에만 전력하여 수승 화강을 조급히 바라다가 도리어 두통을 얻게 된지라, 대종사 말씀하시기를 「이것이 공부하는 길을 잘 알지 못하

대종경 필사본

라 大凡 圓滿한 工夫法은 動靜間에 工夫를 여이지 아니하여 動할 때에는 모든 境界를 보아 取捨하는 注意心을 主로 하여 三大力을 아울러 얻어나가고 靜할 때에는 修養과 硏究를 主로 하여 三大力을 아울러 얻어나가는 것이니 이 길을 알아 行하는 사람은 工夫에 別 괴로움을 느끼지 아니하고 바람 없는 大海의 물과 같이 한가롭고 넉넉할 것이요, 水昇火降도 그 마음의 安定을 따라 自然히 될 것이나 이 길을 알지 못하면 空然한 病을 얻어서 平生의 苦楚를 받기 쉽나니 이에 크게 注意할찌어다.

39 大宗師- 가라사대 나의 法은 人道上要法을 主體삼아 過去에 偏僻된 法을 圓滿하게 하며 어려운 法을 쉽게 하여 누구나 바로 大道에 들게 하는 法이거늘 이 뜻을 알지 못하고 묵은 생각을 버리지 못하는 사람은 工夫를 하려면 고요한 山中에 들어가야 한다고 하며 或은 特別한 神通을 얻어서 移山度數와 呼風喚雨를 마음대로 하여야 한다고 하며 或은 經典 講演 會話는 쓸 데 없고 念佛 坐

대종경

는 연고라, 무릇 원만한 공부 법은 동과 정 두 사이에 공부를 여의지 아니하여 동할 때에는 모든 경계를 보아 취사하는 주의심을 주로 하여 삼대력을 아울러 얻어 나가고, 정할 때에는 수양과 연구를 주로 하여 삼대력을 아울러 얻어 나가는 것이니, 이 길을 알아 행하는 사람은 공부에 별 괴로움을 느끼지 아니하고 바람 없는 큰 바다의 물과 같이 한가롭고 넉넉할 것이요, 수승 화강도 그 마음의 안정을 따라 자연히 될 것이나 이 길을 알지 못하면 공연한 병을 얻어서 평생의 고초를 받기 쉽나니 이에 크게 주의할지니라.」

41 대종사 말씀하시기를 「나의 법은 인도상 요법(人道上要法)을 주체삼아 과거에 편벽된 법을 원만하게 하며 어려운 법을 쉽게 하여 누구나 바로 대도에 들게 하는 법이거늘, 이 뜻을 알지 못하고 묵은 생각을 버리지 못하는 사람은 공부를 하려면 고요한 산중에 들어가야 한다고 하며, 혹은 특별한 신통(神通)을 얻어서 이산도수(移山渡水)와 호풍환우(呼風喚雨)를 마음대로 하여야 한다고

대종경 필사본

禪만 하여야 한다고 하여 나의 가르침을 바로 行하지 않는 수가 間或 있나니 實로 痛嘆할 일이니라. 只今도 各道 寺刹 禪房의 누더기 修者들은 一平生을 아무 職業 없이 坐禪만 하건마는 道通은 쉽게 못하고 있으며 深山窮谷에서 通靈을 바라고 彷徨하는 사람도 그 數가 적지 않건마는 世上을 有益줄만한 큰 人物이 나는 것은 볼 수 없나니 萬一 世上을 떠나서 法을 求하며 人道를 여이고 神通을 바란다면 이는 곧 小乘이요 邪道니라. 그런즉 그대들은 먼저 나의 가르치는 바 人生의 要道와 工夫의 要道에 따라 世間 中에서 工夫를 잘 推進하라 그리한다면 畢竟 福慧 兩足을 얻는 同時에 神通과 定力도 그 가운데 있을 것이니 이것이 곧 順序 있는 工夫요 根源 있는 大道니라.

40 大宗師- 가라사대 道家에서 神通을 貴하게 알지 않는 것은 神通이 世上을 濟度하는 데에 有益이 없을 뿐 아니라 도리어 弊害가 있는 緣故이니 어찌하여 그런고 하면 神通을 願하는 사람은 大概 世俗을 避하고 山中에 들며 人道

대종경

하며, 혹은 경전·강연·회화는 쓸데없고 염불·좌선만 해야 한다고 하여, 나의 가르침을 바로 행하지 않는 수가 간혹 있나니, 실로 통탄할 일이니라. 지금 각도 사찰 선방이나 심산궁곡에는 평생 아무 직업 없이 영통이나 도통을 바라고 방황하는 사람이 그 수가 적지 아니하나, 만일 세상을 떠나서 법을 구하며 인도를 여의고 신통만 바란다면 이는 곧 사도(邪道)니라. 그런즉, 그대들은 먼저 나의 가르치는바 인생의 요도와 공부의 요도에 따라 세간 가운데서 공부를 잘 하여 나아가라. 그러한다면, 마침내 복혜 양족(福慧兩足)을 얻는 동시에 신통과 정력도 그 가운데 있을 것이니 이것이 곧 순서 있는 공부요 근원 있는 대도니라.」

42 대종사 말씀하시기를 「정법 회상에서 신통을 귀하게 알지 않는 것은 신통이 세상을 제도하는 데에 실다운 이익이 없을 뿐 아니라, 도리어 폐해가 되는 까닭이니, 어찌하여 그런가 하면 신통을 원하는 사람은 대개 세속을 피하여

대종경 필사본

를 떠나고 虛無에 執着하여 呪文이나 眞言 等으로 一生을 虛送하는 것이 例事이니 萬一 온 世上이 다 이것을 崇尙한다면 士農工商이 荒廢할 것이요 人倫綱紀가 解弛될 것이며 또는 그들이 道德의 根本을 알지 못하고 次序 없는 생각과 不正한 慾心으로 남다른 재주를 希求하고 있으니 한 때의 虛靈으로 或 무슨 異蹟이 나타난다면 그것을 惡用하여 世上을 속이고 사람을 害롭게 할찌라 그러므로 聖人이 말씀하시기를 神通은 末邊之事라 하였고 道德의 根據가 없이 濫用하는 神通은 다못 一種의 魔術이라고 하였나니 그대들은 이 뜻을 잘 알아서 그 魔術에 耽惑하지 말찌어다. 사람이 正道를 잘 修行하여 慾心이 淡泊하고 實行이 깨끗하면 自性의 光明을 따라 或 不可思議한 자취가 나타나는 수도 있으나 이것은 求하지 아니하되 自然히 얻어지는 것이라 어찌 삿된 생각을 가진 衆生의 見地로 이를 推測할 수 있으리오.

41 大宗師- 가라사대 처음 發心한 사람이 제의 根機도 잘 모르고 一時的 篤

대종경

산중에 들며 인도를 떠나 허무에 집착하여 주문이나 진언(眞言) 등으로 일생을 보내는 것이 예사이니, 만일 온 세상이 다 이것을 숭상한다면 사·농·공·상이 무너질 것이요, 인륜 강기(人倫綱紀)가 묶어질 것이며, 또는 그들이 도덕의 근원을 알지 못하고 차서 없는 생각과 옳지 못한 욕심으로 남다른 재주를 바라고 있으니, 한때 허령으로 혹 무슨 이적(異蹟)이 나타난다면 그것을 악용하여 세상을 속이고 사람을 해롭게 할 것이라, 그러므로 성인이 말씀하시기를 "신통은 말변(末邊)의 일이라" 하였고, "도덕의 근거가 없이 나타나는 신통은 다못 일종의 마술(魔術)이라"라고 하였나니라. 그러나, 사람이 정도(正道)를 잘 수행하여 욕심이 담박하고 행실이 깨끗하면 자성의 광명을 따라 혹 불가사의(不可思議)한 자취가 나타나는 수도 있으나 이것은 구하지 아니하되 자연히 얻어지는 것이라, 어찌 삿된 생각을 가진 중생의 견지로 이를 추측할 수 있으리오.」

43 대종사 말씀하시기를 「처음 발심한 사람이 저의 근기도 잘 모르고 일시

대종경 필사본

工으로 바로 큰 理致를 깨치고저 애를 쓰는 수가 더러 있으나 그러한 마음을 가지면 몸에 큰 病을 얻기 쉽고 마음대로 되지 않을 때에는 退屈心이 나서 修道生活과 멀어질 수도 있나니 조심할 바이니라. 그러나 或 한번 뛰어서 佛地에 오르는 道人도 있나니 그는 多生劫來에 많이 닦아온 最上의 根機요 中下根機는 오랜 時日을 두고 功을 쌓고 努力하여야 되나니 그 順序는 첫째 큰 願이 있은 뒤에 큰 信이 나고 큰 信이 난 뒤에 큰 忿이 나고 큰 忿이 난 뒤에 큰 疑心이 나고 큰 疑心이 있은 뒤에 큰 精誠이 나고 큰 精誠이 난 뒤에 크게 깨달음이 있으며 깨달아 아는 것도 한 번에 끝나는 것이 아니라 千通萬通이 있나니라.

42　大宗師- 가라사대 어리석은 사람은 한 생각나는 卽時로 超凡越聖의 큰 智慧를 얻으려 하나 그는 크게 어긋난 생각이라 저 큰 바다의 물도 적은 방울 물이 습하여 이룬 것이요 山野와 大地도 적은 먼지의 습한 것이며 諸佛諸聖의 大果를 이룬 것도 形像도 없고 보이지도

대종경

적 독공(篤工)으로 바로 큰 이치를 깨치고자 애를 쓰는 수가 더러 있으나 그러한 마음을 가지면 몸에 큰 병을 얻기 쉽고, 마음대로 되지 않을 때에는 퇴굴심(退屈心)이 나서 수도 생활과 멀어질 수도 있나니 조심할 바이니라. 그러나, 혹 한 번 뛰어서 불지(佛地)에 오르는 도인도 있나니 그는 다생 겁래에 많이 닦아 온 최상의 근기요 중·하(中下)의 근기는 오랜 시일을 두고 공을 쌓고 노력하여야 되나니, 그 순서는 첫째 큰 원이 있은 뒤에 큰 신(信)이 나고, 큰 신이 난 뒤에 큰 분(忿)이 나고, 큰 분이 난 뒤에 큰 의심이 나고, 큰 의심이 있은 뒤에 큰 정성이 나고, 큰 정성이 난 뒤에 크게 깨달음이 있으며, 깨달아 아는 것도 한 번에 끝나는 것이 아니라 천통 만통이 있나니라.」

44　대종사 말씀하시기를 「어리석은 사람은 한 생각 나는 즉시로 초범월성의 큰 지혜를 얻으려 하나 그것은 크게 어긋난 생각이라, 저 큰 바다의 물도 작은 방울 물이 합하여 이룬 것이요, 산야의 대지도 작은 먼지의 합한 것이며, 제불 제성의 대과를 이룬 것도 형상 없고 보

| 대종경 필사본 | 대종경 |

않는 마음 積功을 合하여 이룬 것이니 큰 工夫에 뜻하고 큰 일을 着手하는 사람은 먼저 마땅히 적은 일부터 功을 쌓기 始作하여야 되나니라.

43 大宗師- 가라사대 道를 求하기 爲하여 出家한 사람이 中間에 혹 本意를 忘却하고 外學과 外智 求하는 데에 精神을 몰두하는 수도 더러 있으나 이러한 사람은 博識은 될찌언정 精神氣運은 오히려 弱해져서 참 智慧를 얻기가 어려울 찌니 참 道를 求하는 사람은 發心한 本意를 反省하여 여러 方面으로 흩어지는 마음을 바로 잡아 三大力 쌓는 데에 功을 드리면 自然 外學과 外智의 力量도 雙으로 갖출 수 있나니라.

44 大宗師- 가라사대 내가 한 생각을 얻기 前에는 或 祈禱도 올렸고 或 문득 솟아오르는 呪文도 외웠으며 或은 나도 모르는 가운데 寂默에 잠기기도 하였는 바 偶然히 한 생각을 얻어 知見이 트이고 靈門이 열리게 된 後로는 하루에도 밤과 낮으로 한 달에도 先後 보름으로

이지도 않는 마음 적공(積功)을 합하여 이룬 것이니, 큰 공부에 뜻하고 큰일을 착수한 사람은 먼저 마땅히 작은 일부터 공을 쌓기 시작하여야 되나니라.」

45 대종사 말씀하시기를 「도를 구하기 위하여 출가한 사람이 중간에 혹 본의를 잊어버리고 외학(外學)과 외지(外知) 구하는 데에 정신을 쓰는 수도 더러 있으나, 이러한 사람은 박식(博識)은 될지언정 정신 기운은 오히려 약해져서 참 지혜를 얻기가 어려울 것이니, 참 도를 구하는 사람은 발심한 본의를 반성하여 여러 방면으로 흩어지는 마음을 바로 잡아 삼대력 쌓는 데에 공을 들이면 자연히 외학과 외지의 역량도 갖추어지나니라.」

46 대종사 말씀하시기를 「내가 한 생각을 얻기 전에는 혹 기도도 올렸고, 혹은 문득 솟아오르는 주문도 외웠으며, 혹은 나도 모르는 가운데 적묵(寂默)에 잠기기도 하였는데, 우연히 한 생각을 얻어 지각(知覺)이 트이고 영문(靈門)이 열리게 된 후로는, 하루에도 밤과 낮으

대종경 필사본

밝았다 어두었다 하는 變動이 생겼고 이 變動에서 慧門이 열릴 때에는 天下에 무서운 일과 못할 일이 없이 自信이 있다가도 도로 닫혀지고 보면 내 몸 하나도 어찌할 방략이 없어서 나의 앞길을 어떻게 하면 좋을가 하는 걱정이 새로 나며 무엇에 홀릴 것 같은 疑心도 나더니 마침내 그 變動이 없어지고 知覺이 한결같이 繼續되었노라.

45 大宗師- 매양 寒節에는 咳嗽로 괴로움이 되시사 法說을 하실 때마다 기침이 아울러 일어나는지라 因하여 大衆에게 일러 가라사대 나의 生長한 吉龍里는 그대들이 나는 바와 같이 生活의 貧窮과 人智의 未開함이 世上에 드문 곳이라 내가 多幸히 前世의 習慣으로 어릴 때에 發心하여 誠心으로 道를 求하였으나 可히 물을 곳이 없고 可히 指導 받을 곳이 없으므로 홀로 생각을 이러내어 難行苦行을 하지 아니함이 없었나니 或은 山에 들어가서 밤을 지내기도 하고 或은 길에 앉아서 날을 보내기도 하며 或은 房에 앉아 뜬 눈으로 밤을 새우기도 하

대종경

로, 한 달에도 선후 보름으로 밝았다 어두웠다 하는 변동이 생겼고, 이 변동에서 혜문(慧門)이 열릴 때에는 천하에 모를 일과 못 할 일이 없이 자신이 있다가도 도로 닫히고 보면 내 몸 하나도 어찌할 방략이 없어서, 나의 앞길을 어떻게 하면 좋을까 하는 걱정이 새로 나며 무엇에 홀린 것 같은 의심도 나더니, 마침내 그 변동이 없어지고 지각이 한결같이 계속되었노라.」

47 대종사 겨울철에는 매양 해수(咳嗽)로 괴로움이 되시사 법설을 하실 때마다 기침이 아울러 일어나는지라 인하여 대중에게 말씀하시기를 「나의 자라난 길룡리는 그대들이 아는 바와 같이 생활의 빈궁함과 인지의 미개함이 세상에 드문 곳이라, 내가 다행히 전세의 습관으로 어릴 때 발심하여 성심으로 도는 구하였으나 가히 물을 곳이 없고 가히 지도 받을 곳이 없으므로, 홀로 생각을 일으켜내어 난행(難行) 고행(苦行)을 하지 아니함이 없었나니, 혹은 산에 들어가서 밤을 지내기도 하고, 혹은 길에 앉아서 날을 보내기도 하며, 혹은 방에 앉아 뜬

대종경 필사본

고 或은 어름물에 沐浴도 하며 或은 絕食도 하고 或은 冷房에 居處도 하여 畢竟 意識을 다 잊는 境界에까지 들었다가 마침내 그 疑心한 바는 풀리었으나 肉體에 病根은 이미 깊어져서 氣血이 衰함을 따라 病苦는 漸漸 熾盛하였나니 나는 當時에 길을 모른지라 어찌할 수 없었거니와 그대들은 多幸히 나의 먼저 犧牲한 德을 힘입어서 難行苦行을 지내지 아니하고도 바로 大乘修行의 圓滿한 法을 알게 되었으니 이것이 그대들의 큰 福이라 大凡 一相三昧 一行三昧와 無時禪 無處禪의 工夫는 다 大乘禪 修行하는 빠른 길이라 사람이 이대로 닦는다면 事半功倍가 될 것이요, 病들지 아니하고 成功하리니 그대들은 삼가히 나의 길 얻지 못할 때의 헛된 苦行을 證據하여 傷身害命의 禍敗에 들지 않기를 懇切히 警戒하노라.

46 大宗師- 가라사대 저 學校에서도 學期末이나 學年末에는 試驗이 있는 것과 같이 修道人에게도 法位가 높아질 때나 佛地에 오를 때에는 順逆境界를 通하여 여러 가지로 試驗이 있나니 그러

대종경

눈으로 밤을 새우기도 하고, 혹은 얼음물에 목욕도 하며, 혹은 절식(絕食)도 하고, 혹은 찬 방에 거처도 하여, 필경 의식(意識)을 다 잊는 경계에까지 들었다가 마침내 그 의심한 바는 풀리었으나, 몸에 병근(病根)은 이미 깊어져서 기혈이 쇠함을 따라 병고는 점점 더해가나니, 나는 당시에 길을 몰랐는지라 어찌할 수 없었지마는, 그대들은 다행히 나의 경력을 힘입어서 난행 고행을 겪지 아니하고도 바로 대승 수행의 원만한 법을 알게 되었으니 이것이 그대들의 큰 복이니라. 무릇, 무시선·무처선의 공부는 다 대승 수행의 빠른 길이라 사람이 이대로 닦는다면 사반공배(事半功倍)가 될 것이요, 병들지 아니하고 성공하리니 그대들은 삼가 나의 길 얻지 못할 때의 헛된 고행을 증거하여 몸을 상하는 폐단에 들지 않기를 간절히 부탁하노라.」

48 대종사 말씀하시기를 「저 학교에서도 학기 말이나 학년 말에는 시험이 있는 것과 같이 수도인에게도 법위가 높아질 때에나 불지(佛地)에 오를 때에는 순경·역경을 통하여 여러 가지로 시험

대종경 필사본

므로 부처님께서도 成道하실 臨時에 魔王 波旬이가 八萬四千魔軍을 거느리고 對敵하였다 하며 後來 修行者들도 亦是 그러한 境界를 지냈나니 내 只今 그대들을 살펴볼 때에 그대들 中에도 試驗에 걸려서 奮戰을 하고 있는 사람과 敗戰하여 永生事를 그르쳐가는 사람과 또는 좋은 成績으로 試驗을 끝마쳐서 그 前路가 洋洋한 사람도 있나니 各自의 程度를 反省하여 그 試驗에 失敗가 없기를 바라노라.

47 大宗師- 가라사대 技術을 배우는 사람은 그 스승에게 寸法의 勘定을 받아야 할 것이요, 道學을 배우는 사람은 그 스승에게 是非의 勘定을 받아야 하나니 技術을 배우는 사람으로서 寸法의 勘定을 받지 아니하면 그 技術은 줄 맞은 技術이 되지 못할 것이요, 道學을 배우는 사람으로서 是非의 勘定을 받지 아니하면 그 工夫는 要領있는 工夫가 되지 못하리라. 그러므로 내가 恒常 그대들에게 事理間에 잘 한다 잘못한다 하는 勘定을 나리는 것은 그대들로 하여금 굽은 길을 避하고 正道를 밟게 하고저 함이거늘 萬

대종경

이 있나니, 그러므로 부처님께서도 성도(成道)하실 무렵에 마왕 파순(波旬)이가 팔만 사천 마군을 거느리고 대적하였다 하며 후래 수행자들도 역시 그러한 경계를 지냈나니, 내가 지금 그대들을 살펴볼 때에 그대들 중에도 시험에 걸려서 고전(苦戰)을 하고 있는 사람과 패전하여 영생 일을 그르쳐 가는 사람과 또는 좋은 성적으로 시험을 마쳐서 그 앞 길이 양양한 사람도 있나니, 각자의 정도를 살피어 그 시험에 실패가 없기를 바라노라.」

49 대종사 말씀하시기를 「기술을 배우는 사람은 그 스승에게 기술의 감정을 받아야 할 것이요, 도학을 배우는 사람은 그 스승에게 시비의 감정을 받아야 하나니, 기술을 배우는 사람이 기술의 감정을 받지 아니하면 그 기술은 줄 맞는 기술이 되지 못할 것이요, 도학을 배우는 사람이 시비의 감정을 받지 아니하면 그 공부는 요령 있는 공부가 되지 못하리라. 그러므로, 내가 항상 그대들에게 일과 이치 간에 잘한다 잘못한다 하는 감정을 내리는 것은 그대들로 하여금 굽은 길을 피하고 바른길을 밟게 하고자

대종경 필사본

一 나에게 勘定 받기를 꺼린다는지 그 잘못한다 하는 데에 不滿을 가진다면 本來에 배우러 온 目的이 그 무엇이며 工夫는 어떻게 進就될 것인가. 나뿐 아니라 누구든지 正當한 批判과 忠告는 그것이 그대들의 前途를 열어주는 것이거늘 그 前途를 열어주는 恩人에게 或 怨望을 가진다면 또한 背恩者가 되지 아니하겠는가. 그런즉 그대들은 내가 그대들에게 잘 한다 잘못한다 하는 데에나 世上이 잘 한다 잘못한다 하는 데에나 다 같이 感謝하는 同時에 工夫의 참된 要領을 얻어 가기에 더욱 힘쓸지어다.

48 大宗師- 가라사대 修道人이 境界를 피하여 조용한 곳에서만 마음을 거느리려 하는 것은 마치 고기를 잡으려는 사람이 물을 避함과 같나니 무슨 效果를 얻으리오. 그러므로 참다운 道를 닦고저 할찐대 千萬境界中에 마음을 길드려야 할찌니 그러한다면 結局 中心이 堅固하여 千波萬瀾의 逆境이 몰려온다 할찌라도 그를 能히 防禦할 수 있으나 境界 없는 곳에서만 鍛鍊한 사람은 境界中에 나

대종경

함이거늘, 만일 나에게 감정받기를 꺼린다든지 그 잘한다 잘못한다 하는 데에 불만을 가진다면 본래 배우러 온 목적이 그 무엇이며 공부는 어떻게 진취될 것인가. 나쁜 아니라, 누구든지 정당한 비판과 충고는 그대들의 전도에 보감이 되는 것이거늘, 그 전도를 열어주는 은인(恩人)에게 혹 원망을 가진다면 또한 배은 자가 되지 아니하겠는가. 그런즉, 그대들은 내가 그대들에게 잘한다 잘못한다 하는 데에나 세상이 잘한다 잘못한다 하는 데에나 다 같이 감사하는 동시에 공부의 참된 요령을 얻어나가기에 더욱 힘쓸지어다.」

50 대종사 말씀하시기를 「수도인이 경계를 피하여 조용한 곳에서만 마음을 길들이려 하는 것은 마치 물고기를 잡으려는 사람이 물을 피함과 같나니 무슨 효과를 얻으리요, 그러므로, 참다운 도를 닦고자 할진대 오직 천만 경계 가운데에 마음을 길들여야 할 것이니 그래야만 천만 경계에 마음이 흔들리지 않는 큰 힘을 얻으리라. 만일, 경계 없는 곳에서만 마음을 단련한 사람은 경계 중에

| 대종경 필사본 | 대종경 |

오면 그 마음이 도로 흔들리나니 이는 마치 그늘에 버섯이 太陽을 만나면 시드는 것과 같나니라. 그러므로 維摩經에 이르되「菩薩은 시끄러운 데 있으나 마음은 穩全하고 外道는 조용한 곳에 있으나 마음은 煩雜하다」하였나니 이는 오직 마음에 달린 것이요 境界에 있지 아니함을 이름이니라.

49 大宗師- 여러 弟子에게 일러 가라사대 그대들은 마땅히 佛法을 利用하여 生活의 向上을 圖謀할찌언정 佛法에 사로잡힌 바 되어 一生을 헛되이 지내지 말라. 大凡 佛法은 元來 世上을 건지는 大道이거늘 도리어 世俗을 避하고 山에 들어가서 다만 念佛이나 看經이나 坐禪 等으로 일 없이 一生을 보내고 마침내 아무런 濟衆의 實積도 없다면 이러한 사람은 다 佛法에 사로잡힌 바이라 自身에도 別 成功이 없으려니와 世上에도 아무 有益이 없나니라.

50 大宗師- 大衆에게 일러 가라사대

나오면 그 마음이 바로 흔들리나니 이는 마치 그늘에서 자란 버섯이 태양을 만나면 바로 시드는 것과 같나니라. 그러므로, 유마경(維摩經)에 이르시기를 "보살은 시끄러운 데 있으나 마음은 온전하고, 외도(外道)는 조용한 곳에 있으나 마음은 번잡하다."하였나니, 이는 오직 공부가 마음 대중에 달린 것이요, 바깥 경계에 있지 아니함을 이르심이니라.」

51 대종사 여러 제자에게 말씀하시기를「그대들은 마땅히 불법을 활용하여 생활의 향상을 도모할지언정 불법에 사로잡힌 바 되어 일생을 헛되이 지내지 말라. 무릇, 불법은 원래 세상을 건지는 큰 도이거늘, 도리어 세속을 피하고 산에 들어가서 다만 염불이나 간경(看經)이나 좌선 등으로 일없이 일생을 보내고 마침내 아무런 제중의 실적도 없다면 이러한 사람은 다 불법에 사로잡힌 바이라, 자신에도 별 성공이 없으려니와 세상에도 아무 이익이 없나니라.」

52 대종사 대중에게 말씀하시기를

대종경 필사본

사람이 도를 알고저 하는 것은 用處에 當하여 쓰고자 함이니 萬一 用處에 當하여 쓰지 못한다면 도리어 알지 못함과 같을찌라 무슨 有益이 있으리오 하시고 가지셨던 부채를 들어 보이시며 가라사대 이 부채를 가졌으나 더위를 當하여 쓸 줄을 모른다면 부채있는 效力이 무엇이리오 하시니라.

51 大宗師- 가라사대 工夫하는 사람이 밖으로는 能히 一萬 因緣의 着心을 끊고 안으로는 또한 一心의 執着까지도 놓아야 할 것이니 一心에 執着하는 것을 法縛이라고 하나니라. 사람이 이 法縛에 걸리고 보면 눈 한 번 궁굴리고 몸 한 번 動作하는 사이에도 法에 恒常 拘碍되어 自在함을 얻지 못할찌니 어찌 解脫의 門에 들 수 있으리요. 그러므로 工夫하는 사람이 性品을 기르되 모름지기 自然스럽게 기르고 活潑하게 運轉하여 다못 六根이 일이 없을 때에는 그 雜念만 除去하고 일이 있을 때에는 그 不義만 警戒할 따름이라. 어찌 一心 가운데에 다시 一心에 執着할 것이 있으리요. 譬컨대 兒孩를 보는 사람이 兒孩의 去來와 遊戲

대종경

「사람이 도를 알고자 하는 것은 용처(用處)에 당하여 쓰고자 함이니, 만일 용처에 당하여 쓰지 못한다면 도리어 알지 못함과 같을지라 무슨 이익이 있으리오.」 하시고, 가지셨던 부채를 들어 보이시며 「이 부채를 가졌으나 더위를 당하여 쓸 줄을 모른다면 부채 있는 효력이 무엇이리요.」 하시니라.

53 대종사 말씀하시기를 「공부하는 사람이 밖으로는 능히 모든 인연에 대한 착심을 끊고 안으로는 또한 일심의 집착까지도 놓아야 할 것이니 일심에 집착하는 것을 법박(法縛)이라고 하나니라. 사람이 만일 법박에 걸리고 보면 눈 한 번 궁굴리고 몸 한 번 동작하는 사이에도 법에 항상 구애되어 자재(自在)함을 얻지 못하나니, 어찌 큰 해탈(解脫)의 문에 들 수 있으리오. 그러므로, 공부하는 사람이 성품을 기르되 모름지기 자연스럽게 기르고 활발하게 운전하여 다만 육근이 일 없을 때에는 그 잡념만 제거하고 일 있을 때에는 그 불의만 제거할 따름이라, 어찌 일심 가운데 다시 일심에 집착하리오. 비하건대, 아기를 보는 사람

대종경 필사본

를 自由에 맡겨서 그 心身을 活潑充長하게 하되 다못 危殆한 곳에 當하거든 붓잡아서 가지 않게 하고 危殆한 物件을 가지거든 빼앗아서 잡지 못하게만 하면 可히 兒孩를 잘 본다고 할 것이거늘 兒孩를 본다하여 兒孩를 붓잡고 굳게 앉아서 終日토록 조금도 움직이지 아니한즉 兒孩는 自然 拘束이 되어서 반드시 病이 나게 되리니 一心에 執着하는 弊端도 또한 이에 다름이 없나니라.

52 金南天이 뵈옵거늘 大宗師- 가라사대 내가 日前에 어떤 사람이 소를 타고 가는 것을 보니 사람의 權利대로 소를 끌지 못하고 소의 權利에 사람이 끌려가는데 그 소가 가시밭이나 구렁으로 들어가면 가시밭이나 구렁으로 끌려 들어가고 山이나 들로 가면 山이나 들로 끌려가서 자빠지고 엎어지니 衣服은 다 찢어지고 全身이 모두 傷하여 차마 볼 수 없더라. 내가 그 光景을 보다가 그에게 말하기를 그 소를 단단히 잡아서 함부로 가지 못하게 하고 꼭 길로만 몰아가면 그런 逢變이 없을 것이 아닌가 한

대종경

이 아기의 가고 옴과 노는 것을 자유에 맡겨서 그 심신을 활발하게 하되, 다만 위태한 곳에 당하거든 붙잡아서 가지 못하게 하고 위태한 물건을 가지거든 빼앗아서 가지지 못하게만 하면 가히 아기를 잘 본다고 할 것이거늘, 아기를 본다고 하여 아기를 붙잡고 굳게 앉아서 종일토록 조금도 움직이지 아니하면 아기는 자연히 구속에 괴로와 할 것이니 일심에 집착하는 폐단도 또한 이에 다름이 없나니라.」

54 대종사 김남천에게 말씀하시기를 「내가 일전에 어떤 사람이 소를 타고 가는 것을 보니, 사람의 권리대로 소를 끌지 못하고 소의 권리에 사람이 끌려가는데, 그 소가 가시밭이나 구렁으로 들어가면 가시밭이나 구렁으로 끌려 들어가고 산이나 들로 가면 산이나 들로 끌려가서 자빠지고 엎어지니 의복은 찢어지고 몸은 상하여 차마 볼 수 없더라. 내가 그 광경을 보다가 그에게 말하기를 그 소를 단단히 잡아서 함부로 가지 못하게 하고 꼭 길로만 몰아가면 그런 봉변이 없을 것이 아닌가 한즉, 그 사람이 말하

대종경 필사본

즉 그 사람이 말하기를 그리하면 오직 좋으리요마는 제가 無識하여 이 소를 길드리지 못하고 모든 權利를 소에게 맡겼더니 저는 漸漸 늙어지고 소는 次次 暴惡하여져서 이제는 도저히 制御할 能力이 없다하며 痛哭하더라. 오늘 그대의 오는 것을 본즉 亦是 소를 타고 오니 그 소는 어데 있는가? 南天이 가로되 方今 타고 있나이다. 大宗師- 가라사대 그 소의 모양은 어떻게 생겼는가? 南天이 가로되 키는 한 길이요 빛은 누른빛이요 신은 삼으로 만든 신이오며 수염은 或 검고 或 희게 났나이다. 大宗師- 웃으시며 가라사대 그대가 소의 모양은 알았거니와 그러면 그대의 소는 그대의 하자는 대로 잘 하는가? 그대로 亦是 소에게 끌려 다니게 되는가? 南天이 가로되 소가 제의 하자는 대로 하나이다. 萬一 正當한 일에 소가 懶心을 부리오면 號令하여 아무쪼록 그 일을 하게 하오며 不當한 일에 소가 動하려 하오면 또한 號令하여 그 일을 하지 못하도록 하나이다. 大宗師 가라사대 그대가 소를 이미 發見하였고 길드리는 法을 또한 알았으며 더욱이 소가 그대의 말을 잘 듣게 된다 하니 더욱 힘을 써서 百千萬事를 다 自由自在

대종경

기를 그러하면 오죽 좋으리요마는 제가 무식하여 이 소를 길들이지 못하고 모든 권리를 소에게 맡겼더니 저는 점점 늙어지고 소는 차차 거칠어져서 이제는 도저히 어거할 능력이 없다 하더라. 오늘 그대의 오는 것을 본즉 역시 소를 타고 오니 그 소는 어디 있는가.」 남천이 사뢰기를 「방금 타고 있나이다.」 대종사 말씀하시기를 「그 소의 모양은 어떻게 생겼는가.」 남천이 사뢰기를 「키는 한 길이요, 빛은 누른빛이요, 신은 삼으로 만든 신이오며, 수염은 혹 검고 혹 희게 났나이다.」 대종사 웃으시며 말씀하시기를 「그대가 소의 모양은 알았거니와 그러면 그대의 소는 그대의 하자는 대로 잘 하는가 그대도 역시 소에게 끌려다니게 되는가.」 남천이 사뢰기를 「소가 대체로 저의 하자는 대로 하나이다. 만일 정당한 일에 소가 게으름을 부리오면 호령하여 아무쪼록 그 일을 하게 하오며, 부당한 일에 소가 동하려 하오면 또한 호령하여 그 일을 하지 못하도록 하나이다.」 대종사 말씀하시기를 「그대가 소를 이미 발견하였고, 길들이는 법을 또한 알았으며, 더구나 소가 그대의 말을 대체로 듣게 되었다 하니, 더욱 힘을 써서 백천 만

대종경 필사본	대종경

하도록 길을 드리라.

사를 다 자유자재하도록 길을 들이라.」

53 大宗師— 禪院 大衆에게 일러 가라 사대 그대들의 入禪 工夫는 譬컨대 소 길드리는 것과 같나니 사람이 世上에서 道德의 訓練이 없이 보는 대로 듣는 대로 自行自止하여 人道正義에 脫線的 行動을 敢行하는 것은 어미 젖 떨어지기 前의 放縱한 송아지가 自行自止로 뛰어다닐 때와 같은 것이요, 私家를 떠나 禪院에 入禪하여 모든 規則과 戒律을 지켜나갈 때에 過去의 惡習이 떨어지지 아니하여 指導人의 머리를 뜨겁게 하며 各自의 心中에도 邪心雜念이 더욱 熾盛하여 이 工夫 이 事業에 安心이 되지 못하는 것은 젖 뗀 송아지가 말뚝에 매달리어 어미소를 부르고 몸살을 치며 야단을 할 때와 같은 것이며 每日 六課程을 지켜나갈 때에 말귀도 차차 알아듣고 邪心도 雜念도 조금씩 가라앉으며 事理間에 모르던 것이 한 가지 두 가지 알아지는 데에 滋味가 붙은 것은 그 소가 完全한 길은 들지 못하였으나 모든 役事에 次次 安心을 얻어가는 때와 같은 것이요, 敎義의 解釋과 修行에 脫線되는 일이 없으

55 대종사 선원 대중에게 말씀하시기를 「그대들의 입선 공부는 비하건대 소 길들이는 것과 같나니 사람이 세상에서 도덕의 훈련이 없이 보는 대로 듣는 대로 생각나는 대로 자행자지하여 인도 정의에 탈선되는 행동을 하는 것은 어미 젖 떨어지기 전의 방종한 송아지가 자행자지로 뛰어다닐 때와 같은 것이요, 사가를 떠나 선원에 입선하여 모든 규칙과 계율을 지켜 나갈 때에 과거의 습관이 떨어지지 아니하여 지도인의 머리를 뜨겁게 하며, 각자의 마음에도 사심 잡념이 치성하여 이 공부 이 사업에 안심이 되지 못하는 것은 젖 뗀 송아지가 말뚝에 매달리어 어미 소를 부르고 몸살을 치며 야단을 할 때와 같은 것이며, 매일 모든 과정을 지켜 나갈 때에 말귀도 차차 알아듣고 사심과 잡념도 조금씩 가라앉으며 사리 간에 모르던 것이 한 가지 두 가지 알아 지는 데에 재미가 붙는 것은 그 소가 완전한 길은 들지 못하였으나 모든 일에 차차 안심을 얻어 가는 때와 같은 것이요, 교의의 해석과 수행에 탈선되는

대종경 필사본	대종경

며 修養力과 硏究力과 取捨力이 純熟되는 同時에 精神 肉身 物質을 喜捨하여 가는 곳마다 公衆을 有益주게 되는 것은 길 잘든 소가 무슨 일이나 시키는 대로 잘 하여 가는 곳마다 그 主人에게 有益을 주는 것과 같나니라. 이와 같이 農家에서 農夫가 소를 길드리는 뜻은 田畓을 갈 때에 잘 부리자는 것이요, 禪院에서 그대들에게 專門訓練을 시키는 뜻은 人類社會에 活動할 때에 有用하게 活用하라는 것이니 그대들은 이런 機會에 浪遊時日하지 말고 부지런히 工夫하여 길 잘든 마음 소로 넓은 世上에 奉仕하여 濟生醫世의 거룩한 役軍이 되어주기 바라노라.

54 大宗師- 禪院 結制式에 出席하사 그대들이 禪院에 入禪하는 것은 마치 患者가 病院에 入院하는 것과 같다 하노니 사람은 본래 肉身과 精神 두 가지로 構成되어 있는 바 肉身에 病이 생기면 醫藥으로 治療하게 되고 마음에 病이 생기면 道德의 訓練으로 治療하게 되는지라, 그러므로 부처님을 일러 醫王이라 함과 같이 그 敎法을 藥材라 하고 그 敎化 場

일이 없으며 수양력과 연구력과 취사력이 익어 가는 동시에 정신·육신·물질을 희사하여, 가는 곳마다 공중을 이익 주게 되는 것은 길 잘든 소가 무슨 일이나 시키면 잘하여 가는 곳마다 그 주인에게 이익을 주는 것과 같나니라. 이와 같이, 농가에서 농부가 소를 길들이는 뜻은 전답을 갈 때에 잘 부리자는 것이요, 선원에서 그대들에게 전문 훈련을 시키는 뜻은 인류 사회에 활동할 때에 유용하게 활용하라는 것이니, 그대들은 이런 기회에 세월을 허송하지 말고 부지런히 공부하여 길 잘든 마음 소로 너른 세상에 봉사하여 제생 의세(濟生醫世)의 거룩한 사도가 되어주기 바라노라.」

56 대종사 선원 결제식에서 대중에게 말씀하시기를 「그대들이 선원에 입선하는 것은 마치 환자가 병원에 입원하는 것과 같나니, 사람의 육신에 병이 생기면 병원에서 의약으로 치료하게 되고, 마음에 병이 생기면 도가에서 도덕으로 치료하게 되는지라, 그러므로 부처님을 의왕(醫王)이라 함과 같이 그 교법을 약재라 하고 그 교당을 병원이라 할 수 있

대종경 필사본

所를 病院이라 할 수 있나니라. 그러나 世上의 愚昧한 사람들은 肉身의 病은 病으로 알고 時間과 金錢을 드려 治療에 힘쓸 줄 알지마는 마음의 病은 病인 줄도 모르고 治療하여 볼 생각을 내지 않나니 이 어찌 뜻 있는 이의 嘆息할 바 아니리요. 肉身의 病은 아무리 重하다 할찌라도 그 苦痛이 一生에 그칠 것이요, 輕한즉 短時日에 可히 治療할 수 있으나 마음의 病은 治療하지 아니하고 그대로 두면 永遠한 將來에 끝없는 罪苦의 種子가 되나니 마음에 病이 들고 보면 마음의 自由를 잃어서 正當한 精神을 가지지 못하고 外境의 迷惑에 끌리어 아니 할 말을 말하게 되고 아니할 일을 行하게 되고 아니할 생각을 생각하게 되어 自己 스스로 사지에 들기도 하고 自己 스스로 천대를 불러들이기도 하고 自己 스스로 苦痛을 만들기도 하여 罪에서 罪로 苦에서 苦로 서로 反復하고 기리 沈淪하여 다시 回復할 期約이 없게 되는 것이다. 그러나 마음에 病이 없으면 十方世界의 넓은 國土에 能히 苦樂을 超越하고 去來에 自由하며 모든 福樂을 自己 마음대로 受用할 수 있나니 그대들이여―― 이 禪期 中에 各自의 마음病을 잘 發見하여

대종경

나니라. 그러나, 세상 사람들은 육신의 병은 병으로 알고 시간과 돈을 들여 치료에 힘쓰지마는 마음의 병은 병인 줄도 모르고 치료해 볼 생각을 내지 않나니 이 어찌 뜻있는 이의 탄식할 바 아니리오. 육신의 병은 아무리 중하다 할지라도 그 고통이 일생에 그칠 것이요, 경하면 짧은 시일에 가히 치료할 수도 있으나 마음의 병은 치료하지 아니하고 그대로 두면 영원한 장래에 죄고의 종자가 되나니, 마음에 병이 있으면 마음이 자유를 잃고 외경의 유혹에 끌리게 되어 아니 할 말과 아니 할 일과 아니 할 생각을 하게 되어 자기 스스로 죽을 땅에 들기도 하고, 자기 스스로 천대를 불러들이기도 하고, 자기 스스로 고통을 만들기도 하여, 죄에서 죄로 고에서 고로 빠져들어가 다시 회복할 기약이 없게 되나니라. 그러나, 마음에 병이 없으면 시방 세계 너른 국토에 능히 고락을 초월하고 거래에 자유하며 모든 복락을 자기 마음대로 수용할 수 있나니, 그대들이여! 이 선기 중에 각자의 마음 병을 잘 발견하여 그 치료에 정성을 다하여 보라.」

대종경 필사본

그 治療에 精誠을 다 하기 바라노라.

55 또 가라사대 工夫하는 사람이 各自의 마음病을 發見하여 그것을 治療하기로 하면 먼저 治療의 方法을 알아야 할 것이니 첫째는 肉身病 患者가 醫師에게 自己의 病症을 속임 없이 告白하여야 하는 것 같이 그대들도 指導人에게 마음病의 症勢를 事實로 告白하여야 할 것이요, 둘째는 肉身病 患者가 모든 일을 醫師의 指導에 順應하여야 하는 것같이 그대들도 指導人의 가르침에 絕對 順應하여야 할 것이요, 셋째는 肉身病 患者가 그 病이 完治되도록 까지 精誠을 놓지 아니하여야 하는 것같이 그대들도 끝까지 마음病 治療에 精誠을 다 하여야 할찌니 이와 같이 眞實히 잘 이행한다면 마침내 完全한 마음健康을 恢復*하는 同時에 마음病에 허덕이는 모든 大衆을 治療하는 技術까지 얻게 되어 넓은 世上에 기리 濟生醫世의 大業을 成就하게 되리라.

*'回復'의 誤字.

56 大宗師- 禪院 大衆에게 일러 가라

대종경

57 또 말씀하시기를 「공부하는 사람이 각자의 마음 병을 발견하여 그것을 치료하기로 하면 먼저 치료의 방법을 알아야 할 것이니, 첫째는 육신병 환자가 의사에게 자기의 병증을 속임 없이 고백하여야 하는 것 같이 그대들도 지도인에게 마음 병의 증세를 사실로 고백하여야 할 것이요, 둘째는 육신병 환자가 모든 일을 의사의 지도에 순응하여야 하는 것 같이 그대들도 지도인의 가르침에 절대 순응하여야 할 것이요, 셋째는 육신병 환자가 그 병이 완치되도록까지 정성을 놓지 아니하여야 하는 것 같이 그대들도 끝까지 마음 병 치료에 정성을 다하여야 할지니, 이와 같이 진실히 잘 이행한다면 마침내 마음의 완전한 건강을 회복하는 동시에 마음 병에 허덕이는 모든 대중을 치료할 의술까지 얻게 되어, 너른 세상에 길이 제생 의세의 큰일을 성취하게 되리라.」

58 대종사 선원 대중에게 말씀하시

대종경 필사본

사대 우리의 工夫法은 亂離 世上을 平定할 兵法이요, 그대들은 그 兵法을 배우는 訓練生과 같다 하노니 그 亂離란 무슨 亂離인가 하면 곧 世上 사람의 마음나라에 끊임없이 이러나는 마음 亂離라 마음 나라는 元來 밝고 깨끗하며 穩全하고 便安한 것이나 私慾의 魔軍을 따라 어둡고 탁하여지며 複雜하고 擾亂하여져서 한없는 世上에 기리 便安할 날이 적으므로 이와 같은 衆生들의 生活하는 모양을 마음 亂離라 한 것이요, 兵法이라 함은 곧 우리의 마음 가운데 모든 魔軍을 降服받는 마음 兵法이니 그 法은 바로 定과 慧와 戒를 닦으며 法과 魔를 區分하는 우리의 修行 길이라 이것이 곧 더할 수 없는 世界靖亂의 大兵法이 되나니라. 그러나 世上 사람들은 이 마음 亂離는 亂離로 생각지도 아니하나니 어찌 本末을 안다 하리요, 個人·家庭과 國家·社會의 크고 작은 모든 戰爭도 그 根源을 推究하여 본다면 다 이 사람의 마음 亂離로 因하여 發端되는 것이니 그르므로 마음 亂離는 모든 亂離의 根源인 同時에 第一 큰 亂離가 되고 이 마음 亂離를 平定하는 法이 모든 法의 祖宗인 同時에 제일 큰 兵法이 되는 것인즉 그대

대종경

기를 「우리의 공부법은 난리 세상을 평정할 병법(兵法)이요, 그대들은 그 병법을 배우는 훈련생과 같다 하노니, 그 난리란 곧 세상 사람의 마음 나라에 끊임없이 일어나는 난리라, 마음 나라는 원래 온전하고 평안하며 밝고 깨끗한 것이나, 사욕의 마군을 따라 어둡고 탁해지며 복잡하고 요란해져서 한없는 세상에 길이 평안할 날이 적으므로, 이와 같은 중생들의 생활하는 모양을 마음 난리라 한 것이요, 병법이라 함은 곧 우리의 마음 가운데 모든 마군을 항복 받는 법이니 그 법은 바로 정(定)과 혜(慧)와 계(戒)를 닦으며, 법(法)과 마(魔)를 구분하는 우리의 수행 길이라, 이것이 곧 더할 수 없는 세계 정란(靖亂)의 큰 병법이니라. 그러나, 세상 사람들은 이 마음 난리는 난리로 생각하지도 아니하나니 어찌 그 본말을 안다 하리오. 개인·가정과 사회·국가의 크고 작은 모든 전쟁도 그 근본을 추구해 본다면 다 이 사람의 마음 난리로 인하여 발단되는 것이니, 그러므로 마음 난리는 모든 난리의 근원인 동시에 제일 큰 난리가 되고, 이 마음 난리를 평정하는 법이 모든 법의 조종인 동시에 제일 큰 병법이 되나니라. 그런즉,

대종경 필사본

들은 이 義旨를 잘 알아서 定慧를 부지런히 닦고 戒律을 죽기로써 지키라. 오래오래 쉬지 아니하고 反復 修行하면 마침내 모든 魔軍을 降服받는 地境에 이를 것이니 그리된다면 法强降魔位의 榮名을 얻게 되는 同時에 마음 亂離에 便安할 날이 없는 이 世上을 平定하는 훌륭한 都元帥가 될 것을 나는 保證하노라.

57 大宗師- 가라사대 오늘은 그대들에게 心田啓發의 大旨를 말하여 주리니 仔詳히 들으라. 大凡 心田이라 하는 것은 우리의 性品을 이름이니 本來 分別과 主着이 없는 그 性品 가운데에서 善惡間 마음 發하는 것이 저 밭에서 여러 가지 農作物과 雜草가 나오는 것 같다는 데에 譬喻한 것이요, 啓發이라 하는 것은 묵은 밭을 다시 開拓하여 良田을 만들 듯이 우리의 性品을 잘 鍛鍊하여 慧福을 잘 갖추어 나가자는 것이니라. 그러므로 心田을 잘 啓發하는 사람은 저 農事 잘 짓는 사람이 밭에 雜草가 나면 매고 또 매어 雜草는 없애고 農作物만 골라 가꾸는 것과 같이 善惡間 마음 發하는 것을 잘 調査하여 惡心이 나면 除去하고 또 除去하여

대종경

그대들은 이 뜻을 잘 알아서 정과 혜를 부지런히 닦고 계율을 죽기로써 지키라. 오래오래 쉬지 아니하고 반복 수행하면 마침내 모든 마군을 항복 받을 것이니, 그리된다면 법강항마의 법위를 얻게 되는 동시에 마음 난리에 편할 날이 없는 이 세상을 평정하는 훌륭한 도원수(都元帥)가 될 것으로 확신하노라.」

59 대종사 말씀하시기를 「본래에 분별과 주착이 없는 우리의 성품(性稟)에서 선악 간 마음 발하는 것이 마치 저 밭에서 여러 가지 농작물과 잡초가 나오는 것 같다 하여 우리의 마음 바탕을 심전(心田)이라 하고 묵은 밭을 잘 개척하여 좋은 밭을 만들 듯이 우리의 마음 바탕을 잘 단련하여 혜복을 갖추어 얻자는 뜻에서 심전 계발(啓發)이라는 말이 있게 되었나니라. 그러므로, 심전을 잘 계발하는 사람은 저 농사 잘 짓는 사람이 밭에 잡초가 나면 매고 또 매어 잡초는 없애고 농작물만 골라 가꾸어 가을에 많은 수확을 얻는 것 같이, 선악 간에 마음 발하는 것을 잘 조사하고 또 조사하여 악심이 나면 제거하고 또 제거해서

| 대종경 필사본 | 대종경 |

惡心은 없애고 良心만 養成하는지라 저 農事 잘 지은 사람이 가을을 當하여 收穫할 것이 많은 것과 같이 恒常 慧福이 有餘할 것이요, 心田啓發을 잘 못하는 사람은 저 農事 잘못 짓는 사람이 밭에 雜草가 나도 내버려두고 農作物이 나도 그대로 두어서 밭을 다 묵히는 것과 같이 惡한 마음이 나도 그대로 行하고 善한 마음이 나도 그대로 行하여 自行自止하는지라 저 廢農한 사람이 비록 가을을 當하였으나 收穫할 것이 없는 것과 같이 當하는 것이 苦뿐이요, 慧福의 길은 더욱 멀어지나니라. 그러므로 우리는 千萬 罪福이 다른 데에 있는 것이 아니요 다 이 心田啓發을 잘 하고 못 하는 데에 있나니라.

악심은 없애고 양심만 양성하므로 혜복이 항상 넉넉할 것이요, 심전 계발을 잘 못하는 사람은 저 농사 잘못 짓는 사람이 밭에 잡초가 나도 내버려 두고 농작물이 나도 그대로 두어서 밭을 다 묵히어 가을에 수확할 것이 없는 것 같이, 악한 마음이 나도 그대로 행하고 선한 마음이 나도 그대로 행하여 자행자지하는지라 당하는 것이 고뿐이요, 혜복의 길은 더욱 멀어지나니라. 그러므로, 우리의 천만 죄복이 다른 데에 있는 것이 아니요, 오직 이 심전 계발을 잘하고 못하는 데에 있나니, 이 일을 어찌 등한히 하리오.」

58 또 가라사대 예로부터 修道門中에서는 心田을 發見한 것을 見性이라 하고 心田을 啓發하는 것을 養性과 率性이라고 하나니 이 心田의 工夫는 諸佛諸聖이 다 같이 天職으로 삼는 것이요, 이 世上을 善導하는 데에도 또한 그 根本이 되는 것이니라. 그러므로 우리 會上에서는 心田啓發의 專門科目으로 修養 硏究 取捨의 세 가지 綱領을 定하고 그를

60 또 말씀하시기를 「예로부터 도가(道家)에서는 심전을 발견한 것을 견성(見性)이라 하고 심전을 계발하는 것을 양성(養性)과 솔성(率性)이라 하나니, 이 심전의 공부는 모든 부처와 모든 성인이 다 같이 천직(天職)으로 삼으신 것이요, 이 세상을 선도(善導)하는 데에도 또한 그 근본이 되는 것이니라. 그러므로, 우리 회상에서는 심전 계발의 전문 과목으로

대종경 필사본

實習하기 爲하여 日常修行의 모든 方法을 指示하였나니 修養은 心田農事를 짓기 爲하여 밭을 깨끗하게 다듬는 科目이요, 硏究는 여러 가지 農事짓는 方式을 알리고 穀食과 풀을 區分하여 주는 科目이요, 取捨는 아는 그대로 實行하여 廢農을 하지 않고 많은 穀食을 收穫하게 하는 科目이라 只今 世上은 科學文明의 發達을 따라 사람의 慾心이 날로 熾盛하는 故로 心田啓發의 工夫가 아니면 이 慾心을 降服받을 能力이 없고 慾心을 降服받지 아니하면 이 慾心을 降服 받지 못하면 世上은 平和를 보기 어려울찌라, 그러므로 이 앞으로는 天下人心이 自然히 心田啓發을 願하게 될 것이요, 心田啓發을 願할 때에는 그 專門家인 眞正한 宗敎를 찾게 될 것이며 그 中에 修行이 能熟한 사람은 더욱 限量없는 尊待를 받을 것이니 그대들은 이때에 한 번 더 決心하여 이 心田農事를 잘 하는 模範的 農夫가 되어 볼찌어다.

대종경

수양·연구·취사의 세 가지 강령을 정하고 그를 실습하기 위하여 일상 수행의 모든 방법을 지시하였나니, 수양은 심전 농사를 짓기 위하여 밭을 깨끗하게 다스리는 과목이요, 연구는 여러 가지 농사짓는 방식을 알리고 농작물과 풀을 구분하는 과목이요, 취사는 아는 그대로 실행하여 폐농을 하지 않고 많은 곡식을 수확하게 하는 과목이니라. 지금 세상은 과학 문명의 발달을 따라 사람의 욕심이 날로 치성하므로 심전 계발의 공부가 아니면 이 욕심을 항복 받을 수 없고 욕심을 항복 받지 못하면 세상은 평화를 보기 어려울지라, 그러므로 이 앞으로는 천하의 인심이 자연히 심전 계발을 원하게 될 것이요, 심전 계발을 원할 때에는 그 전문가인 참다운 종교를 찾게 될 것이며, 그중에 수행이 원숙(圓熟)한 사람은 더욱 한량없는 존대를 받을 것이니, 그대들은 이때에 한 번 더 결심하여 이 심전 농사에 크게 성공하는 모범적 농부가 되어볼지어다.」

대종경 필사본

59 大宗師- 禪院 大衆에게 일러 가라사대 내가 이번 禪中에 많은 말을 하였는데 오늘도 말을 하게 되니 或 싫은 생각이 날 사람도 있을찌 모르나 내가 이와 같이 많은 말을 하고 또 하는 것은 道德에 對한 理解가 不足한 사람들에게는 자주 말을 하여 주어야 自然히 모든 事理가 밝아져서 實行까지 나타나게 되는 緣故이니라. 그러므로 過去의 諸佛諸聖도 모든 初學者들을 敎化 指導하실 때에는 먼저 事理間 알리는 데에 努力하시고 그에 따라 次次 實行을 하도록 推進하셨나니 한 두 禪 난 後에 知行이 바로 골라 맞지 못한다 하여 그것에 焦操*하고 煩鬱하지도 말 것이며 또는 그러한 사람들을 비웃거나 責望하지도 말 것이니라. 그런즉 그대들은 한번 들은 法을 듣고 또 듣는다 할찌라도 거기에 쉬운 생각 내지 말며 아는 그대로 바로 實行이 다 되지 못한다 할찌라도 스스로 墮落心을 내지 말고 듣고 또 들으며 行하고 또 行하면 畢竟은 知行이 兼全한 完全한 사람이 되리라.

* '焦燥'의 誤字

대종경

61 대종사 선원 대중에게 말씀하시기를 「내가 이번 선중에 많은 말을 하였는데 오늘도 말을 하게 되니 혹 싫은 생각이 날 사람도 있을지 모르나 내가 이와 같이 많은 말을 하고 또 하는 것은, 도덕에 대한 이해가 부족한 사람들에게는 자주 말을 하여 주어야 자연히 모든 사리가 밝아져서 실행까지 하게되는 연고라, 그러므로 과거의 모든 성현도 모든 초학자를 교화 지도하실 때는 먼저 일과 이치 간에 알리는 데에 노력하시고 그에 따라 차차 실행을 하도록 추진하셨나니, 한 두 선(禪) 난 후에 지행이 바로 골라 맞지 못한다 하여 그것에 초조하고 답답하지도 말 것이며, 또는 그러한 사람을 비웃거나 책망하지도 말 것이니라. 그런즉, 그대들은 한 번 들은 법을 듣고 또 듣는다 하여 거기에 쉬운 생각을 내지도 말며, 아는 그대로 바로 실행이 다 되지 못한다 하여 스스로 타락심을 내지도 말고, 듣고 또 들으며 행하고 또 행하면 마침내 지행이 겸전한 완전한 인격을 이루리라.」

대종경 필사본

60 大宗師- 禪院 解制式에 出席하사 가라사대 오늘의 이 解制式은 작은 禪院에는 解制를 하는 것이나 큰 禪院에는 다시 結制를 하는 것이니 萬一 이 式을 다못 解制式으로만 아는 사람은 아직 큰 工夫의 法을 잘 알지 못함이니라.

61 金大擧 여짜오되 法强降魔位부터는 戒文이 없사오니 工夫가 다 되었나이까? 大宗師- 가라사대 法强降魔位부터는 첫 聖位에 오른지라 法에 얽매이고 戒文에 붓잡히는 工夫는 아니하나 안으로는 또한 心戒가 있나니 그 하나는 自身修道와 安逸에만 專心하여 小乘에 흐를까 조심함이요 둘은 富貴享樂에 빠져서 本願이 昧却될까 조심함이요, 셋은 或 神蹟이 나타나서 함부로 衆生의 눈에 띄어 正法에 妨害될가 조심함이라 이 외에도 戒定慧 三學을 工夫하여 위로 佛智를 갖추고 아래로 慈悲를 길러서 衆生 濟度하려는 것으로 功을 쌓나니라.

대종경

62 대종사 선원 해제식에서 대중에게 말씀하시기를 「오늘의 이 해제식은 작은 선원에는 해제를 하는 것이나, 큰 선원에는 다시 결제를 하는 것이니, 만일 이 식을 오직 해제식으로만 아는 사람은 아직 큰 공부의 법을 알지 못함이니라.」

63 김대거(金大擧) 여쭙기를 「법강항마위 부터는 계문이 없사오니 취사 공부는 다 된 것이오니까.」 대종사 말씀하시기를 「법강항마위 부터는 첫 성위(聖位)에 오르는지라, 법에 얽매이고 계문에 붙잡히는 공부는 아니하나, 안으로는 또한 심계(心戒)가 있나니, 그 하나는 자신의 수도와 안일만 취하여 소승에 흐를까 조심함이요, 둘은 부귀 향락에 빠져서 본원이 매각될까 조심함이요, 셋은 혹 신통이 나타나 함부로 중생의 눈에 띄어 정법에 방해될까 조심함이라, 이 밖에도 수양·연구·취사의 삼학을 공부하여, 위로 불지를 더 갖추고 아래로 자비를 더 길러서 중생을 제도하는 것으로 공을 쌓아야 하나니라.」

人道品

대종경 필사본

1   한 新入敎徒 여짜오되 저는 마침 鷄龍山內에 居住하므로 山內에 있는 여러 敎會의 人物들과 많이 談話하게 되옵는 바 그들이 恒常 各自의 敎理를 자랑하며 말마다 道德을 칭하오나 아직도 그 義旨에 밝은 解答을 듣지 못하였사오니 大宗師께옵서 이 道德의 뜻을 가르쳐 주옵소서. 大宗師- 가라사대 그대가 이제 道德을 알고저 하니 그 마음이 甚히 奇特하나 이 道德으로 말하면 그 範圍가 甚히 넓어서 짧은 時間에 可히 다 說明하지 못할찌라 그대가 이 工夫를 시작하여 相當한 訓練을 받은 後 漸次로 悟得할 것이나 이제 그 궁금한 마음을 풀기 爲하여 于先 道德의 題目만을 大綱 일러 줄 터이니 仔細히 들으라. 大凡 道라 하는 것은 쉽게 말하자면 곧 길을 이름이요, 길이라 함은 무엇이든지 떳떳이 行하는 것을 이름이니 그러므로 하늘이 行하는 것을 天道라 하고 땅이 行하는 것을 地道라 하고 사람이 行하는 것을 人道라 하는 것이며 人道 가운데에도 또한 肉身이 行하는 길과 精神이 行하는 길 두 가지가 있으니 이 도의 理致가 根本은 비록 하나이나 그 條目은 甚히 많아서 可히 數로써 헤아리지 못하나니라.

대종경

1   새로 입교한 교도 한 사람이 여쭙기를 「저는 마침 계룡산(鷄龍山) 안에 살고 있사와, 산 안에 있는 여러 교회의 인물들과 많이 담화하게 되옵는바, 그들이 항상 각자의 교리를 자랑하며 말마다 도덕을 일컬으오나, 아직도 그 뜻에 밝은 해답을 듣지 못하였사오니 대종사께서 그 도덕의 뜻을 가르쳐 주옵소서.」 대종사 말씀하시기를 「그대가 이제 도덕을 알고자 하니 그 마음이 기특하나 도덕이라 하면 그 범위가 심히 넓어서 짧은 시간에 가히 다 설명할 수 없나니라. 그러므로, 그대가 이 공부를 시작하여 상당한 훈련을 받은 후에야 점차로 알게 될 것이나, 이제 그 궁금한 마음을 풀기 위하여 우선 도덕의 제목만을 대강 해석해 줄 터이니 자세히 들으라. 무릇, 도(道)라 하는 것은 쉽게 말하자면 곧 길을 이름이요, 길이라 함은 무엇이든지 떳떳이 행하는 것을 이름이니, 그러므로 하늘이 행하는 것을 천도(天道)라 하고, 땅이 행하는 것을 지도(地道)라 하고, 사람이 행하는 것을 인도(人道)라 하는 것이며, 인도 가운데에도 또한 육신이 행하는 길과 정신이 행하는 길 두 가지가 있으니, 이 도의 이치가 근본은 비록 하나

대종경 필사본

그러므로 이 여러 가지 道 가운데에 于先 人道 하나만 들어 말하여도 또한 한 두 말로 다하지 못할 것이니 저 肉身이 行하는 道路의 線이 어느 地方을 勿論하고 큰 길 작은 길이 서로 連絡하여 山과 물과 들과 마을에 千萬 갈래로 縱橫한 數가 限이 없는 것 같이 精神이 行하는 法의 길로 어느 世上을 勿論하고 큰 道와 작은 道가 서로 竝進하여 個人 家庭 社會 國家에 境界를 따라 나타나서 그 數가 實로 限이 없으나 이제 몇 가지 例를 들면 父母 子女의 사이에는 父母 子女의 行할 바 길이 있고 上下의 사이에는 上下의 行할 바 길이 있고 夫婦 사이에는 夫婦의 行할 바 길이 있고 朋友 사이에는 朋友의 行할 바 길이 있고 同胞 사이에는 同胞의 行할 바 길이 있으며, 그와 같이 事事物物을 接應할 때마다 各各 當然한 길이 있나니 어느 곳을 勿論하고 오직 이 當然한 길을 아는 사람은 곧 道를 아는 사람이요, 當然한 길을 모르는 사람은 곧 道를 모르는 사람이며 그 中에 제일 큰 道로 말하면 곧 우리의 本來 性品인 生滅 없는 도와 因果報應 되는 도이니 이는 萬法을 統一하며 하늘과 땅과 사람이 모두 여기에 根本하였으

人道品

대종경

이나 그 조목은 심히 많아서 가히 수로써 헤아리지 못하나니라. 그러므로, 이 여러 가지 도 가운데에 우선 인도 하나만 들어 말하여도, 저 육신이 행하는 도로의 선(線)이 어느 지방을 막론하고 큰 길 작은 길이 서로 연락하여 산과 물과 들과 마을에 천만 갈래로 뻗어나간 수가 한이 없는 것같이, 정신이 행하는 법의 길도 어느 세상을 막론하고 큰 도와 작은 도가 서로 병진하여 개인·가정·사회·국가에 경계를 따라 나타나서 그 수가 실로 한이 없나니라. 그러나, 이제 몇 가지 예를 들면 부모·자녀 사이에는 부모·자녀의 행할 바 길이 있고, 상·하 사이에는 상·하의 행할 바 길이 있고, 부부 사이에는 부부의 행할 바 길이 있고, 붕우 사이에는 붕우의 행할 바 길이 있고, 동포 사이에는 동포의 행할 바 길이 있으며, 그와 같이 사사물물을 접응할 때마다 각각 당연한 길이 있나니, 어느 곳을 막론하고 오직 이 당연한 길을 아는 사람은 곧 도를 아는 사람이요, 당연한 길을 모르는 사람은 곧 도를 모르는 사람이며, 그 중에 제일 큰 도로 말하면 곧 우리의 본래 성품인 생멸 없는 도와 인과 보응되는 도이니, 이는 만법을 통일

대종경 필사본

므로 이 道를 아는 사람은 可히 큰 道를 알았다 할 것이니라.

2 또 가라사대 德이라 하는 것은 쉽게 말하자면 어느 곳 어느 일을 勿論하고 오직 恩惠가 나타나는 것을 이름이니 하늘이 道를 行하면 하늘의 恩惠가 나타나고 땅이 道를 行하면 땅의 恩惠가 나타나서 千萬 가지 道를 따라 千萬 가지 德이 化하는 것이다. 그러므로 이 여러 가지 德 가운데에 우선 사람의 德만 解釋하여 본다 하여도 그 條件이 또한 限이 없나니 父母 子女 사이에 道를 行하면 父母 子女間 德이 나타나고 上下 사이에 道를 行하면 上下間 德이 나타나고 夫婦 사이에 道를 行하면 夫婦間 德이 나타나고 朋友 사이에 道를 行하면 朋友間 德이 나타나고, 同胞 사이에 道를 行하면 同胞間 德이 나타나서 個人에 當하면 個人이 化하고 家庭에 當하면 家庭이 化하고 社會에 當하면 社會가 化하고 國家에 當하면 國家가 化하고 世界에 當하면 世界가 化하는 것이며, 그 中에 제일 큰 德으로 말하면 곧 大道를 悟得

대종경

하며 하늘과 땅과 사람이 모두 여기에 근본하였으므로 이 도를 아는 사람은 가장 큰 도를 알았다 하나니라.」

2 대종사 이어서 말씀하시기를 「덕(德)이라 하는 것은 쉽게 말하자면 어느 곳 어느 일을 막론하고 오직 은혜(恩惠)가 나타나는 것을 이름이니, 하늘이 도를 행하면 하늘의 은혜가 나타나고, 땅이 도를 행하면 땅의 은혜가 나타나고, 사람이 도를 행하면 사람의 은혜가 나타나서, 천만 가지 도를 따라 천만 가지 덕이 화하나니라. 그러므로, 이 여러 가지 덕 가운데에 우선 사람의 덕만 해석하여 본다 하여도 그 조건이 또한 한이 없나니, 부모·자녀 사이에 도를 행하면 부모·자녀 사이의 덕이 나타나고, 상·하 사이에 도를 행하면 상·하 사이의 덕이 나타나고, 부부 사이에 도를 행하면 부부 사이의 덕이 나타나고, 붕우 사이에 도를 행하면 붕우 사이의 덕이 나타나고, 동포 사이에 도를 행하면 동포 사이의 덕이 나타나서, 개인에 당하면 개인이 화하고, 가정에 당하면 가정이 화하고, 사회에 당하면 사회가 화하고, 국가에 당하면 국가가 화하

대종경 필사본

한 사람으로서 能히 有無를 超越하고 生死를 解脫하며 因果에 通達하여 三界火宅에 헤매이는 一切衆生으로 하여금 한 가지 靈生과 極樂에 安住케 하는 것이니 이러한 사람은 可히 大德을 成就하였다 하리라.

2 그러나 萬一 道德의 原理를 알지 못하고 邪邪하고 奇怪한 것을 찾으며 逆理悖倫의 일을 行하면서 입으로만 道德을 稱頌한다면 이것은 邪道와 惡道를 行하는 것이니 그 참 道에 무슨 相關이 있으며 또는 무슨 德이 化할 수 있으리요. 그러므로 道德을 배우고저 하는 사람은 반드시 먼저 道의 原理를 알아야 할 것이며, 道의 原理를 안 以上에는 또한 精誠으로 恒常 訓練에 從事하여야 할 것이니 그러한다면 누구를 勿論하고 漸漸 道를 通하고 德을 얻으리라. 또는 凡常한 사람들은 道德의 大義를 알지 못하므로 사람 가운데에 大小有無의 根本理致는 알거나 모르거나 어떠한 異常한 術法만 있으면 그를 道人이라 稱하고 또는 是

대종경

고, 세계에 당하면 세계가 화하는 것이며, 그중에 제일 큰 덕으로 말하면 곧 대도를 깨달은 사람으로서 능히 유무를 초월하고 생사를 해탈하며 인과에 통달하여 삼계 화택(三界火宅)에 헤매는 일체 중생으로 하여금 한 가지 극락에 안주하게 하는 것이니, 이러한 사람은 가히 대덕을 성취하였다 하리라.」

3 대종사 이어서 말씀하시기를 「그러나, 만일 도덕의 원리를 알지 못하고 사사하고 기괴한 것을 찾으며 역리(逆理)와 패륜(悖倫)의 일을 행하면서 입으로만 도덕을 일컫는다면 이것은 사도와 악도를 행하는 것이니, 그 참 도에 무슨 상관이 있으며 또는 무슨 덕이 화할 수 있으리오. 그러므로, 도덕을 배우고자 하는 사람은 반드시 먼저 도의 원리를 알아야 할 것이며, 도의 원리를 안 이상에는 또한 정성스럽게 항상 덕을 닦아야 할 것이니, 그러한다면 누구를 막론하고 점점 도를 통하고 덕을 얻으리라. 그러나, 범상한 사람들은 도덕의 대의를 알지 못하므로 사람 가운데에 대소 유무의 근본 이치는 알거나 모르거나 어떠한 이

대종경 필사본

非利害의 分明한 取捨는 알거나 모르거나 마음만 한갓 柔順하면 그를 德人이라 하나니 어찌 우습지 아니하리요. 그대가 이제 新入한 敎人으로서 먼저 道德을 알고저 하는 것은 배우는 順序에 當然한 일이니 나의 하는 말을 銘心하여 恒常 道德의 大義에 그치고 邪邪한 道에 흐르지 말기를 바라노라.

3   大宗師- 가라사대 사람이 人道를 行하기로 하면 한 때도 可히 放心할 수가 없나니 父母 子女間이나 師弟間이나 上下間이나 夫婦間이나 朋友間이나 一切同胞間이나 어느 處地에 있든지 그 마음을 놓고 어찌 可히 人道를 다할 수 있으리오. 그러므로 예로부터 모든 聖人이 때를 따라 出世하사 正當한 法度를 制定하여 各各 그 사람 노릇하는 길을 밝히셨나니 萬一 그 法度를 가벼히 알고 自行自止를 좋아한다면 그러한 사람은 現世에서도 사람의 價値를 나타내지 못할 것이요, 來世에는 또한 惡途에 떠러져서 罪苦를 免치 못하리라.

대종경

상한 술법만 있으면 그를 도인이라 말하고 또는 시비 이해의 분명한 취사는 알거나 모르거나 마음만 한갓 유순하면 그를 덕인이라 하나니 어찌 우습지 아니하리오. 그대가 이제 새로 입교한 사람으로서 먼저 도덕을 알고자 하는 것은 배우는 순서에 당연한 일이니, 나의 한 말을 명심하여 항상 도덕의 대의에 철저하고 사사한 도에 흐르지 말기를 바라노라.」

4   대종사 말씀하시기를 「사람이 인도를 행하기로 하면 한때도 가히 방심할 수 없나니 부모·자녀 사이나, 스승·제자 사이나, 상·하 사이나, 부부 사이나, 붕우 사이나, 일체 동포 사이나, 어느 처지에 있든지 그 챙기는 마음을 놓고 어찌 가히 인도를 다 할 수 있으리오. 그러므로, 예로부터 모든 성인이 때를 따라 출세하사 정당한 법도를 제정하여 각각 그 사람답게 사는 길을 밝히셨나니, 만일 그 법도를 가벼이 알고 자행자지를 좋아한다면 그러한 사람은 현세에서도 사람의 가치를 나타내지 못할 것이요, 내세에는 또한 악도에 떨어져서 죄고를 면하지 못하리라.」

대종경 필사본

4 大宗師- 가라사대 大凡 天下萬事가 다 本末과 主從이 있나니 根本을 알아서 根本에 힘쓰면 끝도 自然히 좋아질 것이나 끝을 따라 끝에만 힘쓰면 根本은 自然 昧하여 질 것이요 또한 主를 알아서 主에 힘쓰면 從도 自然히 좋아질 것이나 從을 따라 從에만 힘쓰면 主가 自然 昧하여 질 것이니 例를 들면 사람에 있어서 마음은 根本이 되고 肉身은 끝이 되며 世上에 있어서 道德은 主가 되고 物質은 從이 되는 바 이 本末과 主從을 分明히 알아야만 비로소 道를 아는 사람이라 이러한 사람이라야 能히 天下事도 바로 잡을 수 있나니라.

※ 출처 미상(未詳).

대종경

5 대종사 말씀하시기를 「무릇, 천하 만사가 다 본말(本末)과 주종(主從)이 있나니, 근본을 알아서 근본에 힘쓰면 끝도 자연히 좋아질 것이나, 끝을 따라 끝에만 힘쓰면 근본은 자연 매하여질 것이요, 또한 주(主)를 알아서 주에 힘쓰면 종(從)도 자연히 좋아질 것이나, 종을 따라 종에만 힘쓰면 주가 자연 매하여질 것이니, 예를 들면 사람에 있어서 마음은 근본이 되고 육신은 끝이 되며, 세상에 있어서 도학은 주가 되고 과학은 종이 되는 바 이 본말과 주종을 분명히 알아야만 비로소 도를 아는 사람이라, 이러한 사람이라야 능히 천하사도 바로잡을 수 있나니라.」

6 대종사 이 동진화(李東震華)에게 말씀하시기를 「사람이 세상에 나서 할 일 가운데 큰일이 둘이 있으니 그 하나는 정법의 스승을 만나서 성불하는 일이요, 그 둘은 대도를 성취한 후에 중생을 건지는 일이라, 이 두 가지 일이 모든 일 가운데 가장 근본이 되고 큰일이 되나니라.」

대종경 필사본

5 大宗師-「그 義만 바루고 그 利를 圖謀하지 아니하며 그 道만 바루고 그 功을 計較하지 아니 한다(正其義而不謀其利 明其道而不計其功)」하는 董仲舒의 글을 보시고 稱讚하시며 그 글 끝에 한 말씀을 더 붙이어 가라사대 「그 義만 바루고 그 利를 圖謀하지 아니하면 큰 利가 돌아오고 그 道만 밝히고 그 功을 計較하지 아니하면 큰 功이 돌아오나니라.(正其義而不謀其利大利生焉 明其道而不計其功大功生焉)」하시니라.

6 大宗師- 말이 수레를 끌고 가는 것을 보시고 한 弟子에게 물으시되 저 수레가 가는 것이 말이 가는 것이냐 수레가 가는 것이냐? 弟子 가로되 말이 가매 수레가 따라서 가나이다. 大宗師- 가라사대 或 가다가 가지 아니할 때에는 말을 채질하여야 하겠느냐 수레를 채질하여야 가겠느냐? 弟子 가로되 말을 채질하여야 가겠나이다. 大宗師- 가라사대 그 말이 옳나니 말을 채질하는 것은 根本을 다스림이요, 수레를 채질하는 것은 끝을 다스림이라 사람이 먼저 그 根本을 찾아서 根本을 다스려야 모든 일에 成就를 보리라.

대종경

7 대종사 "그 의(義)만 바루고 그 이(利)를 도모하지 아니하며, 그 도만 밝히고 그 공을 계교하지 아니 한다(正其義而不謀其利 明其道而不計其功)"한 동중서(董仲舒)의 글을 보시고 칭찬하신 후 그 끝에 한 귀씩 더 붙이시기를 "그 의만 바루고 그 이를 도모하지 아니하면 큰 이가 돌아오고 그 도만 밝히고 그 공을 계교하지 아니하면 큰 공이 돌아오나니라(正其義而不謀其利大利生焉 明其道而不計其功大功生焉)"하시니라.

8 대종사 말이 수레를 끌고 가는 것을 보시고 한 제자에게 물으시기를 「저 수레가 가는 것이 말이 가는 것이냐 수레가 가는 것이냐.」 그가 사뢰기를 「말이 가매 수레가 따라서 가나이다.」 또 말씀하시기를 「혹 가다가 가지 아니할 때에는 말을 채찍질하여야 하겠느냐, 수레를 채찍질하여야 하겠느냐.」 그가 사뢰기를 「말을 채찍질하여야 하겠나이다.」 또 말씀하시기를 「그대의 말이 옳으니 말을 채찍질하는 것이 곧 근본을 다스림이라, 사람이 먼저 그 근본을 찾아서 근본을 다스려야 모든 일에 성공을 보나니라.」

| 대종경 필사본 | 대종경 |

7 金幾千이 여짜오되 사람이 어찌하면 順과 逆을 알게 되오리까? 大宗師- 가라사대 順이라 함은 저 春夏秋冬 四時의 變遷이 次序를 잃지 아니함과 같이 모든 일에 그 順序를 찾아서 하는 것이요, 逆이라 함은 일의 順序를 알지 못하고 힘에 堪當 못할 일을 구태여 하고저 하며 남의 願없는 일을 구태여 勸하며 남의 마음을 매양 거실려 주는 것이니 사람이 무슨 일을 할 때에 먼저 이 順과 逆의 區分을 잘 알아서 順을 主로 하여 實行한다면 成功치 못할 일이 없으리라.

8 大宗師- 가라사대 사람이 누구나 自己를 좋게 하려는 한 생각이 없지 아니하나 求하는 데 있어서는 或은 順理로 或은 逆理로 或은 事實로 或은 虛妄으로 各各 그 知見과 力量을 따라 求하므로 드디어 成功과 失敗의 區別을 내게 되나니 順理로 求하는 사람은 남을 좋게 하면서 自己가 좋아지는 道를 行하여 限없는 樂園을 開拓하게 되고 逆理로 求하는 사람은 自己만 좋고저 하여 남을 害하므로 限없는 罪苦에 빠지게 되는 것이

9 김기천(金幾千)이 여쭙기를 「사람이 어찌하면 순(順)과 역(逆)을 알게 되오리까.」 대종사 말씀하시기를 「순이라 함은 저 춘·하·추·동 사시의 변천이 차서를 잃지 아니함과 같이 모든 일에 그 순서를 찾아서 하는 것이요, 역이라 함은 일의 순서를 알지 못하고 힘에 감당 못할 일을 구태여 하고자 하며, 남의 원 없는 일을 구태여 권하며, 남의 마음을 매양 거슬러주는 것이니, 사람이 무슨 일을 할 때에 먼저 이 순과 역을 잘 구분해서 순을 주로 하여 행한다면 성공하지 못할 일이 거의 없으리라.」

10 대종사 말씀하시기를 「사람이 누구나 자기를 좋게 하려는 한 생각이 없지 아니하나, 구하는 데 있어서는 혹은 순리로, 혹은 역리로, 혹은 사실로, 혹은 허망하게 각각 그 지견과 역량을 따라 구하므로 드디어 성공과 실패의 차를 내게 되나니라. 순리로 구하는 사람은 남을 좋게 하면서 자기가 좋아지는 도를 행하므로 한없는 낙원을 개척하게 되고, 역리로 구하는 사람은 자기만 좋고자 하여 남을 해하므로 한없는 죄고에 빠지게

대종경 필사본

며 事實로 求하는 사람은 모든 福樂을 理致에 따라 當處에 求하므로 그 成果를 얻게 되고 虛妄으로 求하는 사람은 모든 福樂을 알 수 없는 迷信處에 求하여 畢竟 아무 成果를 얻지 못하나니 이것이 모두 世上에 아직 正法이 널리 미치지 못한 緣故요, 一切 人類의 精神이 고루 깨치지 못한 까닭이라, 萬一 順理로 求하는 道와 事實로 求하는 道가 고루 밝아길* 때에는 곧 太陽의 光明이 中天에 오름과 같아서 自他 彼此가 다 化함을 얻으리라.

* '밝아질'의 誤字.

9 大宗師- 가라사대 제 家庭에서 父母에게 孝誠하고 兄弟間에 友愛하는 사람으로 남에게 惡하게 할 사람이 적고 父母에게 不孝하고 兄弟間에 不睦하는 사람으로 남에게 善하게 할 사람이 적으니 그르므로 儒家에서 孝는 百行의 根本이라 하고 忠臣을 求하려면 孝子의 門에 가서 求하라 한 말이 다 事理에 當然한 말씀이니라.

대종경

되는 것이며, 사실로 구하는 사람은 모든 복락을 이치에 따라 당처에 구하므로 그 성과를 얻게 되고, 허망으로 구하는 사람은 모든 복락을 알 수 없는 미신처에 구하므로 필경 아무 성과를 얻지 못하나니라. 그런데, 세상에 순리와 사실로 구하는 사람은 적고 역리와 허망하게 구하는 사람이 많은 것은 아직도 정법이 널리 미치지 못한 연고요, 일체 인류의 정신이 고루 깨치지 못한 까닭이라. 만일 순리로 구하는 도와 사실로 구하는 도가 밝아질 때에는 곧 태양의 광명이 중천(中天)에 오름과 같아서 자타와 피차가 다 화(化)함을 얻으리라.」

11 대종사 말씀하시기를 「자기 가정에서 부모에게 효도하고 형제간에 우애하는 사람으로 남에게 악할 사람이 적고, 부모에게 불효하고 형제간에 불목하는 사람으로 남에게 선할 사람이 적나니, 그러므로 유가에서 "효(孝)는 백행(百行)의 근본이라" 하였고, "충신(忠臣)을 효자의 문에서 구한다." 하였나니, 다 사실에 당연한 말씀이니라.」

| 대종경 필사본 | 대종경 |

10 大宗師- 가라사대 나 못 當할 일은 남도 못 當하는 것이요 내가 좋은 일은 남도 좋아하나니 내 마음에 섭섭커든 나는 남에게 그리 말고 내 마음에 滿足커든 나도 남에게 그리 하라 이것은 곧 내 마음을 미루어서 남의 마음을 생각하는 法이니 이와 같이 오래 오래 工夫하면 自他의 間隔이 없이 서로 感化를 얻으리라.

11 大宗師- 가라사대 큰 재주가 있는 사람은 남의 재주를 自己 재주로 삼을 줄 아나니 그런 사람이 한 家庭에 있으면 한 家庭을 興하게 할 것이요, 한 나라에 있으면 나라를 興하게 할 것이요, 天下에 있으면 天下를 興하게 할 것이니라.

12 大宗師- 가라사대 사람이 그 本意는 저 편에게 이를 주고저 한 일이 혹 잘못되어 害를 주는 수도 있나니 남을 爲하여 일을 할 때에는 반드시 더욱 조심할 것이요, 그러한 境遇에 相對便 사람으로서는 그 本意를 생각하여 感謝할 點을

12 대종사 말씀하시기를 「내가 못 당할 일은 남도 못 당하는 것이요, 내게 좋은 일은 남도 좋아하나니, 내 마음에 섭섭하거든 나는 남에게 그리 말고, 내 마음에 만족하거든 나도 남에게 그리하라. 이것은 곧 내 마음을 미루어 남의 마음을 생각하는 법이니, 이와 같이 오래오래 공부하면 자타의 간격이 없이 서로 감화를 얻으리라.」

13 대종사 말씀하시기를 「큰 재주 있는 사람은 남의 재주를 자기 재주 삼을 줄 아나니, 그런 사람이 가정에 있으면 그 가정을 흥하게 하고, 나라에 있으면 나라를 흥하게 하고, 천하에 있으면 천하를 흥하게 하나니라.」

14 대종사 말씀하시기를 「사람이 그 본의는 저 편에게 이(利)를 주고자 한 일이 혹 잘못되어 해를 주는 수도 있나니, 남을 위하여 무슨 일을 할 때에는 반드시 미리 조심해야 할 것이요, 그러한 경우로 해를 입은 사람은 그 본의를 생각

대종경 필사본

찾을 것이요, 다만 그 結果의 害로운 것만 들어서 怨望하지 말아야 할 것이니라.

13 大宗師- 靈山에 계실 때에 新入教徒 한 사람이 寢食과 幣帛을 갖추어 올리는지라 大宗師- 그 사람에게 일러 가라사대 그대가 이와 같이 誠意를 表하는 것은 感謝하나 後日에 오늘의 情誼가 變하여질 수도 있나니 그대는 이 情誼가 變하고 變하지 않는 理致를 아는가? 그 사람이 가로되 어찌 空然히 變할 理가 있겠나이까? 大宗師- 가라사대 그것은 그대의 求하는 바에 따라 左右되나니 그대가 只今 나를 相從하되 그 求하는 것이 나에게 있는 것이라면 永久한 因緣이 되려니와 萬一 나에게 없는 것이라면 우리의 사괴임은 갈리고 말 것이 아닌가 서울 어느 富豪家에 出入하는 門客이 많았는데 그 중 한 사람은 내가 저 富豪와 親近하여 돈도 많이 빌려 쓰고 그 勢力을 빌려 權利도 많이 부려 보리라 하여 여러 가지 飮食과 幣帛 等으로 그와 交際하여 畢竟 金錢을 借用도 하며 그를 背景하여 權利도 부리게 되었으나 그 後 漸次로 다른 사람의 權利를 빼앗아 제

대종경

하여 감사할지언정 그 결과의 해로운 것만 들어서 원망하지 말아야 하나니라.」

15 대종사 영산(靈山)에 계실 때에 새로 입교한 교도 한 사람이 음식과 폐백을 갖추어 올리는지라, 대종사 받으시고 말씀하시기를 「그대가 이와 같이 예를 표하는 것은 감사하나 그대의 마음 여하에 따라서는 오늘의 정의가 후일에 변하기도 하나니, 그대는 그 이치를 아는가.」 그 사람이 사뢰기를 「어찌 공연히 변할 리가 있겠나이까.」 대종사 말씀하시기를 「그것은 그대의 구하는 마음 여하에 따라 좌우되나니, 그대가 나를 상종하되 그 구하는 것이 나에게 있는 것이라면 영구한 인연이 되려니와 만일 나에게 없는 것이라면 우리의 사귐은 오래 가지 못하나니라.」

대종경 필사본

홀로 主張하려 하며 다른 사람의 사랑을 끊어 제 홀로 받으려 하며 다른 사람의 田畓을 떼어 제 홀로 지으려 하여 四面으로 怨讐를 지으며 또는 그 富豪에게 過大한 借金을 하여 쓰다가 마침내 家勢가 漸漸 蕩敗되어 本來에 若干 있던 財産까지도 餘地없이 消耗되니 그제는 그 사람이 富豪를 怨望하되 나는 오늘까지 自己에게 精誠을 다하였거늘 自己는 나에게 同情하지 아니하고 나의 身勢*가 이 모양이 되었다 하여 結局 그 富豪와 怨讐를 맺고 말았으며 또한 사람은 그 富豪가 그와 같이 致富를 한 것은 무슨 方面으로든지 다른 사람에 優越한 妙方이 있었으리니 내 마땅히 그 原因을 알아서 나도 그와 같은 살림을 이뤄보리라 하고 精誠을 다하여 그 富豪를 섬기며 治産의 方法을 問議하여 富豪를 自己의 살림이루는 先生으로 삼아서 그 사람의 指導대로 몇몇 해를 지내고 보니 家勢가 漸漸 불어나서 마침내 富裕한 살림이 되었는지라 그 때에 그 사람은 말하되 내가 오늘날 이만한 家勢를 이룬 것은 나의 힘만이 아니라 方法을 가르쳐주신 저 분의 功이라 하고 그 부호와 永遠한 좋은 因緣이 되었다 하니 이 이야기를 泛

대종경

대종경 필사본

然히 듣지 말라.

* '身世'의 誤字.

14 大宗師- 가라사대 사람이 서로 사괴는 데에 그 좋은 因緣을 오래 가지지 못하는 것은 大槪 有念할 자리에 有念하지 못하고 無念할 자리에 無念하지 못하는 緣故이니 有念할 자리에 有念하지 못한다는 것은 내가 무슨 方面으로든지 남에게 恩惠를 입고도 아무 생각이 없으며 그에 따라 恩惠 입은 곳에서 或 나에게 잘못이 있을 때에 義理 없이 相對하는 것이요, 無念할 자리에 無念하지 못한다는 것은 내가 무슨 方面으로든지 남에게 恩惠를 준 後에 功을 바라는 마음이 있으며 저 恩惠 입은 사람이 或 나에게 잘못이 있을 때에는 前日에 恩惠 입혔다는 생각으로 더 미워하는 마음을 일어내는 것이니 그러한다면 그 좋은 因緣이 도리어 怨瞋으로 變하여 지는 것이다. 그러므로 그대들은 이 理致를 잘 알아서 有念할 자리에는 有念하고 無念할 자리에는 반드시 無念하여 서로 사귀는 사이에 그 좋은 因緣을 오래 가질찌언정 그 因緣이 낮은 인연이 되지 않도록 注意할찌

대종경

16 대종사 말씀하시기를 「사람이 서로 사귀는데 그 좋은 인연이 오래 가지 못하는 것은 대개 유념할 자리에 유념하지 못하고 무념할 자리에 무념하지 못하는 연고이니, 유념할 자리에 유념하지 못한다는 것은 자기가 무슨 방면으로든지 남에게 은혜를 입고도 그 은혜를 잊어버리며 그에 따라 혹 은혜 준 처지에서 나에게 섭섭함을 줄 때에는 의리(義理) 없이 상대하는 것 등이요, 무념할 자리에 무념하지 못한다는 것은 자기가 무슨 방면으로든지 남에게 은혜를 준 후에 보답을 바라는 마음이 있으며 저 은혜 입은 사람이 혹 나에게 잘못할 때에는 전일에 은혜 입혔다는 생각으로 더 미워하는 마음을 일어내는 것이라, 그러므로 그 좋은 인연이 오래 가지 못하고 도리어 원진(怨瞋)으로 변하여지는 것이니, 그대들은 이 이치를 잘 알아서 유념할 자리에는 반드시 유념하고 무념할 자리에는 반드시 무념하여 서로 사귀는 사이에 그 좋은 인연이 오래 가게 할지언정

| 대종경 필사본 | 대종경 |

어다.

그 인연이 낮은 인연으로 변하지 않도록 주의할지어다.」

15 李共珠 告하여 가로되 제가 요사이 이웃집 貧人에게 若干의 布施를 하였삽더니 그가 그 後로는 저의 집일에 몸을 아끼지 아니하오니 福은 지을 것이옵고 지으면 받는 것이 그와 같이 歷歷함을 알았나이다. 大宗師- 가라사대 그대가 福을 지으면 받아지는 理致는 알았으나 잘못하면 그 福이 罪로 化하는 理致도 알았는가? 共珠 가로되 福이 어찌 罪로 化하겠나이까? 大宗師- 가라사대 그 福이 바로 罪가 되는 것이 아니라 그 福을 지은 마음이 應用無念을 하지 못하면 罪를 짓는 마음으로 變하는 것이니 凡常한 사람들은 남에게 若干의 恩惠를 베풀어놓고는 그 觀念과 相을 놓지 못하므로 저 恩惠 입은 사람이 或 그 恩惠를 몰라주거나 背恩忘德을 할 때에는 그 미워하고 怨望하는 마음이 몇 倍나 더 하여 至極히 사랑하는 데에서 도리어 至極한 미움을 이러내고 적은 恩惠로 도리어 큰 怨讐를 맺으므로 善을 닦는다는 것이 그 善을 믿을 수 없고 福을 짓는다는

17 이공주(李共珠) 사뢰기를 「제가 저번에 이웃집 가난한 사람에게 약간의 보시를 하였삽더니 그가 그 후로는 저의 집 일에 몸을 아끼지 아니하오니 복은 지을 것이옵고 지으면 받는 것이 그와 같이 역력함을 알았나이다.」 대종사 말씀하시기를 「그대가 복을 지으면 받아지는 이치는 알았으나 잘못하면 그 복이 죄로 화하는 이치도 아는가.」 공주 사뢰기를 「복이 어찌 죄로 화하겠나이까.」 대종사 말씀하시기를 「지어 놓은 그 복이 죄가 되는 것이 아니라 복을 지은 그 마음이 죄를 짓는 마음으로 변하기도 한다 함이니, 범상한 사람들은 남에게 약간의 은혜를 베풀어놓고는 그 관념과 상을 놓지 못하므로 저 은혜 입은 사람이 혹 그 은혜를 몰라 주거나 배은망덕(背恩忘德)을 할 때에는 그 미워하고 원망하는 마음이 몇 배나 더하여 지극히 사랑하는 데에서 도리어 지극한 미움을 일어내고, 작은 은혜로 도리어 큰 원수를 맺으므로, 선을 닦는다는 것이 그 선을

| 대종경 필사본 | 대종경 |

것이 그 福을 變하게 되는 수가 許多하나니 그러므로 達摩께서는 應用無念을 가로되 德이라 하셨고 老子께서는 上德은 德이라는 相이 없다 하셨으니 工夫하는 사람이 이 眞理를 알고 이 마음을 應用하여야 恩惠가 永遠한 恩惠가 되고 福이 永遠한 福이 되어 天地로 더부러 그 德을 합하게 될찌니 그대는 相없는 德과 變함없는 福을 짓기에 더욱 꾸준히 힘쓸지어다.

믿을 수 없고 복을 짓는다는 것이 죄를 만드는 수가 허다하나니, 그러므로 달마(達磨)께서는 "응용 무념(應用無念)을 덕이라 한다" 하셨고, 노자(老子)께서는 "상덕(上德)은 덕이라는 상이 없다" 하셨으니, 공부하는 사람이 이 도리를 알고 이 마음을 응용하여야 은혜가 영원한 은혜가 되고 복이 영원한 복이 되어 천지로 더불어 그 덕을 합하게 될 것이니, 그대는 그 상 없는 덕과 변함없는 복을 짓기에 더욱 꾸준히 힘쓸지어다.」

16 李正圓이 여짜오되 어떻게 하여야 憎愛에 끌리지 아니하고 圓滿한 마음을 가질 수 있겠나이까? 大宗師- 가라사대 憎愛에 끌리지 않는 方法은 매양 한 생각을 잘 돌리는 데에 있나니 假令 저 사람이 나를 미워하거든 다만 생각 없이 같이 미워하지 말고 먼저 그 原因을 생각하여 보아서 미움을 받을 만한 일이 나에게 있었거든 그 改善에 힘쓸 것이요 萬一 그러한 일이 없었거든 前世의 餘業으로 알고 安心하고 받아야 할 것이며 한 便으로는 저 사람이 나를 미워할 때에 나의 마음이 暫時라도 좋지 못한 것

18 이정원(李正圓)이 여쭙기를 「어떻게 하여야 증애(憎愛)에 끌리지 아니하고 원만한 마음을 가질 수 있겠나이까.」 대종사 말씀하시기를 「증애에 끌리지 않는 방법은 매양 한 생각을 잘 돌리는 데에 있나니, 가령 저 사람이 나를 미워하거든 다만 생각 없이 같이 미워하지 말고, 먼저 그 원인을 생각하여 보아서 미움을 받을 만한 일이 나에게 있었거든 고치기에 힘쓸 것이요, 그러한 일이 없거든 전세의 밀린 업으로 알고 안심하고 받을 것이며, 한편으로는 저 사람이 나를 미워할 때에 나의 마음이 잠시라도 좋지

대종경 필사본

을 미루어 나는 누구에게든지 그와 같은 일을 주지 않으리라고 決心하라. 그리하면 나를 미워하는 사람이 곧 나의 마음 쓰는 法을 가르치는 先生이니 그를 나의 先生으로 認證할 때에는 어찌 미운 생각이 나겠는가. 이것이 곧 미운 데에 끌리지 않게 하는 方法이며 또는 저 사람이 나를 사랑하거든 다만 생각 없이 좋아만 할 것이 아니라 또한 먼저 그 原因을 생각하여 보아서 그만한 사랑받을 일이 있었거든 그 일을 永遠히 變하지 않기로 銘心하고 萬一 그만한 일이 없이 받는 사랑이거든 그것을 빚으로 알아야 할 것이며, 또는 사랑 가운데에는 正當한 사랑과 不正當한 사랑이 있나니 正當한 사랑이면 이어니와 不正當한 사랑이면 그것을 끊을 줄도 알아야 할 것이며 正當한 사랑일찌라도 거기에 執着하여 다른 道理에 或 妨害되는 機微가 있거든 반드시 勇斷心을 일으켜내어 大體 行事에 그르침이 없도록 努力하라. 이것이 곧 愛着에 끌리지 않는 方法이라. 萬一 이 두 가지에 끌리지 아니하면 곧 圓滿한 마음을 얻게 되리라.

대종경

못한 것을 미루어 나는 누구에게든지 미움을 주지 않으리라고 결심하라. 그리하면, 나를 미워하는 사람이 곧 나의 마음 쓰는 법을 가르치는 선생이 될 것이니, 그를 나의 선생으로 인정할 때에는 어찌 미운 생각이 나겠는가. 이것이 곧 미운 데에 끌리지 않게 하는 방법이니라. 또는, 저 사람이 나를 사랑하거든 다만 생각 없이 좋아만 할 것이 아니라, 또한 먼저 그 원인을 생각하여 보아서 그만한 사랑 받을 일이 있었거든 그 일을 영원히 변하지 않기로 명심하고, 만일 그만한 일이 없이 받는 사랑이거든 그것을 빚으로 알아야 할 것이며, 또한 사랑 가운데에는 정당한 사랑과 부정당한 사랑이 있나니, 정당한 사랑이면이어니와 부정당한 사랑이면 그것을 끊을 줄도 알아야 할 것이며, 정당한 사랑일지라도 거기에 집착하여 다른 일에 방해될 기미가 있거든, 반드시 용단심을 일으켜내어 대체 행사에 그르침이 없도록 노력하라. 이것이 곧 애착에 끌리지 않는 방법이니라. 그대가 이 두 가지에 끌리지 않는 공부를 계속하면 곧 원만한 마음을 얻게 되리라.」

대종경 필사본

17 한 弟子 自己의 部下 職員에게 지나치게 嚴責하는 소리를 들으시고 大宗師- 가라사대 그대가 憎愛에 끌린 바가 없이 訓戒하였다면 그 말이 法이 될 것이나 萬一 끌린 바가 있었다면 法이 되지 못하리라. 天地의 理致도 더위나 추위가 極하면 變動이 생기는 것과 같이 사람의 處事하는 것도 너무 極盛하면 뒷날의 衰함을 불러드리나니라.

18 한 弟子 어린 아이에게 輕薄한 言辭를 함부로 쓰는지라 大宗師- 가라사대 사람이 어른을 對할 때에는 어른 섬기는 道가 있고 어린이를 對할 때에는 어린이 사랑하는 道가 있어서 그 경우를 따라 나타나는 形式은 같지 않을찌라도 저 便을 重히 할고 위해주는 精神은 다르지 아니하나니 어찌 어린 아이라 하여 함부로 하리오.

19 大宗師- 가라사대 우리말에 말을 하고 다니는 것을 나팔을 불고 다닌다고도 하나니 사람사람이 다 나팔을 불되 어떤 曲調는 듣는 사람의 마음을 便安하

대종경

19 한 제자 자기의 부하 임원에게 지나치게 엄책하는 것을 보시고, 대종사 말씀하시기를 「그대가 증애에 끌린 바가 없이 훈계하였다면 그 말이 법이 될 것이나, 만일 끌린 바가 있었다면 법이 되지 못하리라. 천지의 이치도 더위나 추위가 극하면 변동이 생기는 것 같이 사람의 처사하는 것도 너무 극하면 뒷날의 쇠함을 불러들이나니라.」

20 한 제자 어린아이에게 경박한 말을 쓰는지라, 대종사 말씀하시기를 「사람이 어른을 대할 때에는 어른 섬기는 도가 있고, 어린이를 대할 때에는 어린이 사랑하는 도가 있어서, 그 경우를 따라 형식은 같지 않을지라도 저편을 중히 알고 위해 주는 정신은 다르지 아니하나니 어찌 어린아이라 하여 함부로 하리오.」

21 대종사 말씀하시기를 「우리 속담에 말하고 다니는 것을 나팔 불고 다닌다고도 하나니, 사람사람이 다 나팔이 있어 그 나팔을 불되 어떤 곡조는 듣는

대종경 필사본

게 하고 어떤 曲調는 듣는 사람의 마음을 不安하게 하며 어떤 曲調는 슬프게 하고 어떤 曲調는 즐겁게 하며 어떤 曲調는 和合하게 하고 어떤 曲調는 다투게 하여 그에 따라 罪福의 길이 나누이게 되나니라. 그런즉 그대들은 모든 境界를 當하여 나팔을 불 때에 恒常 좋은 曲調로 千萬 사람이 다 和하게 하며 이 나팔로 自己의 일이나 公衆의 일이 興하게는 할찌언정 서로 다투게 하고 亡하게는 하지 않도록 하라. 그러하면 이 나팔이 限量없는 福을 작만하는 좋은 樂器가 되리라.

20 大宗師- 가라사대 子女와 같이 無間한 사이라도 내가 實行하지 않는 條件으로 指導하면 그 指導를 받지 아니하고 夫婦와 같이 親切한 사이라도 내가 實行하지 않는 條件으로 勸勉하면 그 勸勉을 받지 아니하나니 그러므로 남을 가르치는 方法은 먼저 내가 實行하는 데 있나니라.

대종경

사람의 마음을 편안하게 하고, 어떤 곡조는 듣는 사람의 마음을 불안하게 하며, 어떤 곡조는 슬프게 하고, 어떤 곡조는 즐겁게 하며, 어떤 곡조는 화합하게 하고, 어떤 곡조는 다투게 하여, 그에 따라 죄와 복의 길이 나누이게 되나니라. 그런즉, 그대들은 모든 경계를 당하여 나팔을 불 때에, 항상 좋은 곡조로 천만 사람이 다 화하게 하며, 자기 일이나 공중의 일이 흥하게는 할지언정 서로 다투게 하고 망하게는 하지 않도록 하라. 그러하면, 그 나팔이 한량없는 복을 장만하는 좋은 악기가 되려니와 그렇지 못하면 그 나팔이 한량없는 죄를 불러들이는 장본이 되리라.」

22 대종사 말씀하시기를 「부모 자녀와 같이 무간한 사이라도 자기가 실행하지 못하는 조건으로 지도하면 그 지도를 잘 받지 아니하고, 부부와 같이 친절한 사이라도 내가 실행하지 못하는 조건으로 권면하면 그 권면을 잘 받지 아니하나니, 그러므로 남을 가르치는 방법은 먼저 내가 실행하는 데 있나니라.」

대종경 필사본

21 하루 밤에는 門을 지키던 개가 문 밖의 인기척에 甚히 짓는지라 한 弟子 일어나서 개를 꾸짖거늘 大宗師- 가라사대 개의 責任은 짖는 데에 있거늘 그대는 어찌하여 그 責任履行하는 것을 막는가 이 世上에는 모든 사람과 모든 물건이 各各 責任이 있으며 사람 하나에도 眼耳鼻舌身意가 各各 맡은 바 責任이 있나니 上下貴賤을 莫論하고 다 그 責任만 履行한다면 이 世上은 秩序 있는 世上 進步되는 世上이 될 것인즉 그대들은 各自의 責任履行도 잘 하려니와 또한 남의 責任履行을 妨害하지도 말라. 그런데 이 모든 責任 가운데에는 各 責任을 支配하는 中樞의 責任이 또한 있나니 사람으로 말하면 마음이 그 中樞의 責任이 되고 社會 國家로 말하면 모든 指導者가 그 中樞의 責任이 되어 모든 機關을 運營하게 되나니라. 그러므로 中樞의 責任을 가진 사람으로서 조금이라도 그 責任에 等閑한다면 거기에 따른 모든 責任者가 다 같이 解弛하여 그 機關은 自然 秩序를 잃게 되나니 그대들은 各自의 處地를 살펴보아서 어떠한 責任이든지 그 履行에 精誠을 다할 것이며 더욱이 모든 責任의 中樞가 되는 마음의 運用에 注意

대종경

23 어느 날 밤에 조실 문을 지키던 개가 무슨 인기척에 심히 짖는지라, 한 제자 일어나서 개를 꾸짖거늘 대종사 말씀하시기를 「개의 책임은 짖는 데에 있거늘 그대는 어찌하여 그 책임 이행하는 것을 막는가. 이 세상에는 모든 사람과 모든 물건이 다 각각 책임이 있으며, 사람 하나에도 눈·귀·코·혀·몸·마음이 각각 다 맡은 책임이 있나니, 상하와 귀천을 막론하고 다 그 책임만 이행한다면 이 세상은 질서가 서고 진보가 될 것이니라. 그런즉, 그대들은 각자의 책임 이행도 잘 하려니와 또한 남의 책임 이행을 방해하지도 말라. 그런데, 이 모든 책임 가운데에는 모든 책임을 지배하는 중추(中樞)의 책임이 또한 있나니, 사람은 그 마음이 중추의 책임이 되고, 사회·국가는 모든 지도자가 그 중추의 책임이 되어 모든 기관을 운영하고 조종하게 되나니라. 그러므로, 중추의 책임을 가진 사람으로서 조금이라도 그 책임에 등한하다면 거기에 따른 모든 책임 분야가 다 같이 누그러져서 그 기관은 자연 질서를 잃게 되나니 그대들은 각자의 처지를 살펴보아서 어떠한 책임이든지 그 이행에 정성을 다할 것이며, 모든 책임의 중추가 되는 마

대종경 필사본

하여 一身의 運命과 大衆의 前途에 各各 支障이 없도록 努力하라.

22 大宗師- 여러 弟子들에게 일러 가라사대 大凡 世上은 强과 弱 두 가지로 構成이 되었나니 强者와 弱者가 서로 마음을 和合하여 各各 그 道를 다하면 이 世上은 永遠한 平和를 이루리라. 强者가 弱者를 볼 때에 父母가 子女를 對하는 心境으로 그 自力을 養成시킨다면 弱者는 漸漸 强者로 轉換되고 强者는 永遠한 强者가 될 것이며 弱者가 强者를 볼 때에 子女가 父母를 對하는 心境으로 그 敎訓을 잘 順從한다면 强者는 正當한 强者가 되고 弱者는 또한 遲滯 없이 强者로 轉換될 것이나 强者와 弱者가 各各 그 道를 알지 못하고 强者는 弱者를 다못 自己의 利用物로 생각하여 함부로 取扱하며 弱者는 强者를 다못 自己를 抑壓하는 것으로만 解釋하여 생각 없이 對抗하기로 한다면 畢竟은 强者와 弱者가 다 같이 災禍를 입을 것이요, 世上의 平和는 永遠히 얻지 못하리니 옛 聖賢의 말씀에 웃사람이 아랫사람을 보기를 赤子 같이 하면 아랫사람이 웃사람 보기

대종경

음의 운용에 주의하여 자신의 운명과 대중의 전도에 지장이 없도록 하라.」

24 대종사 여러 제자에게 말씀하시기를 「무릇, 세상은 강과 약 두 가지로 구성이 되었나니 강자와 약자가 서로 마음을 화합하여 각각 그 도를 다 하면 이 세상은 영원한 평화를 이루려니와, 만일 그렇지 못하면 강자와 약자가 다 같이 재화를 입을 것이요, 세상의 평화는 영원히 얻지 못하리니, 옛 성현의 말씀에 윗사람이 아랫사람 보기를 적자같이 하면 아랫사람이 윗사람 보기를 부모와 같이 하고, 윗사람이 아랫사람 보기를 초개같이 하면 아랫사람이 윗사람 보기를 원수같이 한다는 말이 다 이를 이름이니라.」

| 대종경 필사본 | 대종경 |

를 父母와 같이 하고 웃사람이 아랫사람 보기를 草芥와 같이 하면 아랫사람이 웃사람보기를 寇讎와 같이 한다는 말이 다 이를 이름이니라.

23 大宗師- 가라사대 모든 사람이 다 남에게 尊敬받는 貴한 사람 되기를 願하건마는 行하는 땅에 있어서는 남에게 忽待받을 일을 더 하나니 어찌 그 바라는 바를 이루리오. 내가 남의 尊敬을 받는 方法은 곧 恒常 내가 남을 恭敬하며 위해주는 것이니 내가 남을 恭敬하고 위해주면 남도 또한 나를 恭敬하고 위해주는 緣故라. 내가 남에게 恭敬함과 위해줌을 받을 때에 滿足함과 같이 남도 나에게 恭敬함과 위해줌을 받으면 滿足할 것이요, 내가 남에게 壓迫하고 漫忽히 함을 當할 때에 不快함과 같이 남도 나에게 壓迫하고 漫忽히 함을 當하면 不快할 것이니 남이 나를 對하는 感情이 滿足할 때에는 반드시 나를 북돋아주고 세워주려는 생각이 울어 날 것이요, 나를 對하는 感情이 不快하면 어느 方面으로든지 機會 當하는 대로 나를 깎고 害하려 할 것은 定한 理致라. 그와 같이 나를 깎으려 하는

25 대종사 말씀하시기를 「모든 사람이 다 남에게 존대받는 사람 되기를 원하건마는 행하는 데 있어서는 홀대받을 일을 더 하나니 어찌 바라는 바를 이루리요. 저 사람의 존대를 받는 방법은 곧 내가 먼저 저 사람을 존대하며 위해 주는 것이니, 내가 그를 존대하고 위해 주면 그도 나를 존대하고 위해 주나니라.」

| 대종경 필사본 |

사람이 많은즉 아무리 스스로 서고저 하나 畢竟 서지 못하고 말 것이니라.

24 大宗師- 가라사대 나는 恒常 强者로서 强者 노릇할 줄 모르는 사람들을 웃노니 내가 이미 强者일찐대 늘 저 弱者를 도아주고 引導하여 그 弱者로 하여금 自己와 같은 强者가 되도록 하여야 그 强이 永遠한 强이 될 것이며 어느 때까지라도 先進者요 先進者라 할 것이거늘 只今 强者들은 흔히 弱者를 壓迫하고 속이는 것으로 唯一한 手段을 삼나니 어찌 永遠한 强者가 될 方法을 알았다 하리요 弱者라고 恒常 弱者가 아니라 漸漸 그 뜻을 깨치고 元氣를 回復하면 그도 또한 强者의 地位에 서게 될 것이요, 弱者가 깨쳐서 强者의 地位에 서게 되면 前日에 그를 壓迫하고 속이던 强者의 地位는 自然 墮落될 것이니 그러므로 참으로 智慧 있고 눈치 빠른 사람은 恒常 남이 窮할 때에 더 도아주며 弱할 때에 더 생각하여 주나니 그리하여야 永遠히 自己의 强을 保全하는 緣故이니라.

| 대종경 |

26 대종사 말씀하시기를 「나는 항상 강자로서 강자 노릇을 할 줄 모르는 사람들을 애석히 여기노니, 자신이 이미 강자일진대 늘 저 약자를 도와주고 인도하여 그로 하여금 자기 같은 강자가 되도록 북돋아 주어야 그 강이 영원한 강이 될 것이며, 어느 때까지라도 선진자(先進者)요 선각자(先覺者)로 받들어질 것이거늘, 지금 강자들은 흔히 약자를 억압하고 속이는 것으로 유일한 수단을 삼나니 어찌 영원한 강자가 될 수 있으리오. 약자라고 항상 약자가 아니라 점점 그 정신이 열리고 원기를 회복하면 그도 또한 강자의 지위에 서게 될 것이요, 약자가 깨쳐서 강자의 지위에 서게 되면 전일에 그를 억압하고 속이던 강자의 지위는 자연 타락될 것이니, 그러므로 참으로 지각 있는 사람은 항상 남이 궁할 때에 더 도와주고 약할 때에 더 보살펴 주어서 영원히 자기의 강을 보전하나니라.」

대종경 필사본

25 大宗師— 産業部에 가시니 牧場의 돼지가 퍽 야위었는지라 그 緣由를 물으시매 李東安이 告하되 今年 여름에 若干의 傷한 年麥을 飼料로 주는 동안에는 살이 날마다 불어 오르더니 얼마 前부터 겨를 주기 始作하였삽더니 그동안 習慣드린 口味를 卒地*에 고치지 못하여 잘 먹지 아니하고 저 모양으로 漸漸 야위어 가나이다 하거늘 大宗師 들으시고 가라사대 이것이 곧 산 經典이라. 富하던 사람이 卒地**에 가난하여져서 받는 苦痛이나 權勢잡았던 사람이 卒地***에 그 位를 잃고 받는 苦痛이 이에 다를 것이 무엇이리오 그러므로 自古로 聖賢君子들은 모두 이 人間 富貴를 尋常視하여 부귀가 온다고 그다지 기뻐하지도 아니하고 부귀가 간다고 그다지 근심하지도 아니하였나니 옛날 舜임금은 밭갈고 질그릇 굽는 賤役을 하던 農夫로서 天子의 位를 받았으나 거기에 넘치심도 없으셨고 釋迦世尊께서는 돌아오는 王位도 버리시고 踰城出家하셨나니 이 분들의 富貴에 對한 態度가 그 얼마나 淡泊하였으며 苦樂을 超越하는 힘이 그 얼마나 强하였는가 그런즉 그대들도 道를 뜻하고 聖賢을 배우려거든 우선 便하고 우선

266

대종경

27 대종사 산업부에 가시니 목장의 돼지가 퍽 야위었는지라 그 연유를 물으시매, 이동안(李東安)이 사뢰기를 「금년 장마에 약간의 상한 보리를 사료로 주는 동안에는 살이 날마다 불어오르더니, 얼마 전부터 다시 겨를 주기 시작하였삽더니 그동안 습관들인 구미를 졸지에 고치지 못하여 잘 먹지 아니하고 저 모양으로 점점 야위어 가나이다.」 대종사 말씀하시기를 「이것이 곧 산 경전이로다. 잘 살던 사람이 졸지에 가난해져서 받는 고통이나, 권세 잡았던 사람이 졸지에 위를 잃고 받는 고통이 이와 다를 것이 없으리라. 그러므로, 예로부터 성현들은 모두 이 인간 부귀를 심상시하여 부귀가 온다고 그다지 기뻐하지도 아니하고 부귀가 간다고 그다지 근심하지도 아니하였나니, 옛날 순임금은 밭 갈고 질그릇 굽는 천역을 하던 사람으로서 천자의 위를 받았으나 거기에 조금도 넘치심이 없으셨고, 석가세존께서는 돌아오는 왕위도 버리시고 유성 출가하셨으나 거기에 조금도 애착됨이 없으셨나니, 이분들의 부귀에 대한 태도가 그 얼마나 담박하였으며 고락을 초월하는 힘이 그 얼마나 장하였는가. 그런즉, 그대들도 도에 뜻

대종경 필사본

즐겁고 우선 權勢잡는 데에 눈이 어둡지 말고 도리어 그것을 사양하고 삼가하며 設或 不得已한 形便에 그러한 境遇를 當할찌라도 더욱 조심하여 거기에 執着하지도 말고 거기에 墮落하지도 말라. 그러면 참으로 永遠한 安樂 永遠한 名譽 永遠한 權威를 누리게 되리라.

* '猝地'의 誤字.
** '猝地'의 誤字.
*** '猝地'의 誤字.

26 大宗師- 安貧樂道의 뜻을 說明하여 가라사대 大凡 가난이라 하는 것은 무엇이나 不足한 것을 이름이니 얼굴이 不足하면 얼굴가난이요, 學識이 不足하면 學識가난이요 財産이 不足하면 財産가난이라, 그러므로 安貧을 하라 함은 곧 어떠한 方面으로든지 나의 分數에 便安하라는 말이니 이미 받는 가난에 安心치 못하고 이를 억지로 免하려 하면 마음만 더욱 焦燥하여 오히려 괴로움이 더하게 되므로 오직 道人은 이에 便安하여 免할 수 없는 가난이면 다 泰然히 甘受하는 한 便으로 未來의 慧福을 準備하는 것으로 樂을 삼나니 樂道가 되는 것

대종경

하고 성현을 배우려거든 우선 편하고 우선 즐겁고, 우선 권세 잡는 데에 눈이 어둡지 말고 도리어 그것을 사양하며, 설사 부득이 그러한 경우에 처할지라도 거기에 집착하지도 말고 타락하지도 말라. 그러면 참으로 영원한 안락, 영원한 명예, 영원한 권위를 누리게 되리라.」

28 대종사 안빈낙도의 뜻을 설명하시기를 「무릇, 가난이라 하는 것은 무엇이나 부족한 것을 이름이니, 얼굴이 부족하면 얼굴 가난이요, 학식이 부족하면 학식 가난이요, 재산이 부족하면 재산 가난인바, 안분을 하라 함은 곧 어떠한 방면으로든지 나의 분수에 편안하라는 말이니, 이미 받는 가난에 안심하지 못하고 이를 억지로 면하려 하면 마음만 더욱 초조하여 오히려 괴로움이 더하게 되므로, 이미 면할 수 없는 가난이면 다 태연이 감수하는 한편 미래의 혜복을 준비하는 것으로 낙을 삼으라는 것이니라. 그런데, 공부인이 분수에 편안하면 낙도

| 대종경 필사본 | 대종경 |

은 只今 받고 있는 모든 가난과 苦痛이 將來에 福樂으로 變하여질 것을 아는 까닭이며, 한 걸음 나아가서는 마음作用이 恒常 眞理에 어긋나지 아니하고 修養의 힘이 能히 苦樂을 超越하는 眞境에 드는 것을 스스로 즐기는 緣故라, 예로부터 聖者哲人이 모두 이러한 理致를 通하며 이러한 心境을 實用하였으므로 다 安貧樂道의 生活을 잘 하신 것이니라.

가 되는 것은 지금 받고 있는 모든 가난과 고통이 장래에 복락으로 변하여질 것을 아는 까닭이며, 한 걸음 나아가서 마음 작용이 항상 진리에 어긋나지 아니하고, 수양의 힘이 능히 고락을 초월하는 진경에 드는 것을 스스로 즐기는 연고라, 예로부터 성자 철인이 모두 이러한 이치에 통하며 이러한 심경을 실지에 활용하셨으므로 가난하신 가운데 다시없는 낙도 생활을 하신 것이니라.」

27 大宗師- 가라사대 世上萬事가 다 뜻대로 滿足하기를 求하는 사람은 모래 위에 집을 짓고 千萬年의 榮華를 누리려는 사람보다 어리석나니 智慧 있는 사람은 世上을 살아가는데 十分에 六만 뜻에 맞으면 그에 滿足하고 感謝를 느끼며 또한 十分의 十이 다 될찌라도 그 滿足한 일을 혼자 차지하지 아니하고 世上과 같이 나누어 즐기므로 그로 因하여 害를 當하지 않을뿐더러 福이 恒常 無窮하나니라.

29 대종사 말씀하시기를 「세상만사가 다 뜻대로 만족하기를 구하는 사람은 모래 위에 집을 짓고 천만년의 영화를 누리려는 사람같이 어리석나니, 지혜 있는 사람은 세상을 살아가는 데 십분의 육만 뜻에 맞으면 그에 만족하고 감사를 느끼며 또한 십 분이 다 뜻에 맞을지라도 그 만족한 일을 혼자 차지하지 아니하고 세상과 같이 나누어 즐기므로, 그로 인하여 재앙을 당하지 않을뿐더러 복이 항상 무궁하나니라.」

교단품 19 大宗師- 가라사대 사람의

30 대종사 말씀하시기를 「사람의 큰

대종경 필사본

큰 罪惡이 작은 過失로부터 始作되는 수가 許多하나니 그대들은 마땅히 日日時時로 自己의 行動을 살펴서 작은 過失이라도 發見되거든 미루지 말고 고치기에 힘쓰라. 南邦에 성성이라는 짐승은 그 힘이 強하고 날래어 人力으로는 잡지 못하나 그가 술을 즐겨하므로 술을 큰 그릇에 가득 담아서 그의 來往하는 길목에 두어두면 그가 지내면서 술을 보고 처음에는 웃으면서 그대로 가다가 다시 돌아와서 조금 마시고 또 한참 가다가 다시 돌아와서 조금 더 마시고 또 조금 가다가 되돌아와서 마시기를 四, 五次 한 後에는 그만 精神없이 그 술을 다 마시고 畢竟 醉하여 쓰러지면 그때에 사람이 나와서 잡아간다 하니 그가 처음에는 조금만 마시기로 하였으나 조금 술이 커져서 한 동이에 達하였으며 畢竟에는 제의 生命을 잃기도 하고 或은 生捕도 當하게 되는 것이라 사람도 그와 같아서 처음에는 한 두 가지의 적은 허물을 고치지 못하다가 그 허물이 쌓이고 쌓이면 내종에는 큰 罪業이 되어 前途를 그르치게 되나니 어찌 조심하지 아니하리오.*

*『대종경 필사본』 교단품 19장에서 현행 『대종경』 인도품 30장으로 옮김.

대종경

죄악이 처음에는 작은 허물로부터 시작되는 수가 허다하나니, 그대들은 마땅히 때때로 자기의 행동을 살펴서 작은 허물이라도 발견되거든 미루지 말고 고치기에 힘쓰라. 남방의 성성이라는 짐승은 그 힘이 세고 날래어 사람이 힘으로는 잡지 못하나, 그가 술을 즐겨하므로 술을 큰 그릇에 가득 담아서 그의 내왕하는 길목에 두어 두면 그가 지나면서 그것을 보고 처음에는 웃으며 그대로 가다가 다시 돌아와서 조금 마시고, 또 가다가 다시 돌아와서 더 마시고 하기를 여러 차례 한 뒤에는 그만 정신없이 그 술을 다 마시고, 마침내 취하여 쓰러지면 그때에 사람이 나와서 잡아간다고 하니, 그가 처음에는 조금만 마시기로 한 술이 커져서 한 동이에 이르렀으며, 마침내 제 생명을 잃기도 하고 혹은 생포(生捕)도 당하게 되는 것이니라. 사람도 또한 그와 같아서 처음에는 한두 가지의 작은 허물을 고치지 못하다가, 그 허물이 쌓이고 쌓이면 마침내 큰 죄업을 저질러서 전도를 크게 그르치나니 어찌 조심하지 아니하리오.」

| 대종경 필사본 | 대종경 |

교단품 20 大宗師― 젊은 男女 中에 或 工夫의 正路를 잡지 못하여 彷徨하는 무리를 걱정하시며 가라사대 그대들 중에 처음에는 잘 하다가 내종에는 잘못하는 사람도 있고 처음에는 잘못하다가 乃終에는 잘 하는 사람도 있으므로 내 미리 짐작하여 各各 適當히 對處하나 벌써 나이가 三十이 넘으면 그 사람의 一生 人品이 大槪 決定되는 때라 萬一 그때까지 철이 들지 못한 사람은 實相 나도 근심이 되지마는 저도 큰 걱정이 될 일이니라.*

* 『대종경 필사본』 교단품 19장에서 현행 『대종경』 인도품 31장으로 옮김.

31 대종사 젊은 남녀 가운데 혹 공부의 바른길을 잡지 못하여 헤매는 사람을 걱정하시며, 말씀하시기를 「그대들 가운데 처음에는 잘하다가 나중에는 잘못하는 사람도 있고 처음에는 잘못하다가 나중에는 잘하는 사람도 있으므로, 내가 미리 짐작하여 각각 적당하게 지도하나, 나이가 삼십이 넘으면 그 사람의 일생 인품이 대개 틀 잡히는 때라, 만일 그때까지 철이 들지 못하는 사람은 실상 나도 근심이 되지마는 자신들도 큰 걱정이 될 일이니라.」

교단품 24 大宗師― 蓬萊精舍에 계실새 때마침 큰 장마로 草堂 앞 마른 못에 물이 가득하매 四方의 개구리가 모여들어 올챙이를 낳았더니 얼마 後에 비가 개이고 날이 뜨거우매 물이 漸漸 줄어들어 四, 五日이 못 가게 되었건마는 올챙이들은 그 속에서 기운 좋게 놀고 있는지라 이를 보시고 가라사대 참으로 無知한 올챙이들이로다. 그 生命이 一分 二分 줄어가는 줄을 모르고 저와 같이 즐기는도다. 그러나 어찌 저들 뿐이리요.

32 대종사 봉래정사에 계실 때에 마침 큰 장마로 초당 앞 마른 못에 물이 가득하매 사방의 개구리가 모여들어 많은 올챙이가 생기었더니, 얼마 후에 비가 개이고 날이 뜨거우매 물이 점점 줄어들어 며칠이 못 가게 되었건마는 올챙이들은 그 속에서 꼬리를 흔들며 놀고 있는지라, 대종사 보시고 말씀하시기를 「참으로 안타까운 일이로다. 일분 이분 그 생명이 줄어가고 있는 줄도 모르고 저와 같이 기운 좋게 즐기는도다. 그러나, 어

대종경 필사본

사람도 또한 그러하나니 마르는 못 속에서 즐기는 올챙이들이 며칠 後에는 죽음을 免할 수 없게 될 것을 所見있는 사람은 알 수 있는 것 같이 收入 없이 支出만 하는 사람과 現在의 強을 濫用만 하는 사람들의 將來를 智慧있는 사람이 볼 때에는 그 敗亡할 것을 可히 날을 定하여 알 수 있나니라.*

* 『대종경 필사본』 교단품 24장에서 현행 『대종경』 인도품 32장으로 옮김.

교단품 25 大宗師- 禪院 大衆에게 일러 가라사대 내- 오늘은 그대들에게 마음을 지키고 몸 두호하는 가장 必要한 方法을 말하여 주리니 그대들은 잘 들어서 百千境界에 恒常 工夫하는 標語를 삼을찌어다. 標語란 곧 敬畏心을 놓지 말라 함이니 어느 때 어떠한 사람을 交際하나 어떠한 物質을 接觸하나 오직 恭敬하고 두려워하는 마음을 가지라 함이니라. 사람이 恭敬하고 두려워하는 마음을 놓고 보면 아무리 親切無間한 父子 兄弟 夫婦의 사이에도 반드시 不平과 怨望이 생기는 것이며 대수롭지 않은 境界와 輕微한 物質에게도 흔히 拘束과 失敗를

대종경

찌 저 올챙이들 뿐이리오. 사람도 또한 그러하나니, 수입 없이 지출만 하는 사람과 현재의 강(強)을 남용만 하는 사람들의 장래를 지혜 있는 사람이 볼 때에는 마르는 물속에 저 올챙이들과 조금도 다름 없이 보이나니라.」

33 대종사 대중에게 말씀하시기를 「오늘은 그대들에게 마음 지키고 몸 두호하는 데에 가장 필요한 방법을 말하여 주리니 잘 들어서 모든 경계에 항상 공부하는 표어를 삼을지어다. 표어란 곧 경외심을 놓지 말라 함이니, 어느 때 어디서 어떠한 사람을 대하거나 어떠한 물건을 대하거나 오직 공경하고 두려워하는 마음을 가지고 대하라 함이니라. 사람이 공경하고 두려워하는 마음을 놓고 보면 아무리 친절하고 사이 없는 부자·형제·부부 사이에도 반드시 불평과 원망이 생기는 것이며, 대수롭지 않은 경계와 하찮은 물건에도 흔히 구속과 피해를

대종경 필사본

當하나니 그것은 處地가 無間하고 境界가 輕微함으로써 마음 가운데 恭敬과 두려움을 놓아버리고 함부로 行한 緣故이라 한 例를 들자면 어떤 사람이 어느 商店에서 성양 한 갑을 훔치다가 店主에게 發覺되었다면 그 店主가 輕微한 성양 한 갑이라고 그 사람을 그저 돌려보내겠는가. 極히 仁厚한 사람이라야 警責에 그칠 것이요 그렇지 아니하면 侮辱을 加할 수도 있을 것이니 이것은 곧 그 성양 한 갑이 들어서 그 사람을 侮辱한 것이며 다시 생각하면 성양을 取하려는 慾心이 들어서 제가 저를 侮辱한 것이요, 그 慾心은 성양 한 갑에 對한 敬畏心을 놓은 데서 난 것이니 사람이 萬一 敬畏心을 놓고 보면 그 無感覺하고 하치않은 성양 한 갑도 그만한 權威를 나타내거든 하물며 그 以上의 物品이며 더구나 萬能의 힘을 가진 사람이리오. 그러므로 우리는 恒常 恭敬하고 두려워하여야 하리니 우리가 무엇에나 恭敬하고 두려워하는 마음을 가지고 義로써 살아간다면 우으로 蒼蒼한 하늘을 우러러보나 아래로 廣漠한 大地를 굽어보나 온 宇宙에 建設되어 있는 모든 물건은 다 나의 利用物이요 이 世上에 施行되는 모든 法은 다 나의

대종경

당하나니, 그것은 처지가 무간하고 경계가 가볍다 하여 마음 가운데 공경과 두려움을 놓아 버리고 함부로 행하는 연고라, 가령 어떤 사람이 어느 가게에서 성냥 한 갑을 훔치다가 주인에게 발각되었다면 그 주인이 하찮은 성냥 한 갑이라 하여 그 사람을 그저 돌려보내겠는가. 극히 후한 사람이라야 꾸짖음에 그칠 것이요, 그렇지 아니하면 모욕을 가할 수도 있을 것이니, 이것은 곧 그 성냥 한 갑이 들어서 그 사람을 꾸짖고 모욕한 것이며, 다시 생각하면 성냥을 취하려는 욕심이 들어서 제가 저를 무시하고 욕보인 것이요, 그 욕심은 성냥 한 갑에 대한 경외심을 놓은 데서 난 것이니, 사람이 만일 경외심을 놓고 보면 그 감각 없고 하찮은 성냥 한 갑도 그만한 권위를 나타내거든, 하물며 그 이상의 물질이며 더구나 만능의 힘을 가진 사람이리오. 그러므로, 우리는 항상 공경하고 두려워하자 함이니, 우리가 무엇이나 공경하고 두려워하는 마음을 가지고 의(義)로써 살아간다면 위로 창창한 하늘을 우러러보나, 아래로 광막한 대지를 굽어보나, 온 우주에 건설되어있는 모든 물건은 다 나의 이용물이요, 이 세상에 시행

대종경 필사본

保護機關이지마는 萬一 恭敬과 두려움을 놓아버리고 不義로써 動한다면 宇宙 內 모든 物건은 도리어 나를 傷害하려는 道具이요 이 世上 모든 法은 도리어 나를 拘束하려는 捕繩이니 어찌 두렵지 않으리오. 그러므로 그대들에게 이르노니 波濤洶洶한 世間에 나타난 그대들로서 마음을 가지고 몸 두호하는 道를 알고저 할찐대 마땅히 이 標語를 心腦에 깊이 새겨두고 每事를 그대로 進行하라.*

*『대종경 필사본』 교단품 25장에서 현행 『대종경』 인도품 33장으로 옮김

교단품 26 大宗師- 新年式에 出席하사 가라사대 내- 오늘 여러 사람에게 歲拜를 받았으니 世俗사람들 같으면 飮食 等으로써 答禮를 하겠으나 나는 돌아오는 亂世를 無事히 살아갈 秘訣을 일러 줄 터인즉 寶鑑을 삼으라 하시고 先賢의 詩 한 篇을 써 주시니 곧 「處世柔爲貴 剛强是禍基 發言常欲訥 臨事當如痴 急地常思緩 安時不忘危 一生從此計 眞個好男兒」라 大宗師- 그 글 끝에 다시 「右知而行之者常安樂」이라 써 주시니라.*

*『대종경 필사본』 교단품 26장에서 현행 『대종

대종경

되는 모든 법은 다 나의 보호 기관이지마는, 만일 공경과 두려움을 놓아 버리고 함부로 동한다면 우주 안의 모든 물건은 도리어 나를 상해하려는 도구요, 이 세상 모든 법은 도리어 나를 구속하려는 포승이니, 어찌 두렵지 아니하리오. 그러므로, 그대들에게 이르노니, 물결 거센 이 세간에 나타난 그대들로서 마음을 잘 지키고 몸을 잘 두호하려거든 마땅히 이 표어를 마음에 깊이 새겨 두고 매사를 그대로 진행하라.」

34 대종사 신년을 당하여 말씀하시기를 「내가 오늘 여러 사람에게 세배(歲拜)를 받았으니 세속 사람들 같으면 음식이나 물건으로 답례를 하겠으나, 나는 돌아오는 난세를 무사히 살아갈 비결(秘訣) 하나를 일러 줄 터인즉 보감을 삼으라.」하시고 선현(先賢)의 시 한 편을 써 주시니 곧 "처세에는 유한 것이 제일 귀하고(處世柔爲貴) 강강함은 재앙의 근본이니라(剛强是禍基) 말하기는 어눌한 듯 조심히 하고(發言常欲訥) 일 당하면 바보인 듯 삼가 행하라(臨事當如痴) 급

대종경 필사본

경』 인도품 34장으로 옮김. '常'이 '尙'으로 변경됨.

교단품 28 하루는 여러 弟子들이 新聞을 보다가 時事에 對하여 可否를 論함이 紛紛하거늘 大宗師— 들으시고 가라사대 그대들이 어찌 남의 일에 對하여 輕輕히 말을 하는가. 참된 所見을 가진 者는 남의 是非를 함부로 말하지 아니 하나니라. 新聞을 본다 하여도 그 가운데에서 善惡의 原因과 그 結果 如何를 仔詳히 觀察하여 나의 前途에 寶鑑만 삼는 것이 工夫人의 떳떳한 行實이요, 참된 利益을 얻는 길이니 이것이 곧 通萬法 明一心의 일이라 이러한 精神으로 新聞을 보는 者는 新聞이 곧 經典이요 福慧의 資料가 될 것이나 그렇지 못한 者는 도리어 날카로운 知見과 가벼운 입을 놀려 사람의 是非 評論하는 재주만 늘어서 罪의 구

대종경

할수록 그 마음을 더욱 늦추고(急地尙思緩) 편안할 때 위태할 것 잊지 말아라(安時不忘危) 일생을 이 글대로 살아 간다면(一生從此計) 그 사람이 참으로 대장부니라(眞個好男兒)" 한 글이요, 그 글 끝에 한 귀를 더 쓰시니 "이대로 행하는 이는 늘 안락하리라(右知而行之者常安樂)" 하시니라.

35 하루는 여러 제자가 신문을 보다가 시사(時事)에 대하여 가부 평론함이 분분하거늘, 대종사 들으시고 말씀하시기를 「그대들이 어찌 남의 일에 대하여 함부로 말을 하는가. 참된 소견을 가진 사람은 남의 시비를 가벼이 말하지 아니 하나니라. 신문을 본다 하여도 그 가운데에서 선악의 원인과 그 결과 여하를 자상히 살펴서 나의 앞길에 거울을 삼는 것이 공부인의 떳떳한 행실이요, 참된 이익을 얻는 길이니, 이것이 곧 모든 법을 통해다가 한마음을 밝히는 일이라, 이러한 정신으로 신문을 보는 사람은 신문이 곧 산 경전이 될 것이요, 혜복의 자료가 될 것이나, 그렇지 못한 사람은 도리어 날카로운 소견과 가벼운 입을 놀려

| 대종경 필사본 | 대종경 |

렁에 빠지기 쉽나니 그대들은 이에 크게 注意하라.*

*『대종경 필사본』 교단품 28장에서 현행 『대종경』 인도품 35장으로 옮김.

사람의 시비 평론하는 재주만 늘어서 죄의 구렁에 빠지기 쉽나니 그대들은 이에 크게 주의하라.」

교단품 29 大宗師- 무슨 일로 金南天을 꾸짖으시고 文正奎에게 일러 가라사대 내가 南天을 責한 것이 다만 南天에게만 限한 것이 아닌데 正奎는 어떻게 생각하는가. 내가 어떤 사람을 責하든지 正奎는 먼저 正奎의 몸을 더듬어 나도 그러한 일이 있지나 아니한가 살펴보아서 있으면 고칠 것이요 없으면 銘心하였다가 後日에 犯치 않기로 할 것이며 決코 責望 當하는 그 사람을 흉보거나 비웃지 말라. 어리석은 사람은 남의 過失만 밝힘으로 제 앞이 더웁고 知慧있는 사람은 自己의 허물을 살핌으로 남의 是非를 볼 餘暇가 없나니라.*

*『대종경 필사본』 교단품 29장에서 현행 『대종경』 인도품 36장으로 옮김.

36 대종사 무슨 일로 김남천을 꾸짖으시고, 문정규에게 말씀하시기를 「내가 남천을 꾸짖는 것이 남천에게만 한한 것이 아닌데 정규는 어떻게 생각하는가. 내가 어떤 사람을 꾸짖든지 정규는 먼저 정규의 행실을 살펴보아서 그러한 일이 있으면 고칠 것이요 없으면 명심하였다가 후일에도 범하지 않기로 할 것이며, 결코 책망당하는 그 사람을 흉보거나 비웃지 말라. 어리석은 사람은 남의 허물만 밝히므로 제 앞이 늘 어둡고, 지혜 있는 사람은 자기의 허물을 살피므로 남의 시비를 볼 여가가 없나니라.」

교단품 30 大宗師- 가라사대 사람이 世上에서 무슨 일을 할 때에는 或 남의

37 대종사 말씀하시기를 「사람이 세상에서 무슨 일을 할 때에는 혹 남의 찬

| 대종경 필사본 | 대종경 |

찬성도 받고 또는 非難도 받게 되나니 거기에 對하여 아무 생각 없이 한갓 좋아만 하거나 싫어만 하는 것은 곧 어린 兒孩와 같은 일이니라. 남들은 무엇이라고 말하든지 나는 나의 實地를 調査하여 良心에 부끄러울 바가 없는 일이면 비록 千萬 사람이 非難하더라도 百折不屈의 勇力으로 꾸준히 進行할 것이요 또는 아무리 讚成*을 받더라도 良心上 하지 못할 일이면 헌신같이 버리기를 주저하지 말 것이니 이것이 곧 自力있는 工夫人의 하는 일이니라.**

* '贊成' 또는 '讚聲'의 誤字.
** 『대종경 필사본』 교단품 30장에서 현행 『대종경』 인도품 37장으로 옮김.

성도 받고 또는 비난도 받게 되나니, 거기에 대하여 아무 생각 없이 한갓 좋아만 하거나 싫어만 하는 것은 곧 어린아이와 같은 일이니라. 남들이 무엇이라고 할 때에는 나는 나의 실지를 조사하여 양심에 부끄러울 바가 없는 일이면 비록 천만 사람이 비난을 하더라도 백절불굴의 용력으로 꾸준히 진행할 것이요, 남이 아무리 찬성을 하더라도 양심상 하지 못 할 일이면 헌신같이 버리기를 주저하지 말 것이니, 이것이 곧 자력 있는 공부인이 하는 일이니라.」

교단품 34 大宗師- 가라사대 내가 여러 사람을 지내본즉 무슨 일이나 처음 始作하여 한 가지도 그르친 바가 없이 잘 進行되는 때에는 그 일에 힘을 다하여 잘 해보려는 誠意가 繼續되나 中間에 惑 잘못하여 한 두 번 失手를 하고 보면 그만 그 마음을 다 풀어버리고 되는 대로 放念恣行을 하는 者가 間或 있나니 이것이 마치 깨끗한 새 옷을 입은 사람

38 대종사 말씀하시기를 「사람이 무슨 일을 시작하여 한 가지도 그르침이 없을 때에는 그 일을 잘해보려는 성의가 계속되다가도 중간에 혹 한두 번 실수를 하고 보면 그만 본래 마음을 다 풀어 버리고 되 대로 하는 수가 허다하나니, 이것은 마치 새 옷을 입은 사람이 처음에는 그 옷을 조심하여 입다가도 때가 묻고 구김이 지면 그 주의를 놓아 버리

대종경 필사본

이 처음에는 起居坐立에 注意하여 아무쪼록 그 衣服을 더럽히지 않으려고 조심하다가 어찌 잘못하여 무슨 때가 묻고보면 그만 그 注意를 놓아 버리고 함부로 입게 되는 것과 같나니 모든 일을 다 이와 같이 한다면 무슨 成功이 있으리오. 오직 徹底한 생각과 遠大한 經營을 가진 사람은 무슨 일을 하는 데에 或 어떠한 波瀾을 當하고 어떠한 失手를 할찌라도 더한층 奮發하며 더한층 注意하여 그 失手로써 前鑑을 삼아 未來를 開拓할찌언정 거기에 挫折되지 아니하나니 이 뜻을 깨달라서 이대로 하고 보면 적은 失手는 큰 成功의 바탕이 되나니라.*

* 『대종경 필사본』 교단품 34장에서 현행 『대종경』 인도품 38장으로 옮김.

교단품 35 大宗師-가라사대 내가 여러 사람을 지내보니 누구나 다 利로운 일을 願하나 하는 바는 害로울 일을 行하며 富貴하기를 願하나 貧賤할 일을 行하며 讚成*받기를 좋아하나 嘲笑받을 일을 行하여서 心中에 願하는 바와 行實에 나타나는 바가 서로 같지 못하나니 이것이 다 모든 苦樂의 根源을 알지 못

대종경

는 것과 같나니, 모든 일을 다 이와 같이 한다면 무슨 성공이 있으리오. 오직 철저한 생각과 큰 경륜을 가진 사람은 무슨 일을 하다가 혹 어떠한 실수를 할지라도 그것을 전감 삼아 미래를 더욱 개척은 할지언정 거기에 뜻이 좌절되어 당초의 대중을 놓아 버리지는 아니하나니, 이러한 사람에게는 작은 실수가 도리어 큰 성공의 바탕이 되나니라.」

39 대종사 말씀하시기를 「사람이 누구나 이로운 일을 원하나 하는 바는 해로울 일을 많이 하며, 부귀하기를 원하나 빈천할 일을 많이 하며, 찬성 받기를 원하나 조소 받을 일을 많이 하여, 마음에 원하는 바와 몸으로 행하는 바가 서로 같지 못한 수가 허다하나니, 이것이 다 고락의 근원을 알지 못하는 연고이

대종경 필사본

하는 緣故이며 設使 안다 할찌라도 實行이 없는 緣故라 그대들은 이 原因을 깊이 생각하고 밝게 判斷하여 恒常 그 願하는 바와 行하는 바가 서로 矛盾되지 않게 하라. 그리하면 모든 일이 다 뜻대로 成就되리라.**

* '贊成' 또는 '讚聲'의 誤字.

** 『대종경 필사본』 교단품 35장에서 현행 『대종경』 인도품 39장으로 옮김.

28 大宗師- 가라사대 사람의 職業 가운데에 복짓는 職業도 있고 罪짓는 職業도 있나니 이에 그 大義를 말하자면 福을 짓는 職業은 그 職業을 하므로써 모든 社會에 利益이 미쳐가며 나의 마음도 自然히 善하여지게 되는 職業이요, 罪를 짓는 職業은 그 職業을 하므로써 모든 社會에 害毒이 미쳐가며 나의 마음도 自然히 惡하여지게 되는 職業이라 그러므로 사람이 職業을 가지는 데에도 반드시 選擇하는 바가 있어야 할 것이며 이 모든 職業 가운데에 제일 좋은 職業은 一切衆生의 마음을 바르게 引導하여 苦海에서 樂園으로 들어오게 하는 부처님의 사업이니라.

대종경

며, 설사 안다 할지라도 실행이 없는 연고라, 그대들은 이 원인을 깊이 생각하고 밝게 판단하며 그 실행을 철저히 하여 항상 그 원하는 바와 행하는 바가 서로 모순되지 않게 하라. 그리하면 모든 일이 다 뜻대로 성취되리라.」

40 대종사 말씀하시기를 「사람의 직업 가운데에 복을 짓는 직업도 있고 죄를 짓는 직업도 있나니, 복을 짓는 직업은 그 직업을 가짐으로써 모든 사회에 이익이 미쳐가며 나의 마음도 자연히 선하여지는 직업이요, 죄를 짓는 직업은 그 직업을 가짐으로써 모든 사회에 해독이 미쳐가며 나의 마음도 자연히 악해지는 직업이라, 그러므로 사람이 직업을 가지는 데에도 반드시 가리는 바가 있어야 할 것이며, 이 모든 직업 가운데에 제일 좋은 직업은 일체중생의 마음을 바르게 인도하여 고해에서 낙원으로 제도하는 부처님의 사업이니라.」

대종경 필사본

29 大宗師- 가라사대 한 家庭의 興亡이 戶主의 精神 如何에도 달려있나니 첫째는 戶主의 精神이 勤實하여야 그 家庭이 興할 것이요, 둘째는 집안사람들이 서로 和合하여 모든 일에 힘을 모아야 할 것이요 셋째는 무슨 實業이든지 먼저 知見과 經驗을 얻은 뒤에 着手하여야 할 것이요, 넷째는 以小成大의 準則으로 順序 있게 그 事業을 키워나가야 할 것이요, 다섯째는 廢物利用과 塵合泰山의 法을 잘 利用하여야 할 것이요, 여섯째는 元業과 副業을 適當하게 하며 生産部分을 서로 連絡있게 하여야 할 것이요, 일곱째는 그 生産이 豫定한 目標에 到達하기 前에는 그 資金을 다른 곳에 함부로 流用하지 말아야 할 것이요 여덟째는 目標에 達한 뒤에라도 無理한 暴利는 꾀하지 말고 매양 根據 있고 믿음 있는 곳에 資本을 심을 것이요, 아홉째는 收支를 恒常 살펴서 正當한 支出은 아끼지 말고 無用의 濫費는 단단히 防止하여 이와 같은 方法으로 治家에 專力하면 그대들의 살림이 自然 潤殖되고 마음工夫하는 데에도 또한 서로 도움이 되리라.

대종경

41 대종사 말씀하시기를 「한 가정의 흥망이 호주의 정신 여하에도 달려있나니, 한 가정이 흥하기로 하면 첫째는 호주의 정신이 근실하여야 할 것이요, 둘째는 집안사람들이 서로 화합하여 모든 일에 힘을 모을 것이요, 셋째는 무슨 실업이든지 먼저 지견과 경험을 얻은 뒤에 착수할 것이요, 넷째는 이소성대(以小成大)의 준칙으로 순서 있게 사업을 키워 나갈 것이요, 다섯째는 폐물 이용의 법을 잘 이용할 것이요, 여섯째는 원업(元業)과 부업(副業)을 적당하게 하며 생산 부분을 서로 연락 있게 할 것이요, 일곱째는 그 생산이 예정한 목표에 이르기 전에는 그 자금을 다른 곳에 함부로 유용하지 말 것이요, 여덟째는 목표에 달한 뒤에라도 무리한 폭리는 꾀하지 말고 매양 근거 있고 믿음 있는 곳에 자본을 심을 것이요, 아홉째는 수지를 항상 살펴서 정당한 지출은 아끼지 말고 무용한 낭비는 단단히 방지하여, 이와 같은 방법으로 치가에 전력하면 그대들의 살림이 자연 불어나고 그에 따라 마음공부하는 데에도 또한 서로 도움이 되리라.」

대종경 필사본

30 大宗師- 가라사대 한 家庭은 한 나라를 縮小하여 놓은 것과도 같고 한 나라는 여러 家庭들을 모아놓은 것이니 한 家庭은 곧 작은 나라인 同時에 큰 나라의 根本이 되는 것이다. 그러므로 한 家庭을 잘 다스리는 사람은 社會 國家에 나가도 그 社會 國家를 잘 다스릴 것이며, 또는 各自各自가 그 家庭家庭을 잘 다스리고 보면 國家는 自然 따라서 잘 다스려질 것이니 한 家庭을 다스리는 戶主의 責任이 重하고 큼을 알아야 할찌니라.

31 또 가라사대 家庭을 잘 다스리는 데에는 첫째 전 家眷이 같이 信仰할 만한 宗敎를 가지고 늘 새로운 精神으로 새 生活을 展開하게 하여야 할 것이며, 둘째는 戶主가 家眷을 다스릴만한 德威와 智慧와 實行을 갖추는 데에 努力하여야 할 것이며, 셋째는 戶主가 무슨 方法으로든지 家眷을 가르치기로 爲主하되 自身이 먼저 많이 배우고 먼저 實行하여 家眷의 거울이 되어야 할 것이며, 넷째는 全家眷이 職業없이 놀고먹지 아니하며 나날이 收支를 맞추고 豫算을 세워서 多少間이라도 貯蓄이 되게 할 것이며 다

대종경

42 대종사 말씀하시기를 「한 가정은 한 나라를 축소하여 놓은 것이요, 한 나라는 여러 가정을 모아 놓은 것이니, 한 가정은 곧 작은 나라인 동시에 큰 나라의 근본이 되나니라. 그러므로, 한 가정을 잘 다스리는 사람은 사회 국가에 나가도 그 사회 그 국가를 잘 다스릴 것이며, 또는 각자 각자가 그 가정 가정을 잘 다스리고 보면 국가는 따라서 잘 다스려질 것이니, 한 가정을 다스리는 호주의 책임이 중하고 큼을 알아야 할지니라.」

43 대종사 말씀하시기를 「모범적인 가정을 이룩함에는 첫째 온 집안이 같이 신앙할 만한 종교를 가지고 늘 새로운 정신으로 새 생활을 전개해야 할 것이며, 둘째는 호주가 집안 다스릴 만한 덕위와 지혜와 실행을 갖추어야 할 것이며, 셋째는 호주가 무슨 방법으로든지 집안 식구들을 가르치기로 위주하되 자신이 먼저 많이 배우고 먼저 경험하여 집안의 거울이 되어야 할 것이며, 넷째는 온 식구가 놀고먹지 아니하며 나날이 수지를 맞추고 예산을 세워서 약간이라도 저축이 되게 할 것이며, 다섯째

대종경 필사본

섯째는 職業을 가지되 가림이 있어서 殺生하는 職業이나 남의 精神을 麻醉시키는 職業을 가지지 말며 또는 權利를 濫用하여 남의 生命 財産을 威脅하거나 가슴을 아프게 하는 일이 없게 할 것이며, 여섯째는 될 수 있는대로 夫婦間에도 物質的 生活을 各自히 하면서 서로 富裕한 家庭과 富裕한 國家 社會를 만들기에 힘을 쓸 것이며, 일곱째는 國家 社會에 對한 義務와 責任을 充實히 履行하며 特히 自力 없는 사람을 保護하는 機關과 敎化 敎育의 機關에 힘 미치는 대로 協力할 것이며 여덟째는 子女에게 科學과 道學을 아울러 가르치며 敎育을 받은 後에는 相當한 期間을 國家나 社會나 敎會에 奉仕하게 할 것이며 아홉째는 財産을 傳하여 줄 때에 子女에게는 그 生活土臺를 세워주는 程度에 그치고 國家나 社會나 敎會의 公益機關에 喜捨할 것이며, 열째는 複雜한 人間世上을 살아가는 데 몸과 마음을 修養하기 爲하여 每月 數次나 每年 數次씩 適當한 休養으로 새 힘을 기를 것이니라.

대종경

는 직업을 가지되 가림이 있어서 살생하는 직업이나 남의 정신 마춰시키는 직업을 가지지 말며, 또는 권리를 남용하여 남의 생명·재산을 위협하거나 가슴을 아프게 하는 일이 없게 할 것이며, 여섯째는 될 수 있는 대로 부부 사이에도 물질적 생활을 각자 자립적으로 하면서 서로 부유한 가정과 부유한 국가·사회를 만들기에 힘쓸 것이며, 일곱째는 국가·사회에 대한 의무와 책임을 충실히 이행하며 특히 자력 없는 사람을 보호하는 기관과 교화·교육의 기관에 힘 미치는 대로 협력할 것이며, 여덟째는 자녀에게 과학과 도학을 아울러 가르치며 교육을 받은 후에는 상당한 기간을 국가나 사회나 교단에 봉사하게 할 것이며, 아홉째는 자녀에게 재산을 전해 줄 때에는 그 생활 토대를 세워주는 정도에 그치고 국가나 사회나 교단의 공익기관에 희사할 것이며, 열째는 복잡한 인간 세상을 살아가는 데 몸과 마음을 수양하기 위하여 매월 몇 차례나 매년 몇 차례씩 적당한 휴양으로 새 힘을 기를 것이니라.」

대종경 필사본

32　大宗師- 妊婦를 對하시면 매양 모진 마음을 내지 말며 모진 말을 하지 말며, 모진 行動을 하지 말라 하시고 特히 殺生을 禁하시며 가라사대 胎兒가 胎中에 있을 때에는 그 靈識이 어리는 때이라 그 父母의 마음과 말과 行動이 胎兒의 將來 性行에 影響을 주기 쉬우므로 그 期間 中 胎母의 謹愼이 아주 重要하다 하시니라.

33　大宗師- 가라사대 子女를 가르치는 데에 네 가지 法이 있나니 첫째는 心敎라 마음에 信仰處를 두고 바르고 착하고 平坦하게 마음을 가져서 그 子女로 하여금 말로 가르치기 前에 먼저 그 마음을 體받게 할 것이요, 둘째는 行敎라 마음에 戒銘을 두고 어느 때나 몸으로 實行하여 말과 行實이 같고 안과 밖이 같아서 말로 가르치기 前에 먼저 그 實行을 體받게 할 것이요, 셋째는 言敎라 어느 때나 佛菩薩 聖賢들과 偉人 達士들의 嘉言과 善行을 많이 일러주어 그것을 記憶하며 體받게 할 것이요, 넷째는 嚴敎라 이는 철없는 때에 不得已 威嚴으로 가르치는 法이니 이는 자조 쓸 法이

대종경

44　대종사 임신한 부인을 대하시면 매양 「모진 마음을 내지 말며, 모진 말을 하지 말며, 모진 행동을 하지 말라.」 하시고 특히 살생을 금하시며 말씀하시기를 「태아(胎兒)가 모태 가운데 있을 때는 그 영식(靈識)이 어리는 때라, 그 부모의 마음과 말과 행동이 태아의 장래 성질에 영향을 주기 쉽나니 그 동안 태모의 근신이 극히 중요하나니라.」

45　대종사 말씀하시기를 「자녀를 가르치는 데 네 가지 법이 있나니, 첫째는 심교(心敎)라 마음에 신앙처를 두고 바르고 착하고 평탄하게 마음을 가져서 자녀로 하여금 먼저 그 마음을 체받게 하는 것이요, 둘째는 행교(行敎)라 자신이 먼저 실행하고 행동에 법도가 있어서 자녀로 하여금 저절로 그 실행을 체받게 하는 것이요, 셋째는 언교(言敎)라 매양 불보살 성현들과 위인 달사들의 가언(嘉言) 선행(善行)을 많이 일러 주어 그것을 기억하여 체받게 하며 모든 사리를 순순히 타일러서 가르치는 것이요, 넷째는 엄교(嚴敎)라 이는 철없는 때에 부득이 위엄으로 가르치는 법이니 이는 자주

대종경 필사본

아니니라. 그러므로 한 家庭에서 子女를 가르치되 어머니 胎中으로 비롯하여 成人이 되기까지 이 네 가지 法을 아울러 쓰면 옳은 사람을 만드는 데 큰 도움이 되리라.

34 大宗師- 가라사대 子女를 가르치는 데에는 父母 自身이 먼저 上奉下率의 道에 어긋남이 없어야 할찌니 萬一 子女의 보는 바에 自身이 直接 不孝를 한다든지 不敬을 한다든지 其他 무슨 일이나 좋지 못한 行動을 한다면 그 子女를 指導할 威信이 없게 되는 것이요 둘째는 그 言動이 謹嚴하여야 할찌니 萬一 父母를 無難하게 아는 때에는 그 子女를 正當한 規律로 指導하기가 어려운 것이요, 셋째는 親愛를 주어야 할찌니 萬一 謹嚴하기만 하고 親愛하는 情이 건네지 아니하면 그 子女를 眞情으로 感化하지 못하는 것이요, 넷째는 모든 言約에 信用을 잃지 말아야 할찌니 萬一 信用을 잃고 보면 그 子女에게 徹底한 令을 세우지 못하는 것이요, 다섯째는 賞罰을 分明히 하여야 할찌니 萬一 賞罰이 分明치 못하면 그 子女에게 참다운 覺醒을 주지

대종경

쓸 법은 아니니라. 그러므로, 한 가정에서 자녀를 가르치되 어머니 태중으로 비롯하여 성인(成人)이 되기까지 이 네 가지 법을 아울러 쓰면 착한 사람 되게 하는 데 큰 도움이 되리라.」

46 대종사 말씀하시기를 「자녀를 가르치는 데에는 부모 자신이 먼저 상봉하솔의 도에 어긋남이 없어야 할 것이니, 만일 자녀의 보는 바에 자신이 직접 불효한다든지 불경을 한다든지 기타 무슨 일이나 좋지 못한 행동을 한다면 그 자녀를 지도할 위신이 없게 되는 것이요, 둘째는 그 언동이 근엄(謹嚴)하여야 할 것이니 만일 부모를 무난하게 아는 때에는 그 자녀를 정당한 규율로 지도하기가 어려운 것이요, 셋째는 친애(親愛)를 주어야 할 것이니 만일 근엄하기만 하고 친애하는 정이 건네지 아니하면 그 자녀를 진정으로 감화하지 못하는 것이요, 넷째는 모든 언약에 신용을 잃지 말아야 할 것이니 만일 신용을 잃고 보면 그 자녀에게 철저한 영(令)을 세우지 못하는 것이요, 다섯째는 상벌을 분명히 할 것이니 만일 상벌이 분명하지 못하면 그

대종경 필사본

못하는 것이요, 여섯째는 어릴 때부터 正當한 信仰心을 넣어주어야 할찌니 萬一 信仰心이 없으면 자라나는 途中에 다른 外境의 誘惑을 받기 쉬운 것이요, 일곱째는 어릴 때부터 公益心을 勸奬하여야 할찌니 萬一 公益心의 勸奬이 없으면 自然히 利己注意의 싹이 커나는 것이요, 여덟째는 어릴 때부터 남의 惡評이나 毁談 等을 禁하여야 할찌니 萬一 그것을 禁하지 아니하면 自然 輕薄한 習慣이 커나서 口禍의 門이 열리게 되는 것이요, 아홉째는 어릴 때부터 禮아닌 물건은 비록 적은 것이라도 取하지 못하게 할찌니 萬一 禮아닌 물건을 取하여 오게 하면 自然 廉恥없는 習慣이 커나게 되리라.

35 大宗師- 가라사대 사람이 어린 때에는 대개 그 父母의 하는 것을 보고 들어서 그 精神을 이어받기가 쉽게 되나니 사람의 父母 된 處地에서는 그 子孫을 爲하여서라도 職業의 選擇에 愼重하며, 바른 사업과 옳은 길을 밟기에 努力하여야 하나니라.

대종경

자녀에게 참다운 각성을 주지 못하는 것이요, 여섯째는 어릴 때부터 정당한 신앙심을 넣어 주어야 할 것이니 만일 신앙심이 없으면 자라는 도중에 다른 외경의 유혹을 받기 쉬운 것이요, 일곱째는 어릴 때부터 공익심을 권장하여야 할 것이니 만일 공익심의 권장이 없으면 자연히 이기주의의 싹이 커나는 것이요, 여덟째는 어릴 때부터 남의 악평이나 훼담(毁談) 등을 금해야 할 것이니 만일 그것을 금하지 아니하면 자연 경박한 습관이 커나서 구화(口禍)의 문이 열리게 되는 것이요, 아홉째는 어릴 때부터 예 아닌 물건은 비록 적은 것이라도 취하지 못하게 할 것이니 만일 예 아닌 물건을 취하여 오게 하면 자연 염치없는 습관이 커나게 되나니라.」

47 대종사 말씀하시기를 「사람이 어릴 때에는 대개 그 부모의 하는 것을 보고 들어서 그 정신을 이어받기가 쉽나니, 사람의 부모 된 처지에서는 그 자손을 위하여서라도 직업의 선택에 신중하며 바른 사업과 옳은 길을 밟기에 노력하여야 하나니라.」

대종경 필사본

36 大宗師- 喜捨位 記念式에 出席하여 가라사대 우리 會上에서는 우리 會上의 創立에 貴重한 子女를 生育喜捨한 父母들의 功德을 崇尙하기 爲하여 그 분들에게 喜捨位의 尊號를 올리고 記念하나니 過去와 現在의 世俗人心은 大槪가 利己心에 充滿하여 精神 肉身 物質의 三方面으로 他人에게 利益을 주고저 하는 사람은 極히 적으며 子女를 둔 사람으로서도 우선 自己一身을 依賴할 생각만 爲主하여 設或 名傳千秋할만한 資質이 있는 子女라도 哀惜하게 一生을 한 家庭에 매여 있게 한 사람이 許多하였거늘 이 喜捨位 여러분들은 일찍부터 이러한 생각에서 超越하여 自己의 享樂과 安逸을 不顧하고 그 貴重한 子女들을 이 큰 世界事業에 勸送하였나니 이는 곧 慈悲菩薩들의 行事에 一端이라, 우리는 이 喜捨位의 精神과 功德을 永遠히 追慕하며 그 뜻을 받들어 어느 世上을 가든지 恒常 公衆을 위하는 참된 人物이 되어야 할 것이니라.

37 大宗師- 蓬萊精舍에서 母夫人 患候의 消息을 들으시고 急遽히 靈光 本

대종경

48 대종사 희사위(喜捨位) 기념식에서 말씀하시기를 「우리 회상에서는 우리 회상의 창립에 귀중한 자녀를 생육 희사한 부모들의 공덕을 존숭하기 위하여 그분들에게 희사위의 존호를 올리고 기념하나니, 과거나 현재의 세속 인심은 대개가 이기심에 충만하여 정신·육신·물질의 삼 방면으로 다른 사람에게 이익을 주는 사람은 극히 적으며, 자녀를 둔 사람으로서도 우선 자기 일신을 의뢰할 생각만 주로 하여 설혹 훌륭한 자질(資質)이 있는 자녀라도 애석하게 일생을 한 가정에 매여있게 한 일이 허다하였는데, 희사위 여러분은 일찍부터 이러한 생각에서 초월하여 자기의 영화와 안일을 불고하고, 그 귀중한 자녀들을 이 큰 세계 사업에 희사하였나니, 이는 곧 자비한 보살행의 일단이라, 우리는 이 희사위 여러분의 정신과 공덕을 영원히 추모하며 그 뜻을 받들어 어느 세상을 가든지 항상 공중을 위하는 참된 인물이 되어야 할 것이니라.」

49 대종사 봉래정사에서 모친 환후(患候)의 소식을 들으시고 급거히 영광

| 대종경 필사본 | 대종경 |

家에 가시사 아우 東局에게 일러 가라사대 道德을 밝힌다는 나로서 母親의 病患을 어찌 不顧하리요마는 나의 오늘 事情이 侍湯을 마음껏 하지 못하게 되는 것은 너도 아는 바와 같이 나를 따라 배우기를 願하는 사람이 벌서 多數에 達하여 내 한 사람이 돌보지 아니하면 그들의 前途에 支障이 있을 것이요, 오늘까지 하여온 모든 事業도 큰 支障이 많을 것이니 너는 나를 代身하여 母親侍湯을 精誠껏 하라. 그러하면 나도 不孝의 허물을 萬一이라도 벗을 수 있을 것이요, 너도 이 事業에 큰 創立主가 될 것이라 하시고 또 母親에게 慰勞하여 가라사대 人間의 生死는 다 天命이 있는 것이오니 母親께서는 安心하사 恒常 一念淸靜의 眞境에 住하시옵소서 하시고 强然히 그곳을 떠나 蓬萊精舍로 도라오시어 濟度事業에 專心하시니라.

본가에 가시사 시탕하시다가 아우 동국(東局)에게 이르시기를 「도덕을 밝힌다는 나로서는 모친의 병환을 어찌 불고하리요마는, 나의 현재 사정이 시탕(侍湯)을 마음껏 하지 못하게 된 것은 너도 아는 바와 같이 나를 따라 배우기를 원하는 사람이 벌써 많은 수에 이르러 나 한 사람이 돌보지 아니하면 그들의 전도에 지장이 있을 것이요, 이제까지 하여 온 모든 사업도 큰 지장이 많을 것이니, 너는 나를 대신하여 모친 시탕을 정성껏 하라. 그러하면 나도 불효의 허물을 만일이라도 벗을 수 있을 것이요, 너도 이 사업에 큰 창립주가 될 것이다.」하시고, 또한 모친에게 위로하시기를 「인간의 생사는 다 천명(天命)이 있는 것이오니 모친께서는 안심하시고 항상 일심 청정의 진경에 주하시옵소서.」하시고 강연이 그곳을 떠나 정사로 돌아오시어 제도 사업에 전심하시니라.

38 한 弟子 여짜오되 冠婚喪祭의 모든 禮式에 다 節約을 爲主함이 可하오리까? 大宗師- 가라사대 모든 禮式에 過度한 濫費는 다 삼가할찌나 公益事業에

50 한 제자 여쭙기를 「관·혼·상·제(冠婚喪祭)의 모든 예식에 다 절약을 주로 함이 옳사오리까.」 대종사 말씀하시기를 「모든 예식에 과도한 낭비는 다 삼

대종경 필사본

獻貢하는 바도 없이 한갓 吝嗇*한 마음으로 節約만 하는 것은 革新禮法의 本意가 아니며 또한 같은 節約 中에도 婚禮는 새 生活의 비롯이니 節約을 爲主하여 生活의 根據를 세워줌이 더욱 옳을 것이요 葬禮는 一生의 마침이니 그의 功德에 비추어 後人의 道理에 疏忽함이 없게 하는 것이 또한 可하리라.

* 本稿에는 '嗇'을 심방변(忄+嗇)을 넣어서 적었으나 이 글자는 字典에 없음.

39 大宗師- 하루는 近洞 아이들의 노는 것을 보고 계시더니 그 中 두 아이가 무슨 막대기 하나를 서로 제 것이라 하여 다투다가 大宗師께 와서 解決하여 주시기를 請하면서 다른 한 아이를 證人으로 내세웠으나 그 아이는 한참 생각하다가 제게 아무 利害가 없는 일이라 저는 잘 모른다고 하는지라 大宗師- 因하여 左右弟子들에게 일러 가라사대 저 어린 것들도 저에게 利害가 있는 일에는 서로 다투고 힘을 쓰나 저에게 利害가 없는 일에는 別로 힘을 쓰지 아니하나니 自己의 利害를 떠나 남을 爲하여 일하는 사람이 어찌 많을 수 있겠느냐. 그러므로

대종경

갈 것이나, 공익사업에 헌공(獻貢)하는 바도 없이 한갓 인색한 마음으로 절약만 하는 것은 혁신 예법의 본의가 아니며 또한 같은 절약 가운데도 혼례(婚禮)는 새 생활의 비롯이니 절약을 주로 하여 생활의 근거를 세워줌이 더욱 옳을 것이요, 장례(葬禮)는 일생의 마침이니 열반인의 공덕에 비추어 후인의 도리에 소홀함이 없게 하는 것이 또한 옳으리라.」

51 대종사 하루는 근동 아이들의 노는 것을 보고 계시더니, 그중 두 아이가 하찮은 물건 하나를 서로 제 것이라 하여 다투다가 대종사께 와서 해결하여 주시기를 청하면서 다른 한 아이를 증인으로 내세웠으나 그 아이는 한참 생각하다가 제게 아무 이해가 없는 일이라 저는 잘 모른다고 하는지라, 대종사 그 일을 해결하여 주신 뒤에 인하여 제자들에게 말씀하시기를 「저 어린 것들도 저에게 직접 이해가 있는 일에는 서로 다투고 힘을 쓰나 저에게 이해가 없는 일에는 별로 힘을 쓰지 아니하나니, 자기의 이해를 떠나 남을 위하여 일하는 사람이 어

대종경 필사본

自己의 利慾이나 名譽나 權勢를 떠나 大衆을 爲하여 일하는 사람은 大衆이 崇拜해야할 사람이며 또한 마음이 透徹하게 열린 사람은 大衆을 爲하여 일하지 아니할 수 없는 것이니라.

40 大宗師- 가라사대 李忠武公은 그 마음 쓰는 것이 道가 있었도다. 그는 높은 位에 있으나 마음에 넘치는 바가 없이 千萬 軍卒과 生死苦樂을 같이 하였고 權勢를 잃어 一個 馬卒이 되어도 또한 마음에 怨望과 墮落이 없이 말 먹이는 데 全力을 다하여 말을 살찌게 하며 때로 말에게 이르되 네 비록 짐승일찌언정 國祿을 먹고 이만치 자랐으니 國家存亡之秋를 當하여 힘을 다하라고 鞭韃* 하였다 하며 便安하고 名譽스러운 일은 다른 將軍에게 돌리고 어렵고 名色 없는 일은 自身이 차지하여 오직 위를 섬기는 데 忠誠을 다하였고 아래를 거나림에 사랑을 다 하였나니, 果然 그는 智德 兼備한 聖將이라 國家事나 天下事를 하는 사람들이 다 같이 거울삼을 만 하니라.

*'鞭撻'의 誤字.

대종경

찌 많을 수 있으리오. 그러므로, 자기의 이욕이나 권세를 떠나 대중을 위하여 일하는 사람은 대중이 숭배해야 할 가치가 있는 사람이며, 또한 마음이 투철하게 열린 사람은 대중을 위하여 일하지 아니할 수 없는 것이니라.」

52 대종사 말씀하시기를 「이 충무공(李忠武公)은 그 마음 쓰는 것이 도(道)가 있었도다. 그는 높은 위에 있으나 마음에 넘치는 바가 없이 모든 군졸과 생사고락을 같이하였고, 권세를 잃어 일개 마졸이 되었으나 또한 마음에 원망과 타락이 없이 말 먹이는 데에 전력을 다하여 말을 살찌게 하며, 때로 말에게 이르기를 "네 비록 짐승일지언정 국록(國祿)을 먹고 이만큼 자랐으니 국가 존망의 시기를 당하여 힘을 다하라"고 타일렀다 하며, 편안하고 명예스러운 일은 다른 장군에게 돌리고 어렵고 명색 없는 일은 자신이 차지하여 오직 위를 섬김에 충성을 다하였고 아래를 거느림에 사랑을 다 하였으니, 과연 그는 지(智)와 덕(德)을 겸비한 성장(聖將)이라, 나랏일이나 천하 일을 하는 사람들이 다 같이 거울삼을 만한 분이니라.」

대종경 필사본

41 大宗師— 柳虛一에게 書傳 序文을 읽으라 하시고 「二帝 三王은 存此心者也오 夏桀商受는 亡此心者也라」는 句節을 들어 이 句節이 돌아오는 時代에 큰 秘訣*이 되리라 하시며 가라사대 富貴와 權勢를 貪하여 마음을 잊어버리는 사람은 將次 집이 敗하고 몸이 亡할 뿐 아니라 國家 世界의 領導者가 그러하면 그 禍가 將次 國家와 世界에 미치리니 그대들은 富貴와 權勢에 끌리지 말고 오직 衣食生活에 自己의 分數를 지켜서 本心을 잃지 아니하여야 어떠한 亂世를 當할찌라도 危險한 일이 없을 것이요 따라서 天地의 좋은 運을 먼저 받으리라.

* '祕訣'의 誤字.

42 靈光 地方의 富豪 한 사람이 어느 해 凶年을 當하여 若干의 錢穀으로 隣近 貧民을 救濟한 後에 恒常 頌德하여 주기를 바라는지라 洞民들이 議論하고 石碑 하나를 세웠더니 그 사람이 오히려 滿足하지 못하여 스스로 많은 돈을 드리어 다시 碑를 세우고 宏壯한 碑閣을 建築하거늘 洞民들이 그 行事를 우습게 생

대종경

53 대종사 유허일(柳虛一)에게 서전(書傳) 서문을 읽으라 하시고 "이제(二帝)와 삼왕(三王)은 이 마음을 보존한 이요, 하걸(夏桀)과 상수(商受)는 이 마음을 잃은 이라" 한 구절에 이르매, 말씀하시기를 「이 구절이 돌아오는 시대에 큰 비결(秘訣)이 되리라. 부귀와 권세를 탐하여 마음을 잊어버리는 사람은 장차 집이 패하고 몸이 망할 뿐 아니라, 국가나 세계의 영도자가 그러하면 그 화가 장차 국가와 세계에 미치리니, 그대들은 부귀와 권세에 끌리지 말고 오직 의·식·주 생활에 자기의 분수를 지켜서 본심을 잃지 아니하여야, 어떠한 난세를 당할지라도 위험한 일이 없을 것이요 따라서 천지의 좋은 운을 먼저 받으리라.」

54 부호(富豪) 한 사람이 흉년을 당하여 약간의 전곡으로 이웃 빈민들을 구제한 후에 항상 송덕(頌德)하여 주기를 바라는지라 동민들이 의논하고 비(碑) 하나를 세웠더니, 그 사람이 오히려 만족하지 못하여 스스로 많은 돈을 들이어 다시 비를 세우고 굉장한 비각(碑閣)을 건축하거늘 동민들이 그 행사를 우습게

대종경 필사본

각하여 險口와 嘲笑가 적지 아니한지라 金光旋이 이 말을 會話時間에 發表하였더니 大宗師- 들으시고 가라사대 이것이 곧 억지로 名譽 求하는 사람들을 警戒하는 산 經典이로다. 그 사람이 제 名譽를 나타내기 爲하여 그 일을 하였건마는 名譽가 나타나기는 姑捨하고 그 前의 名譽까지 墮落된 것이 아닌가. 三尺의 어린아이라도 그 人格을 비웃을 것이니 그러므로 어리석은 사람은 名譽를 求한다는 것이 도리어 名譽를 損傷케 하며 哲人들은 따로히 名譽를 求하지 아니하되 오직 當然한 일만 行하는 中에 自然히 偉大한 名譽가 돌아 오나니라.

43 李春風이 여짜오되 저번에 제의 子息이 山에 갔다가 捕手*의 그릇 쏜 彈丸에 크게 놀란 일이 있었사온데 多幸히 一時의 놀람에 그쳤삽기로 捕手*에게 注意만 이르고 왔사오나 萬一 그 때에 不幸한 일을 當하였다 하오면 그 일을 어떻게 處理하는 것이 가하올찌 取捨가 確然치 判斷되지 않나이다. 大宗師- 가라사대 그대의 只今 생각을 한 번 말하여 보라. 春風이 가로되 法律이 이러

대종경

생각하여 험담과 조소가 적지 아니한지라, 김광선(金光旋)이 이 말을 듣고 회화 시간에 발표하였더니, 대종사 들으시고 말씀하시기를 「이것이 곧 억지로 명예 구하는 사람들을 경계하는 산 경전이로다. 그 사람은 제 명예를 나타내기 위하여 그 일을 하였건마는 명예가 나타나기는 고사하고 그 전의 명예까지 떨어진 것이 아닌가. 그러므로 어리석은 사람은 명예를 구한다는 것이 도리어 명예를 손상하게 하며, 지혜 있는 사람들은 따로 명예를 구하지 아니하나 오직 당연한 일만 행하는 중에 자연히 위대한 명예가 돌아오나니라.」

55 이춘풍이 여쭙기를 「지난번에 저의 자식이 산에 갔다가 포수의 그릇 쏜 탄환에 크게 놀란 일이 있사온데, 만일 그때에 불행한 일을 당하였다 하오면 그 일을 어떻게 처리하는 것이 좋사올지 취사가 잘 되지 아니하나이다.」 대종사 말씀하시기를 「그대의 생각대로 한번 말하여 보라.」 춘풍이 사뢰기를 「법률이 이러한 일을 다스리기 위하여 있는 것이오니, 법에 사실을 알리어 부자 된 심

대종경 필사본

한 일을 다스리기 爲하여 있는 것이온 즉 法에 事實을 告訴하여 父子된 心情을 表함이 可할듯 하나이다. 大宗師 다시 宋赤壁에게 물으신대 赤壁이 가로되 百千萬事가 다 因果의 關係로 되는 것이오니 그 일도 또한 因果의 報應으로 생각하옵고 子息의 冤讎**를 擴大하지 않기 爲하여 아무 일 없이 하겠나이다. 大宗師 다시 吳昌建에게 물으신대 昌建이 가로되 저도 工夫하는 處地가 아니오면 반드시 法律에 呼訴하여 報讎를 하겠사오나 工夫하는 處地이오니 또한 天命에 맡기고 그만 두겠나이다. 大宗師 가라사대 세 사람의 말이 다 中道를 잡지 못하였도다. 大槪 只今의 法律制度가 사람이 出生하거나 死亡하면 반드시 官廳에 申告하게 되어 있으며 더욱 橫厄을 當하였거나 意外의 急死를 하였을 때에는 비록 關係없는 사람이라도 發見한 사람이 官廳에 報告할 義務를 가졌나니 外人도 그러하거든 더구나 父子의 關係를 가지고 있는 處地이리오. 그러므로 나는 오직 國民의 處地에서 父母로서 卽時 官廳에 事由를 報告할 것이요 그 捕手*가 處罰이 되든지 無罪가 되든지 그것은 法을 가진 官廳의 處理에 맡기고 나의 알 바

대종경

정을 표함이 옳을 듯하나이다.」 대종사 다시 송적벽(宋赤壁)에게 물으시니, 그가 사뢰기를 「모든 일이 다 인과의 관계로 되는 것이오니, 그 일도 인과의 보응으로 생각하옵고 아무 일 없이 하겠나이다.」 대종사 다시 오창건(吳昌建)에게 물으시니 그가 사뢰기를 「저도 공부하는 처지가 아니라면 반드시 법에 호소하겠사오나, 또한 천명으로 돌리고 그만두겠나이다.」 대종사 말씀하시기를 「세 사람의 말이 다 중도를 잡지 못하였도다. 대개 지금의 법령 제도가 사람이 출생하거나 사망하면 반드시 관청에 신고하게 되어 있으며, 더욱 횡액을 당하였거나 의외의 급사를 하였을 때에는 비록 관계 없는 사람이라도 발견한 사람이 관청에 보고할 의무를 가졌나니, 외인도 그러하거든 하물며 부자의 관계를 가지고 있는 처지리요. 그러므로, 나는 오직 국민의 처지에서 부모로서 즉시 관청에 사유를 보고할 것이요, 그 후의 일은 법을 가진 관청의 처리에 맡기고 나의 알 바 아니라 하겠노라.」

대종경 필사본

아니라 하겠노라.

* '砲手'의 誤字.
** '怨讐'의 誤字.

44 大宗師- 하루는 歷史小說을 들으시다가 가라사대 文人들이 小說을 쓸 때에 一般의 興味를 돋구기 爲하여 小人이나 惡人들의 心理와 行動을 지나치게 惡毒히 그려내어 더 할 수 없는 罪人을 만들어 놓은 일이 許多하니 이도 또한 좋지 못한 因緣의 씨가 되나니라. 그러므로 그대들은 옛 사람의 歷史를 쓸 때에나 只今 사람의 是非를 말할 때에 實際보다 지나치게 하지 말도록 注意하라.

45 大宗師- 하루는 孔子께서 盜跖을 濟度하러 가셨다가 無數한 욕을 當하고 虛妄히 돌아오셨다는 南華經의 句節을 보시고 가라사대 孔子는 大聖이시라 스스로 危險과 辱됨을 무릅쓰고 그를 善으로 깨우치려하사 後來 千萬年에 濟度의 本意를 보이셨으나 사람을 濟度하는 方便은 時代를 따라 혹 다를 수도 있나니 只今 世上 사람들을 제도함에는 말로만

대종경

56 대종사 하루는 역사 소설을 들으시다가 말씀하시기를 「문인들이 소설을 쓸 때에 일반의 흥미를 돋우기 위하여 소인이나 악당의 심리와 행동을 지나치게 그려내어 더할 수 없는 악인을 만들어 놓는 수가 허다하나니 이도 또한 좋지 못한 인연의 씨가 되나니라. 그러므로, 그대들은 옛사람의 역사를 말할 때에나 지금 사람의 시비를 말할 때에 실지보다 과장하여 말하지 말도록 주의하라.」

57 대종사 하루는 남화경(南華經)을 보시다가 공자(孔子)께서 도척(盜拓)을 제도하러 가시사 무수한 욕을 당하고 허망히 돌아오셨다는 구절을 보시고, 말씀하시기를 「공자는 큰 성인이시라 스스로 위험과 욕됨을 무릅쓰고 그를 선으로 깨우치려 하사 후래 천만년에 제도의 본의를 보이셨으나 사람을 제도하는 방편은 시대에 따라 다른 것이니, 지금 세상

| 대종경 필사본 | 대종경 |

먼저 勸勉하기에 힘을 쓰는 것보다 우리 自身이 먼저 實地를 갖추어서 善의 結果가 드러난 後에 그 사람들로 하여금 스스로 善에 參詣하도록 하여야 하리라. 어찌하여 그런고 하면 只今 사람들은 各自의 實地는 갖춤이 없이 남을 勸勉하기로만 爲主하여 結局 虛僞에 떨어지는 사람이 많으므로 모든 人心이 勸勉만 가지고는 眞實로 믿어주지 않게 된 緣故라 그런다면 저 孔子께서 盜跖을 勸勉하심과는 그 方便이 서로 다르나 直接 勸勉하는 것으로 世上을 濟度하거나 또는 勸勉치 아니하는 것으로 世上을 濟度하거나 그 本意는 다 같은 것이요, 오직 方便이 그 時期를 따라 다를 뿐이니라.

사람들을 제도함에는 말로만 권면하기에 힘쓰는 것보다 실지를 먼저 갖추어서 그 결과가 드러난 후에 사람들로 하여금 스스로 돌아오게 해야 하리라. 무슨 까닭이냐 하면, 지금 사람들은 대개가 각자의 실지는 갖춤이 없이 남을 권면하기로만 위주하여 결국 허위에 떨어지는 사람이 많으므로 모든 인심이 권면만 가지고는 진실로 믿어주지 않게 된 연고라, 그런다면 저 공자께서 직접 권면으로 도척을 제도하려 하심과는 그 방편이 서로 다르나, 직접 권면하는 것으로 세상을 제도하거나, 실지를 먼저 보이는 것으로 세상을 제도하거나, 그 본의는 다 같은 것이요, 오직 그 방편이 시기를 따라 다를 뿐이니라.

46 大宗師- 하루는 周의 武王이 自己의 天子인 紂를 치고 天下를 平定한 後에 스스로 天子가 된 데에 대하여 말씀하여 가라사대 나는 武王의 境遇를 當하면 百姓의 願을 좇아 紂를 치는 일은 不得已 行하려니와 그 位는 다른 어진 이에게 辭讓하겠노라. 그러나 그 位를 아무리 辭讓하여도 天下 사람이 듣지 아니

58 대종사 하루는 주(周)의 무왕(武王)이 자기의 천자인 주(紂)를 치고 천하를 평정한 후에 스스로 천자가 된 데 대하여 말씀하시기를 「나는 무왕의 경우를 당하면 백성의 원을 좇아 주를 치는 일은 부득이 행하려니와 그 위는 다른 어진 이에게 사양하겠노라. 그러나, 어진 이가 없거나 그 위를 사양하여도 천

대종경 필사본

할 때에는 어찌 할 수 없으리라.

47 어떤 사람이 金剛山을 遊覽하고 돌아와서 大宗師께 告하되 제가 遊覽中 가마귀나 뱀 等을 任意으로 부르기도 하고 부리기도 하는 사람을 보고 왔사온데 그가 참 道人이 아니오리까? 大宗師 - 가라사대 가마귀는 가마귀와 떼를 짓고 뱀은 뱀과 類를 하나니 道人이 어찌 가마귀와 뱀의 叢中에 섞여 있으리요, 그 사람이 가로되 그러하오면 先生께서는 어떠한 사람을 참 道人이라 하시나이까? 大宗師 - 가라사대 참 道人은 사람의 叢中에서 사람의 道를 行할 따름이니라. 그러하오면 道人이라고 別다른 표적이 없나이까? 大宗師 - 가라사대 없나니라. 그 사람이 가로되 그러하오면 어떻게 道人을 알아보나이까? 大宗師 - 가라사대 내가 道人이 아니면 道人을 보아도 道人인 줄을 알지 못하나니 假슈 여기에 외국말을 할 줄 아는 사람이 있다면 같이 그 말을 할 줄 아는 사람이라야 그가 그 외국말을 잘 하는지 못하는지를 알 것이며, 음악을 잘 하는 사람이 있다

대종경

하 사람들이 듣지 아니할 때에는 또한 어찌할 수 없나니라.」

59 어떤 사람이 금강산(金剛山)을 유람하고 돌아와서, 대종사께 사뢰기를 「제가 유람하는 중에 까마귀나 뱀을 임의로 부르기도 하고 보내기도 하는 사람을 보고 왔사오니 그가 참 도인인가 하나이다.」 대종사 말씀하시기를 「까마귀는 까마귀와 떼를 짓고 뱀은 뱀과 유를 하나니 도인이 어찌 까마귀와 뱀의 총중에 섞여 있으리오..」 그가 여쭙기를 「그러하오면 어떠한 사람이 참 도인이오니까.」 대종사 말씀하시기를 「참 도인은 사람의 총중에서 사람의 도를 행할 따름이니라.」 그가 여쭙기를 「그러하오면 도인이라고 별다른 표적이 없나이까.」 대종사 말씀하시기를 「없나니라.」 그가 여쭙기를 「그러하오면 어떻게 도인을 알아보나이까.」 대종사 말씀하시기를 「자기가 도인이 아니면 도인을 보아도 도인인 줄을 잘 알지 못하나니, 자기가 외국 말을 할 줄 알아야 다른 사람이 그 외국 말을 잘하는지 못 하는지를 알 것이며 자기가 음악을 잘 알아야 다른 사람

대종경 필사본	대종경

면 같이 그 음악을 아는 사람이라야 그 曲調가 맞고 안 맞는 것을 알 것이라. 하물며 같은 道人이 아니고 어찌 그 道人의 진경을 알아볼 수 있으리오. 그러므로 나는 그 사람이 아니면 그 사람을 알지 못한다고 말하노라.

의 음악이 맞고 안 맞는 것을 알 것이니라. 그러므로, 그 사람이 아니면 그 사람을 잘 알지 못한다 하노라.」

因果品

대종경 필사본

1 大宗師- 가라사대 宇宙의 眞理는 元來에 生滅이 없이 기리 기리 돌고 도는지라 가는 것이 곧 오는 것이 되고 오는 것이 곧 가는 것이 되며 주는 사람이 곧 받는 사람이 되고 받는 사람이 곧 주는 사람이 되나니 이것이 萬古에 變함없는 常道이니라.

2 大宗師- 가라사대 天地에 四時 循環하는 理致를 따라 萬物에 生老病死의 變化가 있고 宇宙에 陰陽相勝하는 道를 따라 人間에 善惡因果의 報應이 있게 되나니 冬節은 陰이 盛할 때이나 陰中에 陽이 包含되어 있으므로 陽이 次次 힘을 얻어 마침내 봄이 되고 여름이 되며 夏節은 陽이 盛할 때이나 陽中에 陰이 包含되어 있으므로 陰이 次次 힘을 얻어 마침내 가을이 되고 겨울이 되는 것과 같이 人間事도 또한 強과 弱이 서로 關係하고 善과 惡의 짓는 바에 따라 進級 降級과 相生 相克의 果報가 있게 되나니 이것이 곧 因果報應의 原理이니라.

대종경

1 대종사 말씀하시기를 「우주의 진리는 원래 생멸이 없이 길이길이 돌고 도는지라, 가는 것이 곧 오는 것이 되고 오는 것이 곧 가는 것이 되며, 주는 사람이 곧 받는 사람이 되고 받는 사람이 곧 주는 사람이 되나니, 이것이 만고에 변함없는 상도(常道)니라.」

2 대종사 말씀하시기를 「천지에 사시 순환하는 이치를 따라 만물에 생·로·병·사의 변화가 있고 우주에 음양 상승(陰陽相勝)하는 도를 따라 인간에 선악 인과의 보응이 있게 되나니, 겨울은 음(陰)이 성할 때이나 음 가운데 양(陽)이 포함되어 있으므로 양이 차차 힘을 얻어 마침내 봄이 되고 여름이 되며, 여름은 양이 성할 때이나 양 가운데 음이 포함되어 있으므로 음이 차차 힘을 얻어 마침내 가을이 되고 겨울이 되는 것과 같이, 인간의 일도 또한 강과 약이 서로 관계하고 선과 악의 짓는 바에 따라 진급 강급과 상생 상극의 과보가 있게 되나니, 이것이 곧 인과보응의 원리니라.」

| 대종경 필사본 | 대종경 |

3   大宗師- 가라사대 植物들은 뿌리를 땅에 박고 삶으로 그 씨나 뿌리가 땅속에 심어지면 時節의 因緣을 따라 싹이 트고 長養되며 動物들은 하늘에 뿌리를 박고 삶으로 마음 한번 가지고 몸 한번 行動하고 말 한번 한 것이라도 그 業因이 하늘에 심어져서 제 各己 善惡의 緣을 따라 지은 대로 果報가 나타나나니 어찌 사람들을 속이고 하늘을 속이리오.

4   大宗師- 가라사대 사람이 주는 賞罰은 有心으로 주는지라 아무리 밝다 하여도 틀림이 있으나 天地에서 주는 賞罰은 無心으로 주는지라 眞理를 따라 毫釐도 틀림이 없어서 善惡間 지은대로 歷然히 報應을 하되 그 眞理가 能小能大하고 十方에 遍在하나니 어찌 그를 속일 수 있으며 그 報應을 敬畏치 아니하리오. 그러므로 知覺이 있는 사람은 사람이 주는 賞罰보다 眞理가 주는 賞罰을 더 크고 重하게 여기나니라.

3   대종사 말씀하시기를 「식물들은 뿌리를 땅에 박고 살므로 그 씨나 뿌리가 땅속에 심어지면 시절의 인연을 따라 싹이 트고 자라나며, 동물들은 하늘에 뿌리를 박고 살므로 마음 한 번 가지고 몸 한 번 행동하고 말 한 번 한 것이라도 그 업인(業因)이 허공 법계에 심어져서, 제각기 선악의 연(緣)을 따라 지은 대로 과보가 나타나나니, 어찌 사람을 속이고 하늘을 속이리오.」

4   대종사 말씀하시기를 「사람이 주는 상벌은 유심으로 주는지라 아무리 밝다 하여도 틀림이 있으나, 천지에서 주는 상벌은 무심으로 주는지라 진리를 따라 호리도 틀림이 없어서 선악 간 지은 대로 역연히 보응을 하되 그 진리가 능소능대(能小能大)하고 시방에 두루 있나니, 어찌 그를 속일 수 있으며 그 보응을 두려워하지 아니하리오. 그러므로, 지각 있는 사람은 사람이 주는 상벌보다 진리가 주는 상벌을 더 크고 중하게 여기나니라.」

대종경 필사본

5 大宗師- 가라사대 그 사람이 보지 않고 듣지 않는 곳에서라도 미워하고 욕하지 말라. 이 天地는 氣運이 서로 通하고 있는지라, 그 사람 모르게 미워하고 욕 한번 한 일이라도 그 氣運은 먼저 通하여 相克의 씨가 묻혀지고, 그 사람 모르게 좋게 여기고 稱讚 한번 한 일이라도 그 氣運은 먼저 通하여 相生의 씨가 묻히었다가 結局 그 緣을 만나면 相生의 씨는 善果를 맺고 相克의 씨는 惡果를 맺나니라. 지렁이와 지네는 서로 相克의 氣運을 가진지라 그 껍질을 불에 태워보면 두 기운이 서로 뻐찌르고 있다가 한 기운이 먼저 사라지는 것을 볼 수 있나니 相克의 氣運은 相克의 氣運 그대로 相生의 氣運은 相生의 氣運 그대로 서로 相應되는 理致를 이것으로도 알 수 있나니라.

6 大宗師- 가라사대 天地의 日氣도 어느 때에는 明朗하고 어느 때에는 陰鬱한 것과 같이 사람의 神氣도 어느 때에는 爽快하고 어느 때에는 不快하며 周圍의 境界도 어느 때에는 順하고 어느 때에는 거슬리나니 이것도 또한 因果의 理

대종경

5 대종사 말씀하시기를 「그 사람이 보지 않고 듣지 않는 곳에서라도 미워하고 욕하지 말라. 천지는 기운이 서로 통하고 있는지라 그 사람 모르게 미워하고 욕 한 번 한 일이라도 기운은 먼저 통하여 상극의 씨가 묻히고, 그 사람 모르게 좋게 여기고 칭찬 한 번 한 일이라도 기운은 먼저 통하여 상생의 씨가 묻히었다가 결국 그 연을 만나면 상생의 씨는 좋은 과(果)를 맺고 상극의 씨는 나쁜 과를 맺나니라. 지렁이와 지네는 서로 상극의 기운을 가진지라 그 껍질을 불에 태워보면 두 기운이 서로 뻗지르고 있다가 한 기운이 먼저 사라지는 것을 볼 수 있나니, 상극의 기운은 상극의 기운 그대로 상생의 기운은 상생의 기운 그대로 상응되는 이치를 이것으로도 알 수 있나니라.」

6 대종사 말씀하시기를 「천지의 일기도 어느 때에는 명랑하고 어느 때에는 음울한 것과 같이, 사람의 정신 기운도 어느 때에는 상쾌하고 어느 때에는 침울하며, 주위의 경계도 어느 때에는 순하고 어느 때에는 거슬리나니, 이것도 또

| 대종경 필사본 | 대종경 |

致에 따른 自然의 變化이라 이 理致를 아는 사람은 그 變化를 겪을 때에 修養의 마음이 如如하여 天地와 같이 尋常하나 이 理致를 모르는 사람은 그 變化에 마음까지 따라 흔들려서 喜憂와 苦樂에 매양 中道를 잡지 못하므로 苦海가 限이 없나니라.

한 인과의 이치에 따른 자연의 변화라, 이 이치를 아는 사람은 그 변화를 겪을 때에 수양의 마음이 여여하여 천지와 같이 심상하나, 이 이치를 모르는 사람은 그 변화에 마음까지 따라 흔들려서 기쁘고 슬픈 데와 괴롭고 즐거운 데에 매양 중도를 잡지 못하므로 고해가 한이 없나니라.」

7 大宗師- 가라사대 恩義로 준 것은 恩義로 받게 되고 惡意로 빼앗은 것은 惡意로 빼앗기되 相對便의 進降級 如何를 따라서 그 報應이 몇 萬倍 더 할 수도 있고 몇 萬分으로 주려질 수도 있으나 아주 없게 되지는 아니하며 또는 或 相對者가 直接 報復을 아니할찌라도 自然히 돌아오는 罪福이 있나니 그러므로 남이 지은 罪福을 제가 대신 받아올 수도 없고 제가 지은 罪福을 남이 대신 받아 갈 수도 없나니라.

7 대종사 말씀하시기를 「남에게 은의(恩義)로 준 것은 은의로 받게 되고, 악의(惡意)로 빼앗은 것은 악의로 빼앗기되, 상대편의 진강급 여하를 따라서 그 보응이 몇만 배 더할 수도 있고, 몇만 분으로 줄어질 수도 있으나, 아주 없게 되지는 아니하며, 또는 혹 상대자가 직접 보복을 아니 할지라도 자연히 돌아오는 죄복이 있나니, 그러므로 남이 지은 죄복을 제가 대신 받아 올 수도 없고, 제가 지은 죄복을 남이 대신 받아 갈 수도 없나니라.」

8 曺專權이 여짜오되 부처님들께서는 多生劫來에 낮은 果報 받으실 일을

8 조전권(曺專權)이 여쭙기를 「부처님들께서는 다생 겁래에 낮은 과보 받으

대종경 필사본

짓지 아니하셨을찌라 또한 世世生生에 苦痛 받으실 일이 없어야 할 것이온데 過去 부처님께서도 當代에 여러 가지 苦難이 없지 않으시었고 大宗師께서도 이 會上을 열으신 後로 官邊의 監視와 大衆의 人心調整에 苦痛이 없지 않으시오니 저희들로는 그 緣由를 모르겠나이다. 大宗師- 가라사대 내 알고는 罪를 짓지 아니 하려고 功을 드린지 이미 오래이나 多生을 通하여 많은 사람들을 敎化할 때에 自然히 頑强한 衆生들의 邪氣 惡氣가 많이 抑壓된 緣由인가 하노라 하시고 또 가라사대 正當한 法을 가지고 慈悲濟度하시는 부처님의 能力으로도 福으로 定業을 相殺하지는 못하고 아무리 微賤한 衆生이라도 罪로 福이 相殺되지는 아니하나니라. 그러나 能力이 있는 佛菩薩들은 여러 생에 받을 果報라도 單牲에 주려서 받을 수는 있으나 아주 없애는 수는 없나니라.

9 한 사람이 여짜오되 사람이 萬一 至極한 마음으로 修道하오면 定한 業이라도 可히 免할 수 있나이까? 大宗師-

대종경

실 일을 짓지 아니하셨을 것이므로 또한 세세생생에 고통받으실 일이 없어야 할 것이온데, 과거 부처님께서도 당대에 여러 가지 고난이 없지 않으시었고 대종사께서도 이 회상을 여신 후로 관변(官邊)의 감시와 대중의 인심 조정에 고통이 적지 않으시오니 저희로서는 그 연유를 모르겠나이다.」 대종사 말씀하시기를 「내가 알고는 죄를 짓지 아니하려고 공을 들인지 이미 오래이나, 다생을 통하여 많은 사람을 교화할 때에 혹 완강한 중생들의 사기 악기가 부지중 억압되었던 연유인가 하노라.」 하시고, 또 말씀하시기를 「정당한 법을 가지고 자비 제도하시는 부처님의 능력으로도 정업(定業)을 상쇄(相殺)하지는 못하고, 아무리 미천한 중생이라도 죄로 복이 상쇄되지는 아니하나니라. 그러나, 능력 있는 불보살들은 여러 생에 받을 과보라도 단생에 줄여서 받을 수는 있으나 아주 없애는 수는 없나니라.」

9 한 사람이 여쭙기를 「사람이 만일 지극한 마음으로 수도하오면 정업이라도 가히 면할 수 있겠나이까.」 대종사 말

대종경 필사본

가라사대 이미 定한 業은 卒然히 免하기가 어려우나 漸進的으로 免해 가는 길이 없지 아니하나니 工夫하는 사람이 能히 六途四生의 變化되는 理致를 알아서 惡한 業은 짓지 아니하고 날로 善業을 지은즉 惡途는 스스로 멀어지고 善途는 漸漸 가까워질 것이며 或 惡한 因緣이 있어서 나에게 向하여 옛 빚을 갚는다 하여도 나는 道心으로 相對하여 다시 報復할 생각을 아니한즉 그 業이 自然 쉬어질 것이며 惡果를 받을 때에도 마음 가운데 恒常 罪業이 頓空한 自性을 返照하면서 옛 빚을 淸算하는 생각으로 모든 業緣을 풀어간다면 그러한 心境에는 千萬罪苦가 洪爐*에 點雪같이 녹아지리니 이것은 다 마음으로 그 定業을 消滅시키는 길이요, 또는 修道를 잘한즉 六途世界에 恒常 向上의 길을 밟게 되나니 어떠한 惡緣을 만날찌라도 나는 높고 저는 나차우므로 그 받는 것이 적을 것이며 德을 公衆에 쌓은즉 어느 곳에 當하든지 恒常 公衆의 擁護를 받는지가 그 惡緣이 敢히 틈을 타서 無難히 侵犯하지 못할찌니 이는 威力으로써 그 定業을 輕하게 하는 것이니라.

* '紅爐'의 誤字.

대종경

씀하시기를 「이미 정한 업은 졸연히 면하기가 어려우나 점진적으로 면해 가는 길이 없지 아니하나니, 공부하는 사람이 능히 육도사생의 변화되는 이치를 알아서 악한 업은 짓지 아니하고, 날로 선업을 지은즉 악도는 스스로 멀어지고 선도는 점점 가까워질 것이며, 혹 악한 인연이 있어서 나에게 향하여 옛 빚을 갚는다 하여도 나는 도심으로 상대하여 다시 보복할 생각을 아니한즉 그 업이 자연 쉬어질 것이며, 악과를 받을 때에도 마음 가운데 항상 죄업이 돈공한 자성을 반조하면서 옛 빚을 청산하는 생각으로 모든 업연을 풀어 간다면 그러한 심경에는 천만 죄고가 화로에 눈 녹듯 할 것이니, 이것은 다 마음으로 그 정업을 소멸시키는 길이요, 또는 수도를 잘한즉 육도 세계에 항상 향상의 길을 밟게 되나니, 어떠한 악연을 만날지라도 나는 높고 그는 낮으므로 그 받는 것이 적을 것이며, 덕을 공중에 쌓은즉 어느 곳에 당하든지 항상 공중의 옹호를 받는지라, 그 악연이 감히 틈을 타서 무난히 침범하지 못할지니, 이는 위력으로써 그 정업을 경하게 하는 것이니라.」

| 대종경 필사본 | 대종경 |

10 한 弟子 어떤 사람에게 逢變을 當하고 憤을 이기지 못하거늘 大宗師- 가라사대 네가 갚을 차례에 참아버리라. 그러하면 그 業이 쉬어지려니와 네가 只今 갚고 보면 저 사람이 다시 갚을 것이요, 이와 같이 서로 갚기를 쉬지 아니하면 그 相克의 業이 끊일 날이 없으리라.

11 한 敎徒- 夫婦間에 不和하여 來生에는 또 다시 因緣 있는 사이가 되지 아니하리라 하며 늘 그 男便을 미워하거늘 大宗師- 일러 가라사대 그 男便과 다시 因緣을 맺지 아니하려면 미워하는 마음도 사랑하는 마음도 다 두지 말고 오직 無心으로 對하라 하시니라.

12 大宗師- 蓬萊精舍에 계시더니 마침 砲手가 山猪를 그 近處에서 잡을 새 그 悲鳴소리 甚히 凄涼하거늘 大宗師- 가라사대 한 물건이 利로움을 보매 한 物件이 害로움을 당하는도다 하시고 또 가라사대 山猪의 죽음을 보니 전날에 山猪가 지은 바를 可히 알겠고 오늘 砲手

10 한 제자 어떤 사람에게 봉변을 당하고 분을 이기지 못하거늘, 대종사 말씀하시기를「네가 갚을 차례에 참아 버리라. 그러하면, 그 업이 쉬어지려니와 네가 지금 갚고 보면 저 사람이 다시 갚을 것이요, 이와 같이 서로 갚기를 쉬지 아니하면 그 상극의 업이 끊일 날이 없으리라.」

11 한 교도가 부부간에 불화하여 내생에는 또다시 인연 있는 사이가 되지 아니하리라 하며 늘 그 남편을 미워하거늘, 대종사 말씀하시기를「그 남편과 다시 인연을 맺지 아니하려면 미워하는 마음도 사랑하는 마음도 다 두지 말고 오직 무심으로 대하라.」

12 대종사 봉래정사에 계시더니 마침 포수가 산돼지를 그 근처에서 잡는데 그 비명 소리 처량한지라, 인하여 말씀하시기를「한 물건이 이로움을 보매 한 물건이 해로움을 당하는도다.」하시고, 또 말씀하시기를「산돼지의 죽음을 보니 전날에 산돼지가 지은 바를 가히 알겠고,

대종경 필사본

가 山猪 잡음을 보니 뒷날 砲手가 當할 일을 또한 可히 알겠도다 하시니라.

13 大宗師- 가라사대 사람이 몸과 입과 마음으로 種種의 罪業을 지어 그 果報 받는 種類가 實로 限이 없으나 몇 가지 卑近한 例를 들어 그 一端을 일러주리라. 사람이 남에게 애매한 말을 하여 속을 많이 傷하게 한즉 來世에 가슴앓이를 앓게 될 것이며, 사람이 남의 秘密을 엿보거나 엿듣기를 좋아한즉 來世에 私生兒 等으로 태어나 賤視와 창피를 當할 것이며 사람이 남의 秘密을 잘 暴露하고 大衆의 앞에 無顔을 잘 주어서 사람의 얼굴을 많이 뜨겁게 한즉 來世에는 얼굴에 凶한 점이나 흉터가 있어서 平生을 活潑치 못하게 사는 사람이 되리라.

14 한 弟子 여짜오되 벼락을 맞아죽는 것은 어떠한 罪業으로 因함이오니까? 大宗師- 가라사대 不知不覺間에 벼락을 맞아 죽는 것은 그 罪業도 또한 不知不覺間에 衆人에게 벼락을 준 緣故이니 例를 들면 自己의 努力이나 武力 等

대종경

오늘 포수가 산돼지 잡음을 보니 뒷날 포수가 당할 일을 또한 가히 알겠도다.」

13 대종사 말씀하시기를 「사람이 몸과 입과 마음으로 가지가지의 죄업을 지어 그 과보 받는 종류가 실로 한이 없으나, 몇 가지 비근한 예를 들어 그 한끝을 일러 주리라. 사람이 남에게 애매한 말을 하여 속을 많이 상하게 한즉 내세에 가슴앓이를 앓게 될 것이며, 사람이 남의 비밀을 엿보거나 엿듣기를 좋아한즉 내세에 사생아 등으로 태어나 천대와 창피를 당할 것이며, 사람이 남의 비밀을 잘 폭로하고 대중의 앞에 무안을 잘 주어서 그 얼굴을 뜨겁게 한즉 내세에는 얼굴에 흉한 점이나 흉터가 있어서 평생을 활발하지 못하게 사나니라.」

14 한 제자 여쭙기를 「벼락을 맞아 죽는 것은 어떠한 죄업으로 인함이오니까.」 대종사 말씀하시기를 「부지불각 간에 벼락을 맞아 죽는 것은 그 죄업도 또한 부지불각 간에 중인에게 벼락을 준 연고이니, 예를 들면 자기의 권력이나

대종경 필사본

을 濫用하여 많은 大衆을 殺生하였다든지 또는 惡한 法을 强行하여 여러 사람들에게 많은 害를 입혔다든지 하는 等의 罪業으로 因한 수가 많나니라.

15 大宗師- 서울敎堂에서 建築 監役을 하실새 여러 勞動者들이 서로 말하되 사람이 아무리 애를 써도 억지로는 잘 살 수 없는 것이요 반드시 무슨 偶然한 陰助가 있어야 되는 것이라고 하는지라 大宗師- 들으시고 그 後 弟子들에게 일러 가라사대 大抵 우리 人間이 이 世上에 살아가자면 偶然한 가운데 陰助와 陰害가 없지 아니하나니 모르는 사람은 그 陰助와 陰害를 하느님이나 부처님이나 祖上이나 鬼神이 맡아 놓고 주는 것인 줄로 알지마는 아는 사람은 그 모든 것이 다 各自의 心身을 作用한 結果로서 過去에 自己가 지은 바를 現在에 받게 되고 現在에 지은 바를 또한 未來에 받게 되는 것이요, 짓지 아니하고 받는 일은 하나도 없는 줄로 아나니 그러므로 어리석은 사람들은 理致 아닌 자리에 富貴와 榮華를 억지로 求하며 貧賤과 苦勞를 억지로 免하려하나 智慧 있는 사람은

대종경

무력 등을 남용하여 많은 대중을 살생하였다든지, 또는 악한 법을 강행하여 여러 사람에게 많은 해를 입혔다든지 하는 등의 죄업으로 인한 수가 많나니라.」

15 대종사 서울교당에서 건축 감역을 하시는데, 여러 일꾼이 서로 말하기를, 사람이 아무리 애를 써도 억지로는 잘 살 수 없는 것이요, 반드시 무슨 우연한 음조(陰助)가 있어야 되는 것이라고 하는지라, 대종사 들으시고 그 후 제자들에게 말씀하시기를 「대저 우리 인간이 이 세상에 살아가자면 우연한 가운데 음조와 음해가 없지 아니하나니 모르는 사람들은 그것을 하나님이나 부처님이나 조상이나 귀신이 맡아 놓고 주는 것인 줄로 알지마는, 아는 사람은 그 모든 것이 다 각자의 심신을 작용한 결과로 과거에 자기가 지은 바를 현재에 받게 되고, 현재에 지은 바를 또한 미래에 받게 되는 것이요, 짓지 아니하고 받는 일은 하나도 없는 줄로 아나니, 그러므로 어리석은 사람들은 이치 아닌 자리에 부귀와 영화를 억지로 구하며 빈천과 고난을 억지로 면하려 하나, 지혜 있는 사람

| 대종경 필사본 | 대종경 |

이미 지어놓은 罪福은 다 便安히 받으면서 未來의 福樂을 爲하여 꾸준히 努力을 繼續하는 것이며 같은 福을 짓는 中에도 局限 없는 功德을 公衆에 심어서 어느 때 어느 곳에서나 福祿의 源泉이 마르지 않게 하나니라.

은 이미 지어 놓은 죄복은 다 편안히 받으면서 미래의 복락을 위하여 꾸준히 노력을 계속하는 것이며, 같은 복을 짓는 중에도 국한 없는 공덕을 공중에 심어서 어느 때 어느 곳에서나 복록의 원천이 마르지 않게 하나니라.」

16 大宗師- 가라사대 모든 사람에게 千經萬經을 다 가르쳐주고 千善萬善을 다 獎勵하는 것이 急한 일이 아니라 먼저 生滅 없는 眞理와 因果報應의 眞理를 믿고 깨닫게 하여 주는 것이 가장 急한 일이 되나니라.

16 대종사 말씀하시기를 「모든 사람에게 천만 가지 경전을 다 가르쳐 주고 천만 가지 선(善)을 다 장려하는 것이 급한 일이 아니라, 먼저 생멸 없는 진리와 인과보응의 진리를 믿고 깨닫게 하여 주는 것이 가장 급한 일이 되나니라.」

17 大宗師- 가라사대 어리석은 사람은 남이 福 받는 것을 보면 慾心을 내고 부러워하나 제가 福지을 때를 當하여서는 짓기를 게을리 하고 잠을 자나니 이는 짓지 아니한 農事에 열매 걷우기를 바라는 것과 같은지라 農夫가 봄에 播種치 아니하면 가을에 收穫할 것이 없나니 이것이 因果의 原則이라 어찌 農事에만 限한 일이리오.

17 대종사 말씀하시기를 「어리석은 사람은 남이 복 받는 것을 보면 욕심을 내고 부러워하나, 제가 복 지을 때를 당하여서는 짓기를 게을리하고 잠을 자나니, 이는 짓지 아니한 농사에 수확하기를 바라는 것과 같나니라. 농부가 봄에 씨 뿌리지 아니하면 가을에 거둘 것이 없나니 이것이 인과의 원칙이라, 어찌 농사에만 한한 일이리오.」

| 대종경 필사본 | 대종경 |

18 大宗師- 가라사대 사람이 스스로 지어놓은 바가 없으면 來生에 아무리 잘 되기를 願하여도 그대로 되지 아니하는 것이 比컨대 現在에서도 아무리 좋은 집에 들어가 살고 싶으나 自己의 집이 아니면 함부로 들어가 살 수 없는 境遇와 같나니 公七이를 보라 裡里驛에 내리면 몇 層 洋屋이 櫛比하되 그 집에는 敢히 들어가 볼 生心도 못하고 그 찌그러진 自己 집만 찾아가지 아니하는가 이것이 곧 自己가 지어놓은 대로 가는 實例이며 지어놓은 대로 받는 標本이니라.

18 대종사 말씀하시기를 「사람이 제가 지어 놓은 것이 없으면 내생에 아무리 잘 되기를 원하여도 그대로 되지 아니하는 것이 비하건대 현생에서도 아무리 좋은 집에 들어가 살고 싶으나 자기의 집이 아니면 들어가 살 수 없는 경우와 같나니라. 공칠(公七)이를 보라! 이리(裡里) 역에 내리면 몇 층 양옥이 즐비하되 그 집에는 감히 들어가 볼 생심도 못하고, 그 찌그러진 자기 집에만 찾아들지 아니하는가. 이것이 곧 자기가 지어 놓은 대로 가는 실례이며 지어 놓은 그대로 받는 표본이니라.」

19 大宗師- 가라사대 福이 클수록 지닐 사람이 지녀야 오래 가나니 萬一 지니지 못할 사람이 가지고 보면 그것을 엎질러 버리든지 또는 그로 因하여 災禍를 불러드리게 되나니라. 그러므로 智慧 있는 사람은 福을 지을 줄도 알고 지킬 줄도 알며 쓸 줄도 알아서 아무리 큰 福이라도 그 福을 永遠히 지니나니라.

19 대종사 말씀하시기를 「복이 클수록 지닐 사람이 지녀야 오래 가나니, 만일 지니지 못할 사람이 가지고 보면 그것을 엎질러 버리든지 또는 그로 인하여 재앙을 불러들이게 되나니라. 그러므로, 지혜 있는 사람은 복을 지을 줄도 알고, 지킬 줄도 알며, 쓸 줄도 알아서, 아무리 큰 복이라도 그 복을 영원히 지니나니라.」

20 大宗師- 가라사대 어리석은 사람

20 대종사 말씀하시기를 「어리석은

대종경 필사본

들은 名譽가 좋은 줄만 알고 헛된 名譽라도 드러내려고 힘을 쓰나니 그는 헛 名譽가 마침내 自身을 害롭게 하는 禍根인줄을 모르는 緣故라 世上 理致가 實相된 名譽는 아무리 숨기려 하여도 自然히 들어나는 것이요, 헛된 名譽는 아무리 들어내려고 힘을 쓰나 마침내 떨어지는 것이 事實이니 그러므로 實相이 없이 말로 얻은 名譽는 畢竟 말로 헒을 當하고 權謀術數로 얻은 名譽는 權謀術數로 헒을 當할 뿐 아니라 元來 있던 名譽까지도 墮落하게 될 것이며 따라서 甚하게 되면 生命財産까지 빼앗기게 되나니 어찌 미리 注意할 바가 아니리오.

21 한 乞人이 金幾千에게 福을 지으라 하거늘 幾千이 물어 가로되 내가 福을 지으면 그대가 나에게 福을 줄 能力이 있느냐 하니 그 乞人이 對答치 못하는지라, 幾千이 말하되 어리석은 사람들은 흔히 제 個人이 살기 爲하여 남에게 福을 지으라 하니 그것이 도리어 罪를 짓는 말이 되리로다 하였더니 大宗師 – 들으시고 가라사대 幾千의 말이 法說

대종경

사람들은 명예가 좋은 줄만 알고 헛된 명예라도 드러내려고만 힘을 쓰나니, 그는 헛 명예가 마침내 자신을 해롭게 하는 화근인 줄을 모르는 연고라, 세상 이치가 실상된 명예는 아무리 숨기려 하여도 자연히 드러나는 것이요, 헛된 명예는 아무리 드러내려고 힘을 쓰나 마침내 떨어지는 것이 사실이니, 그러므로 실상이 없이 말로 얻은 명예는 필경 말로 헒을 당하고, 권모술수로 얻은 명예는 권모술수로 헒을 당할 뿐 아니라, 원래 있던 명예까지도 타락하게 될 것이며, 따라서 심하게 되면 생명 재산까지 빼앗기게 되나니 어찌 미리 주의할 바가 아니리오.」

21 한 걸인이 김기천에게 복을 지으라 하매, 기천이 묻기를 「내가 복을 지으면 그대가 나에게 복을 줄 능력이 있느냐.」 하니, 그 걸인이 대답하지 못하는지라, 기천이 말하기를 「어리석은 사람들은 흔히 제 개인이 살기 위하여 남에게 복을 지으라 하니, 그것이 도리어 죄를 짓는 말이 되리로다.」 하였더니 대종사 들으시고, 말씀하시기를 「기천의 말이

| 대종경 필사본 | 대종경 |

이로다. 世上 사람들이 福을 받기는 좋아하나 福을 짓는 사람은 많나니 그러므로 이 世上에 苦받는 사람은 많고 樂받는 사람은 적나니라.

22 大宗師- 가라사대 사람이 모든 惡行을 放恣히 하여 스스로 制裁하지 못하면 반드시 사람이 制裁할 것이요, 사람이 制裁하지 못하면 반드시 眞理가 制裁하나니 그러므로 知覺 있는 사람은 다른 사람이 막기 前에 제 스스로 惡을 行하지 아니하며 眞理가 막기 前에 사람의 忠告를 甘受하므로 그 惡이 드러날 것을 怯내어 떨 일이 없으며 恒常 그 마음이 便安하나니라.

23 大宗師- 가라사대 적은 재주로 적은 權利를 濫用하는 者들이여! 大衆을 어리석다고 속이고 害하지 말라. 大衆의 마음을 모으면 하늘 마음이 되며 大衆의 눈을 모으면 하늘 눈이 되며 大衆의 귀를 모으면 하늘 귀가 되며 大衆의 입을 모으면 하늘 입이 되나니 大衆을 어찌

법설이로다. 세상 사람들이 복을 받기는 좋아하나 복을 짓는 사람은 드물고 죄를 받기는 싫어하나 죄를 짓는 사람은 많으니, 그러므로 이 세상에 고 받는 사람은 많고 낙 받는 사람은 적나니라.」

22 대종사 말씀하시기를 「사람이 모든 악행을 방자히 하여 스스로 제재하지 못하면 반드시 사람이 제재할 것이요, 사람이 제재하지 못하면 반드시 진리가 제재하나니, 그러므로 지각 있는 사람은 다른 사람이 막기 전에 저 스스로 악을 행하지 아니하며 진리가 막기 전에 사람의 충고를 감수하므로, 그 악이 드러날 것을 겁내어 떨 일이 없으며 항상 그 마음이 편안하나니라.」

23 대종사 말씀하시기를 「작은 재주로 작은 권리를 남용하는 자들이여! 대중을 어리석다고 속이고 해하지 말라. 대중의 마음을 모으면 하늘 마음이 되며, 대중의 눈을 모으면 하늘 눈이 되며, 대중의 귀를 모으면 하늘 귀가 되며, 대중의 입을 모으면 하늘 입이 되나니, 대중

대종경 필사본

어리석다고 속이고 害하리오.

24 敎中에서 기르던 개가 제 同類에게 물리어 죽게 된지라 大宗師- 보시고 가라사대 저 개가 젊었을 때에는 性質이 사나와서 近洞 개 中에 王노릇을 하며 온갖 暴惡한 짓을 제 마음대로 하더니 벌써 그 果報로 저렇게 慘酷하게 죽게 되니 저것이 不義한 權利를 濫用하는 사람들에게 警戒를 주는 일이라 어찌 개의 일이라 하여 泛然히 看過하리오 하시고 因하여 가라사대 사람도 그 마음 쓰는 것을 보면 進級期에 있는 사람과 降級期에 있는 사람을 알 수 있나니 進級期에 있는 사람은 그 心性이 溫柔善良하여 여러 사람에게 害를 끼치지 아니하고 對하는 사람마다 잘 和하며 늘 下心을 主張하여 남을 높이고 배우기를 좋아하는 中 特히 眞理를 믿고 修行에 努力하며 남 잘 되는 것을 좋아하며 무슨 方面으로든지 弱한 자를 북돋아주고 降級期에 있는 사람은 그와 反對로 그 心性이 暴惡하여 여러 사람에게 利를 주지 못하고 對하는 사람마다 잘 衝突하며 自慢心이 强하여 남 蔑視하기를 좋아하고 배우

대종경

을 어찌 어리석다고 속이고 해하리오.」

24 총부 부근의 사나운 개가 제 동류에게 물리어 죽게 된지라, 대종사 보시고 말씀하시기를 「저 개가 젊었을 때는 성질이 사나워서 근동 개들 가운데 왕노릇을 하며 온갖 사나운 짓을 제 마음대로 하더니, 벌써 그 과보로 저렇게 참혹하게 죽게 되니 저것이 불의한 권리를 남용하는 사람들에게 경계를 주는 일이라, 어찌 개의 일이라 하여 범연히 보아 넘기리오.」 하시고, 또 말씀하시기를 「사람도 그 마음 쓰는 것을 보면 진급기에 있는 사람과 강급기에 있는 사람을 알 수 있나니, 진급기에 있는 사람은 그 심성이 온유 선량하여 여러 사람에게 해를 끼치지 아니하고 대하는 사람마다 잘 화하며, 늘 하심(下心)을 주장하여 남을 높이고 배우기를 좋아하며, 특히 진리를 믿고 수행에 노력하며, 남 잘되는 것을 좋아하며, 무슨 방면으로든지 약한 이를 북돋아 주는 것이요, 강급기에 있는 사람은 그와 반대로 그 심성이 사나워서 여러 사람에게 이를 주지 못하고 대하는 사람마다 잘 충돌하며, 자만심이 강하여

| 대종경 필사본 | 대종경 |

기를 싫어하는 中 特히 因果의 眞理를 믿지 아니하고 修行이 없으며 남 잘되는 것을 못 보아서 무슨 方面으로든지 勝己者를 깎아내리려 하나니라.

남 멸시하기를 좋아하고 배우기를 싫어하며, 특히 인과의 진리를 믿지 아니하고 수행이 없으며, 남 잘되는 것을 못 보아서 무슨 방면으로든지 자기보다 나은 이를 깎아내리려 하나니라.」

25　大宗師- 가라사대 暴惡을 恣行하여 여러 사람의 입에 나쁘게 자주 오르내리면 그 사람의 앞길은 暗澹하게 되나니 靈光에 어떤 사람은 郡都使令이 되어가지고 酷毒히 權利를 濫用하여 여러 사람의 生命과 財産을 많이 빼앗으므로 사람들이 洞里에 모여 앉으면 아무는 살아서 구렁이 될 者라고 惡談들을 많이 하더니 그 말이 씨가 되어 事實로 生前에 凄慘*한 신세가 되어 그 罪받는 現象을 여러 사람의 눈앞에 보여주었다 하나니 果然 여러 사람의 입은 참으로 무서운 것이니라.

＊ '悽慘'의 誤字.

25　대종사 말씀하시기를 「나쁜 일을 자행하여 여러 사람의 입에 나쁘게 자주 오르내리면 그 사람의 앞길은 암담하게 되나니, 어떤 사람이 군(郡) 도사령이 되어서 혹독히 권리를 남용하여, 여러 사람의 생명과 재산을 많이 빼앗으므로 사람들이 동리에 모여 앉으면 입을 모아 그 사람을 욕하더니, 그 말이 씨가 되어 그 사람이 생전에 처참한 신세가 되어 그 죄받는 현상을 여러 사람의 눈앞에 보여 주었다 하니, 과연 여러 사람의 입은 참으로 무서운 것이니라.」

26　大宗師- 가라사대 衆生들이 철없이 많은 罪業을 짓는 가운데 特히 무서운 罪業 다섯 가지가 있나니 그 하나는

26　대종사 말씀하시기를 「중생들이 철없이 많은 죄업을 짓는 가운데 특히 무서운 죄업 다섯 가지가 있나니, 그 하

대종경 필사본

바른 理致를 알지 못하고 大衆의 앞에 나서서 여러 사람의 精神을 그릇 引導함이요, 둘은 여러 사람에게 因果를 믿지 아니하게 하여 善한 業 짓는 것을 妨害함이요, 셋은 바르고 어진 이를 헐고 猜忌함이요, 넷은 삿된 무리와 黨을 짓고 삿된 무리에게 힘을 도와줌이요, 다섯은 大道正法의 發展을 妨害하며 正法會上과 情誼를 서끌게 함이라. 이 다섯 가지 罪業 짓기를 쉬지 아니하는 자는 三惡道를 벗어날 날이 없으리라.

27 大宗師- 가라사대 世上에 무서운 罪業 세 가지가 있으니 그 하나는 겉눈치로 저 사람이 罪惡을 犯하였다고 남을 謀陷하는 罪요, 둘은 남의 親切한 사이를 猜忌하여 離間하는 罪요, 셋은 삿된 智慧를 利用하여 純眞한 사람을 그릇 引導하는 罪라 이 세 가지 罪業을 많이 지은 者는 눈을 보지 못하는 果報나 말을 못하는 果報나 맑은 精神을 잃어버리는 果報 등을 받게 되나니라.

28 大宗師- 가라사대 옛날 어떤 禪師*

대종경

나는 바른 이치를 알지 못하고 대중의 앞에 나서서 여러 사람의 정신을 그릇 인도함이요, 둘은 여러 사람에게 인과를 믿지 아니하게 하여 선한 업 짓는 것을 방해함이요, 셋은 바르고 어진 이를 헐고 시기함이요, 넷은 삿된 무리와 당을 짓고 삿된 무리에게 힘을 도와줌이요, 다섯은 대도 정법의 신앙을 방해하며 정법 회상의 발전을 저해함이라, 이 다섯 가지 죄업 짓기를 쉬지 아니하는 사람은 삼악도를 벗어날 날이 없으리라.」

27 대종사 말씀하시기를 「세상에 무서운 죄업 세 가지가 있으니, 그 하나는 겉눈치로 저 사람이 죄악을 범하였다고 단정하여 남을 모함하는 죄요, 둘은 남의 친절한 사이를 시기하여 이간하는 죄요, 셋은 삿된 지혜를 이용하여 순진한 사람을 그릇 인도하는 죄라, 이 세 가지 죄를 많이 지은 사람은 눈을 보지 못하는 과보나, 말을 못 하는 과보나, 정신을 잃어버리는 과보 등을 받게 되나니라.」

28 대종사 말씀하시기를 「옛날 어떤

대종경 필사본

는 弟子도 많고 施主도 많아서 그의 生活이 퍽 裕足하였건마는 果樹 몇 株를 따로 심어놓고 손수 그것을 가꾸어 그 收入으로 上佐 하나를 따로 먹여 살리는지라 모든 弟子들이 그 理由를 물었더니 禪師는 대답하되 그로 말하면 過去에도 지은 바가 없고 금생에도 남에게 有益 줄 만한 人物이 되지 못하거늘 그에게 衆人의 福을 비는 錢穀을 먹이는 것은 그 빚을 훨씬 더 하게 하는 일이라 저는 한 世上 얻어먹은 것이 갚을 때에는 여러 世上 牛馬의 苦를 겪게 될 것이므로 나는 師弟의 情誼에 그의 빚을 적게 하여 주기 爲하여 餘暇에 따로 벌어 먹이노라 하였다 하나니 禪師의 그 處事는 大衆生活하는 사람에게 큰 法門이라 그대들은 이 말을 泛然히 듣지 말고 精神으로나 肉身으로나 物質로나 남을 爲하여 그만큼 일하는 바가 있다면 衆人의 布施 받은 것을 먹어도 無妨하려니와 萬一 제 일밖에 못하는 사람으로서 衆人의 布施를 받아먹는다면 그는 큰 빚을 지는 사람이라 반드시 여러 世上의 勞苦를 覺悟하여야 하리라. 그러나 大槪는 남을 爲하는 사람은 오히려 布施 받기를 싫어하고 제 일 밖에 못하는 사람이 도리어

대종경

선사는 제자도 많고 시주도 많아서 그 생활이 퍽 유족하였건마는, 과실나무 몇 주를 따로 심어 놓고 손수 그것을 가꾸어 그 수입으로 상좌 하나를 따로 먹여 살리는지라, 모든 제자가 그 이유를 물었더니, 선사가 대답하기를 "그로 말하면 과거에도 지은 바가 없고 금생에도 남에게 유익 줄 만한 인물이 되지 못하거늘, 그에게 중인의 복을 비는 전곡을 먹이는 것은 그 빚을 훨씬 더하게 하는 일이라, 저는 한 세상 얻어먹은 것이 갚을 때는 여러 세상 우마의 고를 겪게 될 것이므로, 나는 사제의 정의에 그의 빚을 적게 해 주기 위하여 이와 같이 여가에 따로 벌어먹이노라." 하였다 하니, 선사의 그 처사는 대중 생활하는 사람에게 큰 법문이라, 그대들은 이 말을 범연히 듣지 말고 정신으로나 육신으로나 물질로나 남을 위하여 그만큼 일하는 바가 있다면 중인의 보시 받은 것을 먹어도 무방하려니와, 만일 제 일밖에 못 하는 사람으로서 중인의 보시를 받아먹는다면 그는 큰 빚을 지는 사람이라, 반드시 여러 세상의 노고를 각오하여야 하리라. 그러나, 대개 남을 위하는 사람은 오히려 보시받기를 싫어하고 제 일밖에 못

| 대종경 필사본 |

布施 받기를 좋아하나니 그대들은 날로 살피고 때로 살피어 大衆에게 큰 빚을 지는 사람이 되지 아니하도록 조심하고 또 조심할찌어다.

* 중국 '知正禪師'로 추정됨. 박정훈 편저, 『한울 안 한 이치에』, 원불교출판사, 1982.(제1편 法門과 逸話 2.심은 대로 거둠 11절. 한 제자가 여쭈었다. "知正禪師는 제자를 위하여 여러 사람이 복을 비는 재물로 먹이지 않고 손수 가꾼 과수의 수입으로 먹이셨다 하는데 그것도 역시 빚이 아닙니까?" "남이 복 지으러 가져온 것을 먹는 것과 스승이 정의로 제자를 먹이는 것을 비교하면 먹는 것은 같으나 갚는 데는 큰 차이가 있다. 같은 사과 한 바구니를 받아먹는 것도, 친구와 놀며 얻어먹는 것과 큰일을 잘 보아 달라는 조건부로 얻어먹는 것과는 그 안에 큰 차이가 있는 것과 같다.")

29 하루는 崔內善이 大衆供養을 올리는지라 大宗師 大衆으로 더부러 供養을 마치신 後 가라사대 사람이 같은 福을 짓고도 그 果를 받는 것이 各各 差等이 있나니 그것이 物質의 多寡에만 있는 것이 아니라 마음의 深淺에도 있는 것이며 또는 福을 심는 當處의 能力 如何에도 있나니라. 靈光서 農夫 한 사람이 어

| 대종경 |

하는 사람이 도리어 보시받기를 좋아하나니, 그대들은 날로 살피고 때로 살피어 대중에게 큰 빚을 지는 사람이 되지 아니하도록 조심하고 또 조심할지어다.」

29 하루는 최내선(崔內善)이 대중 공양(大衆供養)을 올리는지라 대종사 대중과 함께 공양을 마치신 후, 말씀하시기를 「사람이 같은 분량의 복을 짓고도 그 과를 받는 데에는 각각 차등이 없지 아니하나니, 그것이 물질의 분량에만 있는 것이 아니라 마음의 심천에도 있는 것이며, 또는 상대처의 능력 여하에도 있나

대종경 필사본

느 해 여름 장마에 官吏 세 사람의 越川을 하여 준 일이 있어서 그로 因하여 그들과 서로 알고 지내게 되었는데 그 農夫는 한날 한時에 똑같은 受苦를 드려 三人을 건너주었건마는 後日에 세 사람이 그 農夫의 功을 갚는 데에는 各各 自己의 職權과 能力의 정도에 따라 相當한 差等이 있었다 하나니 이것이 비록 現實에 나타난 一部의 말에 不過하나 그 理致는 過去 現在 未來를 通하여 福 짓고 福 받는 內譯이 大槪 그러하나니라.

30 大宗師- 靈山에 계실새 近洞에 放蕩하던 한 靑年이 스스로 發心하여 前過를 懺悔하고 大宗師의 弟子가 되어 사람다운 일을 하여 보기로 盟誓하더니 그 後 大宗師께서 各處를 巡視하시고 여러 달 後에 靈山에 돌아오시니 그가 그 동안 다시 放蕩하여 酒色雜技로 家産을 蕩敗하고 前日의 盟誓를 부끄러히 생각하여 大宗師를 避하여 다니다가 하루는 路上에서 避치 못하고 만나게 된지라 大宗師- 가라사대 무슨 緣故로 한 번도 나에게 오지 않았는가? 靑年이 가로되 그

대종경

니라. 영광에서 농부 한 사람이 어느 해 여름 장마에 관리 세 사람의 월천을 하여 준 일이 있어서 그로 인하여 그들과 서로 알고 지내게 되었는데, 그 농부는 한날한시에 똑같은 수고를 들여 세 사람을 건네주었건마는 후일에 세 사람이 그 농부의 공을 갚는 데에는 각각 자기의 권리와 능력의 정도에 따라 상당한 차등이 있었다 하나니, 이것이 비록 현실에 나타난 일부의 말에 불과하나, 그 이치는 과거 현재 미래를 통하여 복 짓고 복 받는 내역이 대개 그러하나니라.」

30 대종사 영산(靈山)에 계실 때 근동에 방탕하던 한 청년이 스스로 발심하여 과거의 잘못을 참회하고 대종사의 제자가 되어 사람다운 일을 하여 보기로 맹세하더니, 그 후 대종사께서 각처를 순회하시고 여러 달 후에 영산에 돌아오시니, 그가 그동안 다시 방탕하여 주색잡기로 가산을 탕패하고 전일에 맹세 드린 것을 부끄러이 생각하여 대종사를 피하여 다니다가, 하루는 노상에서 피하지 못하고 만나게 된지라, 대종사 말씀하시기를 「무슨 연고로 한 번도 나에게

| 대종경 필사본 | 대종경 |

대종경 필사본

저 罪悚할 뿐이옵니다. 大宗師- 가라사대 무엇이 罪悚하다는 말인가? 靑年이 가로되 제가 前日에 盟誓한 것이 이제 와서는 다 聖人을 속임에 不過하게 되었사오니 어찌 罪悚치 아니 하오리까. 널리 容恕하여 주시옵소서. 大宗師- 가라사대 罪悚할 것도 없으며 容恕하여 달라할 것도 없나니라. 그동안 그대가 放心하여 그대의 家産을 그대가 蕩盡하였으니 只今 모든 일에 困難을 누가 當하는가? 靑年이 가로되 방금 제가 當하나이다. 大宗師 가라사대 그러므로 나에게 容恕를 求할 것이 없나니 내가 그대를 代身하여 그대의 지은 罪를 내가 받게 된다면 나에게 罪悚하다고도 할 것이요, 나를 避하려고도 할 것이나 禍福間에 그대가 지은 일은 반드시 그대가 받고 내가 지은 일은 반드시 내가 받는 것이라, 只今 그대는 나를 속였다고 생각하니 實相은 그대가 그대를 속인 것이요, 나를 속임이 아니니 이 뒤부터는 空然히 나를 避하려 하지 말고 다시 그대의 마음을 단속하는 데에 힘쓸지어다 하시니라.

대종경

오지 않았는가.」 청년이 사뢰기를 「그저 죄송할 뿐이옵니다.」 대종사 말씀하시기를 「무엇이 죄송하다는 말인가.」 청년이 사뢰기를 「제가 전 일에 맹세한 것이 이제 와서는 다 성인을 속임에 불과하게 되었사오니 어찌 죄송하지 아니하오리까. 널리 용서하여 주시옵소서.」 대종사 말씀하시기를 「그동안에 그대가 방심하여 그대의 가산을 탕진하고 그대가 모든 일에 곤란을 당하나니, 그러므로 나에게 용서를 구할 것이 따로 없나니라. 내가 그대를 대신하여 그대의 지은 죄를 받게 된다면 나에게 죄송하다고도 할 것이요, 나를 피하려고도 할 것이나, 화복 간에 그대가 지은 일은 반드시 그대가 받는 것이라, 지금 그대는 나를 속였다고 생각하나 실상은 그대를 속인 것이니, 이 뒤부터는 공연히 나를 피하려 하지 말고 다시 그대의 마음을 단속하는 데에 힘쓸지어다.」

대종경 필사본

31 大宗師- 靈山에 계실 새 하루는 菜圃에 나가시니 菜圃 가에 있는 분항에 거름물이 가득하여 뭇 벌레가 化生하였는데 마침 쥐 한 마리가 그것을 줏어먹고 가는지라 밭을 매던 弟子들이 저 쥐가 때로 와서 저렇게 주서먹고 가나이다 하거늘 大宗師- 가라사대 只今은 저 쥐가 벌레들을 마음대로 줏어 먹으나 며칠 안에 저 쥐가 벌레들에게 먹히는 바가 되리라 하시거늘 弟子들이 그 말씀의 뜻을 充分히 理解치 못하여 三世因果가 어찌 그리 빠르리요 하였더니 數日後에 한 弟子가 보니 果然 그 쥐가 분항에 빠져 죽어 썩기 始作하여 그 속의 뭇 벌레가 그 쥐를 파먹고 있는지라 大宗師- 그 事由를 들으시고 가라사대 내가 前日에 한 말은 마만 그 기틀을 보아 하였을 따름이니 當時에는 분항 속에 거름이 가득하므로 쥐가 그 위를 橫行하며 벌레를 먹으나 菜疎*밭을 매고서는 應當 그 거름을 퍼서 쓸 것이니 그 때에는 그 항 속이 깊어질 것이오 저 쥐는 前日의 習慣대로 注意 없이 들어오다가 반드시 항 속에 빠져 죽을 것이라 그러하면 뭇 벌레의 밥이 될 것을 미리 推測한 것뿐이라 하시고 또 가라사대 사람의 罪福間

대종경

31 대종사 영산에 계실 때 하루는 채포(菜圃)에 나가시니, 채포 가에 있는 분항에 거름물이 가득하여 뭇 벌레가 화생하였는데, 마침 쥐 한 마리가 그것을 주워 먹고 가는지라, 밭을 매던 제자들이 「저 쥐가 때로 와서 저렇게 주워 먹고 가나이다.」 하거늘, 대종사 말씀하시기를 「지금은 저 쥐가 벌레들을 마음대로 주워 먹으나 며칠 안에 저 쥐가 벌레들에게 먹히는 바 되리라.」 제자들이 말씀 뜻을 충분히 이해하지 못하여 "삼세 인과가 어찌 그리 빠르리오" 하였더니, 며칠 후에 과연 그 쥐가 분항에 빠져 썩기 시작하매 뭇 벌레가 그 쥐를 빨아먹고 있는지라, 대종사 말씀하시기를 「내가 전일에 한 말을 그대들은 이상히 생각하는 듯하였으나 나는 다만 그 기틀을 보고 말한 것뿐이니라. 당시에는 분항 속에 거름이 가득하므로 쥐가 그 위를 횡행하며 벌레를 주워 먹었으나, 채소밭을 매고서는 응당 그 거름을 퍼서 쓸 것이요, 그러면 그 항 속은 깊어져서 주의 없이 드나들던 저 쥐가 반드시 항 속에 빠져 죽을 것이며 그러하면 뭇 벌레의 밥이 될 수밖에 없는 것을 미리 추측한 것이니라.」 하시고, 이어서 말씀하시기를

대종경 필사본

因果도 그 일의 性質에 따라 後生에 받을 것은 後生에 받고 現生에 받을 것은 現生에 받게 되는 것이 一例와 다를 것이 없나니라 하시니라.

* '菜蔬'의 誤字.

32 金三昧華가 食堂에서 肉物을 좃고 있는지라 大宗師- 보시고 물어 가라사대 그대는 刀山地獄을 求景*하였는가? 그가 答하여 가로되 求景*치 못하였나이다. 大宗師 가라사대 도마 우에 고기가 刀山地獄에 있나니 죽을 때에도 도끼로 찍히고 칼로 찍혀서 千苞萬苞가 되었으며 各人이 사다가 또한 집집에서 그렇게 千刀萬刀로 좃으니 어찌 두렵지 아니하리오 하시니라.

* 고유한 한글 단어를 한자로 잘못 표기함.

33 大宗師- 가라사대 過去에는 마음이 거짓되고 惡한 사람도 當代에는 或 잘 산 사람이 많이 있었으나 앞으로는 마음이 거짓되고 惡한 사람은 當代를 잘 살아나가기가 어려울 것이니 앞으로는 사람들이 自己 一生을 通하여 지은 바

대종경

「사람의 죄복 간 인과도 그 일의 성질에 따라 후생에 받을 것은 후생에 받고 현생에 받을 것은 현생에 받게 되는 것이 이와 다를 것이 없나니라.」

32 김삼매화(金三昧華)가 식당에서 육물을 썰고 있는지라 대종사 보시고 물으시기를 「그대는 도산지옥(刀山地獄)을 구경하였는가.」 삼매화 사뢰기를 「구경하지 못하였나이다.」 대종사 말씀하시기를 「도마 위에 고기가 도산지옥에 있나니 죽을 때에도 도끼로 찍히고 칼로 찢겨서 천 포 만 포가 되었으며 여러 사람이 사다가 또한 집집에서 그렇게 천 칼 만 칼로 써니 어찌 두렵지 아니하리오.」

33 대종사 말씀하시기를 「과거에는 마음이 거짓되고 악한 사람도 당대에는 혹 잘 산 사람이 많이 있었으나, 앞으로는 마음이 거짓되고 악한 사람은 당대를 잘 살아나가기가 어려울 것이니, 사람들이 자기 일생을 통하여 지은바 죄복

대종경 필사본	대종경
罪福을 自己 當代 안에 거의 다 받을 것이요, 後生으로 미루고 갈 것이 얼마 되지 아니하리라. 그러므로 世上이 밝아질수록 마음 하나가 참되고 善한 사람은 一切이 다 참되고 善하여 그 앞길이 光明하게 열릴 것이나 마음 하나가 거짓되고 惡한 사람은 一切이 다 거짓되고 惡하여 그 앞길이 어둡고 막히리라.	을 자기 당대 안에 거의 다 받을 것이요, 후생으로 미루고 갈 것이 얼마 되지 아니하리라. 그러므로, 세상이 밝아질수록 마음 하나가 참되고 선한 사람은 일체가 다 참되고 선하여 그 앞길이 광명하게 열릴 것이나, 마음 하나가 거짓되고 악한 사람은 일체가 다 거짓되고 악하여 그 앞길이 어둡고 막히리라.」

辨疑品

대종경 필사본

1 大宗師- 禪院 讀誦時間에 出席하사 天地의 밝음이라는 問題로 여러 弟子들이 서로 辯論함을 들으시다가 가라사대 그대들은 天地에 識이 있다고 하는가 없다고 하는가? 李共珠 가로되 天地에 分明한 識이 있다고 하나이다. 大宗師- 가라사대 무엇으로 識이 있는 것을 아는가? 共珠 가로되 사람이 善을 지으면 偶然한 가운데 福이 돌아오고 惡을 지으면 偶然한 가운데 罪가 돌아와서 그 感應이 조금도 틀리지 않는다 하오니 萬一 識이 없다 하오면 어찌 善惡을 알아서 그와 같이 罪福을 區分함이 있사오리까. 大宗師- 가라사대 그러면 善惡을 알아서 罪福을 區分하는 證據 하나를 들어서 아무라도 可히 理解할 수 있도록 말하여 보라. 共珠 가로되 이것은 平素에 法說을 많이 듣던 中 꼭 그러하겠다는 信念만은 있사오나 그 理致를 解剖하여 證據로 辯論하기는 어렵나이다. 大宗師- 가라사대 玄妙한 地境은 알기도 어렵고 設令 안다 할찌라도 充分히 證明하여 보이기도 어려우나 이제 쉬운 말로 證據의 一端을 들어 주리니 그대들은 이것을 미루어 可히 證據하기 어려운 地境까지 通하여 볼찌어다. 大凡 땅으로 말하면 오

대종경

1 대종사 선원 경강(經講) 시간에 출석하사 천지의 밝음이라는 문제로 여러 제자의 변론함을 들으시다가, 말씀하시기를 「그대들은 천지에 식(識)이 있다고 하는가 없다고 하는가.」 이공주 사뢰기를 「천지에 분명한 식이 있다고 하나이다.」 대종사 말씀하시기를 「무엇으로 식이 있는 것을 아는가.」 공주 사뢰기를 「사람이 선을 지으면 우연한 가운데 복이 돌아오고 악을 지으면 우연한 가운데 죄가 돌아와서, 그 감응이 조금도 틀리지 않사오니 만일 식이 없다 하오면 어찌 그와 같이 죄복을 구분함이 있사오리까.」 대종사 말씀하시기를 「그러면 그 구분하는 증거 하나를 들어서 아무라도 이해할 수 있도록 말하여 보라.」 공주 사뢰기를 「이것은 평소에 법설을 많이 들은 가운데 꼭 그렇겠다는 신념만 있을 뿐이요, 그 이치를 해부하여 증거로 변론하기는 어렵나이다.」 대종사 말씀하시기를 「현묘한 지경은 알기도 어렵고 가령 안다 할지라도 충분히 증명하여 보이기도 어려우나, 이제 쉬운 말로 증거의 일단을 들어 주리니 그대들은 이것을 미루어 가히 증거하기 어려운 지경까지 통하여 볼지어다. 무릇, 땅으로 말하면 오

대종경 필사본

직 沈默하여 言語와 動作이 없으므로 世上 사람들이 다 無情之物로 認證하나 事實에 있어서는 참으로 昭昭靈靈한 證據가 있나니 農事를 지을 때에 種子를 뿌려보면 땅은 벌서 種子 심은 줄을 알고 곧 生長의 準備를 하여주며 또는 팥을 심은 자리에는 반드시 팥을 내어주고 콩을 심은 자리에는 반드시 콩을 내어주며 또는 人工을 많이 드린 자리에는 그 功力을 따라 收穫도 많이 나게 하고 人工을 적게 드린 자리에는 收穫도 적게 나게 하며 人工을 잘못 드린 자리에는 또한 損失을 나게 하여 조금도 서로 混亂됨이 없이 各自의 性質과 짓는 바를 따라 밝게 區分하여 주지 아니하는가. 이 말을 듣고 어떤 사람은 말하기를 이것은 種子가 스스로 生의 要素를 가지고 있고 사람이 功力을 드리므로 나는 것이요 땅은 오직 바탕에 지나지 못하는 것이라고 하리라. 그러나 種子가 땅의 感應을 받지 아니하고 제 스스로 나는 수가 어디 있으며 사람이 비록 功力을 드린다 할찌라도 땅의 感應을 받지 아니하는 곳에는 아무리 種子를 심고 肥料를 줄찌라도 아무러한 效果를 얻지 못하지 아니하는가. 뿐만 아니라 땅에 依支한 一切萬物이

대종경

직 침묵하여 언어와 동작이 없으므로 세상 사람들이 다 무정지물로 인증하나 사실에 있어서는 참으로 소소 영령한 증거가 있나니, 농사를 지을 때 종자를 뿌려 보면 땅은 반드시 그 종자의 생장을 도와주며, 또한 팥을 심은 자리에는 반드시 팥이 나게 하고, 콩을 심은 자리에는 반드시 콩이 나게 하며, 또는 인공을 많이 들인 자리에는 수확도 많이 나게 하고, 인공을 적게 들인 자리에는 수확도 적게 나게 하며, 인공을 잘못 들인 자리에는 손실도 나게 하여, 조금도 서로 혼란됨이 없이 종자의 성질과 짓는 바를 따라 밝게 구분하여 주지 아니하는가. 이 말을 듣고 혹 말하기를 "그것은 종자가 스스로 생의 요소를 가지고 있고 사람이 공력을 들이므로 나는 것이요, 땅은 오직 바탕에 지나지 못하는 것이라."고 하리라. 그러나, 종자가 땅의 감응을 받지 아니하고도 제 스스로 나서 자랄 수가 어디 있으며, 땅의 감응을 받지 아니하는 곳에 심고 거름하는 공력을 들인들 무슨 효과가 있겠는가. 뿐만 아니라, 땅에 의지한 일체 만물이 하나도 땅의 감응을 받지 아니하고 나타나는 것이 없나니, 그러므로 땅은 일체 만물을 통하여 간섭하

대종경 필사본

그 어느 것이 땅의 感應을 받지 아니하고 나타나는 者가 있는가. 그러므로 땅은 곧 一切萬物을 通하여 關涉하지 않는 바가 없고 生滅盛衰의 權能을 使用하지 않는 바가 없나니 그 昭昭靈靈함이 어찌 言語動作하는 一個 사람에 比하리오. 이것은 알기 쉽게 땅만을 들어 證據하였거니와 땅뿐 아니라 하늘과 땅이 둘이 아니요, 따라서 日月星辰과 風雲雨露霜雪이 모두 한 氣運 한 理致며 하나도 靈驗치 않는 바가 없나니 그러므로 사람의 짓는 바 一切善惡은 아무리 隱密한 일이라도 다 속이지 못하며 또는 그 報應을 抗拒하지 못하나니 이것이 모두 天地의 識이며 天地의 밝은 威力이니라. 그러나 天地의 識은 사람의 喜怒哀樂과는 같지 않은 識이니 곧 無念中 行하는 識이며 無相中 나타나는 識이며 公正하고 圓滿하여 私私가 없는 識이라, 이 理致를 아는 사람은 天地의 밝음을 두려워하여 어떠한 境界를 當할찌라도 敢히 良心을 속여 罪를 犯하지 못하며 한 걸음 나아가 天地의 識을 體받은 사람은 無量淸淨한 識을 얻어 天地의 威力을 能히 任意로 施行하는 수도 있나니라.

대종경

지 않는 바가 없고, 생·멸·성·쇠의 권능을 사용하지 않는 바가 없으며, 땅뿐 아니라 하늘과 땅이 둘이 아니요, 일월성신과 풍운우로상설이 모두 한 기운 한 이치어서 하나도 영험하지 않은 바가 없나니라. 그러므로, 사람이 짓는 바 일체 선악은 아무리 은밀한 일이라도 다 속이지 못하며, 또는 그 보응을 항거하지 못하나니, 이것이 모두 천지의 식이며 천지의 밝은 위력이니라. 그러나, 천지의 식은 사람의 희·로·애·락과는 같지 않은 식이니, 곧 무념 가운데 행하는 식이며 상 없는 가운데 나타나는 식이며 공정하고 원만하여 사사가 없는 식이라, 이 이치를 아는 사람은 천지의 밝음을 두려워하여 어떠한 경계를 당할지라도, 감히 양심을 속여 죄를 범하지 못하며, 한 걸음 나아가 천지의 식을 체받은 사람은 무량 청정한 식을 얻어 천지의 위력을 능히 임의로 시행하는 수도 있나니라.」

대종경 필사본

2　　大宗師- 여러 弟子에게 물어 가라사대 사람이 마음 가운데 隱密히 惡한 마음을 품으며 또는 隱密한 가운데 罪過를 지어놓고도 天地萬物을 對面하기가 스스로 부끄러운 마음이 없지 아니하나니 어찌한 緣故일고? 李願華- 가로되 사람이 혼자 가만히 한 일이라도 天地萬物이 다 한 가지 이를 아는 것이 마치 사람의 몸 한 편에 조그마한 물것이 있어서 가만히 기어 다니되 사람의 全體가 다 아는 것과 같아서 廣大한 天地間에 조그마한 사람 하나의 일일찌라도 天地萬物이 自然 다 알게 되므로 天地萬物을 對面하기가 스스로 부끄러운가 하나이다. 大宗師- 가라사대 願華의 말이 近可하나 내 한 말 더하여 주리라. 假令 惡한 일을 하는 사람이 그 惡한 일을 하기로 하는 바에 제 혼자 마음으로 가만히 決定한 일을 누가 알리요 하지마는 제 마음에 이미 決定한 때에는 곧 世上에 베풀어 쓸 것이요, 世上에 베풀어 쓰면 곧 世上이 알게 되므로 비록 隱密한 罪過라도 스스로 부끄러운 생각이 나는 것이니 그러므로 사람의 가만히 한 일을 알고저 할찐대 그 일에 나타남을 볼 것이거늘 사람들은 空然히 다른 사람의 秘密을 미리 알고저 하나니라.

대종경

2　　대종사 여러 제자에게 물으시기를 「사람이 마음 가운데 은밀히 악한 마음을 품으며 또는 은밀한 가운데 죄를 지어 놓고도, 천지 만물을 대면하기가 스스로 부끄러운 마음이 없지 아니하나니, 그것이 어떠한 연고일꼬.」 이원화(李願華) 사뢰기를 「사람이 혼자 가만히 한 일이라도 천지 만물이 다 이를 아는 것이 마치 사람의 몸 한편에 조그마한 물것이 있어서 가만히 기어 다니되 사람의 전체가 다 아는 것 같아서, 너른 천지 사이에 조그마한 사람 하나의 일이라도 천지 만물이 자연히 다 알게 되므로, 천지 만물을 대면하기가 스스로 부끄러운가 하나이다.」 대종사 말씀하시기를 「원화의 말이 그럴듯하나, 내 한 말 더하여 주리라. 가령, 악한 일을 하는 사람이 저 혼자 마음으로 가만히 결정한 일을 누가 알리요 하지마는 제 마음에 이미 결정한 때에는 곧 세상에 베풀어 쓸 것이요, 세상에 베풀어 쓰면 곧 세상이 알게 되므로 비록 은밀한 죄과라도 부끄러운 생각이 나는 것이니, 그러므로 사람의 가만히 한 일을 알고자 할진대 그 일에 나타남을 볼 것이거늘 사람들은 공연히 다른 사람의 비밀을 미리 알고자 하나니라.」

대종경 필사본

3 한 사람이 大宗師께 물어 가로되 東洋學說에는 하늘은 動하고 땅은 靜한다 하고 西洋學說에는 땅은 動하고 하늘이 靜한다 하여 두 말이 서로 紛紛하오니 請컨대 한 말씀으로 이를 判斷하여 주옵소서. 大宗師- 가라사대 이 學說들이 난지가 이미 오래이고 理論이 또한 많은지라 專門家 아닌 나로서 거기에 言及코저 아니하나 旣往 묻는 바에 對答지 아니할 수 없으므로 나의 所見을 簡單히 말하자면 하늘과 땅은 元來 둘이 아닌지라 그 動과 靜이 서로 다르지 아니한 것이 譬喻하건대 한 사람의 氣運과 形體가 그 動靜을 서로 같이함과 같나니 하늘의 氣運과 땅의 바탕이 서로 連하여 끊임없이 循環함으로써 造化를 이루나니라. 그러나 主와 從으로 論하자면 氣運은 主가 되고 바탕은 從이 되어 氣運이 行함에 바탕이 따르게 되나니 이것이 곧 萬古에 바꾸지 못할 原理이니라.

4 徐大圓이 여짜오되 過去 學說에 이 世界가 壞劫에는 燒天燒地로 없어진다 하오니 事實로 그러하나이까? 大宗

대종경

3 한 사람이 대종사께 여쭙기를 「동양 학설에는 하늘은 동하고 땅은 정한다 하고, 서양 학설에는 땅은 동하고 하늘이 정한다 하여, 두 말이 서로 분분하오니 청컨대 한 말씀으로 이를 판단하여 주옵소서.」 대종사 말씀하시기를 「이 학설들이 난 지가 이미 오래되고, 이론이 또한 많으나, 나의 소견을 간단히 말하자면 하늘과 땅은 원래 둘이 아닌지라 그 동과 정이 서로 다르지 아니하여, 동하는 것으로 보면 하늘과 땅이 다 동하고 정하는 것으로 보면 하늘과 땅이 다 정하나니라. 이것이 비유하건대 한 사람의 기운과 형체가 그 동·정을 서로 같이 하는 것 같나니, 하늘의 기운과 땅의 바탕이 서로 연하여 끊임없이 순환함으로써 조화를 이루나니라. 그러나, 주와 종으로 논하자면 기운은 주가 되고 바탕은 종이 되어 기운이 행함에 바탕이 따르게 되나니 이것이 곧 만고에 바꾸지 못할 원리이니라.」

4 서대원(徐大圓)이 여쭙기를 과거 부처님 말씀에 「이 세계가 괴겁(壞劫)에는 소천 소지(燒天燒地)로 없어진다 하

대종경 필사본

師- 가라사대 그러하나니라. 또 여짜오되 燒天燒地가 되오면 現在 나타나 있는 天地는 다 없어지고 다시 새 天地가 肇判되나이까? 大宗師- 가라사대 燒天燒地가 된다 하여 一時에 天地가 消滅되는 것은 아니니 譬컨대 人間의 生老病死와 같아서 人生이 한편에는 나고 한편에는 늙고 한편에는 病들고 한편에는 죽는 것이 끝임없이 繼續되는 것 같이 天地에도 成住壞空의 理致가 千萬가지 分野로 運行되어 只今 이 時間에도 이루어지는 部分도 있고 그대로 머물러 있는 部分도 있으며 무너지는 部分도 있고 없어지는 部分도 있어서 늘 燒天燒地가 되고 있나니라.

5 또 여짜오되 過去 學說에 三千大千世界가 있다 하오니 事實로 있나이까? 大宗師- 가라사대 있나니라. 다시 여짜오되 이 世界도 限量없이 크옵거든 이 世界 밖에 어떻게 그 많은 世界가 分立되어 있나이까? 大宗師- 가라사대 三千大千世界가 이 世界 밖에 따로 建

辨疑品

대종경

오니 사실로 그러하오니까.」 대종사 말씀하시기를 「그러하나니라.」 또 여쭙기를 「소천 소지가 되오면 현재 나타나 있는 천지는 다 없어지고 다시 새 천지가 조판되나이까.」 대종사 말씀하시기를 「소천 소지가 된다 하여 일시에 천지가 소멸되는 것은 아니니, 비하건대 인간의 생·로·병·사와 같아서 인생이 한편에서는 낳고 한편에서는 늙고 한편에서는 병들고 한편에서는 죽는 것이 끝임없이 계속되는 것 같이, 천지에도 성·주·괴·공(成住壞空)의 이치가 천만 가지 분야로 운행되어 지금 이 시간에도 이루어지는 부분이 있고 그대로 머물러 있는 부분도 있으며, 무너지는 부분도 있고 없어지는 부분도 있어서 늘 소천 소지가 되고 있나니라.」

5 또 여쭙기를 「과거 부처님 말씀에 삼천대천세계가 있다 하오니 사실로 있나이까.」 대종사 말씀하시기를 「있나니라. 그러나, 삼천대천세계가 이 세계 밖에 따로 건립된 것이 아니라 이 세계 안에 분립된 가지가지의 세계를 이른 것이니, 그 수효를 헤아려 보면 삼천대천세

327

| 대종경 필사본 | 대종경 |

立된 것이 아니라, 이 世界 안에 分立된 種種의 世界를 이른 것이니 그 數爻를 헤아려보자면 三千大千世界로도 오히려 不足하나니라. 다시 여짜오되 現 天文學界에서도 이 宇宙에는 우리가 살고 있는 世界 밖에 더 큰 世界가 많이 있다 하옵는데 어떠하나이까? 大宗師- 가라사대 佛說은 解釋하는 사람의 見地에 따라 다른 것이며 現在의 學說도 비록 紛紛하나 멀지 않은 將來에 見性한 큰 學者가 나의 말을 認證할 것이니 나를 믿는 사람이라면 다시 疑心치 말라.

6 또 여짜오되 天地에 進降級이 있다 하오니 朝鮮이 只今 어느 期에 있나이까? 大宗師- 가라사대 朝鮮뿐 아니라 東洋이 進級期에 있나니라. 다시 여짜오되 進降級의 期限은 얼마나 되나이까? 大宗師 가라사대 過去 佛說에 一大劫으로 天地의 一進降級기를 잡으셨나니라.

7 또 여짜오되 이 天地가 成住壞空이 될 때에는 무엇으로 되나이까? 大宗

계로도 오히려 부족 하나니라.」 다시 여쭙기를 「현 천문학계에서도 이 우주에는 우리가 살고 있는 세계밖에 더 큰 세계가 많이 있다 하옵는데 어떠하나이까.」 대종사 말씀하시기를 「부처님 말씀은 해석하는 사람의 견지에 따라 다른 것이며 현재의 학설도 비록 분분하나 멀지 않은 장래에 견성한 큰 학자가 나의 말을 인증할 것이니 나를 믿는 사람이라면 다시 의심하지 말라.」

6 또 여쭙기를 「천지에 진강급(進降級)이 있다 하오니 조선이 지금 어느 기(期)에 있나이까.」 대종사 말씀하시기를 「진급기에 있나니라.」 다시 여쭙기를 「진강급의 기한은 얼마나 되나이까.」 대종사 말씀하시기를 「과거 부처님 말씀에 일대겁(一大劫)으로 천지의 한 진강급기를 잡으셨나니라.」

7 또 여쭙기를 「이 천지가 성·주·괴·공이 될 때는 무엇으로 되나이까.」 대종

| 대종경 필사본 | 대종경 |

師- 가라사대 過去 佛說과 같이 水火風 三輪으로 되어지나니라.

사 말씀하시기를 「과거 부처님 말씀과 같이 수·화·풍(水火風) 삼륜(三輪)으로 되어지나니라.」

8   또 여짜오되 前聖의 말씀에 日月星辰은 天地萬物의 精靈이라 한 바가 있사오니 事實로 그러하나이까? 大宗師- 가라사대 그러하나니라.

8   또 여쭙기를 「선성의 말씀에 일월과 성신은 천지 만물의 정령이라 한 바가 있사오니 사실로 그러하나이까.」 대종사 말씀하시기를 「그러하나니라.」

9   全州의 敎徒 한 사람이 天主敎人과 서로 만나 談話하던 中 天主敎人이 묻기를 貴下는 造物主를 아는가 함에 그가 能히 對答하지 못하고 그 사람에게 도루 물었더니 그 사람이 말하기를 우리 天主께서는 전지전능하시니 이가 곧 造物主라고 하는지라 後日에 그 敎徒가 그 말씀을 大宗師께 告하였더니 大宗師- 웃어 가라사대 그대가 다시 그 사람에게 가서 貴下가 天主를 造物主라고 하니 貴下는 天主를 보았는가? 萬一 보지 못하였다면 도리어 알지 못하는 것과 같지 않는가, 하여보라. 그리하여 그 사람이 對答하지 못하거든 그대가 다시 말하기를 내가 저번에 그 말을 듣고 물러가

9   전주의 교도 한 사람이 천주교인과 서로 만나 담화하는 중 천주교인이 묻기를 「귀하는 조물주를 아는가.」 하는데 그가 능히 대답하지 못하였더니, 그 사람이 「우리 천주께서는 전지전능하시니 이가 곧 조물주라.」고 말하는지라, 후일에 대종사께서 그 교도의 보고를 들으시고 웃으시며 말씀하시기를 「그대가 그 사람에게 다시 가서, 귀하가 천주를 조물주라 하니 귀하는 천주를 보았느냐고 물어보라. 그리하여, 보지 못하였다고 하거든 그러면 알지 못하는 것과 같지 않느냐고 말한 후에, 내가 다시 생각하여 보니 조물주가 다른 데 있는 것이 아니라 귀하의 조물주는 곧 귀하요, 나의

대종경 필사본

서 생각하여본즉 造物主가 다른 데 있는 것이 아니라 貴下의 造物主는 곧 貴下요, 나의 造物主는 곧 나이며 다못 貴下와 나뿐 아니라 一切生靈이 다 各各 自己가 自己의 造物主인 것을 알았노라 하라. 이것이 가장 適切한 말이니 그 사람이 萬一 이 뜻에 깨달음이 있다면 바로 큰 福音이 되리라.

10 한 弟子 여짜오되 極樂과 地獄이 어느 곳에 있나이까? 大宗師- 가라사대 네 마음이 罪福과 苦樂을 超越한 자리에 그쳐있으면 그 자리가 곧 極樂이요, 罪福과 苦樂에 사로잡혀있으면 그 자리가 곧 地獄이니라. 또 여짜오되 어찌하여야 기리 極樂生活만 하고 地獄에 떨어지지 아니 하오리까? 大宗師- 가라사대 性品의 本來 理致를 悟得하여 마음이 恒常 自性을 떠나지 아니하면 기리 極樂生活을 하게 되고 地獄에 떨어지지 아니하리라.

11 한 弟子 여짜오되 過去 佛說에 天上에 三十三天이 있다 하오니 그 하늘이

대종경

조물주는 곧 나며, 일체 생령이 다 각각 자기가 자기의 조물주인 것을 알았노라 하라. 이것이 가장 적절한 말이니 그 사람이 만일 이 뜻에 깨달음이 있다면 바로 큰 복음이 되리라.」

10 한 제자 여쭙기를 「극락과 지옥이 어느 곳에 있나이까.」 대종사 말씀하시기를 「네 마음이 죄복과 고락을 초월한 자리에 그쳐 있으면 그 자리가 곧 극락이요, 죄복과 고락에 사로잡혀 있으면 그 자리가 곧 지옥이니라.」 또 여쭙기를 「어찌하여야 길이 극락 생활만 하고 지옥에 떨어지지 아니하오리까.」 대종사 말씀하시기를 「성품의 본래 이치를 오득하여 마음이 항상 자성을 떠나지 아니하면 길이 극락 생활을 하게 되고 지옥에 떨어지지 아니하리라.」」

11 한 제자 여쭙기를 「과거 부처님 말씀에 천상에 삼십삼천이 있다 하오니 그

대종경 필사본

저 虛空界에 層層으로 羅列되어 있나이까? 大宗師- 가라사대 그는 工夫의 程度를 區分하여 놓은 것이니 하늘이나 땅이나 實力 갖춘 工夫人 있는 곳이 곧 天上이니라. 또 여짜오되 그 가운데 차차 天上에 올라갈수록 天人의 身長이 커진다는 말씀과 衣重이 가벼워진다는 말씀이 있사오니 무슨 뜻이오니까? 大宗師 - 가라사대 身長이 커진다는 것은 道力이 向上될수록 精神기운이 커오르는 形像을 이른 것이요, 衣重이 가벼워진다는 것은 道力이 向上될수록 濁氣가 가라앉고 精神이 가벼워지는 形像을 이른 것이니라. 그러나 設使 三十三天의 究竟에 이른 天人이라도 옳은 스승에게 大圓見性을 하지 못한 사람은 福이 다하면 墮落하게 되나니 끊임없이 福을 작만하고 끊임없이 智慧를 밝히는 大道人에게는 比하지 못할 바이니라.

12 曺專權이 여짜오되 제가 前日에 洞里 近處의 오래된 나무를 베거나 或 함부로 하여 罰을 받는 것을 目睹한 일이 있사오니 그런 無情之物에도 因果關係가 있나이까? 大宗師- 가라사대 그것

대종경

하늘이 저 허공계에 층층으로 나열되어 있나이까.」 대종사 말씀하시기를 「천상 세계는 곧 공부의 정도를 구분하여 놓은 것에 불과하나니 하늘이나 땅이나 실력 갖춘 공부인 있는 곳이 곧 천상이니라.」 또 여쭙기를 「그 가운데 차차 천상에 올라갈수록 천인(天人)의 키가 커진다는 말씀과 의복 무게가 가벼워진다는 말씀이 있사온데 무슨 뜻이오니까.」 대종사 말씀하시기를 「키가 커진다는 것은 도력이 향상될수록 정신 기운이 커지는 현상을 이른 것이요, 의복 무게가 가벼워진다는 것은 도력이 향상될수록 탁한 기운이 가라앉고 정신이 가벼워지는 현상을 이른 것이니라. 그러나, 설사 삼십삼천의 구경에 이른 천인이라도 대원 정각을 하지 못한 사람은 복이 다하면 타락하게 되나니라.」

12 조전권이 여쭙기를 「제가 과거에 동리 근처의 오래된 나무를 베거나 혹 함부로 하여 벌을 받는 것을 본 일이 있사온데, 그러한 무정지물에도 인과 관계가 있어 그러하나이까.」 대종사 말씀하

대종경 필사본

은 나무와의 因果로 그리된 것이 아니라, 過去 陰時代에는 몸을 받지 못한 魑魅魍魎의 類가 많이 있어서 그런 나무나 或은 城隍이나 名山大川에 依支하여 愚昧한 大衆의 精誠을 많이 받고 있다가, 제 氣運보다 弱한 사람이 저를 害롭게 하면 或은 病도 주고 或은 罰도 내린 일이 없지 아니하였으나 只今은 밝아오는 陽時代라 앞으로는 그러한 類가 敢히 人間界를 害치지 못하리라.

13 한 弟子 여짜오되 어떠한 呪文을 외우고 무슨 方法으로 하여야 心靈이 열리어 道를 速히 通할 수 있사오리까? 大宗師- 가라사대 큰 工夫는 呪文 如何에 있는 것이 아니요, 오직 너의 精誠 如何에 있나니 그러므로 예전에 無識한 짚신장수 한 사람이 修道에 發心하여 한 道人에게 道를 물었더니 「卽心是佛」이라 하는지라 無識한 精神에 「짚신세벌」로 알아듣고 여러 해 동안 짚신세벌을 외우고 생각하였는데 하루는 忽然히 精神이 열리어 마음이 곧 부처인줄을 깨달았다 하며 또 어떤 修道人은 고기를 사는 데

대종경

시기를 「그것은 나무와의 인과로 그리된 것이 아니라, 과거 음 시대에는 몸을 받지 못한 이매망량(魑魅魍魎)의 무리가 많이 있어서 그러한 나무나 혹은 성황(城隍)이나 명산대천에 의지하여 어리석은 대중의 정성을 많이 받고 있다가, 제 기운보다 약한 사람이 저를 해롭게 하면 혹은 병도 주고 혹은 벌도 내린 일이 없지 아니하였으나, 지금은 양 시대가 되어 가는지라 앞으로는 그러한 무리가 감히 인간계를 해치지 못하리라.」

13 한 제자 여쭙기를 「어떠한 주문을 외고 무슨 방법으로 하여야 심령이 열리어 도를 속히 통할 수 있사오리까.」 대종사 말씀하시기를 「큰 공부는 주문 여하에 있는 것이 아니요, 오직 사람의 정성 여하에 있나니, 그러므로 옛날에 무식한 짚신 장수 한 사람이 수도에 발심하여 한 도인에게 도를 물었더니 "즉심시불(卽心是佛)"이라 하는지라, 무식한 정신에 "짚신 세 벌"이라 하는 줄로 알아듣고 여러 해 동안 "짚신 세 벌"을 외고 생각하였는데 하루는 문득 정신이 열리어 마음이 곧 부처인 줄을 깨달았다 하

대종경 필사본

精한 곳으로 떼어달라 하니 그 고기장수가 칼을 고기에 꽂고 서서 어느 곳이 精하고 어느 곳이 醜하냐고 反問하는 바람에 言下에 道를 깨쳤다하니 이는 道를 얻는 것이 어느 곳 어느 때 어느 呪文에만 있는 것이 아님을 如實히 나툰* 말이라 그러나 우리는 旣爲 定한 바 呪文이 있으니 이에 精誠을 드림이 功이 더욱 크리라.

* 표준어 '나토다'에서 유래한 '나툰'의 誤字.

14 女子 敎徒 한 사람이 大宗師께 여짜오되 저도 專務出身들과 같이 깨끗이 齋戒하옵고 祈禱를 올리고 싶사오나 家庭에 매여 제 自由가 없는 몸이오라 그 뜻을 이루지 못하오니 어찌하면 좋겠나이까? 大宗師— 가라사대 마음 齋戒하는 것은 出家 在家가 다를 것이 없나니 그대의 마음만 깨끗이 齋戒하고 精誠껏 기도를 올리라. 그러하면 그 精誠에 따라 그만한 威力을 얻는 것이 아무 差別이 없으리라.

15 한 사람이 李載喆에게 묻기를, 들

대종경

며, 또 어떤 수도인은 고기를 사는데 "정한 데로 떼어 달라" 하니, 그 고기 장수가 칼을 고기에 꽂아 놓고 "어디가 정하고 어디가 추하냐?"하는 물음에 도를 깨쳤다 하니, 이는 도를 얻는 것이 어느 곳 어느 때 어느 주문에만 있는 것이 아님을 여실히 보이는 말이라, 그러나 우리는 이미 정한 바 주문이 있으니 그로써 정성을 들임이 공이 더욱 크리라.」

14 여자 교도 한 사람이 대종사께 여쭙기를 「저도 전무출신들과 같이 깨끗이 재계하옵고 기도를 올리고 싶사오나 가정에 매이어 제 자유가 없는 몸이므로 그 뜻을 이루지 못하오니 어찌하면 좋겠나이까.」 대종사 말씀하시기를 「마음 재계하는 것은 출가 재가가 다를 것이 없나니, 그대의 마음만 깨끗이 재계하고 정성껏 기도를 올리라. 그러하면, 그 정성에 따라 그만한 위력을 얻는 것이 아무 차별이 없으리라.」

15 한 사람이 이재철(李載喆)에게 묻

대종경 필사본

은즉 貴下의 先生님이 聖人이시라 하니 事理間에 무엇이든지 다 알으시는가? 載喆이 가로되 다 알으시나니라. 그 사람이 가로되 飛行機나 汽車 製造하는 法도 알으시는가 載喆이 가로되 聖人은 事理의 大體를 알으시는 것이요, 그러한 技術部分은 거기에 專門한 사람이 아니니라. 그 사람이 가로되 그러면 事理間에 다 알으신다는 것이 矛盾된 말이 아닌가 載喆이 가로되 大體라 하는 것은 그 根本을 이름이니 무엇이든지 그 根本을 알면 가지와 잎은 다 그 가운데 있나니라. 이에 實例를 들어 말하자면 假令 한 地方의 長官이라든지 一國의 元首가 저 末端에 가서는 한 書記나 技士의 아는 것을 다 알지 못하는 수가 있으나 그 行政의 大體만을 잘 알아서 各 部分을 順序있게 指導한다면 그가 그 일을 알았다고 하겠는가 몰랐다고 하겠는가 聖賢의 知見도 또한 이와 같아서 大小有無와 是非利害의 大義를 通達하시므로 事理를 다 알으신다 하는 것이요, 末端의 技術부분까지 알으신다는 것이 아니나 그 大義에 通達하시므로 千萬知識이 모두 그 綱領과 範圍內에 들어있나니라. 하고 돌아와 大宗師께 그대로 告하였더니 大

대종경

기를 「들은 즉 귀하의 선생님이 성인이시라 하니 사리 간에 무엇이든지 다 알으시는가?」 재철이 말하기를 「다 알으시나니라.」 그 사람이 말하기를 「비행기나 기차 제조하는 법도 알으시는가?」 재철이 말하기를 「성인은 사리의 대체를 아시는 것이요, 그러한 기술 부분은 거기에 전문하는 사람이 아니니라.」 그 사람이 말하기를 「그러면 사리 간에 다 아신다는 것이 모순된 말이 아닌가.」 재철이 말하기를 「대체라 하는 것은 그 근본을 이름이니 무엇이든지 그 근본을 알면 가지와 잎은 다 그 가운데 있나니라. 이에 한 예를 들어 말하자면 가령 한 지방의 장관이나 한 나라의 원수가 저 말단에 가서는 한 서기나 기사의 아는 것을 다 알지 못할 수가 있으나 그 행정의 대체를 잘 알아서 각 부분을 순서 있게 지도한다면 그가 그 일을 알았다고 하겠는가 몰랐다고 하겠는가? 성현의 지견도 또한 이와 같아서 대소 유무와 시비 이해의 대의를 통달하시므로 사리를 다 아신다 하는 것이요, 말단의 기술 부분까지 아신다는 것이 아니니, 그 대의에 통달하시므로 천만 지식이 모두 그 강령과 범위 안에 들어 있나니라.」 하고, 돌아와

대종경 필사본	대종경

宗師- 가라사대 그대의 말이 大義에 옳다 하시니라.

대종사께 그대로 고하였더니, 대종사 말씀하시기를 「일산(一山)의 말이 대의에 옳다.」 하시니라.

16 大宗師- 서울에 계실새 閔自然華 매양 大宗師의 供養 餘飯을 즐겨먹거늘 그 緣由를 물으시니 가로되 佛書에 이르기를 부처님 供養하고 남은 飮食을 먹으면 薦度도 받고 成佛도 할 수 있다 하였삽기로 그러하옵니다. 大宗師- 가라사대 그것은 그대가 나를 至極히 믿고 尊敬함에서 나온 생각임을 알겠으나 그대가 그 말을 事實로 解剖하여 알고 믿는가 또는 알지 못하고 迷信으로 믿는가 궁금하도다. 自然華 가로되 그저 믿을 뿐이옵고 그 참 뜻을 分揀해보지는 못하였나이다. 大宗師- 가라사대 부처님의 供養餘飯을 먹게 된 때에는 그만큼 부처님과 親近하게 된 것이라 自然히 보는 것은 부처님의 行動이요 듣는 것은 부처님의 말씀이요, 깨닫는 것은 부처님의 正法이요, 물드는 것은 부처님의 習慣이 되어 이에 따라 薦度도 받기 쉽게 되고 成佛도 쉽게 할 수 있을 것이 아닌가 이것이 곧 그 말씀의 참 뜻이니라.

16 대종사, 서울에 계실 때 민자연화(閔自然華)가 매양 대종사의 공양하시고 남은 밥을 즐겨 먹거늘 대종사 그 연유를 물으시니 자연화 사뢰기를 「불서에 부처님 공양하고 남은 음식을 먹으면 천도도 받고 성불도 할 수 있다 하였삽기로 그러하나이다.」 대종사 말씀하시기를 「그것은 그대가 나를 지극히 믿고 존경함에서 나온 생각임을 알겠으나 그대가 그 말을 사실로 해석하여 알고 믿는가 또는 알지 못하고 미신으로 믿는가.」 자연화 사뢰기를 「그저 믿을 뿐이옵고 그 참뜻을 분석해 보지는 못하였나이다.」 대종사 말씀하시기를 「사람이 부처님의 공양하시고 남은 밥을 먹게 된 때에는 그만큼 부처님과 친근하게 된 것이라, 자연히 보는 것은 부처님의 행동이요, 듣는 것은 부처님의 말씀이요, 깨닫는 것은 부처님의 정법이요, 물드는 것은 부처님의 습관이 되어, 이에 따라 천도 받기도 쉽게 되고 성불도 쉽게 할 수

| 대종경 필사본 | 대종경 |

있을 것이 아닌가. 이것이 곧 그 말씀의 참뜻이니라.」

17 한 弟子 여짜오되 寺院의 塔을 많이 돌면 死後에 往生極樂을 한다하와 信者들은 無條件하고 塔을 돌며 禮拜를 하오니 事實로 그러하오리까? 大宗師- 가라사대 그는 우리 肉身이 돌로 만든 塔만 돌으라는 말씀이 아니라 地·水·火·風으로 모인 自己 肉身의 塔을 自己의 마음이 恒常 돌아서 살피면 極樂을 受用할 수 있다는 뜻이니 몸이 돌로 만든 塔만 돌고 肉身의 塔을 마음이 돌 줄을 모른다면 어찌 可惜한 일이 아니리오.

17 한 제자 여쭙기를 「사원의 탑을 많이 돌면 죽은 후에 왕생극락을 한다 하와 신자들이 탑을 돌며 예배하는 일이 많사오니 사실로 그러하오니까?」 대종사 말씀하시기를 「그는 우리 육신이 돌로 만든 탑만 돌라는 말씀이 아니라, 지·수·화·풍으로 모인 자기 육신의 탑을 자기의 마음이 항상 돌아서 살피면 극락을 수용할 수 있다는 뜻이니 몸이 돌로 만든 탑만 돌고 육신의 탑을 마음이 돌 줄을 모른다면 어찌 그 참뜻을 알았다 하리오.」

18 한 弟子 여짜오되 過去 佛說에 工夫가 純熟되면 三明六通을 얻는다 하였사오니 어느 法位에나 오르면 三明六通을 얻게 되나이까? 大宗師- 가라사대 三明 가운데 宿命 天眼의 二明과 六通 가운데 天眼 天耳 他心 宿命 神通의 五通은 正式法降降魔位가 되지 못한 사람도 部分的으로 或 얻을 수가 있으나 正式法

18 한 제자 여쭙기를 「과거 부처님 말씀에 공부가 순숙되면 삼명 육통(三明六通)을 얻는다 하였사오니, 어느 법위에나 오르면 삼명 육통을 얻게 되나이까.」 대종사 말씀하시기를 「삼명 가운데 숙명(宿明)·천안(天眼)의 이명과 육통 가운데 천안(天眼)·천이(天耳)·타심(他心)·숙명(宿命)·신족(神足)의 오통은

| 대종경 필사본 | 대종경 |

降降魔位 以上 道人도 얻지 못하는 수가 있으며 漏盡明과 漏盡通은 大圓見性을 한 佛菩薩이라야 能히 얻게 되리라.

정식 법강항마위가 되지 못한 사람도 부분적으로 혹 얻을 수가 있으나 정식 법강항마위 이상 도인도 얻지 못하는 수가 있으며, 누진명(漏盡明)과 누진통은 대원 정각을 한 불보살이라야 능히 얻게 되나니라.」

19 한 弟子 여짜오되 金剛經 가운데 四相의 뜻을 알고 싶나이다. 大宗師- 가라사대 四相에 對하여 古來로 여러 學者들의 解釋이 많이 있는 모양이나 簡單히 實地에 符合시켜 말하여 주리라. 我相이라 함은 모든 것을 自己 本位로만 생각하여 自己와 自己의 것만 좋다하는 自尊心을 이름이요, 人相이라 함은 萬物 中에 사람은 最靈하니 다른 動物들은 사람을 爲하여 생긴 것이라 마음대로 하여도 相關없다는 人間本位에 局限됨을 이름이요, 衆生相이라 함은 衆生과 부처를 따로 區別하여 나 같은 衆生이 무엇을 할 것이냐고 스스로 墮落하여 向上이 없음을 이름이요, 壽者相이라 함은 年齡이나 地位가 높다는 有勢로 是非는 가리지 않고 그것만 앞세우는 長老相을 이름이니 以上의 四相을 가지고는 佛地에 이르

19 한 제자 여쭙기를 「금강경 가운데 사상(四相)의 뜻을 알고 싶나이다.」 대종사 말씀하시기를 「사상에 대하여 고래로 여러 학자의 해석이 많이 있는 모양이나 간단히 실지에 부합시켜 말하여 주리라. 아상(我相)이라 함은 모든 것을 자기 본위로만 생각하여 자기와 자기의 것만 좋다 하는 자존심을 이름이요, 인상(人相)이라 함은 만물 가운데 사람은 최령하니 다른 동물들은 사람을 위하여 생긴 것이라 마음대로 하여도 상관없다는 인간 본위에 국한됨을 이름이요, 중생상(衆生相)이라 함은 중생과 부처를 따로 구별하여 나 같은 중생이 무엇을 할 것이냐 하고 스스로 타락하여 향상이 없음을 이름이요, 수자상(壽者相)이라 함은 연령이나 연조나 지위가 높다는 유세로 시비는 가리지 않고 그것만

대종경 필사본

지 못할찌니라. 또 여짜오되 이 四相을 무슨 方法으로 없새오리까. 大宗師- 가라사대 我相을 없새는 데에는 내가 第一 사랑하고 爲하는 이 肉身이나 財産이나 地位나 權勢도 죽는 날에는 아무 所用이 없으니 모두가 定해진 내 것이 아니라는 無常의 理致를 알아야 될 것이며 人相을 없새는 데에는 六途四生이 循環無窮하여 서로 몸이 바뀌는 理致를 알아야 될 것이며, 衆生相을 없새는 데에는 本是 衆生과 부처가 둘이 아니라 부처가 昧하면 衆生이요, 衆生이 깨면 부처인 줄을 알아야 될 것이며, 壽者相을 없새는 데에는 肉身에 있어서는 老少와 貴賤이 있으나 性品에는 老少와 貴賤이 없는 줄을 알아야 할 것이니 修道人이 이 四相만 完全히 떨어지면 곧 부처이니라.

20 李春風이 儒家의 規模를 벗어나 出家하여 大宗師께 뵈옵고 여짜오되 제가 大宗師를 拜謁하오니 몸이 하늘에 오른 것 같사옵고 마음이 恍惚하와 三千弟子를 거나렸던 孔子님을 뵈온 것 같

대종경

앞세우는 장로의 상을 이름이니, 이 사상을 가지고는 불지에 이르지 못하나니라.」 또 여쭙기를 「이 사상을 무슨 방법으로 없애오리까.」 대종사 말씀하시기를 「아상을 없애는 데는 내가 제일 사랑하고 위하는 이 육신이나 재산이나 지위나 권세도 죽는 날에는 아무 소용이 없으니 모두가 정해진 내 것이 아니라는 무상의 이치를 알아야 할 것이며, 인상을 없애는 데는 육도사생이 순환 무궁하여 서로 몸이 바뀌는 이치를 알아야 할 것이며, 중생상을 없애는 데는 본시 중생과 부처가 둘이 아니라 부처가 매하면 중생이요 중생이 깨치면 부처인 줄을 알아야 할 것이며, 수자상을 없애는 데는 육신에 있어서는 노소와 귀천이 있으나 성품에는 노소와 귀천이 없는 줄을 알아야 할 것이니, 수도인이 이 사상만 완전히 떨어지면 곧 부처니라.」

20 이춘풍이 유가의 규모를 벗어나 출가하여 대종사를 뵈옵고 사뢰기를 「제가 대종사를 뵈오니 마음이 황홀하와 삼천 제자를 거느렸던 공자님을 뵈온 것 같사오나 원래 불교는 유교 선성들이 수

대종경 필사본

사오나 元來 佛敎는 正히 儒敎先聖들의 首肯치 아니한 點이 있어 늘 마음에 걸리나이다. 大宗師- 가라사대 그 點이 어느 곳에 있는고? 春風이 가로되 佛敎는 虛無寂滅을 主張하므로 無父無子가 된다고 하였나이다. 大宗師- 가라사대 부처님의 本意가 永劫多生에 많은 父母와 子女를 爲하사 濟度의 門을 열어놓으셨건마는 後來 弟子로서 或 그 뜻에 어그러진 바가 없지도 않았으나 앞으로는 모든 法을 時代에 適應케 하여 佛敎를 믿음으로써 家庭의 일이 잘 되게 하고 佛敎를 믿음으로써 社會 國家의 일이 잘 되도록 하려 하노니 無父無子가 될가 念慮하지 말 것이며 또는 周易의 無極과 太極이 곧 虛無寂滅의 眞境이요, 孔子의 仁이 곧 私慾이 없는 虛無寂滅의 자리요, 子思의 未發之中이 虛無寂滅이 아니면 寂然不動한 中이 될 수 없고 大學의 明明德이 虛無寂滅이 아니면 明德을 밝힐 수 없고 程子의 道通天地無形外가 또한 虛無寂滅이 아니면 얻을 수 없는 바이라. 그러므로 各宗各派가 말은 다르고 이름은 다르나 그 眞理의 本源인즉 같나니라. 그러나 虛無寂滅에만 그쳐버리면 큰 道人이 될 수 없나니 虛無寂滅

대종경

궁하지 아니한 점이 있사와 늘 마음에 걸리나이다.」대종사 말씀하시기를「그 점이 무엇이던가.」춘풍이 사뢰기를「불교는 허무적멸을 주장하므로 무부무군(無父無君)이 된다고 하였나이다.」대종사 말씀하시기를「부처님의 본의가 영겁 다생에 많은 부모와 자녀를 위하사 제도의 문을 열어 놓으셨건마는 후래 제자로서 혹 그 뜻에 어그러진 바가 없지도 않았으나, 앞으로는 모든 법을 시대에 적응하게 하여 불교를 믿음으로써 가정의 일이 잘 되게 하고, 불교를 믿음으로써 사회 국가의 일이 잘 되도록 하려 하노니 무부무군이 될까 염려하지 말 것이며, 또는 주역(周易)의 무극과 태극이 곧 허무적멸의 진경이요, 공자의 인(仁)이 곧 사욕이 없는 허무적멸의 자리요, 자사(子思)의 미발지중(未發之中)이 허무적멸이 아니면 적연 부동한 중(中)이 될 수 없고, 대학의 명명덕(明明德)이 허무적멸이 아니면 명덕을 밝힐 수 없는 바라, 그러므로 각종 각파가 말은 다르고 이름은 다르나 그 진리의 본원인즉 같나니라. 그러나, 허무적멸에만 그쳐 버리면 큰 도인이 될 수 없나니 허무적멸로 도의 체를 삼고 인·의·예·지로

대종경 필사본

로 道의 體를 삼고 中庸의 仁義禮智로 道의 用을 삼아서 人間萬事에 풀어쓸 줄 알아야 圓滿大道이니라.

22 한 弟子 여짜오되 어떠한 사람이 와서 大宗師의 스승을 묻자옵기로 우리 大宗師께서는 스스로 大覺을 이루신지라 直接 스승이 아니계신다고 하였나이다. 大宗師- 가라사대 後日에 또 다시 나의 스승을 묻는 사람이 있으면 너희 스승은 내가 되고 나의 스승은 너희가 된다고 答하라. 또 한 弟子 여짜오되 大宗師의 法統은 어느 부처님이 本師가 되시나이까? 大宗師- 가라사대 한 판이 바뀌는 때이나 釋迦世尊이 本尊이 되시나니라.

23 한 弟子 여짜오되 우리는 等像佛 崇拜를 改革한지라 앞으로 어느 때까지든지 大宗師 以下 歷代法師의 記念像도 造成할 수 없사오리까? 大宗師- 가라사대 우리도 앞으로는 여러 가지 記念像을 造成하여 有功人을 記念하는 뜻으로 奉安할 수는 있으나 信仰의 對象으로 삼지

대종경

도의 용으로 삼아서 인간 만사에 풀어쓸 줄 알아야 원만한 대도니라.」

21 한 제자 여쭙기를 「어떠한 사람이 와서 대종사의 스승을 묻자옵기로 우리 대종사님께서는 스스로 대각을 이루셨는지라 직접 스승이 아니 계신다고 하였나이다.」 대종사 말씀하시기를 「후일에 또 다시 나의 스승을 묻는 사람이 있으면 너희 스승은 내가 되고 나의 스승은 너희가 된다고 답하라.」 또 한 제자 여쭙기를 「대종사의 법통은 어느 부처님이 본사(本師)가 되시나이까.」 대종사 말씀하시기를 「한 판이 바뀌는 때이나 서가세존이 본사가 되시나니라.」

22 한 제자 여쭙기를 「우리는 불상 숭배를 개혁하였사오니 앞으로 어느 때까지든지 대종사 이하 역대 법사의 기념상도 조성할 수 없사오리까?」 대종사 말씀하시기를 「기념상을 조성하여 유공인을 기념할 수는 있으나 신앙의 대상으로 삼지는 못하리라.」

대종경 필사본

는 못하리라.

24 한 弟子 여짜오되 四恩에 輕重이 있어서 天地 父母는 下鑑之位라 하고 同胞 法律은 應感之位라 하나이까? 大宗師- 가라사대 輕重을 따로 論할 것은 없으나 行列로써 말하자면 天地 父母는 父母行이요 同胞 法律은 兄弟行이라 그러므로 下鑑 應感으로써 區分하였나니라.

『보경육대요령』
"천지는 우리에게 은혜를 입혔거늘 우리는 한갓 천지의 도를 본받아 행한 것만으로 어찌 보은이라 할 것인가?"
"이에 대하여 간단히 한 예를 들어 말한다면 과거 불보살의 회상에나 聖賢君子의 門庭에 그 제자가 선생의 가르치신 은혜를 받은 후 설사 물질의 報酬는 없다 할지라도, 그 선생의 아는 것을 다 알고 행하는 것을 다 행하여 선생의 사업을 능히 계승하게 된다면 우리는 그를 일러 선생의 보은자라 할 것인가? 배운 자라 할 것인가? 이것을 미루어 생각할

대종경

23 한 제자 여쭙기를 「사은에 경중이 있어서 천지·부모는 하감지위(下鑑之位)라 하고, 동포·법률은 응감지위(應鑑之位)라 하나이까?」 대종사 말씀하시기를 「경중을 따로 논할 것은 없으나 항렬(行列)로써 말하자면 천지·부모는 부모 항이요, 동포·법률은 형제 항이라 그러므로 하감·응감으로써 구분하였나니라.」

24 한 제자 여쭙기를 「정전 가운데 천지 보은의 강령에 "사람이 천지 보은을 하기로 하면 먼저 그 도를 체받아 실행하라" 하였사오니, 천지는 우리에게 그러한 큰 은혜를 입혔사온데 우리는 한갓 천지의 도를 본받아 행하는 것만으로써 어찌 보은이 된다 하겠나이까?」 대종사 말씀하시기를 「이에 대하여 한 예를 들어 말한다면 과거 불보살의 회상이나 성현 군자의 문정(門庭)에 그 제자가 선생의 가르치신 은혜를 받은 후 설사 물질의 보수는 없다 할지라도 그 선생의 아는 것을 다 알고 행하는 것을 다 행하여

대종경 필사본

때에 천지의 도를 본받아 행함이 천지의 보은이 될 것임을 가히 알 것이다."

『보경육대요령』
"공부의 요도를 지내 나서 인생의 요도를 밟음이 어찌 부모 보은이 될 것인가?"
"공부의 요도를 밟으면 부처의 智見을 얻을 것이요, 인생의 요도를 밟고 나면 부처의 行함을 얻을지니, 자녀 된 자로서 부처의 智行을 얻어 부처의 사업을 이룬다면 그 榮名이 넓은 세계에 드러나서 자연 부모의 은혜까지 드러나게 될지라, 이리된다면 그 자녀로 말미암아 그 부모의 영명이 千秋에 永傳하여 만인의 尊慕할 바가 될지니, 어찌 短促한 일생에 侍奉만 드린 것에 비하리오. 고로 이는 실로 無量한 보은이 될 것이니라."
"무자력한 타인의 부모를 봉양함이 어찌 내 부모의 보은이 될 것인가?"
"이에 대하여 말할 것 같으면, 과거 佛說에 이르되 사람의 육체는 生滅盛衰가 있으나, 一點의 精靈은 不生不滅하여 기

대종경

선생의 사업을 능히 계승한다면 우리는 그를 일러 선생의 보은자라 할 것인가, 배은자라 할 것인가. 이것을 미루어 생각할 때 천지의 도를 본받아 행함이 천지 보은이 될 것임을 가히 알지니라.」

25 한 제자 여쭙기를 「부모 보은의 조목에 "공부의 요도와 인생의 요도를 유루 없이 밟으라." 하셨사오니 그것이 어찌 부모 보은이 되나이까?」 대종사 말씀하시기를 「공부의 요도를 지내고 나면 부처님의 지견을 얻을 것이요, 인생의 요도를 밟고 나면 부처님의 실행을 얻을지니, 자녀 된 자로서 부처님의 지행을 얻어 부처님의 사업을 이룬다면 그 꽃다운 이름이 너른 세상에 드러나서 자연 부모의 은혜까지 드러나게 될 것이라, 그리된다면 그 자녀로 말미암아 부모의 영명(令名)이 천추에 길이 전하여 만인의 존모할 바 될 것이니, 어찌 단촉한 일생에 시봉만 드리는 것에 비하겠는가. 그러므로, 이는 실로 무량한 보은이 되나니라.」 또 여쭙기를 「자력 없는 타인의 부모라도 내 부모와 같이 보호하라 하셨사오니 그것은 어찌 부모 보은이

대종경 필사본

회를 따라 때때로 나툰다 하였으니, 이로써 보면 과거 미래 數千萬劫을 통하여 정하였던 부모와 정할 부모가 실로 한이 없고 수가 없을지라. 이 많은 부모의 은혜를 어찌 현생 부모 한두 분의 은혜를 갚음으로써 다 하였다 하리오. 고로 현생 부모가 생존하시거나 열반하신 후나 힘에 미치는 대로 무자력한 타인 부모의 보호법을 쓰면 이는 과거·현재·미래 삼세 일체 부모의 深重한 은혜를 갚음이 되느니라."

『불교정전』

이 6조의 요지는 위에 말한 바와 같거니와 다시 그 대의를 논한다면, 이도 또한 공부의 요도 삼강령을 분해하여 제정한 것이니, 예를 들면 5조는 정신수양을 진행시키는 길이요, 2조·3조·4조는 사리연구를 진행시키는 길이요, 1조는 작업취사를 진행시키는 길이요, 6조는 삼강령 공부 실행하고 안 한 것을 監察하는 길이니라.

또, 이 6조를 동·정 두 사이로 나누어 보면 3조·4조·5조는 정할 때 공부로써 동할 때 공부의 자료를 준비하는 길이 되

대종경

되나이까?」 대종사 말씀하시기를 「과거 부처님이 말씀하신 다생의 이치로써 미루어 보면 과거 미래 수천만 겁을 통하여 정하였던 부모와 정할 부모가 실로 한이 없고 수가 없을 것이니, 이 많은 부모의 은혜를 어찌 현생 부모 한두 분에게만 보은함으로써 다하였다 하리오. 그러므로, 현생 부모가 생존하시거나 열반하신 후나 힘이 미치는 대로 자력 없는 타인 부모의 보호법을 쓰면 이는 삼세 일체 부모의 큰 보은이 되나니라.」

26 한 제자 여쭙기를 「정전 가운데 상시 응용 주의 사항 각 조목과 삼학과의 관계는 어떠하나이까?」 대종사 말씀하시기를 「상시 응용 주의 사항은 곧 삼학을 분해하여 제정한 것이니 오조는 정신수양을 진행하는 길이요, 이조·삼조·사조는 사리 연구를 진행하는 길이요, 일조는 작업 취사를 진행하는 길이요, 육조는 삼학 공부 실행하고 아니한 것을 살피고 대조하는 길이니라.」 또 여쭙기를 「상시 응용 주의 사항 각 조목을 동·정 두 사이로 나누어 보면 어떻게 되나이까?」 대종사 말씀하시기를 「삼조·사

대종경 필사본

고, 1조·2조·6조는 동할 때 공부로써 정할 때 공부의 자료를 준비하는 길이 되나니, 서로서로 도움이 되는 길이며 一分一刻도 공부를 놓지 않게 하는 길이니라.

『보경육대요령』
상시응용주의사항 6조는 남녀노소, 선악귀천(善惡貴賤)의 사람과 사농공상 간 어느 직업을 물론 하고 인간 생활을 하여 가면서도 일동일정(一動一靜)과 일분일각(一分一刻)을 허비함이 없이 공부할 수 있는 빠른 법으로써 상시(常時)로 훈련하는 공부의 길이 되고, 교무부에 와서 하는 책임 6조는 주의사항 6조의 길을 도와주고 알려주는 길이 되느니라.

21 大宗師- 禪員들의 辯論함을 들으실 새 한 禪員은 말하되 같은 밥 한 그릇으로도 한 사람에게만 주는 것보다 열 사람에게 고루 나누어주는 功德이 더 크다 하고 또 한 禪員은 말하되 열사람이 다 滿足치 못하게 주는 것보다 한 사람이라도 滿足하게 주는 功德이 더 크다 하여 서로 解決을 짓지 못하고 있거늘 大宗師- 判斷하여 가라사대 같은 한

대종경

조·오조는 정할 때 공부로서 동할 때 공부의 자료를 준비하는 길이 되고, 일조·이조·육조는 동할 때 공부로서 정할 때 공부의 자료를 준비하는 길이 되나니, 서로서로 도움이 되는 길이며, 일분 일각도 공부를 놓지 않게 하는 길이니라.」 또 여쭙기를 「상시 응용 주의 사항과 교당 내왕 시 주의 사항의 관계는 어떠하나이까?」 대종사 말씀하시기를 「상시 응용 주의 사항은 유무식·남녀·노소·선악·귀천을 막론하고 인간 생활을 하여 가면서도 상시로 공부할 수 있는 빠른 법이 되고, 교당 내왕 시 주의 사항은 상시 응용 주의 사항의 길을 도와주고 알려 주는 법이 되나니라.」

27 대종사 선원들의 변론함을 들으시니, 한 선원은 말하기를 「같은 밥 한 그릇으로도 한 사람에게만 주는 것보다 열 사람에게 고루 나누어 주는 공덕이 더 크다.」 하고, 또 한 선원은 말하기를 「열 사람이 다 만족하지 못하게 주는 것보다 한 사람이라도 만족하게 주는 공덕이 더 크다.」 하여 서로 해결을 못 짓고 있는지라, 대종사 판단하여 말씀하시기를 「같

| 대종경 필사본 | 대종경 |

물건이지마는 한 사람에게만 주면 그 한 사람이 즐겨하고 갚을 것이요 한 家族에게 주면 그 家族 몇 사람이 즐겨하고 갚을 것이요, 또는 한 동리나 한 나라에 주면 그 동리나 나라에서 즐겨하고 갚은 것이요, 局限없는 世界事業에 주고 보면 全世界에서 즐겨하고 갚게 될 것이라. 그러므로 같은 것을 가지고도 局限있게 쓴 功德과 局限없이 쓴 功德을 比較한다면 局限없이 쓴 功德이 局限있게 쓴 功德보다 限量없이 더 크나니라.

25 한 弟子 여짜오되 有想布施와 無相布施의 功德이 그 差가 어떻게 다르나이까? 大宗師- 가라사대 布施를 하는 것이 譬컨대 農作物에 거름을 하는 것과도 같나니 有相布施는 거름을 우에다가 흩어주는 것같고 無相布施는 거름을 한 후에 묻어주는 것 같나니 위에다가 흩어준 거름은 그 氣運이 흩어지기 쉬운 것이요, 묻어준 거름은 그 氣運이 오래가고 든든하나니 有相布施와 無相布施의 功德의 差異도 또한 이와 같나니라.

은 한 물건이지마는 한 사람에게만 주면 그 한 사람이 즐겨하고 갚을 것이요, 또는 한 동리나 한 나라에 주면 그 동리나 나라에서 즐겨하고 갚을 것이요, 국한 없는 세계 사업에 주고 보면 전 세계에서 즐겨하고 갚게 될 것이라, 그러므로 같은 것을 가지고도 국한 있게 쓴 공덕과 국한 없이 쓴 공덕을 비교한다면 국한 없이 쓴 공덕이 국한 있게 쓴 공덕보다 한량없이 더 크나니라.」

28 한 제자 여쭙기를 「유상 보시(有相布施)와 무상 보시의 공덕의 차이가 어떻게 다르나이까?」 대종사 말씀하시기를 「보시를 하는 것이 비하건대 과수에 거름을 하는 것과 같나니 유상 보시는 거름을 위에다가 흩어 주는 것 같고 무상 보시는 거름을 한 후에 묻어 주는 것 같나니라. 위에다가 흩어 준 거름은 그 기운이 흩어지기 쉬운 것이요, 묻어 준 거름은 그 기운이 오래가고 든든하나니, 유상 보시와 무상 보시의 공덕의 차이도 또한 이와 같나니라.」

대종경 필사본

26 曹元善이 여짜오되 東學歌詞에 「利在弓弓乙乙」이라 하였사오니 무슨 뜻이오니까? 大宗師- 가라사대 世上에는 區區한 解釋이 많이 있으나 그것은 글자 그대로 弓弓은 無極 곧 一圓이 되고 乙乙은 太極이 되나니 곧 道德의 本源을 밝히심이요, 이러한 圓滿한 道德을 主張하여 모든 怨戚이 없이 살면 利로운 것이 많다는 것이니라. 또 여짜오되 弓乙歌를 늘 부르면 運이 열린다 하였사오니 무슨 뜻이오니까? 大宗師- 가라사대 그는 곧 念佛이나 呪誦을 많이 하라는 말이니 이를 많이 繼續하면 自然 一心이 淸靜하여 各自의 內心에 毒心과 怨心이 녹아질 것이며 그에 따라 天地虛空法界가 다 淸靜하고 平和하여질 것이니 그보다 좋은 노래가 어데 있으리요. 많이 부르라 하시니라.

27 崔修仁華는 累代의 東學信者로 偶然히 發心하여 入敎하였더니 하루는 大宗師께 여짜오되 저는 東學을 信仰하올 때 늘 水雲先生의 更生을 믿고 기다리옵던 바 大宗師를 한번 뵈오니 곧 그 어른

대종경

29 조원선(曺元善)이 여쭙기를 「동학 가사에 "이로운 것이 궁궁을을에 있다(利在弓弓乙乙)"하였사오니 무슨 뜻이오니까?」 대종사 말씀하시기를 「세상에는 구구한 해석이 많이 있으나 글자 그대로 궁궁은 무극 곧 일원이 되고 을을은 태극이 되나니 곧 도덕의 본원을 밝히심이요, 이러한 원만한 도덕을 주장하여 모든 척이 없이 살면 이로운 것이 많다는 것이니라.」 또 여쭙기를 「궁을가를 늘 부르면 운이 열린다 하였사오니 무슨 뜻이오리까.」 대종사 말씀하시기를 「그러한 도덕을 신봉하면서 염불이나 주송(呪誦)을 많이 계속하면 자연 일심이 청정하여 각자의 내심에 원심과 독심이 녹아질 것이며, 그에 따라 천지 허공 법계가 다 청정하고 평화하여질 것이라는 말씀이니 그보다 좋은 노래가 어디 있으리오. 많이 부르라.」

30 최수인화(崔修仁華)는 여러 대의 동학 신자로 우연히 발심하여 입교하였더니 하루는 대종사께 여쭙기를 「저는 동학을 신앙하올 때 늘 수운(水雲) 선생의 갱생을 믿고 기다렸삽던바, 대종사를

대종경 필사본

을 뵈옵는 것 같사와 더욱 情誼가 두터워지고 기쁜 마음을 억제할 수 없나이다 하거늘 大宗師 웃으시며 가라사대 그러한 聖賢들은 心身의 去來를 自由自在하시는지라 일의 順序를 따라 나신 國土에 다시 나기도 하고 東國에나 西國에 任意로 受生하여 조금도 拘碍를 받지 아니하시나니라. 하시고 또 가라사대 過去에도 朝鮮에 無等한 道人이 많이 나셨지마는 이 後로도 無等한 道人이 四方에서 모여들어 前無後無한 道德會上을 마련할 것이니 그대는 나를 믿을 때 나의 道德을 보고 믿을지언정 어데에 依支하는 마음으로 믿지는 말라 하시니라.

28 한 弟子 남의 是非를 함부로 論評하는 習慣이 있어 하루는 姜甑山을 狂人이라 이르거늘 大宗師- 들으시고 꾸짖어 가라사대 그대가 어찌 先人들의 評을 함부로 하리요. 그 弟子들을 보고 그 스승까지 論罪함은 옳지 못하며 또는 그 사람이 아니면 그 사람을 모르는지라 제의 知見이 透徹하게 열리지 못한 사람은 함부로 남의 評을 하지 못하나니라. 하시니 그 弟子 여짜오되 그러하오면 그분

대종경

한 번 뵈오니 곧 그 어른을 뵈옵는 것 같사와 더욱 정의가 두터워지고 기쁜 마음을 억제할 수 없나이다.」 하거늘, 대종사 웃으시며 말씀하시기를 「그러한 성현들은 심신의 거래를 자유자재하시는지라 일의 순서를 따라 나신 국토에 다시 나기도 하고 동양에나 서양에 임의로 수생하여 조금도 구애를 받지 아니하시나니라. 과거에도 이 나라에 무등(無等)한 도인이 많이 나셨지마는 이후로도 무등한 도인이 사방에서 모여들어 전무후무한 도덕 회상을 마련할 것이니, 그대는 나를 믿을 때 나의 도덕을 보고 믿을지언정 어디에 의지하는 마음으로 믿지는 말라.」

31 한 제자 남의 시비를 함부로 논평하는 습관이 있어 하루는 증산(甑山) 선생을 광인이라 이르는지라 대종사 들으시고 말씀하시기를 「그대가 어찌 선인(先人)들의 평을 함부로 하리오. 그 제자들의 허물을 보고 그 스승까지 논죄함은 옳지 못하며, 또는 그 사람이 아니면 그 사람을 모르는지라 저의 주견이 투철하게 열리지 못한 사람은 함부로 남의 평을 못 하나니라.」 그 제자 여쭙기를 「그러하

| 대종경 필사본 | 대종경 |

이 어떠한 분이오니까? 大宗師- 가라사대 姜甑山은 곧 稀有한 先知者요 神人이라 이 앞으로 우리 會上이 世上에 드러난 뒤에는 崔水雲과 함께 기리 받들고 記念할만한 분이니라.

오면, 그 분이 어떠한 분이오니까? 대종사 말씀하시기를 「증산 선생은 곧 드물게 있는 선지자요 신인이라, 앞으로 우리 회상이 세상에 드러난 뒤에는 수운 선생과 함께 길이 받들고 기념하게 되리라.」

29 金幾千이 여짜오되 先知者들이 말씀하신 後天開闢의 順序를 날이 새는 것에 譬喩한다면 崔水雲의 行蹟은 世上이 깊이 잠든 가운데 첫 새벽의 소식을 먼저 알리신 것이요, 姜甑山의 行蹟은 그 다음 소식을 알리신 것이요, 大宗師께서는 날이 차차 밝으매 그 일을 始作하신 것이라 하오면 어떠하오리까? 大宗師- 가라사대 近可하니라. 李昊春이 다시 여짜오되 그 일을 또한 一年 農事에 譬喩한다면 崔水雲은 解凍이 되니 農事지을 準備를 하라 하신 것이요, 姜甑山은 農曆의 節候를 일러주신 것이요, 大宗師께서는 直接으로 農事法을 指導하신 것이라 하오면 어떠하오리까? 大宗師- 가라사대 近可하나니라. 宋道性이 다시 여짜오되 그분들은 그만한 神人으로서 系統받은 弟子들이 充實치 못하와 世人의 毁譽가 紛紛하오니 그분들이 뒷世上에

32 김기천이 여쭙기를 「선지자들이 말씀하신 후천개벽(後天開闢)의 순서를 날이 새는 것에 비유한다면 수운 선생의 행적은 세상이 깊이 잠든 가운데 첫 새벽의 소식을 먼저 알리신 것이요, 증산 선생의 행적은 그다음 소식을 알리신 것이요, 대종사께서는 날이 차차 밝으매 그 일을 시작하신 것이라 하오면 어떠하오리까?」 대종사 말씀하시기를 「그럴듯하니라.」 이호춘(李昊春)이 다시 여쭙기를 「그 일을 또한 일 년 농사에 비유한다면 수운 선생은 해동이 되니 농사지을 준비를 하라 하신 것이요, 증산 선생은 농력(農曆)의 절후를 일러 주신 것이요, 대종사께서는 직접으로 농사법을 지도하신 것이라 하오면 어떠하오리까?」 대종사 말씀하시기를 「또한 그럴듯하니라.」 송도성이 다시 여쭙기를 「그분들은 그만한 신인이온데 그 제자들로 인하와 세인의 논평이 한

| 대종경 필사본 | 대종경 |

어떻게 되오리까? 大宗師- 가라사대 사람의 일이 認證할만한 이가 認證하면 그대로 되나니 우리가 오늘날에 이 말을 한 것도 우리 法이 들어나면 그분들이 들어나는 것이며 또는 그분들은 뒷 道人들을 많이 도았으니*, 뒷 道人들은 먼저 道人들을 많이 推尊하리라.

* '도왔으니'의 誤字.

30 한 사람이 여짜오되 朝鮮 傳來의 秘訣에 앞으로 鄭氏王이 鷄龍山에 登極하여 天下를 平定하리라 하였사오니 事實로 그러하오니까? 大宗師- 가라사대 鷄龍山이라 함은 곧 밝아오는 陽世上을 通稱함이요, 鄭氏王이라 함은 곧 바른 指導者들이 世上을 主張하게 됨을 通稱함이니 돌아오는 밝은 世上에는 바른 사람들이 家庭과 社會와 國家와 世界를 主張하게 될 것을 豫示한 말이니라.

31 金幾千이 여짜오되 見性을 못한 사람으로서 正式 法强降魔位에 昇級할 수 있나이까? 大宗師- 가라사대 昇級할

결같지 않사오니, 그분들이 뒷세상에 어떻게 되오리까?」 대종사 말씀하시기를 「사람의 일이 인증할 만한 이가 인증하면 그대로 되나니, 우리가 오늘에 이 말을 한 것도 우리 법이 드러나면 그분들이 드러나는 것이며, 또는 그분들은 미래 도인들을 많이 도왔으니 그 뒤 도인들은 먼젓 도인들을 많이 추존하리라.」

33 한 사람이 여쭙기를 「우리나라 전래의 비결에 "앞으로 정(鄭) 도령이 계룡산에 등극하여 천하를 평정하리라." 하였사오니 사실로 그러하오리까?」 대종사 말씀하시기를 「계룡산이라 함은 곧 밝아 오는 양(陽) 세상을 이름이요, 정도령이라 함은 곧 바른 지도자들이 세상을 주장하게 됨을 이름이니 돌아오는 밝은 세상에는 바른 사람들이 가정과 사회와 국가와 세계를 주장하게 될 것을 예시(豫示)한 말이니라.」

34 김기천이 여쭙기를 「견성을 못한 사람으로서 정식 법강항마위에 승급할 수 있나이까?」 대종사 말씀하시기를

대종경 필사본

수 없나니라.

32 또 여짜오되 普通級에서 降魔位에 오르는 功力과 降魔位에서 如來位에 오르는 功力이 어느 편이 어렵나이까? 大宗師- 가라사대 그는 根機에 따라 다르나니 혹 最上根機는 降魔하면서 바로 如來位에 오르는 사람도 있고 降魔位에 올라가서 오랜 時日을 遲滯하는 根機도 있나니라.

33 또 여짜오되 修道人이 工夫를 하여 나아가면 尸解法을 行하는 境地가 있다 하오니 어느 位에 昇級하여야 그리되나이까? 大宗師- 가라사대 如來位에 오른 사람도 그리 안 되는 사람도 있고 設使 見性도 못하고 降魔位에도 昇級치 못한 사람도 一方 修養에 專攻하여 그와 같이 되는 사람도 있으나 그를 얻었다고 하여 圓滿한 道人이라고 이를 수는 없나니라. 그러므로 돌아오는 時代에는 아무리 上通天文과 下達地理와 또한 骨肉이 分形되고 靈通을 하였다 할찌라도 中察人事*를 못하면 偏道人이 되고 마나니 그대

대종경

「승급할 수 없나니라.」

35 또 여쭙기를 「보통급에서 항마위에 오르는 공력과 항마위에서 여래위에 오르는 공력이 어느 편이 어렵나이까?」 대종사 말씀하시기를 「그는 근기에 따라 다르나니 혹 최상 근기는 항마하면서 바로 여래위에 오르는 사람도 있고, 항마위에 올라가서 오랜 시일을 지체하는 근기도 있나니라.」

36 또 여쭙기를 「수도인이 공부를 하여 나아가면 시해법(尸解法)을 행하는 경지가 있다 하오니 어느 위(位)에나 승급하여야 그리되나이까.」 대종사 말씀하시기를 「여래위에 오른 사람도 그리 안 되는 사람이 있고, 설사 견성도 못 하고 항마위에 승급도 못 한 사람이라도 일방 수양에 전공하여 그와 같이 되는 수가 있으나, 그것으로 원만한 도를 이루었다고는 못 하나니라. 그러므로, 돌아오는 시대에는 아무리 위로 천문을 통하고 아래로 지리를 통하며 골육이 분형 되고 영통을 하였다 할지라도 인간 사리를 잘

대종경 필사본

들은 三學의 工夫를 竝進하여서 圓滿한 人格을 양성하라.

* 그 가운데에서 사람의 일을 살핀다. 또는 '인간사리'를 말한다.

34 또 여짜오되 法强降魔位 昇級條項에 生老病死에 解脫을 얻는 者라고 한 바가 있사오니 過去 高僧들과 같이 坐脫立亡의 境地를 두고 이르심이오니까? 大宗師- 가라사대 그는 不生不滅의 眞理를 了達하여 나고 죽는 데에 끌리지 않는다는 말이니라.

35 또 여짜오되 앞으로 宗法師 推戴에 어느 位에 오른 분이 많이 推戴되오리까? 大宗師- 가라사대 아무리 末世라도 降魔位 以上이라야 宗法師의 資格이 있나니라. 또 여짜오되 혹 當代 宗法師보다 以上 法力이 있는 道人이 날 때에는 法位昇級을 어떻게 하오리까? 大宗師- 가라사대 大衆의 公議를 얻어 하나니라.

대종경

알지 못하면 조각 도인이니, 그대들은 삼학의 공부를 병진하여 원만한 인격을 양성하라.」

37 또 여쭙기를 「법강항마위 승급 조항에 생·로·병·사에 해탈을 얻어야 한다고 한 바가 있사오니, 과거 고승들과 같이 좌탈 입망(坐脫立亡)의 경지를 두고 이르심이오니까?」 대종사 말씀하시기를 「그는 불생불멸의 진리를 요달하여 나고 죽는 데에 끌리지 않는다는 말이니라.」

38 또 여쭙기를 「앞으로 종법사 선거에 어느 위에 오른 분이라야 추대될 수 있사오리까?」 대종사 말씀하시기를 「아무리 말세라도 항마위 이상이라야 종법사의 자격이 있나니라.」 또 여쭙기를 「혹 당대 종법사보다 법력 높은 도인이 날 때는 법위 승급을 어떻게 하오리까?」 대종사 말씀하시기를 「대중의 공의를 얻어 하나니라.」

| 대종경 필사본 | 대종경 |

36 한 弟子 여짜오되 어느 位에나 오르면 不退轉이 되나이까? 大宗師- 가라사대 出家位 以上이라야 되나니라. 그러나 不退轉에만 오르면 工夫를 놓아도 退轉치 않는 것은 아니니 天下의 眞理가 어느 것 하나라도 그대로 머물러 있는 것이 없는지라 그러므로 不退轉位에 오르신 부처님께서도 工夫는 여전히 繼續되어 어떠한 順逆境界와 天魔外道라도 그 마음을 沮止치 못할찌니 이것이 이른바 不退轉이니라.

37 또 여짜오되 最上의 根機는 一時에 頓悟頓修를 한다 하였사오니 一時에 悟와 修를 끝마치나이까? 大宗師- 가라사대 過去 佛祖 中에 頓悟頓修를 하였다 하는 이가 더러 있으나 實은 見性의 經路도 千萬번이요, 修行도 여러 차례 거쳐서 결국 頓悟頓修의 大法器를 이루는 것이니 譬컨대 날이 새는 것과 같아서 어두움이 가는 줄 모르게 물러가고 밝음이 오는 줄 모르게 오는 것 같나니라.

39 한 제자 여쭙기를 「어느 위에나 오르면 불퇴전(不退轉)이 되나이까?」 대종사 말씀하시기를 「출가위 이상이라야 되나니라. 그러나, 불퇴전에만 오르면 공부심을 놓아도 퇴전하지 않는 것이 아니니, 천하의 진리가 어느 것 하나라도 그대로 머물러 있는 것이 없는지라 불퇴전위에 오르신 부처님께서도 공부심은 여전히 계속되어야 어떠한 순역 경계와 천마외도라도 그 마음을 물러나게 하지 못할지니, 이것이 이른바 불퇴전이니라.」

40 또 여쭙기를 「최상의 근기는 일시에 돈오 돈수(頓悟頓修)를 한다 하였사오니 일시에 오(悟)와 수(修)를 끝마치나이까?」 대종사 말씀하시기를 「과거 불조 가운데 돈오 돈수를 하였다 하는 이가 더러 있으나, 실은 견성의 경로도 천만 층이요 수행도 여러 계단을 거쳐서 돈오 돈수를 이루는 것이니 비하건대 날이 샐 때 어둠이 가는지 모르게 물러가고 밝음이 오는 줄 모르게 오는 것 같나니라.」

性理品

| 대종경 필사본 | 대종경 |

1 大宗師- 得道하시고 그 心境을 읊어 가라사대「淸風月上時 萬像自然明이」라 하시니라.

2 大宗師- 가라사대 사람의 性品이 靜한즉 善도 없고 惡도 없으며 動한즉 能히 善하고 能히 惡하나니라.

3 大宗師- 가라사대 善과 惡을 超越함을 至善이라 이르고 苦와 樂을 雙忘함을 極樂이라 이르나니라.

4 大宗師- 가라사대 大道는 圓融하여 有와 無가 둘이 아니요, 理와 事가 둘이 아니며, 生과 死가 둘이 아니요, 動과 靜이 둘이 아니니 둘 아닌 이 門에는 包含하지 아니한 바가 없나니라.

5 大宗師- 가라사대 大道는 通達하

---

1 대종사 대각을 이루시고 그 심경을 시로써 읊으시되「청풍월상시(淸風月上時)에 만상자연명(萬像自然明)이라.」하시니라.

2 대종사 말씀하시기를「사람의 성품이 정한즉 선도 없고 악도 없으며, 동한즉 능히 선하고 능히 악하나니라.」

3 대종사 말씀하시기를「선과 악을 초월한 자리를 지선(至善)이라 이르고, 고와 낙을 초월한 자리를 극락이라 이르나니라.」

4 대종사 말씀하시기를「큰 도는 원융(圓融)하여 유와 무가 둘이 아니요, 이(理)와 사(事)가 둘이 아니며, 생과 사가 둘이 아니요, 동과 정이 둘이 아니니, 둘 아닌 이 문에는 포함하지 아니한 바가 없나니라.」

5 대종사 말씀하시기를「큰 도는 서

대종경 필사본

여 間隔이 없건마는 사람이 그것을 알지 못하므로 스스로 間隔을 짓게 되나니 누구나 通萬法 明一心의 理致를 알아 行하면 可히 大圓正覺을 얻으리라.

6 大宗師- 가라사대 萬一 마음은 形體가 없으므로 形像을 可히 볼 수 없다고 하며 性品은 言語가 끊어졌으므로 可히 할 수 없다고만 한다면 이는 참으로 性品을 본 사람이 아니니 이에 마음의 形像과 性品의 體가 完然히 눈앞에 있어서 눈을 궁굴리지 아니하고도 能히 보며 입만 열면 바로 말할 수 있어야 可히 밝게 佛性을 본 사람이라고 하리라.

7 大宗師- 가라사대 修道하는 사람이 見性을 하려는 것은 性品의 本來 자리를 알아 그와 같이 缺陷 없게 心身을 使用하여 圓滿한 부처를 이루는 데에 그 目的이 있나니 萬一 見性만 하고 成佛하는 데에 功을 드리지 아니한다면 이는 보기 좋은 납도끼와 같아서 別 所用이

대종경

로 통하여 간격이 없건마는 사람이 그것을 알지 못하므로 스스로 간격을 짓게 되나니, 누구나 만법을 통하여 한 마음 밝히는 이치를 알아 행하면 가히 대원정각(大圓正覺)을 얻으리라.」

6 대종사 말씀하시기를 「만일, 마음은 형체가 없으므로 형상을 가히 볼 수 없다고 하며 성품은 언어가 끊어졌으므로 말로 가히 할 수 없다고만 한다면 이는 참으로 성품을 본 사람이 아니니, 이에 마음의 형상과 성품의 체가 완연히 눈앞에 있어서 눈을 궁굴리지 아니하고도 능히 보며 입만 열면 바로 말할 수 있어야 가히 밝게 불성을 본 사람이라고 하리라.」

7 대종사 말씀하시기를 「수도(修道)하는 사람이 견성을 하려는 것은 성품의 본래 자리를 알아, 그와 같이 결함 없게 심신을 사용하여 원만한 부처를 이루는 데에 그 목적이 있나니, 만일 견성만 하고 성불하는 데에 공을 들이지 아니한다면 이는 보기 좋은 납 도끼와 같아서 별

| 대종경 필사본 | 대종경 |

없나니라.

8 大宗師- 가라사대 見性이라 하는 것은 譬컨대 어떠한 巨富長者가 自己의 財産을 自己의 財産으로 알지 못하고 지내다가 비로소 알게 된 것과 같고, 率性이라 하는 것은 이미 自己의 所有인 것을 알았으나 前日에 잃어버리고 지내는 동안 모두 他人에게 빼앗긴 바 되었는지라 百方으로 周旋하여 그 잃었던 權利를 恢復*함과 같나니라.

* '回復'과 同意語.

9 大宗師- 가라사대 宗敎의 門에 性理의 說이 없으면 이는 圓滿한 道가 아니니 性理는 一萬法의 祖宗이 되고 모든 이치의 바탕이 되는 까닭이니라.

10 大宗師- 蓬萊精舍에 계시더니 때마침 큰 비가 와서 層巖絶壁 위에서 떨어지는 瀑布와 四方 山골에서 흐르는 물이 줄기차게 나리는지라 한참 동안 그

소용이 없나니라.」

8 대종사 말씀하시기를 「견성(見性)이라 하는 것은 비하건대 거부 장자가 자기의 재산을 자기의 재산으로 알지 못하고 지내다가 비로소 알게 된 것과 같고, 솔성(率性)이라 하는 것은 이미 자기의 소유인 것을 알았으나 전일에 잃어버리고 지내는 동안 모두 다른 사람에게 빼앗긴 바 되었는지라 여러모로 주선하여 그 잃었던 권리를 회복함과 같나니라.」

9 대종사, 말씀하시기를 「종교의 문에 성리를 밝힌 바가 없으면 이는 원만한 도가 아니니 성리는 모든 법의 조종이 되고 모든 이치의 바탕이 되는 까닭이니라.」

10 대종사, 봉래정사에 계시더니 때마침 큰 비가 와서 층암절벽 위에서 떨어지는 폭포와 사방 산골에서 흐르는 물이 줄기차게 내리는지라, 한참 동안 그 광

| 대종경 필사본 | 대종경 |

光景을 보고 계시다가 이윽고 가라사대 저 여러 골작에서 흐르는 물이 只今은 流派가 비록 다르나 畢竟에는 한 곳으로 都會하리니 萬法歸一의 消息도 또한 이와 같나니라.

경을 보고 계시다가 이윽고 말씀하시기를 「저 여러 골짜기에서 흐르는 물이 지금은 그 갈래가 비록 다르나 마침내 한 곳으로 모아지리니 만법귀일(萬法歸一)의 소식도 또한 이와 같나니라.」

11 大宗師- 蓬萊精舍에서 弟子들에게 글 두 句를 써주어 가라사대 「邊山九曲路 石立聽水聲 無無亦無無 非非亦非非」라 이 뜻을 알면 곧 도를 깨닫는 사람이니라.

11 대종사, 봉래정사에서 제자들에게 글 한 수를 써 주시되 「변산구곡로(邊山九曲路)에 석립청수성(石立聽水聲)이라 무무역무무(無無亦無無)요 비비역비비(非非亦非非)라.」 하시고 「이 뜻을 알면 곧 도를 깨닫는 사람이라.」 하시니라.

12 大宗師- 靈山으로부터 蓬萊精舍에 돌아오사 한 弟子에게 일러 가라사대 내가 靈山에서 輪船으로 이곳에 올 때에 그 海水를 보니 깊고 넓은지라 그 물을 낱낱이 되어 보았으며 고기 數도 낱낱이 헤어 보았노니 그대도 或 그 數를 알겠는가 하신대 그 사람이 語義를 짐작하지 못하니라.

12 대종사 영산으로부터 봉래정사에 돌아오사 한 제자에게 말씀하시기를 「내가 영산에서 윤선(輪船)으로 이곳에 올 때 바닷물을 보니 깊고 넓은지라 그 물을 낱낱이 되어 보았으며 고기 수도 낱낱이 헤아려 보았노니, 그대도 혹 그 수를 알겠는가.」 하신데, 그 사람이 말씀 뜻을 짐작하지 못하니라.

13 大宗師- 蓬萊精舍에서 모든 弟子

13 대종사, 봉래정사에서 모든 제자에

대종경 필사본

에게 일러 가라사대 옛날 어느 學人이 그 스승에게 道를 물으니 스승이 말하기를 너에게 가르쳐주어도 道에는 어긋나고 가르쳐주지 아니하여도 道에는 어긋나나니 그 어찌하여야 좋을고 하였다 하니 그대들은 그 뜻을 알겠는가 하시니 座衆이 默默하여 답이 없거늘 때마침 冬節이라 白雪이 滿庭한데 大宗師— 나가시사 친히 道場의 눈을 치시니 한 弟子 급히 나와 눈 가래를 잡으며 大宗師께 房으로 들어가시기를 請하매 大宗師— 가라사대 나의 只今 눈치는 것은 눈만 치기 爲함이 아니라 그대들에게 無上한 法을 가르침이었노라 하시니라.

14 大宗師— 蓬萊精舍에서 文正奎에게 물어 가라사대 壁에 걸린 저 達磨大師의 影像을 能히 걸릴 수 있겠는가? 正奎 가로되 能히 걸리겠나이다. 大宗師— 가라사대 그러면 한 번 걸려 보라. 正奎 곧 이러나* 몸소 걸어가거늘 大宗師— 가라사대 그것은 正奎가 걷는 것이니, 어찌 達磨의 畫像을 걸렸다 하겠는가? 正奎 가로되 東天에서 오는 기러기 南天

대종경

게 말씀하시기를 「옛날 어느 학인(學人)이 그 스승에게 도를 물었더니 스승이 말하되 "너에게 가르쳐 주어도 도에는 어긋나고 가르쳐 주지 아니하여도 도에는 어긋나나니, 그 어찌하여야 좋을꼬" 하였다 하니, 그대들은 그 뜻을 알겠는가.」 좌중이 묵묵하여 답이 없거늘 때마침 겨울이라 흰 눈이 뜰에 가득한데 대종사 나가시사 친히 도량(道場)의 눈을 치시니 한 제자 급히 나가 눈가래를 잡으며 대종사께 방으로 들어가시기를 청하매, 대종사 말씀하시기를 「나의 지금 눈을 치는 것은 눈만 치기 위함이 아니라 그대들에게 현묘한 자리를 가르침이었노라.」

14 대종사, 봉래정사에서 문정규에게 물으시기를 「벽에 걸린 저 달마 대사의 영상을 능히 걸릴 수 있겠는가.」 정규 사뢰기를 「능히 걸리겠나이다.」 대종사 말씀하시기를 「그러면 한번 걸려 보라.」 정규 곧 일어나 몸소 걸어가거늘 대종사 말씀하시기를 「그것은 정규가 걷는 것이니, 어찌 달마의 화상을 걸렸다 하겠는가.」 정규 말하기를 「동천에서 오는

대종경 필사본

으로 갑니다 하니라.

* '일어나'의 誤字.

15 大宗師- 蓬萊精舍에 계시더니 禪僧 한 사람이 金剛山으로부터 와서 뵈옵거늘 물어 가라사대 그대가 受苦를 생각지 아니하고 멀리 찾아왔으니 무슨 求하는 바가 있는가? 禪僧이 가로되 道를 듣고자 하나이다. 道의 所在處를 일러 주옵소서. 大宗師- 가라사대 道가 그대의 묻는 데에 있나니라. 禪僧이 禮拜하고 물러 가니라.

16 禪僧 한 사람이 蓬萊精舍에 와서 大宗師께 뵈옵고 가로되 如來는 兜率天을 여이지 아니하시고 몸이 이미 王宮家에 나리셨으며 어머니의 胎中에서 衆生濟度하시기를 다 마치셨다 하였사오니 무슨 뜻이옵니까? 大宗師- 가라사대 그대가 實相寺를 여이지 아니하고 몸이 石頭庵에 있으며 비록 石頭庵에 있으나 드디어 衆生濟度를 다 마쳤나니라.

대종경

기러기 남천으로 갑니다.」하니라.

15 대종사, 봉래정사에 계시더니 선승(禪僧) 한 사람이 금강산으로부터 와서 뵈옵는지라, 물으시기를 「그대가 수고를 생각하지 아니하고 멀리 찾아왔으니 무슨 구하는 바가 있는가.」 선승이 사뢰기를 「도를 듣고자 하나이다. 도의 있는 데를 일러 주옵소서.」 대종사 말씀하시기를 「도가 그대의 묻는 데에 있나니라.」 선승이 예배하고 물러가니라.

16 선승 한 사람이 봉래정사에 와서, 대종사께 뵈옵고 여쭙기를 「여래(如來)는 도솔천(兜率天)을 여의지 아니하시고 몸이 이미 왕궁가에 내리셨으며, 어머니의 태중에서 중생 제도하시기를 다 마치셨다 하였사오니 무슨 뜻이오니까.」 대종사 말씀하시기를 「그대가 실상사(實相寺)를 여의지 아니하고 몸이 석두암(石頭庵)에 있으며, 비록 석두암에 있으나 드디어 중생 제도를 다 마쳤나니라.」

대종경 필사본

17 大宗師- 蓬萊精舍에 계시더니 萬頃 사람 鄭錫昌이 徐中安의 引導로 와서 뵈옵거늘 大宗師- 물어 가라사대 어떠한 말을 듣고 이와 같은 險路에 들어오게 되었는가? 錫昌이 가로되 先生님의 높으신 道德을 듣고 一次 뵈이려 왔나이다. 大宗師- 가라사대 와서 나를 본 뒤에 무슨 願하는 것이 없는가? 錫昌이 가로되 저는 恒常 塵世에 있어서 煩惱와 妄想에 暫時도 마음을 바로 잡지 못하므로 先生님의 敎訓을 받들어 그 마음을 바로잡기가 願이옵나이다. 大宗師- 가라사대 마음 바로잡는 方法은 먼저 마음의 根本을 깨쳐서 쓰는 곳에 偏僻됨이 없게 하는 것이니 그 까닭을 알고자 할찐대 이 疑頭 一件을 硏究하여 보라 하시고 「萬法歸一 一歸何處」의 話頭를 써 주시니라.

18 大宗師- 蓬萊精舍에 계실 때 白鶴鳴 禪師가 來往하며 間或 格外의 說로써 性理談論하기를 즐기는지라 大宗師- 하루는 짐짓 童女 李淸風에게 몇 말씀 付託하여 두시었더니, 翌日에 禪師가 月明庵으로부터 오는지라 大宗師- 맞으시

대종경

17 대종사, 봉래정사에 계시더니 한 사람이 서중안(徐中安)의 인도로 와서 뵈옵거늘 대종사 물으시기를 「어떠한 말을 듣고 이러한 험로에 들어왔는가?」 그가 사뢰기를 「선생님의 높으신 도덕을 듣고 일차 뵈오러 왔나이다.」 대종사 말씀하시기를 「나를 보았으니 무슨 원하는 것이 없는가?」 그가 사뢰기를 「저는 항상 진세(塵世)에 있어서 번뇌와 망상으로 잠시도 마음이 바로 잡히지 못하오니 그 마음을 바로잡기가 원이옵니다.」 대종사 말씀하시기를 「마음 바로잡는 방법은 먼저 마음의 근본을 깨치고 그 쓰는 곳에 편벽됨이 없게 하는 것이니 그 까닭을 알고자 하거든 이 의두(疑頭)를 연구해 보라.」 하시고 "만법귀일(萬法歸一)하니 일귀하처(一歸何處)오" 라고 써 주시니라.

18 대종사, 봉래정사에 계실 때 백학명(白鶴鳴) 선사가 내왕하며 간혹 격외(格外)의 설(說)로써 성리 이야기하기를 즐기는지라 대종사 하루는 짐짓 동녀 이청풍(李淸風)에게 몇 말씀 일러두시었더니, 다음 날 선사가 월명암(月明庵)으

| 대종경 필사본 | 대종경 |

며 가라사대 저 방아 찧고 있는 淸風이가 道가 익어가는 것 같도다 하시니, 禪師가 곧 淸風의 앞으로 가서 소리 질러 가로되 발을 옮기지 말고 道를 일러오라 하니 淸風이 嚴然히 서서 절굿대를 空中에 쳐들고 있는지라 禪師 말없이 房으로 들어오니 淸風이 그 뒤를 따라 들어오거늘 禪師- 가로되 저 壁에 걸린 達磨를 걸릴 수 있겠느냐? 淸風이 가로되 있읍니다. 禪師- 가로되 걸려 보라. 淸風이 일어서서 서너 발 걸어가니 禪師- 무릎을 치며 十三歲覺이라고 許諾하는지라 大宗師- 그 光景을 보시고 微笑하시며 가라사대 大圓見性의 道人은 말에 있지도 아니하고 없지도 아니하나 앞으로는 그런 수작을 가지고는 見性의 印可를 나리지 못하리라 하시며 老禪師가 或 여러 修道人의 前程을 그르쳐줄가 念慮하시더라.

로부터 오는지라, 대종사 맞으시며 말씀하시기를 「저 방아 찧고 있는 청풍이가 도가 익어 가는 것 같도다.」 하시니, 선사가 곧 청풍의 앞으로 가서 큰 소리로 「발을 옮기지 말고 도를 일러오라.」 하니, 청풍이 엄연히 서서 절굿대를 공중에 쳐들고 있는지라, 선사가 말없이 방으로 들어오니, 청풍이 그 뒤를 따라 들어오거늘, 선사 말하되 「저 벽에 걸린 달마를 걸릴 수 있겠느냐?」 청풍이 말하기를 「있습니다.」 선사 말하기를 「걸려 보라.」 청풍이 일어서서 서너 걸음 걸어가니, 선사 무릎을 치며 십삼세각(十三歲覺)이라고 허락하는지라, 대종사 그 광경을 보시고 미소하시며 말씀하시기를 「견성하는 것이 말에 있지도 아니하고 없지도 아니하나, 앞으로는 그런 방식을 가지고는 견성 인가(印可)를 내리지 못하리라.」 하시니라.

19 하루는 白鶴鳴 禪師가 글 한 首를 보내어 가로되 「透天山絶頂 歸海水成波 不覺回身路 石頭倚作家」라 한지라, 大宗師 그에 답하여 가라사대 「絶頂天眞秀 大海天眞波 復覺回身路 高露石頭

19 하루는 학명 선사가 글 한 수를 지어 보내기를 「투천산절정(透天山絶頂)이여 귀해수성파(歸海水成波)로다 불각회신로(不覺回身路)하여 석두의작가(石頭倚作家)로다.」라 한지라, 대종사 화답

| 대종경 필사본 | 대종경 |

家」라 하시니라.

하여 보내시기를 「절정천진수(絕頂天眞秀)요 대해천진파(大海天眞波)로다 부각회신로(復覺回身路)하니 고로석두가(高露石頭家)로다.」라 하시니라.

20　金光旋이 물어 가로되 天地萬物의 未生前에는 무엇이 體가 되겠나이까? 大宗師- 가라사대 그대가 말하기 前 消息을 默默히 返照하여 보라. 또 물어 가로되 修行上 見性을 하면 무슨 必要가 있나이까? 大宗師- 가라사대 國文에 本文을 아는 것과 같나니라.

20　김광선이 여쭙기를 「천지 만물의 미생전(未生前)에는 무엇이 체(體)가 되었나이까?」 대종사 말씀하시기를 「그대가 말하기 전 소식을 묵묵히 반조(返照)하여 보라.」 또 여쭙기를 「수행하는 데 견성이 무슨 필요가 있나이까?」 대종사 말씀하시기를 「국문(國文)에 본문을 아는 것과 같나니라.」

21　한 弟子 여짜오되 見性을 하면 어찌 되나이까? 大宗師- 가라사대 宇宙萬物의 本來 이치를 알게 되고 木手가 잣대와 먹줄을 얻은 것 같이 되나니라.

21　한 제자 여쭙기를 「견성을 하면 어찌 되나이까?」 대종사 말씀하시기를 「우주 만물의 본래 이치를 알게 되고 목수가 잣대와 먹줄을 얻은 것 같이 되나니라.」

22　大宗師- 禪院에 出席하사 金幾千의 性理 說하는 것을 들으시고 가라사대 오늘 非夢似夢間에 龍에게 如意珠를

22　대종사, 선원에서 김기천의 성리 설하는 것을 들으시고 말씀하시기를 「오늘 내가 비몽사몽간에 여의주(如意

대종경 필사본

얻어 三山에게 주엇더니 받아먹고 卽時로 換骨奪胎하는 것을 보았는데 實地로 三山의 性理說을 들으니 精神이 爽快하다 하시며 見性의 印可를 나리시고 가라사대 法은 私情으로 주고받지 못할 것이요, 오직 제의 心眼이 열려야 그 法을 받아 드리나니, 龍은 如意珠를 얻어야 造化가 나고 修道人은 性品을 보아 鍛鍊할 줄 알아야 能力이 나나니라. 하시니 文正奎 여짜오되 저희가 일찍부터 鼎山을 崇拜하옵는데 그는 아직 見性을 못하였나이까? 大宗師- 가라사대 집을 짓는데 큰 집과 작은 집을 다 같이 着手는 하였으나, 한 달에 끝날 집도 있고 或은 一年 或은 數年을 걸려야 끝날 집도 있듯이 鼎山은 時日이 좀 걸리리라.

23 한 弟子 여짜오되 見性成佛이라 하였사오니 見性만 하면 곧 成佛이 되나이까? 大宗師- 가라사대 根機에 따라 見性하는 卽時로 成佛하는 사람도 있으나 그는 稀貴한 일이요, 大槪는 見性하는 功보다 成佛에 이르는 功이 더 드나니라. 그러나 過去에는 人智가 어두운

대종경

珠)를 얻어 삼산(三山)에게 주었더니 받아먹고 즉시로 환골탈태하는 것을 보았는데, 실지로 삼산의 성리 설하는 것을 들으니 정신이 상쾌하다.」하시고, 말씀하시기를 「법은 사정(私情)으로 주고받지 못할 것이요, 오직 저의 혜안이 열려야 그 법을 받아들이나니, 용(龍)은 여의주를 얻어야 조화가 나고 수도인은 성품을 보아서 단련할 줄 알아야 능력이 나나니라.」하시니, 문정규 여쭙기를 「저희가 일찍부터 정산을 존경하옵는데 그도 견성을 하였나이까.」 대종사 말씀하시기를 「집을 짓는데 큰 집과 작은 집을 다 같이 착수는 하였으나, 한 달에 끝날 집도 있고 혹은 일 년 혹은 수년을 걸려야 끝날 집도 있듯이 정산은 시일이 좀 걸리리라.」

23 한 제자 여쭙기를 「견성성불(見性成佛)이라 하였사오니 견성만 하면 곧 성불이 되나이까?」 대종사 말씀하시기를 「근기에 따라 견성하는 즉시로 성불하는 사람도 있으나 그는 드문 일이요 대개는 견성하는 공보다 성불에 이르는 공이 더 드나니라. 그러나, 과거에는 인

| 대종경 필사본 | 대종경 |

故로 見性만 하면 곧 道人이라 하였지마는 돌아오는 世上에는 見性만으로는 道人이라 稱할 수 없을 것이며 따라서 擧皆의 修道人들이 見性만은 어렸을 때 家庭에서 쉽게 마치고 成佛을 하기 爲하여 큰 스승을 찾아다니며 積功을 드리리라.

24 大宗師- 禪院 大衆에게 일러 가라사대 性理를 말로는 다 할 수 없다고 하나 또한 말로도 如實히 나툴 수 있나니 여러 사람 가운데 證得하였다고 생각하는 사람이 있으면 나의 묻는 말에 對答하여 보라 하시고 萬法이 歸一이라 하니 그 하나로 돌아가는 內譯을 말하여 보고 一歸何處오 하였으니 그 하나는 어느 곳으로 돌아가는가를 말하여 보라 하시니 大衆이 서로 對答을 올리되 印可치 아니하시는지라 한 弟子 일어나 禮拜하고 가로되 大宗師께서 다시 한 번 저에게 물어 주옵소서. 大宗師- 다시 그대로 물으시니 그 弟子 가로되 萬法이 本是 寂然하여 애당초에 돌아간 바가 없거늘 하나인들 어데로 돌려보낼 必要가 있겠나이까 하니 大宗師- 웃으시며 또한 말씀이 없으시니라.

지가 어두운 고로 견성만 하면 곧 도인이라 하였지마는 돌아오는 세상에는 견성만으로는 도인이라 할 수 없을 것이며 거개의 수도인들이 견성만은 일찍이 가정에서 쉽게 마치고 성불을 하기 위하여 큰 스승을 찾아다니며 공을 들이리라.」

24 대종사, 선원 대중에게 말씀하시기를 「성리를 말로는 다 할 수 없다고 하나 또한 말로도 여실히 나타낼 수 있어야 하나니, 여러 사람 가운데 증득하였다고 생각하는 사람이 있으면 나의 묻는 말에 대답하여 보라. 만법귀일이라 하였으니 그 하나로 돌아가는 내역을 말하여 보고 일귀하처오 하였으니 그 하나는 어디로 돌아가는가를 말하여 보라.」 대중이 차례로 대답을 올리되 인가하지 아니하시는지라, 한 제자 일어나 절하고 여쭙기를 「대종사께서 다시 한번 저에게 물어 주옵소서.」 대종사 다시 그대로 물으시니, 그 제자 말하기를 「만법이 본래 완연(完然)하여 애당초에 돌아간 바가 없거늘 하나인들 어디로 돌려보낼 필요가 있겠나이까.」 대종사 웃으시며 또한 말씀이 없으시니라.

대종경 필사본

25 大宗師- 가라사대 近來에 往往히 性理를 論하는 사람들이 말이 없는 것으로만 解決을 지으려고 하나 그것이 큰 病이라 아는 사람에 있어서는 元來 頭尾가 없는 것이지마는 頭尾를 照然하게 갈라 낼 줄도 알고 言語道가 끊어진 자리지마는 能히 言語로 形言할 줄도 알아야 하나니 참으로 아는 사람은 아무렇게 하더라도 아는 것이 나오고 모르는 사람은 아무렇게 하더라도 모르는 것이 나오나니라. 그러나 또한 말 있는 것만으로 能事를 삼을 것도 아니니 佛祖들이 千經萬論으로 가르쳐 주신 바가 性品을 알게 하는 方法은 될찌언정 그것이 참 달은 아닌 것과 같나니라. 그렇건마는 近來에 許多한 사람들이 大槪는 또한 손가락에만 依支하고 있으니 참 달은 볼 期約이 어느 때리오 하시니라.

26 大宗師- 禪院 大衆에게 일러 가라사대 누가 이 가운데 虛空法界를 完全히 自己所有로 移轉 證明 낸 사람이 있느냐 하시니 禪衆이 黙然하여 答이 없거늘 大宗師- 가라사대 三世의 諸佛菩薩들은 形像도 없고 보이지도 않는 虛空法界를

대종경

25 대종사 말씀하시기를 「근래에 왕왕이 성리를 다루는 사람들이 말 없는 것으로만 해결을 지으려고 하는 수가 많으나 그것이 큰 병이라, 참으로 아는 사람은 그 자리가 원래 두미(頭尾)가 없는 자리지마는 두미를 분명하게 갈라낼 줄도 알고, 언어도(言語道)가 끊어진 자리지마는 능히 언어로 형언할 줄도 아나니, 참으로 아는 사람은 아무렇게 하더라도 아는 것이 나오고, 모르는 사람은 아무렇게 하여도 모르는 것이 나오나니라. 그러나, 또한 말 있는 것만으로 능사(能事)를 삼을 것도 아니니 불조(佛祖)들의 천경 만론은 마치 저 달을 가리키는 손가락과 같나니라.」

26 대종사, 선원 대중에게 말씀하시기를 「누가 이 가운데 허공 법계를 완전히 자기 소유로 이전 증명 낸 사람이 있느냐?」 대중이 묵연하여 답이 없는지라, 대종사 다시 말씀하시기를 「삼세의 모든 불보살들은 형상도 없고 보이지도 않

대종경 필사본

自己所有로 내는 데에 功을 드렸으므로 形像 있는 天地萬物도 自然 自己所有로 受用할 수 있으나 凡夫衆生들은 形像 있는 것만 自己所有로 내려고 貪着하므로 그것이 永久히 제 소유가 되지도 못할 뿐 아니라 아까운 歲月만 虛送하고 마나니 이 어찌 虛妄한 일이 아니리오. 그러므로 그대들은 形像 있는 物件만 所有하려고 허덕이지 말고 形像 없는 虛空法界를 所有하는 데에 더욱 功을 드리라 하시니라.

27 大宗師- 禪院 大衆에게 일러 가라사대 大를 나누어 森羅萬象 形形色色의 小를 만들 줄도 알고 形形色色으로 벌여 있는 小를 한 덩어리로 뭉쳐서 大를 만들 줄도 아는 것이 性理의 體를 完全히 아는 것이요, 또는 有를 無로 만들 줄도 알고 無를 有로 만들 줄도 알아서 天下의 萬理萬事가 變하여도 變치 않는 眞理를 아는 것이 性理의 用을 完全히 아는 것이라, 性理를 알았다는 사람으로서 大와 無는 大略 짐작하면서도 小와 有의 理致를 解得치 못한 사람이 적지 않나니 어찌 完全한 性理를 解得하였다 하리오

대종경

는 허공 법계를 다 자기 소유로 내는 데에 공을 들였으므로 형상 있는 천지 만물도 자기의 소유로 수용하나, 범부와 중생들은 형상 있는 것만을 자기 소유로 내려고 탐착하므로 그것이 영구히 제 소유가 되지도 못할 뿐 아니라 아까운 세월만 허송하고 마나니, 이 어찌 허망한 일이 아니리요. 그러므로, 그대들은 형상 있는 물건만 소유하려고 허덕이지 말고 형상 없는 허공 법계를 소유하는 데에 더욱 공을 들이라.」

27 대종사, 선원 대중에게 말씀하시기를 「대(大)를 나누어 삼라만상 형형색색의 소(小)를 만들 줄도 알고, 형형색색으로 벌여 있는 소(小)를 한 덩어리로 뭉쳐서 대(大)를 만들 줄도 아는 것이 성리의 체(體)를 완전히 아는 것이요, 또는 유를 무로 만들 줄도 알고 무를 유로 만들 줄도 알아서 천하의 모든 이치가 변하여도 변하지 않고 변하지 않는 중에 변하는 진리를 아는 것이 성리의 용(用)을 완전히 아는 것이라, 성리를 알았다는 사람으로서 대와 무는 대략 짐작하면서도 소와 유의 이치를 해득하지 못한 사람이

대종경 필사본	대종경
하시니라.	적지 아니하나니 어찌 완전한 성리를 깨쳤다 하리오.」

28 大宗師- 禪院 大衆에게 일러 가라사대 사람 하나를 놓고 心·性·理·氣를 낱낱이 나누어도 보고 또한 사람 하나를 놓고 全體를 心 하나로 合하여 보기도 하고 性 하나로 合하여 보기도 하고, 理 하나로 合하여 보기도 하고 氣 하나로 合하여 보기도 하여 그것을 이 자리에서 말하여 보라 하시니 大衆이 말씀에 따라 여러 가지 答辯을 올리었으나 말로써 印可치 아니하시며 가라사대 例를 들면 한 사람이 염소를 먹이는데 무엇을 一時에 많이 먹여서 한꺼번에 키우는 것이 아니라 키우는 節次와 먹이는 程度만 고르게 하면 自然 큰 염소가 되어서 새끼도 낳고 젖도 나와 사람에게 有益을 주나니 道家에서 道를 깨치게 하는 것도 그와 같나니라.

28 대종사, 선원 대중에게 말씀하시기를 「사람 하나를 놓고 심·성·이·기(心性理氣)로 낱낱이 나누어도 보고, 또한 사람 하나를 놓고 전체를 심 하나로 합하여 보기도 하고, 성 하나로 합하여 보기도 하고, 이 하나로 합하여 보기도 하고, 기 하나로 합하여 보기도 하여, 그것을 이 자리에서 말하여 보라.」 대중이 말씀에 따라 여러 가지 답변을 올리었으나 인가하지 아니하시고 말씀하시기를 「예를 들면 한 사람이 염소를 먹이는데 무엇을 일시에 많이 먹여서 한꺼번에 키우는 것이 아니라, 키우는 절차와 먹이는 정도만 고르게 하면 자연히 큰 염소가 되어서 새끼도 낳고 젖도 나와 사람에게 이익을 주나니, 도가에서 도를 깨치게 하는 것도 이와 같나니라.」

29 大宗師- 宗法室에 계시더니 때마침 視察團 一行이 와서 禮하고 물어 가로되 貴院의 부처님은 어느 곳에 奉安하

29 대종사, 조실에 계시더니, 때마침 시찰단 일행이 와서 인사하고 여쭙기를 「귀교의 부처님은 어디에 봉안하였나이

대종경 필사본

였나이까? 大宗師- 가라사대 우리 집 부처님은 方今 밖에 나가 있으니 보시려거든 暫間 기다리라. 一行이 말씀의 뜻을 알지 못하여 怪異히 여기더니 조금 後 點心때가 되매 産業部員 一同이 들에서 돌아올 새 모두 農具를 메고 武步 堂堂히 들어오거늘 大宗師- 그들을 가리키시며 가라사대 저들이 다 우리 집 부처니라 하시니 묻던 사람이 더욱 그 뜻을 알지 못하니라.

30 大宗師- 禪院에 出席하사 宋道性에게 過去七佛의 偈頌을 解釋하라 하시니, 道性이 過去七佛의 傳法偈頌을 解釋할 새 第七 釋迦牟尼佛에 이르러「法은 本來 無法에서 法하였고 無法이란 法도 또한 空한 것이로다. 이제 無法을 부촉할 때에 法을 法하라 하니 일찍이 무엇을 法할고」하거늘 大宗師- 그 새김을 그치라 하시고 가라사대 本來에 한 法이라고 이름지을 것도 없지마는 下劣한 根機를 爲하사 한 法을 일렀으나 그 한 法은 참 法이 아니니 이 偈頌의 眞義만 了達하면 千萬 經典을 더 볼 것이 없으리라.

대종경

까?」 대종사 말씀하시기를「우리 집 부처님은 방금 밖에 나가 있으니 보시려거든 잠깐 기다리라.」 일행이 말씀의 뜻을 알지 못하여 의아하게 여기더니, 조금 후 점심때가 되매 산업부원 일동이 농구를 메고 들에서 돌아오거늘 대종사 그들을 가리키시며 말씀하시기를「저들이 다 우리 집 부처니라.」 그 사람들이 더욱 그 뜻을 알지 못하니라.

30 대종사, 선원에서 송도성에게「과거 칠불(七佛)의 전법 게송을 해석하라.」하시니, 도성이 칠불의 게송을 차례로 해석하여 제7 석가모니불에 이르러「법은 본래 무법(無法)에 법하였고 무법이란 법도 또한 법이로다. 이제 무법을 부촉할 때 법을 법하려 하니 일찍이 무엇을 법할꼬.」하거늘, 대종사「그 새김을 그치라.」하시고, 말씀하시기를「본래에 한 법이라고 이름 지을 것도 없지마는 하열한 근기를 위하사 한 법을 일렀으나, 그 한 법도 참 법은 아니니 이 게송의 참뜻만 깨치면 천만 경전을 다 볼 것이 없으리라.」

대종경 필사본

31 원기26년 1월에 大宗師- 一圓相 法語를 나려 가라사대 ○ 此圓相의 眞理를 覺하면 十方三界가 다 吾家의 所有인 줄을 알며 또는 宇宙萬物이 이름은 各各 다르나 둘이 아닌 줄을 알며 또는 諸佛祖師와 凡夫衆生의 性品인 줄을 알며 또는 生老病死의 理致가 春夏秋冬과 같이 되는 줄을 알며 因果報應의 理致가 陰陽相勝과 같이 되는 줄을 알며 또는 圓滿具足한 것이며 至公無私한 것인 줄을 알리로다 하시고 다시 이 一圓相을 六根 使用할 때 活用하는 法까지 나려주시니라.

대종경

31 원기 26년 1월에 대종사 게송(偈頌)을 내리신 후 말씀하시기를 「유(有)는 변하는 자리요 무(無)는 불변하는 자리나, 유라고도 할 수 없고 무라고도 할 수 없는 자리가 이 자리며, 돌고 돈다, 지극하다 하였으나 이도 또한 가르치기 위하여 강연이 표현한 말에 불과하나니, 구공이다, 구족하다를 논할 여지가 어디 있으리오. 이 자리가 곧 성품의 진체이니 사량으로 이 자리를 알아내려고 말고 관조로써 이 자리를 깨쳐 얻으라.」

佛地品

대종경 필사본

1 大宗師- 가라사대 이 世上에 크고 작은 山이 많이 있으나 그 中에 가장 크고 깊은 山의 樹木이 많은 곳에 數많은 짐승이 몸을 依支하고 살며, 크고 작은 냇물이 곳곳마다 흐르나 그 中에 가장 넓고 깊은 바다에 數많은 고기가 몸을 依支하고 사는 것 같이 千人萬人이 다 各各 世上을 指導한다고 하나 그 中에 가장 德이 많고 慈悲가 넓은 人物이라야 數많은 衆生이 몸과 마음을 依支하여 다 같이 安樂한 生活을 하게 되나니라.

2 大宗師- 가라사대 부처님의 大慈大悲는 저 太陽보다 다습고 밝은 힘이 있나니 그러므로 이 慈悲가 미치는 곳에는 衆生의 無明心이 녹아서 智慧心으로 變하며 殘忍心이 녹아서 慈悲心으로 변하며 怪貪心이 녹아서 惠施心으로 變하며 四相의 差別心이 녹아서 圓滿心으로 變하여 그 威力과 光明이 무엇으로 可히 譬喻할 수 없나니라.

대종경

1 대종사 말씀하시기를 「이 세상에 크고 작은 산이 많이 있으나 그중에 가장 크고 깊고 나무가 많은 산에 수많은 짐승이 의지하고 살며, 크고 작은 냇물이 곳곳마다 흐르나 그중에 가장 넓고 깊은 바다에 수많은 고기가 의지하고 사는 것 같이, 여러 사람이 다 각각 세상을 지도한다고 하나 그중에 가장 덕이 많고 자비(慈悲)가 너른 인물이라야 수많은 중생이 몸과 마음을 의지하여 다 같이 안락한 생활을 하게 되나니라.」

2 대종사 말씀하시기를 「부처님의 대자대비(大慈大悲)는 저 태양보다 다습고 밝은 힘이 있나니, 그러므로 이 자비가 미치는 곳에는 중생의 어리석은 마음이 녹아서 지혜로운 마음으로 변하며, 잔인한 마음이 녹아서 자비로운 마음으로 변하며, 인색하고 탐내는 마음이 녹아서 혜시하는 마음으로 변하며, 사상(四相)의 차별심이 녹아서 원만한 마음으로 변하여, 그 위력과 광명이 무엇으로 가히 비유할 수 없나니라.」

대종경 필사본

3 大宗師- 가라사대 大慈라 하는 것은 저 天眞爛漫한 어린 子女가 몸이 健康하고 充實하여 그 父母를 괴롭게도 아니하고 또는 性質이 善良하여 言語動作이 다 얌전하고 보면 그 父母의 마음에 甚히 기쁘고 귀여운 생각이 나서 더욱 사랑하여 주는 것 같이 부처님께서도 모든 衆生을 보실 때에 그 性質이 善良하여 나라에 忠誠하고 父母에게 孝道하며 兄弟間에 友愛하고 師長에게 恭敬하며 隣近에 和睦하고 貧病人을 救濟하며 大道를 修行하여 般若智를 얻어가며 應用에 無念하여 無漏의 功德을 짓는 사람이 있으면 크게 기뻐하시고 사랑하시사 더욱 더욱 善道로 引導하여 주시는 것이요, 大悲라 하는 것은 저 天地 分揀 못하는 어린 子女가 제 눈을 제 손으로 찔러서 아프게 하며 제가 칼날을 잡아서 제 손을 傷하였건마는 그 理由는 알지 못하고 울고 야단을 하는 것을 보면 그 父母의 마음에 측은하고 가엾은 생각이 나서 더욱 保護하고 引導하여 주는 것 같이 부처님께서도 모든 衆生이 貪瞋痴에 끌려서 제 스스로 제 마음을 태우며 제 스스로 제 몸을 망하게 하며 제 스스로 惡途에 떨어질 일을 지어 제가 지은 그대

佛地品

대종경

3 대종사 말씀하시기를 「대자(大慈)라 하는 것은 저 천진난만한 어린 자녀가 몸이 건강하고 충실하여 그 부모를 괴롭게도 아니하고, 또는 성질이 선량하여 언어 동작이 다 얌전하면 그 부모의 마음에 심히 기쁘고 귀여운 생각이 나서 더욱 사랑하여 주는 것같이 부처님께서도 모든 중생을 보실 때 그 성질이 선량하여, 나라에 충성하고 부모에게 효도하며, 형제간에 우애하고 스승에게 공경하며, 이웃에 화목하고 빈병인(貧病人)을 구제하며, 대도를 수행하여 반야지(般若智)를 얻어가며, 응용에 무념하여 무루의 공덕을 짓는 사람이 있으면 크게 기뻐하시고 사랑하시사 더욱더 선도로 인도하여 주시는 것이요, 대비(大悲)라 하는 것은 저 천지 분간 못 하는 어린 자녀가 제 눈을 제 손으로 찔러서 아프게 하며, 제가 칼날을 잡아서 제 손을 상하게 하건마는 그 이유는 알지 못하고 울고 야단을 하는 것을 보면 그 부모의 마음에 측은하고 가엾은 생각이 나서 더욱 보호하고 인도하여 주는 것 같이, 부처님께서도 모든 중생이 탐·진·치에 끌려서 제 스스로 제 마음을 태우며, 제 스스로 제 몸을 망하게 하며, 제 스스로 악도

대종경 필사본

로 罪를 받건마는 天地와 先靈을 怨望하며 同胞와 法律을 怨望하는 것을 보시면 크게 슬퍼하시고 불쌍히 여기사 千萬方便으로 濟度하여 주시는 것이니 이것이 곧 부처님의 大慈와 大悲니라. 그러나 衆生들은 그러한 부처님의 大慈大悲 속에 살면서도 그 恩惠를 알지 못하건마는 부처님께서는 거기에 조금도 躊躇하지 아니하시고 千劫萬劫을 오로지 濟度 事業에 精誠을 다 하시나니 그러므로 부처님은 三界의 大導師요 四生의 慈父라 하나니라.

4　大宗師- 가라사대 佛菩薩들은 行住坐臥語默動靜間에 살아나가는 도가 있으시므로 能히 靜할 때 靜하고 動할 때 動하며 能히 클 때에 크고 적을 때에 적으며 밝을 때에 밝고 어둘 때에 어두우며 能히 살 때에 살고 죽을 때에 죽어서 오직 事事物物 在在處處에 조금도 法度에 어그러지는 바가 없나니라.

대종경

에 떨어질 일을 지어, 제가 지은 그대로 죄를 받건마는, 천지와 선령을 원망하며, 동포와 법률을 원망하는 것을 보시면 크게 슬퍼하시고 불쌍히 여기사 천만 방편으로 제도하여 주시는 것이니, 이것이 곧 부처님의 대자와 대비니라. 그러나, 중생들은 그러한 부처님의 대자대비 속에 살면서도 그 은혜를 알지 못하건마는 부처님께서는 거기에 조금도 주저하지 아니하시고 천겁 만겁을 오로지 제도 사업에 정성을 다하시나니, 그러므로 부처님은 삼계의 대도사요 사생의 자부라 하나니라.」

4　대종사 말씀하시기를 「불보살들은 행주좌와 어묵동정 간에 무애자재(無礙自在)하는 도가 있으므로 능히 정할 때 정하고 동할 때 동하며, 능히 클 때 크고 작을 때 작으며, 능히 밝을 때 밝고 어두울 때 어두우며, 능히 살 때 살고 죽을 때 죽어서, 오직 모든 사물과 모든 처소에 조금도 법도에 어그러지는 바가 없나니라.」

대종경 필사본

5 大宗師- 가라사대 飮食과 衣服을 잘 만드는 사람은 그 材料만 있으면 마음대로 그것을 만들어내기도 하고 잘못되었으면 뜯어 고치기도 하는 것 같이 모든 法에 通達하신 大道人은 能히 萬法을 주물러서 새 法을 만들어 내기도 하고 묵은 法을 뜯어 고치기도 하시나 그렇지 못한 道人은 만들어 놓은 法을 쓰기나 하고 傳達하기는 할찌언정 創作하거나 고치는 재주는 없나니라. 한 弟子 여짜오되 어느 位에나 올라야 그러한 能力이 생기나이까. 大宗師- 가라사대 出家位 이상 道人이라야 하나니, 그런 道人들은 六根을 動作하는 바가 다 法으로 化하여 萬代의 師表가 되나니라.

6 大宗師- 禪院에 出席하사 中庸의 率性之道를 解釋하여 보라 하시니 宋碧照 가로되 儒家에서는 天理自然之道에 잘 順應하는 것을 道라 하나이다. 大宗師- 가라사대 薦度에 잘 順應만 하는 것은 菩薩의 境地요 天道를 잘 使用하여야 佛의 境地이니 譬컨대 能한 騎手는 좋은 말이나 사나운 말이나 다 잘 부려 쓰는

대종경

5 대종사 말씀하시기를 「음식과 의복을 잘 만드는 사람은 그 재료만 있으면 마음대로 그것을 만들어내기도 하고 잘못되었으면 뜯어고치기도 하는 것 같이, 모든 법에 통달하신 큰 도인은 능히 만법을 주물러서 새 법을 만들어내기도 하고 묵은 법을 뜯어고치기도 하시나, 그렇지 못한 도인은 만들어 놓은 법을 쓰기나 하고 전달하기는 할지언정 창작하거나 고치는 재주는 없나니라.」한 제자 여쭙기를 「어느 위(位)에 올라야 그러한 능력이 생기나이까?」대종사 말씀하시기를 「출가위(出家位) 이상 되는 도인이라야 하나니, 그런 도인들은 육근(六根)을 동작하는 바가 다 법으로 화하여 만대의 사표가 되나니라.」

6 대종사, 송벽조에게 「중용(中庸)의 솔성지도(率性之道)를 해석하여 보라.」 하시니, 그가 사뢰기를 「유가에서는 천리(天理) 자연의 도에 잘 순응하는 것을 솔성하는 도라 하나이다.」 대종사 말씀하시기를 「천도에 잘 순응만 하는 것은 보살의 경지요, 천도를 잘 사용하여야 부처의 경지이니, 비하건대 능한 기수

대종경 필사본

것과 같나니라. 그러므로 凡夫 衆生은 六途輪廻와 十二因緣에 끌려 다니지마는 부처님은 天業을 突破하고 嚴然히* 獨立하여 去來와 昇降을 自由自在하시나니라.

* '儼然히'의 誤字. 사람의 겉모양이나 언행이 의젓하고 점잖게.

7 한 弟子 여짜오되 震默大師도 酒色에 끌린 바가 있는 듯하오니 그러하오니까? 大宗師- 가라사대 내- 들으니 震默大師가 술을 좋아하시되 하루는 술을 자신다는 것이 간수를 한 그릇 자시고도 아무 일이 없었다 하며 또 한 번은 감나무 아래에 계시는데 한 女子가 邪心을 품고 와서 놀기를 請하는지라 그 願을 들어주려 하시다가 마침 紅柿가 떨어지매 無心히 그것을 줏으러 가시므로 女子가 無色하여 스스로 물러갔다는 말이 있나니 어찌 그 마음에 술이 있었으며 女色이 있었겠느냐. 그런 어른은 술 경계에 술이 없었고 色 경계에 色이 없으신 如來이시니라.

대종경

(騎手)는 좋은 말이나 사나운 말이나 다 잘 부려 쓰는 것과 같나니라. 그러므로, 범부 중생은 육도의 윤회와 십이 인연에 끌려다니지마는 부처님은 천업(天業)을 돌파하고 거래와 승강을 자유자재하시나니라.」

7 한 제자 여쭙기를 「진묵(震默) 대사도 주색에 끌린 바가 있는 듯하오니 그러하오니까?」 대종사 말씀하시기를 「내 들으니 진묵 대사가 술을 좋아하시되 하루는 술을 마신다는 것이 간수를 한 그릇 마시고도 아무 일이 없었다 하며, 또 한 번은 감나무 아래에 계시는데 한 여자가 사심을 품고 와서 놀기를 청하는지라 그 원을 들어주려 하시다가 홍시가 떨어지매 무심히 그것을 주우러 가시므로 여자가 무색하여 스스로 물러갔다는 말이 있나니, 어찌 그 마음에 술이 있었으며 여색이 있었겠는가. 그런 어른은 술 경계에 술이 없었고 색 경계에 색이 없으신 여래(如來)시니라.」

대종경 필사본

8 大宗師- 가라사대 衆生은 喜怒哀樂에 끌려서 마음을 쓰므로 이로 因하여 自他間에 害를 많이 보고 菩薩은 喜怒哀樂에 超越하여 마음을 쓰므로 이로 因하여 自他間에 害를 보지 아니하며, 부처는 喜怒哀樂을 奴僕같이 부려 쓰시므로 이로 因하여 自他間에 有益을 많이 보나니라.

9 大宗師- 가라사대 法位가 降魔位에만 오르더라도 天人 阿修羅가 먼저 알고 崇拜하나니라. 그러나 그 道人이 한번 자취를 감추려 들면 그 以上 道人이 아니고는 그 자취를 알 수 없나니라.

10 大宗師- 가라사대 工夫가 最上 究竟에 이르고 보면 세 가지로 通함이 있나니 그 하나는 靈通이라, 보고 듣고 생각지 아니하여도 天地萬物의 變態와 人間 三世의 因果報應을 如實히 알게 되는 것이요, 둘은 道通이라, 天造의 大小 有無와 人間의 是非利害에 能知能通하는 것이요, 셋은 法通이라, 天地의 大小

대종경

8 대종사 말씀하시기를 「중생은 희로애락에 끌려서 마음을 쓰므로 이로 인하여 자신이나 남이나 해를 많이 보고, 보살은 희로애락에 초월하여 마음을 쓰므로 이로 인하여 자신이나 남이나 해를 보지 아니하며, 부처는 희로애락을 노복같이 부려 쓰므로 이로 인하여 자신이나 남이나 이익을 많이 보나니라.」

9 대종사 말씀하시기를 「법위(法位)가 항마위(降魔位)에만 오르더라도 천인(天人) 아수라(阿修羅)가 먼저 알고 숭배하나니라. 그러나, 그 도인이 한번 자취를 감추려 들면 그 이상 도인이 아니고는 그 자취를 알 수 없나니라.」

10 대종사 말씀하시기를 「공부가 최상 구경에 이르고 보면 세 가지로 통함이 있나니 그 하나는 영통(靈通)이라, 보고 듣고 생각하지 아니하여도 천지 만물의 변태와 인간 삼세의 인과보응을 여실히 알게 되는 것이요, 둘은 도통(道通)이라, 천조의 대소 유무와 인간의 시비 이해에 능통하는 것이요, 셋은 법통(法通)

| 대종경 필사본 | 대종경 |

有無를 보아다가 人間의 是非利害를 밝혀서 萬世 衆生이 거울하고 본뜰 만한 法을 制定하는 것이니 이 三通 中에서 法通만은 大圓見性을 하지 못하고는 얻을 수 없나니라.

이라, 천조의 대소 유무를 보아다가 인간의 시비 이해를 밝혀서 만세 중생이 거울하고 본뜰 만한 법을 제정하는 것이니, 이 삼통 가운데 법통만은 대원 정각(大圓正覺)을 하지 못하고는 얻을 수 없나니라.」

11 大宗師- 가라사대 아무리 큰 살림이라도 하늘 살림과 合産한 살림 같이 큰 살림이 없고 아무리 큰 사람이라도 하늘 氣運과 合한 사람같이 큰 사람이 없나니라.

11 대종사 말씀하시기를 「아무리 큰 살림이라도 하늘 살림과 합산한 살림 같이 큰살림이 없고, 아무리 큰사람이라도 하늘 기운과 합한 사람 같이 큰사람이 없나니라.」

12 大宗師- 가라사대 宇宙의 眞理를 잡아 人間의 六根動作에 둘러씨워* 活用하는 사람이 곧 부처요 聖人이요 天人이니라.

* '둘러씌워'의 誤字.

12 대종사 말씀하시기를 「우주의 진리를 잡아 인간의 육근 동작에 둘러씌워 활용하는 사람이 곧 천인이요 성인이요 부처니라.」

13 大宗師- 가라사대 天地에 아무리 無窮한 理致가 있고 威力이 있다 할찌라도 사람이 그 道를 보아다가 쓰지 아니하면 天地는 한 空殼*에 불과할 것이거

13 대종사 말씀하시기를 「천지에 아무리 무궁한 이치가 있고 위력이 있다 할지라도 사람이 그 도를 보아다가 쓰지 아니하면 천지는 한 빈 껍질에 불과할

대종경 필사본

늘 사람이 그 道를 보아다가 各自의 道具같이 쓰게 되므로 사람은 天地의 主人이요 萬物의 靈長이라 하나니라. 사람이 天地의 할 일을 다 못하고 天地가 또한 사람의 할 일을 다 못 한다 할찌라도 天地는 事理間에 사람에게 利用되므로 天地가 수레라면 사람은 運轉手라 사람 中에도 天地의 大小有無를 圓滿히 覺得하여 天道를 任意로 잡아 쓰는 佛菩薩들은 곧 三界의 大權을 行使**함이니 未來에는 天權보다 人權을 더 尊重할 것이며 佛菩薩들의 크신 權能을 萬人이 다 같이 崇仰하리라.

* 공각(空殼): 곡식이나 열매 따위의 빈 껍질이나 조개 따위의 빈 껍데기.

** 부려서 쓰다.

14 大宗師- 가라사대 衆生들은 그릇이 작은지라 없던 것이 있어진다든지 모르던 것이 알아지고 보면 곧 넘치기가 쉽고 또는 가벼히 흔들려서 목숨까지 危殆롭기도 하나 佛菩薩들은 그 그릇이 局限이 없는지라, 있어도 더한 바가 없고 없어도 덜할 바가 없어서 그 살림의 有無를 可히 엿보지 못하므로 그 있는 바

대종경

것이거늘 사람이 그 도를 보아다가 각자의 도구같이 쓰게 되므로 사람은 천지의 주인이요 만물의 영장이라 하나니라. 사람이 천지의 할 일을 다 못 하고 천지가 또한 사람의 할 일을 다 못 한다 할지라도 천지는 사리 간에 사람에게 이용되므로 천조의 대소 유무를 원만히 깨달아서 천도를 뜻대로 잡아 쓰는 불보살들은 곧 삼계의 대권을 행사함이니, 미래에는 천권(天權)보다 인권(人權)을 더 존중할 것이며, 불보살들의 크신 권능을 만인이 다 같이 숭배하리라.」

14 대종사 말씀하시기를 「중생들은 그릇이 작은지라, 없던 것이 있어진다든지 모르던 것이 알게 되고 보면 곧 넘치기가 쉽고 또는 가벼이 흔들려서 목숨까지 위태롭게도 하나, 불보살들은 그 그릇이 국한이 없는지라, 있어도 더한 바가 없고 없어도 덜하여질 바가 없어서 그 살림의 유무를 가히 엿보지 못하므로

대종경 필사본

를 穩全히 지키고 그 命을 便安히 保存하나니라.

15 大宗師- 禪院 大衆에게 일러 가라사대 衆生들은 人間樂에만 貪着하므로 그 樂도 오래가지 못하지마는 佛菩薩들은 形像 없는 天上樂을 受用하시므로 人間樂도 아울러 받을 수 있나니 天上樂이라 함은 곧 道로써 즐기는 心樂을 이름이요, 人間樂이라 함은 곧 形像 있는 世間의 五慾樂을 이름이라, 알기 쉽게 말하자면 妻子로나 財産으로나 地位로나 무엇으로든지 形像 있는 外物의 環境에 依하여 나의 滿足을 얻는 것은 人間樂이니 過去에 悉達太子가 位는 將次 國王의 자리에 있고 몸은 이미 萬民의 우에 있어서 耳目의 좋아하는 바와 心志의 즐거워하는 바를 마음대로 할 수 있었던 것은 人間樂이요, 이와 半面에 形像 있는 外物의 環境을 超越하고 安貧樂道를 主張하여 日日時時로 自己의 六根을 動作할 때에 다못 天理에 어긋나지 아니하는 것을 즐거할 따름이요, 비록 草衣를 입고 木實을 먹는다 할찌라도 조금도 부끄럽고 未安할 것이 없으며 生老病死와

대종경

그 있는 바를 온전히 지키고 그 명(命)을 편안히 보존하나니라.」

15 대종사, 선원 대중에게 말씀하시기를 「범부들은 인간락에만 탐착하므로 그 낙이 오래가지 못하지마는 불보살들은 형상 없는 천상락을 수용하시므로 인간락도 아울러 받을 수 있나니, 천상락이라 함은 곧 도로써 즐기는 마음락을 이름이요, 인간락이라 함은 곧 형상 있는 세간의 오욕락을 이름이라, 알기 쉽게 말하자면 처자로나 재산으로나 지위로나 무엇으로든지 형상 있는 물건이나 환경에 의하여 나의 만족을 얻는 것은 인간락이니, 과거에 실달(悉達) 태자가 위는 장차 국왕의 자리에 있고 몸은 이미 만민의 위에 있어서 이목의 좋아하는 바와 심지의 즐거워하는 바를 마음대로 할 수 있었던 것은 인간락이요, 이와 반면에 정각을 이루신 후 형상 있는 물건이나 환경을 초월하고 생사고락과 선악 인과에 해탈하시어 당하는 대로 마음이 항상 편안한 것은 천상락이니, 옛날에 공자(孔子)가 "나물 먹고 물 마시고 팔을 베고 누웠을지라도 낙이 그 가

대종경 필사본

善惡因果에도 當하는 대로 마음이 恒常 便安한 것은 天上樂이니 옛날에 曾子가 三日을 밥 짓지 아니하고 十年을 옷 짓지 아니하였으되 樂道하는 마음을 놓지 아니하였다는 말이라든지 孔子가 나물 먹고 물마시고 팔을 베고 누엇을찌라도 樂이 그 中에 있으니 義 아닌 富와 貴는 나에게는 뜬 구름과 같다 한 말씀은 다 色身을 가지고도 天上樂을 受用하는 天人들의 말씀이니라. 그러나 人間樂은 結局 다할 날이 있으니 온 것은 가고 盛한 것은 衰하며 난 것은 죽는 것이 天理의 公道라, 비록 天下에 第一가는 富貴功名을 가졌다 할찌라도 老病死의 앞에서는 抵抗할 힘이 없나니 이 肉身이 한 번 죽을 때에는 前日에 온갖 受苦와 온갖 慾心을 다 드려 놓은 妻子나 財産이나 地位가 다 뜬 구름같이 흩어지고 말 것이나 天上樂은 本來 無形한 마음이 들어서 알고 行하는 것이므로 비록 肉身이 바뀐다 할찌라도 그 樂은 如前히 變치 아니할 것이니 譬喩하여 말하자면 이 집에서 살 때에 재주가 있던 사람은 다른 집으로 移徙를 갈찌라도 재주는 그대로 있는 것과 같나니라.

대종경

운데 있으니, 의 아닌 부와 귀는 나에게는 뜬구름 같다." 하신 말씀은 색신을 가지고도 천상락을 수용하는 천인의 말씀이니라. 그러나, 인간락은 결국 다할 날이 있으니, 온 것은 가고 성한 것은 쇠하며, 난 것은 죽는 것이 천리의 공도라, 비록 천하에 제일가는 부귀공명을 가졌다 할지라도 노·병·사의 앞에서는 저항할 힘이 없나니 이 육신이 한번 죽을 때에는 전일에 온갖 수고와 온갖 욕심을 다 들여놓은 처자나 재산이나 지위가 다 뜬 구름같이 흩어지고 말 것이나, 천상락은 본래 무형한 마음이 들어서 알고 행하는 것이므로 비록 육신이 바뀐다 할지라도 그 낙은 여전히 변하지 아니할 것이니, 비유하여 말하자면 이 집에서 살 때 재주가 있던 사람은 다른 집으로 이사를 할지라도 재주는 그대로 있는 것과 같나니라.」

대종경 필사본

15 그러므로 옛 聖人의 말씀에 사흘의 마음工夫는 千年의 보배요 百年 貪낸 물건은 一朝의 티끌이라 하였건마는 凡夫는 이러한 理致를 알지 못하므로 自己의 몸만 貴히 알고 마음은 한 번도 찾지 아니하며 道를 닦는 사람들은 이러한 理致를 앎으로 마음을 찾기 爲하여 몸을 잊나니라. 그런즉, 그대들은 너무나 無常한 모든 有에 執着하지 말고 永遠한 天上樂을 求하기에 힘을 쓰라. 萬一 天上樂을 오래 오래 繼續한다면 結局은 心身의 自由를 얻어서 三界의 大權을 잡고 萬相의 有無와 六途의 輪廻를 超越하여 肉身을 받지 아니하고 靈丹만으로 十方世界에 周遊할 수도 있고 禽獸昆蟲의 世界에도 任意 出入하여 도무지 生死往來에 걸림이 없으며 어느 世界에 들어가 色身을 받는다 할찌라도 거기에 조금도 물들지 아니하고 기리 樂을 누릴 것이니 이것이 곧 極樂이니라. 그러나 天上樂을 길게 받지 못하는 原因은 形像 있는 樂에 慾心이 發하여 物質에 돌아감이니 비록 天上樂을 받는 사람이라도 天上樂 받을 일은 하지 않고 樂만 받을 慾心이 한 번 發하면 문득 六途에 墮落하여 心身의 自由를 잃고 循環하는 大自然

대종경

16 대종사 이어서 말씀하시기를 「그러므로, 옛 성인의 말씀에 "사흘의 마음공부는 천 년의 보배요, 백 년의 탐낸 물건은 하루아침 티끌이라" 하였건마는 범부는 이러한 이치를 알지 못하므로 자기의 몸만 귀히 알고 마음은 한 번도 찾지 아니하며, 도를 닦는 사람들은 이러한 이치를 알므로 마음을 찾기 위하여 몸을 잊나니라. 그런즉, 그대들은 너무나 무상한 모든 유(有)에 집착하지 말고 영원한 천상락을 구하기에 힘을 쓰라. 만일 천상락을 오래오래 계속한다면, 결국은 심신의 자유를 얻어서 삼계의 대권을 잡고 만상의 유무와 육도의 윤회를 초월하여 육신을 받지 아니하고 영단(靈丹)만으로 시방세계에 주유할 수도 있고, 금수 곤충의 세계에도 임의로 출입하여 도무지 생사 거래에 걸림이 없으며, 어느 세계에 들어가 색신을 받는다 할지라도 거기에 조금도 물들지 아니하고 길이 낙을 누릴 것이니 이것이 곧 극락이니라. 그러나, 천상락을 길게 받지 못하는 원인은 형상 있는 낙에 욕심이 발하여 물질에 돌아감이니 비록 천상락을 받는 사람이라도 천상락 받을 일은 하지 않고 낙만 받을 욕심이 한번 발하면 문득 타

대종경 필사본

의 바퀴에 끌려서 또 다시 六途의 輪廻를 免하지 못하나니라.

16 한 사람이 大宗師께 뵈옵고 여러 가지로 談話하는 中 全州 裡里 間의 輕便鐵道는 本來 全北 各地의 富豪들이 株式 出資로 經營하는 것이라, 그들은 언제나 그 輕便車를 無料로 利用하고 다닌다 하면서 매우 부러워하는 態度를 보이거늘 大宗師- 가라사대 그대는 참으로 가난하도다. 아직 그 車 하나를 그대의 所有로 삼지 못하였는가. 그 사람이 놀래어 가로되 輕便車 하나를 所有하자면 相當한 돈이 있어야 할 것이온데 이 같은 無産者로서 어떻게 그것을 所有할 수 있사오리까? 大宗師- 가라사대 그러므로 그대를 가난한 사람이라 하였으며 設使 그대가 輕便車 하나를 所有할 수 있었다 할찌라도 나는 그것을 決코 富裕한 살림이라고는 아니할 것이니 이제 나의 살림 이야기를 조금 들어보라. 나는 저 全州 輕便車뿐 아니라 國內의 모든 車와 世界의 모든 車까지도 다 내 것을 삼은지가 벌써 오래 되었노니 그대는 이 消息을

佛地品

대종경

락하여 심신의 자유를 잃고 순환하는 대자연의 수레바퀴에 끌려서 또다시 육도의 윤회를 면하지 못하나니라.」

17 한 사람이 대종사께 뵈옵고 여러 가지로 담화하는 가운데 「전주·이리 사이의 경편철도(輕便鐵道)는 본래 전라도 각지의 부호들이 주식 출자로 경영하는 것이라, 그들은 언제나 그 경편차를 무료로 이용하고 다닌다.」 하면서 매우 부러워하는 태도를 보이거늘, 대종사 말씀하시기를 「그대는 참으로 가난하도다. 아직 그 차 하나를 그대의 소유로 삼지 못하였는가.」 그 사람이 놀라 여쭙기를 「경편차 하나를 소유하자면 상당한 돈이 있어야 할 것이온데 이 같은 무산자로서 어떻게 그것을 소유할 수 있사오리까?」 대종사 말씀하시기를 「그러므로, 그대를 가난한 사람이라 하였으며, 설사 그대가 경편차 하나를 소유하였다 할지라도 나는 그것으로 그대를 부유한 사람이라고는 아니할 것이니, 이제 나의 살림하는 이야기를 좀 들어보라. 나는 저 전주 경편차뿐 아니라 나라 안의 차와 세계의 모든 차까지도 다 내 것을 삼은

대종경 필사본

아직도 모르는가? 그 사람이 더욱 놀래어 가로되 그 말씀은 實로 料量 밖의 敎訓이시므로 愚昧한 所見으로는 그 裡面의 뜻을 살피지 못하겠나이다. 大宗師-가라사대 사람이 汽車 하나를 自己의 所有로 하려면 巨額의 資金이 一時에 들어야 할 것이요, 運營上 모든 責任을 直接 擔當하여 많은 괴로움을 받아야 할 것이나 나의 所有하는 法은 그와 달라서 단번에 巨額을 드리지도 아니하며 모든 運營上 責任을 直接 지지 아니하고도 다만 어디를 가게 되면 그 때마다 얼마식의 料金만 支佛하고 나의 마음대로 利用하는 것이니 晝夜不息하고 우리 車를 運轉하며 우리 鐵島를 修繕하며 우리 事務를 管理하여 주는 모든 우리 일꾼들의 給料와 費用이 너무 廉하지 아니한가. 또 나는 저번에 서울에 가서 하루는 여러 親友와 같이 漢陽公園에 올라가 散策하면서 淸潔한 空氣를 限 없이 呼吸도 하고 온 公園의 興趣를 다 같이 즐기기도 하였으되 누가 우리를 가라는 法도 없고 다시 오지 말라는 말도 아니하였나니 避暑地帶에 亭子 몇 間만 두어도 每年 적지 않은 守護費가 들 것인데 우리는 그러지 아니하고도 그 좋은 公園을 充分히

대종경

지가 벌써 오래되었노니, 그대는 이 소식을 아직도 모르는가?」 그 사람이 더욱 놀라 사뢰기를 「그 말씀은 실로 요량 밖의 교훈이시므로 어리석은 소견으로는 그 뜻을 살피지 못하겠나이다.」 대종사 말씀하시기를 「사람이 기차 하나를 자기의 소유로 하려면 거액(巨額)의 자금이 일시에 들어야 할 것이요, 운영하는 모든 책임을 직접 담당하여 많은 괴로움을 받아야 할 것이나, 나의 소유하는 법은 그와 달라서 단번에 거액을 들이지도 아니하며, 모든 운영의 책임을 직접 지지도 아니하고, 다만 어디를 가게 되면 그때마다 얼마씩의 요금만 지불하고 나의 마음대로 이용하는 것이니, 주야로 쉬지 않고 우리 차를 운전하며, 우리 철도를 수선하며, 우리 사무를 관리하여 주는 모든 우리 일꾼의 급료와 비용이 너무 싸지 아니한가. 또, 나는 저번에 서울에 가서 한양 공원에 올라가 산책하면서 맑은 공기를 한없이 호흡도 하고 온 공원의 흥취를 다 같이 즐기기도 하였으되, 누가 우리를 가라는 법도 없고 다시 오지 말라는 말도 아니하였나니, 피서 지대에 정자 몇 간만 두어도 매년 적지 않은 수호비가 들 것인데, 우리는 그

대종경 필사본

내 것으로 利用하지 아니하였는가. 大抵 世上 사람이 무엇이나 제 것을 삼으려는 本意는 다 自己의 便利를 取함이거늘 汽車나 公園을 모두 다 이와 같이 利用할 대로 利用하였으니 어떻게 所有한들 이 우에 더 나은 方法이 있겠는가. 그러므로 나는 이것을 모두 다 내 것이라고 하였으며, 그뿐 아니라 이 世上의 모든 것과 그 모든 것을 실어있는 大地 江山까지도 다 내 것을 삼아 두고 경우에 따라 그것을 利用하되 經緯에만 틀리지 않게 하면 아무도 禁하고 말리지 못하나니 이 얼마나 廣潤*한 살림인가. 그러나 世俗 凡常한 사람들은 器局이 偏狹하여 무엇이나 期於히** 그것을 自己 앞에 갖다 놓기로만 爲主하여 空然히 일 많고 걱정되고 責任 무거울 것을 取하기에 汲汲하나니 이는 참으로 局限 없이 큰 本家 살림을 發見하지 못한 緣故이니라.

* '廣闊'의 誤字.
** '期於이'의 誤字.

17 大宗師- 冬禪 解制를 마치시고 弟子 數人으로 더부러 徒步로 全州 鳳棲寺를 探訪하시더니 途中에 한 弟子가 嘆

대종경

러지 아니하고도 그 좋은 공원을 충분히 내 것으로 이용하지 아니하였는가. 대저, 세상 사람이 무엇이나 제 것을 삼으려는 본의는 다 자기의 편리를 취함이거늘 기차나 공원을 모두 다 이와 같이 이용할 대로 이용하였으니 어떻게 소유한들 이 위에 더 나은 방법이 있겠는가. 그러므로, 나는 이것을 모두 다 내 것이라고 하였으며, 그뿐 아니라 세상의 모든 것과 그 모든 것을 싣고 있는 대지 강산까지도 다 내 것을 삼아 두고, 경우에 따라 그것을 이용하되 경위에만 어긋나지 않게 하면 아무도 금하고 말리지 못하나니, 이 얼마나 너른 살림인가. 그러나, 속세 범상한 사람들은 기국(器局)이 좁아서 무엇이나 기어이 그것을 자기 앞에 갖다 놓기로만 위주하여 공연히 일 많고 걱정되고 책임 무거울 것을 취하기에 급급하나니, 이는 참으로 국한 없이 큰 본가 살림을 발견하지 못한 연고니라.」

18 대종사, 동선 해제를 마치시고 제자 몇 사람으로 더불어 걸어서 봉서사(鳳棲寺)에 가시더니, 도중에 한 제자가

| 대종경 필사본 | 대종경 |

息하여 말하되 우리는 돈이 없어서 大宗師를 徒步로 모시게 되니 어찌 恨스럽지 아니하리오 하는지라, 大宗師- 들으시고 가라사대 사람이 누구나 이 世上에 出身하여 自己의 六根을 利用하면 그에 따라 모든 法이 化하며 돈도 그 가운데에서 벌어지나니 그러므로 各自의 心身은 곧 돈을 버는 機關이요, 이 世上 모든 것은 곧 利用하기에 따라 다 돈이 되는 것이니 어찌 돈이 없다고 恨嘆만 하리오. 그러나 우리 修道人에 있어서는 돈에 마음을 끌리지 아니하고, 돈이 있으면 있는 대로 없으면 없는 대로 安心하면서 그 生活을 開拓하여 나가는 것이 그 本分이며 그러하는 사람이 참으로 富裕한 사람이니라.

18 한 弟子 여짜오되 方今 서울에서 朝鮮大博覽會를 開催中이라 하오니 한 번 觀覽하고 오심이 어떠하오리까? 大宗師- 가라사대 博覽會는 곧 過去와 現在를 比較하여 士農工商의 進步된 程度를 알리는 것이요, 또는 見聞을 疏通하여 民智의 發達에 도움이 되게 하는 것이니 참다운 뜻을 가지고 본다면 거기에

탄식하여 말하기를 「우리는 돈이 없어서 대종사를 도보로 모시게 되었으니 어찌 한스럽지 아니하리오.」하는지라, 대종사 들으시고 말씀하시기를 「사람이 누구나 이 세상에 출신하여 자기의 육근을 잘 이용하면 그에 따라 모든 법이 화하게 되며, 돈도 그 가운데서 벌어지나니, 그러므로 각자의 심신은 곧 돈을 버는 기관이요, 이 세상 모든 것은 곧 이용하기에 따라 다 돈이 될 수 있는 것이니 어찌 돈이 없다고 한탄만 하리오. 그러나, 우리 수도인은 돈에 마음을 끌리지 아니하고 돈이 있으면 있는 대로 없으면 없는 대로 안심하면서 그 생활을 개척하여 나가는 것이 그 본분이며 그 사람이 참으로 부유한 사람이니라.」

19 한 제자 사뢰기를 「방금 서울에서 큰 박람회(博覽會)를 개최 중이라 하오니 한번 관람하고 오심이 어떠하오리까.」 대종사 말씀하시기를 「박람회는 곧 과거와 현재를 비교하여 사농공상의 진보된 정도를 알리는 것이요, 또는 견문을 소통하여 민지의 발달에 도움이 되게 하는 것이니, 참다운 뜻을 가지고 본

대종경 필사본

서도 勿論 所得이 많을 것이나 나는 오늘 그대에게 참으로 큰 博覽會 하나를 일러 주리니 잘 들어 보라. 大凡 이 博覽會는 限 없이 넓고 커서 東西南北 四維 上下가 다 그 會場이요, 天地萬物 그 가운데 한 가지도 出品되지 않은 것이 없으며 開會期間도 몇 億萬年이든지 恒常 如如하나니 그대의 말한 바 저 서울의 博覽會는 이 큰 博覽會에 比하면 한 터럭 끝만도 못한 것이라 거기에서 아무리 모든 物品을 具備 陳列한다 할찌라도 여기서 보는 저 배산이나 黃登湖는 옮겨다 놓지 못할 것이요, 世界에 有明한 金剛山은 出品치 못하였을 것이며 또는 博物館에는 各種의 古物을 探求하여 놓았다고 하나 古物 中의 가장 古物인 이 山下大地를 出品치는 못하였을 것이요, 水族館에는 몇 가지의 魚類를 잡아다 놓았고 米穀館에는 幾種의 米穀을 실어다 놓았다 하나 그것은 五大洋의 많은 水族 中에 億萬 分의 一도 되지 못할 것이며 六大洲의 많은 産穀 中에 泰山의 一石도 되지 못할 것이오, 各種 出品이 모두 이러한 比例로 될 것이니 큰 知見과 넓은 眼目으로 人造의 그 博覽會를 생각할 때에 어찌 하고 造作스러움을 느끼지 아

佛地品

대종경

다면 거기에서도 물론 소득이 많을 것이나, 나는 오늘 그대에게 참으로 큰 박람회 하나를 일러 주리니 잘 들어 보라. 무릇, 이 박람회는 한없이 넓고 커서 동서남북 사유(四維) 상하가 다 그 회장이요, 천지 만물 그 가운데 한 가지도 출품되지 않은 것이 없으며, 개회 기간도 몇억만 년이든지 항상 여여하나니, 이에 비하면 그대의 말한바 저 서울의 박람회는 한 터럭 끝만도 못한 것이라 거기에서 아무리 모든 물품을 구비 진열한다 할지라도, 여기서 보는 저 배산이나 황등호수는 옮겨다 놓지 못할 것이요, 세계에 유명한 금강산은 출품하지 못하였을 것이며, 또는 박물관에는 여러 가지 고물을 구하여다 놓았다고 하나 고물 가운데 가장 고물인 이 산하대지를 출품하지는 못하였을 것이요, 수족관에는 몇 가지의 어류를 잡아다 놓았고 미곡관에는 몇 가지의 쌀을 실어다 놓았다 하나 그것은 오대양의 많은 수족 가운데 억만 분의 일도 되지 못할 것이며 육대주의 많은 쌀 가운데 태산의 한 모래도 되지 못할 것이요, 모든 출품이 모두 이러한 비례로 될 것이니, 큰 지견과 너른 안목으로 인조의 그 박람회를 생각할 때 어찌

| 대종경 필사본 | 대종경 |

니 하리오. 그러므로 이 큰 博覽會를 發見하여 恒常 이와 같은 度量으로 無窮한 天然의 博覽會를 求景하는 사람은 日日時時로 無窮한 所得이 있을 것이니 보는 대로 얻을 것이요 듣는 대로 얻을 것이라, 그러므로 예로부터 지금까지 모든 부처와 聖賢은 다 이 天然의 博覽會를 보아서 이 會場에 陳列되어 있는 大小有無의 모든 理致를 模倣하여 人間의 是非利害를 지어 나가는데 조금도 窘塞함이 없나니라.

19 大宗師- 하루는 曺頌廣과 全飮光을 다리시고 郊外 南中里에 散策하실새 路邊의 老松 몇 株가 甚히 아름다운지라 頌廣이 가로되 참으로 아름다워라. 이 솔이여! 우리 敎堂으로 옮기었으면 좋겠도다 하거늘 大宗師- 가라사대 그대는 어찌 좁은 생각과 적은 자리를 뛰어나지 못하였는가. 敎堂이 이 老松을 떠나지 아니하고 이 老松이 敎堂을 떠나지 아니하여 老松과 敎堂이 모두 우리 울 안에 있거늘 옮겨놓고 보아야만 할 것이 무엇이리오. 그것은 그대가 아직 差別과 間隔을 超越하여 大宇宙의 本家를 發見

옹졸하고 조작스러움을 느끼지 아니하리오. 그러므로, 이 큰 박람회를 발견하여 항상 이와 같은 도량으로 무궁한 박람회를 구경하는 사람은 늘 무궁한 소득이 있을 것이니, 보는 대로 얻을 것이요 듣는 대로 얻을 것이라, 그러므로 예로부터 지금까지 모든 부처와 성현들은 다 이 무궁한 박람회를 보아서 이 회장에 진열된 대소 유무의 모든 이치를 본받아 인간의 시비 이해를 지어 나가시므로 조금도 군색함이 없었나니라.」

20 대종사 하루는 조송광과 전음광을 데리고 교외 남중리에 산책하시는데 길가의 큰 소나무 몇 주가 심히 아름다운지라 송광이 말하기를 「참으로 아름다워라, 이 솔이여! 우리 교당으로 옮기었으면 좋겠도다.」 하거늘 대종사 들으시고 말씀하시기를 「그대는 어찌 좁은 생각과 작은 자리를 뛰어나지 못하였는가. 교당이 이 노송을 떠나지 아니하고 이 노송이 교당을 떠나지 아니하여 노송과 교당이 모두 우리 울안에 있거늘 기어이 옮겨놓고 보아야만 할 것이 무엇이리오. 그것은 그대가 아직 차별과 간격을 초월

대종경 필사본

하지 못한 緣故이니라 하시니 頌廣이 가로되 大宇宙의 本家는 어떠한 곳이오니까? 大宗師- 가라사대 그대가 지금 보아도 알지 못하므로 내 이제 그 形像을 假定하여 보이리라 하시고 땅에 一圓相을 그려 보이시며 가라사대 이것이 곧 大宇宙의 本家이니 이 가운데에는 無窮한 妙理와 無窮한 寶物과 無窮한 造化가 하나도 빠짐없이 갖추어 있나니라. 飮光이 여짜오되 어찌하면 그 집을 찾아들어 그 집의 主人이 되겠나이까? 大宗師- 가라사대 三大力의 열쇠를 얻어야 들어갈 것이요 열쇠는 信 忿 疑 誠으로써 造成하나니라.

20 牧師- 한 사람이 와서 뵈옵거늘 大宗師- 가라사대 貴下가 여기에 찾아오심은 무슨 뜻인고? 牧師- 가로되 좋은 法訓을 얻어 들을까 함이로소이다. 大宗師- 가라사대 그러면 貴下가 能히 예수敎義 局限을 벗어나서 廣闊한 天地를 求景하였는가? 牧師- 가로되 그 廣闊한 天地가 어느 곳이오니까? 大宗師- 가라사대 한번 마음을 옮기어 널리 살피

대종경

하여 큰 우주의 본가를 발견하지 못한 연고니라.」 송광이 여쭙기를 「큰 우주의 본가는 어떠한 곳이오니까?」 대종사 말씀하시기를 「그대가 지금 보아도 알지 못하므로 내 이제 그 형상을 가정하여 보이리라.」 하시고, 땅에 일원상을 그려 보이시며 말씀하시기를 「이것이 곧 큰 우주의 본가이니 이 가운데에는 무궁한 묘리와 무궁한 보물과 무궁한 조화가 하나도 빠짐없이 갖추어 있나니라.」 음광이 여쭙기를 「어찌하면 그 집에 찾아 들어 그 집의 주인이 되겠나이까?」 대종사 말씀하시기를 「삼대력의 열쇠를 얻어야 들어갈 것이요, 그 열쇠는 신·분·의·성으로써 조성하나니라.」

21 목사 한 사람이 와서 뵈옵거늘, 대종사 말씀하시기를 「귀하가 여기에 찾아 오심은 무슨 뜻인가?」 목사 말하기를 「좋은 법훈을 얻어들을까 함이로소이다.」 대종사 말씀하시기를 「그러면 귀하가 능히 예수교의 국한을 벗어나서 광활한 천지를 구경하였는가?」 목사 여쭙기를 「그 광활한 천지가 어느 곳이오니까?」 대종사 말씀하시기를 「한 번 마음

대종경 필사본

는 데에 있나니 널리 살피지 못한 사람은 恒常 제의 하는 일에만 固執하며 제의 집 風俗에만 成習되어 다른 일은 誹謗하고 다른 집 風俗은 排斥하므로 各各 그 規模와 舊習을 벗어나지 못하고 드디어 한 便에 墮落하여 그 間隔이 銀山鐵壁과 같이 되나니 國家와 國家 사이나 敎會와 敎會 사이나 個人과 個人 사이에 서로 反目하고 鬪爭하는 것이 다 이에 原因함이라, 어찌 本來의 圓滿한 살림을 千萬으로 分裂하며 無量한 큰 法을 片片으로 破碎하리오. 우리는 하루 速히 이 간격을 打破하고 모든 살림을 融通하여 圓滿하고 活潑한 새 生活을 展開하여야 할 것이니 그러한다면 이 世上에는 한 가지도 버릴 것이 없나니라.

21 또 가라사대 이 世上의 좋은 것은 좋은 대로 낮은 것은 낮은 대로 各各 境遇를 따라 곳에 마땅하게만 利用하면 宇宙 안의 모든 것이 다 나의 利用物이요, 이 世上 모든 法은 다 나의 擁護機關이니 이에 한 例를 들어 말하자면 市場에 陳列된 千種萬物 가운데에는 좋은 物件

대종경

을 옮기어 널리 살피는 데에 있나니, 널리 살피지 못하는 사람은 항상 저의 하는 일에만 고집하며 저의 집 풍속에만 성습되어 다른 일은 비방하고 다른 집 풍속은 배척하므로 각각 그 규모와 구습을 벗어나지 못하고 드디어 한편에 떨어져서 그 간격이 은산 철벽(銀山鐵壁) 같이 되나니, 나라와 나라 사이나 교회와 교회 사이나 개인과 개인 사이에 서로 반목하고 투쟁하는 것이 다 이에 원인함이라, 어찌 본래의 원만한 큰 살림을 편벽되이 가르며, 무량한 큰 법을 조각조각으로 나누리오. 우리는 하루속히 이 간격을 타파하고 모든 살림을 융통하여 원만하고 활발한 새 생활을 전개하여야 할 것이니 그리한다면 이 세상에는 한 가지도 버릴 것이 없나니라.」

22 대종사 또 말씀하시기를 「이 세상에 있는 좋은 것은 좋은 대로 낮은 것은 낮은 대로 각각 경우를 따라 그곳에 마땅하게만 이용하면 우주 안의 모든 것이 다 나의 이용물이요, 이 세상 모든 법은 다 나의 옹호 기관이니, 이에 한 예를 들어 말하자면 시장에 진열된 모든 물건

대종경 필사본

과 낮은 物品이 各樣各色으로 있을 것이나 우리들이 그 좋은 것만 取해 쓰고 낮은 것은 다 버리지는 아니하나니 아무리 좋은 것이라도 쓰지 못할 경우가 있고 비록 낮은 것이라도 마땅히 쓰일 경우가 있어서 金玉이 비록 重寶라 하나 當場에 주림을 위로함에는 한 그릇 밥만 못할 것이요, 양재물이 아무리 毒한 것이라 하나 洗濯을 하는 데에는 必需品이 될 것이니 이와 같이 物物의 性質과 用處가 各各 있거늘 이것을 理解하지 못하고 그 한 편만을 보아 제의 바라고 求하는 바 外에는 온 市場의 모든 物品이 다 쓸 데 없는 것이라고 생각한다면 그 얼마나 偏狹한 所見이며 愚痴한 마음이리오. 하시니, 牧師 일어나 禮하고 가로되 참으로 廣大하옵니다. 先生의 度量이시여! 하니라.

22 大宗師- 가라사대 佛菩薩들은 이 天地를 便安히 살고 가는 安住處를 삼기도 하고, 일을 하고 가는 事業場을 삼기도 하며, 悠悠自在하게 놀고 가는 遊戱場을 삼기도 하나니라.

대종경

가운데에는 좋은 물건과 낮은 물건이 각양각색으로 있을 것이나 우리가 그 좋은 것만 취해 쓰고 낮은 것은 다 버리지는 아니하나니, 아무리 좋은 것이라도 쓰지 못할 경우가 있고 비록 낮은 것이라도 마땅히 쓰일 경우가 있어서, 금옥이 비록 중보라 하나 당장의 주림을 위로함에는 한 그릇 밥만 못 할 것이요, 양잿물이 아무리 독한 것이라 하나 세탁을 하는 데에는 필수품이 될 것이니, 이와 같이 물건 물건의 성질과 용처가 각각이거늘, 이것을 이해하지 못하고 그 한편만을 보아 저의 바라고 구하는 바 외에는 온 시장의 모든 물품이 다 쓸데없는 것으로 생각한다면 그 얼마나 편협한 소견이며 우치한 마음이리오.」하시니, 목사 감동하여 말하기를 「참으로 광대하옵니다. 선생의 도량이시여!」하니라.

23 대종사 말씀하시기를 「불보살들은 이 천지를 편안히 살고 가는 안주처를 삼기도 하고, 일을 하고 가는 사업장을 삼기도 하며, 유유 자재하게 놀고 가는 유희장을 삼기도 하나니라.」

薦度品

대종경 필사본

1   大宗師- 가라사대 凡常한 사람들은 現世에 사는 것만 큰 일로 알지마는 知覺이 열린 사람은 죽는 일도 크게 아니니 그는 다름이 아니라 잘 죽는 사람이라야 잘 나서 잘 살 수 있으며 잘 나서 잘 사는 사람이라야 잘 죽을 수 있다는 內譯과 生은 死의 根本이요 死는 生의 根本이라는 理致를 알기 때문이니라. 그러므로 이 問題를 解決하는 데에는 早晩이 따로 없지마는 나이가 四十이 넘으면 죽어가는 보따리를 챙기기 始作하여야 죽어갈 때에 바쁜 걸음을 치지 아니하리라.

2   大宗師- 가라사대 사람이 世上에 나면 누구를 勿論하고 早晩間 涅槃의 時期가 없지 아니할찌라 내 오늘은 그대들을 爲하여 사람이 涅槃에 들 지음에 그 親近者로서 靈魂을 보내는 方法과 靈魂이 떠나는 사람으로서 스스로 取할 方法을 말하여 주리니 이 法을 仔詳히 들으라. 萬一 사람이 급한 病이나 무슨 事情으로 不時에 涅槃에 들게 된다든지 또는 원체 信念이 없어서 指導하는 바를 듣지 아니할 때에는 모든 法을 다 베풀기

대종경

1   대종사 말씀하시기를 「범상한 사람들은 현세(現世)에 사는 것만 큰일로 알지마는, 지각이 열린 사람들은 죽는 일도 크게 아나니, 그는 다름이 아니라 잘 죽는 사람이라야 잘 나서 잘 살 수 있으며, 잘 나서 잘 사는 사람이라야 잘 죽을 수 있다는 내역과, 생은 사의 근본이요 사는 생의 근본이라는 이치를 알기 때문이니라. 그러므로, 이 문제를 해결하는 데에는 조만(早晩)이 따로 없지마는, 나이가 사십이 넘으면 죽음의 보따리를 챙기기 시작하여야 죽어서 떠날 때 바쁜 걸음을 치지 아니하리라.」

2   대종사 말씀하시기를 「사람이 세상에 나면 누구를 막론하고 열반의 시기가 없지 아니한지라, 내 오늘은 그대들을 위하여 사람이 열반에 들 즈음에 그 친근자로서 영혼을 보내는 방법과 영혼이 떠나는 사람으로서 스스로 취할 방법을 말하여 주리니 이 법을 자상히 들으라. 만일, 사람이 급한 병이나 무슨 사고로 불시에 열반하게 된다든지, 또는 워낙 신심이 없어서 지도하는 바를 듣지 아니할 때는 모든 법을 다 베풀기가 어

대종경 필사본

가 어려울 것이나 不時의 涅槃이 아니고 또는 조금이라도 信念이 있는 사람에게는 이 法을 行하고 보면 最後의 마음을 더욱 굳게 하여 靈魂 救濟에 큰 도움이 될 것이니 그러한다면 父母 兄弟 妻子 親族 親友를 勿論하고 평생에 日用三牲으로 奉養하고 무수히 金銀으로 供饋하는 것보다 功德이 萬倍나 더 크게 되리라. 涅槃이 가까운 病者에 대하여 그 親近者로서는 病者가 있는 곳에 가끔 香을 불사르고 室內를 깨끗이 하라. 萬一 室內가 깨끗지 못하면 病者의 精神이 깨끗지 못하리라. 또는 病者가 있는 곳에는 恒常 그 場內를 조용히 하라. 萬一 場內가 조용치 못하면 病者의 精神이 專一치 못하나니라. 또는 病者의 앞에서는 善한 사람의 歷史를 많이 말하며 當人의 평소 用性한 中에 좋은 實行이 있을 때에는 그 條件을 讚美하여 마음을 慰安하라. 그리하면 그 좋은 생각이 病者의 精神에 印象되어 來生의 元習慣이 되기 쉬우리라. 또는 病者의 앞에서는 惡한 소리와 姦邪한 말을 하지 말며 淫亂하고 放蕩한 이야기를 禁止하라. 萬一 그러하면 그 惡한 形狀이 病者의 精神에 印象되어 또한 來生의 元習慣이 되기 쉬우리라.

薦度品

대종경

려울 것이나, 불시의 열반이 아니고 또는 조금이라도 신심이 있는 사람에게는 이 법을 행하고 보면 최후의 마음을 더욱 굳게 하여 영혼 구제에 큰 도움이 되리라. 열반이 가까운 병자에 대하여 그 친근자로서는, 첫째, 병실에 가끔 향을 불사르고 실내를 깨끗이 하라. 만일 실내가 깨끗하지 못하면 병자의 정신이 깨끗하지 못하리라. 둘째, 병자가 있는 곳에는 항상 그 장내를 조용히 하라. 만일 장내가 조용하지 못하면 병자의 정신이 전일하지 못하리라. 셋째, 병자의 앞에서는 선한 사람의 역사를 많이 말하며 당인의 평소 용성(用性)한 가운데 좋은 실행이 있을 때는 그 조건을 찬미하여 마음을 위안하라. 그러하면, 그 좋은 생각이 병자의 정신에 인상되어 내생의 원 습관이 되기 쉬우리라. 넷째, 병자의 앞에서는 악한 소리와 간사한 말을 하지 말며, 음란하고 방탕한 이야기를 금지하라. 만일 그러하면, 그 악한 형상이 병자의 정신에 인상되어 또한 내생의 원 습관이 되기 쉬우리라. 다섯째, 병자의 앞에서는 가산에 대한 걱정이나 친족에 대한 걱정 등 애연한 말과 비창한 태도를 보이지 말라. 만일 그러하면, 병자의 애

대종경 필사본

또는 病者의 앞에서는 家産에 對한 걱정 親族에 對한 걱정 等 애연한* 말과 悲愴한 態度를 내지 말라. 萬一 그러하면 病者의 愛着과 貪着을 助長하여 靈魂으로 하여금 永遠히 그곳을 떠나지 못하게 하며 그 着된 곳에서 人道 受生의 機會가 없을 때에는 自然히 惡途에 떨어지기가 쉬우리라. 또는 病者의 앞에서는 機會를 따라 念佛도 하고 經도 보고 說法도 하되 萬一 音聲을 싫어하는 形狀이 있거든 또한 禪定으로 對하라. 그리하면 病者의 精神이 거기에 依支하여 能히 專一을 얻을 수 있으리라. 또는 病者가 涅槃에 臨迫하여 곧 呼吸을 모을 때에 絶對로 울거나 몸을 흔들거나 부르는 等 시끄럽게 하지 말라. 그것은 한갓** 떠나는 사람의 精神만 어지럽게 할 따름이요, 아무 有益이 없는 것이니 人情上 不得已 슬픔을 發하게 될 때에는 涅槃 후 몇 時間을 지내서 우는 것이 가할찌니라.

* 애연(哀然): 슬픈 듯하다.

** '한갓'의 誤字.

3 또 가라사대 涅槃이 가까운 病者로서는 스스로 涅槃의 時期가 가까움을

대종경

착과 탐착을 조장하여 영혼으로 하여금 영원히 그곳을 떠나지 못하게 하며, 그 착된 곳에서 인도 수생의 기회가 없을 때는 자연히 악도에 떨어지기가 쉬우리라. 여섯째, 병자의 앞에서는 기회를 따라 염불도 하고 경도 보고 설법도 하되, 만일 음성을 싫어하거든 또한 선정으로 대하라. 그러하면, 병자의 정신이 거기에 의지하여 능히 안정을 얻을 수 있으리라. 일곱째, 병자가 열반이 임박하여 곧 호흡을 모을 때는 절대로 울거나 몸을 흔들거나 부르는 등 시끄럽게 하지 말라. 그것은 한갓 떠나는 사람의 정신만 어지럽게 할 따름이요, 아무 이익이 없는 것이니, 인정상 부득이 슬픔을 발하게 될 때는 열반 후 몇 시간이 지나서 하라.」

3 대종사 이어서 말씀하시기를 「열반이 가까운 병자로서는 스스로 열반의

대종경 필사본

깨닫거든 萬事를 다 放念하고 오직 精神 收拾으로써 工夫를 삼되 或 不得已한 關係로 遺言할 일이 있을 때에는 미리 處決하여 그 關念을 끊어서 精神統一에 妨害가 되지 않게 할찌니 그 때에는 精神統一하는 외에 다른 緊要한 일이 없나니라. 또는 스스로 생각하되 平素에 或 누구에게 怨望을 품었거나 冤讎를 맺은 일이 있거든 그 相對者를 請하여 될 수 있는 대로 前嫌을 打破할 것이며 或 相對者가 없을 때에는 當人 혼자라도 그 怨心을 놓아 버리는 데에 專力하라. 萬一 마음 가운데에 怨嗔을 풀지 못하면 그것이 來生에 惡한 因果의 種子가 되나니라. 또는 스스로 생각하되 平素부터 或 어떠한 愛慾境界에 執着하여 그 着心을 여의지 못한 境遇가 있거든 오직 强然이라도 그 마음을 놓아버리는 데에 專力하라. 萬一 着心을 여의지 못하면 自然히 참 涅槃을 얻지 못하며 그 着한 바를 따라 永遠히 惡途輪廻의 原因이 되나니라. 病者가 이 모든 條項을 힘써 오다가 最後의 時間이 當할 때에는 더욱 淸淨한 精神으로 一切의 邪念을 頓忘하고 禪定 或은 念佛에 依支하여 그 靈魂을 떠나게 하라. 그러하면 平

薦度品

대종경

시기가 가까움을 깨닫거든 만사를 다 방념하고 오직 정신 수습으로써 공부를 삼되 혹 부득이한 관계로 유언할 일이 있을 때는 미리 처결하여 그 관념을 끊어서 정신 통일에 방해가 되지 않게 할지니, 그때는 정신 통일하는 외에 다른 긴요한 일이 없나니라. 또는 스스로 생각하되 평소에 혹 누구에게 원망을 품었거나 원수를 맺은 일이 있거든 그 상대자를 청하여 될 수 있는 대로 전혐(前嫌)을 타파할 것이며, 혹 상대자가 없을 때는 당인 혼자라도 그 원심을 놓아 버리는 데에 전력하라. 만일 마음 가운데 원진을 풀지 못하면 그것이 내생의 악한 인과의 종자가 되나니라. 또는 스스로 생각하되 평소부터 혹 어떠한 애욕 경계에 집착하여 그 착을 여의지 못한 경우가 있거든 오직 강연히라도 그 마음을 놓아 버리는 데에 전력하라. 만일, 착심을 여의지 못하면 자연히 참 열반을 얻지 못하며, 그 착된 바를 따라 영원히 악도 윤회의 원인이 되나니라. 병자가 이 모든 조항을 힘써 오다가 최후의 시간이 이른 때에는 더욱 청정한 정신으로 일체의 사념을 돈망하고 선정 혹은 염불에 의지하여 영혼이 떠나게 하라. 그러하면, 평소

대종경 필사본

素에 비록 生死眞理에 透徹하지 못한 사람일찌라도 能히 惡途를 免하고 善道에 돌아오게 되리라. 그러나 이 法은 한갖* 사람이 涅槃에 들 때에만 보고 行하라는 말이 아니라, 平素부터 根本的 信念이 있고 鍛鍊이 있는 사람에게 더욱 最後事를 付託함이요 萬一 信念과 鍛鍊이 없는 사람에게는 비록 臨時로 行하고저 하나 잘 되지 아니하리니 그대들은 이 義旨를 미리 覺悟하여 臨時不及의 嘆이 없게 할 것이며 이 모든 條項을 恒常 銘念不忘하여 靈魂去來에 큰 着이 없게 하라. 生死의 일이 큼이 되나니 可히 삼가하지 아니치 못할찌니라.

* '한갓'의 誤字.

4   大宗師- 靈魂薦度를 위한 聖呪를 나려 가라사대 「永天永地永保長生 萬世滅度常獨露 去來覺道無窮花 步步一切大聖經」이라 하시고 그 후 다시 薦度法門으로 「涅槃 前後에 後生길 引導하는 法說」을 親製하여 發表하시니라.

대종경

에 비록 생사 진리에 투철하지 못한 사람일지라도 능히 악도를 면하고 선도에 돌아오게 되리라. 그러나, 이 법은 한갓 사람이 열반에 들 때만 보고 행하라는 말이 아니라 평소부터 근본적 신심이 있고 단련이 있는 사람에게 더욱 최후사를 부탁함이요, 만일 신심과 단련이 없는 사람에게는 비록 임시로 행하고자 하나 잘 되지 아니하리니, 그대들은 이 뜻을 미리 각오하여 임시 불급(臨時不及)의 한탄이 없게 할 것이며, 이 모든 조항을 항상 명심 불망하여 영혼 거래에 큰 착이 없게 하라. 생사의 일이 큼이 되나니, 가히 삼가지 아니하지 못할지니라.」

4   대종사 이공주·성성원에게 「영천영지영보장생(永天永地永保長生) 만세멸도상독로(萬世滅度常獨露) 거래각도무궁화(去來覺道無窮花) 보보일체대성경(步步一切大聖經)」을 외게 하시더니, 이가 천도를 위한 성주(聖呪)로 되니라.」

대종경 필사본

『회보』 제57호 (원기24년 8월)

"아무야, 정신을 차려 나의 말을 잘 들으라. 이 세상에서 네가 선악 간 받은 바 그것이 지내 간 세상에 지은바 그것이요, 이 세상에서 지은 바 그것이 미래 세상에 또다시 받게 될 바 그것이니 이것이 곧 대자연의 天業이라. 부처와 祖師는 自性의 본래를 覺得하여 마음의 자유를 얻었으므로 이 天業을 突破하고 六途와 四生을 자기 마음대로 수용하나, 凡夫와 衆生은 자성의 본래와 마음의 자유를 얻지 못한 관계로 이 천업에 끌려 無量苦를 받게 되므로, 부처와 조사며 범부와 중생이며 貴賤과 禍福이며 命之長短을 다 네가 짓고 짓느니라. 아무야, 일체 만사를 다 네가 짓는 줄로 이제 確然히 아느냐.

아무야, 또 들으라. 생사의 이치는 부처님이나 네나 일체중생이나 다 같은 것이며, 性品 자리도 또한 다 같은 본연 청정한 성품이며 원만구족한 성품이니라. 성품이라 하는 것은 허공에 달과 같이 참 달은 허공에 홀로 있건마는 그 그림자 달은 일천 강에 있는 것과 같이, 이 우주와 만물도 또한 그 근본은 본연 청정한 성품 자리로 한 이름도 없고, 한 형상도

薦度品

대종경

5 대종사 천도를 위한 법문으로 "열반 전후에 후생 길 인도하는 법설"을 내리시니 이러하니라. 「아무야, 정신을 차려 나의 말을 잘 들으라. 이 세상에서 네가 선악 간 받은바 그것이 지나간 세상에 지은바 그것이요, 이 세상에서 지은 바 그것이 미래 세상에 또다시 받게 될 바 그것이니, 이것이 곧 대자연의 천업이라, 부처와 조사는 자성의 본래를 각득하여 마음의 자유를 얻었으므로 이 천업을 돌파하고 육도와 사생을 자기 마음대로 수용하나, 범부와 중생은 자성의 본래와 마음의 자유를 얻지 못한 관계로 이 천업에 끌려 무량 고를 받게 되므로, 부처와 조사며 범부와 중생이며 귀천과 화복이며 명지장단(命之長短)을 다 네가 짓고 짓나니라. 아무야, 일체 만사를 다 네가 짓는 줄로 이제 확연히 아느냐. 아무야, 또 들으라. 생사의 이치는 부처님이나 너나 일체중생이나 다 같은 것이며, 성품 자리도 또한 다 같은 본연 청정한 성품이며 원만 구족한 성품이니라. 성품이라 하는 것은 허공에 달과 같이 참 달은 허공에 홀로 있건마는 그 그림자 달은 일천 강에 비치는 것과 같이, 이 우주와 만물도 또한 그 근본은 본연

대종경 필사본

없고, 가고 오는 것도 없고, 죽고 나는 것도 없고, 부처와 중생도 없고, 虛無와 寂滅도 없고, 없다 하는 말도 또한 없는 것이며, 有도 아니요, 無도 아닌 그것이나, 그중에서 그 있는 것이 無爲而化 자동적으로 생겨나 우주는 성주괴공으로 변화하고, 만물은 생로병사를 따라 육도와 사생으로 변화하고, 일월은 왕래하여 주야를 변화시키는 것과 같이, 너의 육신 나고 죽는 것도 또한 변화는 될지언정 생사는 아니니라. 아무는 듣고 듣느냐. 이제 이 성품 자리를 확연히 깨달아 알았느냐.

또 들으라. 이제 네가 이 육신을 버리고 새 육신을 받을 때에는 너의 평소 짓던 바에 즐겨하여 애착이 많이 있는 대로 좇아 그 육신을 받게 되나니, 그 즐겨하는 바가 불보살 세계가 勝하면 불보살 세계에서 그 육신을 받아 無量한 樂을 얻게 될 것이요, 또한 그 반대로 貪瞋痴가 勝하고 보면 그곳에서 그 육신을 받아 無量劫을 통하여 놓고 무수한 苦를 얻을 것이니라. 듣고 듣느냐.

아무야, 또 들으라. 네가 이때를 당하여 더욱 마음을 堅固히 하라. 만일 毫釐라도 애착·탐착을 여의지 못하고 보면 자

대종경

청정한 성품 자리로 한 이름도 없고, 한 형상도 없고, 가고 오는 것도 없고, 죽고 나는 것도 없고, 부처와 중생도 없고, 허무와 적멸도 없고, 없다 하는 말도 또한 없는 것이며, 유도 아니요 무도 아닌 그것이나, 그중에서 그 있는 것이 무위이화(無爲而化) 자동적으로 생겨나, 우주는 성주괴공으로 변화하고, 만물은 생로병사를 따라 육도와 사생으로 변화하고, 일월은 왕래하여 주야를 변화시키는 것과 같이 너의 육신 나고 죽는 것도 또한 변화는 될지언정 생사는 아니니라. 아무야, 듣고 듣느냐. 이제 이 성품 자리를 확연히 깨달아 알았느냐. 또 들으라. 이제 네가 이 육신을 버리고 새 육신을 받을 때는 너의 평소 짓던 바에 즐겨하여 애착이 많이 있는 데로 좇아 그 육신을 받게 되나니, 그 즐겨하는 바가 불보살 세계가 승(勝)하면 불보살 세계에서 그 육신을 받아 무량한 낙을 얻게 될 것이요, 또한 그 반대로 탐·진·치가 승하고 보면 그곳에서 그 육신을 받아 무량겁(無量劫)을 통하여 놓고 무수한 고를 얻을 것이니라. 듣고 듣느냐. 아무야, 또 들으라. 네가 이때를 당하여 더욱 마음을 견고히 하라. 만일 호리라도 애착 탐착을 여

대종경 필사본

연히 악도에 떨어져 가나니, 한 번 이 악도에 떨어져 가고 보면 어느 세월에 또다시 사람의 몸을 받아 聖賢의 회상을 찾아 大業을 성취하고 무량한 慧福을 얻으리오. 아무야, 듣고 들었느냐.

대종경

의지 못하고 보면 자연히 악도에 떨어져 가나니, 한번 이 악도에 떨어져 가고 보면 어느 세월에 또다시 사람의 몸을 받아 성현의 회상을 찾아 대업(大業)을 성취하고 무량한 혜복을 얻으리오. 아무야, 듣고 들었느냐.」

5 大宗師- 서울 博覽會에서 火災保險會社의 宣傳施設을 보시고 한 感想을 얻었다 하시며 因하여 가라사대 우리가 恒常 말하기를 生死苦樂에 解脫을 하자고 하지마는 生死의 原理를 알지 못하면 解脫이 잘 되지 않을 것이니 萬一 사람이 한 번 죽으면 다시 회복되는 理致가 없다고 생각할찐대 죽음의 境遇를 當하여 그 슬픔이 얼마나 더하리오. 이것은 마치 火災保險에 들지 못한 사람이 卒地*에 火災를 當하여 모든 財産을 一時에 다 燒失한 것과 같다 하리라. 그러나 그 原理를 아는 사람은 이 肉身이 한 번 나고 죽는 것은 옷 한 벌 갈아입는 것에 조금도 다름이 없을 것이니 變함에 따르는 肉身은 이제 죽어진다 하여도 變함이 없는 昭昭한 靈識은 永遠히 사라지지 아니하고 또다시 다른 肉身을 받게 되므

6 대종사 서울 박람회에서 화재 보험 회사의 선전 시설을 보시고 한 감상을 얻었다 하시며, 말씀하시기를 「우리가 항상 말하기를 생사고락에 해탈을 하자고 하지마는 생사의 원리를 알지 못하면 해탈이 잘되지 않을 것이니, 만일 사람이 한번 죽으면 다시 회복되는 이치가 없다고 생각할진대 죽음의 경우를 당하여 그 섭섭함과 슬픔이 얼마나 더하리오. 이것은 마치 화재 보험에 들지 못한 사람이 졸지에 화재를 당하여 모든 재산을 일시에 다 소실한 것과 같다 하리라. 그러나, 그 원리를 아는 사람은 이 육신이 한번 나고 죽는 것은 옷 한 벌 갈아입는 것에 조금도 다름이 없을 것이니, 변함에 따르는 육신은 이제 죽어진다 하여도 변함이 없는 소소(昭昭)한 영식(靈識)은 영원히 사라지지 아니하고, 또다시

대종경 필사본

로 그 一點의 靈識은 곧 저 火災保險 證書 한 장이 다시 새 建物을 이뤄내는 能力이 있는 것 같이 또한 사람의 永生을 保證하고 있나니라. 그러므로 이 理致를 아는 사람은 生死에 便安할 것이요, 모르는 사람은 焦燥輕動할 것이며 또는 모든 苦樂에 있어서도 그 原理를 아는 사람은 正當한 苦樂으로 無窮한 樂을 準備할 것이나 그렇지 못한 사람은 그러한 希望이 없고 準備가 없는지라 茫茫한 苦海에서 벗어날 期約이 아득하나니 생각이 있는 이로 이런 일을 볼 때에 어찌 한심스럽지 아니하며 가련하지 아니하리오.

* '猝地'의 誤字.

6 大宗師— 가라사대 사람이 行할 바 道가 많이 있으나 그것을 要約하면 生과 死의 두 道에 벗어나지 아니하나니 살 때에 生의 道를 알지 못하면 能히 生의 價値를 發하지 못할 것이요, 죽을 때에 死의 道를 알지 못하면 能히 惡途를 免하기 어렵나니라.

7 大宗師— 가라사대 사람의 生死는

대종경

다른 육신을 받게 되므로 그 일점의 영식은 곧 저 화재보험증서 한 장이 다시 새 건물을 이뤄내는 능력이 있는 것 같이 또한 사람의 영생을 보증하고 있나니라. 그러므로, 이 이치를 아는 사람은 생사에 편안할 것이요, 모르는 사람은 초조 경동할 것이며, 또는 모든 고락에 있어서도 그 원리를 아는 사람은 정당한 고락으로 무궁한 낙을 준비할 것이나, 그렇지 못한 사람은 그러한 희망이 없고 준비가 없는지라 아득한 고해에서 벗어날 기약이 없나니, 생각이 있는 이로 이런 일을 볼 때 어찌 걱정스럽지 아니하며 가련하지 아니하리오.」

7 대종사 말씀하시기를 「사람이 행할 바 도가 많이 있으나 그것을 요약하면 생과 사의 도(道)에 벗어나지 아니하나니, 살 때 생의 도를 알지 못하면 능히 생의 가치를 발하지 못할 것이요, 죽을 때 사의 도를 알지 못하면 능히 악도를 면하기 어렵나니라.」

8 대종사 말씀하시기를 「사람의 생

| **대종경 필사본** | **대종경** |

譬컨대 눈을 떴다 감았다 하는 것과도 같고 숨을 드리쉬었다 내어쉬었다 하는 것과도 같고 잠이 들었다 깼다 하는 것과도 같나니 그 早晩의 差異는 있을찌언정 理致는 같은 바로서 生死가 元來 둘이 아니요, 生滅이 元來 없는지라 깨친 사람은 이를 변화로 알고 깨치지 못한 사람은 이를 生死라 하나니라.

8 大宗師- 가라사대 저 해가 오늘 비록 西天에 진다할찌라도 來日 다시 東天에 솟아오르는 것과 같이 萬物이 이생에 비록 죽어간다 할지찌라도 죽을 때에 떠나는 그 靈識이 도루 새 몸을 받아 이 世上에 나타나게 되나니라.

9 大宗師- 가라사대 世上 말이 살아 있는 世上을 이생이라 하고 죽어가는 世上을 저생이라 하여 이생과 저생을 다른 世界같이 생각하고 있으나 다만 그 몸과 位置를 바꿀 따름이요 다른 世上이 따로 있는 것이 아니니라.

사는 비하건대 눈을 떴다 감았다 하는 것과도 같고, 숨을 들이쉬었다 내쉬었다 하는 것과도 같고, 잠이 들었다 깼다 하는 것과도 같나니, 그 조만의 차이는 있을지언정 이치는 같은 바로서 생사가 원래 둘이 아니요 생멸이 원래 없는지라, 깨친 사람은 이를 변화로 알고 깨치지 못한 사람은 이를 생사라 하나니라.」

9 대종사 말씀하시기를 「저 해가 오늘 비록 서천에 진다 할지라도 내일 다시 동천에 솟아오르는 것과 같이, 만물이 이생에 비록 죽어 간다 할지라도 죽을 때 떠나는 그 영식이 다시 이 세상에 새 몸을 받아 나타나게 되나니라.」

10 대종사 말씀하시기를 「세상 말이 살아 있는 세상을 이승이라 하고 죽어가는 세상을 저승이라 하여 이승과 저승을 다른 세계같이 생각하고 있으나, 다만 그 몸과 위치를 바꿀 따름이요 다른 세상이 따로 있는 것이 아니니라.」

| 대종경 필사본 | 대종경 |

10 大宗師- 가라사대 사람의 靈識이 이 肉身을 떠날 때에 처음에는 그 着心을 좇아가게 되고 後에는 그 業을 따라 받게 되어 限없는 世上에 기리 輪廻하나니 輪廻를 自由하는 方法은 오직 着心을 여이고 業을 超越하는 데에 있나니라.

11 鄭一成이 여짜오되 一生을 끝마칠 때에 最後 一念을 어떻게 하오리까? 大宗師- 가라사대 穩全한 생각으로 그치라. 또 여짜오되 죽었다가 다시 나는 經路가 어떠하나이까? 大宗師- 가라사대 잠자고 깨는 것과 같나니 分別없이 자 버리매 一成이가 어데로 간 것 같지마는 잠을 깨면 도루 그 一成이니 어디로 가나 그 一成이인 한 物件이 제의 業을 따라 限없이 다시 나고 다시 죽나니라.

12 한 弟子 여짜오되 靈魂이 이 肉身을 버리고 새 肉身을 받는 經路와 形狀을 알고 싶나이다. 大宗師- 가라사대 靈魂이 이 肉身과 갈릴 때에는 肉身의 氣

11 대종사 말씀하시기를 「사람의 영식이 이 육신을 떠날 때 처음에는 그 착심을 좇아가게 되고, 후에는 그 업을 따라 받게 되어 한없는 세상에 길이 윤회하나니, 윤회를 자유 하는 방법은 오직 착심을 여의고 업을 초월하는 데에 있나니라.」

12 정일성(鄭一成)이 여쭙기를 「일생을 끝마칠 때 최후의 일념을 어떻게 하오리까?」 대종사 말씀하시기를 「온전한 생각으로 그치라.」 또 여쭙기를 「죽었다가 다시 나는 경로가 어떠하나이까?」 대종사 말씀하시기를 「잠자고 깨는 것과 같나니, 분별없이 자 버리매 일성이가 어디로 간 것 같지마는 잠을 깨면 도로 그 일성이니, 어디로 가나 그 일성이인 한 물건이 저의 업을 따라 한없이 다시 나고 다시 죽나니라.」

13 한 제자 여쭙기를 「영혼이 이 육신을 버리고 새 육신을 받는 경로와 상태를 알고 싶나이다.」 대종사 말씀하시기를 「영혼이 이 육신과 갈릴 때는 육신

대종경 필사본

息이 完全히 끊어진 뒤에 靈魂이 뜨는 것이 普通이나 아직 肉身의 氣息이 남아있는데 靈魂만 먼저 뜨는 수도 있으며 靈魂이 肉身에서 뜨면 約 七七日間 中陰으로 있다가 托胎되는 것이 普通이나 뜨면서 바로 托胎되는 수도 있고 또는 中陰神*으로 몇 달 或은 몇 年 동안 바람같이 떠돌아다니다가 托胎되는 수도 있는바 普通 靈魂은 새 肉身을 받을 때까지는 잠잘 때 꿈꾸듯 自己의 肉身을 그대로 가진 것으로 알고 돌아다니다가 한 번 托胎를 하면 먼저 意識은 사라지고 托胎된 肉身을 自己 것으로 아나니라.

* '中陰身'의 誤字.

13 한 弟子 여짜오되 저는 아직 生死에 對한 疑心이 解決되지 못하와 제의 사는 것이 蜉蝣*같은 感이 있사오며 이 世上이 모두 虛妄하게만 보이오니 어찌하여야 이 生死關**을 透得할 수 있사오리까? 大宗師- 가라사대 옛 글에 「大概 그 變하는 것으로 보면 天地도 한때를 그대로 있지 아니하고 그 不變하는 것으로 보면 萬物과 내가 다함이 없다.」 한 句節이 있나니 이 뜻을 많이 研究하

대종경

의 기식(氣息)이 완전히 끊어진 뒤에 뜨는 것이 보통이나, 아직 육신의 기식이 남아있는데 영혼만 먼저 뜨는 수도 있으며, 영혼이 육신에서 뜨면 약 칠·칠(七七)일 동안 중음(中陰)으로 있다가 탁태되는 것이 보통이나, 뜨면서 바로 탁태되는 수도 있고, 또는 중음으로 몇 달 혹은 몇 해 동안 바람 같이 떠돌아다니다가 탁태되는 수도 있는데, 보통 영혼은 새 육신을 받을 때까지는 잠잘 때 꿈꾸듯 자기의 육신을 그대로 가진 것으로 알고 돌아다니다가 한번 탁태를 하면 먼저 의식은 사라지고 탁태된 육신을 자기 것으로 아나니라.」

14 한 제자 여쭙기를 「저는 아직 생사에 대한 의심이 해결되지 못 하와 저의 사는 것이 하루살이 같은 느낌이 있사오며, 이 세상이 모두 허망하게만 보이오니 어찌하여야 하오리까.」 대종사 말씀하시기를 「옛글에 "대개 그 변하는 것으로 보면 천지도 한때를 그대로 있지 아니하고, 그 불변하는 것으로 보면 만물과 내가 다 다함이 없다." 한 구절이 있나니 이 뜻을 많이 연구하여 보라.」

薦度品

대종경 필사본

여 보라.

* 부유(蜉蝣): 하루살이.
** '生死觀'의 誤字.

14 大宗師- 가라사대 世上의 有情 無情이 다 生의 要素가 있으며 하나도 아주 없어지는 것은 없고 다만 그 形相을 變해 갈 따름이니 例를 들면 사람의 屍體가 땅에서 썩은즉 그 땅이 肥沃하여 그 近方의 풀이 茂盛하여질 것이요 그 풀을 베어다가 거름을 한즉 穀食이 잘 될 것이며 그 穀食을 사람이 먹은즉 피도 되고 살도 되어 生命을 維持하며 活動을 하게 될 것이니 이와 같이 본다면 宇宙萬物이 모두 다 永遠히 죽어 없어지지 아니하고 저 짚푸락 하나까지도 百億化身을 내어 가진 造化와 能力을 發揮하나니 그 內容을 알고 보면 實로 微妙하여 말로는 다 할 수 없는 것이라 그러므로 그대들은 이러한 理致를 깊이 硏究하여 宇宙萬有가 다 가치 生滅 없는 眞理 가운데 各自 各自가 바로 그 造物主가 되어있는 것을 깨치는 同時에 밖으로는 世上에 羅列한 모든 造物主를 잘 應用하고, 안으로는 또한 自己의 造物主를

대종경

15 대종사 말씀하시기를 「세상의 유정(有情) 무정(無情)이 다 생의 요소가 있으며 하나도 아주 없어지는 것은 없고 다만 그 형상을 변해 갈 따름이니, 예를 들면 사람의 시체가 땅에서 썩은즉 그 땅이 비옥하여 그 근방의 풀이 무성하여질 것이요, 그 풀을 베어다가 거름을 한즉 곡식이 잘 될 것이며, 그 곡식을 사람이 먹은즉 피도 되고 살도 되어 생명을 유지하며 활동을 하게 될 것이니, 이와 같이 본다면 우주 만물이 모두 다 영원히 죽어 없어지지 아니하고 저 지푸라기 하나까지도 백억 화신을 내어 갖은 조화와 능력을 발휘하나니라. 그러므로, 그대들은 이러한 이치를 깊이 연구하여 우주 만유가 다 같이 생멸 없는 진리 가운데 한량없는 생을 누리는 것을 깨쳐 얻으라.」

대종경 필사본	대종경

잘 養性하여 永遠한 世上에 훌륭하고 價値있는 造物主가 되기에 努力할찌어다.

15 大宗師 新年式 大衆에게 일러 가라사대 어제가 別 날이 아니고 오늘이 또한 別 날이 아니건마는 어제까지를 일러 去年이라 하고 오늘부터를 일러 今年이라 하는 것 같이 우리가 죽어도 그 靈魂이요 살아도 그 靈魂이건마는 죽으면 저생이라 하고 살았을 때에는 이생이라 하나니 地水火風 四大로 된 肉體는 비록 죽었다 살았다하여 이 世上 저 世上이 있으나 靈魂은 永遠不滅하여 기리 生死가 없나니 그러므로 아는 사람에 있어서는 人生의 生老病死가 마치 春夏秋冬 四時 節候 바뀌는 것과 같고 저생과 이생이 마치 去年과 今年 되는 것 같나니라.

16 大宗師- 가라사대 사람이 平生에 비록 많은 錢穀을 벌어놓았다 하더라도 죽을 때에는 하나도 가져가지 못하나니 하나도 가져가지 못하는 것을 어찌 永遠한 내 것이라 하리오. 永遠히 나의 所有

16 대종사, 신년식에서 대중에게 말씀하시기를 「어제가 별 날이 아니고 오늘이 별 날이 아니건마는, 어제까지를 일러 거년이라 하고 오늘부터를 일러 금년이라 하는 것 같이, 우리가 죽어도 그 영혼이요 살아도 그 영혼이건마는 죽으면 저승이라 하고 살았을 때는 이승이라 하나니, 지수화풍 사대(四大)로 된 육체는 비록 죽었다 살았다 하여 이 세상 저 세상이 있으나 영혼은 영원불멸하여 길이 생사가 없나니, 그러므로 아는 사람에 있어서는 인생의 생로병사가 마치 춘하추동 사시 바뀌는 것과 같고 저생(生)과 이생이 마치 거년과 금년 되는 것 같나니라.」

17 대종사 말씀하시기를 「사람이 평생에 비록 많은 전곡을 벌어 놓았다 하더라도 죽을 때는 하나도 가져가지 못하나니, 하나도 가져가지 못하는 것을 어찌 영원한 내 것이라 하리오. 영원히 나

대종경 필사본

를 만들기로 하면 生前에 어느 方面으로든지 남을 爲하여 努力과 布施를 많이 하되 無住相布施로써 無漏의 福德을 쌓아야 할 것이요, 참으로 永遠한 나의 所有는 正法에 對한 誓願과 그것을 修行한 마음의 힘이니 誓願과 心力에 끊임없는 功을 쌓아야 한없는 世上에 慧福의 主人公이 되나니라.

17 大宗師- 禪院 大衆에게 일러 가라사대 그대들은 閻羅國과 冥府使者를 아는가? 大衆이 告하되 알고 싶나이다. 大宗師- 가라사대 閻羅國이 다른 데가 아니라 곧 自己 집 울타리 안이며 冥府使者가 다른 이가 아니라 곧 自己의 眷屬이니 어찌하여 그런고 하면 普通사람은 生前에 얽힌 眷屬의 情愛로 因하여 몸이 죽는 날에 靈이 멀리 뜨지 못하고 도루 自己 집 울안에 떠러져서 人道受生의 機會가 없을 때에는 或은 그 집 家畜도 되며 或은 그 집안에 昆蟲類의 몸을 받기도 하나니 그러므로 예로부터 諸佛 祖師가 다 着 없이 가며 着 없이 行하라고 勸獎하신 것은 그리하여야 能히 惡途에 떠

대종경

의 소유를 만들기로 하면, 생전에 어느 방면으로든지 남을 위하여 노력과 보시를 많이 하되 상(相)에 주함이 없는 보시로써 무루(無漏)의 복덕을 쌓아야 할 것이요, 참으로 영원한 나의 소유는 정법에 대한 서원과 그것을 수행한 마음의 힘이니, 서원과 마음공부에 끊임없는 공을 쌓아야 한없는 세상에 혜복의 주인공이 되나니라.」

18 대종사, 선원 대중에게 말씀하시기를 「그대들은 염라국(閻羅國)과 명부사자(冥府使者)를 아는가. 염라국이 다른 데가 아니라 곧 자기 집 울타리 안이며 명부 사자가 다른 이가 아니라 곧 자기의 권속이니, 어찌하여 그런고 하면 보통 사람은 이생에 얽힌 권속의 정애(情愛)로 인하여 몸이 죽는 날에 영이 멀리 뜨지 못하고 도로 자기 집 울 안에 떨어져서 인도 수생의 기회가 없으면 혹은 그 집의 가축도 되며 혹은 그 집 안에 곤충류의 몸을 받기도 하나니, 그러므로 예로부터 제불 조사가 다 착 없이 가며 착 없이 행하라고 권장하신 것은 그리하여야 능히 악도에 떨어지는 것을 면할

러지는 것을 免할 수 있기 때문이니라.

18 大宗師- 가라사대 사람이 平素에 着 없는 工夫를 많이 익후고 닦을지니 財·色·名利와 妻子와 眷屬이며, 衣食住 等에 着心이 많은 사람은 그것이 自己 앞에서 없어지면 그 괴로움과 근심이 普通에 比하여 훨씬 더 할 것이니 이것이 곧 現實의 地獄生活이며 죽어갈 때에도 또한 그 着心에 끌리어 自由를 얻지 못하고 罪業의 바다에 빠지게 되나니 어찌 조심할 바 아니리오.

19 大宗師- 가라사대 近來 사람들의 處事를 보면 或 좋은 墓터를 미리 잡아 놓고 거기에 묻히리라는 着心을 굳게 가진 사람이 더러 있으나 그러한 사람은 命을 마치는 刹那에 靈識이 바로 그 터로 가게 되어 그 周圍에 人道受生의 길이 없으면 不知中 惡途에 떠러져서 人身을 받기가 어렵게 되나니 어찌 조심할 바 아니리오.

수 있기 때문이니라.」

19 대종사 말씀하시기를 「사람이 평소에 착 없는 공부를 많이 익히고 닦을지니 재색 명리와 처자와 권속이며, 의식주 등에 착심이 많은 사람은 그것이 자기 앞에서 없어지면 그 괴로움과 근심이 보통에 비하여 훨씬 더 할 것이라, 곧 현실의 지옥 생활이며 죽어갈 때도 또한 그 착심에 끌리어 자유를 얻지 못하고 죄업의 바다에 빠지게 되나니 어찌 조심할 바 아니리오.」

20 대종사 말씀하시기를 「근래 사람들이 혹 좋은 묘터를 미리 잡아놓고 거기에 자기가 묻히리라는 생각을 굳게 가지는 수가 더러 있으나, 그러한 사람은 명을 마치는 찰나에 영식이 바로 그 터로 가게 되어 그 주위에 인도 수생의 길이 없으면 부지중 악도에 떨어져서 사람 몸을 받기가 어렵게 되나니 어찌 조심할 바 아니리오.」

대종경 필사본

20 한 弟子 무슨 일에 大宗師의 命令하심을 어기고 自己의 固執대로 하려 하거늘 大宗師- 크게 꾸짖어 가라사대 적은 일에 그대의 固執을 세우면 큰일에도 固執을 세울 것이니 그러한다면 모든 일을 다 그대의 主見대로 行하여 結局은 나의 薦度도 받지 못할찌라 薦度를 받지 못할 때에는 내 비록 그대를 救援하고자 하나 어찌할 수 있으리오 하시니라.

21 大宗師- 禪院 大衆에게 일러 가라사대 그대들이 이와 같이 世間의 모든 愛着과 貪着을 여이고 每日每日 法門을 들어 精神을 맑히고 定力을 얻어나가면 自身의 薦度만 될 뿐 아니라 그 法力이 虛空法界에 사무쳐서 이 周圍에 살고 있는 微物昆蟲까지라도 不知中 薦度가 될 수 있나니 譬컨대 太陽光線이 눈과 얼음을 녹히려는 마음이 없이 無心히 솟아오르건마는 太陽이 비침에 따라 눈과 어름이 自然 사라지듯이 邪心雜念이 없는 道人들의 法力에는 凡夫衆生의 業障이 不知中에 또한 녹아지나니라.

대종경

21 한 제자 무슨 일에 대종사의 명령하심을 어기고 자기의 고집대로 하려 하는지라, 대종사 말씀하시기를 「작은 일에 그대의 고집을 세우면 큰일에도 고집을 세울 것이니, 그리한다면 모든 일을 다 그대의 주견대로 행하여 결국은 나의 제도나 천도를 받지 못할지라 제도와 천도를 받지 못할 때는 내 비록 그대를 구원하고자 하나 어찌할 수 없으리라.」

22 대종사, 선원 대중에게 말씀하시기를 「그대들이 이와 같이 세간의 모든 애착과 탐착을 여의고 매일매일 법설을 들어 정신을 맑히고 정력을 얻어나가면 자신의 천도만 될 뿐 아니라 그 법력이 허공 법계에 사무쳐서 이 주위에 사는 미물 곤충까지도 부지중 천도가 될 수 있나니, 비하건대 태양 광선이 눈과 얼음을 녹이려는 마음이 없이 무심히 비치건마는 눈과 얼음이 자연 녹아지듯이 사심 잡념이 없는 도인들의 법력에는 범부 중생의 업장이 부지중에 또한 녹아지기도 하나니라.」

| 대종경 필사본 | 대종경 |

22 大宗師- 가라사대 사람 가운데에는 하늘사람과 땅사람이 있나니 하늘사람은 恒時 慾心이 淡泊하고 思想이 高尙하여 맑은 精神이 우으로 오르는 사람이요, 땅사람은 恒常 慾心이 熾盛하고 思想이 卑劣하여 濁한 精神이 아래로 처지는 사람이라, 이것이 곧 善途와 惡途의 昇降하는 갈림길이니 누구를 勿論하고 다 各己 마음을 反省하여 보면 어느 곳에 살고 있으며 將次 어찌될 것을 알 수 있으리라.

23 大宗師- 가라사대 저 하늘에는 검은 구름이 걷혀버려야 一輪光明이 나타나서 森羅萬象을 밝게 비쳐줄 것이요 修道人의 마음 하늘에는 慾心의 구름이 걷혀버려야 智慧의 달이 솟아올라서 萬世衆生을 비쳐주는 거울이 되며 惡途衆生을 薦度하는 法師가 되리라.

24 大宗師- 가라사대 내가 어느 날 아침 靈光에서 扶安 邊山 쪽을 바라다보매 虛空中天에 맑은 氣運이 어리어 있는지라, 그 後 그 곳으로 가 보았더니 月明庵

23 대종사 말씀하시기를 「사람 가운데에는 하늘 사람과 땅 사람이 있나니, 하늘 사람은 항시 욕심이 담박하고 생각이 고상하여 맑은 기운이 위로 오르는 사람이요, 땅 사람은 항상 욕심이 치성하고 생각이 비열하여 탁한 기운이 아래로 처지는 사람이라, 이것이 곧 선도와 악도의 갈림길이니 누구를 막론하고 다 각기 마음을 반성하여 보면 자기는 어느 사람이며 장차 어찌 될 것을 알 수 있으리라.」

24 대종사 말씀하시기를 「저 하늘에는 검은 구름이 걷혀 버려야 밝은 달이 나타나서 삼라만상을 비춰 줄 것이요, 수도인의 마음 하늘에는 욕심의 구름이 걷혀 버려야 지혜의 달이 솟아올라서 만세 중생을 비춰주는 거울이 되며, 악도 중생을 천도하는 대법사가 되리라.」

25 대종사 말씀하시기를 「내가 어느 날 아침 영광에서 부안 변산 쪽을 바라다보매 허공 중천에 맑은 기운이 어리어 있는지라, 그 후 그곳으로 가 보았더

대종경 필사본

에 修道 大衆이 모여들어 禪을 始作하였더라. 果然 精神을 모아 마음을 맑히고 보면 汚濁한 氣運은 漸漸 밑으로 가라앉고 靈明한 氣運은 九天 우에 솟아올라서 十方三界가 그 두렷한 氣運 안에 들고 六途四生이 그 맑은 法力에 加被되어 濟度와 薦度를 아울러 받게 되나니라.

25 大宗師- 夜會에 出席하사 매양 燈불 아래로 大衆을 一一히 나려다 보시며 가라사대 그대들의 氣運 뜸이 各各 다르나니 이 中에는 修養을 많이 쌓아서 濁한 氣運이 다 가라앉고 純全히 맑은 氣運만 오르는 사람과 맑은 氣運이 많고 濁한 氣運이 적은 사람과 맑은 氣運과 濁한 氣運이 相半되는 사람과 濁한 氣運이 많고 맑은 氣運이 적은 사람과 純全히 濁한 氣運만 있는 사람이 있도다 하시고 또 가라사대 사람이 慾心이 많을수록 그 氣運이 濁해져서 높이 뜨지 못하나니 그러한 사람이 命을 마치면 다시 사람의 몸을 받지 못하고 牛馬六畜이나 昆蟲의 類가 되기도 하며 또는 慾心은 그다지 없으나 안으로 修養과 밖으로 因

대종경

니 월명암에 수도 대중이 모여들어 선을 시작하였더라. 과연 정신을 모아 마음을 맑히고 보면 더럽고 탁한 기운은 점점 가라앉고 신령하고 맑은 기운은 구천(九天)에 솟아올라서 시방 삼계가 그 두렷한 기운 안에 들고 육도사생이 그 맑은 법력에 싸이어 제도와 천도를 아울러 받게 되나니라.」

26 대종사, 야회에 출석하사 등불 아래로 대중을 일일이 내려다보시며 말씀하시기를 「그대들의 기운 뜨는 것이 각각 다르나니 이 가운데에는 수양을 많이 쌓아서 탁한 기운이 다 가라앉고 순전히 맑은 기운만 오르는 사람과, 맑은 기운이 많고 탁한 기운이 적은 사람과, 맑은 기운과 탁한 기운이 상반되는 사람과, 탁한 기운이 많고 맑은 기운이 적은 사람과, 순전히 탁한 기운만 있는 사람이 있도다.」 하시고, 또 말씀하시기를 「사람이 욕심이 많을수록 그 기운이 탁해져서 높이 뜨지 못하나니, 그러한 사람이 명을 마치면 다시 사람의 몸을 받지 못하고 축생이나 곤충의 무리가 되기도 하며, 또는 욕심은 그다지 없으나 안으로

대종경 필사본

緣作福을 無視하고 아는 데에만 치우친 사람은 그 氣運이 가벼히 뜨기는 하나 무게가 없으므로 修羅의 類나 飛鳥의 類가 되나니라. 그러므로 修道人이 마음을 깨쳐 알고 안 뒤에는 맑게 키우고 邪와 正을 區別하여 行을 바르게 하면 마침내 한 靈團을 이루어 六途의 수레바퀴에 휩쓸리지 아니하고 몸 받는 것을 마음대로 하며 色身을 벗어나서 靈團만으로 虛空法界에 周遊하면서 修養에만 專攻하는 能力도 갖추나니라.

26 大宗師- 가라사대 精誠과 精誠을 다하여 恒常 心地가 搖亂하지 않게 하며 恒常 心地가 어리석지 않게 하며 恒常 心地가 그르지 않게 하고 보면 그 힘으로 地獄 衆生이라도 薦度시킬 能力이 생기나니 부처님의 正法에 한번 因緣을 맺어주는 것만 하여도 永劫을 通하여 成佛할 좋은 種子가 되나니라.

27 金光旋이 入寂하매 大宗師- 눈물을 흘리시며 大衆에게 일러 가라사대 八

대종경

수양과 밖으로 인연 작복을 무시하고 아는 데에만 치우친 사람은 그 기운이 가벼이 뜨기는 하나 무게가 없으므로 수라(修羅)나 새의 무리가 되나니라. 그러므로, 수도인이 마음을 깨쳐 알고, 안 뒤에는 맑게 키우고 사(邪)와 정(正)을 구분하여 행을 바르게 하면 마침내 영단을 이루어 육도의 수레바퀴에 휩쓸리지 아니하고 몸 받는 것을 마음대로 하며, 색신을 벗어나서 영단만으로 허공 법계에 주유(周遊)하면서 수양에만 전공하는 능력도 갖추나니라.」

27 대종사 말씀하시기를 「정성과 정성을 다하여 항상 심지가 요란하지 않게 하며, 항상 심지가 어리석지 않게 하며, 항상 심지가 그르지 않게 하고 보면 그 힘으로 지옥 중생이라도 천도할 능력이 생기나니, 부처님의 정법에 한번 인연을 맺어주는 것만 하여도 영겁을 통하여 성불할 좋은 종자가 되나니라.」

28 김광선이 열반하매 대종사 눈물을 흘리시며, 대중에게 말씀하시기를 「팔산

대종경 필사본

山으로 말하면 二十餘星霜 苦樂을 같이 하는 中에 말할 수 없는 情이 들었는지라, 法身은 비록 生滅盛衰가 없다 하나 色身은 이제 또다시 그 얼굴로 對하지 못하게 되었으니 그 어찌 섭섭하지 아니하리요. 하시고 내 이제 八山의 靈을 爲하여 生死去來와 業報滅度에 對한 法을 說하리니 그대들은 八山을 慰勞하는 마음으로 이 法을 더욱 잘 들으라. 그대들이 이 말을 듣고 깨달음이 있다면 그대들에게 有益이 있을 뿐 아니라 八山에게도 또한 有益이 되리라. 過去 부처님 말씀에 生滅去來가 없는 大道를 얻어 修行하면 多生의 業報가 滅度된다 하셨나니 그 業報를 滅度시키는 方法은 이러하나니라. 누가 나에게 苦痛과 損害를 끼쳐 주는 일이 있거든 그 사람을 속 깊이 怨望하거나 미워하지 말고 過去의 빚을 갚는 것으로 알아 安心하며 또한 그에 對抗하지 말라. 이편에서 갚을 차례에 저 버리면 그 業報는 쉬어버리나니라. 또는 生死去來와 苦樂이 俱空한 자리를 알아서 마음이 그 자리에 그치게 하라. 거기에는 生死도 없고 業報도 없나니 이 地境에 이르면 生死業報가 完全히 滅度되었다 하리라.

대종경

(八山)으로 말하면 20여 년 동안 고락을 같이하는 가운데 말할 수 없는 정이 들었는지라 법신은 비록 생·멸·성·쇠가 없다 하나, 색신은 이제 또다시 그 얼굴로 대하지 못하게 되었으니 그 어찌 섭섭하지 아니하리오. 내 이제 팔산의 영을 위하여 생사 거래와 업보 멸도(滅度)에 대한 법을 설하리니 그대들은 팔산을 위로하는 마음으로 이 법을 더욱더 잘들으라. 그대들이 이 말을 듣고 깨달음이 있다면 그대들에게 이익이 있을 뿐 아니라 팔산에게도 또한 이익이 되리라. 과거 부처님 말씀에 생멸 거래가 없는 큰 도를 얻어 수행하면 다생의 업보가 멸도된다 하셨나니, 그 업보를 멸도시키는 방법은 이러하나니라. 누가 나에게 고통과 손해를 끼쳐 주는 일이 있거든 그 사람을 속 깊이 원망하거나 미워하지 말고 과거의 빚을 갚은 것으로 알아 안심하며 또한 그에 대항하지 말라. 이편에서 갚을 차례에 져 버리면 그 업보는 쉬어버리느니라. 또는 생사 거래와 고락이 구공한 자리를 알아서 마음이 그 자리에 그치게 하라. 거기에는 생사도 없고 업보도 없나니, 이 지경에 이르면 생사 업보가 완전히 멸도되었다 하리라.」

대종경 필사본

28 朴濟奉이 여짜오되 七七薦度齋나 涅槃記念의 齋式을 올리는 것이 그 靈에 對하여 어떠한 有益이 있나이까? 大宗師- 가라사대 天地에는 妙하게 서로 應하는 理致가 있나니 사람이 땅에 穀食을 심고 肥料를 주면 땅도 無情한 것이요 穀食도 無情한 것이며 肥料도 또한 無情한 것이언마는 그 穀出에 效果의 差를 내나니 無情한 穀食도 그러하거든 하물며 最靈한 사람이 어찌 精誠에 感應이 없으리요. 모든 사람이 돌아간 靈을 爲하여 一心으로 心告도 올리고 祝願도 드리며 獻貢도 바치고 善知識의 說法도 한즉 마음과 마음이 서로 通하고 氣運과 氣運이 서로 應하여 바로 薦度를 받을 수도 있고 設使 惡途에 떨어졌다 하더라도 次次 進級이 되는 수도 있으며 또는 生前에 많은 빚을 지고 갔찌라도 獻貢費를 잘 活用하여 靈位의 이름으로 公衆事業을 많이 하여준즉 그 빚을 벗어버리기도 하고 빚이 없는 사람은 無形한 가운데에 福이 쌓이기도 하나니 이것을 다시 말하자면 電氣와 電氣가 서로 通하는 것과 같다 하리라.

대종경

29 박제봉(朴濟奉)이 여쭙기를 「칠·칠 천도재(薦度齋)나 열반 기념의 재식을 올리는 것이 그 영에 대하여 어떠한 이익이 있나이까?」 대종사 말씀하시기를 「천지에는 묘하게 서로 응하는 이치가 있나니, 사람이 땅에 곡식을 심고 비료를 주면 땅도 무정한 것이요, 곡식도 무정한 것이며, 비료도 또한 무정한 것이언마는, 그 곡출에 효과의 차를 내나니, 무정한 곡식도 그러하거든 하물며 최령한 사람이 어찌 정성에 감응이 없으리오. 모든 사람이 돌아간 영을 위하여 일심으로 심고를 올리고 축원도 드리며 헌공도 하고 선지식의 설법도 한즉, 마음과 마음이 서로 통하고 기운과 기운이 서로 응하여, 바로 천도를 받을 수도 있고, 설사 악도에 떨어졌다 하더라도 차차 진급이 되는 수도 있으며, 또는 전생에 많은 빚을 지고 갔을지라도 헌공금(獻貢金)을 잘 활용하여 영위의 이름으로 공중 사업을 하여주면 그 빚을 벗어버리기도 하고 빚이 없는 사람은 무형한 가운데 복이 쌓이기도 하나니, 이 감응되는 이치를 다시 말하자면 전기와 전기가 서로 통하는 것과 같다 하리라.」

대종경 필사본

29 한 弟子 여짜오되 예로부터 子女나 親戚이나 同志된 사람이 自己 關係人의 亡靈을 爲하여 或 佛前에 獻貢도 하고 善知識을 請하여 說法과 誦經도 하게 하옵는 바 그에 따라 어떠한 效果가 나타나오며 또는 그 精誠과 道力의 差異에 따라 그 效果에 어떠한 差異가 있사오리까? 大宗師- 가라사대 亡靈을 爲하여 祝願을 올리고 獻貢을 하는 것은 그 精誠을 表함이니 至誠이면 感天으로 그 精誠의 等級을 따라 祝願한 바 效果가 나타나게 되는 것이며 또는 說法을 하여 주고 誦經을 하여주는 것도 當時 善知識의 道力에 따라 그 威力이 나타나는 것이니 或은 過去에 지은 惡業을 다 받은 後에야 自己도 모르는 中에 善道에 들어오기도 하며 或은 모든 業障을 벗어나서 바로 善道에 돌아오기도 하며 或은 앞길 迷한 中陰界에서 後生의 길을 찾지 못하다가 다시 찾아가기도 하며 或은 暫間 着에 걸려 있다가 그 着心을 놓아버리고 天上 人間에 自由하여 福樂受用을 하는 수도 있으나 萬一 子女의 精誠이 特別하지 못하고 善知識의 道力이 不足하다면 그 靈根에 別스런 效果를 주지 못하게 되나니 어찌하여 그러하냐 하면 至極

대종경

30 한 제자 여쭙기를 「예로부터 자녀나 친척이나 동지된 사람이 자기 관계인의 영을 위하여 혹 불전에 헌공도 하고 선지식을 청하여 설법과 송경도 하게 하옵는바 그에 따라 어떠한 효과가 나타나오며 그 정성과 도력의 차등에 따라 그 효과에 어떠한 차이가 있사오리까?」 대종사 말씀하시기를 「영을 위하여 축원을 올리고 헌공을 하는 것은 그 정성을 표함이니, 지성이면 감천으로 그 정성의 등급을 따라 축원한 바 효과가 나타나게 되는 것이며, 또는 설법을 하여 주고 송경을 하여 주는 것도 당시 선지식의 도력에 따라 그 위력이 나타나는 것이니, 혹은 과거에 지은 악업을 다 받은 후에야 자기도 모르는 가운데 선도에 돌아오기도 하며, 혹은 모든 업장을 벗어나서 바로 선도에 돌아오기도 하며, 혹은 앞길 미한 중음계에서 후생 길을 찾지 못하다가 다시 찾아가기도 하며, 혹은 잠깐 착에 걸려 있다가 그 착심을 놓아 버리고 천상 인간에 자유로워 복락 수용을 하는 수도 있으나, 만일 자녀의 정성이 특별하지 못하고 선지식의 도력이 부족하다면 그 영근(靈根)에 별스러운 효과를 주지 못하게 되나니, 어찌하여 그런

| 대종경 필사본 | 대종경 |

한 精誠이 아니면 참된 威力이 나타나지 아니하는 것이 譬컨대 農夫가 農事를 지을 때 그 精誠과 力量을 다 드리지 아니하면 穀出이 적은 것과 서로 같나니라.

고 하면 지극한 정성이 아니면 참된 위력이 나타나지 아니하는 것이, 비하건대 농부가 농사를 지을 때 그 정성과 역량을 다 들이지 아니하면 곡출이 적은 것과 서로 같나니라.」

30 徐大圓이 여짜오되 薦度를 받는 靈으로서 薦度法門을 그대로 알아들을 수 있나이까? 大宗師— 가라사대 或 듣는 靈도 있고 못 듣는 靈도 있으나 靈駕가 그 말을 그대로 알아들어서 解悟를 얻는 것보다 그 드리는 功力이 저 靈魂에 쏘이쳐서 알지 못하는 中에 薦度의 因이 되어 마치 파리가 제 힘으로는 千里를 갈 수 없으나 千里馬의 몸에 붙으면 不知中에 千里를 갈 수도 있듯이 제 罪業을 다 받은 後에는 그 因緣으로 自然히 道門을 찾아오게 되나니라.

31 서대원이 여쭙기를 「천도를 받는 영으로서 천도 법문을 그대로 알아들을 수 있나이까?」 대종사 말씀하시기를 「혹 듣는 영도 있고 못 듣는 영도 있으나 영가(靈駕)가 그 말을 그대로 알아들어서 깨침을 얻는 것보다 그 들이는 공력이 저 영혼에 쏟히어서 알지 못하는 가운데 천도의 인(因)이 되나니라. 그리하여 마치 파리가 제힘으로는 천 리를 갈 수 없으나 천리마의 몸에 붙으면 부지중에 천 리를 갈 수도 있듯이 그 인연으로 차차 법연을 찾아오게 되나니라.」

31 金大擧 여짜오되 오늘 두 살 된 어린 아이의 四十九日 薦度齋를 지냈사온데 어른도 모든 儀式을 다 理解하여 薦度받기가 어려울 것이옵거늘 그 어린 靈이 어떻게 알아듣고 薦度를 받사오리

32 김대거 여쭙기를 「오늘 두 살 된 어린아이의 49일 천도재를 지냈사온데 어른도 모든 의식을 다 이해하여 천도받기가 어려울 것이거늘, 그 어린 영이 어떻게 알아듣고 천도를 받사오리까?」

대종경 필사본

까? 大宗師- 가라사대 靈魂에 對하여는 어른과 아이의 區別이 없는지라 薦度되는 理致가 마치 植物에 거름하는 理致와 같으며 指南鐵 있는 곳에 뭇쇠가 딸아 붙는 것과 같나니 一切 動物은 虛空界에 靈根을 박고 삶으로 虛空法界를 通하여 眞理로 齋를 올리는 것이 그대로 靈根에 거름이 되어 效果를 내나니라.

32 또 여짜오되 그렇게 齋를 올리오면 各自의 平素에 지은 바 罪業이 그 輕重을 勿論하고 一時에 消滅되어 薦度를 받게 되나이까? 大宗師- 가라사대 各自의 業의 輕重과 記念主의 精誠과 法師의 道力에 따라서 마치 太陽이 어름을 녹히는 것과 같이 一時的으로 녹힐 수도 있고 오랜 時日이 걸릴 수도 있으나 齋를 올리는 功이 決코 헛되지는 아니하여 반드시 그 靈魂으로 하여금 善緣을 맺게 하여 주나니라.

33 또 여짜오되 薦度齋를 어찌 四十九日로 定하였나이까? 大宗師- 가라사대 사람이 죽으면 四十九日間은 中陰에 어

대종경

대종사 말씀하시기를 「영혼에는 어른과 아이의 구별이 없나니, 천도 되는 이치가 마치 식물에 거름하는 것 같으며 지남철 있는 곳에 뭇 쇠가 따라붙는 것 같나니, 일체 동물은 허공계에 영근을 박고 살므로 허공 법계를 통하여 진리로 재를 올리는 것이 그대로 영근에 거름이 되어 효과를 내나니라.」

33 또 여쭙기를 「그렇게 재를 올리오면 각자의 평소에 지은바 죄업이 그 경중을 물론 하고 일시에 소멸하여 천도를 받게 되나이까?」 대종사 말씀하시기를 「각자의 업의 경중과 기념주의 정성과 법사의 도력에 따라서 마치 태양이 얼음을 녹이는 것과 같이 일시적으로 녹일 수도 있고, 오랜 시일이 걸릴 수도 있으나, 재를 올리는 공이 결코 헛되지는 아니하여 반드시 그 영혼으로 하여금 선연을 맺게 하여 주나니라.」

34 또 여쭙기를 「천도재를 어찌 49일로 정하였나이까?」 대종사 말씀하시기를 「사람이 죽으면 대개 약 49일 동안

대종경 필사본

렸다가 그 날이 되고 보면 各己 業緣을 따라 몸을 받게 되므로 다시 한 번 淸靜一念을 더하게 하기 爲하여 過去 부처님 말씀을 因緣하여 그 날로 定해서 薦度發願을 하는 것이나 命을 마친 卽時로 着心을 따라 몸을 받게 되는 靈魂도 許多하나니라.

34 또 여짜오되 涅槃經에 이르기를 前生事를 알고저 할찐대 今生에 받는 바 그것이요, 來生事를 알고저 할찐대 今生에 지은 바 그것이라 하였사온데 今生에 罪받고 福받는 것을 보오면 그 마음 作用하는 바는 罪를 받아야 할 사람이 도리어 富貴家에서 享樂生活을 하는 수 있삽고 또는 그 마음이 착하여 當然히 福을 받아야 할 사람이 도리어 貧賤한 家庭에서 悲慘한 苦痛을 받는 수 있사오니 因果의 眞理가 的確하다 할 수 있사오리까? 大宗師- 가라사대 그러므로 모든 佛祖들이 最後一念을 淸淨하게 가지라고 警戒하였나니 그 마음은 惡하나 一生 富貴를 누리는 사람은 前生에 初年에는 善行을 하여 福을 지었으나 末年에는 善 지을 것이 없다고 墮落하여 惡한 一念으

薦度品

대종경

중음에 어렸다가 각기 업연(業緣)을 따라 몸을 받게 되므로 다시 한번 청정 일념을 더하게 하기 위하여, 과거 부처님 말씀을 인연하여 그날로 정해서 천도 발원을 하는 것이나, 명을 마친 즉시로 착심을 따라 몸을 받게 되는 영혼도 허다하나니라.」

35 또 여쭙기를 「경에 이르시기를 "전생 일을 알고자 할진대 금생에 받은 바가 그것이요, 내생 일을 알고자 할진대 금생에 지은 바가 그것이라."고 하였사온데, 금생에 죄 받고 복 받는 것을 보오면 그 마음 작용하는 바는 죄를 받아야 마땅할 사람이 도리어 부귀가에서 향락 생활을 하는 수가 있삽고, 또는 그 마음이 착하여 당연히 복을 받아야 할 사람이 도리어 빈천한 가정에서 비참한 고통을 받는 수가 있사오니, 인과의 진리가 적확하다 할 수 있사오리까?」 대종사 말씀하시기를 「그러므로 모든 불조가 최후 일념을 청정하게 가지라고 경계하셨나니, 이생에서 그 마음은 악하나 부귀를 누리는 사람은 전생에 초년에는 선행을 하여 복을 지었으나 말년에는 선 지

| 대종경 필사본 | 대종경 |

로 命을 마친 사람이며, 또한 마음은 善하나 一生에 悲慘한 生活을 하는 사람은 初年에는 不知中에 惡을 지었으나 末年에는 懺悔改過하여 回向을 잘 한 사람이니 이와 같이 이생의 最後一念은 來生의 最初一念이 되나니라.

을 것이 없다고 타락하여 악한 일념으로 명을 마친 사람이며, 이생에 마음은 선하나 일생에 비참한 생활을 하는 사람은 전생에 초년에는 부지중 악을 지었으나 말년에는 참회 개과하여 회향(回向)을 잘한 사람이니, 이와 같이 이생의 최후 일념은 내생의 최초 일념이 되나니라.」

35 또 여짜오되 사람이 죽은 後에는 幽明이 서로 다르온데 靈識만은 生前과 다름없이 任意로 去來할 수 있나이까? 大宗師- 가라사대 그 識心만은 生前死後가 다름이 없으나 오직 貪嗔痴*에 끌린 靈과 貪嗔痴*를 調伏받는 靈이 그 去來에는 다름이 있나니 貪嗔痴*에 끌린 靈은 죽어갈 때 着心에 묶인 바가 되어 心身의 自由가 없으며 無明의 業力에 가리워서 着心 있는 곳만 밝으므로 그곳으로 끌려가게 되며 몸을 받을 때에도 보는 바가 모두 顚倒되어 牛馬六畜과 昆蟲 等이 아름답게도 보여 色慾으로 托胎하되 꿈꾸는 것과 같이 저도 모르게 入胎되며 人道受生의 父母를 定할 때에도 色情으로 相對하여 托胎하게 되며 或 무슨 決定報의 願을 세웠으나 사람몸을 받지

36 또 여쭙기를 「사람이 죽은 후에는 유명(幽明)이 서로 다르온데 영식만은 생전과 다름없이 임의로 거래할 수 있나이까?.」 대종사 말씀하시기를 「그 식심(識心)만은 생전 사후가 다름이 없으나 오직 탐진치에 끌린 영과 탐진치를 조복 받은 영이 그 거래에는 다름이 있나니, 탐진치에 끌린 영은 죽어 갈 때 착심에 묶인 바가 되어 거래에 자유가 없고, 무명의 업력에 가리어서 착심 있는 곳만 밝으므로 그곳으로 끌려가게 되며, 몸을 받을 때도 보는 바가 모두 전도되어, 축생과 곤충 등이 아름답게도 보여서 색정(色情)으로 탁태하되 꿈꾸는 것과 같이 저도 모르게 입태하며, 인도 수생의 부모를 정할 때도 색정으로 상대하여 탁태하게 되며, 혹 무슨 결정보(決定報)의

대종경 필사본

못할 때에는 牛馬六畜이나 昆蟲界에서 그에 類似한 報를 받게도 되어 이와 같이 生死에 自由가 없고 六途輪迴에 쉴 날이 없이 無數한 苦를 받으며 十二因緣에 끌려 다니나니라. 그러나 貪嗔痴를 調伏받은 靈은 죽어갈 때에 心身이 着心에 묶인 바가 없이 自由로우며 바르게 보고 바르게 생각하며 正當한 곳과 不正當한 곳을 區分하여 業에 끌리지 않으며 몸을 받을 때에도 泰然自若하여 正當하게 몸을 받고 胎中에 들어갈 때에도 父母를 恩義로 相對하여 托胎되며 願을 세운 대로 大小事間에 決定報를 받게 되어 오직 生死에 自由하고 六途輪迴에 끌린 바가 없이 十二因緣을 任意로 궁굴리고 다니게 되나니라.

36 또 여짜오되 어떠한 緣由로써 가까운 因緣이 되나이까? 大宗師- 가라사대 衆生은 普通 親愛하는 善緣과 미워하는 惡緣으로 가까운 因緣을 맺게 되나 佛菩薩은 衆生을 濟度하기 爲하여 慈悲로 모든 因緣을 맺으시나니라.

대종경

원을 세웠으나 사람 몸을 받지 못할 때는 축생이나 곤충계에서 그에 비슷한 보를 받게도 되어, 이와 같이 생사에 자유가 없고 육도 윤회에 쉴 날이 없이 무수한 고를 받으며, 십이인연(十二因緣)에 끌려다니나니라. 그러나, 탐진치를 조복 받은 영은 죽어 갈 때 이 착심에 묶인 바가 없으므로 그 거래가 자유로우며, 바르게 보고 바르게 생각하여 정당한 곳과 부정당한 곳을 구분해서 업에 끌리지 않으며, 몸을 받을 때도 태연자약하여 정당하게 몸을 받고, 태중에 들어갈 때도 그 부모를 은의로 상대하여 탁태되며, 원을 세운 대로 대소사 간에 결정보를 받게 되어, 오직 생사에 자유하고 육도윤회에 끌리는 바가 없이 십이인연을 임의로 궁굴리고 다니나니라.」

37 또 여쭙기를 「어떠한 연유로 하여 가까운 인연이 되나이까?」 대종사 말씀하시기를 「중생들은 보통 친애하는 선연과 미워하는 악연으로 가까운 인연을 맺게 되나 불보살들은 중생을 제도하기 위하여 자비로 모든 인연을 가까이 맺으시니라.」

대종경 필사본

37 또 여짜오되 사람이 죽은 後에만 薦度를 하나이까? 大宗師- 가라사대 薦度에는 生死가 다름이 없으므로 死後에 다른 사람이 하는 것보다 生前에 自己 스스로 하는 것이 더욱 效果가 있으리라. 그러므로 平素에 自己 마음을 밝고 좋은 것으로 길드려 六識이 六塵 中에 出入하되 물들고 섞이지 아니할 程度에 이르면 남을 薦度하는 데에도 큰 能力이 있을 뿐 아니라 自己 生前에 自己의 薦度를 마쳤다 할 것이나 이러한 사람은 그리 흔하지 아니하므로 三世의 修道人들이 모두 바쁘게 修道하였나니라.

대종경

38 또 여쭙기를 「사람이 죽은 후에만 천도를 받나이까.」 대종사 말씀하시기를 「천도에는 생사가 다름이 없으므로 죽은 후에 다른 사람이 하는 것보다 생전에 자기 스스로 하는 것이 더욱 효과가 있으리라. 그러므로, 평소에 자기 마음을 밝고 조촐하고 바르게 길들여, 육식(六識)이 육진(六塵) 가운데 출입하되 물들고 섞이지 아니할 정도에 이르면 남을 천도하는 데에도 큰 능력이 있을 뿐 아니라 자기 생전에 자기의 천도를 마쳤다 할 것이나, 이러한 사람은 그리 흔하지 아니하나니, 그러므로 삼세의 수도인들이 모두 바쁘게 수도하였나니라.」

信誠品

대종경 필사본

1   大宗師- 가라사대 師弟가 서로 만나매 먼저 그 工夫人의 信誠 如何를 보나니 工夫人이 篤實한 信心이 있으면 그 法이 건네고 功을 이룰 것이요 信心이 없으면 그 法이 건네지 못하고 功을 이루지 못하리라. 그런즉, 무엇을 일러 信心이라 하는가. 첫째는 스승을 疑心치 않는 것이니 비록 千萬 사람이 千萬 가지로 그 스승을 誹謗할찌라도 거기에 믿음이 흔들리지 아니하며 혹 直接 보는 바에 무슨 疑惑點이 있을찌라도 거기에 思量心을 두지 않는 것이 信이요, 둘째는 스승의 모든 指導에 오직 順從할 따름이요 自己의 主見과 固執을 세우지 않는 것이 信이요, 셋째는 스승이 或 過度한 嚴敎 重責을 하며 或 大衆의 앞에 허물을 드러내며 或 힘에 過한 苦役을 시키는 등 어떠한 方法으로 對할찌라도 다 甘受하고 毫釐도 不平이 없는 것이 信이요, 네째는 스승의 앞에서는 自己의 過失을 도모지 숨기거나 속이지 아니하고 事實로 直告하는 것이 信이니 이 네 가지가 具備한즉 可히 特別한 信心이라 能히 佛祖의 法器를 이루게 되리라.

대종경

1   대종사 말씀하시기를 「스승이 제자를 만나매 먼저 그의 신성을 보나니 공부인이 독실한 신심이 있으면 그 법이 건네고 공을 이룰 것이요, 신심이 없으면 그 법이 건네지 못하고 공을 이루지 못하나니라. 그런즉, 무엇을 일러 신심이라 하는가. 첫째는 스승을 의심하지 않는 것이니, 비록 천만 사람이 천만 가지로 그 스승을 비방할지라도 거기에 믿음이 흔들리지 아니하며 혹 직접 보는 바에 무슨 의혹되는 점이 있을지라도 거기에 사량심(思量心)을 두지 않는 것이 신이요, 둘째는 스승의 모든 지도에 오직 순종할 따름이요 자기의 주견과 고집을 세우지 않는 것이 신이요, 셋째는 스승이 혹 과도한 엄교(嚴敎) 중책(重責)을 하며 혹 대중의 앞에 허물을 드러내며 혹 힘에 과한 고역을 시키는 등 어떠한 방법으로 대하더라도 다 달게 받고 조금도 불평이 없는 것이 신이요, 넷째는 스승의 앞에서는 자기의 허물을 도무지 숨기거나 속이지 아니하고 사실로 직고하는 것이 신이니, 이 네 가지가 구비하면 특별한 신심이라, 능히 불조(佛祖)의 법기(法器)를 이루게 되리라.」

대종경 필사본

2 大宗師- 가라사대 모든 工夫人의 根機가 千萬層으로 다르나 大體로 그를 上·中·下 세 根機로 區分하나니 上根機는 正法을 보고 들을 때에 바로 判斷力과 信心이 생겨나서 每每 事事를 自信하고 行하는 根機요, 中根機는 仔細히 아는 것도 없고 或은 모르지도 아니하여 恒常 疑心을 풀지 못하고 法과 스승을 저울질하는 根機요, 下根機는 邪와 正의 分別力도 없으며 計較와 疑心도 내지 아니하여 引導하면 引導하는 대로 順應하는 根機라 이 세 가지 根機 中 道家에서 가장 貴히 알고 要求하는 것은 上根機이니 이 사람은 自己의 工夫도 遲滯함이 없을 것이요 道門의 事業도 날로 擴張케 할 것이며 둘째로 可히 引導할 만한 것은 下根機로서 篤實한 信心이 있는 사람이니, 이 사람은 비록 自信力은 없다 할찌라도, 法을 重히 알고 스승을 敦篤히 믿는 데 따라 그 進行하는 精誠이 쉬지 않으므로 畢竟은 成功할 수 있는 것이나 그 中에 가장 가르치기 힘들고 변덕이 많은 것은 中根機이니 이 사람은 法을 가벼히 알고 스승을 凌蔑하기 쉬우며 모든 일에 徹底한 發願과 篤實한 誠意가 없으므로 工夫나 事業間에 成功을 보기

대종경

2 대종사 말씀하시기를 「모든 공부인의 근기(根機)가 천층만층으로 다르나 대체로 그를 상중하 세 근기로 구분하나니, 상근기는 정법을 보고 들을 때에 바로 판단과 신심이 생겨나서 모든 공부를 자신하고 행하는 근기요, 중근기는 자세히 아는 것도 없고 혹은 모르지도 아니하여 항상 의심을 풀지 못하고 법과 스승을 저울질하는 근기요, 하근기는 사(邪)와 정(正)의 분별도 없으며 계교와 의심도 내지 아니하여 인도하면 인도하는 대로 순응하는 근기라, 이 세 가지 근기 가운데 도가에서 가장 귀히 알고 요구하는 것은 상근기이니, 이 사람은 자기의 공부도 지체함이 없을 것이요, 도문의 사업도 날로 확장하게 할 것이며, 둘째로 가히 인도할 만한 것은 하근기로서 독실한 신심이 있는 사람이니, 이 사람은 비록 자신은 없다 할지라도, 법을 중히 알고 스승을 돈독히 믿는 데 따라 그 진행하는 정성이 쉬지 않으므로 필경은 성공할 수 있나니라. 그러나, 그중에 가장 가르치기 힘들고 변덕이 많은 것은 중근기니, 이 사람은 법을 가벼이 알고 스승을 업신여기기 쉬우며, 모든 일에 철저한 발원과 독실한 성의가 없으므

대종경 필사본	대종경

가 大端히 어렵나니라. 그러므로 中根機 사람들은 그 根機를 뛰어넘는 데에 功을 드려야 하며 또는 下根機로서도 或 바로 上根機의 境界에 뛰어오르는 사람이 있으나 萬一 그렇지 못하고 中根機의 過程을 밟아 올라가게 될 때에는 그 때가 또한 危險하나니 注意하여야 하리라.

3   한 弟子 여짜오되 저는 本來 才質이 鈍하온데 兼하여 工夫하온 時日이 淺短하와 成就의 期限이 아득한 것 같사오니 어찌하오리까? 大宗師- 가라사대 道家의 工夫는 元來 才質의 有無나 時日의 長短에 큰 關係가 있는 것이 아니라 오직 信과 忿과 疑와 誠으로 精進하고 못 하는 데에 큰 關係가 있나니 누구를 勿論하고 信 忿 疑 誠만 至極하면 工夫의 成就는 날을 期約하고 可히 얻을 수 있나니라.

4   大宗師- 가라사대 普通 사람들은 어떠한 境界에 發心을 한 때에는 或 衝天의 信心이 나는 듯 하다가도 時日이

로 공부나 사업이나 성공을 보기가 대단히 어렵나니라. 그러므로, 중근기 사람들은 그 근기를 뛰어넘는 데에 공을 들여야 할 것이며 하근기로서도 혹 바로 상근기의 경지에 뛰어오르는 사람이 있으나, 만일 그렇지 못하고, 중근기의 과정을 밟아 올라가게 될 때는 그때가 또한 위험하나니 주의하여야 하나니라.」

3   한 제자 여쭙기를 「저는 본래 재질이 둔하온데 겸하여 공부하온 시일이 아직 짧사와 성취의 기한이 아득한 것 같사오니 어찌하오리까?」 대종사 말씀하시기를 「도가의 공부는 원래 재질의 유무나 시일의 장단에 큰 관계가 있는 것이 아니라 오직 신(信)과 분(忿)과 의(疑)와 성(誠)으로 정진(精進)하고 못 하는 데에 큰 관계가 있나니, 누구나 신·분·의·성만 지극하면 공부의 성취는 날을 기약하고 가히 얻을 수 있나니라.」

4   대종사 말씀하시기를 「보통 사람들은 어떠한 경계에 발심을 한 때는 혹 하늘을 뚫는 신심이 나는 듯하다가도 시

대종경 필사본	대종경

좀 오래되면 그 信心이 까라지는 수가 있으며 또는 없던 權利가 있어진다든지 있던 權利가 없어진다든지 없던 財産이 있어진다든지 있던 財産이 없어진다든지 不和하던 家庭이 和樂하게 되었다든지 和樂하던 家庭이 不和하게 되었다든지 하는 等의 變動이 생길 때에 그 信心이 또한 變動되는 수가 或 있나니 이러한 境界를 當할수록 더욱 그 信心을 살펴서 逆境을 돌리어 能히 順境을 만들며 順境이면 또한 奸邪하고 넘치는 데에 흐르지 않게 하는 꿋꿋한 대종이 繼續되어야 可히 큰 工夫를 成就하리라.

5 大宗師- 가라사대 世上에 地位가 높은 사람이나 權勢가 있는 사람이나 財産이 豊富한 사람이나 學識이 많은 사람은 可히 큰 信心을 發하여 大道에 들기가 어렵나니 萬一 그러한 사람으로서 修道에 發心하며 公道에 獻身하는 이는 前世의 깊은 誓願으로 다시 이 世上에 際遇한 사람이니라.

일이 좀 오래되면 그 신심이 까라지는 수가 있으며, 또는 없던 권리가 있어진다든지, 있던 권리가 없어진다든지, 불화하던 가정이 화락하게 되었다든지, 화락하던 가정이 불화하게 되었다든지 하는 등의 변동이 생길 때 그 신심이 또한 변동되는 수가 있나니, 이러한 경계를 당할수록 더욱 그 신심을 살펴서 역경을 돌리어 능히 순경을 만들며, 순경이면 또한 간사하고 넘치는 데에 흐르지 않게 하는 꿋꿋한 대중이 계속되어야 가히 큰 공부를 성취하리라.」

5 대종사 말씀하시기를 「세상에 지위가 높은 사람이나 권세가 있는 사람이나 재산이 풍부한 사람이나 학식이 많은 사람은 큰 신심을 발하여 대도에 들기가 어려운데, 그러한 사람으로서 수도에 발심하며 공도에 헌신한다면 그는 전세에 깊은 서원을 세우고 이 세상에 나온 사람이니라.」

대종경 필사본

6 大宗師- 가라사대 여러 사람 中에는 나와 師弟의 分義는 맺었으나 그 信을 오로지 하지 못하고 저의 재주나 主見에 執着하여 저의 뜻대로만 하려하는 사람이 없지 아니하나니 나를 만난 보람이 그 어데 있으리오. 工夫人이 큰 誓願과 信誠을 發하여 全的으로 나에게 마음을 바치었다면 내가 무슨 말을 하고 어떠한 일을 맡겨도 疑心과 트집이 없을 것이니 이리 된 然後에야 비로소 나의 마음과 저의 마음이 서로 連하여 나의 功드린 것과 저의 功드린 것이 헛되지 아니하고 心法이 通하여 질 것이 아닌가 하시니라.

7 大宗師- 가라사대 道家에서 工夫人의 信誠을 먼저 보는 것은 信은 곧 法을 담는 그릇이 되고 千萬 疑心을 解決하는 主動이 되며 모든 戒律을 犯치 않게 하는 根本이 되기 때문이니 信이 없는 工夫는 마치 죽은 나무에 거름하는 것과 같아서 마침내 結果를 보지 못하나니라. 그러므로 그대들도 自身을 濟度하려면 먼저 篤實한 信을 세워야 할 것이며 남을 가르치는 데에도 信 없는 사람

대종경

6 대종사 말씀하시기를 「여러 사람 가운데에는 나와 사제의 분의(分義)는 맺었으나 그 신을 오롯하게 하지 못하고 제 재주나 주견에 집착하여 제 뜻대로 하려는 사람이 없지 아니하나니, 나를 만난 보람이 어디 있으리오. 공부인이 큰 서원과 신성을 발하여 전적으로 나에게 마음을 바치었다면 내가 무슨 말을 하고 어떠한 일을 맡겨도 의심과 트집이 없을 것이니, 이리된 뒤에야 내 마음과 제 마음이 서로 연하여 나의 공들인 것과 저의 공들인 것이 헛되지 아니하리라.」

7 대종사 말씀하시기를 「도가에서 공부인의 신성을 먼저 보는 것은 신(信)이 곧 법을 담는 그릇이 되고, 모든 의두를 해결하는 원동력이 되며, 모든 계율을 지키는 근본이 되기 때문이니, 신이 없는 공부는 마치 죽은 나무에 거름하는 것과 같아서 마침내 결과를 보지 못하나니라. 그러므로, 그대들도 먼저 독실한 신을 세워야 자신을 제도하게 될 것이며, 남을 가르치는 데에도 신 없는 사람

대종경 필사본

에게 信心 나게 하는 것이 첫째가는 功德이 되리라.

8 大宗師- 가라사대 三寶를 信仰하는 데에도 他力信과 自力信의 두 가지가 있나니 他力信은 外面의 佛法僧을 事實的으로 信奉함이요, 自力信은 自性의 佛法僧을 發見하여 믿고 修行함이라 이 두 가지는 서로 根本이 되므로 自他力의 信仰을 竝進하여야 하나니 工夫가 究竟處에 이르고 보면 自他의 界限이 없이 天地萬物 虛空法界가 다 한 가지 三寶로 化하나니라.

9 大宗師- 弟子들에게 물어 가라사대 그대들이 나를 오랫동안 보지 못하면 보고 싶은 생각과 가까이 있고저 하는 마음이 얼마나 간절하던가? 弟子 等이 가로되 甚히 懇切하더이다. 大宗師- 가라사대 그러하리라. 그러나 子女가 아무리 孝道한다 하여도 父母가 그 子女 생각하는 마음은 當하기 어렵고 弟子가 아

대종경

에게 신심 나게 하는 것이 첫째가는 공덕이 되나니라.」

8 대종사 말씀하시기를 「삼보(三寶)를 신앙하는 데에도 타력신과 자력신의 두 가지가 있나니, 타력신은 사실로 나타난 불(佛)과 법(法)과 승(僧)을 사실적으로 믿고 받드는 것이요, 자력신은 자성 가운데 불과 법과 승을 발견하여 안으로 믿고 수행함이라, 이 두 가지는 서로 근본이 되므로 자력과 타력의 신앙을 아울러 나가야 하나, 공부가 구경처에 이르고 보면 자타의 계한이 없이 천지 만물 허공 법계가 다 한 가지 삼보로 화하나니라.」

9 대종사, 제자들에게 물으시기를 「그대들이 나를 오랫동안 보지 못하면 보고 싶은 생각과 가까이 있고자 하는 마음이 얼마나 간절하던가?」 제자들이 사뢰기를 「심히 간절하더이다.」 대종사 말씀하시기를 「그러하리라. 그러나, 자녀가 아무리 효도한다 하여도 부모가 그 자녀 생각하는 마음을 당하기 어렵고,

대종경 필사본

무리 精誠스럽다 하여도 스승이 그 弟子 생각하는 마음은 當하기 어려우리니 萬一 弟子가 스승 信奉하고 思慕하는 마음이 스승이 弟子 사랑하고 생각하는 마음의 半만 되어도 可히 그 法이 건네게 되리라.

10 大宗師- 가라사대 弟子로서 스승에게 法을 求할 때에 제 마음을 다 바치지 아니하거나 精誠이 間斷이 있으면 그 法을 全的으로 받지 못하나니라. 옛날에 九鼎禪師는 처음 出家하여 몹시 추운 날 솥을 고쳐 걸라는 스승의 命을 받고 밤새도록 아홉 번 솥을 고쳐 걸고도 마음에 秋毫의 不平이 없으므로 因하여 九鼎이라는 號를 받고 중이 되었는데 그 後로도 別스런 法門을 듣는 일도 없이 數十年間 侍奉만 하되 스승을 믿고 依支하는 精誠이 조금도 쉬지 아니하였고 마침내 스승이 病이 重하매 더욱 精誠을 다하여 看病에 專力하다가 忽然히 마음이 열려 한 생각을 얻고 보니 스승이 무엇을 따로 주는 것이 아니라 自己가 스스로 깨치는 것이 곧 法을 받는 것임을 알았다 하나니 法을 求하는 사람이 이만한

대종경

제자가 아무리 정성스럽다 하여도 스승이 그 제자 생각하는 마음을 당하기 어려우리니, 만일 제자가 스승 신봉하고 사모하는 마음이 스승이 제자 사랑하고 생각하는 마음의 반만 되어도 가히 그 법이 건네게 되리라.」

10 대종사 말씀하시기를 「제자로서 스승에게 법을 구할 때 제 마음을 다 바치지 아니하거나 정성에 끊임이 있으면 그 법을 오롯이 받지 못하나니라. 옛날에 구정(九鼎) 선사는 처음 출가하여 몹시 추운 날 솥을 걸라는 스승의 명을 받고 밤새도록 아홉 번이나 솥을 고쳐 걸고도 마음에 추호의 불평이 없으므로 드디어 구정이라는 호를 받고 중이 되었는데, 그 후 별다른 법문을 듣는 일도 없이 여러 십 년 동안 시봉만 하되 스승을 믿고 의지하는 정성이 조금도 쉬지 아니하였고, 마침내 스승의 병이 중하매 더욱 정성을 다하여 간병에 전력하다가 홀연히 마음이 열려 자기가 스스로 깨치는 것이 곧 법을 받는 것임을 알았다 하니, 법을 구하는 사람이 이만한 신성이 있어야 그 법을 오롯이 받게 되나니라.」

| 대종경 필사본 | 대종경 |

信誠이 있어야 그 法을 오롯이 받게 되나니라.

11   大宗師- 가라사대 봄바람은 私가 없이 平等하게 불어주지마는 산 나무라야 그 氣運을 吸收하고 聖賢들은 私가 없이 平等하게 法을 說하여 주지마는 信心 있는 사람이라야 그 法을 오롯이 받아갈 수 있나니라.

12   大宗師- 金剛山을 遊覽하고 돌아오사 大衆에게 일러 가라사대 내가 이번 遊山 中에 留宿한 旅館의 主人이 마침 基督 信者로서 그 信仰이 徹底하여 大端한 樂生活을 하고 있기에 그의 經歷을 물어보았더니 그는 信仰生活 三十餘年에 自己의 生活上의 많은 風波도 있었으나 그러한 屈曲을 當할 때마다 좋은 일이 돌아오면 하나님께서 사랑하여 주시니 感謝하고 낮은 일이 돌아오면 저의 잘못을 警戒하여 주시니 또한 感謝하여 좋으나 낮으나 境界를 對할 때마다 마음은 더욱 묶어지고 信仰은 더욱 깊어져서 이렇듯 樂生活을 하게 되었다고 하더라.

11   대종사 말씀하시기를 「봄바람은 사(私)가 없이 평등하게 불어 주지마는 산 나무라야 그 기운을 받아 자라고, 성현들은 사가 없이 평등하게 법을 설하여 주지마는 신 있는 사람이라야 그 법을 오롯이 받아 갈 수 있나니라.」

12   대종사, 금강산을 유람하고 돌아오시어 대중에게 말씀하시기를 「내가 이번에 산에서 유숙한 여관의 주인이 마침 예수교인으로서 그 신앙이 철저하여 대단한 낙 생활을 하고 있기에 그의 경력을 물어보았더니, 그는 신앙생활 30여년에 자기의 생활상에 많은 풍파도 있었으나 그러한 굴곡을 당할 때마다 좋은 일이 돌아오면 하나님께서 사랑하여 주시니 감사하고 낮은 일이 돌아오면 저의 잘못을 경계하여 주시니 또한 감사하다 하여, 좋으나 낮으나 경계를 대할 때마다 마음이 더욱 묶어지고 신앙이 더욱 깊어져서 이렇듯 낙 생활을 하게 되었다

| 대종경 필사본 | 대종경 |

그런즉 그대들도 各各 信仰 程度를 마음 깊이 對照하여 보라. 그 사람은 아직 他力信仰으로서 眞理의 根本을 다 더우잡지 못하였으되 그러한 信仰生活을 하게 되었거든 하물며 自他力의 信仰을 並進하는 그대들로서 萬一 波瀾曲折에 조금이라도 마음이 흘러간다면 그 어찌 바른 信仰 참다운 精神이라 하겠는가. 그대들은 같은 信仰 가운데에도 이 圓滿하고 事實다운 信仰處를 만났으니 마음을 恒常 챙기고 또 챙겨서 信仰으로 모든 環境을 支配는 할찌언정 環境으로 信仰을 支配하는 下劣한 사람은 되지 말찌어다.

고 하더라. 그런즉, 그대들도 각각 신앙 정도를 마음 깊이 대조하여 보라. 그 사람은 아직 타력 신앙에 그치어 진리의 근본을 다 더워잡지 못하였으나 그러한 생활을 하게 되었거든 하물며 자력신과 타력신을 병진하는 그대들로서 만일 파란곡절에 조금이라도 마음이 흘러간다면 그 어찌 바른 신앙이며 참다운 정성이라 하겠는가. 그대들은 같은 신앙 가운데에도 이 원만하고 사실다운 신앙처를 만났으니 마음을 항상 챙기고 또 챙겨서 신앙으로 모든 환경을 지배는 할지언정 환경으로 신앙이 흔들리는 용렬한 사람은 되지 말라.」

13 大宗師- 石頭庵에 계실 때 張寂照 具南守 李萬甲 等이 女子의 軟弱한 몸으로 百里의 먼 길을 來往하며 眞心으로 信誠을 바치는지라 大宗師- 귀엽게 여기시어 가라사대 그대들의 信心이 篤實하니 只今 내가 똥이라도 먹으라면 바로 먹겠는가 하시니 세 사람이 한 가지로 일어서서 똥을 가져 오는지라 大宗師- 그대로 앉으라 하시고 가라사대 그대들이 똥을 먹지는 아니하였으되 마음으로

13 대종사, 석두암에 계실 때, 장적조(張寂照) 구남수(具南守) 이만갑(李萬甲) 등이 여자의 연약한 몸으로 백 리의 먼 길을 내왕하며 알뜰한 신성을 바치는지라, 대종사 기특히 여기시어 말씀하시기를 「그대들의 신심이 이렇게 독실하니 지금 내가 똥이라도 먹으라 하면 바로 먹겠는가?」 하시니, 세 사람이 바로 나가 똥을 가져오는지라, 대종사 「그대로 앉으라.」 하시고 말씀하시기를 「그대들

대종경 필사본

는 벌써 똥이라도 먹은 사람이로다. 只今은 會上이 單純해서 그대들을 親切히 하여줄 機會가 자조 있지마는 이 앞으로 會上이 커지고 보면 그대들의 오고 가는 것조차 내가 ──히 알 수 없을 터이니 그러한 때에라도 오늘과 같은 信誠이 繼續되겠는가. 萬一 그러한다면 오늘이 이 信誠이 큰 會上 創立主의 資格을 얻게 한 것이니라.

14 大宗師- 說法하실 때에 金正覺이 앞에서 조으는지라 꾸짖어 가라사대 앞에서 졸고 있는 것이 보기 싫기가 恰似 물소와 같다 하시니 正覺이 곧 일어나 四拜를 올리고 웃는지라 大宗師- 가라사대 내- 그동안 正覺에게 情이 떨어질 만한 야단을 많이 쳤으나 조금도 그 信心에 變함이 없었나니 저 사람은 죽으나 사나 나를 따라다닐 사람이라. 하시고 또 가라사대 弟子로서 스승에게 다 못할 말이 있고 스승이 弟子에게 다 못해줄 말이 있으면 알뜰한 師弟는 아니니라 하시니라.

대종경

의 거동을 보니 똥보다 더한 것이라도 먹을 만한 신심이로다. 그러나, 지금은 회상이 단순해서 그대들을 친절히 챙겨줄 기회가 자주 있지마는 앞으로 회상이 커지고 보면 그대들의 오고 가는 것조차 내가 일일이 알 수 없을지 모르니, 그러한 때라도 오늘 같은 신성이 계속되겠는가 생각하여 보아서 오늘의 이 신성으로 영겁을 일관하라.」

14 대종사, 설법하실 때 김정각(金正覺)이 앞에서 조는지라, 꾸짖어 말씀하시기를 「앞에서 졸고 있는 것이 보기 싫기가 물소 같다.」하시니, 정각이 곧 일어나 사배를 올리고 웃는지라, 대종사 말씀하시기를 「내가 그동안 정각에게 정이 떨어질 만한 야단을 많이 쳤으나 조금도 그 신심에 변함이 없었나니, 저 사람은 죽으나 사나 나를 따라다닐 사람이라.」 하시고, 또 말씀하시기를 「제자로서 스승에게 다 못 할 말이 있고 스승이 제자에게 다 못 해줄 말이 있으면 알뜰한 사제는 아니니라.」

| 대종경 필사본 | 대종경 |

15 大宗師- 가라사대 내- 오늘 祖室에 앉았으니 鎭安 盧德頌玉의 얼굴이 宛然히 눈앞에 나타나서 얼마동안 없어지지 아니하고 있는 것을 보았노라. 그는 하늘에 사무치는 信誠을 가진지라 山河가 百餘里에 가로막혀 있으나 그 至極한 마음이 이와 같이 化現함이니 果然 一心의 造化가 큼을 알겠도다 하시니라.

16 鄭石現이 告하여 가뢰되 저는 環境에 苦痛스러울 일이 많사오나 法身佛 前에 每日 心告 올리는 자미로 사나이다 하거늘 大宗師- 가라사대 石現이가 法身佛의 功德과 威力을 알아서 眞正한 자미를 붙였는가는 알 수 없으나 그것이 곧 苦 中에서 樂을 發見하는 일이니 사람이 世上을 살아갈 때에 苦痛스러울 環境에서도 樂을 受用하는 수가 없지 아니하나니라. 내가 蓬萊山에 있을 때에 같이 있는 몇몇 사람은 그 險山窮谷에서 居處와 飮食이 기구하고 肉身의 努力은 過重하여 모든 方面에 苦生이 莫甚하였으되 오직 法을 듣고 나를 侍奉하는 滋味로 恒常 樂道生活을 하여왔고 또 靈光에 最初 八·九人으로 말하더라도 本

15 대종사 말씀하시기를 「내가 오늘 조실에 앉았으니 노덕송옥(盧德頌玉)의 얼굴이 완연히 눈앞에 나타나서 얼마 동안 없어지지 아니하는 것을 보았노라. 그는 하늘에 사무치는 신성을 가진지라 산하가 백여 리에 가로막혀 있으나 그 지극한 마음이 이와 같이 나타난 것이니라.」

16 정석현(鄭石現)이 사뢰기를 「저는 환경에 고통스러울 일이 많사오나 법신불 전에 매일 심고 올리는 재미로 사나이다.」 대종사 말씀하시기를 「석현이가 법신불의 공덕과 위력을 알아서 진정한 재미를 붙였는가는 알 수 없으나 그것이 곧 고 가운데 낙을 발견하는 한 방법이니 이러한 방법으로 살아간다면 고통스러울 환경에서도 낙을 수용(受用)할 수가 없지 아니하나니라. 내가 봉래산에 있을 때 같이 있는 몇몇 사람은 그 험산 궁곡(險山窮谷)에서 거처와 음식이 기구하고 육신의 노력은 과중하여 모든 방면에 고생이 막심하였으되 오직 법을 듣고 나를 시봉하는 재미로 항상 낙도 생활을 하여 왔고, 또는 영광에서 최

대종경 필사본

來 勞動도 아니 하여본 사람들로서 嚴冬雪寒에 干潟地를 막아낼 때에 그 苦生이 말할 수 없었건마는 조금도 不平不滿이 없이 오직 이 會上을 創立하는 기쁨으로 모든 苦生을 樂으로 돌리며 그 外 무엇이든지 나의 하는 말이면 다 즐거히 甘受 服從하였나니 그 때 그 사람들로 말하면 남 보기에는 못이길 苦生을 하는 것 같았으나 그 實은 마음속에 樂이 津津하여 이 世上에서 바로 天上樂을 受用하였나니라. 그런즉 그대들도 既爲 이 工夫와 事業을 하기로 하면 먼저 굳은 信念과 遠大한 希望으로 어떠한 千辛萬苦가 있을찌라도 이를 能히 超越하여 모든 境界를 恒常 樂으로 돌리는 心力을 얻은 後에야 限없는 世上에 기리 樂園의 生活을 繼續할 수 있으리라.

17 弟子 中에 信을 바치는 뜻으로 손을 끊은 사람이 있는지라 大宗師- 크게 警責하여 가라사대 몸은 곧 工夫와 事業을 하는 데에 없지 못할 資本이어늘 그 重要한 資本을 傷하여 信을 表한들 무슨 有益이 있으며 또는 眞正한 信誠은 元來

대종경

초에 구인으로 말하더라도 본래 노동도 아니 하여 본 사람들로서 엄동설한에 간석지(干潟地)를 막아 낼 때 그 고생이 말할 수 없었건마는 조금도 불평과 불만이 없이 오직 이 회상을 창립하는 기쁨 가운데 모든 고생을 낙으로 돌렸으며 나의 하는 말이면 다 즐거이 감수 복종하였나니, 그때 그 사람들로 말하면 남 보기에는 못 이길 고생을 하는 것 같았으나 그 실은 마음속에 낙이 진진하여 이 세상에서 바로 천상락을 수용하였나니라. 그런즉, 그대들도 기위 이 공부와 사업을 하기로 하면 먼저 굳은 신념과 원대한 희망으로 어떠한 천신만고가 있을지라도, 이를 능히 초월하여 모든 경계를 항상 낙으로 돌리는 힘을 얻은 후에야 한없는 세상에 길이 낙원의 생활을 계속할 수 있으리라.」

17 제자 가운데 신(信)을 바치는 뜻으로 손을 끊은 사람이 있는지라, 대종사 크게 꾸짖어 말씀하시기를 「몸은 곧 공부와 사업을 하는 데에 없지 못할 자본이거늘 그 중요한 자본을 상하여 신을 표한들 무슨 이익이 있으며, 또는 진정

대종경 필사본

마음에 달린 것이요 몸에 있는 것이 아니니 앞으로는 누구든지 絕對로 이러한 일을 하지 말라 하시고 또 가라사대 아무리 智慧와 文學이 出衆하고 또는 一時의 特行으로 여러 사람의 信望이 높아진다 하더라도 그것만으로는 아니되는 것이요, 이 會上에 法統을 이을 사람들은 이 工夫 이 事業에 至死不變의 信誠으로 血心 努力한 사람이라야 되나니라.

18 文正奎 여짜오되 宋奎·宋道性·徐大圓 三人이 只今은 젊사오나 앞으로 누가 有望하겠나이까? 大宗師— 한참 동안 默然하시는지라 正奎 다시 여짜오되 서로 長短이 다르오니 저로서는 判斷키가 어렵나이다. 大宗師— 가라사대 宋奎는 正奎의 智量으로써 能히 測量할 사람이 아니로다 하시고 또 가라사대 宋奎 兄弟를 만난 以後 그들로 因하여 秋毫도 내가 걱정하여 본 일이 없었고 무슨 일이나 내가 시켜서 아니 하여 본 일과 두 번 시켜 본 일이 없었노라. 그러므로 나의 마음이 그들의 마음이 되고 그들의 마음

대종경

한 신성은 원래 마음에 달린 것이요, 몸에 있는 것이 아니니, 앞으로는 누구든지 절대로 이러한 일을 하지 말라.」 하시고, 이어서 말씀하시기를 「아무리 지식과 문장이 출중하고 또는 한때의 특행(特行)으로 여러 사람의 신망이 높아진다 하더라도, 그것만으로는 이 회상의 종통을 잇지 못하는 것이요, 오직 이 공부 이 사업에 죽어도 변하지 않을 신성으로 혈심(血心) 노력한 사람이라야 되나니라.」

18 문정규 여쭙기를 「송규·송도성·서대원 세 사람이 지금은 젊사오나 앞으로 누가 더 유망하겠나이까?」 대종사 한참 동안 묵연하시는지라, 정규 다시 여쭙기를 「서로 장단이 다르오니 저로서는 판단하기 어렵나이다.」 대종사 말씀하시기를 「송규는 정규의 지량으로 능히 측량할 사람이 아니로다. 내가 송규 형제를 만난 후 그들로 인하여 크게 걱정하여 본 일이 없었고, 무슨 일이나 내가 시켜서 아니 한 일과 두 번 시켜 본 일이 없었노라. 그러므로, 나의 마음이 그들의 마음이 되고 그들의 마음이 곧 나의 마

대종경 필사본

이 곧 나의 마음이 되었나니라.

19 大宗師- 가라사대 主世의 大聖들은 天地의 大運을 타고 나오신지라 衆生들이 그 분과 그 會上에 精誠을 다 바치며 誓願을 올리면 그 誓願이 빨리 이루어지고 그 反面에 不敬하면 罪罰이 또한 빨리 미치나니 다만 그 한 분뿐 아니라 그러한 스승과 마음이 合하여져서 一毫의 私心이 없는 사람도 그 威力이 스승과 다름없게 되나니라.

대종경

음이 되었나니라.」

19 대종사 말씀하시기를 「주세(主世)의 성인들은 천지의 대운을 타고 나오는지라, 중생들이 그 성인과 그 회상에 정성을 다 바치며 서원을 올리면 그 서원이 빨리 이루어지고, 그 반면에 불경하거나 훼방하면 죄벌이 또한 크게 미치나니, 다만 그 한 분뿐 아니라, 그러한 분과 심법(心法)이 완전히 합치된 사람도 그 위력이 또한 다름 없나니라.」

要訓品

대종경 필사본

1   大宗師- 가라사대 千萬 學術을 工夫하되 用處에 들어가서는 間斷이 있으나 마음 作用하는 工夫를 하여 놓으면 一分 一刻도 間斷이 없이 活用되나니 그러므로 마음工夫는 모든 工夫의 祖宗이 되나니라.

2   大宗師- 가라사대 修道人의 求하는 바는 마음을 알아서 마음의 自由를 얻자는 것이며 生死의 原理를 알아서 生死를 超越하자는 것이며 罪福의 理致를 알아서 罪福을 任意로 하자는 것이니라.

3   大宗師- 가라사대 한 마음이 善하면 一切 善이 이로 좇아 일어나고 한 마음이 惡하면 一切 惡이 이로 좇아 일어나나니 그러므로 마음은 一切 善惡의 根本이 되나니라.

4   大宗師- 가라사대 마음이 바르지 못한 사람은 돈이 많으면 그 돈이 도리어 罪惡을 짓게 하고 재주가 많으면 그

대종경

1   대종사 말씀하시기를 「모든 학술을 공부하되 쓰는 데에 들어가서는 끊임이 있으나, 마음 작용하는 공부를 하여 놓으면 일분 일각도 끊임이 없이 활용되나니, 그러므로 마음공부는 모든 공부의 근본이 되나니라.」

2   대종사 말씀하시기를 「수도인이 구하는 바는, 마음을 알아서 마음의 자유를 얻자는 것이며, 생사의 원리를 알아서 생사를 초월하자는 것이며, 죄복의 이치를 알아서 죄복을 임의로 하자는 것이니라.」

3   대종사 말씀하시기를 「한 마음이 선하면 모든 선이 이에 따라 일어나고, 한 마음이 악하면 모든 악이 이에 따라 일어나나니, 그러므로 마음은 모든 선악의 근본이 되나니라.」

4   대종사 말씀하시기를 「마음이 바르지 못한 사람이 돈이나 지식이나 권리가 많으면 그것이 도리어 죄악을 짓게

| 대종경 필사본 | 대종경 |

재주가 도리어 罪惡을 짓게 하고 權利가 많으면 그 權利가 도리어 罪惡을 짓게 하나니 마음을 바루지 아니하고 돈과 재주와 知識과 權利를 많이 가진들 무슨 有益한 바가 있으리오. 마음이 바른 뒤에야 돈과 재주와 知識과 權利가 다 永遠한 福으로 化하나니라.

하는 근본이 되나니, 마음이 바른 뒤에야 돈과 지식과 권리가 다 영원한 복으로 화하나니라.」

5 大宗師- 가라사대 善이 좋은 것이나 작은 善에 얽매이면 큰 善을 妨害하고 智慧가 좋은 것이나 작은 智慧에 얽매이면 큰 智慧를 妨害하나니 그 적은 것에 얽매이지 아니하는 工夫를 하여야 能히 큰 것을 얻으리라.

5 대종사 말씀하시기를 「선이 좋은 것이나, 작은 선에 얽매이면 큰 선을 방해하고, 지혜가 좋은 것이나, 작은 지혜에 얽매이면 큰 지혜를 방해 하나니, 그 작은 것에 얽매이지 아니하는 공부를 하여야 능히 큰 것을 얻으리라.」

6 大宗師- 가라사대 自己가 어리석은 줄을 알면 어리석은 사람이라도 智慧를 얻을 것이요 自己가 智慧 있는 줄만 알고 없는 것을 發見하지 못하면 智慧있는 사람이라도 漸漸 어리석은 데로 떨어지나니라.

6 대종사 말씀하시기를 「자기가 어리석은 줄을 알면, 어리석은 사람이라도 지혜를 얻을 것이요, 자기가 지혜 있는 줄만 알고 없는 것을 발견하지 못하면, 지혜 있는 사람이라도 점점 어리석은 데로 떨어지나니라.」

7 大宗師- 가라사대 큰 道를 닦는 사

7 대종사 말씀하시기를 「큰 도를 닦

| 대종경 필사본 | 대종경 |

람은 定과 慧를 같이 運轉하나 定 우에 慧를 세워 참 智慧를 얻고 큰 事業을 하는 사람은 德과 才를 같이 進行하나 德 우에 才를 써서 참 재주를 삼나니라.

8 大宗師- 가라사대 勇猛 있는 사람이 強敵 만나기 쉽고, 재주 있는 사람이 일 그릇치기 쉽나니라.

9 大宗師- 가라사대 어리석은 사람은 근심과 걱정이 있을 때에는 없애기에 努力하지마는 없을 때에는 다시 작만하기에 奔走하나니 그러므로 그 生活에 근심과 걱정이 다할 날이 없나니라.

10 大宗師- 가라사대 大道에 發願한 사람은 短促한 時日에 速히 이루기를 바라지 말라. 빠른 걸음으로 먼 길을 걷지 못하고 燥急한 마음으로는 大道를 이루기 어렵나니 저 큰 나무도 적은 싹이 썩지 않고 여러 해를 큰 結果요 佛菩薩도 처음 發願을 退轉치 않고 오래오래 功을

는 사람은 정과 혜를 같이 운전하되, 정 위에 혜를 세워 참 지혜를 얻고, 큰 사업을 하는 사람은 덕(德)과 재(才)를 같이 진행하되, 덕 위에 재를 써서 참 재주를 삼나니라.」

8 대종사 말씀하시기를 「용맹 있는 사람이 강적 만나기 쉽고, 재주 있는 사람이 일 그르치기 쉽나니라.」

9 대종사 말씀하시기를 「어리석은 사람은 근심과 걱정이 있을 때는 없애기에 노력하지마는, 없을 때는 다시 장만하기에 분주하나니, 그러므로 그 생활에 근심과 걱정이 다 할 날이 없나니라.」

10 대종사 말씀하시기를 「큰 도에 발원한 사람은 짧은 시일에 속히 이루기를 바라지 말라. 잦은걸음으로는 먼 길을 걷지 못하고, 조급한 마음으로는 큰 도를 이루기 어렵나니, 저 큰 나무도 작은 싹이 썩지 않고 여러 해 큰 결과요, 불보살도 처음 발원을 퇴전(退轉)하지 않고

대종경 필사본

쌓은 結果이니라.

11 大宗師- 가라사대 큰 工夫를 妨害하는 두 魔障이 있나니 하나는 제 根機를 스스로 無視하고 自暴自棄하여 向上을 끊음이요, 둘은 적은 智見에 스스로 滿足하고 自尊自大하여 向上을 끊음이니 이 두 魔障을 벗어나지 못하고는 큰 工夫를 이루지 못하나니라.

12 大宗師- 가라사대 希望이 끊어진 사람은 肉身은 살아있으나 마음은 죽은 사람이니, 殺盜淫을 行한 惡人이라도 마음만 한번 돌리면 佛菩薩이 될 수도 있지마는 希望이 끊어진 사람은 그 마음이 살아나기 前에는 어찌할 能力이 없나니라. 그러므로 佛菩薩들은 모든 衆生에게 큰 希望을 열어주실 願力을 세우시고 世世生生 끊임없이 努力하시나니라.

13 大宗師- 가라사대 如意寶珠가 따로 없나니 마음에 慾心을 떼고 하고 싶

대종경

오래오래 공을 쌓은 결과이니라.」

11 대종사 말씀하시기를 「큰 공부를 방해하는 두 마장(魔障)이 있나니, 하나는 제 근기를 스스로 무시하고 자포자기하여 향상을 끊음이요, 둘은 작은 지견에 스스로 만족하고 자존자대하여 향상을 끊음이니, 이 두 마장을 벗어나지 못하고는 큰 공부를 이루지 못하나니라.」

12 대종사 말씀하시기를 「희망이 끊어진 사람은 육신은 살아 있으나 마음은 죽은 사람이니, 살·도·음(殺盜淫)을 행한 악인이라도 마음만 한 번 돌리면 불보살이 될 수도 있지마는, 희망이 끊어진 사람은 그 마음이 살아나기 전에는 어찌할 능력이 없나니라. 그러므로, 불보살들은 모든 중생에게 큰 희망을 열어주실 원력(願力)을 세우시고, 세세생생 끊임없이 노력하시나니라.」

13 대종사 말씀하시기를 「여의보주(如意寶珠)가 따로 없나니, 마음에 욕심

대종경 필사본	대종경

은 것과 하기 싫은 것에 自由自在하고 보면 그가 곧 如意寶珠니라.

을 떼고, 하고 싶은 것과 하기 싫은 것에 자유자재하고 보면 그것이 곧 여의보주니라.」

14 大宗師- 가라사대 다른 사람을 바루고저 하거든 먼저 나를 바루고 다른 사람을 가르치고자 하거든 먼저 내가 배우고 다른 사람의 恩惠를 받고저 하거든 먼저 내가 恩惠를 베풀라. 그리하면 나의 求하는 바를 다 이루는 同時에 自他가 고루 化함을 얻으리라.

14 대종사 말씀하시기를 「다른 사람을 바루고자 하거든 먼저 나를 바루고, 다른 사람을 가르치고자 하거든 먼저 내가 배우고, 다른 사람의 은혜를 받고자 하거든 먼저 내가 은혜를 베풀라. 그러하면, 나의 구하는 바를 다 이루는 동시에 자타가 고루 화함을 얻으리라.」

15 大宗師- 가라사대 다른 사람을 이기는 것이 그 힘이 세다 하겠으나 自己를 이기는 것은 그 힘이 더하다 하리니 自己를 能히 이기는 사람은 天下 사람이라도 能히 이길 힘이 생기나니라.

15 대종사 말씀하시기를 「다른 사람을 이기는 것이 그 힘이 세다 하겠으나, 자기를 이기는 것은 그 힘이 더하다 하리니, 자기를 능히 이기는 사람은 천하 사람이라도 능히 이길 힘이 생기나니라.」

16 大宗師- 가라사대 世上에 어리석은 사람 둘이 있나니 하나는 제 마음도 마음대로 쓰지 못하면서 남의 마음을 제 마음대로 쓰려는 사람이요, 둘은 제 일 하나도 제대로 處理하지 못하면서 남의

16 대종사 말씀하시기를 「세상에 두 가지 어리석은 사람이 있나니, 하나는 제 마음도 마음대로 쓰지 못하면서 남의 마음을 제 마음대로 쓰려는 사람이요, 둘은 제 일 하나도 제대로 처리하지 못

대종경 필사본

일까지 干涉하다가 是非 中에 들어서 苦痛 받는 사람이니라.

17 大宗師- 가라사대 모든 것을 求하는 데에 道가 있나니 凡夫는 道가 없이 求하므로 求하면 求할수록 멀어지고 佛菩薩은 道가 있이 求하므로 아숩게 구하지 아니하여도 自然히 돌아오는 理致가 있나니라.

18 大宗師- 가라사대 그 일을 먼저 하고 먹기를 뒤에 하는 사람은 君子요 그 일을 뒤에 하고 먹기를 먼저 하는 사람은 小人이니라.

19 大宗師- 가라사대 어리석은 사람은 福을 받기는 좋아하나 福을 짓기는 싫어하고 罪를 받기는 싫어하나 罪를 짓기를 좋아하나니 이것이 다 罪福의 根源을 알지 못함이요 設使 안다할찌라도 實行이 없는 緣故니라.

대종경

하면서 남의 일까지 간섭하다가 시비 가운데 들어서 고통받는 사람이니라.」

17 대종사 말씀하시기를 「모든 것을 구하는 데에 도가 있건마는 범부는 도가 없이 구하므로 구하면 구할수록 멀어지고, 불보살은 도로써 구하므로 아쉽게 구하지 아니하여도 자연히 돌아오는 이치가 있나니라.」

18 대종사 말씀하시기를 「그 일을 먼저 하고 먹기를 뒤에 하는 사람은 군자요, 그 일을 뒤에 하고 먹기를 먼저 하는 사람은 소인이니라.」

19 대종사 말씀하시기를 「어리석은 사람은 복을 받기는 좋아하나 복을 짓기는 싫어하고, 화(禍)를 받기는 싫어하나 죄를 짓기는 좋아하나니, 이것이 다 화복의 근원을 알지 못함이요, 설사 안다고 할지라도 실행이 없는 연고니라.」

| 대종경 필사본 | 대종경 |

20 大宗師- 가라사대 精神·肉身·物質로 惠施를 많이 하는 사람이 將次 福을 많이 받을 사람이요, 어떠한 境界를 當하든지 分數에 便安한 사람이 제일 便安한 사람이며 어떠한 處地에 있든지 滿足을 얻는 사람이 第一 貴하고 富한 사람이니라.

20 대종사 말씀하시기를 「정신·육신·물질로 혜시를 많이 하는 사람이 장차 복을 많이 받을 사람이요, 어떠한 경계를 당하든지 분수에 편안한 사람이 제일 편안한 사람이며, 어떠한 처지에 있든지 거기에 만족하는 사람이 제일 부귀한 사람이니라.」

21 大宗師- 가라사대 衆生은 怜悧하게 제 일만 하는 것 같으나 結局 自身이 害를 보고 佛菩薩은 어리석게 남의 일만 하여주는 것 같으나 結局 自己의 일이 잘 되나니라.

21 대종사 말씀하시기를 「중생은 영리하게 제 일만 하는 것 같으나 결국 자신이 해를 보고, 불보살은 어리석게 남의 일만 해주는 것 같으나 결국 자기의 이익이 되나니라.」

22 大宗師- 가라사대 智慧 있는 사람은 地位의 高下를 가리지 않고 거짓 없이 그 일에만 充實하므로 時日이 갈수록 그 일과 功이 燦爛하게 드러나는 것이요, 어리석은 사람은 그 일에는 充實치도 않으면서 이름과 功만을 求하므로 結局 이름과 功이 헛되이 없어지고 마나니라.

22 대종사 말씀하시기를 「지혜 있는 사람은 지위의 고하를 가리지 않고 거짓 없이 그 일에만 충실하므로, 시일이 갈수록 그 일과 공덕이 찬란하게 드러나고, 어리석은 사람은 그 일에는 충실하지 아니하면서 이름과 공만을 구하므로, 결국 이름과 공이 헛되이 없어지고 마나니라.」

대종경 필사본	대종경

23 大宗師- 가라사대 제가 스스로 높은 체 하는 사람은 반드시 낮아지고 恒常 남을 이기기로만 主張하는 사람은 반드시 지게 되나니라.

23 대종사 말씀하시기를 「제가 스스로 높은 체하는 사람은 반드시 낮아지고, 항상 남을 이기기로만 주장하는 사람은 반드시 지게 되나니라.」

24 大宗師- 가라사대 善은 들추어낼 수록 그 功德이 적어지고 惡은 숨겨둘수록 그 뿌리가 깊어지나니 그러므로 善은 숨겨두는 것이 그 功德이 커나고 惡은 들추어내는 것이 그 뿌리가 옅어지나니라.

24 대종사 말씀하시기를 「선은 들추어낼수록 그 공덕이 작아지고 악은 숨겨둘수록 그 뿌리가 깊어지나니, 그러므로 선은 숨겨두는 것이 그 공덕이 커지고 악은 들추어내는 것이 그 뿌리가 얕아지나니라.」

25 大宗師- 가라사대 德도 陰助하는 德이 더 크고 罪도 陰害하는 罪가 더 크나니라.

25 대종사 말씀하시기를 「덕도 음조(陰助)하는 덕이 더 크고, 죄도 음해(陰害)하는 죄가 더 크나니라.」

26 大宗師- 가라사대 善을 行하고도 남이 몰라주는 것을 怨望하는 사람은 善 가운데 惡의 움이 자라나는 사람이요, 惡을 犯하고도 제 스스로 懺悔하는 사람은 惡 가운데 善의 움이 자라나는 사람이니 그러므로 한때의 善으로 自慢自足하여 向上을 막지도 말며 한때의 惡으로

26 대종사 말씀하시기를 「선을 행하고도 남이 몰라 주는 것을 원망하면 선 가운데 악의 움이 자라나고, 악을 범하고도 참회를 하면 악 가운데 선의 움이 자라나나니, 그러므로 한때의 선으로 자만자족하여 향상을 막지도 말며, 한때의 악으로 자포자기하여 타락하지도 말 것

| 대종경 필사본 | 대종경 |

自暴自己하여 墮落心을 내지도 말 것이 니라.

이니라.」

27 大宗師- 가라사대 어리석은 사람은 공것이라면 한갓 좋아만 하고 그로 因하여 몇 倍 以上의 損害를 받는 수가 있음을 알지 못하나 智慧 있는 사람은 공것을 좋아하지도 아니하려니와 그것이 생기면 다 차지하지 아니하고 正當한 곳에 나누어 써서 災殃이 따라오기 前에 미리 厄을 防備하나니라.

27 대종사 말씀하시기를 「어리석은 사람은 공것이라 하면 좋아만 하고, 그로 인하여 몇 배 이상의 손해를 받는 수가 있음을 알지 못하나, 지혜 있는 사람은 공것을 좋아하지도 아니하려니와, 그것이 생기면 다 차지하지 아니하고 정당한 곳에 나누어 써서, 재앙이 따라오기 전에 미리 액을 방비하나니라.」

28 大宗師- 가라사대 眞人은 마음에 거짓이 없는지라 一切 萬事가 다 참으로 나타나고 聖人은 마음에 相克이 없는지라 一切 行事가 다 德으로 나타나나니 그러므로 眞人은 恒時 마음이 발라서 삿됨이 없고 聖人은 恒時 마음이 安穩하여 苦가 없나니라.

28 대종사 말씀하시기를 「진인(眞人)은 마음에 거짓이 없는지라 모든 행사가 다 참으로 나타나고, 성인(聖人)은 마음에 상극(相克)이 없는지라 모든 행사가 다 덕으로 나타나나니, 그러므로 진인은 언제나 마음이 발라서 삿됨이 없고 성인은 언제나 마음이 안온하여 괴로움이 없나니라.」

29 大宗師- 가라사대 빈 말로 남에게 무엇을 준다든지 또는 많이 주엇다고 誇

29 대종사 말씀하시기를 「빈말로 남에게 무엇을 준다든지 또는 많이 주었다

대종경 필사본

張하여 말하지 말라. 그 말이 도리어 빚이 되고 德을 傷하나니라. 또는 虛空法界에 빈 말로 盟誓하지 말라. 虛空法界를 속인 말이 무서운 罪苦의 原因이 되나니라.

30 大宗師- 가라사대 自己 內心에 惡氣와 毒氣가 풀어진 사람이라야 相對便의 惡氣와 毒氣를 풀어줄 수 있나니라.

31 大宗師- 가라사대 相克의 마음이 禍를 불러드리는 根本이 되고 相生의 마음이 福을 불러드리는 根本이 되나니라.

32 大宗師- 가라사대 아무리 한때에 惡을 犯한 사람이라도 眞心으로 참회하고 功을 쌓으면 몸에 惡氣가 풀어져서 그 앞길이 光明하게 열릴 것이요, 아무리 한때에 善을 지은 사람이라도 內心에 怨望이나 남을 害칠 마음이 있으면 그 몸에 惡氣가 싸고돌아서 그 앞길이 暗澹

대종경

고 과장하여 말하지 말라. 그 말이 도리어 빚이 되고 덕을 상하나니라. 또는 허공 법계에 빈말로 맹세하지 말라. 허공 법계를 속인 말이 무서운 죄고의 원인이 되나니라.」

30 대종사 말씀하시기를 「자기 마음 가운데 악한 기운과 독한 기운이 풀어진 사람이라야 다른 사람의 악한 기운과 독한 기운을 풀어 줄 수 있나니라.」

31 대종사 말씀하시기를 「상극의 마음이 화(禍)를 불러들이는 근본이 되고, 상생의 마음이 복을 불러들이는 근본이 되나니라.」

32 대종사 말씀하시기를 「아무리 한때 악을 범한 사람이라도 참 마음으로 참회하고 공덕을 쌓으면 몸에 악한 기운이 풀어져서 그 앞길이 광명하게 열릴 것이요, 아무리 한때 선을 지은 사람이라도 마음에 원망이나 남을 해칠 마음이 있으면 그 몸에 악한 기운이 싸고돌아서

대종경 필사본

하게 막히나니라.

33 大宗師- 가라사대 衆生은 열 번 잘해준 恩人이라도 한번만 잘못하면 怨望으로 돌리지마는 道人들은 열 번 잘못한 사람이라도 한번만 잘하면 感謝로 돌리나니 그러므로 衆生은 恩惠 가운데에서도 害만 發見하여 亂離와 破壞를 불러오고 道人들은 害 가운데에서도 恩惠를 發見하여 平和와 安樂을 불러 오나니라.

34 大宗師- 가라사대 어리석은 사람은 남의 過失만 밝히므로 恒常 제 앞이 어둡고 智慧있는 사람은 恒常 自己의 허물을 살피므로 남을 是非할 餘暇가 없나니라.

35 大宗師- 가라사대 善한 사람은 善으로써 世上을 가르치고 惡한 사람은 惡으로써 世上을 깨우치나니 그 功이 서로 같으나 善한 사람은 自身이 福을 얻으면서 世上일을 하게 되고 惡한 사람은 自

대종경

그 앞길이 암담하게 막히나니라.」

33 대종사 말씀하시기를 「중생들은 열 번 잘해준 은인이라도 한 번만 잘못하면 원망으로 돌리지마는 도인들은 열 번 잘못한 사람이라도 한 번만 잘하면 감사하게 여기나니, 그러므로 중생들은 은혜에서도 해(害)만 발견하여 난리와 파괴를 불러오고, 도인들은 해에서도 은혜를 발견하여 평화와 안락을 불러오나니라.」

※ 현행 『대종경』 인도품 36장 후반부 내용과 동일하므로 제외됨.

34 대종사 말씀하시기를 「선한 사람은 선으로 세상을 가르치고, 악한 사람은 악으로 세상을 깨우쳐서, 세상을 가르치고 깨우치는 데에는 그 공이 서로 같으나, 선한 사람은 자신이 복을 얻으

| 대종경 필사본 | 대종경 |

身이 罪를 얻으면서 世上일을 하게 되므로 惡한 사람을 미워하기보다 차라리 불상히 여기는 것이 옳으리라.

36 大宗師- 가라사대 利用하는 法을 알면 天下에는 버릴 것이 하나도 없나니라.

37 大宗師- 가라사대 사람이 말 한번 하고 글 한줄 쓰는 것으로도 남에게 希望과 安靜을 얻게도 하고 落望과 不安을 얻게도 하나니 그러므로 사람이 根本的으로 惡해서만 罪를 짓는 것이 아니라 罪 되고 福되는 理致를 알지 못하여 不知中에 罪를 짓는 수가 許多하나니라.

38 大宗師- 가라사대 殺 盜 陰 같은 重戒를 犯하는 것만 惡이 아니라 바른 道를 믿지 못하게 하여 永劫多生에 여러 사람의 前路를 막는 것은 더 큰 惡이며 金錢과 衣食을 많이 주는 것만 善이 아

면서 세상일을 하게 되고, 악한 사람은 자신이 죄를 지으면서 세상일을 하게 되므로, 악한 사람을 미워하지 말고 불쌍히 여겨야 하나니라.」

35 대종사 말씀하시기를 「이용하는 법을 알면 천하에는 버릴 것이 하나도 없나니라.」

36 대종사 말씀하시기를 「사람이 말 한 번 하고 글 한 줄 써서도 남에게 희망과 안정을 주기도 하고, 낙망과 불안을 주기도 하나니, 그러므로 사람이 근본적으로 악해서만 죄를 짓는 것이 아니라, 죄 되고 복 되는 이치를 알지 못하여 자신도 모르는 가운데 죄를 짓는 수가 허다하나니라.」

37 대종사 말씀하시기를 「살·도·음 같은 중계(重戒)를 범하는 것도 악이지마는, 사람의 바른 신심을 끊어서 영겁다생에 그 앞길을 막는 것은 더 큰 악이며, 금전이나 의식을 많이 혜시하는 것

| 대종경 필사본 | 대종경 |

니라 여러 사람의 마음을 깨우쳐서 永劫 多生에 前路를 열어주는 것은 더 큰 善이 되나니라.

도 선이지마는, 사람에게 바른 신심을 일으켜서 영겁 다생에 그 앞길을 열어주는 것은 더 큰 선이 되나니라.」

39 大宗師- 가라사대 世上에 濟度하기 어려운 사람 셋이 있나니 하나는 마음에 어른이 없는 사람이요 둘은 每事에 廉恥가 없는 사람이요 셋은 惡을 犯하고도 慙愧하는 마음이 없는 사람이니라.

38 대종사 말씀하시기를 「세상에 세 가지 제도하기 어려운 사람이 있나니, 하나는 마음에 어른이 없는 사람이요, 둘은 모든 일에 염치가 없는 사람이요, 셋은 악을 범하고도 부끄러운 마음이 없는 사람이니라.」

40 大宗師- 가라사대 會中에 處하여 大衆의 規則을 어기는 것은 곧 會體를 破壞하는 것이요, 大衆의 意思를 無視하는 것은 곧 天意를 어김이 되나니라.

39 대종사 말씀하시기를 「대중 가운데 처하여 대중의 규칙을 어기는 것은 곧 그 단체를 파괴하는 것이요, 대중의 뜻을 무시하는 것은 곧 천의를 어김이 되나니라.」

41 大宗師- 가라사대 大衆 中에 處하여 비록 特善과 特技는 없다 할찌라도 오래 平凡을 지키어 꾸준한 功을 쌓으면 또한 能히 큰 成功을 보리라.

40 대종사 말씀하시기를 「대중 가운데 처하여 비록 특별한 선과 특별한 기술은 없다 할지라도 오래 평범을 지키면서 꾸준한 공을 쌓는 사람은 특별한 인물이니, 그가 도리어 큰 성공을 보게 되리라.」

| 대종경 필사본 | 대종경 |

42 大宗師- 가라사대 道家의 命脈은 物質의 財産에 있지 아니하고 法의 慧命을 받아 傳하는 데에 있나니라.

43 大宗師- 가라사대 참 自由는 放縱을 節制하는 데에서 오고 큰 利益은 私慾을 버리는 데서 오나니 그러므로 참 自由를 願하는 사람은 먼저 戒律을 修行하고 큰 利益을 求하는 사람은 먼저 公心을 養成하나니라.

44 大宗師- 가라사대 衆生들은 佛菩薩을 福田으로 삼고 佛菩薩들은 衆生을 福田으로 삼나니라.

45 大宗師- 가라사대 사람으로서 六途와 四生의 世界를 널리 알지 못하면 이는 한 便 世上만 아는 사람이요, 六途와 四生의 昇降되는 理致를 두루 알지 못하면 이는 또한 눈앞의 일밖에 모르는 사람이니라.

41 대종사 말씀하시기를 「도가의 명맥(命脈)은 시설이나 재물에 있지 아니하고, 법의 혜명(慧命)을 받아 전하는 데에 있나니라.」

42 대종사 말씀하시기를 「참 자유는 방종(放縱)을 절제하는 데에서 오고, 큰 이익은 사욕을 버리는 데에서 오나니, 그러므로 참 자유를 원하는 사람은 먼저 계율을 잘 지키고, 큰 이익을 구하는 사람은 먼저 공심(公心)을 양성하나니라.」

43 대종사 말씀하시기를 「중생들은 불보살을 복전(福田)으로 삼고, 불보살들은 중생을 복전으로 삼나니라.」

44 대종사 말씀하시기를 「사람으로서 육도와 사생의 세계를 널리 알지 못하면 이는 한편 세상만 아는 사람이요, 육도와 사생의 승강되는 이치를 두루 알지 못하면 이는 또한 눈앞의 일밖에 모르는 사람이니라.」

| 대종경 필사본 |

46 大宗師- 가라사대 그 마음에 한 생각의 私가 없는 사람은 곧 十方三界를 所有하는 사람이니라.

| 대종경 |

45 대종사 말씀하시기를「그 마음에 한 생각의 사(私)가 없는 사람은 곧 시방 삼계를 소유하는 사람이니라.」

實示品

| 대종경 필사본 | 대종경 |

5 한때에 大宗師- 靈光 法聖에서 배를 타시고 扶安 蓬萊精舍로 오시는 途中 뜻밖에 暴風이 일어나 배가 크게 搖動하매 뱃사람과 乘客들이 모두 精神을 잃고 或은 우는 사람도 있고 吐하는 사람도 있으며 꺼꾸러지는 사람도 있어서 배 안이 크게 騷亂하거늘 大宗師- 泰然 正色하시고 가라사대 사람이 아무리 死地를 當할찌라도 精神을 收拾하여 옛 지은 罪를 뉘우치고 앞날의 善業을 盟誓한다면 天力을 빌려서 살 길이 열리기도 하나니 여러 사람들은 精神을 차리라 하시니 배에 탄 모든 사람이 다 그 威德에 信賴하여 마음을 겨우 鎭定하였던 바 조금 後에 漸漸 바람이 자고 물결이 平穩하여지거늘 사람들이 모두 大宗師의 그 泰然 不動하신 態度와 慈悲 潤澤하신 聖體를 뵈옵고 欽仰함을 마지 아니하니라.

6 大宗師- 하루는 實相寺에 가시였더니 때에 老僧 두 사람이 한 젊은 上佐에게 參禪을 하라 하되 終是 듣지 아니한다 하여 無數히 꾸짓고 나서 大宗師께 告하되 저런 사람은 當場에 千佛이 出世

1 한때에 대종사 법성(法聖)에서 배를 타시고 부안(扶安) 봉래정사로 오시는 도중, 뜻밖에 폭풍이 일어나 배가 크게 요동하매, 뱃사람과 승객들이 모두 정신을 잃고, 혹은 우는 사람도 있고, 토하는 사람도 있으며, 거꾸러지는 사람도 있어서, 배 안이 크게 소란하거늘, 대종사 태연 정색하시고 말씀하시기를「사람이 아무리 죽을 경우를 당할지라도 정신을 수습하여, 옛날 지은 죄를 뉘우치고 앞날의 선업을 맹세한다면, 천력(天力)을 빌려서 살길이 열리기도 하나니, 여러 사람은 정신을 차리라.」하시니, 배에 탄 모든 사람이 다 그 위덕에 신뢰하여 마음을 겨우 진정하였던바, 조금 후에 점점 바람이 자고 물결이 평온하여지거늘, 사람들이 모두 대종사의 그 태연 부동하신 태도와 자비 윤택하신 성체를 뵈옵고 흠앙함을 마지아니하니라.

2 대종사 하루는 실상사에 가시었더니, 때에 노승 두 사람이 한 젊은 상좌에게 참선(參禪)을 하라 하되 종시 듣지 아니한다 하여 무수히 꾸짖고 나서, 대종사께 고하기를「저런 사람은 당장에 천

| 대종경 필사본 | 대종경 |

하여도 濟度하지 못하리니 이는 곧 世上에 버린 물건이라 하거늘 大宗師- 웃으시며 가라사대 그대들이 저 사람을 생각하기는 하였으나 저 사람으로 하여금 永永 參禪을 못하게 하는 것도 그대들이로다 하시니 한 老僧이 가로되 어찌하여 우리가 저 사람에게 參禪을 못하게 한다 하시나이까? 大宗師- 가라사대 남의 願 없는 것을 强制로 勸하는 것은 그 사람으로 하여금 永永 그 일을 싫어하게 함이니라 하시고 草堂 앞山의 큰 바위를 가리키시며 내가 只今 그대에게 저 바위 속에 金이 들었으니 저 바위를 부수고 金을 캐라하면 그대는 곧 나의 말을 믿고 바로 採掘을 始作하겠는가? 老僧이 한참동안 생각한 후에 말하되 그 말씀을 믿고 바로 採掘은 못하겠나이다. 大宗師- 가라사대 그대가 그와 같이 確信을 하여 주지 않는데 내가 萬一 强制로 勸하면 그대는 어찌하겠는가. 必是 내 말을 더욱 허망하게 알고 말 것이니 저 사람은 아직 參禪에 對한 趣味도 모르고 아무 發願도 없는데 그것을 억지로 勸함은 저 사람으로 하여금 參禪을 도리어 虛妄하게 알게 함이요, 虛妄하게 아는 때에는 永永 參禪을 아니할 것이 아닌가. 그

불이 출세하여도 제도하지 못하리니 이는 곧 세상에 버린 물건이라.」하거늘 대종사 웃으시며 말씀하시기를 「화상(和尙)들이 저 사람을 생각하기는 하였으나 저 사람으로 하여금 영영 참선을 못 하게 하는 것도 화상들이로다.」하시니, 한 노승이 말하기를 「어찌하여 우리가 저 사람에게 참선을 못 하게 한다 하시나이까?」대종사 말씀하시기를 「남의 원 없는 것을 강제로 권하는 것은 그 사람으로 하여금 영영 그 일을 싫어하게 함이니라. 내가 지금 화상에게 저 산의 바위 속에 금이 들었으니 그것을 부수고 금을 캐라고 무조건 권하면 화상은 곧 나의 말을 믿고 바로 채굴을 시작하겠는가?」노승이 한참 동안 생각한 후에 말하기를 「그 말씀을 믿고 바로 채굴은 못 하겠나이다.」대종사 말씀하시기를 「화상이 그와 같이 확신을 하여 주지 않는데 내가 만일 강제로 권하면 화상은 어찌하겠는가? 필시 내 말을 더욱 허망하게 알고 말 것이니, 저 사람은 아직 참선에 대한 취미도 모르고 아무 발원도 없는데, 그것을 억지로 권함은 저 사람으로 하여금 참선을 도리어 허망하게 알게 함이요, 허망하게 아는 때는 영영 참선을 아니

대종경 필사본

러므로 이는 사람 濟度하는 妙方이 아니니라. 老僧이 가로되 그러하오면 어떻게 하는 것이 濟度하는 妙方이 되오리까? 大宗師- 가라사대 저 바위 속에 金이 든 줄을 알았거든 내가 먼저 採掘하여다가 그것을 光彩 있게 쓰면 사람들이 나의 富裕해진 緣由를 알고저 하리니 그 알고저 하는 마음의 程度를 보아서 그 內譯을 말하여 준다면 그 사람들이 얼마나 感謝히 自己들도 그 金을 採掘하려 할 것인가. 이것이 곧 사람을 濟度하는 妙方일까 하노라. 老僧들이 고쳐 앉으며 말하되 참으로 廣大하도다 先生의 濟度하시는 方法이여! 하니라.

26 大宗師- 蓬萊精舍에 계실 때 하루는 저녁 供養을 拒絶하시는지라 侍奉하던 金南天 宋寂壁 等이 그 緣由를 묻자온대 大宗師- 가라사대 내가 이 곳에 있음에 그대들의 힘을 입음이 크거늘 그대들이 오늘밤에는 싸움을 하고 來日 아침 해가 뜨기 前에 떠나갈 터이라 내 미리 밥을 먹지 아니하려 하노라 하시거늘 두 사람이 서로 告하되 저희 사이가 特別히

대종경

할 것이 아닌가? 그러므로, 이는 사람 제도하는 묘방이 아니니라.」노승이 말하기를 「그러하오면 어떻게 하는 것이 제도하는 묘방이 되오리까?」대종사 말씀하시기를 「저 바위 속에 금이 든 줄을 알았거든 내가 먼저 채굴하여다가 그것을 광채 있게 쓰면 사람들이 나의 부유해진 연유를 알고자 하리니, 그 알고자 하는 마음의 정도를 보아서 그 내역을 말하여 준다면 그 사람들도 얼마나 감사히 그 금을 채굴하려 할 것인가. 이것이 곧 사람을 제도하는 묘방일까 하노라.」노승들이 고쳐 앉으며 말하기를 「선생의 제도하시는 방법은 참으로 광대하나이다.」하니라.

3 대종사, 봉래정사에 계실 때 하루는 저녁 공양을 아니 드시므로 시봉하던 김남천·송적벽이 그 연유를 여쭈었더니, 대종사 말씀하시기를 「내가 이곳에 있으매 그대들의 힘을 입음이 크거늘 그대들이 오늘 밤에는 싸움을 하고 내일 아침 해가 뜨기 전에 떠나갈 터이라 내 미리 밥을 먹지 아니하려 하노라.」두 사람이 서로 사뢰기를 「저희 사이가 특별히

대종경 필사본

多情하온데 設令 어떠한 일로 마음이 좀 傷한들 가는 일까지야 있겠나이까 하며 供養에 應하시기를 懇曲히 勸하더니 몇 時間 後에 瞥眼間 두 사람이 싸움을 하며 서로 憤을 참지 못하여 짐을 챙기다가 南天은 大宗師의 豫示가 생각되어 그대로 머물러 平生에 聖訓을 지켰고 寂壁은 이튿날 아침에 떠나 가니라.

4 圓紀九年에 益山總部를 처음 建設한 後 艱苦한 敎團生活의 첫 生計로 한동안 製飴業을 經營한 바 있었더니 大宗師- 恒常 여러 弟子에게 일러 가라사대 只今 世上은 人心이 고르지 못하니 大門 단속과 物品 간수를 徹底히 하여 或 盜難을 當하는 일이 없도록 하라. 萬一 盜難을 當하게 된다면 우리의 物品을 損失할 뿐만 아니라 또한 남에게 罪를 짓게 하여 줌이 되나니 注意할 바이니라 하시고, 親히 자물쇠까지 사 주시었으나 弟子들은 아직 經驗이 不足한 關係로 미처 모든 단속을 徹底히 하지 못하였더니 어느 날 밤에 當時 唯一한 生計 資本이던 엿과 엿 木板이 다 없어진지라 弟子들이 惶恐하고 근심됨을 이기지 못하거늘 大

實示品

대종경

다정하온데 설령 어떠한 일로 마음이 좀 상한들 가는 일까지야 있겠나이까, 어서 공양에 응하소서.」하더니, 몇 시간 뒤에 별안간 두 사람이 싸움을 하며 서로 분을 참지 못하여 짐을 챙기다가 남천은 대종사의 미리 경계하심이 생각되어 그대로 머물러 평생에 성훈을 지켰고, 적벽은 이튿날 아침에 떠나가니라.

4 원기 9년에 익산 총부를 처음 건설한 후 가난한 교단 생활의 첫 생계로 한동안 엿[飴] 만드는 업을 경영한 바 있었더니, 대종사 항상 여러 제자에게 이르시기를「지금 세상은 인심이 고르지 못하니 대문 단속과 물품 간수를 철저히 하여 도난을 당하는 일이 없도록 하라. 만일 도난을 당하게 된다면 우리의 물품을 손실할 뿐만 아니라 또한 남에게 죄를 짓게 해 줌이 되나니 주의할 바이니라.」하시고, 친히 자물쇠까지 챙겨 주시었으나 제자들은 아직 경험이 부족한 관계로 미처 모든 단속을 철저히 하지 못하다가, 어느 날 밤에 엿과 엿목판을 다 잃어버린지라, 제자들이 황공하고 근심됨을 이기지 못하매, 대종사 말씀하시기

459

대종경 필사본

宗師- 가라사대 근심치 말라. 어제 밤에 지나간 사람이 그대들에게는 큰 先生이니 그대들이 나를 第一 尊重한 스승으로 믿고 있으나 日前에 내가 말한 것으로는 精神을 차리지 못하다가 이제부터는 내가 말하지 아니하여도 크게 注意를 할 것이니 어제 밤 若干의 物品 消耗는 그 先生을 待接한 學費로 아는 것이 옳으리라.

1   한 弟子 性行이 거칠어서 出家한 지 여러 해가 되도록 前日의 惡習을 도무지 고치지 못하거늘 弟子들이 大宗師께 告하여 가로되 그는 비록 百年을 法下에 두신다 하더라도 반드시 有益이 없사오리니 일즉 돌려보내시어 道場의 風紀를 깨끗이 함만 같지 못할까 하나이다. 大宗師- 가라사대 그대들이 어찌 그런 말을 하는고. 그가 只今 道場 안에 있어서도 그와 같으니 社會에 내보내면 그 將來가 더욱 어찌 되겠는가. 또는 社會와 道場을 따로 보는 것은 小乘의 생각이요 獨善의 所見이니 큰 見地로 본다면 社會의 不淨이 곧 道場의 不淨이요 道場의 不淨이 곧 社會의 不淨이라, 道場의 不淨만을 除去하여 社會에 옮기고저

대종경

를 「근심하지 말라. 어젯밤에 다녀간 사람이 그대들에게는 큰 선생이니, 그대들이 나를 제일 존중한 스승으로 믿고 있으나, 일전에 내가 말한 것만으로는 정신을 차리지 못하다가 이제부터는 내가 말하지 아니하여도 크게 주의를 할 것이니, 어젯밤 약간의 물품 손실은 그 선생을 대접한 학비로 알라.」

5   한 제자 성행(性行)이 거칠어서 출가한 지 여러 해가 되도록 전일의 악습을 도무지 고치지 못하므로, 제자들이 대종사께 사뢰기를 「그는 비록 백 년을 법하에 두신다 하더라도 별 이익이 없을 듯하오니, 일찍 돌려보내시어 도량(道場)의 풍기를 깨끗이 함이 좋을까 하나이다.」 대종사 말씀하시기를 「그대들이 어찌 그런 말을 하는가. 그가 지금 도량 안에 있어서도 그와 같으니 사회에 내보내면 그 장래가 더욱 어찌 되겠는가. 또는 사회와 도량을 따로 보는 것은 소승의 생각이요 독선의 소견이니, 큰 견지로 본다면 사회의 부정이 곧 도량의 부정이요, 도량의 부정이 곧 사회의 부정이라, 도량의 부정만을 제거하여 사회에

대종경 필사본

하는 것이 어찌 圓滿한 일이라 하리요. 大凡 佛法의 大義는 모든 方便을 다하여 끝까지 사람을 가르쳐서 善으로 引導하자는 것이어늘 萬一 善한 사람만 相對하기로 한다면 그 本分이 어데 있겠는가. 그러므로 그대들은 가르쳐서 곧 化하지 않는 사람이라고 미리 미워하여 버리지 말고 끝까지 最善을 다하되 제가 能히 감당치 못하여 나간다면 이어니와 그렇지 아니하면 다 같은 佛子로 함께 成佛할 因緣을 기리 놓지 말게 할찌어다.

2 한 弟子 敎則에 크게 어그러진 바 있어 大衆이 追放하기로 公事를 하는지라 大宗師- 가라사대 너희가 어찌 차마 이러한 公事를 하느냐? 그는 나의 뜻이 아니로다. 나는 몇 萬名 弟子만이 나의 사람이 아니요 몇 萬坪 施設만이 나의 道場이 아니라 온 世上 사람이 다 나의 사람이요 온 世界施設이 다 나의 道場이니 나를 따르던 사람으로 제가 나를 버리고는 갈지언정 내가 먼저 저를 버리지는 아니하리라 하시고 그 弟子를 直接 부르시사 或은 嚴責도 하시고 或은 開諭*도

實示品

대종경

옮기고자 하는 것이 어찌 원만한 일이라 하리오. 무릇 불법의 대의는 모든 방편을 다하여 끝까지 사람을 가르쳐서 선으로 인도하자는 것이거늘, 만일 선한 사람만 상대하기로 한다면 그 본분이 어디 있겠는가. 그러므로, 그대들은 가르쳐서 곧 화하지 않는 사람이라고 미리 미워하여 버리지 말고 끝까지 최선을 다하되, 제가 능히 감당하지 못하여 나간다면이어니와 그렇지 아니하면 다 같은 불제자로 함께 성불할 인연을 길이 놓지 말게 할지어다.」

6 한 제자 교칙(敎則)에 크게 어그러진 바 있어 대중이 추방하기로 공사를 하는지라, 대종사 말씀하시기를 「너희가 어찌 차마 이러한 공사를 하느냐. 그는 나의 뜻이 아니로다. 나는 몇만 명 제자만이 나의 사람이 아니요, 몇만 평 시설만이 나의 도량이 아니라, 온 세상 사람이 다 나의 사람이요, 온 세계 시설이 다 나의 도량이니, 나를 따르던 사람으로 제가 나를 버리고는 갈지언정 내가 먼저 저를 버리지는 아니하리라.」 하시고, 그 제자를 직접 부르시사 혹은 엄히 꾸짖기

대종경 필사본

하시어 마침내 改過遷善의 길을 얻게 하여 주시니라.

* 개유(開諭): 사리를 알아듣도록 타이름.

3 　大宗師- 靈山에 계실 때에 娼婦 몇 사람이 入敎하여 來往하거늘 左右 사람들이 꺼리어 가로되 이 淸靜한 法席에 저와 같은 不淨 分子가 자조 來往하오면 外人의 嗤笑가 있을 뿐 아니라 반드시 發展에 障礙가 될 것이오니 미리 오지 못하게 하는 것이 可할까 하나이다. 大宗師 들으시고 웃어 가라사대 그대들은 어찌 그리 碌碌한 말을 하는고. 大槪 佛法의 大義는 恒常 大慈大悲의 精神으로 一切 衆生을 두루 濟度하는 데에 있거니 어찌 그대들은 그 範圍에서 除外하리오. 濟度의 門은 도리어 그러한 罪苦 衆生을 爲하여 열리었나니 그러한 衆生일수록 더 반가히 맞아들여 그 惡을 느껴 스스로 깨치게 하고 그 業을 부그러워 스스로 놓게 하는 것이 敎化의 本分이라 어찌 다른 사람의 嗤笑를 嫌疑하여 우리의 本分을 저버리겠는가. 또는 世上에는 사람의 高下가 있고 職業의 貴賤이 있으나 佛性에는 도무지 差別이 없나니 이러

대종경

도 하시고 혹은 타이르기도 하시어 마침내 개과천선의 길을 얻게 하여 주시니라.

7 　대종사, 영산에 계실 때 창부 몇 사람이 입교하여 내왕하는지라 좌우 사람들이 꺼리어 사뢰기를 「이 청정한 법석에 저러한 사람들이 내왕하오면 외인의 치소가 있을 뿐 아니라, 반드시 발전에 장애가 될 것이오니, 미리 오지 못하게 하는 것이 좋을까 하나이다.」 대종사 웃으시며 말씀하시기를 「그대들은 어찌 그리 녹록한 말을 하는가. 대개 불법의 대의는 항상 대자대비의 정신으로 일체중생을 두루 제도하는 데에 있거니, 어찌 그들만은 그 범위에서 제외하리오. 제도의 문은 도리어 그러한 죄고 중생을 위하여 열리었나니, 그러한 중생일수록 더 반가이 맞아들여, 그 악을 느껴 스스로 깨치게 하고, 그 업을 부끄러워 스스로 놓게 하는 것이 교화의 본분이라, 어찌 다른 사람의 치소를 꺼리어 우리의 본분을 저버리겠는가. 또는 세상에는 사람의 고하가 있고 직업의 귀천이 있으나, 불성에는 차별이 없나니, 이 원리를 알지

대종경 필사본

한 原理를 알지 못하고 다못 賤한 사람이 來往한다 하여 함께 배우기를 꺼려한다면 도리어 그 사람이 濟度하기 어려운 사람인가 하노라.

※ 출처 미상(未詳).

7 日政下의 刑事 한 사람이 大宗師의 名啣을 放恣하게 부르는지라 吳昌建이 그 無禮함을 憤慨히 여겨 크게 꾸짖어 보내거늘 大宗師- 일러 가라사대 그 사람이 나를 몰라서 그러하거늘 크게 탓

대종경

못하고 다만 그러한 사람이 내왕한다 하여 함께 배우기를 꺼린다면 도리어 그 사람이 제도하기 어려운 사람이니라.」

8 기미년(己未年·1919) 이후 인심이 극히 날카로운 가운데 대종사에 대한 관헌의 지목이 날로 심하여, 금산사에 계시다가 김제 서에서와, 영산에 계시다가 영광 서에서 여러 날 동안 심문당하신 것을 비롯하여 평생에 수많은 억압과 제재를 받으셨으나, 조금도 그들을 싫어하고 미워하시는 바가 없이 늘 흔연히 상대하여 주시었으며, 대중에게도 이르시기를 「그들은 그들의 일을 할 따름이요, 우리는 우리의 일을 할 따름이라, 우리의 하는 일이 옳은 일이라면 누구인들 끝내 해하고 막지는 못하리라.」

9 일경(日警) 한 사람이 대종사의 명함을 함부로 부르는지라 오창건이 그 무례함에 분개하여 크게 꾸짖어 보내거늘, 대종사 말씀하시기를 「그 사람이 나를 아직 잘 알지 못하여 그러하거늘 크

대종경 필사본

할 것이 무엇이리요. 사람을 敎化하는 사람은 恒常 心服으로 저 편을 感化시키는 데 힘써야 하나니 질 자리에 질 줄을 알면 반드시 이길 날이 많이 올 것이요, 이기지 아니할 자리에 이기면 반드시 지는 날이 많이 오나니라.

※ 출처 미상(未詳).

대종경

게 탓할 것이 무엇이리오. 사람을 교화하는 사람은 항상 심복으로 저편을 감화시키는 데 힘써야 하나니, 질 자리에 질 줄 알면 반드시 이길 날이 올 것이요, 이기지 아니할 자리에 이기면 반드시 지는 날이 오나니라.」

10 한 제자의 사상이 불온하다 하여 일경이 하루 동안 대종사를 심문하다가 「앞으로는 그런 제자가 다시 없도록 하겠다고 서약하라.」 하는지라, 대종사 말씀하시기를 「부모가 자녀들을 다 좋게 인도하려 하나 제 성행(性行)이 각각이라 부모의 마음대로 다 못 하는 것이요, 나라에서 만백성을 다 좋게 인도하려 하나 민심이 각각이라 나라에서도 또한 다 그렇게 해 주지를 못하나니, 나의 일도 그와 같아서 모든 사람을 다 좋게 만들고자 정성은 들이지마는 그 많은 사람을 어찌 일조일석에 다 좋게 만들 수 있겠는가. 그러므로, 앞으로도 노력은 계속하려니와 다시는 없게 하겠다고 서약하기는 어렵노라.」 하시고, 돌아오시어 대중에게 말씀하시기를 「오랫동안 강약이 대립하고 차별이 혹심하여 억울하게 묻어

| 대종경 필사본 | 대종경 |

둔 원한들이 많은지라, 앞으로 큰 전쟁이 한 번 터질 것이요, 그 뒤에는 세상 인지가 차차 밝아져서 개인들이나 나라들이 서로 돕고 우호 상통할지언정 남의 주권을 함부로 침해하는 일은 없으리라.」

8   한 사람이 大宗師께 뵈옵고 말하되 이러한 世上에도 見性한 道人이 있사오리? 大宗師- 가라사대 이러한 世上일수록 더욱 見性한 道人이 많이 나야 할 것이 아닌가. 그 사람이 다시 말하되 先生께서는 참으로 見性成佛을 하셨나이까? 大宗師- 웃으시며 가라사대 見性成佛은 말로 하는 것이 아니니 그만한 知覺을 얻어야 그 사람을 알게 되는 것이나 내 罪와 福을 分揀할만한 사람으로 어찌 한 생각의 얻음이 없이 敢히 衆人의 앞에 서서 大衆의 前程을 그르치리오 하시니라.

11   한 사람이 대종사께 여쭙기를 「이러한 세상에도 견성한 도인이 있사오리까?」 대종사 말씀하시기를 「이러한 세상일수록 더욱 견성한 도인이 많이 나야 할 것이 아닌가.」 그 사람이 다시 말하기를 「선생께서는 참으로 견성성불을 하셨나이까?」 대종사 웃으시며 말씀하시기를 「견성성불은 말로 하는 것도 아니요 말만 듣고 아는 것도 아니므로, 그만한 지각을 얻은 사람이라야 그 지경을 알아볼 수 있는 것이며, 도덕의 참다운 가치는 후대의 천하 사람들이 증명할 바이니라.」

9   刑事 한 사람이 日政의 指令을 받아 大宗師와 敎團을 監視하기 爲하여 여러 날을 敎中에 留連할새 大宗師- 그 사람을 챙기고 사랑하시되 사랑하는 弟子

12   형사 한 사람이 경찰 당국의 지령을 받아, 대종사와 교단을 감시하기 위하여 여러 해를 총부에 머무르는데, 대종사 그 사람을 챙기고 사랑하시기를 사

대종경 필사본

나 다름없이 하시는지라 한 弟子 여짜오되 大會上과 大聖賢을 監視하러 온 者에게 그렇게까지 하실 것이 무엇있겠나이까 한대 大宗師- 가라사대 그대의 생각과 나의 생각이 다르도다. 그 사람을 感化시켜 濟度를 받게 하면 못 쓸 것이 무엇이리요 하시고 그 사람이 있을 때나 없을 때나 매양 한결같이 챙기고 사랑하시더니 그가 드디어 感服하여 入敎하고 그 後로 敎中 모든 일에 많은 도움을 주니 法名이 黃二天이러라.

10 大宗師- 靈山에 계실 새 하루는 그 面의 警官 한 사람이 隣近 村家에 와서 사람을 보내어 大宗師의 오시기를 要求하는지라 大宗師- 곧 그에 應하려 하신대 左右 弟子들이 그의 無禮함에 憤慨하여 가심을 挽留하거늘 大宗師- 가라사대 내가 가서 그 사람을 봄이 무엇이 不可할고? 한 弟子 고하되 아무리 道德의 眞價를 몰라주는 世上이옵기로 그와 같은 一個 末端 警官이 數百 大衆을 거느리신 先生님에게 제 어찌 私意로써 敢히 오라 가라 하오리까. 萬一 그대로 順應하신다면 法位의 尊嚴을 損傷할 뿐 아니

대종경

랑하는 제자나 다름없이 하시는지라, 한 제자 여쭙기를 「그렇게까지 하실 것은 없지 않겠나이까?」 대종사 말씀하시기를 「그대의 생각과 나의 생각이 다르도다. 그 사람을 감화시켜 제도를 받게 하여 안 될 것이 무엇이리오.」 하시고, 그 사람이 있을 때나 없을 때나 매양 한결같이 챙기고 사랑하시더니, 그가 드디어 감복하여 입교하고 그 후로 교중 모든 일에 많은 도움을 주니 법명이 황이천(黃二天)이러라.

13 대종사, 영산에 계실 때, 하루는 그 면의 경관 한 사람이 이웃 마을에 와서 사람을 보내어 대종사의 오시기를 요구하는데 대종사 곧 그에 응하려 하시는지라, 좌우 제자들이 그 경관의 무례함에 분개하여, 가심을 만류하거늘, 대종사 말씀하시기를 「내가 가서 그 사람을 보는 것이 무엇이 불가하다는 말인가?」 한 제자 사뢰기를 「아무리 도덕의 가치를 몰라주는 세상이기로 그와 같은 일개 말단 경관이 수백 대중을 거느리시는 선생님에게 제 어찌 사의(私意)로써 감히 오라 가라 하오리까. 만일 그대로 순

대종경 필사본

라 敎中에 적지 않은 恥辱이 될까 하나이다. 大宗師- 가라사대 그대의 말이 그럴 듯하나 이에 對하여는 조금도 念慮하지 말라. 내 이미 생각한 바가 있노라 하시고, 바로 그곳에 가시어 그를 面會하고 돌아오사 弟子들에게 일러 가라사대 내 가서 그를 만나매 그가 도리어 惶恐한 態度로 반가히 迎接하였으며 더할 수 없이 滿足한 表情으로 돌아갔으니 그가 우리를 害하려는 마음이 많이 줄어졌으리라. 그러나 내가 萬一 그대들의 挽留함을 받아 가지를 아니하였다면 그가 우리를 害하려는 마음이 더할 것이요 그렇다면 그 結果가 어찌 되겠는가. 只今 저들은 어떠한 트집으로라도 朝鮮 사람의 團體는 다 害하려 하지 않는가. 그러므로 그대들의 挽留한 것은 참 대접을 求하는 마땅한 法이 아니었나니라. 대저 남의 位를 求하는 法은 어느 方面으로든지 먼저 그만한 대접이 돌아올 實蹟을 世上에 나타내는 것이니 그러한다면 그 實蹟의 程度에 따라 모든 사람이 다 禮를 갖추게 되려니와 아직 그와 같은 實蹟이 나타나기 前에 또는 저 사람이 나에게 位를 주지 않는 그때에 내가 먼저 대접을 생각하고 저 사람의 無禮함을 相

대종경

응하신다면 법위의 존엄을 손상할 뿐 아니라 교중에 적지 않은 치욕이 될까 하나이다.」 대종사 말씀하시기를 「그대의 말이 그럴듯하나 이에 대하여는 조금도 염려하지 말라. 내 이미 생각한 바가 있노라.」 하시고, 바로 그곳에 가시어 그를 면회하고 돌아오시사, 제자들에게 말씀하시기를 「내가 가서 그를 만나매 그가 도리어 황공한 태도로 반가이 영접하였으며 더할 수 없이 만족한 표정으로 돌아갔으니, 그가 우리를 압제하려는 마음이 많이 줄어졌으리라. 그러나, 내가 만일 가지 아니하였다면 그가 우리를 압제하려는 마음이 더할 것이요, 그러하면 그 결과가 어찌 되겠는가. 지금 저들은 어떠한 트집으로라도 조선 사람의 단체는 다 탄압하려 하지 않는가. 그러므로, 이러한 경우에는 이렇게 대응하는 것이 가장 마땅한 길이 되나니라. 대저, 남의 대접을 구하는 법은 어느 방면으로든지 먼저 그만한 대접이 돌아올 실적을 세상에 나타내는 것이니, 그리한다면 그 실적의 정도에 따라 모든 사람이 다 예를 갖추게 되리라. 그러나, 불보살의 심경은 위를 얻은 뒤에도 위라는 생각이 마음 가운데 머물러 있지 아니 하나니라.」

대종경 필사본

對한다면 대접을 求한다는 것이 도리어 位를 傷할 뿐 아니라 畢竟에는 空然히 적은 일로 因하여 큰 일에 妨害되는 바가 없지 아니하리니 그대들은 이에 覺醒하여 저 사람이 아직 주지 않는 位를 미리 求하지도 말고 먼저 대접을 받을만한 工夫와 事業에 專力하라. 그러한다면 앞으로는 位를 求하지 아니하여도 그 實蹟 如何에 따라 位가 스스로 돋아 오르게 되리니 佛菩薩의 心境은 位를 얻은 뒤에도 位라는 생각이 마음 가운데 머물러 있지 아니 하나니라.

※ 출처 미상(未詳).

대종경

14 당시의 신흥 종교들 가운데에는 재(財)와 색(色) 두 방면의 사건으로 인하여 관청과 사회의 이목을 집중시킨 일이 적지 아니한지라, 모든 종교에 대한 관변의 간섭과 조사가 잦았으나 언제나 우리에게는 털끝만 한 착오도 없음을 보고, 그들이 돌아가 서로 말하기를 「불법연구회(佛法研究會)의 조직과 계획과 실천은 나라를 맡겨도 능란히 처리하리라.」 한다 함을 전하여 들으시고, 대종사 말씀하시기를 「참다운 도덕은 개인·가정으로부터 국가·세계까지 다 잘 살게

대종경 필사본

11 大宗師- 서울敎堂에서 親히 道場의 除草를 하시고 가라사대 오늘 내가 道場의 除草를 한 데에는 두 가지 뜻이 있었나니 하나는 敎堂 責任者들이 매양 道場의 整理에 留意하여야 한다는 것을 본보이기 爲함이요 또 하나는 우리의 마음을 자주 살피지 아니하면 雜念이 일어나는 것이 마치 이 道場을 조금만 不顧하면 어느 틈에 雜草가 茂盛하는 것과 같아서 마음工夫와 除草作業이 그 뜻이 서로 通함을 알리어 除草하는 것으로 마음工夫를 對照하게 하고 마음工夫 하는 것으로 除草를 하게 하여 道場과 心田이 다 같이 깨끗하게 하라는 것이라, 그대들은 이 두 가지 뜻을 恒常 銘心하여 나의 本意에 어긋남이 없기를 付託하노라.

12 大宗師- 平居하실 때에 需用하시는 道具를 반드시 整頓하사 비록 어두운 中에라도 그 둔 物件을 可히 더듬어 찾

대종경

하는 큰 법이니, 세계를 맡긴들 못 할 것이 무엇이리오.」

15 대종사, 서울교당에서 친히 도량의 제초를 하시고 말씀하시기를 「오늘 내가 도량의 제초를 한 데에는 두 가지 뜻이 있었나니, 하나는 교당 책임자들이 매양 도량의 정리에 유의해야 한다는 것을 본보이기 위함이요, 또 하나는 우리의 마음을 자주 살피지 아니하면 잡념 일어나는 것이 마치 이 도량을 조금만 불고하면 어느 틈에 잡초가 무성하는 것과 같아서 마음공부와 제초 작업이 그 뜻이 서로 통함을 알리어, 제초하는 것으로 마음공부를 대조하게 하고 마음공부 하는 것으로 제초를 하게 하여 도량과 심전을 다 같이 깨끗하게 하라는 것이라, 그대들은 이 두 가지 뜻을 항상 명심하여 나의 본의에 어긋남이 없기를 부탁하노라.」

16 대종사 언제나 수용하시는 도구를 반드시 정돈하사 비록 어두운 밤에라도 그 두신 물건을 가히 더듬어 찾게 하시

| 대종경 필사본 | 대종경 |

게 하시며 道場을 반드시 淨潔하게 하사 一點의 더러운 것이라도 머물지 않게 하시더니 일찍이 사람에게 일러 가라사대 需用하는 道具가 散亂한 것은 그 사람의 마음이 散亂한 것을 나타냄이요 道場이 깨끗하지 못한 것은 그 사람의 마음 밭이 荒廢한 것을 나타냄이라 그러므로 마음이 게으르면 모든 일이 다 다스리지 못하나니 그 어찌 적은 일이라 하여 敢히 漫忽히 하리요.

13 大宗師- 每日 需用하시는 道具일찌라도 자주 챙기시고 모든 物件을 함부로 두지 아니하시며 暫間이라도 房 안을 떠나실 때에는 문갑에 자물쇠를 채우시는지라 한 弟子 그 緣由를 묻자오니 大宗師- 가라사대 나의 處所에는 未熟한 男女老少와 外人도 많이 出入하나니 或 見物生心으로 罪를 지을까 하여 미리 防止하는 일이라 하시니라.

14 大宗師- 조각 종이 한 장과 도막 鉛筆 하나며 小小한 노끈 하나일찌라도 함부로 버리지 아니하시고 아껴 쓰시며

며, 도량을 반드시 정결하게 하사 한 점의 티끌이라도 머무르지 않게 하시며, 말씀하시기를 「수용하는 도구가 산란한 것은 그 사람의 마음이 산란한 것을 나타냄이요, 도량이 깨끗하지 못한 것은 그 사람의 마음 밭이 거친 것을 나타냄이라, 그러므로 마음이 게으르고 거칠면 모든 일이 다 다스려지지 못하나니 그 어찌 작은 일이라 하여 소홀히 하리오.」

17 대종사, 잠깐이라도 방 안을 떠나실 때는 문갑에 자물쇠를 채우시는지라, 한 제자 그 연유를 묻자오매, 말씀하시기를 「나의 처소에는 공부가 미숙한 남녀노소와 외인들도 많이 출입하나니, 혹 견물생심으로 죄를 지을까 하여 미리 그 죄를 방지하는 일이니라.」

18 대종사, 조각 종이 한 장과 도막 연필 하나며 소소한 노끈 하나라도 함부로 버리지 아니하시고 아껴 쓰시며, 말씀하

대종경 필사본

가라사대 아무리 흔한 것이라도 아껴 쓸 줄 모르는 사람은 貧賤報를 받나니 물이 世上에 흔한 것이나 까닭 없이 함부로 허실하는 사람은 後生에 물 貴한 邊地에 受生하여 물 困難을 보게 되는 果報가 있나니라.

15 大宗師- 일이 없으실 때에 일의 기틀을 남 먼저 보시므로 일을 當하여 窘塞함을 보이지 아니하시고 비록 廢物이라도 그 使用處를 생각하사 함부로 버리지 아니하시므로 廢物이 도리어 성한 물건과 같이 利用되는 곳이 많으니라.

16 大宗師- 매양 衣食이나 居處에 分數 밖의 奢侈를 境界하시며 가라사대 사람이 分數 밖의 衣食住를 取하다가 스스로 敗家亡身을 하는 수도 있으며 設使 財産이 넉넉하더라도 사치를 일삼으면 結局은 삿된 마음이 旺盛하여 修道하는 精神을 妨害하나니 그러므로 工夫人들은 衣食 居處 等에 恒常 淡泊質素를 爲主하여야 하나니라.

대종경

시기를 「아무리 흔한 것이라도 아껴 쓸 줄 모르는 사람은 빈천보를 받나니, 물이 세상에 흔한 것이나 까닭 없이 함부로 쓰는 사람은 후생에 물 귀한 곳에 몸을 받아 물 곤란을 보게 되는 과보가 있나니라.」

19 대종사, 일이 없으실 때는 앞으로 있을 일의 기틀을 먼저 보시므로 일을 당하여 군색함이 없으시고, 비록 폐물이라도 그 사용할 데를 생각하사 함부로 버리지 아니하시므로 폐물이 도리어 성한 물건같이 이용되는 수가 많으니라.

20 대종사, 매양 의식이나 거처에 분수 밖의 사치를 경계하시며, 말씀하시기를 「사람이 분수 밖의 의·식·주를 취하다가 스스로 패가망신을 하는 수도 있으며, 설사 재산이 넉넉하더라도 사치를 일삼으면 결국은 삿된 마음이 치성하여 수도하는 정신을 방해하나니, 그러므로 공부인들은 의식 거처 등에 항상 담박과 질소를 위주하여야 하나니라.」

| 대종경 필사본 |

17 大宗師- 二, 三 弟子와 郊外에 散策코저 正門에 나오시매 어린아이 몇이 놀고 있다가 다 절을 하되 가장 어린아이 하나가 절을 아니 하는지라 大宗師- 그를 어루만지시며 가라사대 네가 절을 하면 내가 과자를 주리라 하시니 그 아이가 절을 하거늘 大宗師- 웃으신 後 다시 가시던 길을 한참동안 가시다가 문득 말씀하시되 그대들은 暫間 기다리라. 내가 볼 일 하나를 잊었도다 하시고 다시 祖室로 들어가사 菓子를 가져다가 그 아이에게 주신 後에 가시니 大宗師 接人應物하심에 비록 細密한 일이라도 恒常 信을 지키심이 大槪 이와 같으시니라.

18 大宗師- 病患 中에 계실 새 한 弟子가 이웃 敎徒의 家庭에 便安히 비기실 倚子가 있사오니 가져오겠나이다 하고 사루었더니 大宗師- 가라사대 그만두라. 그 主人이 그 마음을 내지 아니한 物件을 어찌 나의 便安한 것만 생각하여 가져오리오. 아무리 親한 사이라도 不得已한 것 外에는 本人의 自願이 없는 物件을 함부로 請하여다 使用하지 않는 것이 좋으니라 하시니라.

| 대종경 |

21 대종사, 몇 제자와 함께 총부 정문 밖에 나오시매, 어린이 몇이 놀고 있다가 다 절을 하되 가장 어린아이 하나가 절을 아니 하는지라, 대종사 그 아이를 어루만지시며 「네가 절을 하면 과자를 주리라.」 하시니, 그 아이가 절을 하거늘, 대종사 웃으신 후 무심히 한참 동안 걸으시다가, 문득 말씀하시기를 「그대들은 잠깐 기다리라. 내가 볼 일 하나를 잊었노라.」 하시고, 다시 조실로 들어가시어 과자를 가져다가 그 아이에게 주신 후 가시니, 대종사께서 비록 사소한 일이라도 항상 신을 지키심이 대개 이러하시니라.

22 대종사, 병환 중에 계실 때 한 제자가 「이웃 교도의 가정에 편안히 비기실 의자가 있사오니 가져오겠나이다.」 하고 사뢰었더니, 대종사 말씀하시기를 「그만두라. 그 주인이 지금 집에 있지 아니하거늘 어찌 나의 편안한 것만 생각하여 가져오리오. 아무리 친한 사이라도 부득이한 경우 외에는 본인의 자원이나, 승낙 없는 물건을 함부로 청하여다 사용하지 않는 것이 좋으니라.」

대종경 필사본

19 大宗師- 書信을 받으시면 매양 親히 보시고 바로 答狀을 보내신 후 保管할 것은 特히 保管하시고 그렇지 아니한 것은 모아서 淨潔한 處所에 燒火하시며 가라사대 便紙는 저 사람의 精誠이 든 것이라 함부로 取扱함은 禮가 아니라 하시니라.

20 大宗師- 하루는 秋霜같은 氣色으로 밖에 있는 한 弟子를 크게 꾸짖으시더니 조금 後에 그 弟子가 室內로 드러오매 바로 春風和氣의 聖顏으로 對하시는지라 옆에 있던 다른 弟子가 그 緣由를 묻자온대 大宗師- 가라사대 아까는 그가 끄리고 있는 邪心을 부수기 爲하여 그러하였고 이제는 그가 도리킨 正心을 북돋기 爲하여 이러하노라 하시니라.

21 梁夏雲 師母께서는 大宗師께서 會上을 創立하시기까지 大宗師의 私家事를 專擔하사 가진 受苦를 다 하셨으며 會上 創立 後로도 논과 밭으로 다니시면서 가진 苦役을 다 하시는지라 一般 敎徒가 이를 罪悚히 생각하여 擧敎的으로

實示品

대종경

23 대종사, 편지를 받으시면 매양 친히 보시고 바로 답장을 보내신 후, 보관할 것은 정하게 보관하시고 그렇지 아니한 것은 모아서 정결한 처소에서 태우시며, 말씀하시기를 「편지는 저 사람의 정성이 든 것이라 함부로 두는 것은 예가 아니니라.」

24 대종사, 하루는 한 제자를 크게 꾸짖으시더니 조금 후에 그 제자가 다시 오매 바로 자비하신 성안으로 대하시는지라, 옆에 있던 다른 제자가 그 연유를 묻자오매, 대종사 말씀하시기를 「아까는 그가 끓이고 있는 사심(邪心)을 부수기 위하여 그러하였고, 이제는 그가 돌이킨 정심(正心)을 북돋기 위하여 이러하노라.」

25 양하운(梁夏雲) 사모께서는 대종사께서 회상을 창립하시기까지 대종사의 사가 일을 전담하사 갖은 수고를 다 하셨으며, 회상 창립 후에도 논과 밭으로 다니시면서 갖은 고역을 다하시는지라, 일반 교도가 이를 죄송히 생각하여

대종경 필사본

誠金을 모아 그 苦役을 免하시도록 하자는 議論이 도는지라 大宗師 들으시고 가라사대 그 말도 禮에는 그럴듯하나 中止하라. 이만한 大會上을 創立하는데 그 사람도 直接 나서서 創立의 큰 人物은 못될지언정 도리어 大衆의 도움을 받아서야 되겠느냐. 自力이 없어서 할 수 없는 處地라면 已어니와 自身의 힘으로 살 수 있다면 그것이 떳떳하고 幸福한 生活이니라 하시니라.

22 李靑春이 돼지 雌雄의 노는 것을 보다가 內心에 깊이 깨친 바 있어 世間享樂을 淸算하고 道門에 들어와 修道에 힘쓰던 中 自己의 所有 土地 全部를 本敎에 바치려 하는지라 大宗師- 가라사대 그대의 뜻은 甚히 아름다우나 사람의 마음이란 처음과 끝이 같지 아니할 수 있은즉 더 愼重히 생각하여 보라 하시고 數三次를 拒絕하시니 靑春은 한번 決定한 마음에 變動함이 없을 뿐 아니라 大宗師의 數數三次 拒絕하심에 더욱 感服하여 받아주시기를 굳이 願하거늘 大宗師 드디어 許諾하시며 德을 쓸진대 天地같이 相없는 大德을 써서 永遠히 그 功

대종경

거교적으로 성금을 모아 그 고역을 면하시도록 하자는 의논이 도는지라, 대종사 들으시고 말씀하시기를 「그 말도 예에는 그럴듯하나 중지하라. 이만한 큰 회상을 창립하는데 그 사람도 직접 나서서 창립의 큰 인물은 못 될지언정 도리어 대중의 도움을 받아서야 되겠는가. 자력이 없어서 할 수 없는 처지라면 모르거니와 자신의 힘으로 살 수 있다면 그것이 떳떳하고 행복한 생활이니라.」

26 이청춘이 돼지 자웅의 노는 것을 보다가 마음에 깊이 깨친 바 있어 세간 향락을 청산하고 도문에 들어와 수도에 힘쓰던 중, 자기의 소유 토지 전부를 이 회상에 바치려 하는지라, 대종사 말씀하시기를 「그대의 뜻은 심히 아름다우나 사람의 마음이란 처음과 끝이 같지 아니할 수 있으니, 더 신중히 생각하여 보라.」 하시고 여러 번 거절하시니, 청춘은 한번 결정한 마음에 변동이 없을 뿐 아니라 대종사의 여러 번 거절하심에 더욱 감동하여 받아 주시기를 굳이 원하거늘, 대종사 드디어 허락하시며 「덕을 쓸진대 천지같이 상(相) 없는 대덕을 써서 영

대종경 필사본

德이 滅치 않도록 하라 하시니라.

23 大宗師- 馬靈敎堂에 가시니 吳松庵이 와서 뵈옵고 말하되 저의 女息 宗順 宗泰가 入敎한 後로 出嫁를 拒絕하는 것이 제 뜻에는 맞지 아니하오나 그들의 뜻을 굽히지 못하여 그대로 두오니 그 將來 前程을 責任져 주소서 하거늘 大宗師- 가라사대 나의 法은 過去 佛敎와 달라서 結婚生活을 法으로 禁하지는 아니하나 그와 같이 特別한 誓願 아래 家庭享樂을 不顧하고 純潔한 몸으로 工夫 事業에 專心하겠다는 사람들에게 어찌 泛然할 수 있으리요. 그러나 저들의 將來는 父母나 스승에게보다 畢竟 저들의 마음에 더 달려 있나니 最後 責任은 저들에게 맡기고 그대나 나는 誠力을 다하여 指導만 하여 보자 하시니 松庵이 일어나 절하고 두 딸의 專務出身을 欣然히 承諾하니라.

24 大宗師 釜山에 가시니 林七寶華가 와서 뵈옵고 제의 집에 一次 枉臨하여 주소서 하거늘, 大宗師- 가라사대 그

實示品

대종경

원히 그 공덕이 멸하지 않도록 하라.」

27 대종사, 마령교당에 가시니 오송암(吳松庵)이 와서 뵈옵고 말하되「저의 여식 종순(宗順) 종태(宗泰)가 입교한 후로 출가(出嫁)를 거절하는 것이 제 뜻에는 맞지 아니하오나, 그들의 뜻을 굽히지 못하여 그대로 두오니, 그 장래 전정을 책임져 주소서.」하거늘, 대종사 말씀하시기를「나의 법은 과거 불교와 달라서 결혼 생활을 법으로 금하지는 아니하나, 그와 같이 특별한 서원 아래 순결한 몸과 마음으로 공부 사업하겠다는 사람들에게 어찌 범연할 수야 있겠는가. 그러나, 그들의 장래는 부모나 스승에게보다 그들의 마음에 더 달려 있나니, 최후 책임은 그들에게 맡기고 그대나 나는 정성을 다하여 지도만 하여 보자.」하시니, 송암이 일어나 절하고 두 딸의 전무출신을 흔연히 승낙하니라.

28 대종사, 부산에 가시니 임칠보화(林七寶華)가 와서 뵈옵고「저의 집에 일차 왕림하여 주소서.」하거늘, 대종사

475

| 대종경 필사본 |

대는 信心이 至極하나 그대의 夫君은 아직 外人이라 可히 諒解를 하겠는가 하시니 七寶華- 가로되 제가 男便에게 이 뜻을 말하옵고 젊으신 스승님을 供養하려는 데 對하여 생각이 어떠냐고 물었삽더니 그가 말하되 내 아직 實行이 徹底치 못하여 入敎는 아니하였으나 그런 어른이 와주신다면 우리 집안의 榮光이 되겠다고 하더이다. 大宗師- 그 宿緣을 짐작하시고 欣然히 그 請에 應하시니라.

25 大宗師- 釜山에서 金性明華에게 일러 가라사대 그대로 비롯하여 이 地方 敎勢가 많이 發展하겠도다 하시니 그가 內心에 생각하되 이같이 無識하고 貧寒한 한 개 女子로 어찌 敢히 이런 말씀을 감당할 수 있으리요 하였던 바 大宗師 總部에 還駕하신 後 다시 下書로 일러 가라사대 그대는 걱정을 말고 오직 힘을 다하라. 天下의 일이 모두 定한 바 있어 나타나나니라. 하시므로 信을 더욱 굳게 하고 布敎를 繼續하였더니 뜻 아니한 좋은 同志를 많이 얻어 釜山 敎勢가 크게 發展되니라.

| 대종경 |

말씀하시기를 「그대는 신심이 지극하나 그대의 부군은 아직 외인이라 가히 양해하겠는가.」 하시니, 칠보화 사뢰기를 「제가 남편에게 대종사 공양의 뜻을 말하옵고 생각이 어떠냐고 물었삽더니 그가 말하기를 "내 아직 실행이 철저하지 못하여 입교는 아니하였으나 그런 어른이 와 주신다면 우리 집안의 영광이 되겠다."라고 하더이다.」 대종사 그 숙연(宿緣)을 짐작하시고 흔연히 그 청에 응하시니라.

※ 현행 『대종경』에서는 제외.

대종경 필사본

27 한 사람이 와서 弟子되기를 願하는지라 大宗師— 가라사대 다음날 한두 번 더 와보고 함이 어떠하냐 하시니 그 사람이 말하되 제 뜻이 이미 堅固하오니 곧 許諾하여 주시고 法名을 나려주옵소서 하거늘 大宗師— 한참 동안 생각하시다가 法名을 「日之」라고 주시었더니 그 사람이 물러나와 大衆에게 말하되 우리가 무슨 因緣으로 이렇게 同門弟子가 되었느냐고 하며, 自己에게 좋은 丸藥이 있으니 疑心말고 사서 쓰라 하였으나 大衆이 그 藥을 사지 아니하매 日之 怒氣를 띄우며 同志의 情誼가 어찌 이럴 수 있느냐 하고 해가 지기 前에 가버리니라.

28 金南天이 敎中 草家의 지붕을 일새 나래만 두르고 새끼는 두르지 아니하거늘 大宗師— 그 까닭을 무르시니 南天이 가로되 이 地方은 바람이 甚하지 아니하므로 날릴 念慮가 없나이다. 하는지라 大宗師— 가라사대 그는 떳떳한 일이 아니요 僥倖이라 或 밤사이라도 바람이 불면 그 이어 놓은 것이 虛事가 아니냐 하시니 南天이 告하되 밤사이에는 바

대종경

29 한 사람이 와서 제자 되기를 원하는지라, 대종사 말씀하시기를 「다음 날 한두 번 다시 와 보고 함이 어떠하냐.」 하시니, 그 사람이 말하기를 「제 뜻이 이미 견고하오니 곧 허락하여 주옵소서.」 하거늘, 대종사 한참 동안 생각하시다가 그 법명을 일지(日之)라고 내리시더니 그 사람이 물러나와 대중에게 말하기를 「우리가 무슨 인연으로 이렇게 동문 제자가 되었느냐.」고 하며, 자기에게 좋은 환약이 있으니 의심하지 말고 사서 쓰라 하였으나 대중이 사지 아니하매, 일지 노기를 띠며 「동지의 정의가 어찌 이럴 수 있느냐.」 하고 해가 지기 전에 가버리니라.

30 한 제자 교중 초가지붕을 이면서 나래만 두르고 새끼는 두르지 아니하는지라, 대종사 말씀하시기를 「밤사이라도 혹 바람이 불면 그 이어 놓은 것이 허사가 아닌가?」 하시었으나, 「이 지방은 바람이 심하지 아니하옵니다.」 하며 그대로 두더니, 그날 밤에 때아닌 바람이 일어나 지붕이 다 걷혀 버린지라, 그 제자 송구하여 어찌할 바를 알지 못하며 「대

대종경 필사본

람이 불지 않겠나이다 하고 그대로 두었던 바 그날 밤 不時에 大風이 일어나 지붕이 다 거쳐버리는지라 南天이 悚懼하여 大宗師께 告하되 大宗師께서는 神通으로 미리 보시고 가르쳐 주신 것을 이 어리석은 衆生이 命令을 어기어 일이 이리 되었사오니 容恕하여 주옵소서 하거늘 大宗師- 꾸짖어 가라사대 이번 일은 그 일의 떳떳함을 가르쳤을 따름이어늘 그대는 그것은 알지 못하고 나를 神奇한 사람으로 돌리니 내 말을 어긴 것보다 그 허물이 더욱 크도다. 그대가 나를 神通이나 가지고 삿되게 그대들을 指導한다고 생각한다면 그대는 이 앞으로 나에게 大道正法은 배우지 아니하고 그러한 新奇한 일만 엿볼 터인즉 그대의 앞길이 어찌 危殆하지 아니하리오. 그대는 곧 그 생각을 바로잡으라 하시니라.

29 李雲外- 病이 있어 甚히 危重함에 그의 집안사람들이 급히 사람을 보내여 大宗師께 方針을 여쭙는지라 大宗師- 가라사대 곧 醫師를 請하여 治療하라 하시고 얼마 후에 病이 平復되니 大宗師- 그 집안사람들에게 일러 가라사대

대종경

종사께서는 신통으로 미리 보시고 가르쳐 주신 것을 이 어리석은 것이 명을 어기어 이리되었나이다.」 하거늘, 대종사 말씀하시기를 「이번 일에는 그 든든하고 떳떳한 길을 가르쳐 주었건마는 그대가 듣지 아니하더니, 이제는 도리어 나를 신기한 사람으로 돌리니 그 허물이 또한 더 크도다. 그대가 나를 그렇게 생각한다면 그대는 앞으로 나에게 대도 정법은 배우지 아니하고 신기한 일만 엿볼 터인즉, 그 앞길이 어찌 위태하지 아니하리오. 그대는 곧 그 생각을 바로잡고 앞으로는 매사를 오직 든든하고 떳떳한 길로만 밟아 행하라.」

31 이운외(李雲外)의 병이 위중하매 그의 집안사람이 급히 달려와 대종사께 방책을 문의하는지라, 말씀하시기를 「곧 의사를 청하여 치료하라.」 하시고, 얼마 후에 병이 평복되니, 대종사 말씀하시기를 「일전에 운외가 병이 중하매 나에게

대종경 필사본

日前에 雲外가 病이 들매 나에게 먼저 사람을 보내어 方針을 물은 것은 或 내가 무슨 神奇한 法으로 그 病을 낫게 하여줄가 하는 생각이 있지나 아니하였던가? 萬一 그렇다면 그대들은 그 길을 모른 일이니라. 나는 元來 道德을 알아서 그대들의 마음 病을 治療하여주는 先生이요, 肉身 病의 治療는 各各 거기에 專門하는 醫師가 있나니 이 앞으로는 마음 病 治療는 나에게 問議할찌라도 肉身 病 治療는 거기에 專門하는 醫師에게 問議하라. 그것이 그 길을 옳게 아는 것이 되지 않겠는가 하시니라.

30 光靈이 病들매 大宗師- 집안사람으로 하여금 힘을 다하여 看護케 하시더니 그가 十九歲로 夭折하매 가라사대 오직 人事를 다할 따름이요, 마침내 人力으로 左右하지 못할 것은 사람의 生命이라 하시고 食事를 조금도 덜 하지 아니하시며 公事를 조금도 미루지 아니하시며 法說을 조금도 때를 잃지 아니하시니라.

31 李東安이 入寂하매 大宗師- 한참

대종경

먼저 방침을 물은 것은 그 길이 약간 어긋난 일이니라. 나는 원래 도덕을 알아서 그대들의 마음 병을 치료해주는 선생이요, 육신 병의 치료는 각각 거기에 전문하는 의사가 있나니, 이 앞으로는 마음병 치료는 나에게 문의할지라도, 육신병 치료는 의사에게 문의하라. 그것이 그 길을 옳게 아는 것이니라.」

32 대종사, 차자 광령(光靈)이 병들매 집안사람으로 하여금 힘을 다하여 간호하게 하시더니, 그가 요절하매 말씀하시기를 「오직 인사를 다할 따름이요, 마침내 인력으로 좌우하지 못할 것은 명이라.」 하시고, 공사(公事)나 법설하심이 조금도 평시와 다르지 아니하시니라.

33 이동안이 열반하매 대종사 한참 동

대종경 필사본

동안 默念하신 後 눈물을 흘리시는지라, 侍側*한 弟子들이 너무 傷心치 마옵소서 한대 大宗師- 가라사대 마음까지 傷하기야 하겠냐마는 내 이 사람과 갈리면서 눈물을 아니 흘릴 수 없도다 하시고 이 사람은 初創에 나의 뜻을 全的으로 받들어 信仰줄을 바로 잡았으며 그 後 모든 公事를 할 때에도 職位에 조금도 計較가 없었나니라. 하시니라.

* 시측(侍側): 곁에 있으면서 웃어른을 모심.

32 敎中에서 기르던 어린 개가 洞里 큰 개에게 물리어 죽을 地境에 이른지라 그 悲鳴 소리 甚히 凄凉하거늘 大宗師- 들으시고 가라사대 生命을 아끼어 죽기 싫어하는 것은 사람이나 짐승이나 一般이라 하시고 聖顔에 불쌍히 여기시는 氣色을 띠우시더니 마침내 絶命함에 齋費를 나리시며 禮監에게 命하사 떠나는 개의 靈을 爲하여 七七薦度齋를 지내 주라 하시니라.

33 大宗師- 비록 사람에게 親切하시나 그 사람이 敢히 無難하지는 못하며

대종경

안 묵념하신 후 눈물을 흘리시는지라 제자들이 「너무 상심하지 마옵소서.」 하니, 대종사 말씀하시기를 「마음까지 상하기야 하리오마는 내 이 사람과 갈리면서 눈물을 아니 흘릴 수 없도다. 이 사람은 초창 당시에 나의 뜻을 전적으로 받들어 신앙 줄을 바로 잡았으며, 그 후 모든 공사를 할 때도 직위에 조금도 계교가 없었나니라.」

34 총부에서 기르던 어린 개가 동리 큰 개에게 물리어 죽을 지경에 이른지라 그 비명 소리 심히 처량하거늘, 대종사 들으시고 말씀하시기를 「생명을 아끼어 죽기 싫어하는 것은 사람이나 짐승이나 일반이라.」 하시고, 성안에 불쌍히 여기시는 기색을 띠시더니 마침내 절명하매 재비(齋費)를 내리시며 예감(禮監)에게 명하사 「떠나는 개의 영혼을 위하여 7·8 천도재를 지내 주라.」 하시니라.

35 대종사, 비록 사람에게 친절하시나 그 사람이 감히 무난하지는 못하며,

| **대종경 필사본** | **대종경** |

或 사람의 잘못을 嚴責하시나 그 사람이 怨望하는 마음을 내지는 아니하며 비록 그 못쓸 사람인 줄을 알으시나 먼저 그를 버리지는 아니하시니라.

혹 사람의 잘못을 엄책하시나 그 사람이 원망하는 마음을 내지는 아니하며, 비록 그 쓰지 못할 사람인 줄을 알으시나 먼저 그를 버리지는 아니하시니라.

34 大宗師- 弟子 가운데 말만 하고 實行이 없음을 警誡는 하셨으나 그 말은 버리지 아니하셨고 재주만 있고 德 없음을 警誡는 하셨으나 그 재주를 버리지 아니하시니라.

36 대종사 제자 가운데 말만 하고 실행이 없음을 경계는 하셨으나 그 말을 버리지 아니하셨고, 재주만 있고 덕 없음을 경계는 하셨으나 그 재주를 버리지 아니하시니라.

35 大宗師- 大衆을 統率하심에 네 가지의 嚴한 警誡가 있으시니 하나는 公用物件을 私有로 내는 것이요, 둘은 出家한 사람으로서 私家에 돌아가 理由 없이 오래 머물거나 또는 私事를 經營하는 것이요, 셋은 自己의 安逸을 圖謀하여 公衆事에 協力하지 않는 것이요, 넷은 三學 並進의 大道를 닦지 아니하고 偏僻되이 定靜만 익히어 神通을 希望하는 것이니라.

37 대종사 대중을 통솔하심에 네 가지의 엄한 경계가 있으시니, 하나는 공물(公物)을 사유로 내는 것이요, 둘은 출가한 사람으로서 사가에 돌아가 이유 없이 오래 머무르거나 또는 사사(私事)를 경영하는 것이요, 셋은 자기의 안일을 도모하여 공중사에 협력하지 않는 것이요, 넷은 삼학 병진의 대도를 닦지 아니하고 편벽되이 정정(定靜)만 익히어 신통을 희망하는 것이니라.

36 大宗師- 大衆에게 賞罰을 施行하

38 대종사, 대중에게 상벌을 시행하시

대종경 필사본

시되 그 根機에 따르시는 五則이 있으시니 첫째는 모든 것을 다 잘하므로 따로 賞罰를 쓰지 아니하시는 根機요, 둘째는 다 잘하는 中에 或 잘못이 있으므로 조그마한 흠이라도 없게 하기 爲하사 賞은 놓고 罰만 나리시는 根機요, 셋째는 잘하는 것도 많고 잘못하는 것도 많으므로 賞罰를 兼用하시는 根機요, 넷째는 잘못하는 것이 많은 中에 或 잘하는 것이 있으므로 자그만치 잘하는 것이라도 찾아서 그 마음을 살려내기 爲하사 罰은 놓고 賞만 나리시는 根機요, 다섯째는 모든 것을 다 잘못하므로 賞罰을 놓아버리고 當分間 觀望하시는 根機니라.

37 大宗師- 매양 信心 있고 善良한 弟子에게는 조그만한 허물에도 꾸중을 더 하시고 信心 없고 착하지 못한 弟子에게는 큰 허물에도 꾸중을 적게 하시며 조그만한 善行에도 稱讚을 많이 하시는지라 한 弟子 그 緣由를 묻자온대 大宗師- 가라사대 열 가지 잘하는 가운데 한 가지 잘못하는 사람은 그 하나까지도 고치게 하여 缺陷 없는 精金美玉을 만들기

대종경

되 그 근기에 따르시는 다섯 가지 준칙이 있으시니, 첫째는 모든 것을 다 잘하므로 따로 상벌을 쓰지 아니하시는 근기요, 둘째는 다 잘하는 가운데 혹 잘못이 있으므로 조그마한 흠이라도 없게 하기 위하사 상은 놓고 벌만 내리시는 근기요, 셋째는 잘하는 것도 많고 잘못하는 것도 많으므로 상벌을 겸용하시는 근기요, 넷째는 잘못 하는 것이 많은 가운데 혹 잘하는 것이 있으므로 자그마치 잘하는 것이라도 찾아서 그 마음을 살려내기 위하사 벌은 놓고 상만 내리시는 근기요, 다섯째는 모든 것을 다 잘못하므로 상벌을 놓아 버리고 당분간 관망하시는 근기니라.

39 대종사, 매양 신심 있고 선량한 제자에게는 조그마한 허물에도 꾸중을 더 하시고, 신심 없고 착하지 못한 제자에게는 큰 허물에도 꾸중을 적게 하시며 조그마한 선행에도 칭찬을 많이 하시는지라, 한 제자 그 연유를 묻자오매 대종사 말씀하시기를 「열 가지 잘하는 가운데 한 가지 잘못하는 사람은 그 한 가지까지도 고치게 하여 결함 없는 정금미옥

| 대종경 필사본 | 대종경 |

爲함이요, 열 가지 잘못하는 中에 한 가지 잘 하는 사람은 그 하나일찌라도 善한 싹을 키워주기 爲함이니라.

을 만들기 위함이요, 열 가지 잘못하는 가운데 한 가지라도 잘하는 사람은 그 하나일지라도 착한 싹을 키워 주기 위함이니라.」

38 大宗師- 사람을 쓰실 때에는 매양 그 信誠과 公心과 實行을 물으신 다음 아는 것과 재주를 물으시니라.

40 대종사, 사람을 쓰실 때는 매양 그 신성과 공심과 실행을 물으신 다음 아는 것과 재주를 물으시니라.

39 大宗師- 間或 大衆으로 더불어 朝鮮古樂을 鑑賞하시되 特히 唱劇 春香傳과 沈淸傳 興甫傳 等을 들으실 때에는 매양 그 貞節과 孝友의 壯함을 稱讚하시며 공도생활에 志操와 人和가 더욱 소중함을 자주 强調하시고 忠烈孝悌가 그 形式은 時代를 따라 서로 다르나 그 精神만은 어느 時代에나 變함없이 活用되어야 하리라 하시니라.

41 대종사, 간혹 대중으로 더불어 조선 고악(古樂)을 감상하신바 특히 창극 춘향전·심청전·흥부전 등을 들으실 때는 매양 그 정절과 효우(孝友)의 장함을 칭찬하시며, 공도 생활에 지조와 인화가 더욱 소중함을 자주 강조하시고, 말씀하시기를 「충·열·효·제(忠烈孝悌)가 그 형식은 시대에 따라 서로 다르나, 그 정신만은 어느 시대에나 변함없이 활용되어야 하리라.」

40 人宗師- 敎中에 일이 생기면 매양 大衆과 같이 努力하실 일은 努力하시고 즐겨하실 일은 즐겨하시고 근심하실 일

42 대종사, 교중에 일이 생기면 매양 대중과 같이 노력하실 일은 노력하시고, 즐겨하실 일은 즐겨하시고, 근심하실 일

實示品

대종경 필사본

은 근심하시고 슬퍼하실 일은 슬퍼하사 조금도 人情에 薄한 일과 分數에 넘치는 일과 僥倖한 일 等을 取하지 아니하시니라.

41 大宗師- 大衆 出役이 있을 때에는 매양 現場에 나오시사 親히 모든 役事를 指導하시며 恒常 말씀하시기를 靈肉의 六大綱領 中 肉身의 三大綱領을 等閑視 않게 하기 爲하여 이와 같이 出役을 시키노라 하시고 萬一 正當한 理由 없이 出役하지 않는 사람이 있거나 나와서도 일에 게우른 사람이 있을 때에는 이를 크게 警責하시니라.

42 各處를 周遊하는 한 過客이 大宗師께 뵈옵고 讚嘆하여 가로되 江山을 두루 遍歷하였사오나 山 中에는 金剛山이 第一이옵고 사람을 두루 相對하였사오나 人物 中에는 大宗師가 第一이로소이다. 大宗師- 가라사대 그대가 어찌 江山과 人物만 말하는가. 古今 天下에 다시 없는 大道德이 이 나라에 建設되는 줄을 그대는 모르는가 하시니라.

대종경

은 근심하시고, 슬퍼하실 일은 슬퍼하사, 조금도 인정에 박한 일과 분수에 넘치는 일과 요행한 일 등을 취하지 아니하시니라.

43 대종사, 대중 출역이 있을 때는 매양 현장에 나오시사 친히 모든 역사(役事)를 지도하시며, 항상 말씀하시기를 「영육(靈肉)의 육대 강령 가운데 육신의 삼 강령을 등한시 않게 하기 위하여 이와 같이 출역을 시키노라.」 하시고, 만일 정당한 이유 없이 출역 하지 않는 사람이 있거나 나와서도 일에 게으른 사람이 있을 때는 이를 크게 경책하시니라.

44 각처를 두루 돌아다닌 한 사람이 대종사를 뵈옵고 찬탄하기를 「강산을 두루 돌아다녔사오나 산 가운데는 금강산이 제일이었고, 사람을 두루 상대하였사오나 대종사 같은 어른은 처음 뵈었나이다.」 대종사 말씀하시기를 「그대가 어찌 강산과 인물만 말하는가. 고금 천하에 다시 없는 큰 도덕이 이 나라에 건설되는 줄을 그대는 모르는가.」

| 대종경 필사본 | 대종경 |

43 安島山이 來訪한지라 大宗師 親히 迎接하사 그의 民族을 爲한 受苦를 위로하시니 島山이 가로되 나의 일은 版局이 좁고 솜씨가 또한 充分히 못한지라 民族에게 큰 有益은 주지 못하고 도리어 나로 因하여 官憲들의 壓迫을 받는 同志가 적지 아니하온데 先生께서는 그 일의 版局이 넓고 또한 運用하시는 手腕이 能爛하시어 안으로 同胞 大衆에게 供獻함은 도리어 많으시면서도 直接으로 拘束壓迫을 크게 받지 아니하시니 壯하십시다. 先生의 力量이시여! 하니라.

44 大宗師- 가라사대 내가 才能으로는 남다른 손재주 하나도 없고 아는 것으로는 普通 學識도 充分치 못하나니 나같이 才能 없고 學識 없는 사람을 그대들은 무엇을 보아 믿고 따르느냐 하시니라. 그러나 能히 없으신 中에 能치 아니하심이 없으시고 앎이 없으신 中에 알지 아니하심이 없으시어 衆生을 敎化하시매 德이 乾坤에 勝하시고 事理를 洞燭하시매 慧光이 日月보다 밝으시니라.

45 안도산(安島山)이 찾아온지라, 대종사 친히 영접하사 민족을 위한 그의 수고를 위로하시니, 도산이 말하기를 「나의 일은 판국이 좁고 솜씨가 또한 충분하지 못하여, 민족에게 큰 이익은 주지 못하고 도리어 나로 인하여 관헌들의 압박을 받는 동지까지 적지 아니하온데, 선생께서는 그 일의 판국이 넓고 운용하시는 방편이 능란하시어, 안으로 동포 대중에게 공헌함은 많으시면서도, 직접으로 큰 구속과 압박은 받지 아니하시니 선생의 역량은 참으로 장하옵니다.」 하니라.

46 대종사 말씀하시기를 「내가 재능으로는 남다른 손재주 하나 없고, 아는 것으로는 보통 학식도 충분하지 못하거늘 나같이 재능 없고 학식 없는 사람을 그대들은 무엇을 보아 믿고 따르는가?」 하시나, 능(能)이 없으신 중에 능하지 아니함이 없으시고, 앎이 없으신 중에 알지 아니함이 없으시어, 중생을 교화하심에 덕이 건곤(乾坤)에 승하시고, 사리를 통관하심에 혜광이 일월보다 밝으시니라.

대종경 필사본

45 金光旋이 喟然히 讚嘆하여 가로되 宗門에 모신지 二十餘年에 大宗師의 一言一動을 모두 우러러 欽慕하여 본받아 行하고저 하되 그 萬分의 一도 아직 敢히 能치 못하거니와 그 中에 가장 欽慕하여 배우고저 하되 能치 못함이 세 가지가 있으니 하나는 純一無私하신 公心이요, 둘은 始終一貫하신 誠意요, 셋은 淸濁並容하시는 包容이라. 대저 大宗師의 運心處事하시는 것을 뵈오면 一言一動이 純然히 公 하나 뿐이시요, 私라는 對象이 따로 있지 아니하사 오직 이 會上을 創建하시는 일 外에는 다른 아무 생각도 말씀도 行動도 없으시나니 이것이 마음 깊이 感歎하여 배우고자 하되 能치 못하는 바이요, 大宗師의 事業하시는 것을 뵈오면 원체 天稟이 優越하시기도 하지마는 靈光 吉龍里에서 우리 九人을 指導하사 干潟地를 開拓하실 때에 보이시던 誠意나 오랜 歲月을 지낸 지금에 보이시는 誠意가 前보다 오히려 더하실 찌언정 조금도 減少됨이 없으시나니 이 또한 마음 깊이 感嘆하여 배우고자 하되 能치 못하는 바이요, 大宗師의 大衆 거느리시는 것을 뵈오면 미운 짓하는 사람일수록 더욱 잘 撫摩하시고 愛護하시

대종경

47 김광선이 위연(喟然)히 찬탄하기를 「종문(宗門)에 모신 지 이십여 년에 대종사의 한 말씀 한 행동을 모두 우러러 흠모하여 본받아 행하고자 하되 그 만분의 일도 아직 감히 능하지 못하거니와, 그 가운데 가장 흠모하여 배우고자 하나 능하지 못함이 세 가지가 있으니 하나는 순일 무사하신 공심이요, 둘은 시종일관하신 성의요, 셋은 청탁 병용(並容)하시는 포용이라. 대저, 대종사의 운심 처사(運心處事)하시는 것을 뵈오면 일언 일동이 순연히 공(公)하나 뿐이시요, 사(私)라는 대상이 따로 있지 아니하사, 오직 이 회상을 창건하시는 일 외에는 다른 아무 생각도 말씀도 행동도 없으시나니, 이것이 마음 깊이 감탄하여 배우고자 하는 바요, 대종사의 사업하시는 것을 뵈오면 천품이 우월하시기도 하지마는 영광 길룡리에서 우리 9인을 지도하사 간석지를 개척하실 때 보이시던 성의나 오랜 세월을 지낸 지금에 보이시는 성의가 전보다 오히려 더하실지언정 조금도 감소됨이 없으시나니, 이 또한 마음 깊이 감탄하여 배우고자 하는 바요, 대종사의 대중 거느리시는 것을 뵈오면 미운 짓 하는 사람일수록 더욱

대종경 필사본	대종경
며 恒常 말씀하시기를 좋은 사람이야 누가 잘 못 보느냐 미운 사람을 잘 보는 것이 이른바 大慈大悲의 行이라 하시니 이 또한 마음 깊이 感歎하여 배우고자 하되 能치 못하는 바이라 하니라.	잘 무마하시고 애호하시며 항상 말씀하시기를 "좋은 사람이야 누가 잘 못 보느냐. 미운 사람을 잘 보는 것이 이른바 대자대비의 행이라." 하시니, 이 또한 마음 깊이 감탄하여 배우고자 하는 바라.」 하니라.

教團品

| 대종경 필사본 | 대종경 |

1 大宗師- 가라사대 師弟의 親誼가 父子같이 無間하여야 가르치고 배우는 데에 막힘이 없고 同門의 交誼가 兄弟같이 親密하여야 忠告와 勸獎을 躊躇하지 아니하나니 그러한 뒤에야 倫氣가 바로 通하고 心法이 서로 건네어서 工夫와 事業하는 데에 一團의 힘을 이루게 되리라.

1 대종사 말씀하시기를 「스승과 제자의 정의(情誼)가 부자(父子)같이 무간하여야 가르치고 배우는 데에 막힘이 없고, 동지 사이의 정의가 형제같이 친밀하여야 충고와 권장을 주저하지 아니하나니, 그러한 뒤에야 윤기(倫氣)가 바로 통하고 심법(心法)이 서로 건네어서 공부와 사업하는 데에 일단의 힘을 이루게 되나니라.」

2 本敎 創立 十二年 記念式에 大宗師- 大衆에게 일러 가라사대 그대들이 우리 會上 創立 十二年 間의 事業報告와 成績發表를 들었으니 그에 對하여 感想된 바를 各其 말하여 보라 하시니 여러 弟子가 先後를 이어 나와 各自의 感想을 發表하는지라 大宗師- 一一히 들으신 後 가라사대 그대들의 感想談이 大槪 適切하기는 하나 아직도 한 가지 要旨가 들어나지 아니하였으므로 내- 그를 말하여 주리라. 只今 이 講堂 가운데에는 나와 일찍이 相從되어 여러 해 된 사람도 있고 또는 늦게 相從되어 몇 해 안 되는 사람도 있어서 自然 先進과 後進의 別이 있게 되는 바 오늘 이 記念을

2 창립(創立) 12년 기념식에 대종사 대중에게 말씀하시기를 「그대들이 우리 회상 창립 12년 동안의 사업 보고와 성적 발표를 들었으니 그에 대하여 느낀 바를 각기 말하여 보라.」 하시니, 여러 제자가 이어 나와 각자의 감상을 발표하는지라, 대종사 일일이 들으신 후 말씀하시기를 「그대들의 감상담이 대개 적절하기는 하나 아직도 한 가지 요지가 드러나지 아니하였으므로 내 그를 말하여 주리라. 지금, 이 법당 가운데에는 나와 일찍이 상종되어 여러 해 되는 사람도 있고 또는 늦게 상종되어 몇 해 안 되는 사람도 있어서 자연 선진(先進)과 후진(後進)의 별이 있게 되는바, 오늘 이

대종경 필사본

機會하여 先進과 後進 사이에 서로 새로운 感謝를 느끼고 새로운 깨침을 가지라는 말이니 後進들로 말하면 이 會上을 創立하느라고 아직 그다지 큰 애를 쓰지 아니하였건마는 入敎하던 그날부터 미리 建設하여 놓은 機關과 制定하여 놓은 法으로써 便安히 工夫하게 되었으니 이것은 先進들의 丹心血誠으로 奮鬪努力하여 놓은 德이라 萬一 先進들이 없었다면 後進들이 그 무엇을 배우며 어데에 依支하겠는가. 그러므로 後進들로서는 先進들에게 늘 感謝하고 恭敬하는 마음이 나서 모든 先進들을 다 업어서라도 받들어 드려야 할 것이요 또는 先進들로 말하면 始創 當初부터 가진 精誠을 다하여 모든 法을 세우고 여러 가지 機關을 벌려놓았다 할찌라도 後進들이 이와 같이 連續不絶하여 이 施設을 利用하고 이 敎法을 崇尙하며 이 機關을 運用하지 아니하였다면 多年間 겪어 나온 苦生의 價値가 어데서 들어나며 이 機關 이 敎法이 어찌 永遠한 世上에 遺傳하여 世世生生에 끊임없는 功德이 들어나게 되었는가. 그러므로 先進들로서는 後進들에게 또한 늘 感謝하고 반가운 생각이 나서 모든 後進들을 다 업어서라도 迎接

대종경

기념을 맞이하여 선진과 후진 사이에 서로 새로운 감사를 느끼고 새로운 깨침을 가지라는 말이니, 후진들로 말하면 이 회상을 창립하느라고 아직 그다지 큰 애를 쓰지 아니하였건마는, 입교하던 그 날부터 미리 건설하여 놓은 기관과 제정하여 놓은 법으로 편안히 공부하게 되었으니, 이것은 선진들의 단심 혈성으로 분투노력하여 놓은 덕이라, 만일 선진들이 없었다면 후진들이 그 무엇을 배우며 어디에 의지하겠는가. 그러므로, 후진들로서는 선진들에게 늘 감사하고 공경하는 마음이 나서 모든 선진을 다 업어서라도 받들어 주어야 할 것이요, 또는 선진들로 말하면 시창 당초부터 갖은 정성을 다하여 모든 법을 세우고 여러 가지 기관을 벌여 놓았다 할지라도, 후진들이 이와 같이 이어 나와서 이 시설을 이용하고 이 교법을 숭상하며 이 기관을 운영하지 아니하였다면, 여러 해 겪어 나온 고생의 가치가 어디서 드러나며, 이 기관 이 교법이 어찌 영원한 세상에 유전하여 세세생생에 끊임없는 공덕이 드러나게 되겠는가. 그러므로, 선진들로서는 후진들에게 또한 늘 감사하고 반가운 생각이 나서 모든 후진을 다 업어서라도

| 대종경 필사본 | 대종경 |

하여야 할 것이니 先進 後進이 다 이와 같은 생각을 永遠히 가진다면 우리의 敎運도 限없이 隆昌하려니와 그대들의 功德도 또한 限없이 遺傳될 것을 疑心치 않노라.

3 大宗師 서울에 行駕하시니 여러 弟子들이 와 뵈옵고 서로 말하되 우리 同門 兄弟는 因緣이 至重하여 같은 地方 같은 時代에 生長하여 한 부처님의 門下에서 同進同退하게 되니 어찌 반갑지 아니하리오. 이는 實로 永世에 갈리지 아니할 善緣이라 하거늘 大宗師- 들으시고 가라사대 내가 그대들의 말을 들으니 한편은 반갑고 한편은 念慮되노라. 반가운 것은 오늘날 그대들이 나의 앞에서 서로 和하고 즐겨함이요, 念慮되는 것은 오늘날은 이와 같은 좋은 因緣으로 서로 즐기나 이 좋은 가운데에서 혹 낮은 因緣이 되어질가 함이니라. 여러 弟子 여 짜오되 이같이 좋은 因緣 가운데에서 어찌 낮은 因緣이 될 수 있사오리까? 大宗師- 가라사대 낮은 因緣일수록 가까운 데서 생겨나나니 假令 親近한 父子 兄弟 間이나 夫婦間이나 親友間이나 이러한

영접하여야 할 것이니, 선진 후진이 다 이와 같은 생각을 영원히 가진다면 우리의 교운도 한없이 융창하려니와 그대들의 공덕도 또한 한없이 유전될 것을 의심하지 아니하노라.」

3 대종사, 서울에 행가하시니, 여러 제자가 와 뵈옵고 서로 말하되「우리 동문(同門) 형제는 인연이 지중하여 같은 지방 같은 시대에 태어나 한 부처님 문하에서 공부하게 되었으니 어찌 반갑지 아니하리오. 이는 실로 길이 갈리지 아니할 좋은 인연이라.」하거늘, 대종사 들으시고 말씀하시기를「내가 그대들의 말을 들으니 한편은 반갑고 한편은 염려되노라. 반가운 것은 오늘날 그대들이 나의 앞에서 서로 화하고 즐겨함이요, 염려되는 것은 오늘날은 이와 같은 좋은 인연으로 서로 즐기나 이 좋은 가운데서 혹 낮은 인연이 되어질까 함이니라.」한 제자 여쭙기를「이같이 좋은 가운데서 어찌 낮은 인연이 될 수 있사오리까?」대종사 말씀하시기를「낮은 인연일수록 가까운 데서 생겨나나니 가령 부자 형제 사이나 부부 사이나 친우 사이 같

대종경 필사본

가까운 사이에는 그 가까움으로써 禮를 차리지 아니하며 조심하는 생각을 두지 아니하여 서로 생각해 준다는 것이 서로 怨望을 주게 되고 서로 가르쳐 준다는 것이 도리어 誤解를 가지게 되어 畢竟에는 아무 關係없는 外部 사람만도 못하게 되는 수가 許多하나니라. 여러 弟子 여짜오되 그러하오면 어찌하여야 가까운 사이에 낮은 일이 생기지 아니하고 永遠히 좋은 因緣으로 지내겠나이까? 大宗師- 가라사대 남의 願 없는 일을 過度히 勸하지 말며 내가 스스로 높은 체하여 남을 이기려고만 하지 말며 남의 是非를 알아서 나의 是非는 깨칠지언정 그 過失을 말하지 말며 스승의 사랑을 自己만 받으려하지 말며 親해 갈수록 恭敬하여 모든 일에 禮를 잃지 아니하면 낮은 因緣이 생기지 아니하고 永世無窮토록 이 즐거움이 變하지 아니하리라.

4   大宗師- 가라사대 이 世上 모든 사람을 接應하여 보면 大槪 그 特性이 各各 다르나니 特性이라 하는 것은 이 世上 許多한 法 가운데에 自己가 特別히

대종경

은 가까운 사이에는 그 가까움으로써 혹 예(禮)를 차리지 아니하며 조심하는 생각을 두지 아니하여, 서로 생각해 준다는 것이 서로 원망을 주게 되고, 서로 가르쳐 준다는 것이 도리어 오해를 가지게 되어, 필경에는 아무 관계 없는 외부 사람만도 못하게 되는 수가 허다하나니라.」 한 제자 여쭙기를 「그러하오면 어떻게 하여야 가까운 사이에 낮은 일이 생기지 아니하고 영원히 좋은 인연으로 지내겠나이까?」 대종사 말씀하시기를 「남의 원 없는 일을 과도히 권하지 말며, 내가 스스로 높은 체하여 남을 이기려고만 하지 말며, 남의 시비를 알아서 나의 시비는 깨칠지언정 그 허물을 말하지 말며, 스승의 사랑을 자기만 받으려 하지 말며, 친해 갈수록 더욱 공경하여 모든 일에 예를 잃지 아니하면, 낮은 인연이 생기지 아니하고 길이 이 즐거움이 변하지 아니하리라.」

4   대종사 말씀하시기를 「이 세상 모든 사람을 접응하여 보면 대개 그 특성(特性)이 각각 다르나니, 특성이라 하는 것은 이 세상 허다한 법 가운데 자기

대종경 필사본

理解하는 法이라든지 오랫동안 見聞에 익은 것이라든지 或은 自己의 意見으로 세워 놓은 法에 對한 特別한 觀念*이라든지 또는 各各 先天的으로 가지고 있는 特別한 習性 等을 이르는 것이라, 사람사람이 各各 自己의 特性으로써 저 사람의 特性을 理解하지 못하고 보면 아무리 多情한 同志 사이에도 間或 觸이 되고 衝突이 생기기 쉽나니 어찌하여 그런고 하면 이 모든 사람들이 世上을 살아갈 때에 多幸히 익후고 아는 바가 같아서 그 性質이 맞을 때에는 그 사람과는 自然 서로 人情이 건네고 親切하게 지내지마는 萬一 익후고 아는 바가 달라서 나의 아는 바를 저 사람이 或 모르거나 地方의 風俗이 다르거나, 新舊의 知見이 같지 아니하거나 또는 무엇으로든지 前生此生에 익훈 바 좋아하고 싫어하는 性質이 다르고 보면 나의 아는 바로써 저 사람의 아는 바를 否認하거나 蔑視하며 甚하면 憎惡心까지 내게 되나니 이는 그 特性을 널은 見地에서 서로 理解하지 못하는 까닭이니라. 그러므로 사람이 꼭 허물이 있어서만 남에게 흉을 잡히는 것이 아니니 外道들이 부처님의 흉을 八萬四千가지로 보았다 하나 事實은 부처

대종경

가 특별히 이해하는 법이라든지, 오랫동안 견문에 익은 것이라든지, 혹은 자기의 의견으로 세워 놓은 법에 대한 특별한 관념이라든지, 또는 각각 선천적으로 가지고 있는 특별한 습성 등을 이르는 것이라, 사람 사람이 각각 자기의 성질만 내세우고 저 사람의 특성을 이해하지 못하면 다정한 동지 사이에도 촉(觸)이 되고 충돌이 생기기 쉽나니, 어찌하여 그런고 하면, 사람사람이 그 익히고 아는 바가 달라서, 나의 아는 바를 저 사람이 혹 모르거나, 지방의 풍속이 다르거나, 신·구의 지견이 같지 아니하거나, 또는 무엇으로든지 전생과 차생에 익힌 바 좋아하고 싫어하는 성질이 다르고 보면, 나의 아는 바로써 저 사람의 아는 바를 부인하거나 무시하며, 심하면 미운 마음까지 내게 되나니, 이는 그 특성을 너른 견지에서 서로 이해하지 못하는 까닭이니라. 그러므로, 사람이 꼭 허물이 있어서만 남에게 흉을 잡히는 것이 아니니, 외도들이 부처님의 흉을 팔만 사천 가지로 보았다 하나 사실은 부처님에게 잘못이 있어서 그러한 것이 아니요, 그 지견과 익힌 바가 같지 아니하므로 부처님의 참된 뜻을 알지 못한 연고니라. 그런즉,

대종경 필사본

님에게 잘못이 있어서 그러한 것이 아니요, 그 知見과 익훈 바가 같지 아니하므로 부처님의 참된 뜻을 알지 못한 緣故이니라. 그런즉 그대들도 本來의 익후고 아는 바가 다른 여러 地方 사람이 모인 大衆 中에 處하여 먼저 사람마다 特性이 있음을 잘 理解하여야만 同志와 同志 사이에 서로 觸되지 아니하고 널리 包攝하는 德이 기리 化하게 되리라.

* 관념(關念): 어떤 것에 끌리는 마음이나 생각.

5 大宗師- 여러 弟子에게 일러 가라사대 사람이나 물건이나 서로 멀리 나누어 있을 때에는 무슨 소리가 없는 것이나 漸漸 가까워져서 서로 대질리는 곳에는 반드시 소리가 나나니 쇠가 대질리면 쇠소리가 나고 돌이 대질리면 돌소리가 나는 것 같이 正當한 사람이 서로 만나면 正當한 소리가 날 것이요 삿된 類가 머리를 모으면 삿된 소리가 나나니라. 보라! 過去의 諸佛諸聖은 會上을 펴신 지 數千年이 지났으되 慈悲에 넘치는 좋은 소리가 只今까지도 淸雅하고 流暢하여 一切衆生의 耳膜을 울리고 있으며 그와 反面에 惡黨邪類들의 어지러운 曲

대종경

그대들도 본래에 익히고 아는 바가 다른 여러 지방 사람이 모인 대중 중에 처하여 먼저 사람마다 특성이 있음을 잘 이해하여야만 동지와 동지 사이에 서로 촉되지 아니하고 널리 포섭하는 덕이 화하게 되리라.」

5 대종사 여러 제자에게 말씀하시기를 「사람이나 물건이나 서로 멀리 나뉘어 있을 때는 무슨 소리가 없는 것이나, 점점 가까워져서 서로 대질리는 곳에는 반드시 소리가 나나니, 쇠가 대질리면 쇳소리가 나고, 돌이 대질리면 돌소리가 나는 것 같이, 정당한 사람이 서로 만나면 정당한 소리가 날 것이요, 삿된 무리가 머리를 모으면 삿된 소리가 나나니라. 보라! 과거의 모든 성인은 회상을 펴신 지 여러 천년이 지났으되 자비에 넘치는 좋은 소리가 지금까지도 맑고 유창하여 일체중생의 귀를 울리고 있으며, 그와 반면에 어질지 못한 무리들의 어지

대종경 필사본

調는 아직도 千萬 사람의 마음을 警戒하고 있지 않는가. 그대들도 當初부터 아무 關係없는 사이라면 이어니와 已往 서로 만나서 일을 같이 하는지라 何如間 소리는 나고야 말터이니 아무쪼록 조심하고 삼가하여 낮은 소리는 나지 아니하고 좋은 소리만 기리 나게 하라. 萬一 좋은 소리가 끊임없이 나온다면 이것이 그대들의 幸事일 뿐만 아니라 널리 世界의 慶事가 되리라.

6 大宗師- 가라사대 사람이 이 世上에 活動할 때에 같은 人格 같은 努力을 가지고도 事業의 大小를 따라 價値가 더하고 덜한 것이며 事業의 長短을 따라 歷史가 長遠하고 短促하나니 事業의 大小로 말하면 個人의 家庭事業도 있고 한 民族 한 國家를 爲하는 事業도 있고 全世界 同胞를 爲하는 事業도 있으며 事業의 長短으로 말하면 그 歷史를 몇 十年 遺傳할 事業도 있고 몇 百年 遺傳할 事業도 있고 몇 千年 遺傳할 事業도 있고 無窮한 歲月에 永遠히 遺傳할 事業도 있어서 그 大小長短이 各各 事業의 版局을 따라 나타나나니라. 그러면 이

대종경

러운 곡조는 아직도 천만 사람의 마음을 경계하고 있지 아니한가. 그대들도 당초부터 아무 관계 없는 사이라면이어니와, 이왕 서로 만나서 일을 같이 하는지라 하여간 소리는 나고야 말 터이니, 아무쪼록 조심하여 나쁜 소리는 나지 아니하고 좋은 소리만 길이 나게 하라. 만일 좋은 소리가 끊임없이 나온다면, 이것이 그대들의 다행한 일일 뿐 아니라 널리 세계의 경사가 되리라.」

6 대종사 말씀하시기를 「사람이 이 세상에 활동할 때 같은 인격 같은 노력을 가지고도 사업의 크고 작음을 따라 가치가 더하고 덜한 것이며, 사업의 길고 짧음을 따라 역사가 길고 짧나니, 사업의 크고 작음으로 말하면 개인의 가정 사업도 있고, 한 민족 한 국가를 위하는 사업도 있고, 온 세계를 위하는 사업도 있으며, 사업의 길고 짧음으로 말하면, 그 역사를 몇십 년 유전할 사업도 있고, 몇백 년 유전할 사업도 있고, 몇천 년 유전할 사업도 있고, 무궁한 세월에 길이 유전할 사업도 있어서 그 대소와 장단이 각각 사업의 판국을 따라 나타나나니라.

대종경 필사본

世上에서 가장 넓은 範圍와 長久한 性質을 가진 것은 어떠한 事業인가 그것은 오직 道德事業이니 어찌하여 그런고 하면 道德事業은 國境이 없으며 年限이 없으므로 옛날 釋迦如來께서 千二百大衆으로 더불어 弊衣乞食하며 貧寒한 生活을 하실 때라든지 孔子께서 位를 얻지 못하고 轍環天下*하실 때라든지 耶蘇께서 十二使徒를 다리고 이곳저곳으로 쫓겨 다닐 때에는 그 勢力이 참으로 微微하였으나 오늘에 와서는 그 敎法이 全世界에 流通하여 떠오르는 해와 같이 歲月이 지낼수록 더욱 光彩를 發하고 있나니, 그대들도 旣爲 道家**에 出身하였으니 머저*** 이 道德事業의 價値를 充分히 알아서 꾸준한 努力을 繼續하여 廣大하고 長遠한 事業의 主人公이 되라.

* 철환천하(轍環天下): 수레를 타고 온 세상을 돌아다닌다.

** '佛家'가 아닌 '道家'라고 표현한 것에 착안하여 소태산 대종사의 불교관을 재조명해야 함.

*** '먼저'의 誤字.

7 大宗師- 가라사대 專務出身은 元來 精神과 肉身을 오로지 公衆에 바친

대종경

그런즉, 이 세상에서 가장 넓은 범위와 오랜 성질을 가진 것은 어떠한 사업인가 하면, 그것은 오직 도덕 사업이라, 도덕 사업은 국경이 없으며 연한이 없으므로 옛날 석가여래께서 천이백대중으로 더불어 걸식 생활을 하실 때라든지, 공자께서 위를 얻지 못하고 철환천하(轍環天下)하실 때라든지, 예수께서 십이사도를 데리고 이곳저곳으로 몰려다니실 때는 그 세력이 참으로 미미하였으나, 오늘에 와서는 그 교법이 온 세계에 전해져서 세월이 지날수록 더욱 빛을 내고 있지 아니한가. 그대들도 이미 도가에 출신하였으니 먼저 이 도덕 사업의 가치를 충분히 알아서 꾸준한 노력을 계속하여 가장 넓고 가장 오랜 큰 사업의 주인공들이 되라.」

7 대종사 말씀하시기를 「전무출신(專務出身)은 원래 정신과 육신을 오로

대종경 필사본

터인지라 個人의 名譽와 權利와 利慾은 不顧하고 오직 公事에만 義務로 努力하는 것이 本分이어늘 近來에 어떤 사람을 보면 漸漸 처음 마음을 忘却하고 딴 트집이 생겨나서 空然한 怨望을 품기도 하고 義아닌 思量心도 일어내어 남을 爲한다는 사람이 自己本位로 생각이 變하여지고 있으니 이 어찌 專務出身의 本分이라 하리오. 그대들의 當初 誓願은 永遠한 將來에 無漏의 福을 짓자는 것이요 衆生 가운데에서 菩薩의 行을 닦자는 것이어늘 福을 짓기로 한 場所에서 도리어 罪를 얻게 되고 菩薩의 行을 닦자는 工夫에서 도리어 衆生心이 增長된다면 그 罪業이 普通 世上에서 지은 몇 倍 以上으로 크게 되나니 어찌 두렵지 아니하리오. 그대들이여 이 말을 銘心하여 恒常 自心을 對照하되 내가 남을 爲하는 專務出身인가 남에게 爲함을 要求하는 專務出身인가를 잘 살펴서 남을 爲하는 專務出身이면 그대로 꾸준히 進行하려니와 萬一 남에게 爲함을 要求하는 專務出身이어든 바로 그 精神을 改革하든지 또는 不得已한 事情으로 그 精神을 改革치 못하거든 臨時로 環境을 바꾸든지 하여 當初에 願하지 아니한 큰 罪業이 앞

대종경

지 공중에 바친 터인지라, 개인의 명예와 권리와 이욕은 불고하고, 오직 공사에만 전력하는 것이 본분이거늘, 근래에 어떤 사람을 보면 점점 처음 마음을 잊어버리고 딴 트집이 생겨나서 공연한 원망을 품기도 하고 의 아닌 사량심(思量心)도 일어내어 남을 위한다는 사람이 자기 본위로 생각이 변해가고 있으니, 이 어찌 전무출신의 본분이라 하리오. 그대들의 당초 서원(誓願)은 영원한 장래에 무루(無漏)의 복을 짓자는 것이요, 중생 가운데서 보살의 행을 닦자는 것이거늘, 복을 짓기로 한 장소에서 도리어 죄를 얻게 되고, 보살의 행을 닦자는 공부에서 도리어 중생심이 길어난다면, 그 죄업이 보통 세상에서 지은 몇 배 이상으로 크게 될 것이니 어찌 두렵지 아니하리오. 그대들은 이 말을 명심하여 항상 자기 마음을 대조해 보되, 내가 남을 위하는 전무출신인가 남에게 위함을 바라는 전무출신인가를 잘 살펴서, 남을 위하는 전무출신이면 그대로 꾸준히 진행하려니와, 만일 남에게 위함을 바라는 전무출신이거든 바로 그 정신을 고치든지, 그 정신이 끝내 고쳐지지 못하거든 차라리 사가로 돌아가서 당초에 원하지 아니한 큰 죄업이

대종경 필사본

에 쌓이지 않도록 努力하라.

8 丁良善이 食堂 苦役에 汨沒하여 얼굴이 틀려감을 보시고 大宗師- 일러 가라사대 네가 일이 고되어 얼굴이 빠짐이로다. 너희들이 이 工夫 이 事業을 하기 爲하여 或은 食堂 或은 産業部 等에서 모든 괴로움을 참아가며 힘에 過重한 일을 하는 것은 譬컨대 모든 쇠를 불무깐*에 집어넣고 달구고 또 달구며 때리고 또 때려서 雜鐵은 다 떨어버리고 좋은 쇠를 만들어서 世上에 必要한 機具를 製造함과 같나니 너희들이 그러한 苦境 속에서 眞理를 探究하며 三大力을 얻어 나가야 凡夫의 雜鐵이 떨어지고 精金 같은 佛菩薩을 이루어 一切衆生의 光明이 될 것이라 그러므로 저 불무깐이 아니면 能히 좋은 쇠를 이뤄내지 못할 것이요 모든 苦境의 鍛鍊이 아니면 能히 優越한 人格을 이루지 못하리니 너는 이 뜻을 알아서 恒常 安心과 즐거움으로써 生活을 하여 나아가라.

* '대장간(대장間)'의 方言. (충남, 전남, 경남)

대종경

앞에 쌓이지 않도록 하라.」

8 정양선(丁良善) 등이 식당 고역에 골몰하여 얼굴이 빠져감을 보시고, 대종사 말씀하시기를 「너희가 일이 고되어 얼굴이 빠짐이로다. 너희들이 이 공부 이 사업을 하기 위하여 혹은 공장 혹은 식당 혹은 산업부(産業部) 등에서 모든 괴로움을 참아 가며 힘에 과한 일을 하는 것은 비하건대 모든 쇠를 풀무 화로에 집어넣고 달구고 또 달구며 때리고 또 때려서 잡철은 다 떨어 버리고 좋은 쇠를 만들어 세상에 필요한 기구를 제조함과 같나니, 너희들이 그러한 괴로운 경계 속에서 진리를 탐구하며 삼대력을 얻어 나가야 범부의 잡철이 떨어지고 정금(精金) 같은 불보살을 이룰 것이라, 그러므로 저 풀무 화로가 아니면 능히 좋은 쇠를 이뤄내지 못할 것이요 모든 괴로운 경계의 단련이 아니면 능히 뛰어난 인격을 이루지 못하리니, 너희는 이 뜻을 알아서 항상 안심과 즐거움으로 생활해 가라.」

| 대종경 필사본 | 대종경 |

9 大宗師- 가라사대 千生萬生의 金絲網報를 받을 罪人은 俗人에게 보다도 末世 修道人에게 더 많을 것이라는 이야기가 있나니 어찌하여 그런고 하면 俗人들의 罪惡은 大槪 그 罪의 影響이 個人에게만 미치지마는 修道人들의 잘못은 正法을 모르고 남을 그릇 引導하면 여러 사람의 多生을 그르치게 되는 까닭이요 또는 옷 한 벌 밥 한 그릇이 다 農夫의 피와 織女의 땀으로 된 것인데 그만한 事業이 없이 無聊徒食한다면 여러 사람의 膏血을 빨아먹음이 되는 緣故요 또는 四恩의 莫大한 恩惠를 입고 그 恩惠를 報答하지 못하므로 家庭 社會 國家 天地에 背恩이 되는 緣故라 이 말을 들을 때에 或 過하게 생각할 사람이 있을찌도 모르나 實에 있어서는 過한 말이 아니니 그대들은 時時로 反省하여 本來目的한 바에 違反됨이 없게 하기 바라노라.

10 大宗師- 가라사대 우리는 膏血魔가 되지 말아야 할찌니 自己의 地位나 權勢를 利用하고 奸巧한 手段을 弄絡하

9 한 제자 여쭙기를 「많은 생(生)에 금사망 보(報)를 받을 죄인은 속인에게 보다도 말세 수도인에게 더 많다는 말이 있사오니 어찌 그러하나이까?」 대종사 말씀하시기를 「속인들의 죄악은 대개 그 죄의 영향이 개인이나 가정에만 미치지마는 수도인들의 잘못은 정법을 모르고 남을 그릇 인도하면 여러 사람의 다생을 그르치게 되는 까닭이요, 또는 옷 한 벌 밥 한 그릇이 다 농부의 피와 직녀의 땀으로 된 것인데 그만한 사업이 없이 무위도식(無爲徒食)한다면 여러 사람의 고혈을 빨아먹음이 되는 연고요, 또는 사은의 크신 은혜를 알면서도 그 은혜를 보답하지 못하므로 가정·사회·국가·세계에 배은이 되는 연고라, 이 말을 들을 때 혹 과하게 생각할 사람이 있을지도 모르나 실에 있어서는 과한 말이 아니니, 그대들은 때때로 반성하여 본래 목적한 바에 어긋남이 없게 하기 바라노라.」

10 대종사 말씀하시기를 「우리는 고혈마(膏血魔)가 되지 말아야 할지니, 자기의 지위나 권세를 이용하고 간교(奸

대종경 필사본

여* 自己만 못한 사람들의 피땀으로 모인** 財産을 正當한 代價없이 取하여 먹으며 또는 親戚 親友를 憑藉하고 正當치 못한 依賴心으로써 理由없는 衣食을 求하여 自己만 便히 살기를 圖謀한다면 이러한 類를 일러 膏血魔라고 하나니라. 그런즉 우리도 우리의 生活을 恒時 反省하여 보되 每日 衆人을 爲하여 얼마나한 有益을 주고 이와 같은 衣食生活을 하는가 對照하여 萬一 넉넉한 活動이 있다면 이는 스스로 安心하려니와 그만한 活動이 없이 다못 公衆을 利用하여 自己의 衣食이나 安逸만을 圖謀한다면 이는 限없는 世上에 큰 빚을 지는 것이며 따라서 膏血魔임을 免치 못하나니 그대들은 이에 크게 覺醒할지어다.

* '籠絡'의 誤字.

** '모은'의 誤字.

※ 출처 미상(未詳).

대종경

巧)한 수단을 부리어 자기만 못한 사람들의 피땀으로 모인 재산을 정당한 대가 없이 취하여 먹으며, 또는 친척이나 친우라 하여 정당하지 못한 의뢰심으로 이유 없는 의식을 구하여, 자기만 편히 살기를 도모한다면 이러한 무리를 일러 고혈마라고 하나니라. 그런즉, 우리도 우리의 생활을 항시 반성하여 보되 매일 여러 사람을 위하여 얼마나 한 이익을 주고, 이와 같은 의식 생활을 하는가 대조하여 만일 그만한 노력이 있었다면 이는 스스로 안심하려니와, 그만한 노력이 없이 다만 공중을 빙자하여 자기의 의식이나 안일만을 도모한다면 이는 한 없는 세상에 큰 빚을지는 것이며, 따라서 고혈마임을 면하지 못하나니 그대들은 이에 크게 각성할지어다.」

11 대종사, 서울교당에서 이완철(李完喆)에게 짐을 지고 역(驛)까지 가자 하시거늘, 완철이 사뢰기를 「제가 지금 교당 수축 관계로 10여 명의 인부를 부리고 있을뿐더러 교무(敎務)의 위신상으로도 난처하나이다.」 하니, 대종사 그 짐을 오

대종경 필사본

11 한 弟子 敎中 采圃를 맡아 가꿀새 많은 굼벵이를 잡게 된지라 이를 말리어 藥局에 파니 적지 않은 돈이 되거늘 當時 監院*이 그 經過를 大宗師께 告하고 이것은 作業 中의 가외 收入이옵고 그가 마침 옷이 없아오니 그 돈으로 옷을 한 벌 지어주면 어떠하오리까? 한대 大宗師- 가라사대 그것이 비록 가외 收入이

대종경

창건에게 지우시고 다녀오신 후 말씀하시기를 「완철은 아까 처사를 어떻게 생각하는가?」 완철이 사뢰기를 「크게 잘못한 일은 아닌가 하나이다.」 대종사 말씀하시기를 「그대의 이유에도 일리는 있으나 짐 하나 지기를 부끄러이 여겨 스승의 명을 어기고도 그 일을 크게 생각하지 아니한다면 이것이 어찌 전무출신의 본분이라 할 것이며, 또한 그러한 마음을 가지고 어찌 만생을 널리 건지는 큰 일꾼 되기를 기약하리오.」 하시고 「그러한 정신을 놓지 못하겠거든 차라리 사가로 돌아가라.」 하시며 엄중히 경책하시는지라, 완철이 잘못을 사죄하고 그 후로는 위신을 생각하여 허식하는 일이 없는 공부를 계속하니라.

12 한 제자 교중의 채포(菜圃)를 맡아 가꾸는데 많은 굼벵이를 잡게 된지라 이를 말리어 약방에 파니 적지 않은 돈이 되거늘 당시 감원(監院)이 그 경과를 대종사께 사뢰고 「이것은 작업 중의 가외 수입이옵고 그가 마침 옷이 없사오니 그 돈으로 옷을 한 벌 지어 주면 어떠하오리까」하니, 대종사 말씀하시기를 「그것

대종경 필사본

나 公事를 하는 中에 收入된 것이니 公中에 들여 놓음이 當然한 일이며 또는 비록 無故히 한 것은 아니지마는 數多한 生命을 죽인 돈으로 그 사람의 옷을 지어 입힌다면 그 果報를 또한 어찌하리오. 하시고 親히 옷 한 벌을 주시며 가라사대 그 돈은 여러 사람에게 널리 미치는 有標한** 公益事業에 活用하여 그에게 罪가 되지 않게 하라 하시니라.

* 감원(監院): 암자나 교당을 감찰하는 승려.
** '有表'의 誤字. 여럿 중에 특히 두드러진 특징이 있음.

12 한 弟子 敎中 果園을 맡으매 매양 消毒 除虫 等으로 數多한 殺生을 하게 된지라 內心에 不安하여 이로써 大宗師께 告하였더니 大宗師- 가라사대 果報는 조금도 두려워 말고 私心없이 公事에만 專力하라. 그리하면 果報가 네게 돌아오지 아니하리라. 그러나 萬一 이 일을 하는 중에 小毫라도 私利를 취함이 있다면 그 果報를 또한 免치 못하리니 각별히 조심하라 하시니라.

대종경

이 비록 가외 수입이나 공중 일을 하는 중에 수입된 것이니, 공중에 들여놓음이 당연한 일이며, 또는 비록 연고 없이 한 것은 아니지마는 수많은 생명을 죽인 돈으로 그 사람의 옷을 지어 입힌다면 그 과보를 또한 어찌하리오.」 하시고, 친히 옷 한 벌을 내리시며, 말씀하시기를 「그 돈은 여러 사람이 널리 혜택을 입을 유표한 공익사업에 활용하여 그에게 죄가 되지 않게 하라.」

13 한 제자 교중의 과원(果園)을 맡음에 매양 소독과 제충(除虫) 등으로 수많은 살생을 하게 되는지라, 마음에 불안하여 그 사유를 대종사께 사뢰니, 대종사 말씀하시기를 「과보는 조금도 두려워 말고 사심 없이 공사에만 전력하라. 그러하면, 과보가 네게 돌아오지 아니하리라. 그러나, 만일 이 일을 하는 가운데 조금이라도 사리(私利)를 취함이 있다면 그 과보를 또한 면하지 못할 것이니 각별히 조심하라.」

대종경 필사본

13 한 弟子 敎中 附近에 살며 敎中의 柴炭 等 소소한 물건을 私家로 가져가는지라 大宗師- 가라사대 아무리 가난한 敎中이라도 나무 몇 쪼각 못 몇 개로 큰 影響이 있는 것은 아니나 衆人의 精誠으로 모여진 물건을 不當하게 私有로 하면 네의 將來에 偶然한 災殃이 미쳐 그 몇 배의 損害를 當할 것이므로 내 그를 豫防하기 爲하여 미리 嚴誡하노라 하시니라.

※ 출처 미상(未詳).

대종경

14 한 제자 총부 부근에 살며 교중의 땔나무 등 소소한 물건을 사가로 가져가는지라, 대종사 말씀하시기를 「아무리 교중 살림이 어렵더라도 나무 몇 조각 못 몇 개로 큰 영향이 있을 것은 아니나, 여러 사람의 정성으로 모여진 물건을 정당하지 못하게 사사로이 소유하면 너의 장래에 우연한 재앙이 미쳐 그 몇 배의 손해를 당할 것이므로, 내가 그것을 예방하기 위하여 미리 경계하노라.」

15 대종사 물으시기를 「전무출신이 사가(私家) 일에 끌리지 아니하고 공사에만 전력하게 하기 위하여, 곤궁한 사가는 교단에서 보조하는 제도를 두면 어떠하겠는가?」 전음광이 사뢰기를 「앞으로 반드시 그러한 제도가 서야 할 줄 아나이다.」 또 물으시기를 「그러한 제도가 아직 서지 못한 때 전무출신의 사가 형편이 아주 곤란한 처지에 이르러서 이를 돌보지 않을 수 없게 되면 어찌하는 것이 좋겠는가?」 서대원이 사뢰기를 「만일, 보통 임원이면 적당한 기간을 주어 사가를 돌본 후 돌아오게 하옵고, 중요한 인물이면 회의의 결정을 얻어 임시

대종경 필사본

14 大宗師- 가라사대 우리의 專務出身 制度는 家庭을 이루고 活動할 수도 있고 特別한 誓願으로 世慾을 超越하여 貞男貞女로 活動할 수도 있으므로 敎中에서는 各自의 發願대로 取扱하여 待遇하는 機關이 있으나 或 特別한 發願이 없이 家庭의 環境으로 因하거나 或은 저의 一身 하나 便安하기 爲하여 結婚은 아니하고 마음에는 世俗生活을 부러워

대종경

로라도 교중에서 보조하는 길을 취하게 함이 좋을 듯하나이다.」 또 물으시기를 「앞으로 그러한 제도가 시행될 때 혹 보조를 바라는 사람이 많게 되면 어찌하여야 하겠는가?」 유허일이 사뢰기를 「그러한 폐단을 막기 위하여 일반 전무출신의 사가 생활을 지도하고 보살피는 기관이 총부 안에 서야 하겠나이다.」 대종사 말씀하시기를 「세 사람의 말이 다 좋으니 앞으로 차차 그러한 제도를 세워서 활용해 보되, 교중의 형편이 아직 그렇게 되지 못하는 때에는 기관을 적게 벌여서라도 현직에 있는 전무출신으로서 사가 일에 마음 빼앗기는 일이 없도록 하라.」

16 대종사 말씀하시기를 「우리의 전무출신 제도는 가정을 이루고 공부 사업할 수도 있고, 특별한 서원으로 세상 욕심을 떠나 정남(貞男)·정녀(貞女)로 활동할 수도 있으므로, 교단에서는 각자의 발원에 따라 받아들이고 대우하는 법이 있으나, 혹 특별한 발원이 없이 어떠한 환경으로 인하거나 혹은 자기 몸 하나 편안하기 위하여 마음에는 세속 생활을

대종경 필사본

하면서 몸만 억지로 괴로운 生活을 繼續한다면 이는 自身으로나 敎中으로나 社會的으로나 적지 않은 損失이 될 뿐 아니라, 이러한 사람이 命을 마치고 보면 後世에는 人物은 좋으나 雜된 類가 되어 여러 사람의 戱弄을 받게 되나니 自信이 없는 일이면 스스로 미리 決定하는 것이 옳을 것이요, 萬一 自信한 바가 있어서 出發하였다면 誓願 그대로 松竹같이 굳은 마음과 氷雪같이 高潔한 마음으로 이 汚濁한 娑婆世界를 淨化시키고 一切衆生의 慧福門路를 열어줄 것이니라.

※ 출처 미상(未詳).

대종경

부러워하면서도 몸만 독신 생활을 한다면, 이는 자신으로나 교중으로나 세상으로나 적지 않은 손실이 될 뿐 아니라, 후생에는 인물은 좋으나 여러 사람의 놀림을 받는 몸이 되나니, 자신이 없는 일이면 스스로 미리 다시 작정하는 것이 옳을 것이요, 만일 자신하는 바가 있어서 출발하였다면 서원 그대로 굳은 마음과 고결한 지조(志操)로 이 사바세계를 정화시키고 일체중생의 혜복 길을 열어 줄 것이니라.」

17 대종사, 정남·정녀들을 자주 알뜰히 살펴 주시며, 말씀하시기를 「그대들이 한 생 동안만 재색명리를 놓고 세상과 교단을 위하여 고결하고 오롯하게 활동하고 가더라도, 저 세속에서 한 가정을 위하여 몇 생을 살고 간 것에 비길 바가 아니니, 한 생의 공덕으로 많은 세상에 무루의 복락과 명예를 얻을 것이요, 결국 성불의 대과(大果)를 증득하게 될 것이나, 만일 형식만 정남·정녀요 특별한 보람 없이 살고 간다면 이는 또한 허망한 일이라, 참으로 정신 차려 공부하라.」

| 대종경 필사본 | 대종경 |

15 大宗師- 가라사대 專務出身 誓願書를 낼 때에는 오직 깊이 생각하여야 할찌니 萬一 몸과 마음을 이 工夫 이 事業에 오로지 바치며 成佛濟衆을 하겠다고 天地神明과 大衆의 앞에 盟誓하고, 中途에 마음이 變하여 個人의 事業이나 享樂에 떨어진다면 이는 곧 天地를 속임이 되므로 모든 神明이 容恕치 아니하여 結局 惡途를 免하기 어려울 것이요 또는 指導人의 處地에 있어서도 大覺을 하지 못하고 大覺을 하였다 하여 모든 사람의 前途를 그릇 引導한다면 이는 곧 眞理를 속임이 되므로 또한 惡途를 免하기 어렵나니라.

16 大宗師- 여러 弟子에게 일러 가라사대 우리들의 일이 마치 저 기러기 떼의 일과 같으니 時節 因緣을 따라 有緣 同志가 或은 東에 或은 西에 敎化의 판을 벌리는 것이 저 기러기들이 철을 따라 떼를 지어 或은 南에 或은 北에 기뜨릴 곳을 벌리는 것과 같도다. 그러나 기러기가 頭目 기러기의 隊伍에서 벗어나든지 또는 조심을 하지 못하고 보면 不

18 대종사 말씀하시기를 「전무출신 서원서를 낼 때는 오직 깊이 생각해야 할 것이니, 만일 몸과 마음을 이 공부 이 사업에 오로지 바치며 성불 제중을 하겠다고 허공 법계와 대중의 앞에 맹세하고, 중도에 마음이 변하여 개인의 사업이나 향락에 떨어진다면, 이는 곧 천지를 속임이 되므로 진리가 용서하지 아니하여, 결국 그 앞길이 막힐 것이요, 또는 대중을 지도하는 처지에 서게 되면 더욱 깊이 생각하는 바가 있어야 하나니, 혹 대각(大覺)을 하지 못하고 대각을 하였다 하여, 모든 사람의 전도를 그릇 인도한다면 이는 곧 진리를 속임이 되므로 또한 악도를 면하기 어렵나니라.」

19 대종사, 여러 제자에게 말씀하시기를 「우리들의 일이 마치 저 기러기 떼의 일과 같으니, 시절 인연을 따라 인연 있는 동지가 혹은 동에 혹은 서에 교화의 판을 벌이는 것이 저 기러기들이 철을 따라 떼를 지어 혹은 남에 혹은 북에 깃들일 곳을 벌이는 것과 같도다. 그러나, 기러기가 두목 기러기의 인솔하는 대열에서 벗어나든지 또는 따라가면서도 조

대종경 필사본

意의 그물에 걸리거나 銃彈에 맞아 목숨을 傷하기 쉽나니 修道하고 敎化하는 사람들에게 그물과 銃彈이 되는 것은 곧 財와 色의 境界이니라.

17 大宗師- 가라사대 勇猛이 絶勝한 獅子나 범도 極히 微微한 비리가 몸에 올라서 畢竟 살지 못하게 되는 수가 있고 큰 뜻을 發하여 工夫하는 사람도 극히 微微한 마음 境界 몇 가지가 들어서 그 참다운 發願을 막고 平生事를 그르치게 되는 수가 있나니 그러므로 이에 工夫人의 마음 비리 몇 가지를 들려주리라. 一은 여러 사람을 가르치는 公席에서 指導人이 어떠한 말을 하면 唯獨 自己만 들으라고 하였다 하여 섭섭하게 아는 일이요, 二는 工夫하러 온 本意를 忘却하고 空然히 自己 家庭에서나 받던 待遇를 道場에서 求하는 일이요, 三은 自己의 前途를 爲하여 忠告를 하면 事實有無는 姑捨하고 寶鑑을 삼지는 아니하고 이 사람 저 사람에게 對質하며 또는 그 사람을 怨讐와 같이 아는 일이요, 四는 地位와 信用이 나타남을 따라서 自尊心이 漸漸 커나는 일이요, 五는 大衆 中

대종경

심을 하지 못하고 보면 그물에 걸리거나 총알에 맞아 목숨을 상하기 쉽나니, 수도하고 교화하는 사람들에게 그물과 총알이 되는 것은 곧 재와 색의 경계니라.」

20 대종사 말씀하시기를 「용맹이 뛰어난 사자나 범도 극히 미미한 비루가 몸에 퍼지면 필경 살지 못하게 되는 것 같이, 큰 뜻을 세우고 공부하는 사람도 극히 미미한 마음 경계 몇 가지가 비루가 되어 그 발원을 막고 평생사를 그르치게 하나니, 그러므로 공부인은 마음 비루가 오르지 않도록 늘 경계하고 살펴야 하나니라. 이제 그 마음 비루 몇 가지를 들어 보자면, 첫째는 여러 사람을 가르치는 공석(公席)에서 지도인이 어떠한 주의를 시키면 유독 자기만 들으라고 하였다 하여 섭섭하게 아는 일이요, 둘째는 공부하러 온 본의를 잊어버리고 공연히 자기 집에서나 받던 대우를 도량에서 구하는 일이요, 셋째는 자기의 앞길을 위하여 충고를 하면 사실이야 어떻든지 보감을 삼지는 아니하고 이 사람 저 사람에게 대질하며 또는 말해 준 사람을 원수같이 아는 일이요, 넷째는 지위

대종경 필사본

에 處하여 恒常 自己만 생각하여 달라 하고 自己만 便利하려고 하는 일이요, 六은 自己의 마음과 말은 조심하지 못하면서 指導人이나 要人이 通情하여 주지 않는다고 怨望하는 일이요, 七은 생각하여 줄수록 더욱 滿足히 알지 아니하고 前에 없던 버릇이 次次 생기는 일이라 이 모든 조건이 비록 重大한 戒文은 아니나 能히 工夫人의 精進心을 妨害하는 큰 病根이 되나니 그대들은 이 點에 크게 注意할찌어다.

18 한 弟子 처음 地方敎務로 赴任할 때에 大宗師- 일러 가라사대 내- 그동안 너를 다른 사람들같이 特別히 자주 챙겨주지 못하고 좀 疎遠하게 둔 感이 없지 아니한데 或 섭섭한 마음이나 없었느냐. 大槪 土質이 나쁘고 雜草가 많은 밭에는 사람의 손이 자주 가야만 穀食을 많이 거둘 수 있으나 그렇지 아니한 밭에는 큰 受苦를 드리지 아니하여도 收穫을 얻기가 어렵지 아니한 것과 같이 사람도 자주 불러서 타일러야 할 사람도 있고 몇 번 타이르지 아니하여도 좋을

대종경

와 신용이 드러남을 따라서 자존심이 점점 커 나는 일이요, 다섯째는 대중 가운데서 항상 자기만 생각하여 달라 하고 자기만 편하려고 하는 일이요, 여섯째는 자기의 마음과 말은 조심하지 못하면서 지도인이나 동지들이 통정하여 주지 않는다고 원망하는 일이요, 일곱째는 생각해 줄수록 더욱 만족히 알지 아니하고 전에 없던 버릇이 생기는 일이라 이 모든 조건이 비록 큰 악은 아니나 능히 공부인의 정진심을 방해하는 비루가 되나니 그대들은 이 점에 크게 주의하라.」

21 한 제자 지방 교무로 처음 부임할 때 대종사 말씀하시기를 「내가 그동안 너를 다른 사람들같이 특별히 자주 챙겨주지 못하고 그대로 둔 감이 있는데 혹 섭섭한 마음이나 없었느냐. 대개 토질이 나쁘고 잡초가 많은 밭에는 사람의 손이 자주 가야만 곡식을 많이 거둘 수 있으나, 그렇지 아니한 밭에는 큰 수고를 들이지 아니하여도 수확을 얻기가 어렵지 아니한 것 같이, 사람도 자주 불러서 타일러야 할 사람도 있고, 몇 번 타이르지 아니하여도 좋을 사람이 있어서 그러한

대종경 필사본

사람이 있어서 그러하였노니 행여 섭섭한 마음을 두지 말라 하시니라.

21 大宗師- 靈山으로부터 蓬萊精舍에 돌아오사 여러 弟子에게 일러 가라사대 내가 오던 中路에 어느 市場에서 구경을 하게 되었던 바 여러 가지로 느낀 바가 많았노니 어떤 옹기장수는 옹기 한 짐을 지고 무거움을 견디지 못하여 땀을 흘리고 들어가며 또 어떤 사람은 지게만 지고 들어가더니 얼마를 지낸 後 그들의 돌아갈 때를 보니 옹기장수는 옹기는 벗어버리고 쌀과 고기와 其他 物品을 사가지고 가며 지게만 지고 온 사람은 옹기를 지고 가는데 두 사람의 얼굴에는 다 喜色이 엿보이므로 그 理由를 물은즉 옹기장수는 말하되 나는 올 때에 이 옹기를 오늘 장에 팔지 못하면 어찌할까 걱정하였더니 多幸히 求하는 분을 만나서 쉽게 팔고 그 돈으로 여러 가지 物品을 사게 되매 自然 기쁜 마음이 있다고 하며 지게군은 말하되 나는 近日 새 살림을 始作하여 그릇을 사려고 장에 왔는데 萬一 所用에 마땅한 그릇들이 없으면 어찌할가* 걱정하였더니 마침 마음에 맞

대종경

것이니 행여 섭섭한 마음을 두지 말라.」

22 대종사, 영산에서 봉래정사에 돌아오사 여러 제자에게 말씀하시기를 「내가 오는 길에 어느 장 구경을 하게 되었는데, 아침에 옹기장수는 옹기 한 짐을 지고 장에 오며, 또 어떤 사람은 지게만 지고 오더니, 그들이 돌아갈 때는 옹기장수는 다 팔고 지게만 지고 가며, 지게만 지고 온 사람은 옹기를 사서 지고 가는데, 두 사람이 다 만족한 기색이 엿보이더라. 나는 그것을 보고 생각하기를 당초에 옹기장수가 지게만 지고 온 사람을 위하여 온 것이 아니었고, 지게만 지고 온 사람이 옹기장수를 위하여 온 것이 아니어서, 각기 다 자기의 구하는 바만 구하였건마는, 결국에는 두 사람이 다 한가지 기쁨을 얻었으니, 이것이 서로 의지하고 바탕이 되는 이치로다 하였노라. 또 어떤 사람은 가게 주인이 거만하다 하여 화를 내고 그대로 가니, 사람들이 말하기를 저 사람은 물품을 사러 장에 온 것이 아니라 대우받으러 장에 온 것이라고 비웃었으며, 또 한 사람

대종경 필사본

는 그릇을 사게 되니 自然 기쁜 마음이 있다고 하더라. 나는 그 말을 듣고 생각하기를 當初에 옹기장수가 지게군을 爲하여 온 것이 아니었고 지게군은 옹기장수를 爲하여 온 것이 아니어서 各其 自己의 求하는 바만 求하였건마는 畢竟에는 두 사람이 한 가지 기쁨을 얻었으니 이것이 서로 依支하고 바탕이 되는 理致로다 하였노라. 또 어떤 사람을 본즉 商店에 物品을 사러 왔다가 商店主人이 거만하다 하여 화를 내고 가면서 말하되 나는 오늘 장에 무슨 物品을 사러왔다가 商店主人의 거만한 꼴이 보기 싫어서 그저 간다 하니 左右에 들던 사람들이 말하되 商店主人이야 어떠하든지 제의 目的하고 온 物品만 사가면 그만이어늘 待遇 잘못을 關係하여 제 일을 狼狽하니 그 사람은 本來 物品을 사러 온 것이 아니라 待遇만 받으러 온 것이 아닌가 하고 비웃었으며 또 한 사람을 보니 物品을 사는데 商店主人이 거만한 데에는 關心치 않고 自己가 살 物品만 失手 없이 사는지라 그때 한 사람이 묻기를 商店主人이 저같이 거만하거늘 當身은 어찌하여 物品을 사느냐 한즉 그 사람은 말하되 나는 본래 남의 待遇받으러 장에

敎團品

대종경

은 가게 주인이야 어떠하든지 자기가 살 물품만 실수 없이 사는지라 좌우 사람들이 모두 그를 옳게 여기며 실속 있는 사람이라고 칭찬하더라. 나는 이 일을 보고 들을 때 문득 그대들의 교단 생활하는 일과 비교되어서, 혼자 웃기도 하고 탄식도 하였노니 그대들은 이 이야기에서 깊은 각성을 얻어 보라.」

대종경 필사본

온 것이 아니라 物品을 사러 왔으니 나의 目的한 바만 이루면 그만이 아닌가. 萬一 些少한 일로 틀려서 다른 곳에 갔다가 그 商店에 나의 求하는 바가 없으면 도리어 내 일만 狼狽가 아닌가. 그러므로 나는 主人의 待遇야 어떠하든 그것은 關心치 않고 이 商店에 모든 物品이 구비하여 있어서 여러 곳을 헤매지 않고 쉽게 사게 되는 것만 多幸히 생각하노라 하니 左右 사람들이 모두 그 말을 옳게 알며 稱讚하더라. 나는 이 일을 보고 들을 때에 문득 그대들의 일이 생각나서 혼자 웃기도 하고 嘆息도 하였노니 그대들은 깊이 생각하여 보라.

* '어찌할까'의 誤字.

22 大宗師− 가라사대 내가 어느 날 서울 市街에서 보니 소경 한 사람이 어떤 商店을 目的하고 겨우겨우 찾아와서는 商店 문턱에 한번 거더 채이더니 그곳이 自己가 目的하고 온 곳이 아닌 것으로 그릇 짐작하고 짚팽이를 돌리어 오던 길로 도로 가버리더라. 그대들 中에도 어찌어찌 하여 이 道門을 옳게 찾아 왔건마는 本來에 익후고 아는 바가 다르

대종경

23 대종사 말씀하시기를 「그대들이 다행히 이 도문을 찾아온 왔건마는 본래에 익히고 아는 바가 다르며, 또는 그 사람이 아니면 그 사람을 모르는지라, 조그마한 경계 하나를 못 이기어 도로 나가는 사람도 혹 있나니, 이러한 사람은 마치 소경이 문고리를 옳게 잡았건마는 문턱에 한 번 걸어 채이고는 화를 내어 도로 방황하는 길로 나가는 것과 같나니

대종경 필사본

고 또는 그 사람이 아니면 그 사람을 모르는지라 조그마한 境界 하나를 못이기어 도로 나가는 사람도 或 있나니 이러한 사람은 마치 그 소경이 目的한 商店을 옳게 찾아왔건마는 商店의 문턱에 거더채여서 오던 길로 도로 가는 것과 같나니라. 肉眼이 어둔 소경은 오히려 自身이 소경인 줄을 앎으로 미리 조심이라도 하지마는 心眼이 어둔 소경은 自身이 소경인 줄도 모르므로 스스로 깊은 구렁에 빠지되 빠진 줄도 알지 못하나니 어찌 애닯지 아니하리오.

23 大宗師- 가라사대 내가 商店 하나를 벌리고 營業을 開始한 지 여러 해가 되었으되 조금도 利益을 보지 못하였노니 어찌하여 그러한고 하면 여러 사람에게 모든 物品을 外上으로 주었더니 어떤 사람은 그 物品을 가져다가 착실히 팔아서 代金도 가져오고 저도 相當한 利益을 보나 그러한 사람은 가장 적고 大概는 物品을 가져간 後 팔지도 아니하고 그대로 제 집에 留置하여 두었다가 얼마를 지낸 後에 物品 그대로 가져오거나 或은 그 物品을 잃어버리고 값도 주지 아니하

대종경

라. 육안(肉眼)이 어두운 소경은 자신이 소경인 줄이나 알므로 미리 조심이라도 하지마는, 심안(心眼)이 어두운 소경은 자신이 소경인 줄도 모르므로 스스로 깊은 구렁에 빠지되 빠지는 줄도 알지 못하나니 어찌 위태롭지 아니하리오.」

24 대종사 말씀하시기를 「내가 가게 하나를 벌이고 영업을 개시한 지 여러 해가 되었으되 조금도 이익을 보지 못하였노니, 어찌 그러한가 하면 여러 사람에게 모든 물품을 외상으로 주었더니, 어떤 사람은 그 물품을 가져다가 착실히 팔아서 대금도 가져오고 저도 상당한 이익을 보나, 그러한 사람은 가장 적고, 대개는 물품을 가져간 후에 팔지도 아니하고 그대로 제집에 두었다가 얼마를 지낸 후에 물품 그대로 가져오거나, 혹은 그 물품을 잃어버리고 값도 주지 아니하는

대종경 필사본

는 사람이 許多하므로 自然 損失이 나게 되었노라. 그러나 이 後부터는 物品을 잘 팔아서 自己도 利益을 보고 代金도 잘 가져오는 사람은 致賀도 하고 物品도 더욱 잘 대어줄 것이나 物品을 도로 返還하는 사람은 크게 責望을 하여줄 것이요, 物品도 잃어버리고 값도 주지 않는 사람은 반드시 法에 알리어 相當히 處理하리라 하시고 그대들이 나의 말뜻을 짐작하겠는가 하시니 한 弟子 가로되 商店을 開始하였다는 것은 道德會上을 열었다는 말씀이요, 物品 값도 잘 가져오고 저도 相當한 利益을 보았다는 것은 大宗師께 法門을 들은 後 남에게 傳道도 잘하고 自己도 그대로 實行하여 많은 有益을 얻었다는 말씀이요 物品을 그대로 가져온다는 것은 法門을 들은 後 잊어버리지는 아니하고 가지고 있다는 말씀이요, 物品도 잃어버리고 값도 주지 않는다는 것은 法門을 들은 後 남에게 傳道도 아니하고 自己가 實行도 아니 하며 그 法門조차 잊어버린다는 말씀이요 法에 알리어 處理한다는 것은 좋은 法門을 듣고도 實行도 아니 하고 잊어버리고 다닌 사람은 반드시 惡을 많이 行할 것이므로 自然 많은 罪를 받게 되리라는 말씀인가

대종경

사람이 허다하므로 자연 손실이 나게 되었노라. 그러나, 이후부터는 물품을 잘 팔아서 자기도 이익을 보고 대금도 잘 가져오는 사람은 치하도 하고 물품도 더욱 잘 대어 줄 것이나, 물품으로 도로 가져오는 사람은 크게 책망을 할 것이요, 물품도 잃어버리고 값도 주지 않는 사람은 반드시 법에 알리어 처리하리라.」 하시고, 「그대들이 내 말의 뜻을 짐작하겠는가?」 하시니, 한 제자 사뢰기를 「가게를 개시하였다는 것은 도덕 회상을 여시었다는 말씀이요, 물품값도 잘 가져오고 저도 상당한 이익을 본다는 것은 대종사께 법문을 들은 후 남에게 선전도 잘하고 자기도 그대로 실행하여 많은 이익을 얻는다는 말씀이요, 물품을 그대로 가져온다는 것은 법문을 들은 후 잊어버리지는 아니하나 실지 효과를 내지 못한다는 말씀이요, 물품도 잃어버리고 값도 주지 않는다는 것은 법문을 들은 후 남에게 선전도 아니 하고 자기가 실행도 아니 하며 그 법문조차 아주 잊어버린다는 말씀이요, 법에 알리어 처리한다는 것은 좋은 법문을 듣고도 실행도 아니 하고 잊어버리고 다니는 사람은 반드시 옳지 못한 일을 많이 행할 것이므로 자연히

대종경 필사본

하나이다. 大宗師- 가라사대 네의 말이 옳다 하시니라.

27 圓紀37年 元旦에 大宗師- 大衆에게 일러 가라사대 내- 어제 밤에 한 꿈을 얻으니 한 異人이 와서 말하기를 이 會上이 將次 크게 隆盛할 것은 疑心없으나 다만 勢力이 생김을 따라 혹 다른 團體나 사람을 없수히 여기게 될가 걱정인즉 大衆에게 警戒하라고 付託하더라. 꿈은 虛妄한 것이라 하나 夢事가 하도 歷歷하고 또는 換歲初를 當하여 이러한 夢兆가 있는 것은 凡然한 일이 아니니 그대들은 누구를 對하거나 恭敬心을 놓지 말고 아무리 微賤한 사람이라도 이 會上의 勢力에 影響을 줄 能力이 있다는 것을 覺醒하여 常不輕의 精神으로써 모든 일에 對應하라. 이것이 會上의 前路에 큰 關係가 있으리라.

31 어느 新聞에 이 會上을 讚揚하는 記事가 連載되는지라 大衆이 그를 보며

대종경

많은 죄벌을 받게 되리라는 말씀인가 하나이다.」 대종사 말씀하시기를 「너의 말이 옳으니라.」

25 대종사 새해를 맞이하여 대중에게 말씀하시기를 「내가 어젯밤 꿈에 한 이인(異人)을 만났는데, 그가 말하기를 이 회상이 장차 크게 융성할 것은 의심 없으나 다만 세력이 커짐을 따라 혹 다른 사람이나 다른 단체를 업신여기게 될까 걱정인즉 대중에게 미리 경계하라고 부탁하더라. 꿈은 허망한 것이라 하나 몽사가 하도 역력하고 또는 환세(換歲)를 당하여 이러한 몽조가 있는 것은 범연한 일이 아니니, 그대들은 누구를 대하거나 공경심을 놓지 말고 아무리 미천한 사람이라도 이 회상의 발전에 도움을 줄 수도 있고 해독을 줄 능력도 있다는 것을 각성하여, 상불경(常不輕)의 정신으로 모든 경계를 처리하라. 이것이 우리 회상의 앞길과 큰 관계가 있으리라.」

26 어느 신문에 우리를 찬양하는 기사가 연재되는지라 대중이 모두 기뻐하

대종경 필사본

모두 기뻐하거늘 大宗師- 가라사대 稱讚하는 者가 있으면 毁謗하는 者도 따라서 생기나니 우리의 敎勢가 더욱 隆盛해지고 名聲이 더욱 들어남을 따라 우리를 猜忌하고 중상하는 者도 생겨날 것이라 그대들은 이 點을 미리 覺悟하여 世間의 毁譽에 너무 落心하거나 기뻐하지 말고 매양 살피고 또 챙기어 꾸준히 當行之事만 行하여 나가기에 힘을 쓰라.

32 大宗師- 가라사대 사람이 世上에서 무엇을 하기로 하면 各各 그 일에 따라 그만한 苦難과 波瀾이 다 있나니 古今을 通하여 諸佛諸聖이나 偉人達士치고 苦難없이 成功한 분이 그 몇이나 되는가. 보라. 過去 釋迦牟尼佛도 그 몸은 비록 王宮家에 誕生하여 一國에 太子가 되었지마는 그 마음에 生死眞理를 알지 못하여 모든 榮華를 草芥視하고 逾城出家하사 六年동안이나 難行苦行을 겪으시고 大圓正覺을 이루신 後 四十九年 說法時에도 여러 가지 苦境이 많으셨으며 外道들의 迫害로 그 弟子가 惡殺까지 當하지 아니하였는가. 그러나 부처님의 大道는 千二百五十人의 弟子로 말미

대종경

거늘, 대종사 말씀하시되 「칭찬하는 이가 있으면 훼방하는 사람도 따라서 생기나니, 앞으로 우리 교세가 더욱 융성해지고 명성이 더욱 드러남을 따라 우리를 시기하는 무리도 생겨날 것인즉, 그대들은 이 점을 미리 각오하여 세간의 칭찬과 비방에 너무 끌리지 말고 오직 살피고 또 챙기어 꾸준히 당연한 일만 행해 나가라.」

27 대종사 말씀하시기를 「사람이 세상에서 무슨 일을 하기로 하면 각각 그 일의 판국에 따라 그만한 고난과 파란이 다 있나니 고금을 통하여 불보살 성현들이나 위인 달사 치고 고난 없이 성공한 분이 거의 없었나니라. 과거 석가모니불도 한 나라 태자의 모든 영화를 다 버리시고 성을 넘어 출가하사, 육년 동안 갖은 난행과 고행을 겪으셨으며, 회상을 펴신 후에도 여러 가지 고난이 많으신 가운데 외도들의 박해로 그 제자가 악살까지 당하였으나, 부처님의 대도는 그 후 제자들의 계계승승으로 오늘날 모든 생령의 한량없는 존모를 받게 되었고, 공자께서는 춘추대의를 바로잡기 위

| 대종경 필사본 | 대종경 |

아마 千秋에 永傳하여 萬生靈의 尊慕를 기리 받게 되었고 孔子께서는 春秋 大義를 바로잡기 爲하여 轍環天下하실 때에 喪家之狗라는 辱을 들었으며 陳蔡之難*과 陽虎의 迫害**를 입었으나 또한 弟子들의 꾸준한 努力으로 畢竟 人倫綱紀를 바로잡아서 오늘날 世界的 聖人으로 尊慕를 받게 되었고 또한 耶蘇께서도 十字架에 못을 박혀 刑戮까지 當하였지마는 그 救世의 經綸은 十二使徒의 惡戰苦鬪로써 오늘날 可謂 全世界에 그 功德을 끼치지 아니하였는가. 우리도 是非紛紛한 이 世上에 나와서 한 目標를 세우고 活動을 하게 되었으니 어찌 是非나 苦生이 없으리오. 아직까지 別로 큰 非難을 받은 일은 없었지마는 人員이 次次 많아지고 일이 漸漸 커짐에 따라 勿論 잘못하는 사람도 생겨서 會上의 體面에 혹 낮은 影響을 줄 수도 있을 것이나 우리의 目的이 眞實로 世上을 有益 주는 데에 있고 우리의 敎化方法이 참으로 濟生醫世에 適合하다면 비록 한 두 사람의 잘못이 있고 한 두 사람의 그릇침이 있다 할찌라도 그로 因하여 우리 會上이 退縮되지는 아니할 것이며 設使 어떠한 謀略과 迫害를 當하거나 어떠한 批

하여 천하를 철환하실 때 상가의 개 같다는 욕까지 들으셨으며, 진채의 난과 모든 박해를 입었으나 그 제자들의 꾸준한 노력으로 필경 인륜 강기를 바로잡아 오늘날 세계적 성인으로 존모를 받게 되었고, 예수께서도 갖은 박해와 모함 가운데 복음을 펴시다가 마침내 십자가에 형륙까지 당하였으나 그 경륜은 사도들의 악전고투로 오늘날 가위 전 세계에 그 공덕을 끼치지 아니하는가. 우리도 파란 많은 이 세상에 나와서 큰 목표를 세우고 활동을 하게 되었으니 어찌 시비나 고생이 없으리오. 아직까지는 그다지 큰 비난이나 압박을 받은 일이 없었지마는 사람이 차차 많아지고 일이 점점 커짐에 따라 이 중에 잘못하는 사람이 생겨나 회상의 체면에 혹 낮은 영향이 올 수도 있으리라. 그러나, 우리의 목적이 진실로 세상을 이익 주는 데에 있고 우리의 교화가 참으로 제생의세에 필요하다면 비록 한두 사람의 잘못이 있고 한두 가지 일에 그르침이 있다 할지라도 그로 인하여 우리 회상 전체가 어긋나지는 아니할 것이며, 설사 어떠한 모함과 박해를 당한다 할지라도 그 진체(眞體)는 마침내 그대로 드러나리라. 이를 비

| 대종경 필사본 | 대종경 |

評과 嘲笑를 듣는다 할찌라도 그 眞體는 마침내 그대로 들어나리니 譬喩하여 말하자면 안개가 山을 가리어 山의 面目이 一時的으로 숨었으나 안개가 사라지면 山이 도리어 歷歷히 나타나는 것과 같은 것인즉 그대들은 어떠한 外部의 波瀾에 조금도 마음을 끌리지 말고 各自各自가 그 內面의 良心만 잘 지켜서 끝까지 이 目的達成에 邁進한다면 우리의 目的한 바 濟生醫世의 大業을 圓滿히 成就할 줄로 믿는 바이다.

* BCE 489년 공자가(당시 63세) 제자들과 함께 楚나라로 가던 중 吳나라의 陳나라 침공 전쟁에 휘말려 있을 때 陳나라와 蔡나라 양국 怪漢에게 포위당해 깊은 산중에서 식량이 떨어져 7일간이나 굶으며 死境에 빠진 일이 있었는데, 楚나라 援兵의 도움으로 가까스로 위기를 모면한 사건.

** 공자는 陽號와 함께 유학의 소양을 가지고 당시 정치 개혁을 목표로 삼았다. 陽號가 현실주의적인데 반해 공자는 이상주의를 관철했기 때문에 서로 격렬하게 대립했다. BCE 505년 陽號가 세력을 잡자 공자는(당시 48세) 齊나라로 망명했다. BCE 502년 陽號가 실각해서 齊나라로 망명한 뒤 宋나라를 거쳐 晉나라로 망명했으며 공자는 魯나라로 귀국했다.

유하여 말하자면 안개가 산을 가리어 산의 면목이 한때 흐리더라도 안개가 사라지면 산이 도리어 역력히 나타나는 것과 같나니, 그대들은 어떠한 고난과 파란에도 그 마음을 끌리지 말고 각자 각자가 본래의 양심만 잘 지켜서 끝까지 목적달성에 매진한다면 우리의 대업은 원만히 성취될 줄로 확신하노라.」

대종경 필사본

33 大宗師- 가라사대 모든 事業을 하는 데에 失敗되는 原因이 세 가지가 있나니 그 하나는 受苦는 드리지 아니하고 急速히 큰 成功 얻기를 바람이요, 둘은 일의 本末과 先後 次序를 모르고 輕率하게 處事함이요, 셋은 일의 完成을 보기 前에 소소한 失敗나 利益으로써 放心하여 結局 큰 失敗를 작만함이니 모든 事業을 經營하는 사람은 이 세 가지 點을 恒常 조심하여야 되나니라.

36 總部 産業部에서 當局의 後援을 얻어 養鷄를 할새 하루는 若干의 不注意로 鷄舍의 保溫用 水暖爐가 터져 一時에 많은 병아리를 죽게 한지라 擔任 部員이 크게 놀래어 바로 當局에 事由를 告하였더니 當該 主任이 듣고 말하되 當身들이 앞으로 養鷄에 큰 成功을 보고저 할찐대 이보다 더 큰 失敗라도 覺悟하여야 할찌니 많은 닭을 키우자면 不意의 災害와 事故로 損害를 보는 수도 많은 反面에 살려내는 方式도 또한 여러 가지가 있는데 規模가 적은 때에 이러한 失敗를 하여 보지 아니하면 規模가 커진 때에 큰 失敗를 면하지 못하게 될

대종경

28 대종사 말씀하시기를 「모든 사업을 하는 데에 실패되는 원인이 세 가지가 있나니, 그 하나는 수고는 들이지 아니하고 급속히 큰 성공 얻기를 바람이요, 둘은 일의 본말과 선후 차서를 모르고 경솔하게 처사함이요, 셋은 일의 완성을 보기 전에 소소한 실패나 이익에 구애되어 결국 큰 실패를 장만함이니, 모든 사업을 경영하는 사람은 이 세 가지 점을 항상 조심하여야 되나니라.」

29 산업부에서 군(郡) 당국의 후원을 얻어 양계(養鷄)를 하는데 하루는 부주의로 닭장의 물 난로가 터져 많은 병아리가 죽은지라, 담임 부원이 크게 놀라 바로 당국에 사유를 고하였더니, 담당 주임이 듣고 말하되「당신들이 앞으로 양계에 큰 성공을 하려면 이보다 더 큰 실패라도 각오해야 할 것이니, 많은 닭을 기르자면 뜻밖의 재해(災害)와 사고로 손해를 보는 수도 많은 동시에 살려내는 방식도 또한 여러 가지가 있는데, 규모가 작은 때 이러한 실패를 해 보지 아니하면 규모가 커진 때 큰 실패를 면하지 못하게 될 것이라, 그러므로 지

대종경 필사본

찌라 只今의 적은 損害는 後日의 큰 損害를 막는 산 經驗이 될 것인즉 決코 失望하지 말라 하거늘 部員이 돌아와 大宗師―께 아뢰니 가라사대 그 主任의 말을* 法門이로다. 옛말에 한 일을 지내지 아니하면 한 智慧를 얻지 못한다는 말이 있거니와 이 적은 失敗는 未來의 큰 寶鑑이 될 것이니 萬一 只今에 아무 故障도 없이 잘 자라다가 機關도 커지고 닭의 數爻도 더 많을 때에 뜻밖에 故障이 생긴다면 그 어찌 되겠는가. 반드시 그 損害보는 範圍가 그만큼 클 것이니 이것이 어찌 養鷄에 限한 일이리오. 우리 宗教家에서도 工夫와 事業을 하여 나가는데 잘된 일이 있어도 凡然**히 지내지 말고 잘못된 일이 있어도 凡然히 지내지 말아서 반드시 그 잘되고 못되는 原因을 살펴야 할 것이며 또는 다른 宗教家들의 動靜을 잘 보아서 어떻게 하면 世上의 歡迎을 받으며 어떻게 하면 世上의 排斥을 받는가 또 어떻게 하면 좋은 歷史를 드러내어 千秋에 榮名을 傳하게 되고 어떻게 하면 나쁜 이름이 들어나서 오랜 世上에 더러운 歷史를 끼치게 되는가를 잘 參考하여 우리의 目的하는 바에 對照 鍊磨하여 깨치고 또 깨치며 고치고

대종경

금의 작은 손해는 후일의 큰 손해를 막는 산 경험이 될 것인즉 결코 실망하지 말고 잘해 보라.」 하거늘, 부원이 돌아와 대종사께 아뢰었더니, 말씀하시기를 「그 주임의 말은 법문이로다. 옛말에 한 일을 지내지 아니하면 한 지혜를 얻지 못한다는 말이 있거니와, 이 작은 실패는 미래 성공의 큰 보감이 될 것이니 이것이 어찌 양계에만 한한 일이리오. 우리 교단에서도 공부와 사업을 하여 나가는데 잘된 일이 있어도 범연히 지내지 말고 잘못된 일이 있어도 범연히 지내지 말아서, 반드시 그 잘되고 못 되는 원인을 살펴야 할 것이며, 또는 다른 종교들의 동정(動靜)을 잘 보아서 어떻게 하면 세상의 환영을 받으며, 어떻게 하면 세상의 배척을 받는가, 또 어떻게 하면 좋은 역사를 드러내어 천추에 좋은 이름을 전하게 되고, 어떻게 하면 나쁜 이름이 드러나서 오랜 세상에 더러운 역사를 끼치게 되는가를 잘 참조하여, 깨치고 또 깨치며 고치고 또 고쳐서, 언제든지 정당한 길만을 진행해 나간다면 개인·가정·사회·국가를 막론하고 대하는 곳마다 이익을 주어서 중인의 환영 받는 모범적 종교가 될 것이요, 만일 그러한 반

대종경 필사본

또 고쳐서 언제든지 正當한 일만을 進行한다면 個人 家庭 社會 國家를 勿論하고 對하는 곳마다 利益을 주어서 衆人의 歡迎받는 模範的 宗敎가 될 것이요 萬一 그러한 反省이 없이 되는 대로 進行한다면 結局 모든 허물이 생겨나서 世上의 容納을 얻지 못할 것이니 그 어찌 조심하지 아니하리오.

* '은'의 誤字.
** '泛然'의 誤字.

37　大宗師- 가라사대 現在 普通사람의 行事를 보니 大槪는 工夫나 事業이나 其他 무슨 일에 긴 時日과 努力은 드리지 아니하고 단번에 큰 成果를 바라는 사람이 許多하나니 이는 實로 모든 일에 크게 成功하는 法을 모르는 緣故라 世上의 모든 事物이 적은 데로부터 커진 것 外에는 다른 道理가 없나니 滄海의 많은 물도 적은 시냇물이 모이고 모여서 된 것이요, 九層이나 높은 탑도 한 개 두 개의 돌로부터 쌓이고 쌓인 것이며 連抱*의 큰 나무도 털끝만한 弱한 싹으로부터 커진 것이며 千里의 먼 길도 한 걸음 두 걸음으로부터 시작되는 것이라 그러므로

대종경

성이 없이 되는 대로 진행한다면 결국 모든 허물이 생겨나서 세상의 용납을 얻지 못할 것이니 그 어찌 조심하지 아니하리오.」

30　대종사 말씀하시기를 「세상의 모든 사물이 작은 데로부터 커진 것 외에는 다른 도리가 없나니, 그러므로 이소성대(以小成大)는 천리(天理)의 원칙이니라. 이 세상에 크게 드러난 모든 종교의 역사를 보더라도 처음 창립할 때는 그 힘이 심히 미약하였으나 오랜 시일을 지내는 동안에 그 세력이 점차 확장되어 오늘날 큰 종교들이 되었으며 다른 모든 큰 사업들도 또한 작은 힘이 쌓이고 쌓인 결과 그렇게 커진 것에 불과하나니, 우리가 이 회상을 창립 발전시키는 데에도 이소성대의 정신으로 사심 없는 노력을 계속한다면 결국 무위이화(無爲而化)

대종경 필사본

나는 以少成大는 天理의 原則이라 하노라. 이 世上에 偉大하게 드러난 모든 宗教의 歷史로 보더라도 初創時에는 그 힘이 甚히 微弱하였으나 長久한 時日을 지내는 동안에 그 勢力이 점차 擴昌되어 오늘에는 遍滿天下의 大宗教가 되었으며 또는 道力을 얻은 佛菩薩 聖賢들도 단번에 큰 道를 얻은 것이 아니라 劫劫多生을 두고 닦고 또 닦아서 적은 힘이 쌓이고 쌓인 結果에 된 것이니 그대들도 무엇을 하든지 처음부터 急速히 擴昌하려 하지 말고 漸進的으로 그 勢力을 키워 完全한 成果를 얻도록 까지 努力하라. 우리가 이 會上을 創立 發展시키는 데에도 以少成大의 精神으로써 私心없는 努力으로 繼續한다면 結局 無爲而化의 大成果를 보게 될 것이요, 또는 工夫를 하는 데에도 스승의 指導에 服從하여 順序를 밟아 進行하고 보면 마침내 成功의 地境에 當할 것이나 萬一 그렇지 아니하고 어떠한 手段으로써 一時的 敎勢의 擴昌을 꾀하든지 한때의 偏僻된 修行科目으로써 短時日에 큰 道力을 얻고저 하면 이는 한갓 愚痴한 慾心이요 逆理의 일이라, 아무리 애를 쓰되 헛되이 歲月만 보내게 되리라. 큰 道力을 얻는 것이 그 順序가 있어서

대종경

의 큰 성과를 보게 될 것이요, 또는 공부를 하는 데에도 급속한 마음을 두지 말고 스승의 지도에 복종하여 순서를 밟아 진행하고 보면 마침내 성공의 지경에 이를 것이나, 만일 그렇지 아니하고 어떠한 권도(權道)로 일시적 교세의 확장을 꾀한다든지 한때의 편벽된 수행으로 짧은 시일에 큰 도력을 얻고자 한다면 이는 한갓 어리석은 욕심이요 역리(逆理)의 일이라, 아무리 애를 쓰되 헛되이 세월만 보내게 되리라. 그런즉, 그대들은 공부나 사업이나 기타 무슨 일이든지 허영심과 욕속심(欲速心)에 끌리지 말고 위에 말한 이소성대의 원칙에 따라 바라는 바 목적을 어김없이 성취하기 바라노라.」

대종경 필사본

적은 힘으로부터 큰 힘을 쌓지 아니하면 決코 成功을 하기 어렵나니 動靜間에 쉬지 아니하는 工夫法을 알아서 오래오래 繼續하면 漸次로 三大力이 完成되어 三界의 大權을 掌中에 쥐게 되고 六途四生에 自由自在하는 能力을 얻게 되리라. 그런즉 그대들은 工夫나 事業이나 其他 무슨 일이든지 虛榮心과 欲速心에 끌리지 말고 우에 말한 以少成大의 原則에 따라 所期의 目的을 어김없이 成就하여 나가기를 바라노라.

* 연포(連抱): 두 팔을 둥글게 모아서 만든 둘레. 아름.

38 大宗師- 가라사대 사람에게 큰일을 맡기려 함에 하늘에서 먼저 試驗해 보는 理致가 있나니 普通 사람도 하루 人夫만 부리고 一年 머슴만 두려하여도 그 資格과 信用을 먼저 보거든 하물며 天下大事를 맡김에 있어서리오. 그러므로 큰일을 이루려는 사람은 먼저 마땅히 이 試驗에 잘 通過하도록 조심하여야 하나니라.

대종경

31 대종사 말씀하시기를 「사람에게 큰일을 맡기려 함에 하늘에서 먼저 시험해 보는 이치가 있나니, 보통 사람도 하루 인부만 부리고 일 년 머슴만 두려고 하여도 그 자격과 신용을 먼저 보거든 하물며 천하 대사를 맡기는 데 있어서리오. 그러므로, 큰일을 이루려는 사람은 먼저 마땅히 이 시험에 잘 통과하도록 조심하여야 하나니라.」

대종경 필사본

39 大宗師- 가라사대 큰 會上을 일으키는 데에는 재주와 知識과 物質이 豐富한 사람을 만남도 勿論 必要하나 그것만으로는 오직 울타리가 될 뿐이요, 設或 鈍하고 無識한 사람이라도 血心 가진 眞人을 만나는 것이 더욱 重要하나니 그가 참으로 알뜰한 主人이 될 것이며 모든 일에 大成을 보나니라.

40 大宗師- 例會 大衆에게 일러 가라사대 내 오늘은 이 會上의 創造者와 破壞者에 對하여 그 內容을 區分하여 주리니 잘 들으라. 이 會上의 創造者는 곧 精神 肉身 物質의 三方面으로 이 會上을 爲하여 直接 努力하고 喜捨하는 사람이라고 할 것이나 한편으로는 例會도 잘 보고 定期工夫에도 誠意가 있으며 집에서 練習도 부지런히 하여 우리의 敎理와 制度를 徹底히 알아가지고 自己의 實生活에 이 法을 잘 活用하여 어느 모로든지 效果를 많이 나타내는 同時에 그로써 다른 사람의 模範이 되어 隱然中 이 會上의 發展에 貢獻하는 사람도 훌륭한 創造者이며, 破壞者는 곧 精神 肉身 物質

대종경

32 대종사 말씀하시기를 「큰 회상(會上)을 이뤄내는 데에는 재주와 지식과 물질이 풍부한 사람을 만나는 것도 물론 필요하나 그것만으로는 오직 울타리가 될 뿐이요, 설혹 둔하고 무식한 사람이라도 혈심(血心) 가진 참사람을 만나는 것이 더욱 중요하나니, 그가 참으로 알뜰한 주인이 될 것이며 모든 일에 대성을 보나니라.」

33 대종사, 예회에서 대중에게 말씀하시기를 「오늘은 이 회상의 창조자(創造者)와 파괴자(破壞者)에 대하여 그 내용을 구분하여 주리니 잘 들으라. 이 회상의 창조자는 곧 정신·육신·물질의 세 방면으로 이 회상을 위하여 직접 노력도 하고 희사도 하는 동시에 예회도 잘 보고 정기 공부에도 성의가 있으며 집에서 경전 연습도 부지런히 하여 우리의 교리와 제도를 철저히 알아서 자기의 실생활에 이 법을 잘 활용하여 어느 모로든지 다른 사람의 모범이 되어 은연중 이 회상의 발전에 공헌하는 사람이며, 파괴자는 곧 정신·육신·물질의 세 방면으로 이 회상에 직접 해독을 끼치는 동시에 예회

대종경 필사본

三方面으로 이 會上에 直接 害毒을 끼치는 사람이라고 할 것이나 한편으로는 例會에도 誠意가 없고 定期工夫에도 趣味를 얻지 못하여 從前의 惡習을 하나도 고치지 못하고 戒文을 함부로 犯하며 當하는 대로 自行自止하여 自己에게나 남에게나 有益될 일은 하지 못하고 害毒될 일만 行하여 이 會上의 名譽를 損傷하며 發展에 支障을 부리는 사람도 또한 破壞者라, 그대들은 모름지기 이 점을 잘 알아서 이 會上의 破壞者는 되지 말고 훌륭하고 永遠한 創造者의 功德을 쌓기에 꾸준히 努力하라.

41 大宗師- 가라사대 이 會上을 創立하는 데에 길이 많으나 要領으로써 말하자면 다음의 十一條를 들 수 있나니 이 條件에 의하여 앞으로 모든 創立功勞를 銓衡하리라. 一은 精神과 肉身을 專務出身함이요, 二는 物質을 많이 惠施함이요, 三은 入敎한 後 始終이 如一함이요, 四는 經典 註解와 法說 記錄을 많이 함이요, 五는 規約과 戒文을 잘 지킴이요, 六은 무슨 方面으로든지 同志의 마음을 즐겁게 하여 工夫와 事業에 前進이 있게

대종경

에도 성의가 없고 정기 공부에도 취미를 얻지 못하여 종전의 악습을 하나도 고치지 못하고 계문을 함부로 범하며 당하는 대로 자행자지하여 자기에게나 남에게나 이익될 일은 하지 못하고 해독될 일만 행하여 이 회상의 명예를 손상하며 발전에 지장을 주는 사람이라, 그대들은 모름지기 이 점을 잘 알아서 혹시라도 이 회상의 파괴자는 되지 말고 훌륭하고 영원한 창조자의 공덕을 쌓기에 꾸준히 노력하라.」

34 대종사 말씀하시기를 「이 회상을 창립하는 데에 길이 많으나 요령으로 열한 조목을 들었나니 이에 의하여 앞으로 모든 창립 공로를 전형(銓衡)하리라. 첫째는, 정신과 육신을 전무출신함이요, 둘째는 물질을 많이 혜시함이요, 셋째는 입교한 후 시종이 여일함이요, 넷째는 경전 주해와 법설 기록을 많이 함이요, 다섯째는 규약과 계문을 잘 지킴이요, 여섯째는 무슨 방면으로든지 동지의 마음을 즐겁게 하여 공부와 사업에 전진이

대종경 필사본

함이요, 七은 무슨 方面으로든지 이 會上을 創立하기로만 爲主함이요, 八은 公益心을 主張함이요, 九는 應用에 無念함이요, 十은 惡한 일로 有名한 사람이 入敎한 後로 改過하여 모든 사람의 模範이 되며 不知中 여러 사람을 警戒하여 勸勉함이요, 十一은 무슨 方面으로든지 世上에 이름 있는 사람이 入敎하여 不知中 모든 사람을 勸勉하며 이 會上의 位置가 들어나게 함이니라.

※ 출처 미상(未詳).

대종경

있게 함이요, 일곱째는 무슨 방면으로든지 이 회상을 창립하기로만 위주함이요, 여덟째는 공익심을 주장함이요, 아홉째는 응용에 무념함이요, 열째는 악한 일로 유명한 사람이 입교한 후로 개과하여 모든 사람의 모범이 되며 자연히 여러 사람을 경계하고 권면함이요, 열한째는 무슨 방면으로든지 세상에 이름 있는 사람이 입교하여 자연히 모든 사람에게 권면이 되며 이 회상의 위치가 드러나게 함이니라.」

35 황정신행(黃淨信行)이 여쭙기를 「과거 부처님께서는 무념 보시(無念布施)를 하라 하시고 예수께서는 오른손으로 주는 것을 왼손도 모르게 하라 하셨사온데, 대종사께서는 사업 등급의 법을 두시어 모든 교도의 성적을 다 기록하게 하시니, 혹 사업하는 사람들의 계교심을 일으키는 원인도 되지 아니하오리까?」 대종사 말씀하시기를 「사업을 하는 당인들에 있어서는 마땅히 무념으로 하여야만 무루의 복이 쌓이려니와 공덕을 존숭(尊崇)하고 표창할 처지에서는 또한 분명하여야 하지 않겠는가.」

대종경 필사본

42 大宗師- 가라사대 그대들이여! 그대들은 다 公道의 主人公이 되라. 私家의 살림이나 事業은 크거나 작거나 間에 各各 그 生子女에게만 傳授하는 것이 朝鮮의 傳統的 慣習이 되어 왔으나 公衆의 살림과 事業은 그렇지 아니하여 오직 공변된 精神으로 공변된 活動을 하는 공변된 사람에게 傳授되는 것인즉 그대들이 이 理致를 깨달아 이대로 行하고 보면 우리의 모든 建設과 모든 法度와 모든 名譽가 다 그대들의 所有요 그대들의 主管할 바라 이 會上은 오직 道德 높고 公心 많은 사람들이 主管할 世界의 公物이니 그대들은 各自各自가 다 이 公道의 主人이 되기에 함께 努力할찌어다.

43 大宗師- 第一回 敎務禪 結制式에 出席하사 一般 敎務에게 일러 가라사대 그대들은 混亂한 이 時期를 當하여 恒常 四恩의 鴻大無量하심을 眞心으로 感謝하는 同時에 一般 敎徒에게도 그 認識을 더욱 깊게 하여 언제나 報恩感謝의 觀念을 가지고 그 精神이 穩健 着實한 데로 나아가도록 引導할 것이며 또는 近來 朝鮮의 宗敎團體들이 往往히 그 信者로

대종경

36 대종사 말씀하시기를 「그대들은 다 공도의 주인이 돼라. 사가의 살림이나 사업은 크거나 작거나 자기의 자녀에게 전해 주는 것이 재래의 전통적 관습으로 되어 왔으나, 공중의 살림과 사업은 오직 공변된 정신으로 공변된 활동을 하는 공변된 사람에게 전해지는 것이니, 그대들이 이 이치를 깨달아 크게 공변된 사람이 되고 보면 우리의 모든 시설과 모든 법도와 모든 명예가 다 그대들의 소유요 그대들의 주관할 바라 이 회상은 오직 도덕 높고 공심 많은 사람이 주관할 세계의 공물(公物)이니 그대들은 다 이 공도의 주인이 되기에 함께 힘쓰라.」

37 대종사, 일반 교무에게 훈시하시기를 「그대들은 이 혼란한 시기를 당하여 항상 사은의 크고 중하심을 참 마음으로 감사하는 동시에 일반 교도에게도 그 인식을 더욱 깊게 하여, 언제나 감사하는 생각을 가지고 그 정신이 온건(穩健) 착실한 데로 나아가게 할 것이며, 또는 근래 이 나라의 종교 단체들이 왕왕 그 신자로부터 많은 재물을 거둬들이고

대종경 필사본

부터 많은 金錢을 騙取하고 집안 살림을 等閑視하게 하여 一般 社會에 惡影響을 미치고 無數한 非難 가운데 自體의 存續도 못하게 된 일이 間或 있었나니 우리는 一般 敎徒로 하여금 各自 職業에 勤實케 하며 어떠한 사람이든지 우리 工夫를 함으로부터 그 生活이 前보다 向上은 될찌언정 退縮은 되지 않도록 指導勸勉할 것이며 또는 世態가 漸漸 달라져서 男女間의 嚴格하던 墻壁이 무너진지 오래된 바에 이제 다시 墻壁을 쌓을 것까지는 없으나 아무쪼록 그 交際에 愼重을 다하여 敎團의 威信에 조금이라도 損傷됨이 없게 하라. 이 세 가지 조건을 主意하고 못하는 데에 우리의 興亡이 左右될 수도 있나니 이 말을 凡然히 듣지 말기 바라노라.

44 大宗師- 一般 敎務에게 일러 가라사대 敎化線上에 나선 사람은 物質授受에 淸廉하며 公金 會計를 分明 迅速히 할 것이요, 無根한 流言에 끌리지 말며 時局에 對한 말을 謹愼鄭重히 하며 說敎할 때에 他宗敎나 그 崇拜處를 毁謗하지 말 것이요, 敎徒의 허물을 잘 덮어

대종경

집안 살림을 등한시하게 하여 일반 사회에 좋지 못한 영향을 미치게 하며, 수많은 비난 가운데 그 존속(存續)도 못 하게 된 일이 간혹 있었나니, 우리는 일반 교도로 하여금 각자 직업에 근실하게 하여 어떠한 사람이든지 우리 공부를 함으로써 그 생활이 전보다 향상은 될지언정 못하지는 않도록 지도 권면할 것이며, 또는 세태가 점점 달라져서 남녀 사이의 엄격하던 장벽이 무너진 지 오래된 바에 이제 다시 장벽을 쌓을 것은 없으나 아무쪼록 그 교제에 신중을 다하여 교단의 위신에 조금이라도 손상됨이 없게 하라. 이 세 가지 조건을 주의하고 못 하는 데에 우리의 흥망이 좌우되리니 이 말을 범연히 듣지 말기 바라노라.」

38 대종사 일반 교무에게 훈시하시기를 「교화 선상에 나선 사람은 물질 주고받는 데에 청렴하며, 공금 회계를 분명하고 신속하게 할 것이요, 뿌리 없는 유언(流言)에 끌리지 말며, 시국에 대한 말을 함부로 하지 말며, 다른 종교나 그 숭배처를 훼방하지 말 것이요, 교도의 허

대종경 필사본

주며 我慢心을 없이 하여 모든 敎徒와 두루 融和하되 禮에 當치 않는 過恭도 없게 하며 男女間에는 더욱 조심할 것이요, 他人의 功은 잘 들어내어 주고 自己의 功은 誇張하지 말며 敎徒의 信仰을 個人에게 集中시키지 말고 그 事業心이 地方에 局限되지 않게 할 것이요 敎務는 地方에 있어서 宗法師의 代理라는 것을 銘心하여 그 資格을 汚損함이 없이 使命을 完遂하라.

45 大宗師- 一般 敎務에게 일러 가라사대 그대들이 모든 일을 進行할 때에는 恒常 國家의 指導에 違反되지나 않는가 一般 敎徒의 輿論에 背馳되지나 않는가 一般 社會의 非難받을 일이 있지나 않는가를 穩全한 생각으로 對照하여 잘 取捨한 후에 行하라. 그리한다면 우리의 事業이 앞으로 過大한 錯誤는 없으리라 하시고 또 가라사대 敎化線上에 나선 사람으로서 大勢에 順應하지 아니하고 大衆을 煽動하여 政治에 反抗하는 일 等은 自身 뿐 아니라 여러 사람을 塗炭에 넣기 쉽나니 그대들은 언제나 그 線을 넘

대종경

물을 잘 덮어 주며, 아만심을 없이하여 모든 교도와 두루 융화하되 예에 맞지 않는 과공(過恭)도 없게 하며, 남녀 사이에는 더욱 조심할 것이요, 다른 이의 공은 잘 드러내어 주고 자기의 공은 과장하지 말며, 교도의 신앙을 자기 개인에게 집중시키지 말며, 그 사업심이 지방에 국한되지 않게 할 것이요, 또는 교무는 지방에 있어서 종법사의 대리라는 것을 명심하여, 그 자격에 오손됨이 없이 사명을 다해 주기 부탁하노라.」

※ 현행 『대종경』에서는 제외.

대종경 필사본

지 않도록 注意하라.*

* 현행『대종경』에서 누락됨. 당시 일제강점기의 상황에 비추어보면 유감스러운 법문이라서 삭제한 것으로 추정됨.

※ 출처 미상(未詳).

46 大宗師- 一般 敎務에게 일러 가라사대 大衆을 爲하여 말을 하고 글을 쓸 때에 空然히 그들의 歡心만을 얻기 爲하

대종경

39 대종사, 연도(年度) 말에는 조 갑종(趙甲鍾) 등을 부르시어 당년도 결산과 신년 예산을 정확히 하여 오라 하시고 세밀히 친감하시며 말씀하시기를 「한 가정이나 단체나 국가가 수입과 지출이 맞지 못하면 그 가정 그 단체 그 국가는 흥왕하지 못하나니, 과거 도가에서는 재물을 논하면 도인이 아니라 하였지마는 새 세상의 도가에서는 영육을 쌍전해야 하겠으므로 우리 회상에서는 총·지부를 막론하고 회계 문서를 정비시켜 수입과 지출을 대조하게 함으로써 영과 육 두 방면에 결함 됨이 없게 하였으며, 교단 조직에 공부와 사업의 등위를 같이 정하였나니라.」

40 대종사, 교무들에게 말씀하시기를 「중생을 위하여 말을 하고 글을 쓸 때 공연히 그들의 환심만을 얻기 위하여, 실

대종경 필사본

여 實生活에 符合되지 않는 空論이나 事實에 넘치는 誇張이나 工巧하고 神奇한 말이나 修行上 한편에 치우치는 말 等을 하지 말라. 그러한 말은 世上에 有益도 없고 道人도 내지 못하나니라.

47 大宗師- 가라사대 大衆을 引導하는 사람은 恒常 大衆의 精神이 어느 곳으로 흐르는가를 仔細히 살펴서 萬一 조금이라도 不美한 風紀가 생기거든 그 바로잡을 方策을 硏究하되 말로써 할 일은 말로써 하고 몸으로써 할 일은 몸으로써 하여 어떻게 하든지 그 轉換에 努力할찌니 假令 一般的 傾向이 勞動을 싫어하는 機微가 있거든 몸으로써 勞動하여 一般의 觀念을 돌리고 我相이나 名利慾이 過한 者가 있거든 몸으로써 屈己下心을 나타내어 名利慾 가진 者가 스스로 부끄러운 마음이 나도록하여 每事를 그와 같은 率先實行으로 모든 弊端을 未然에 防止하고 旣然에 矯正하는 것이 이른바 菩薩의 指導法이며 衆生을 敎化하는 方便이니라.

대종경

생활에 부합되지 않는 공론(空論)이나, 사실에 넘치는 과장이나, 공교하고 신기하고 어려운 말이나, 수행상 한편에 치우치는 말 등을 하지 말라. 그러한 말은 세상에 이익도 없고 도인을 만들지도 못하나니라.」

41 대종사 말씀하시기를 「대중을 인도하는 사람은 항상 대중의 정신이 어느 곳으로 흐르는가를 자세히 살펴서, 만일 조금이라도 좋지 못한 풍기가 생기거든 그 바로잡을 방책을 연구하되, 말로써 할 일은 말로써 하고 몸으로써 할 일은 몸으로써 하여 어떻게 하든지 그 전환에 노력할 것이니, 가령 일반의 경향이 노동을 싫어하는 기미가 있거든 몸으로써 노동하여 일반의 경향을 돌리고, 아상이나 명리욕이 과한 사람에게는 몸으로써 굴기하심(屈己下心)을 나타내어 명리욕 가진 사람이 스스로 부끄러운 마음을 내도록 하여 모든 일을 그와 같이 앞서 실행해서 그 폐단을 미연(未然)에 방지하고 기연(旣然)에 교정하는 것이 이른바 보살의 지도 법이며 중생을 교화하는 방편이니라.」

대종경 필사본

48 大宗師- 가라사대 어느 時代를 勿論하고 새로운 會上을 세우기로 하면 根本的으로 그 敎理와 制度가 過去보다 優越하여야 할 것은 말할 것도 없으나 그 敎理와 制度를 널리 活用할 同志들을 만나지 못하면 또한 成功하기가 어렵나니라. 그러므로 過去 부처님 會上을 본다할찌라도 千二百大衆 中에 十大弟子가 있어서 各各 自己의 所長대로 大衆의 標準이 되는 同時에 부처님이 무슨 말씀을 나리시면 그분들이 먼저 반가이 받들어 率先實行하며 여러 사람에게도 獎勵하여 各 方面으로 模範的 行動을 하였으므로 大衆은 恒常 十大弟子의 精神에 의하여 次次 敎化의 힘을 입어서 마침내 靈山 大會上을 이루게 되었나니 이제 十大弟子의 敎化한 例를 들어 말하자면 假令 大衆 中에서 어떤 사람이 잘못하는 일이 있는데 直接으로 잘못을 責하면 도리어 逆效果를 내게 될 境遇에는 十大弟子 中 둘이나 或은 三, 四人이 秘密裏에 議論하고 그 中 한 사람이 일부러 그 잘못을 行하면 옆에서 보던 한 사람은 그 사람을 불러놓고 嚴敎重責으로써 訓戒를 하나니 그 때에 그 重責을 當하는 사람은 조금도 反抗을 하지 않고 純純히

대종경

42 대종사 말씀하시기를 「어느 시대를 막론하고 새로운 회상을 세우기로 하면 근본적으로 그 교리와 제도가 과거보다 우월하여야 할 것은 말할 것도 없으나 그 교리와 제도를 널리 활용할 동지들을 만나지 못하면 또한 성공하기가 어렵나니라. 그러므로, 과거 부처님 회상에서도 천이백대중 가운데 십대제자가 있어서 각각 자기의 능한 대로 대중의 표준이 되는 동시에 부처님이 무슨 말씀을 내리시면 그분들이 먼저 반가이 받들어 솔선 실행하며 여러 사람에게도 장려하여 각 방면으로 모범적 행동을 하였으므로, 대중은 항상 십대제자의 정신에 의하여 차차 교화의 힘을 입어서 마침내 영산 대회상을 이루게 되었나니, 이제 십대제자의 교화한 예를 들어 말하자면, 가령 대중 가운데 어떤 사람이 잘못하는 일이 있는데 직접 잘못을 꾸짖으면 도리어 역효과를 내게 될 경우에는 십대제자 중 2, 3인이 조용히 의논하고 그중 한 사람이 일부러 그 잘못을 하면 곁에서 보던 한 사람은 그 사람을 불러 놓고 엄중히 훈계를 하여 그 사람은 순순히 그 과실을 자백하여 감사한 태도로 개과를 맹세한 후 그 과실을 고침으로써 참으로

대종경 필사본

그 過失을 自白하며 感謝한 態度로 改過할 것을 盟誓하고 그 後에 그 過失을 고침으로써 처음에 참으로 잘못한 그 사람이 隱然中 참회할 생각이 나며 無言中 그 過失을 고치게 하였나니 이와 같은 일들이 곧 十大弟子의 行事이었으며 敎化하는 方便이었나니라. 그뿐 아니라 어느 境遇에는 大衆을 引導하기 爲하여 아는 것도 모르는 체 잘한 일도 잘못한 체 하며 또는 貪心이 없으면서도 있는 듯이 하다가 서서히 貪心 없는 곳으로 轉換하며 愛慾이 없으면서도 있는 듯이 하다가 애욕 끊는 자리로 轉換하기도 하여 陰的 陽的으로 父母가 子女를 키우듯 암닭* 이 달걀을 어루듯 모든 慈悲行을 베풀었으므로 부처님의 濟度事業에도 많은 受苦를 덜었으며 모든 大衆도 쉽게 正法의 敎化를 받게 되었나니 그 慈悲心이 얼마나 壯하며 그 功德이 얼마나 廣大한가. 그런즉 그대들도 大衆生活을 하여 갈 때에 恒常 이 十大弟子의 行하던 일을 模範하여 이 會上을 創立하는 데에 先導者가 되고 中堅人物이 되기를 바라노라.

* '암탉'의 誤字.

대종경

잘못하던 사람이 은연중 참회할 생각이 나며 무언중 그 과실을 고치게 하였나니, 이와 같은 일들이 곧 십대제자의 행사이었으며 교화하는 방편이었나니라. 그뿐 아니라 어느 경우에는 대중을 인도하기 위하여 아는 것도 모르는 체하고 잘한 일도 잘못한 체하며, 또는 탐심이 없으면서도 있는 듯이 하다가 서서히 탐심 없는 곳으로 전환도 하며, 애욕이 없으면서도 있는 듯이 하다가 애욕을 끊는 자리로 전환하기도 하여, 음적 양적으로 부모가 자녀를 기르듯 암탉이 달걀을 어르듯 모든 자비행을 베풀었으므로 부처님의 제도 사업에도 많은 수고를 덜었으며 모든 대중도 쉽게 정법의 교화를 받게 되었나니, 그 자비심이 얼마나 장하며 그 공덕이 얼마나 광대한가. 그런즉, 그대들도 대중 생활을 하여 갈 때 항상 이 십대제자의 행하던 일을 모범하여 이 회상을 창립하는 데에 선도자가 되고 중추인물이 되기를 부탁하노라.」

展望品

대종경 필사본

1　大宗師- 가라사대 한 世上을 主張할 만한 法을 가진 道人이 나면 能히 天地 氣運을 돌려서 世上을 바로잡나니 그러므로 世上이 末世가 되고 險難한 때에는 반드시 救世聖者가 다시 出世하여 그 世上을 바로잡고 그 人心을 골라 놓나니라.

2　大宗師- 初創 當時에 많은 歌詞와 漢詩를 읊어 내시사 그를 收錄하시어 「法義大全」이라 이름하시니 그 意旨가 甚히 神祕하여 普通 知見으로는 可히 理解하기 어려우나 그 大綱은 곧 道德의 正脈이 끊어졌다가 다시 生한다는 것과 世界의 大勢가 逆數가 지나면 順數가 온다는 것과 將次 會上 建設의 計劃 等을 말씀하신 것이었는데 그 後 親히 그를 불사르사 世上에 다시 傳하지 못하게 하셨으나 「盖自太極肇判元天降臨於先絕後繼之心也」라 한 序文 첫 節과 다음의 漢詩 몇 句가 口誦으로 散傳되니라.

대종경

1　대종사 말씀하시기를 「세상이 말세가 되고 험난한 때를 당하면 반드시 한세상을 주장할 만한 법을 가진 구세성자(救世聖者)가 출현하여 능히 천지 기운을 돌려 그 세상을 바로잡고 그 인심을 골라 놓나니라.」

2　대종사, 대각하신 후 많은 가사(歌詞)와 한시(漢詩)를 읊어 내시사 그것을 수록하시어 "법의대전(法義大全)"이라 이름하시니, 그 뜻이 심히 신비하여 보통 지견으로는 가히 이해하기 어려우나, 그 대강은 곧 도덕의 정맥(正脈)이 끊어졌다가 다시 난다는 것과 세계의 대세가 역수(逆數)가 지내면 순수(順數)가 온다는 것과 장차 회상 건설의 계획 등을 말씀하신 것이었는데, 그 후 친히 그것을 불사르사 세상에 다시 전하지 못하게 하셨으나 "개자태극 조판으로 원천이 강림어선절후계지심야(盖自太極肇判元天降臨於先絕後繼之心也)"라고 한 서문 첫 절과 다음의 한시 열 한 구가 구송(口誦)으로 전해지니라.

대종경 필사본	대종경
萬壑千峰踏來後 無聲*無跡主人逢.	만학천봉답래후(萬壑千峰踏來後) 무속무적주인봉(無俗無跡主人逢)
野草漸長雨露恩 天地回運正心待.	야초점장우로은(野草漸長雨露恩) 천지회운정심대(天地回運正心待)
矢射日光蒼天中 其穴五雲降身繞.	시사일광창천중(矢射日光蒼天中) 기혈오운강신요(其穴五雲降身繞)
乘雲仙子景處尋 萬和方暢第一好.	승운선자경처심(乘雲仙子景處尋) 만화방창제일호(萬和方暢第一好)
萬里長江世意繞 道源山水陰陽調.	만리장강세의요(萬里長江世意繞) 도원산수음양조(道源山水陰陽調)
湖南空中何處云 天下江山第一樓.	호남공중하처운(湖南空中何處云) 천하강산제일루(天下江山第一樓)
天地方尺尺數量 人名衣服活造傳.	천지방척척수량(天地方尺尺數量) 인명의복활조전(人名衣服活造傳)
天地萬物胞胎成 日月一點子午調.	천지만물포태성(天地萬物胞胎成) 일월일점자오조(日月一點子午調)
放風空中天地鳴 掛月東方萬國明.	방풍공중천지명(放風空中天地鳴) 괘월동방만국명(掛月東方萬國明)

| 대종경 필사본 | 대종경 |

風雨霜雪過去後 一時花發萬歲春.

* 현행『대종경』에 '俗'으로 바뀌었음.

풍우상설과거후(風雨霜雪過去後)
일시화발만세춘(一時花發萬歲春)

연도심수천봉월(研道心秀千峰月)
수덕신여만곡주(修德身如萬斛舟)*

* 현행『대종경』에 추가로 수록되었음. "研道心 秀千峰月 修德身如萬斛舟."

※ 현행『대종경』에서는 제외.

3 大宗師- 가라사대 내 어려서부터 이 宇宙가 한 氣運이요 十方이 한 몸인 것으로 생각되어 「宇宙神適氣適氣」, 「十方神接氣接氣」라는 呪文을 많이 외웠고 또 工夫가 專一하면 한 걸음 한 걸음 부처의 境界에 符合되는 것이 생각되어 「一陀同功一陀來 二陀同功二陀來 三陀同功三陀來 四陀同功四陀來 五陀同功五陀來 六陀同功六陀來 七陀同功七陀來 八陀同功八陀來 九陀同功九陀來 十陀同功十陀來」라는 呪文을 많이 외웠노라.

4 大宗師- 弟子 中에 漢學에 치우쳐 知識을 評論하는 사람이 있음을 보시고 가라사대 道德은 元來 文字 如何에 매

3 한 제자 한문 지식만을 중히 여기는지라, 대종사 말씀하시기를 「도덕은 원래 문자 여하에 매인 것이 아니니 그

대종경 필사본

인 것이 아니니 그대는 이제 그 생각을 놓으라. 앞으로는 모든 經典을 一般 大衆이 두루 알 수 있는 우리말로 編纂하여야 할 것이며 우리말로 編纂된 經典을 世界 사람들이 서로 飜譯하고 배우는 날이 멀지 아니할 것이니 그대는 어려운 漢文만 崇尙하지 말라 하시니라.

5 大宗師- 益山 總部를 처음 建設하실 때에 數間草家에서 몇十名의 弟子를 다리시고 일러 가라사대 뭇슴 우리 會上이 무엇과 같은가 譬喻하여 보라. 權大鎬 가로되 모자리판*과 같나이다. 大宗師- 가라사대 어찌하여 그러한고? 大鎬 가로되 우리 會上이 뭇슴은 이 작은 집에서 몇十名만이 法을 받들고 즐기오나 이것이 根本이 되어 將次 全世界에 이 法이 遍滿할 것이옵니다. 大宗師- 가라사대 너의 말이 옳도다. 큰 들의 農事도 좁은 모자리의 모 農事로써 비롯한 것이니 뭇슴 우리 몇十名이 天下大事를 한다고 하니 웃을 사람도 많이 있을 것이나 앞으로 第一代 三十六年만 지나더라도 이 法을 渴望하고 要求하는 사람이 많아질 것이며, 四, 五十年代에는 나라에서

展望品

대종경

대는 이제 그 생각을 놓으라. 앞으로는 모든 경전을 일반 대중이 두루 알 수 있는 쉬운 말로 편찬하여야 할 것이며, 우리말로 편찬된 경전을 세계 사람들이 서로 번역하고 배우는 날이 멀지 아니할 것이니, 그대는 어려운 한문만 숭상하지 말라.」

4 대종사, 익산(益山)에 총부를 처음 건설하실 제 몇 간의 초가에서 많지 못한 제자들에게 물으시기를 「지금 우리 회상이 무엇과 같은가 비유하여 보라.」 권대호(權大鎬) 사뢰기를 「못자리 판과 같나이다.」 다시 물으시기를 「어찌하여 그러한고.」 대호 사뢰기를 「우리 회상이 지금은 이러한 작은 집에서 몇십 명만이 법을 받들고 즐기오나 이것이 근본이 되어 장차 온 세계에 이 법이 편만할 것이기 때문이옵니다.」 대종사 말씀하시기를 「네 말이 옳다. 저 넓은 들의 농사도 좁은 못자리의 모 농사로 비롯한 것 같이 지금의 우리가 장차 세계적 큰 회상의 조상으로 드러나리라. 이 말을 듣고 웃을 사람도 있을 것이나, 앞으로 제1대만 지내도 이 법을 갈망하고 요구하는

539

| 대종경 필사본 | 대종경 |

이 法을 要求하게 되고, 四, 五百年代에는 世界에서 이 法을 要求하게 될 것이니 이렇게 될 때에는 나를 보지 못한 것을 恨하는 사람이 수가 없을 뿐 아니라 只今 그대들 百名 안에 든 사람은 勿論이요 第一代 創立限度 안에 參詣한 사람들까지도 限없이 부러워하고 崇拜함을 받으리라.

* '못자리판'의 誤字. 이하 동일.

6 大宗師- 金剛山을 遊覽하고 돌아오사 「金剛現世界 朝鮮更朝鮮」이라는 글 한 句를 大衆에게 일러 주시며 가라사대 金剛山은 天下의 名山이라 멀지 않은 將來에 世界 公園으로 指定되어 各國에서 燦爛하게 裝飾할 날이 있을 것이며 그런 뒤에는 世界 사람들이 서로 다투어 그 山의 主人을 찾을 것이니 主人 될 사람이 미리 準備하여 놓은 것이 없으면 무엇으로써 오는 손님을 待接하리오 하시니라.

7 大宗師- 開敎 記念日을 當하여 大衆에게 일러 가라사대 우리에게 無價의

사람이 많아질 것이며, 몇십 년 후에는 국내에서 이 법을 요구하게 되고, 몇백 년 후에는 전 세계에서 이 법을 요구하게 될 것이니, 이렇게 될 때는 나를 보지 못한 것을 한하는 사람이 수가 없을 뿐 아니라, 지금 그대들 백 명 안에 든 사람은 물론이요 제1대 창립 한도 안에 참례한 사람들까지도 한없이 부러워하고 숭배함을 받으리라.」

5 대종사, 금강산을 유람하고 돌아오시어 "금강이 현세계(金剛現世界)하니 조선이 갱조선(朝鮮更朝鮮)이라"는 글귀를 대중에게 일러 주시며 말씀하시기를 「금강산은 천하의 명산이라 멀지 않은 장래에 세계의 공원으로 지정되어 각국이 서로 찬란하게 장식할 날이 있을 것이며, 그런 뒤에는 세계 사람들이 서로 다투어 그 산의 주인을 찾을 것이니, 주인 될 사람이 미리 준비해 놓은 것이 없으면 무엇으로 오는 손님을 대접하리오.

6 대종사, 개교(開敎) 기념일을 당하여 대중에게 말씀하시기를 「우리에

대종경 필사본

寶物 하나가 있으니 그것은 곧 金剛山이라, 朝鮮은 반드시 金剛山으로 因하여 世界에 들어날 것이요, 金剛山은 반드시 그 主人으로 인하여 더욱 빛나서 朝鮮과 金剛山과 그 主人은 서로 떠날 수 없는 因緣으로 다 같이 世界의 빛이 되리라. 그런즉 그대들은 우리의 現狀을 悲觀하지 말고 世界가 金剛山의 참 主人을 찾을 때에 우리 여기 있노라 하고 資格을 갖추기에 功을 드리라. 金剛山의 主人은 金剛山 같은 人品을 造成할 것이니 닦아서 밝히면 그 光明을 얻으리라. 金剛山 같이 되기로 하면 金剛山 같이 純實하여 純然한 本來面目을 잃지 말도록 할 것이며 金剛山 같이 鄭重하여 各自의 本分事에 專一해야 할 것이며 金剛山 같이 堅固하여 信誠과 意志를 變하지 말아야 하리라. 그러하면 山은 體가 되고 사람은 用이 될찌라 體는 靜하고 用은 動하나니 山은 그대로 있으되 能히 그 노릇을 하려니와 사람은 잘 活用하여야 그 用이 되니 그대들이여! 어서어서 人道의 要法을 부지런히* 鍊磨하여 世界의 모든 山 가운데 金剛山이 드러나듯 모든 사람 가운데 歡迎받는 사람이 되며 모든 教會 가운데 模範的 教會**가 되게 하

展望品

대종경

게 큰 보물 하나가 있으니 그것은 곧 금강산이라 이 나라는 반드시 금강산으로 인하여 세계에 드러날 것이요, 금강산은 반드시 그 주인으로 인하여 더욱 빛나서, 이 나라와 금강산과 그 주인은 서로 떠날 수 없는 인연으로 다 같이 세계의 빛이 되리라. 그런즉, 그대들은 우리의 현상을 비관하지 말고 세계가 금강산의 참 주인을 찾을 때 우리 여기 있다 할 자격을 갖추기에 공을 쌓으라. 금강산의 주인은 금강산 같은 인품을 조성해야 할 것이니 닦아서 밝히면 그 광명을 얻으리라. 금강산같이 되기로 하면 금강산같이 순실하여 순연한 본래 면목을 잃지 말며, 금강산같이 정중하여 각자의 본분사(本分事)에 전일하며 금강산같이 견고하여 신성과 의지를 변하지 말라. 그러하면, 산은 체(體)가 되고 사람은 용(用)이 될지라, 체는 정하고 용은 동하나니 산은 그대로 있으되 능히 그 체가 되려니와 사람은 잘 활용하여야 그 용이 될 것이니, 그대들은 어서어서 부처님의 무상대도를 연마하여 세계의 모든 산 가운데 금강산이 드러나듯 모든 사람 가운데 환영받는 사람이 되며, 모든 교회 가운데 모범적 교회가 되게 하라. 그러하면 강

대종경 필사본

라. 그러하면 江山과 더부러 사람이 아울러 燦爛한 光彩를 發揮***하리라.

* 현행 『대종경』에는 "人道의 要法을 부지런히"를 "부처님의 無上大道를"로 변경했음. 이는 원불교 교리의 불교적 변모를 입증하는 사례라고 할 수 있음.

** "모든 교회 가운데 모범적 교회"라는 표현은 새 종교를 지향함을 입증한다고 볼 수 있음.

*** '發揮'의 誤字. 또는 新造語.

8　大宗師- 全州에 가시니 文正奎 朴戶張 等이 와서 뵈옵는지라 가라사대 내가 中路에 우스운 일을 많이 보았노니 아침에 어느 곳을 지날새 날이 이미 밝아서 萬物이 다 起動하여 四方이 시끄러우나 어떤 사람은 날이 밝은 줄을 모르고 이불 속에 깊이 잠자고 있으며 어떤 사람은 雪寒風 어름 속에 씨를 뿌리고 있으며 어떤 사람은 여름옷을 그대로 입고 치위에 못 견디어 떨고 섰더라 하시니 正奎 여짜오되 어느 때가 되어야 白晝에 잠자는 사람이 잠을 깨어 世上에 出頭하며 어름 속에서 씨를 뿌리는 사람과 겨울에 여름옷을 입은 사람이 때를 알아 事業을 하겠나이까? 大宗師- 가라

대종경

산과 사람이 아울러 찬란한 광채를 발휘하리라.」

7　대종사, 전주에 가시니 문정규·박호장(朴戶張) 등이 와서 뵈옵는지라, 말씀하시기를 「내가 오는 길에 우스운 일을 많이 보았노니, 아침에 어느 곳을 지나는데 날이 이미 밝아서 만물이 다 기동하여 사방이 시끄러우나 어떤 사람은 날이 밝은 줄을 모르고 깊이 잠자고 있으며, 어떤 사람은 찬 바람과 얼음 속에 씨를 뿌리고 있으며, 어떤 사람은 여름옷을 그대로 입고 추위에 못 견디어 떨고 섰더라.」 하시니, 정규가 말씀 뜻을 짐작하고 여쭙기를 「어느 때가 되어야 백주에 잠자는 사람이 잠을 깨어 세상에 나오며, 얼음 속에 씨를 뿌리는 사람과 겨울에 여름옷 입은 사람이 때를 알

대종경 필사본	대종경
사대 그 사람이 뭇속은 날이 밝은 줄을 모르고 이불 속에 깊이 자고 있으나 밖에서 萬物이 起動하는 소리가 오래가면 그 잠을 깰 것이요, 잠을 깨어 門을 열어 보면 바로 날 밝은 줄을 알 것이요, 알면 일어나서 事業을 잡을 것이며 저 어름 속에 씨를 뿌리는 사람과 겨울에 여름옷을 입은 사람들은 때를 모르고 事業을 하니 반드시 失敗할 것이요 事業에 失敗하여 無數한 苦痛과 困難을 겪은 後에는 때 아는 사람의 事業하는 것을 보고 제 마음에 깨침이 생겨나서 次次 때 아는 사람이 되리라.	아 사업을 하겠나이까?」 대종사 말씀하시기를 「그 사람이 지금은 날이 밝은 줄을 모르고 깊이 자고 있으나 밖에서 만물이 기동하는 소리가 오래 가면 반드시 그 잠을 깰 것이요, 잠을 깨어 문을 열어 보면 바로 날 밝은 줄을 알 것이요, 알면 일어나서 사업을 잡을 것이며, 저 얼음 속에 씨를 뿌리는 사람과 겨울에 여름옷을 입은 사람들은 때를 모르고 사업을 하니 반드시 실패할 것이요, 사업에 실패하여 무수한 고통과 곤란을 겪은 후에는 철 아는 사람의 사업하는 것을 보고 제 마음에 깨침이 생겨나서 차차 철 아는 사람이 되리라.」
9 金幾千이 여짜오되 近來에 여러 사람이 各其 黨派를 지어 서로 옳다 하며 四方에서 제 스스로 先生이라 일컬으나 그 內容을 보면 무엇으로써 可히 先生이라 할 價値가 없사오니 그들을 참 先生이라 할 수 있사오리까? 大宗師-가라사대 참 先生이니라. 幾千이 가로되 어찌하여 참 先生이라 하시나이까? 大宗師- 가라사대 그대가 그 사람들로 因하여 사람의 虛實을 알았다 하니 그것만	8 김기천이 여쭙기를 「근래에 여러 사람이 각기 파당을 지어 서로 옳다 하며 사방에서 제 스스로 선생이라 일컬으오나 그 내용을 보면 무엇으로 가히 선생이라 할 가치가 없사오니, 그들을 참 선생이라 할 수 있사오리까?」 대종사 말씀하시기를 「참 선생이니라.」 기천이 여쭙기를 「어찌하여 참 선생이라 하시나이까?」 대종사 말씀하시기를 「그대가 그 사람들로 인하여 사람의 허(虛)와 실

대종경 필사본

하여도 참 先生이 아닌가. 幾千이 다시 여짜오되 그것은 그러하오나 그들도 어느 때가 되오면 自身이 바로 참 先生의 資格이 될 수 있사오리까? 大宗師- 가라사대 虛를 지나면 實이 돌아오고 거짓을 깨치면 참이 나타나나니 虛實 眞僞를 鍛鍊하고 또 鍛鍊하며 지내고 또 지내보면 그 中에서 自然히 거짓 先生이 참 先生으로 轉換될 수 있나니라.

10 大宗師- 가라사대 近來의 人心을 보면 工夫 없이 道通을 꿈꾸는 무리와 努力 없이 成功을 바라는 무리와 準備 없이 때만 기다리는 무리와 邪術로 大道를 조롱하는 무리와 謀略으로 正義를 誹謗하는 무리들이 世上에 가득하여 各기 제가 무슨 能力이나 있는 듯이 야단을 치고 다니나니 이것이 이른 바 낮 도까비*라 그러나 時代가 더욱 밝아짐을 따라 이러한 무리는 발붙일 곳을 얻지 못하고 오직 人道正義의 要法만이 世上에 서게 되리니 이러한 世上을 일러 大明天地라 하나니라.

* '도깨비'의 방언.(경상, 전남, 충북, 평안) 낮도

대종경

(實)을 알았다 하니 그것만 하여도 참 선생이 아닌가?」 기천이 다시 여쭙기를 「그것은 그러하오나 그들도 어느 때가 되오면 자신이 바로 참 선생의 자격을 갖추게 되오리까?」 대종사 말씀하시기를 「허를 지내면 실이 돌아오고 거짓을 깨치면 참이 나타나나니, 허실과 진위(眞僞)를 단련하고 또 단련하며 지내고 또 지내보면 그중에서 자연히 거짓 선생이 참 선생으로 전환될 수 있나니라.」

9 대종사 말씀하시기를 「근래의 인심을 보면 공부 없이 도통을 꿈꾸는 무리와, 노력 없이 성공을 바라는 무리와, 준비 없이 때만 기다리는 무리와, 사술(邪術)로 대도를 조롱하는 무리와, 모략으로 정의를 비방하는 무리가 세상에 가득하여, 각기 제가 무슨 큰 능력이나 있는 듯이 야단을 치고 다니나니, 이것이 이른바 낮도깨비니라. 그러나, 시대가 더욱 밝아짐을 따라 이러한 무리는 발붙일 곳을 얻지 못하고 오직 인도 정의의 요긴한 법만이 세상에 서게 될 것이니, 이러한 세상을 일러 대명천지(大明天地)라 하나니라.」

| 대종경 필사본 | 대종경 |

까비는 '낮도깨비'의 방언으로 체면 없이 마구 행동하는 사람을 비유적으로 이르는 말.

11 大宗師- 서울에 가시사 하루는 南山公園에 소풍하시더니 때에 靑年 몇 사람이 大宗師의 威儀 비범하심을 뵈옵고 와서 절하며 各各 名啣을 올리는지라 大宗師- 또한 名啣을 주시었더니 靑年들이 여쭈워 가로되 先生님께서는 全羅道에 계시오니 或 井邑에 根據를 둔 某 敎會를 아시나이까? 大宗師 가라사대 들어서 아노라. 한 靑年이 가로되 그들의 敎化하는 方法을 或 아시나니까? 大宗師- 가라사대 仔詳한 것은 알지 못하노라. 때에 한 靑年이 新聞을 꺼내어 그 敎에 對한 批評을 朗讀한 後 말하되 이 敎會가 좋지 못한 行動이 많으므로 우리 靑年 團體가 그 非行을 聲討하며 現地에 내려가서 그 存在를 撲滅하려 하나이다. 大宗師- 가라사대 그 不美한 行動이란 果然 무엇인고? 靑年이 가로되 그네들이 迷信의 말로써 人心을 誘惑하여 불쌍한 農民들의 財産을 빼앗으니 이것을 길게 두면 世上에 惡影響이 크게 미칠 것이옵니다. 先生님의 尊意에는 撲滅

10 대종사 서울에 가시사 하루는 남산공원에 소요하시더니, 청년 몇 사람이 대종사의 위의(威儀) 비범하심을 뵈옵고, 와서 인사하며 각각 명함을 올리는지라 대종사 또한 명함을 주시었더니, 청년들이 그 당시 사회에 큰 물의를 일으키고 있던 모 신흥종교에 대한 신문의 비평을 소개하면서, 말하기를 「이 교(敎)가 좋지 못한 행동이 많으므로 우리 청년 단체가 그 비행을 성토하며 현지에 내려가서 그 존재를 박멸하려 하나이다.」 대종사 말씀하시기를 「그 불미한 행동이란 과연 무엇인가?」 한 청년이 사뢰기를 「그들이 미신의 말로써 인심을 유혹하여 불쌍한 농민들의 재산을 빼앗으니, 이것을 길게 두면 세상에 나쁜 영향이 크게 미칠 것이옵기로 그것을 박멸하려 하는 것이옵니다.」 대종사 말씀하시기를 「그대들의 뜻은 짐작이 되나 무슨 일이든지 제 생각에 한번 하고 싶어서 죽기로써 하는 때는 다른 사람이 아무리 말려도 되지 않을 것이니, 무슨

545

대종경 필사본

시키는 것이 어떻다 하시나이까? 大宗師 가라사대 어떻게 하나 나에게는 아무 關係가 없노라. 靑年이 가로되 어찌하여 그러하옵니까? 大宗師- 가라사대 무슨 일이나 제 생각에 한 번 하고 싶어서 죽기로써 하는 때에는 다른 사람이 아무리 말려도 되지 않을 것이니 무슨 能力으로 남의 하고 싶은 일을 막을 수 있으리오. 靑年이 가로되 그러면 그 敎會가 撲滅되지 아니하고 永久히 存續한다는 말씀이오니까? 大宗師- 가라사대 나의 말은 다른 사람의 하고 싶은 일을 억지로 막지 못한다는 말이요 남의 敎會에 對하여 그 存續與否를 말한 것은 아니나 사람마다 利로움은 좋아하고 害로움은 싫어하나니 서로 사귀는 사이에 恒常 利로움이 돌아오면 길이 親近할 것이요 害로움이 돌아오면 기리 親近치 못할찌라 正道라 하는 것은 처음에는 害로운 것 같으나 畢竟에는 利로움이 되고 邪道라 하는 것은 처음에는 利로운 것 같으나 畢竟에는 害가 돌아오나니 그 敎가 正道이면 아무리 그대들이 撲滅하려 하여도 되지 않을 것이요 邪道라면 撲滅치 아니하여도 自然히 서지 못하리라.

대종경

능력으로 그 교의 하고 싶은 일을 막을 수 있으리오.」 청년이 여쭙기를 「그러면 그 교가 박멸되지 아니하고 영구히 존속될 것이라는 말씀이옵니까?」 대종사 말씀하시기를 「나의 말은 다른 사람의 굳이 하고 싶은 일을 억지로 막지는 못한다는 말이요, 그 교에 대한 존속 여부를 말한 것은 아니나, 사람마다 이로움은 좋아하고 해로움은 싫어하는데, 서로 관계하는 사이에 항상 이로움이 돌아오면 길이 친근할 것이요, 해로움이 돌아오면 길이 친근하지 못할 것이라, 정도(正道)라 하는 것은 처음에는 해로운 것 같으나 필경에는 이로움이 되고, 사도(邪道)라 하는 것은 처음에는 이로운 것 같으나 필경에는 해독이 돌아오므로, 그 교가 정도이면 아무리 그대들이 박멸하려 하여도 되지 않을 것이요, 사도라면 박멸하지 아니하여도 자연히 서지 못하게 되리라.」

대종경 필사본

12 靑年이 가로되 그러면 先生님께서는 어떠한 方法이라야 이 世上을 기리 잘 敎化하리라고 생각하시나이까? 大宗師- 가라사대 別 方法이 따로 없으나 오직 한 가지 길이 있나니 例를 들어 말하리라. 假令 큰 들 가운데에 農事를 짓는 사람이 農事方法도 잘 알고 그 實行도 또한 부지런히 하여 農事收穫이 다른 사람에 比하여 훨씬 優越한 實績을 낸다면 自然히 온 들안 사람들이 보고 模倣하여 갈 것이나 萬一 自己 農事에는 實績이 없으면서 다른 사람에 對하여 말만 한다면 그 사람들이 模倣치 않을 것은 勿論이니 그러므로 나는 日常 말하되 日日時時로 나의 行하는 것이 곧 남을 敎化함이 된다 하노라. 靑年이 가로되 通達하신 말씀이로소이다. 先生님께서는 그러한 法으로써 世上을 敎化하시거니와 그 敎會는 좋지 못한 行動으로 萬民을 塗炭中에 넣사오니 世上에 無用한 存在가 아니오니까? 大宗師- 가라사대 아니니라. 그 敎도 世界事業을 하고 있으며 그대들도 곧 世界事業을 하고 있나니라.

13 한 靑年이 가로되 어찌하여 그 敎가 世界事業을 한다 하시나이까? 大宗師- 가라사대 譬컨대 큰 사냥에 모리꾼

대종경

11 그 청년이 다시 여쭙기를 「그러하오면 선생님께서는 어떠한 방법이라야 이 세상이 길이 잘 교화되리라고 생각하시나이까?」 대종사 말씀하시기를 「특별한 방법이 따로 있는 것은 아니나 오직 한 가지 예를 들어 말하리라. 가령, 큰 들 가운데 농사를 짓는 사람이 농사 방법도 잘 알고 일도 또한 부지런히 하여 그 수확이 다른 사람보다 훨씬 우월하다면, 온 들안 사람들이 그것을 보고 자연히 본받아 갈 것이나, 만일 자기 농사에는 실적이 없으면서 다른 사람에게 말로만 권한다면 그 사람들이 따르지 않을 것은 물론이니, 그러므로 나는 늘 말하되 내가 먼저 행하는 것이 곧 남을 교화함이 된다 하노라.」 청년이 사뢰기를 「선생님께서는 그러한 통달하신 법으로 세상을 교화하시거니와, 그 교는 좋지 못한 행동으로 백성을 도탄(塗炭) 가운데 넣사오니 세상에 없어야 할 존재가 아니오니까?」 대종사 말씀하시기를 「그 교도 세계 사업을 하고 있으며 그대들도 곧 세계 사업을 하고 있나니라.」 청년이 또 여쭙기를 「어찌하여 그 교가 세계 사업을 한다 하시나이까?」 대종사 말씀하시기를 「그 교는 비하건대 사냥의 몰이꾼과

대종경 필사본

과 같나니 모리꾼들의 모리가 아니면 捕手*들이 어찌 그 求하는 바를 얻으리오. 只今 이 世上에서는 世界大事를 맡아할 人材들을 求하는데 그들이 世上 形便을 깨닫지 못하고 發願없이 깊이 잠들었을 제 그러한 各色 敎會가 四方에서 일어나 모든 사람의 잠을 깨우며 마음을 이르키니 그제야 모든 人材들이 世上에 나서서 實다운 일도 지내보고 헛된 일도 지내보며 남을 둘러도 보고 남에게 둘리기도 하여 世上 百千萬事의 虛實兩端 是非經緯를 알게 되매 結局은 正當한 敎會와 正當한 사람을 만나 正當한 事業을 이룰 것이니 이는 곧 그러한 各色 敎會의 功德이라 어찌 世界事業을 함이 아니라 하리오. 靑年이 가로되 그것은 그러하오나 어찌하여 저희들이 世界事業者가 된다 하시나이까? 大宗師- 가라사대 그대들은 모든 敎會의 行動을 보아 잘하는 것이 있으면 世上에 布揚하고 잘못하는 것이 있으면 批評을 主張하므로 누구를 勿論하고 非難 當할 때에는 憤한 마음이 있을 것이요, 憤한 마음이 있을 때에는 새로 精神을 차려 非難을 免하려고 努力할찌니 그대들은 곧 世界事業者인 모든 敎會의 힘을 도와주고 反省을 재촉하

대종경

같나니 몰이꾼들의 몰이가 아니면 포수들이 어찌 그 구하는 바를 얻으리오. 지금은 묵은 세상을 새 세상으로 건설해야 할 시기인 바 세상 사람들이 그 형편을 깨닫지 못하고 발원 없이 깊이 잠들었는데, 그러한 각색 교회가 사방에서 일어나 모든 사람의 잠을 깨우며 마음을 일으키니, 그제야 모든 인재가 세상에 나서서 실다운 일도 지내보고 헛된 일도 지내보며, 남을 둘러도 보고 남에게 둘리기도 하여 세상 모든 일의 허실과 시비를 알게 되매 결국 정당한 교회와 정당한 사람을 만나 정당한 사업을 이룰 것이니, 이는 곧 그러한 각색 교회가 몰이를 해 준 공덕이라, 그들이 어찌 세계 사업자가 아니라 하리오.」 청년이 또 여쭙기를 「그것은 그러하오나 저희는 또한 어찌하여 세계 사업자가 된다 하시나이까?」 대종사 말씀하시기를 「그대들은 모든 교회의 행동을 보아, 잘하는 것이 있으면 세상에 드러내고 잘못하는 것이 있으면 또한 비평을 주장하므로, 누구를 물론 하고 비난을 당할 때는 분한 마음이 있을 것이요, 분한 마음이 있을 때는 새로 정신을 차려 비난을 면하려고 노력할 것이니, 그대들은 곧 세계 사업자인

| 대종경 필사본 | 대종경 |

는 事業者라 萬一 그대들이 없으면 모든 敎會가 그 前進力을 얻지 못할 것이므로 그대들의 功德도 또한 크다 하노라. 靑年들이 곧 감복하여 절하고 가로되 先生님의 말씀은 四方八面 하나도 맊힘이 없나이다 하더라.

* '砲手'의 誤字.

14 한 사람이 여짜오되 先生님의 敎法이 時代에 適切할 뿐 아니라 正當한 法인 줄은 믿으오나 時日이 아직 淺短하여 根據가 깊지 못하오니 先生님 後代에는 어떻게 되올지 疑問이 되나이다. 大宗師- 가라사대 그대가 이 法을 이미 正法으로 알았다 하니 그런다면 나의 死後에 이 法의 擴張 如何를 근심할 것이 없나니라. 보라 世上에 도둑질하는 法은 나쁜 法이라 그 法을 나라에서 없애려하고 社會에서 排斥하건마는 없어지지 아니하고 도둑의 種子가 남아있어서 우리들을 괴롭게 하는 것은 그 같은 不正한 法도 必要를 느끼는 무리가 一部에 있기 때문이니 하물며 人道正義의 正當한 要法이리오. 다시 한 例를 더 들자면 世上 사람들이 모든 物質과 技術을 使用하여

모든 교회에 힘을 도와주고 반성을 재촉하는 사업자라, 만일 그대들이 없으면 모든 교회가 그 전진력을 얻지 못할 것이므로 그대들의 공덕도 또한 크다 하노라.」 청년들이 감복하여 절하고 사뢰기를 「선생님의 말씀은 두루 통달하여 하나도 막힘이 없나이다.」

12 한 사람이 여쭙기를 「선생님의 교법이 시대에 적절할 뿐 아니라 정당한 법인 줄은 믿으오나 창립한 시일이 아직 천단하여 근거가 깊지 못하오니 선생님 후대에는 어떻게 되올지 의문이 되나이다.」 대종사 말씀하시기를 「그대가 이 법을 이미 정법으로 알았다 하니 그렇다면 나의 후대에 이 법의 확장 여하를 근심할 것이 없나니라. 보라! 세상에 도둑질하는 법은 나쁜 법이라, 그 법을 나라에서 없애려 하고 사회에서 배척하건마는 그 종자가 없어지지 아니하고 남아 있어서 우리를 괴롭게 하는 것은, 그 같이 나쁜 법도 필요를 느끼는 무리가 일부에 있기 때문이거든, 하물며 모든 인간이 다 필요로 하는 인도 정의의 정당한 법이리오. 다시 한 예를 더 들자면, 세상 사람들

대종경 필사본

生活을 할 때에 그 發明家를 爲하여 使用하는 것이 아니요 各各 自己의 便利를 생각하여 使用하므로 自己의 便利만 있으면 아무리 使用하지 말라 하여도 自然 使用하게 되나니 모든 敎法도 또한 이와 같아서 이 敎法을 여러 사람이 믿고 使用한 結果에 利益이 있다면 아무리 믿지 말라 하여도 自然 믿을 것이며 믿는 사람이 많을 때에는 이 法은 또한 널리 擴張될 것이 아닌가 하시니라.

15 한 사람이 여짜오되 東西洋間에 旣成 敎會도 相當한 數가 있어서 數千年 동안 서로 門戶를 달리하여 是非가 紛紛한 中에 近來에는 또한 各色 新興 敎會가 四方에 일어나서 서로 自家의 主張을 내세우고 다른 意見을 排斥하여 더욱 是非가 紛紛하오니 宗敎界의 將來가 어찌 되오리까? 大宗師- 가라사대 내- 한 譬喻로써 일러 주리라. 어떤 사람이 서울에 家庭을 이루어 子女를 두고 살다가 世界 各國을 두루 遊覽할새 그 中 몇몇 나라에서는 여러 해를 住接하는 동안 各各 그 나라 女子와 家庭을 이루어 子女를 낳고 돌아왔는데 그 후 그 사람의

대종경

이 모든 물질과 기술을 사용하여 생활을 할 때 그 발명가를 위하여 사용하는 것이 아니요 각각 자기의 편리를 생각하여 사용하므로 자기의 편리만 있으면 아무리 사용하지 말라 하여도 자연 사용하게 되는 것 같이 모든 교법도 또한 여러 사람이 믿고 사용한 결과에 이익이 있다면 아무리 믿지 말라 하여도 자연 믿을 것이며, 믿는 사람이 많을 때는 이 법이 또한 널리 확장될 것이 아닌가.」

13 한 사람이 여쭙기를 「동양이나 서양에 기성 교회도 상당한 수가 있어서 여러 천년 동안 서로 문호를 달리하여 시비가 분분한 가운데, 근래에는 또한 여러 가지 신흥 교회가 사방에 일어나서 서로 자가(自家)의 주장을 내세우고 다른 의견을 배척하여 더욱 시비가 분분하오니 종교계의 장래가 어떻게 되오리까.」 대종사 말씀하시기를 「어떤 사람이 서울에서 가정을 이루어 자녀를 두고 살다가 세계 여러 나라를 두루 유람할 제, 그중 몇몇 나라에서는 각각 여러 해를 지내는 동안 그 나라 여자와 동거하여 자녀를 낳아 놓고 돌아왔다 하자.

| 대종경 필사본 |

子女들이 各各 그 나라에서 長成하여 각기 제 아버지를 찾아 한 자리에 모이게 되니 얼굴도 서로 다르고 말도 다르며 習慣과 行動도 各各 다른지라 모든 것이 서로 맞지 아니하여 서로 和하지 못하고 지내다가 여러 해가 經過되매 그들도 次次 철이 들고 理解心이 생겨나서 그 言語와 風習이 달라졌던 內譯과 그 兄弟 되는 內譯들을 알고 다 骨肉之親을 서로 깨달아 和合하게 되었다 하나니 各 敎會의 서로 달라진 內譯과 그 根源은 元來 하나인 內譯도 또한 이와 같으므로 人智가 훨씬 開明되고 道德의 빛이 고루 피이는 날에는 各 敎會가 한 집안을 이루어 서로 融通하고 和合하게 되나니라.

16 曺頌廣이 처음 와 뵈옵거늘 大宗師- 가라사대 그대가 普通 사람에 다른 점이 있어 보이니 어떠한 믿음이 있는가? 頌廣이 가로되 數十年間 하나님을 信仰하온 예수敎 長老이옵니다. 大宗師- 가라사대 그대가 數十年間 하나님을 믿었다 하니 하나님이 어데 계시던가. 頌廣이 가로되 하나님은 全知全能하

展望品

| 대종경 |

그 후 그 사람의 자녀들이 각각 그 나라에서 자라난 다음 각기 제 아버지를 찾아 한자리에 모였다면, 얼굴도 서로 다르고 말도 서로 다르며 습관과 행동도 각각 다른 그 사람들이 얼른 서로 친하고 화해질 수 있겠는가? 그러나, 여러 해를 지내는 동안 그들도 차차 철이 들고 이해심이 생겨나서 말과 풍습이 서로 익어지고 그 형제 되는 내역을 자상히 알고 보면 반드시 골육지친(骨肉之親)을 서로 깨달아 화합하게 될 것이니, 모든 교회의 서로 달라진 내역과, 그 근원은 원래 하나인 내역도 또한 이와 같으므로, 인지가 훨씬 개명되고 도덕의 빛이 고루 비치는 날에는 모든 교회가 한 집안을 이루어 서로 융통하고 화합하게 되나니라.」

14 조송광이 처음 와 뵈오니, 대종사 말씀하시기를 「그대가 보통 사람보다 다른 점이 있어 보이니 어떠한 믿음이 있는가?」 송광이 사뢰기를 「여러 십 년 동안 하나님을 신앙하온 예수교 장로이옵니다.」 대종사 말씀하시기를 「그대가 여러 해 동안 하나님을 믿었다 하니 하나님이 어디 계시던가?」 송광이 사뢰

551

대종경 필사본

시고 無所不在하사 계시지 아니하는 곳이 없다 하나이다. 大宗師- 가라사대 그러면 그대가 늘 하나님을 뵈옵고 말씀도 듣고 가르침도 받는가? 頌廣이 가로되 아직까지는 뵈온 일도 없사옵고 말해 본 적도 없나이다. 大宗師- 가라사대 그러면 그대가 아직 예수의 心通弟子는 못 되지 아니하였는가? 頌廣이 가로되 어떻게 하오면 하나님을 뵈올 수도 있고 가르침을 받을 수도 있겠나이까? 大宗師- 가라사대 그대가 工夫를 잘하여 예수의 心通弟子만 되면 그리할 수 있나니라. 頌廣이 다시 여쭈어 가로되 聖經에 예수께서 末世에 다시 오시되 도둑 같이 왔다 가리라 하였고 그 때에는 여러 가지 證據도 나타날 것이라 하였사오니 참으로 오시는 날이 있사오리까. 大宗師- 가라사대 聖賢은 거짓이 없나니 그대가 工夫를 잘하여 心靈이 열리고 보면 예수의 다녀가는 것도 또한 알으리라. 頌廣이 가로되 제가 오랫동안 저를 直接 指導하여 주실 큰 스승님을 기다렸삽더니 오늘 大宗師를 뵈오니 마음이 洽然하여 곧 弟子가 되고 싶나이다. 그러하오나 이는 變節같사와 良心에 刺戟이 되나이다. 大宗師- 가라사대 내- 구태여 그대에게

대종경

기를 「하나님은 전지전능하시고 무소부재하사 계시지 아니하는 곳이 없다 하나이다.」 대종사 말씀하시기를 「그러면 그대가 늘 하나님을 뵈옵고 말씀도 듣고 가르침도 받았는가?」 송광이 사뢰기를 「아직까지는 뵈온 일도 없사옵고 말하여 본 적도 없나이다.」 대종사 말씀하시기를 「그러면 그대가 아직 예수의 심통(心通) 제자는 못 되지 아니하였는가?」 송광이 여쭙기를 「어떻게 하오면 하나님을 뵈올 수도 있고 가르침을 받을 수도 있겠나이까?」 대종사 말씀하시기를 「그대가 공부를 잘하여 예수의 심통 제자만 되면 그리할 수 있나니라.」 송광이 다시 여쭙기를 「성경에 예수께서 말세에 다시 오시되 도둑같이 왔다 가리라 하였고 그때는 여러 가지 증거도 나타날 것이라 하였사오니 참으로 오시는 날이 있사오리까?」 대종사 말씀하시기를 「성현은 거짓이 없나니 그대가 공부를 잘하여 심령(心靈)이 열리고 보면 예수의 다녀가는 것도 또한 알리라.」 송광이 사뢰기를 「제가 오랫동안 저를 직접 지도하여 주실 큰 스승님을 기다렸삽더니, 오늘 대종사를 뵈오니 마음이 흡연(洽然)하여 곧 제자가 되고 싶나이다. 그러하

대종경 필사본

내게로 오라 함이 아니니 예수敎에서도 예수의 心通弟子만 되면 나의 하는 일을 알게 될 것이요 내게서도 나의 心通弟子만 되면 예수의 한 일을 알게 되리라. 그러므로 모르는 사람은 이 敎 저 敎의 間隔을 두어 마음에 變節한 것 같이 생각하고 敎會間에 서로 敵對視하는 일도 있지마는 참으로 아는 사람은 때와 곳을 따라서 이름만 다를 뿐이요, 한 집안 같이 알게 될찌라 그대의 가고 오는 것은 오직 그대의 마음에 있나니 그대 自身이 알아서 하라. 頌廣이 일어나 절하고 弟子되기를 다시 發願하거늘 大宗師- 許諾하시며 가라사대 나의 弟子된 後라도 예수를 그 前보다 더 위하는 마음이 있어야 참된 나의 弟子니라 하시니라.

17 大宗師- 가라사대 내- 어느 날 佛經을 보니 한 弟子가 부처님께 여쭙기를 저희들은 부처님을 뵈옵고 法說을 들으면 尊敬心과 歡喜心이 限없이 나옵는데 어떤 사람은 도리어 흠을 보고 誹謗도 하며 사람들의 出入까지 妨害하기도 하오니 부처님께서는 恒常 慈悲心으로써

展望品

대종경

오나, 한 편으로는 변절 같사와 양심에 자극이 되나이다.」 대종사 말씀하시기를 「예수교에서도 예수의 심통 제자만 되면 나의 하는 일을 알게 될 것이요, 내게서도 나의 심통 제자만 되면 예수의 한 일을 알게 되리라. 그러므로, 모르는 사람은 저 교 이 교의 간격을 두어 마음에 변절한 것 같이 생각하고 교회 사이에 서로 적대시하는 일도 있지마는, 참으로 아는 사람은 때와 곳을 따라서 이름만 다를 뿐이요 다 한 집안으로 알게 되나니, 그대의 가고 오는 것은 오직 그대 자신이 알아서 하라.」 송광이 일어나 절하고 제자 되기를 다시 발원하거늘, 대종사 허락하시며 말씀하시기를 「나의 제자 된 후라도 하나님을 신봉하는 마음이 더 두터워져야 나의 참된 제자니라.」

15 대종사 말씀하시기를 「내가 어느 날 불경(佛經)을 보니 이러한 이야기가 있더라. 한 제자가 부처님께 여쭙기를 "저희는 부처님을 뵈옵고 법설을 들으면 존경심과 환희심이 한없이 나옵는데, 어떤 사람은 도리어 흠을 보고 비방도 하며 사람들의 출입까지 방해하기도 하오니,

대종경 필사본

가르쳐 주시거늘 그 무슨 일로 그러하는지 그 理由를 알고 싶나이다 한즉 부처님께서 對答하시되 저 해가 東天에 오름에 第一 높은 須彌山 大王峰에 먼저 비치고 그 다음에 高原에 비치고 그러한 後에야 一切 大地平野까지 비치나니 그러면 太陽이 差別心이 있어서 높은 山은 먼저 비치고 平野는 다음에 비치는 것이 아니라 太陽은 다못 無心히 비치건마는 땅의 高下를 따라서 그와 같이 先後의 差別이 있게 되는 것이다. 如來의 說法도 그와 같아서 無量한 智慧의 光明은 差別없이 나투건마는 各自의 根機 高下에 따라서 그 法을 먼저 알고 뒤에도 알게 되나니 한 자리에서 같은 法門을 들을찌라도 菩薩 地位者들에게 먼저 비치게 되고 그 다음에 緣覺에게 그 다음에 聲聞에게 그 다음에 決定善根者에게 그 다음에 無緣衆生에게까지라도 漸進的으로 그 慧光이 미치게 되는 것이다. 그런데 迷한 衆生들이 부처의 慧光을 받아 살면서도 佛法을 誹謗하는 것은 마치 소경이 해의 惠澤을 입어 살면서도 해를 보지 못하므로 해의 惠澤이 없다 하는 것과 같나니 너는 너의 할 일이나 잘할 것이요, 決코 그러한 愚痴 衆生들을 미

대종경

부처님께서는 항상 자비심으로 가르쳐 주시거늘 그 중생은 무슨 일로 그러한지 그 이유를 알고 싶나이다." 하매, 부처님께서 대답하시기를 "저 해가 동녘 하늘에 오름에 제일 높은 수미산(須彌山) 상봉에 먼저 비치고, 그다음에 고원(高原)에 비치고, 그러한 후에야 일체 대지 평야에까지 비치나니, 태양이 차별심이 있어서 높은 산은 먼저 비치고 평야는 나중에 비치는 것이 아니라, 태양은 다만 무심히 비치건마는 땅의 고하를 따라 그와 같이 선후의 차별이 있게 되나니라. 여래의 설법도 그와 같아서 무량한 지혜의 광명은 차별 없이 나투건마는 각자의 근기에 따라서 그 법을 먼저 알기도 하고 뒤에 알기도 하나니 한자리에서 같은 법문을 들을지라도 보살(菩薩)들이 먼저 알아듣고, 그다음에 연각(緣覺), 성문(聲聞), 결정선근자(決定善根者)가 알아듣고, 그다음에야 무연(無緣) 중생까지라도 점진적으로 그 혜광을 받게 되나니라. 그런데, 미한 중생들이 부처의 혜광을 받아 살면서도 불법을 비방하는 것은 마치 소경이 해의 혜택을 입어 살면서도 해를 보지 못하므로 해의 혜택이 없다 하는 것과 같나니라. 그런즉, 너는 너의 할 일이나

대종경 필사본

워하지 말며 또는 落心하거나 退屈心을 내지도 말라. 그 어찌 人智의 差等이 없으리오 하셨다 하니 그대들은 이 말씀을 凡然히 듣지 말고 各者의 前程에 寶鑑을 삼아서 奮鬪精進할 것이요 斷定코 남의 잘못하는 것과 몰라주는 것을 關涉하지 말라. 이 世上의 變遷도 晝夜 變遷되는 것과 다름이 없어서 어둡던 世上이 밝아도 지고 밝던 世上이 어두어도 지나니 어둡던 世上이 밝아질 때에는 모든 衆生이 고루 佛恩을 깨닫고 佛恩에 보답하기 爲하여 서로 努力하게 되나니라.

18 金南天*이 여짜오되 이 世上에 彌勒佛의 出世와 龍華會上의 建設을 목마르게 기다리는 사람이 많사오니 彌勒佛이라 함은 어떠한 부처이오며 龍華會上이라 함은 어떠한 會上이오니까? 大宗師- 가라사대 彌勒佛이라 함은 法身佛의 眞理가 크게 들어나는 것이요, 龍華會上이라 함은 크게 밝은 世上이 되는 것이니 곧 處處佛像 事事佛供의 大意가 널리 行하여지는 것이니라. 또 여짜오되** 그러하온즉 어느 때나 그러한 世界가 돌아오겠나이까? 大宗師- 가라사

展望品

대종경

잘할 것이요, 결코 그러한 어리석은 중생들을 미워하지 말며, 또는 낙심하거나 퇴굴심을 내지도 말라. 그 어찌 인지의 차등이 없으리오." 하셨다 하였더라. 그대들은 이 말씀을 범연히 듣지 말고 각자의 전정에 보감을 삼아서 계속 정진할 것이요, 결단코 남의 잘못하는 것과 몰라주는 것에 너무 관심하지 말라. 이 세상의 변천도 주야 변천되는 것과 다름이 없어서 어둡던 세상이 밝아질 때는 모든 중생이 고루 불은(佛恩)을 깨닫고 불은에 보답하기 위하여 서로 노력하게 되나니라.」

16 최도화(崔道華) 여쭙기를 「이 세상에 미륵불(彌勒佛)의 출세와 용화회상(龍華會上)의 건설을 목마르게 기다리는 사람이 많사오니 미륵불은 어떠한 부처님이시며 용화회상은 어떠한 회상이오니까?」 대종사 말씀하시기를 「미륵불이라 함은 법신불의 진리가 크게 드러나는 것이요, 용화회상이라 함은 크게 밝은 세상이 되는 것이니, 곧 처처 불상(處處佛像) 사사 불공(事事佛供)의 대의가 널리 행하여지는 것이니라.」 장적조 여쭙기를 「그러하오면, 어느 때나 그러한 세

555

| 대종경 필사본 | 대종경 |

대 只今 次次 되어지고 있나니라. 또 여짜오되*** 그 中에도 첫 主人이 있지 않겠나이까? 大宗師— 가라사대 하나하나 먼저 깨치는 사람이 主人이 되나니라.

* 현행 『대종경』 전망품 16장에는 '崔道華'로 변경됨.

** 현행 『대종경』 전망품 16장에는 '張寂照'로 변경됨.

*** 현행 『대종경』 전망품 16장에는 '鄭世月'로 변경됨.

계가 돌아오겠나이까?」 대종사 말씀하시기를 「지금 차차 되어가고 있나니라.」 정세월(鄭世月)이 여쭙기를 「그중에도 첫 주인이 있지 않겠나이까.」 대종사 말씀하시기를 「하나하나 먼저 깨치는 사람이 주인이 되나니라.」

19 朴四時華 여짜오되 只今 어떤 宗派間에는 이미 彌勒佛이 出世하여 龍華會上을 建設한다 하와 서로 主張이 紛紛하오니 어느 會上이 참 龍華會上이 되오리까? 大宗師 가라사대 말만 가지고 되는 것이 아니니 비록 말은 아니할찌라도 오직 그 會上에서 彌勒佛의 참 뜻을 먼저 깨닫고 彌勒佛이 하는 일만 하고 있으면 自然 龍華會上이 될 것이요, 彌勒佛을 親見할 수도 있으리라.

17 박사시화(朴四時華) 여쭙기를 「지금 어떤 종파들에서는 이미 미륵불이 출세하여 용화회상을 건설한다 하와 서로 주장이 분분하오니 어느 회상이 참 용화회상이 되오리까.」 대종사 말씀하시기를 「말만 가지고 되는 것이 아니니, 비록 말은 아니 할지라도 오직 그 회상에서 미륵불의 참뜻을 먼저 깨닫고 미륵불이 하는 일만 하고 있으면 자연 용화회상이 될 것이요 미륵불을 친견할 수도 있으리라.」

20 徐大圓이 여짜오되 彌勒佛時代가 完全히 돌아와서 龍華會上이 全般的

18 서대원이 여쭙기를 「미륵불 시대가 완전히 돌아와서 용화회상이 전반적

| 대종경 필사본 | 대종경 |

으로 建設된 時代의 形相은 어떠하오리까? 大宗師- 가라사대 그 時代에는 人智가 훨씬 밝아져서 모든 것에 相克이 없어지고 虛實兩端을 分揀하여 저 等像佛에게 壽福을 빌고 願하던 일은 次次 없어지고 天地萬物 虛空法界를 網羅하여 境遇와 處地를 따라 모든 功을 심어 富貴도 빌고 壽命도 빌며 서로서로 生佛이 되어 서로 濟度하며 서로 서로 부처의 權能을 가진 줄을 알고 집집마다 부처가 살게 되며 會上을 따로 어느 곳이라고 指定할 것이 없이 이리 가나 저리 가나 가는 곳마다 會上 아님이 없을찌라 그 廣大함을 어찌 말과 글로 다 하리오. 이 會上이 建設된 世上에는 佛法이 天下에 遍滿하여 중과 俗人의 差別이 없어지고 法律과 道德이 서로 拘碍되지 아니하며 工夫와 生活이 서로 拘碍되지 아니하고 萬生이 고루 그 德化를 입게 되리라.

21 大宗師- 가라사대 近來 어떤 사람들은 이르되 이 世上은 末世가 되어 永永 破滅 外에는 길이 없다고 말하나 나는 그렇지 않다고 하노니 聖人의 자취가

으로 건설된 시대의 형상은 어떠하오리까?」 대종사 말씀하시기를 「그 시대에는 인지가 훨씬 밝아져서 모든 것에 상극이 없어지고 허실(虛實)과 진위(眞僞)를 분간하여 저 불상에게 수복(壽福)을 빌고 원하던 일은 차차 없어지고, 천지 만물 허공 법계를 망라하여 경우와 처지를 따라 모든 공을 심어, 부귀도 빌고 수명도 빌며, 서로서로 생불(生佛)이 되어 서로 제도하며, 서로서로 부처의 권능 가진 줄을 알고 집집마다 부처가 살게 되며, 회상을 따로 어느 곳이라고 지정할 것이 없이 이리 가나 저리 가나 가는 곳마다 회상 아님이 없을 것이라, 그 광대함을 어찌 말과 글로 다 하리오. 이 회상이 건설된 세상에는 불법이 천하에 편만하여 승속(僧俗)의 차별이 없어지고 법률과 도덕이 서로 구애되지 아니하며 공부와 생활이 서로 구애되지 아니하고 만생이 고루 그 덕화를 입게 되리라.」

19 대종사 말씀하시기를 「근래 어떤 사람들은 이 세상은 말세가 되어 영영 파멸밖에는 길이 없다고 하나 나는 그렇지 않다고 하노니, 성인의 자취가 끊어

展望品

대종경 필사본

끊어진지 오래고 正義 道德이 稀微하여졌으니 末世인 것만은 事實이나 이 世上이 이대로 破滅되지는 않으리라. 돌아오는 世上이야말로 참으로 크게 文明한 큰 道德世界일 것이니 그러므로 只今은 묵은 世上의 끝이요 새 世上의 처음이 되어 時代의 앞길을 推測하기가 大端 어려우나 오는 世上의 文明을 推測하는 사람이야 어찌 든든하지 아니하며 즐거웁지 아니하리오.

22 또 가라사대 오는 世上의 모든 人心은 이러하리라. 只今은 남의 것을 못 뺏어서 恨이요, 남을 못 이겨서 걱정이요 남에게 害를 못 입혀서 근심이지마는 오는 世上에는 남에게 주지 못하여 恨이요 남에게 지지 못하여 걱정이요, 남을 爲하여 주지 못하여 근심이 되리라. 또 只今은 個人의 利益을 못 채워서 恨이요, 뛰어난 權威와 立身揚名을 못하여서 걱정이지마는 오는 世上의 사람은 公衆事業을 못 하여서 恨이요, 立身揚名할 機會와 權利가 돌아와서 修養할 餘暇를 얻지 못할가 걱정일 것이며 또 只今은 사람이 罪짓기를 좋아하며 罪다스

대종경

진 지 오래고 정의 도덕이 희미하여졌으니 말세인 것만은 사실이나, 이 세상이 이대로 파멸되지는 아니하리라. 돌아오는 세상이야말로 참으로 크게 문명한 도덕 세계일 것이니, 그러므로 지금은 묵은 세상의 끝이요, 새 세상의 처음이 되어, 시대의 앞길을 추측하기가 퍽 어려우나 오는 세상의 문명을 추측하는 사람이야 어찌 든든하지 아니하며 즐겁지 아니하리오.」

20 대종사, 또 말씀하시기를 「오는 세상의 모든 인심은 이러하리라. 지금은 대개 남의 것을 못 빼앗아서 한이요, 남을 못 이겨서 걱정이요, 남에게 해를 못 입혀서 근심이지마는, 오는 세상에는 남에게 주지 못하여 한이요, 남에게 지지 못하여 걱정이요, 남을 위해 주지 못하여 근심이 되리라. 또 지금은 대개 개인의 이익을 못 채워서 한이요, 뛰어난 권리와 입신양명을 못 하여서 걱정이지마는, 오는 세상에는 공중사(公衆事)를 못 하여서 한이요, 입신양명할 기회와 권리가 돌아와서 수양할 여가를 얻지 못할까 걱정일 것이며, 또 지금은 대개 사람이

대종경 필사본

리는 監獄이 있고 個人 家庭 社會 國家가 局限을 定하여 울과 담을 쌓아서 서로 防禦에 專力하지마는 오는 世上의 사람은 죄짓기를 싫어할 것이며 罪 다스리는 監獄을 둘 必要가 없을 것이며 個人 家庭 社會 國家가 局限을 터서 서로 融通하리라. 또 只今은 物質文明이 世界를 支配하고 있지마는 오는 世上에는 위없는 道德이 굉장히 發展되어 人類의 精神을 文明시키고 物質文明을 支配할 것이며 物質文明은 道德發展의 補助物이 될 것이니 멀지 않은 將來에 山에는 도둑이 없고 길에서는 흘린 것을 줏지* 않는 참 文明世界를 보게 되리라.

* '줍지'의 誤字.

23 또 가라사대 只今 世上의 程度는 어두운 밤이 돌아가고 東方의 밝은 해가 바야흐로 솟으려 하는 때이니 西洋이 먼저 文明함은 東方에 해가 오를 때에 그 光明이 西天에 먼저 비침과 같은 것이며 太陽이 中天에 이르면 그 光明이 十方世界에 고루 비치나니 그때야말로 큰 道德 참 文明世界이니라.

대종경

죄짓기를 좋아하며, 죄 다스리는 감옥이 있고, 개인·가정·사회·국가가 국한을 정하여 울과 담을 쌓아서 서로 방어에 전력하지마는, 오는 세상에는 죄짓기를 싫어할 것이며, 개인·가정·사회·국가가 국한을 터서 서로 융통하리라. 또 지금은 물질문명이 세계를 지배하고 있지마는, 오는 세상에는 위없는 도덕이 굉장히 발전되어 인류의 정신을 문명시키고 물질문명을 지배할 것이며 물질문명은 도덕 발전의 도움이 될 것이니, 멀지 않은 장래에, 산에는 도둑이 없고 길에서는 흘린 것을 줍지 않는 참 문명 세계를 보게 되리라.」

21 대종사, 또 말씀하시기를 「지금 세상의 정도는 어두운 밤이 지나가고, 바야흐로 동방에 밝은 해가 솟으려 하는 때이니, 서양이 먼저 문명함은 동방에 해가 오를 때 그 광명이 서쪽 하늘에 먼저 비침과 같은 것이며, 태양이 중천에 이르면 그 광명이 시방세계에 고루 비치게 되나니 그때야말로 큰 도덕 세계요 참 문명 세계니라.」

대종경 필사본

24 大宗師- 가라사대 過去 世上은 어리고 어두운 世上이라 强하고 智慧로운 사람이 弱하고 어리석은 사람들을 無理로 搾取하여 먹고 살기도 하였으나 돌아오는 世上은 슬겁고 밝은 世上이라 비록 어떠한 階級에 있을찌라도 公正한 法이 아니면 空然히 남의 것을 取하여 먹지 못하리니 그러므로 惡하고 거짓된 사람의 生活은 漸漸 빈궁하여지고 바르고 참된 사람의 生活은 自然히 풍부하여지게 되리라.

25 大宗師- 가라사대 只今 朝鮮으로 말하면 그동안 저 文明한 여러 나라에서 科學의 文明이 들어옴으로부터 自然히 生活制度도 많이 改良되었고 頑固하던 知見도 많이 열리었으나 아직도 未開하고 未備한 點은 앞으로 더욱 進步되어 物質方面으로도 놀랄만한 發展을 보게 되려니와 精神的 方面으로는 將次 世界 여러 나라 中에 第一가는 文明의 나라가 되리라. 只今 조선은 漸進的으로 魚變成龍이 되어가나니 그 文明相은 대략 이러하리라.

대종경

22 대종사 말씀하시기를 「과거 세상은 어리고 어두운 세상이라, 강하고 지식 있는 사람이 약하고 어리석은 사람들을 무리하게 착취하여 먹고 살기도 하였으나, 돌아오는 세상은 슬겁고 밝은 세상이라, 비록 어떠한 계급에 있을지라도 공정한 법으로 하지 아니하고 공연히 남의 것을 취하여 먹지 못하리니, 그러므로 악하고 거짓된 사람의 생활은 점점 곤궁하여지고, 바르고 참된 사람의 생활은 자연 풍부하여지게 되리라.」

23 대종사 말씀하시기를 「조선은 개명(開明)이 되면서부터 생활 제도가 많이 개량되었고, 완고하던 지견도 많이 열리었으나, 아직도 미비한 점은 앞으로 더욱 발전을 보게 되려니와, 정신적 방면으로는 장차 세계 여러 나라 가운데 제일가는 지도국이 될 것이니, 지금 이 나라는 점진적으로 어변성룡(魚變成龍)이 되어가고 있나니라.」

대종경 필사본

26 大宗師- 이어 가라사대 높은 山 좋은 봉우리에는 各種의 樹木과 花草를 심고 或은 연못을 파서 養魚도 하며 사이 사이에 奇巖怪石이나 古木 等을 느려놓아 훌륭한 公園을 만들고 그 밑에 굴을 파서 집을 지은 後 낮에는 太陽光線을 드려대고 밤이면 電燈을 쓰며 그 外에도 무엇이나 군색한 것이 없이 華麗한 生活을 하다가 밖에 나와서 집 위를 쳐다보면 울창한 樹林이요, 올라가 보면 奇花瑤草가 滿發한 가운데 各種의 새와 벌레들이 노래하고 춤추는 模樣을 보게 될 것이니 이 나라에도 저 金剛山이나 智異山 같은 名山과 九岫山 같은 데에는 큰 勢力家라야 거기에 住宅을 짓고 살게 될 것이며 或은 造山이라도 하여서 住宅을 지을 것이요, 建築하는 데에도 只今과 같이 人工的 彫刻을 좋아하지 아니하고 天然石을 실어다가 집을 짓는 等 一般이 다 自然의 아름다움을 取하게 되리라.

27 또 가라사대 財團*이 넉넉한 宗敎 團體에서는 큰 山 우에 飛行場을 設備하

대종경

24 대종사, 이어서 말씀하시기를 「돌아오는 세상 사람들은 높은 산 좋은 봉우리에 여러 가지 나무와 화초를 심고, 혹은 연못을 파서 양어도 하며, 사이 사이에 기암괴석이나 고목 등을 늘어놓아 훌륭한 공원을 만들고, 그 밑에 굴을 파서 집을 지은 후, 낮에는 태양 광선을 들여 쓰고 밤이면 전등을 켜며, 그 밖에도 무엇이나 군색한 것이 없이 화려한 생활을 하다가, 밖에 나와서 집 위를 쳐다보면 울창한 나무숲이요, 올라가 보면 기화요초가 만발한 가운데 각종의 새와 벌레들이 노래하고 춤추는 모양을 보게 될 것이니, 이 나라에도 저 금강산이나 지리산 같은 명산과 구수산(九岫山) 같은 데에는 큰 세력이 있어야 거기에 주택을 짓고 살게 될 것이며, 혹은 조산(造山)이라도 하여서 주택을 지을 것이요, 건축을 하는 데에도 지금과 같이 인공적 조각을 좋아하지 아니하고 천연석을 실어다가 집을 짓는 등 일반이 다 자연의 아름다움을 사랑하며 취(取)하게 되리라.」

25 대종사, 또 말씀하시기를 「재산이 넉넉한 종교 단체에서는 큰 산 위에 비

| 대종경 필사본 | 대종경 |

고 公園을 만들며 華麗하고 雄壯한 影幀閣을 지어서 公道者들의 影幀과 歷史를 奉安하면 四方에서 觀覽人이 많이 와서 어떠한 貴人이라도 머리를 굽혀 禮拜하고 參見하게 될 것이며 有名한 法師들은 各處의 景致 좋은 修道院에서 靜養하고 있다가 間或 世間 敎堂으로 說法을 나가면 大衆이 歡迎을 나와 萬歲 부르는 소리가 山岳을 진동할 것이요, 모든 사람들이 그 一行을 護衛하고 들어가 供養을 올리고 法說을 請하면 法師는 人生生活에 必要한 人道上 要法이나 因果報應에 對한 法이나 或은 玄妙한 性理 等을 說하여 줄 것이며 說法을 마치면 聽法者들은 그 答禮로써 많은 幣帛을 바칠 것이요 法師는 그 幣帛을 그 敎堂에 내어주고 또 다른 敎堂으로 가서 그와 같은 優待와 擁護를 받게 되리라.

* 현행 『대종경』에는 '財産'으로 표기.

행장을 설비하고 공원을 만들며, 화려하고 웅장한 영정각(影幀閣)을 지어서 공도자들의 영정과 역사를 봉안하면 사방에서 관람인이 많이 와서 어떠한 귀인이라도 예배하고 보게 될 것이며, 유명한 법사들은 각처의 경치 좋은 수도원에서 수양하고 있다가, 때를 따라 세간 교당으로 설법을 나가면 대중의 환영하는 만세 소리가 산악을 진동할 것이요, 모든 사람이 법사 일행을 호위하고 들어가 공양을 올리고 법설을 청하면 법사는 세간 생활에 필요한 인도상 요법이나 인과보응에 관한 법이나 혹은 현묘한 성리 등을 설하여 줄 것이며, 설법을 마치면 대중은 그 답례로 많은 폐백을 바칠 것이요, 법사는 그것을 그 교당에 내주고 또 다른 교당으로 가서 그와 같은 우대를 받게 되리라.」

28 또 가라사대 面面村村에 學校가 있을 것은 勿論이요 洞里洞里에 敎堂과 公會堂을 세워놓고 모든 사람들이 定例로 法會를 뵈게 될 것이며 冠婚喪祭 等 모든 儀式이나 法師의 隨時法會나 무슨

26 대종사, 또 말씀하시기를 「면면촌촌에 학교가 있을 것은 물론이요, 동리동리에 교당과 공회당을 세워 놓고 모든 사람이 정례로 법회를 보게 될 것이며, 관·혼·상·제 등 모든 의식이나 법사의

대종경 필사본

會議가 있으면 거기에 모여 모든 일을 便利하게 進行할 것이며 지금의 各 宗敎는 그 信者들에게 充分한 訓練을 시키지 못하는 關係로 一般的으로 宗敎人이라 하여 特別한 信用을 받지 못하지마는 오는 世上에는 모든 宗敎의 敎化事業이 充分히 發達되므로 各 敎會의 信者들이 各各 相當한 訓練을 받아 自然히 訓練 없는 普通 사람과는 判異한 人格을 가지게 될 것이요 따라서 官公廳이나 社會 方面에서 人材를 選拔하는 데에도 반드시 宗敎信者를 많이 찾게 되리라.

29 또 가라사대 只今도 큰 都市에는 職業 紹介하는 곳이 있거니와 돌아오는 世上에는 相當한 職業紹介所가 到處에 생겨나서 職業 求하는 사람들에게 많은 便利를 주게 될 것이요, 또는 婚姻紹介所가 있어서 求婚하는 사람들이 이 機關을 많이 利用하게 될 것이며 또는 託兒所도 處處에 생겨나서 幼兒를 가진 婦女들이 安心하고 職場에 나갈 수 있을 것이요, 無依無托한 노인들은 國家나 團體나 慈善事業家들이 養老院을 짓고 侍奉

대종경

수시 법회나 무슨 회의가 있으면 거기에 모여 모든 일을 편리하게 진행할 것이며, 지금의 모든 종교는 그 신자들에게 충분한 훈련을 시키지 못하는 관계로 일반적으로 종교인이라 하여 특별한 신용을 받지 못하지마는 그때는 모든 종교의 교화 사업이 충분히 발달하므로 각 교회의 신자들이 각각 상당한 훈련을 받아 자연히 훈련 없는 보통 사람과는 판이한 인격을 가지게 될 것이요, 따라서 관공청이나 사회 방면에서 인재를 선발하는 데에도 반드시 종교 신자를 많이 찾게 되리라.」

27 대종사, 또 말씀하시기를 「지금도 큰 도시에는 직업 소개하는 곳이 있거니와 돌아오는 세상에는 상당한 직업소개소가 도처에 생겨나서 직업 구하는 사람들에게 많은 편리를 주게 될 것이요, 또는 혼인 소개소가 있어서 구혼하는 사람들이 이 기관을 많이 이용하게 될 것이며, 또는 탁아소도 곳곳에 생겨나서 어린아이를 가진 부녀들이 안심하고 직장에 나갈 수 있을 것이요, 의탁할 데 없는 노인들은 국가나 단체나 자선 사업가들

대종경 필사본

을 하게 되므로 別 걱정 없이 便安한 生活을 하게 될 것이며 只今은 窮僻한 村에서 生活을 하기로 하면 여러 가지로 不便이 많으나 앞으로는 어떠한 궁촌에도 各種 施設이 생겨나서 無限한 便利를 줄 것이요 또는 簡易食堂 같은 것도 생겨나서 各自의 家庭에서 一一히 밥을 짓지 아니하고도 各自의 生活程度에 따라 便宜한 食事를 하게 될 것이며 또는 裁縫所나 洗濯所도 많이 생겨서 複雜한 生活을 하는 사람들도 衣服을 해 입거나 세탁을 하여 입는 데에 困難이 없게 되리라.

30 또 가라사대 在來에는 自己의 財産은 多少를 勿論하고 그 生子 生孫에게만 傳授하는 것으로써 法例를 삼았고 萬一 生子가 없다면 養子라도 하여서 반드시 個人에게 그 財産을 相續하였으며 따라서 그 子孫들은 自己 父母의 遺産은 반드시 自己가 차지할 것으로 알았으나 돌아오는 世上에는 自己 子孫에게는 相當 敎育이나 시켜주고 治産의 基本金이나 若干 대어줄 것이요 남은 財産은 一般社會를 爲하여 敎化 敎育 慈善 等 事

대종경

이 양로원을 짓고 시봉을 하게 되므로 별걱정 없이 편안한 생활을 하게 될 것이며, 지금은 궁벽한 촌에서 생활을 하기로 하면 여러 가지로 불편이 크나 앞으로는 어떠한 궁촌에도 각종 시설이 생겨나서 무한한 편리를 줄 것이요, 또는 간이식당 같은 것도 생겨나서 각자의 가정에서 일일이 밥을 짓지 아니하여도 각자의 생활 정도에 따라 편의한 식사를 하게 될 것이며, 또는 재봉소나 세탁소도 많이 생겨서, 복잡한 생활을 하는 사람들도 의복을 지어 입거나 세탁을 하는 데에 곤란이 없게 되리라.」

28 대종사 말씀하시기를 「과거에는, 자기의 재산은 다소를 막론하고 자기가 낳은 자손에게만 전해 주는 것으로 법례(法例)를 삼았고, 만일 낳은 자손이 없다면 양자라도 하여서 반드시 개인에게 그 재산을 상속하게 하였으며, 따라서 그 자손들은 자기 부모의 유산은 반드시 자기가 차지할 것으로 알았으나 돌아오는 세상에는 자기 자손에게는 적당한 교육이나 시켜 주고 치산의 기본금이나 약간 대어줄 것이요, 남은 재산은 일반 사회

대종경 필사본

業에 쓰는 사람이 많을 것이며 只今 사람들은 大槪 남을 害롭게 하는 것으로써 自己의 利益을 삼지마는 돌아오는 世上 사람들은 남을 利益 주는 것으로써 自己의 利益을 삼을 것이니 人智가 發達됨을 따라 남을 害한즉 나에게 그만한 害가 돌아오고 남을 利롭게 한즉 나에게 그만한 利益이 돌아오는 것을 實地로 經驗하게 되는 까닭이니라.

31 大宗師- 매양 說法하실 때에는 威德이 三千大千世界를 鎭壓하고 一切 六途四生이 한 자리에 즐기는 感銘을 주시는지라 이럴 때에는 朴四時華 文正奎 金南天 等이 白髮을 휘날리며 춤을 추고 田參三 崔道華 盧德誦玉 等은 일어나 無數히 禮拜를 올려 場內의 空氣를 振作하며 無上의 法興을 돋아주니 마치 十方世界가 다 우쭐거리는 것 같거늘 大宗師- 聖顔에 喜色을 띄우시며 가라사대 大法會上이 열리려 하면 陰府에서 佛菩薩들이 미리 會議를 열고 各各 責任을 가지고 나오는 法이니 저 사람들은 춤추고 절하는 責任을 가지고 나온 菩薩들이

대종경

를 위하여 교화·교육·자선 등 사업에 쓰는 사람이 많을 것이며, 지금 사람들은 대개 남을 해롭게 하는 것으로써 자기의 이익을 삼지마는 돌아오는 세상 사람들은 남을 이익 주는 것으로써 자기의 이익을 삼을 것이니, 인지가 발달함에 따라 남을 해한즉 나에게 그만한 해가 돌아오고 남을 이롭게 한즉 나에게 그만한 이익이 돌아오는 것을 실지로 경험하게 되는 까닭이니라.」

29 대종사, 설법하실 때는 위덕(威德)이 삼천대천세계를 진압하고 일체 육도 사생이 한자리에 즐기는 감명을 주시는지라, 이럴 때는 박사시화·문정규·김남천 등이 백발을 휘날리며 춤을 추고, 전삼삼(田參參)·최도화·노덕송옥 등은 일어나 무수히 예배를 올려 장내의 공기를 진작하며, 무상의 법흥을 돋아 주니, 마치 시방세계가 다 우쭐거리는 것 같거늘, 대종사 성안(聖顔)에 미소를 띠시며 말씀하시기를 「큰 회상이 열리려 하면 음부(陰府)에서 불보살들이 미리 회의를 열고 각각 책임을 가지고 나오는 법이니, 저 사람들은 춤추고 절하는 책임을

대종경 필사본

아닌가. 只今은 우리 몇몇 사람들만이 즐기나 將次에는 十方三界 六途四生이 고루 이 和氣를 얻게 되리라.

32 한 弟子 여짜오되 우리 會上이 大運을 받아 建設된 會上인 것은 짐작되오나 敎運의 將來가 얼마나 벋어 나가올지 알고 싶나이다. 大宗師— 가라사대 이 會上은 지나간 會上들과 달라서 자주 있는 會上이 아니요 原始反本하는 時代를 따라서 나는 會上이라 그 運이 限量없나니라.

대종경

가지고 나온 보살들이 아닌가. 지금은 우리 몇몇 사람만이 이렇게 즐기나 장차에는 시방삼계 육도사생이 고루 함께 즐기게 되리라.」

30 한 제자 여쭙기를 「우리 회상이 대운(大運)을 받아 건설된 회상인 것은 짐작되오나 교운(敎運)이 몇만 년이나 뻗어 나가올지 알고 싶나이다.」 대종사 말씀하시기를 「이 회상은 지나간 회상들과 달라서 자주 있는 회상이 아니요, 원시반본(原始反本)하는 시대에 따라서 나는 회상이라 그 운이 한량없나니라.」

咐囑品

대종경 필사본

1 大宗師- 여러 弟子에게 일러 가라사대 내가 그대들을 對할 때에 더할 수 없는 人情이 건네는 것은 數많은 사람 中에 오직 그대들이 남 먼저 特別한 因緣을 찾고 特別한 願을 發하여 이 法을 求하러 온 것이요 가치*지내는 中에 或 노여운 마음이 나는 것은 그대들 中에 法을 求하는 데에는 精誠이 적어지고 다른 邪心을 이러내며 나의 指導에 잘 順應하지 못하는 것이라, 萬一 그와 같이 本意를 잊어버리며 나의 뜻을 몰라주다가 내가 모든 因緣을 破脫하고 雲遊仙子의 修養길을 떠나버리면 그 어찌하려는가. 그때에는 아무리 나를 만나고저 하나 그리 쉽지 못하리라. 그런즉 그대들이여! 다시 精神을 차리어 나로 하여금 그러한 생각이 나지 않도록 하라. 解脫한 心境은 凡常한 생각으로 測量치 못할 바가 있나니 무슨 일이나 그 일을 지어갈 때에는 千萬年이라도 그곳을 옮기지 못할 것 같으나 한번 마음을 놓기로 하면 一時에 虛空과 같이 痕迹이 없나니라.

* '같이'의 誤字.

대종경

1 대종사, 여러 제자에게 말씀하시기를 「내가 그대들을 대할 때 더할 수 없는 인정이 건네는 것은 수많은 사람 가운데 오직 그대들이 남 먼저 특별한 인연을 찾고 특별한 원을 발하여 이 법을 구하러 온 것이요, 같이 지내는 가운데 혹 섭섭한 마음이 나는 것은 그대들 가운데 수도에는 정성이 적어지고 다른 사심을 일으키며 나의 지도에 잘 순응하지 않는 사람이 생기는 것이라, 만일 그와 같이 본의를 잊어버리며 나의 뜻을 몰라주다가 내가 모든 인연을 뿌리치고 먼 수양길을 떠나버리면 그 어찌하려는가. 그때는 아무리 나를 만나고자 하나 그리 쉽지 못하리라. 그런즉, 그대들은 다시 정신을 차리어 나로 하여금 그러한 생각이 나지 않도록 하라. 해탈한 사람의 심경은 범상한 생각으로 측량하지 못할 바가 있나니, 무슨 일이나 그 일을 지어 갈 때는 천만년이라도 그곳을 옮기지 못할 것 같으나 한번 마음을 놓기로 하면 일시에 허공과 같이 흔적이 없나니라.」

대종경 필사본

2 圓紀二十六年 一月에 大宗師- 大衆에게 偈頌을 나려 가라사대 「有는 無로 無는 有로 돌고 돌아 至極하면 有와 無가 俱空이나 俱空 亦是 具足이라.」하시고 옛 道人들은 大槪 臨終 當時에 바쁘게 傳法偈頌을 傳하였으나 나는 미리 그대들에게 이를 傳하여 주며 또는 몇 사람에게만 秘密히 傳하였으나 나는 이와 같이 여러 사람에게 고루 傳하여 주노라. 그러나 法을 오롯이 받고 못 받는 것은 그대들 各自의 工夫에 있나니 각기 工夫에 精進하여 後日의 遺憾이 없게 하라.

3 大宗師- 涅槃을 一年 앞두시고 그동안 進行되어 오던 正典의 編輯을 자주 재촉하시며 勘定의 붓을 들으시매 時間이 밤중에 미치는 때가 잦으시더니 드디어 成編되매 바로 印刷에 부치게 하시고 弟子들에게 일러 가라사대 때가 急하여 이제 萬全을 다하지는 못하였으나 나의 一生 抱負와 經綸이 그 大要는 이 한 卷에 거의 表現되어 있나니 삼가히 받들어 가져서 말로 배우고 몸으로 實行하고 마음으로 證得하여 이 法이 後世萬代에 기리 傳하게 하라. 앞으로 世界 사람들이

대종경

2 원기 26년(1941) 1월에 대종사 게송(偈頌)을 내리시고 말씀하시기를 「옛 도인들은 대개 임종 당시에 바쁘게 전법 게송을 전하였으나 나는 미리 그대들에게 이를 전하여 주며, 또는 몇 사람에게만 비밀히 전하였으나 나는 이와 같이 여러 사람에게 고루 전하여 주노라. 그러나, 법을 오롯이 받고 못 받는 것은 그대들 각자의 공부에 있나니 각기 정진하여 후일에 유감이 없게 하라.」

3 대종사 열반을 1년 앞두시고 그동안 진행되어 오던 『정전(正典)』의 편찬을 자주 재촉하시며 감정(鑑定)의 붓을 들으시매 시간이 밤중에 미치는 때가 잦으시더니, 드디어 성편되매 바로 인쇄에 부치게 하시고, 제자들에게 말씀하시기를 「때가 급하여 이제 만전을 다하지는 못하였으나, 나의 일생 포부와 경륜이 그 대요는 이 한 권에 거의 표현되어 있나니, 삼가 받아 가져서 말로 배우고, 몸으로 실행하고, 마음으로 증득하여, 이 법이 후세 만대에 길이 전하게 하라. 앞

대종경 필사본

이 法을 알아보고 크게 感激할 사람이 數가 없으리라.

4 大宗師- 涅槃을 몇 달 앞두시고 자주 大衆과 個人에게 咐囑하여 가라사대 내가 이제는 깊은 곳으로 修養을 가려 하노니 萬一 내가 없더라도 退屈心이 나지 않겠는가 스스로 反省하여 마음을 추어 잡으라. 只今은 正히 審判期라 믿음이 엷은 사람은 시들 것이요 믿음이 굳은 사람은 좋은 結實을 보리라. 나의 法은 信誠있고 公心있는 사람이면 누구를 勿論하고 다 받아가도록 이미 다 傳하였노니 法을 받지 못하였다고 後日에 恨歎하지 말고 하루速히 이 正法을 마음대로 가져다가 그대들의 피가 되고 살이 되게 하라.

5 大宗師- 하루는 宋奎에게 일러 가라사대 너는 나를 만난 後로 오늘에 이르기까지 모든 일을 오직 내가 시키는 대로 할 따름이요, 따로 네 意見을 세우는 일이 없었으니 이는 나를 信奉함이

대종경

으로 세계 사람들이 이 법을 알아보고 크게 감격하고 봉대할 사람이 수가 없으리라.」

4 대종사, 열반을 몇 달 앞두시고 자주 대중과 개인에게 부촉하시기를 「내가 이제는 깊은 곳으로 수양을 가려 하노니, 만일 내가 없더라도 퇴굴심이 나지 않겠는가 스스로 반성하여 마음을 추어 잡으라. 지금은 정히 심판기라 믿음이 엷은 사람은 시들 것이요, 믿음이 굳은 사람은 좋은 결실을 보리라. 나의 법은 신성 있고 공심 있는 사람이면 누구나 다 받아 가도록 전하였나니, 법을 받지 못하였다고 후일에 한탄하지 말고, 하루속히 이 정법을 마음대로 가져다가 그대들의 피가 되고 살이 되게 하라.」

5 대종사, 하루는 송규에게 말씀하시기를 「그대는 나를 만난 후로 오늘에 이르기까지 모든 일을 오직 내가 시키는 대로 할 따름이요 따로 그대의 의견을 세우는 일이 없었으니, 이는 다 나를

대종경 필사본

至極한 緣故인 줄로 알거니와 내가 萬一 卒地*에 오래 너희를 떠나게 되면 그때에는 어찌 하려느냐. 앞으로는 모든 일에 意見을 세워도 보며 自力으로 大衆을 거나려도 보라 하시고 또 가라사대 近者에는 官邊의 指目이 次次 甚하여 가니 내가 여기에 오래 머물기 어렵겠노라. 앞으로 크게 괴롭히는 무리가 더러 있어서 너희들이 그 목을 넘기기가 힘들 것이나 큰일은 없으리니 安心하라 하시니라.

* '猝地'의 誤字.

6 大宗師- 가라사대 그대들이 나를 따라 처음 發心한 그대로 꾸준히 前進하여 간다면 成佛 못할 사람이 거의 없으리라. 그러나 下根에서 中根이 되는 途中에나 本來 中根으로서 그 고개를 넘지 못한 境遇에 모든 病症이 發動하여 大概 上根에 오르지 못하고 말게 되나니 그대들은 이 무서운 中根의 고개를 잘 넘어서도록 恪別한 힘을 써야 하리라. 中根의 病은 첫째는 工夫에 倦怠症이 생기는 것이니 이 症勢는 一切이 괴롭기만 하고 지루한 생각이 나서 어떤 때에는 그 생각과 말이 世俗人보다 오히려 못할 때가

대종경

신봉함이 지극한 연고인 줄로 알거니와, 내가 만일 졸지에 오래 그대들을 떠나게 되면 그때는 어찌하려는가. 앞으로는 모든 일에 의견을 세워도 보며 자력으로 대중을 거느려도 보라.」하시고 또 말씀하시기를 「요사이에는 관변의 지목이 차차 심하여 가니 내가 여기에 오래 머무르기 어렵겠노라. 앞으로 크게 괴롭히는 무리가 더러 있어서 그대들이 그 목을 넘기기가 힘들 것이나 큰일은 없으리니 안심하라.」

6 대종사 말씀하시기를 「그대들이 나를 따라 처음 발심한 그대로 꾸준히 전진하여 간다면 성공 못 할 사람이 없으리라. 그러나, 하근(下根)에서 중근(中根)되는 때나, 본래 중근으로 그 고개를 넘지 못한 경우에 모든 병증(病症)이 발동하여 대개 상근에 오르지 못하고 말게 되나니, 그대들은 이 무서운 중근의 고개를 잘 넘어서도록 각별한 힘을 써야 하리라. 중근의 병은, 첫째는 공부에 권태증이 생기는 것이니, 이 증세는 일체가 괴롭기만 하고 지루한 생각이 나서 어떤 때는 그 생각과 말이 세속 사람보

대종경 필사본

있는 것이요, 둘째는 確實히 깨치지는 못하였으나 純수히 모르지도 아니하여 때때로 말을 하거나 글을 쓰면 衆人이 感嘆하여 歡迎하므로 제 위에는 사람이 없는 것 같이 생각되어 제가 저를 믿고 제 허물을 容恕하며 웃 스승을 함부로 批判하며 法과 眞理에 狐疑를 가져서 自己 뜻에 고집하는 것이니 이 症勢는 자칫하면 前功이 虛事로 돌아가 結局 永劫 大事를 크게 어긋나게 하기 쉬우므로 過去 佛祖들도 이 狐疑不信症을 가장 두렵게 境界하셨나니라. 그런데 只今 그대들 中에 이 病에 걸린 사람이 적지 않으니 제 스스로 反省하여 그 자리를 벗어나면 좋으려니와 萬一 그러지 못한다면 이는 將次 제 自身을 그르치는 同時에 敎中에도 큰 禍根이 될 것이니 크게 慎發*하여 이 地境을 넘는 工夫에 全力을 다할찌어다. 이 中根을 쉽게 벗어나는 方法은 法 있는 스승에게 마음을 가림 없이 바치는 同時에 옛 誓願을 자주 反照하고 中根의 末路가 危殆함을 자주 反省하면 되나니 그대들이 이 地境만 벗어나고 보면 佛地에 다름질하는 것이 飛行機 탄 格은 되리라.

* '奮發'의 誤字.

대종경

다 오히려 못할 때가 있는 것이요, 둘째는 확실히 깨치지는 못했으나 순전히 모르지도 아니하여 때때로 말을 하거나 글을 쓰면 여러 사람이 감탄하여 환영하므로 제 위에는 사람이 없는 것 같이 생각되어 제가 저를 믿고 제 허물을 용서하며 윗 스승을 함부로 비판하며 법과 진리에 호의(狐疑)를 가져서 자기 뜻에 고집하는 것이니, 이 증세는 자칫하면 그 동안의 적공이 허사로 돌아가 결국 영겁 대사를 크게 그르치기 쉬우므로, 과거 불조들도 이 호의 불신증을 가장 두렵게 경계하셨나니라. 그런데, 지금 그대들 중에 이 병에 걸린 사람이 적지 않으니 제 스스로 반성하여 그 자리를 벗어나면 좋으려니와, 만일 그러지 못한다면 이는 장차 제 자신을 그르치는 동시에 교단에도 큰 화근이 될 것이니, 크게 분발하여 이 지경을 넘는 공부에 전력을 다할지어다. 이 중근을 쉽게 벗어나는 방법은 법 있는 스승에게 마음을 가림 없이 바치는 동시에 옛 서원을 자주 반조하고 중근의 말로가 위태함을 자주 반성하는 것이니, 그대들이 이 지경만 벗어나고 보면 불지(佛地)에 달음질하는 것이 비행기 탄 격은 되리라.」

| 대종경 필사본 | 대종경 |

7 圓紀二十八年 癸未 一月에 大宗師- 新定 敎理圖를 發表하시며 가라사대 나의 敎法의 眞髓가 모두 여기에 들어 있건마는 나의 참 뜻을 아는 사람이 몇이나 될고. 只今 大衆 中에 이 뜻을 穩숙히 받아갈 사람이 그리 많지 못한 듯하니 그 原因은 첫째는 그 精神이 財色 方面으로 흐르고 둘째는 名譽와 虛飾 方面으로 흘러서 一心集中이 못되는 緣故라 그대들이 그럴찐대 차라리 이것을 놓고 저것을 求하든지 저것을 놓고 이것을 求하든지 하여 左右間 큰 決定을 세워서 외길로 나아가야 成功이 있으리라 하시니라.

8 大宗師 禪院 大衆에게 물어 가라사대 너른 世上을 通하여 過去로부터 現在까지 어떠한 분이 어떠한 工夫로 第一 큰 재주를 얻어 苦海衆生의 救濟船이 되었으며 또한 그대들은 어떠한 재주를 얻기 爲하여 이곳에 와서 工夫를 하게 되었는가 하시니 數三 弟子의 答辯이 있은 後 宋道性이 告하여 가로되 이 世上에 第一 큰 재주를 얻어 모든 衆生의 救濟船이 되어주신 분은 三世의 모든 부처님

7 원기 28년(1943) 계미(癸未) 1월에 대종사 새로 정한 교리도(敎理圖)를 발표하시며 말씀하시기를 「내 교법의 진수가 모두 여기에 들어 있건마는 나의 참뜻을 아는 사람이 몇이나 될꼬. 지금 대중 가운데 이 뜻을 온전히 받아 갈 사람이 그리 많지 못한 듯하니 그 원인은, 첫째는 그 정신이 재와 색으로 흐르고, 둘째는 명예와 허식으로 흘러서 일심 집중이 못 되는 연고라, 그대들이 그럴진대 차라리 이것을 놓고 저것을 구하든지, 저것을 놓고 이것을 구하든지 하여, 좌우간 큰 결정을 세워서 외길로 나아가야 성공이 있으리라.」

8 대종사, 선원 대중에게 물으시기를 「너른 세상을 통하여 과거로부터 현재까지 어떠한 분이 어떠한 공부로 제일 큰 재주를 얻어 고해 중생의 구제선이 되었으며 또한 그대들은 어떠한 재주를 얻기 위하여 이곳에 와서 공부를 하게 되었는가?」 하시니, 몇몇 제자의 답변이 있은 후, 송 도성이 사뢰기를 「이 세상에 제일 큰 재주를 얻어 모든 중생의 구제선이 되어 주신 분은 삼세의 모든 부처

대종경 필사본

이시요, 저희들이 至極히 하고 싶은 工夫도 또한 그 부처님의 재주를 얻기 爲한 工夫로서 現世는 勿論이요 未來 數千萬劫이 될찌라도 다른 邪道와 小小한 工夫에 마음을 흔들리지 아니하고 부처님의 知行을 얻어 老病死를 解決하고 苦海衆生을 濟度하는 데에 努力하겠나이다. 大宗師- 들으시고 가라사대 그런데 近來 工夫人 中에는 이 法門中에 찾아와서도 外學을 더 崇尙하는 사람이 있으며 外知를 求하기 爲하여 도리어 道門을 등지는 사람도 간혹 있나니 어찌 恨歎스럽지 아니하리오. 그런즉 그대들은 各其 그 本願을 더욱 굳게 하기 爲하여 이 工夫에 끝까지 精進할 誓約들을 다시 하라 하시니 禪院 大衆이 命을 받들어 誓約을 써 올리고 精進을 繼續하니라.

9   大宗師- 가라사대 내가 이 會上을 연지 二十八年間에 法을 너무 解釋的으로만 說하여 준 關係로 上根機는 念慮 없으나, 中·下根機는 쉽게 알고 九尾狐가 되어 참 道를 얻기 어렵게 된 듯하니 이것이 實로 걱정되는 바라 이 後부터는

대종경

님이시요, 저희가 지극히 하고 싶은 공부도 또한 그 부처님의 재주를 얻기 위한 공부로서 현세는 물론이요 미래 수천만 겁이 될지라도 다른 사도와 소소한 공부에 마음을 흔들리지 아니하고, 부처님의 지행을 얻어 노·병·사를 해결하고 고해 중생을 제도하는 데에 노력하겠나이다.」 대종사 말씀하시기를 「그런데 근래 공부인 가운데에는 이 법문에 찾아와서도 외학(外學)을 더 숭상하는 사람이 있으며, 외지(外知)를 구하기 위하여 도리어 도문을 등지는 사람도 간혹 있나니 어찌 한탄스럽지 아니하리오. 그런즉, 그대들은 각기 그 본원을 더욱 굳게 하기 위하여 이 공부에 끝까지 정진할 서약들을 다시 하라.」 이에 선원 대중이 명을 받들어 서약을 써 올리고 정진을 계속하니라.

9   대종사 말씀하시기를 「내가 이 회상을 연지 28년에 법을 너무 해석적으로만 설하여 준 관계로 상근기는 염려 없으나, 중·하 근기는 쉽게 알고 구미호(九尾狐)가 되어 참 도를 얻기 어렵게 된 듯하니 이것이 실로 걱정되는 바라, 이후

대종경 필사본

一般的으로 解釋에만 치우치지 말고 三學을 竝進하는 데에 努力하도록 하여야 하리라.

10 大宗師- 가라사대 내가 多生劫來로 많은 會上을 열어왔으나 이 會上이 가장 판이 크므로 創立 當初의 九人을 비롯하여 이 會上과 生命을 같이 할 血心人物이 앞으로도 數를 헤아릴 수 없이 많이 나리라.

11 大宗師- 가라사대 내가 오랫동안 그대들을 가르쳐 왔으나 內心에 遺憾되는 바 셋이 있으니 그 하나는 입으로는 玄妙한 眞理를 말하나 그 行實과 證得한 것이 眞境에 이른 사람이 貴하고 둘은 肉眼은 보나 靈眼을 얻어 보는 사람이 貴하며 셋은 化身佛은 보았으나 法身佛을 確實히 본 사람이 貴함이니라.

12 大宗師- 가라사대 道家*에 세 가지 어려운 일이 있으니, 하나는 一圓의

대종경

부터는 일반적으로 해석에만 치우치지 말고 삼학을 병진하는 데에 노력하도록 하여야 하리라.」

10 대종사 말씀하시기를 「내가 다생 겁래로 많은 회상을 열어 왔으나 이 회상이 가장 판이 크므로 창립 당초의 9인을 비롯하여 이 회상과 생명을 같이 할 만한 혈심 인물이 앞으로도 수를 헤아릴 수 없이 많이 나리라.」

11 대종사 말씀하시기를 「내가 오랫동안 그대들을 가르쳐 왔으나 마음에 유감되는바 셋이 있으니, 그 하나는 입으로는 현묘한 진리를 말하나 그 행실과 증득한 것이 진경에 이른 사람이 귀함이요, 둘은 육안으로는 보나 심안(心眼)으로 보는 사람이 귀함이며, 셋은 화신불은 보았으나 법신불을 확실히 본 사람이 귀함이니라.」

12 대종사 말씀하시기를 「도가에 세 가지 어려운 일이 있으니, 하나는 일원

대종경 필사본

絶對 자리를 알기가 어렵고 둘은 一圓의 眞理를 實行에 符合시켜서 動靜一圓의 修行을 하기가 어렵고 셋은 一圓의 眞理를 一般大衆에게 깨우쳐 알려주기가 어렵나니라. 그러나 修道人이 마음을 굳게 세우고 한 번 이루어 보기로 精誠을 다하면 아무리 어려운 일이라도 쉬운 일이 되어질 것이요, 아무리 쉬운 일이라도 안하려는 사람과 하다가 中斷하는 사람에게는 어려운 일이 되나니라.

* '佛家'가 아닌 '道家'라고 표현한 것에 착안하여 소태산 대종사의 불교관을 재조명해야 함.

13 大宗師- 가라사대 天地에 雨露의 德을 어리석은 사람은 알지 못하고 世上에 聖人의 德을 凡夫들은 알지 못하나니 그러므로 날이 가문 뒤에야 비의 고마움을 사람들이 다 같이 알게 되고 聖人이 떠난 뒤에야 그 法의 恩德을 世上이 고루 깨닫게 되나니라.

14 癸未 五月十六日 例會에 大宗師- 大衆에게 說法하여 가라사대 내가 方今 이 大覺殿으로 오는데 여러 아이들

대종경

의 절대 자리를 알기가 어렵고, 둘은 일원의 진리를 실행에 부합시켜서 동과 정이 한결같은 수행을 하기가 어렵고, 셋은 일원의 진리를 일반 대중에게 간명하게 깨우쳐 알려 주기가 어렵나니라. 그러나, 수도인이 마음을 굳게 세우고 한 번 이루어 보기로 정성을 다하면 아무리 어려운 일이라도 쉬운 일이 될 것이요, 아무리 쉬운 일이라도 안 하려는 사람과 하다가 중단하는 사람에게는 다 어려운 일이 되나니라.」

13 대종사 말씀하시기를 「천지에 우로(雨露)의 덕을 어리석은 사람은 알지 못하고 세상에 성인의 덕을 범부들은 알지 못하나니, 그러므로 날이 가문 뒤에야 비의 고마움을 사람들이 다 같이 알게 되고, 성인이 떠난 뒤에야 그 법의 은덕을 세상이 고루 깨닫게 되나니라.」

14 계미(1943) 5월 16일 예회에 대종사 대중에게 설법하시기를 「내가 방금 이 대각전으로 오는데, 여러 아이가 길가

대종경 필사본

이 松林에서 놀다가 나를 보더니 한 아이가 軍號를 하매 一齊히 일어서서 敬禮를 하는 것이 퍽 질서가 있어 보이더라. 이것이 곧 그 아이들이 次次 철이 생겨나는 證據라 사람이 아주 어린 때에는 가장 가까운 父母 兄弟의 內譯과 寸數도 잘 모르고 그에 對한 道理도 모르고 지내다가 次次 철이 나면서 그 內譯과 寸數며 道理를 알게 되는 것 같이 工夫人들이 迷한 때에는 佛菩薩되고 凡夫衆生되는 內譯이며 自己와 天地萬物의 關係며 各者 自身去來의 길도 모르고 지내다가 次次 工夫가 익어가면서 그 모든 內譯과 關係와 道理를 알게 되나니 그러므로 우리가 道를 알아가는 것이 마치 철 없던 아이가 차차 어른 되어가는 것과 같다 하리라. 이와 같이 아이가 커서 어른이 되고 凡夫가 깨쳐 부처가 되며 弟子가 배워 스승이 되는 것이니 그대들도 어서어서 참다운 實力을 얻어 그대들 後進의 스승이 되며 濟生醫世의 큰 事業에 各其 큰 先導者들이 되라. 陰符經에 이르되 生은 死의 根本이요, 死는 生의 根本이라 하였나니 生死라 하는 것은 마치 四時가 循環하는 것과도 같고 晝夜가 返復*되는 것과도 같아서 이것이 곧 宇宙

대종경

숲에서 놀다가 나를 보더니 한 아이가 군호를 하매 일제히 일어서서 경례를 하는 것이 퍽 질서가 있어 보이더라. 이것이 곧 그 아이들이 차차 철이 생겨나는 증거라, 사람이 아주 어릴 때는 가장 가까운 부모 형제의 내역과 촌수도 잘 모르고 그에 대한 도리는 더욱 모르고 지내다가 차차 철이 나면서 그 내역과 촌수와 도리를 알게 되는 것 같이 공부인들이 미한 때는 불보살 되고 범부 중생 되는 내역이나, 자기와 천지 만물의 관계나, 각자 자신 거래의 길도 모르고 지내다가 차차 공부가 익어 가면서 그 모든 내역과 관계와 도리를 알게 되나니, 그러므로 우리가 도를 알아 가는 것이 마치 철없는 아이가 차차 어른 되어가는 것과 같다 하리라. 이와 같이, 아이가 커서 어른이 되고 범부가 깨쳐 부처가 되며, 제자가 배워 스승이 되는 것이니, 그대들도 어서어서 참다운 실력을 얻어 그대들 후진의 스승이 되며, 제생 의세의 큰 사업에 각기 큰 선도자들이 되라. 음부경(陰符經)에 이르기를 "생(生)은 사(死)의 근본이요, 사는 생의 근본이라."하였나니, 생사라 하는 것은 마치 사시가 순환하는 것과도 같고, 주야가 반복되는 것과

대종경 필사본

萬物을 運行하는 法則이요, 天地를 循環케 하는 眞理라 佛菩薩들은 그 去來에 昧하지 아니하고 自由하시며, 凡夫衆生은 그 去來에 昧하고 不自由하는 것이 다를 뿐이요, 肉身의 生死는 佛菩薩이나 凡夫衆生이 다 같은 것이니 그대들은 또한 사람만 믿지 말고 그 法을 믿으며 各自 自身이 生死去來에 昧하지 아니하고 그에 自由할 實力을 얻기에 努力하라. 우리가 이와 같이 例會를 보는 것은 마치 장꾼이 장을 보러온 것과도 같나니 이왕 장을 보러왔으면 내 物件을 팔기도 하고 남의 物件을 所用대로 사기도 하여야 장에 온 보람이 있으리라. 그런즉 各自의 知見에 따라 有益될 말은 大衆에게 알려도 주고 疑心件은 提出하여 배워도 가며 남의 말을 들어다가 寶鑑도 삼아서 空往空來가 없도록 恪別히 注意하라. 生死가 일이 크고 無常은 迅速하니 可히 泛然하지 못할 바이니라.

＊ '反復'의 誤字.

15 大宗師- 가라사대 우리의 事業目標는 敎化와 敎育과 慈善의 세 가지이니

대종경

도 같아서, 이것이 곧 우주 만물을 운행하는 법칙이요 천지를 순환하게 하는 진리라, 불보살들은 그 거래에 매하지 아니하고 자유하시며, 범부 중생은 그 거래에 매하고 부자유한 것이 다를 뿐이요, 육신의 생사는 불보살이나 범부 중생이 다 같은 것이니, 그대들은 또한 사람만 믿지 말고 그 법을 믿으며, 각자 자신이 생사 거래에 매하지 아니하고 그에 자유로운 실력을 얻기에 노력하라. 우리가 이와 같이 예회를 보는 것은 마치 장꾼이 장을 보러 온 것과도 같나니, 이왕 장을 보러 왔으면 내 물건을 팔기도 하고 남의 물건을 소용대로 사기도 하여 생활에 도움을 얻어야 장에 온 보람이 있으리라. 그런즉, 각자의 지견에 따라 유익될 말은 대중에게 알려도 주고 의심나는 점은 제출하여 배워도 가며 남의 말을 들어다가 보감도 삼아서 공왕 공래(空往空來)가 없도록 각별히 주의하라. 생사가 일이 크고 무상이 신속하니 가히 범연하지 못할 바이니라.」

15 대종사 말씀하시기를 「우리의 사업 목표는 교화·교육·자선의 세 가지이니

| 대종경 필사본 | 대종경 |

앞으로 이를 늘 竝進하여야 우리의 事業 成果에 缺陷이 없으리라.

앞으로 이를 늘 병진하여야 우리의 사업에 결함이 없으리라.」

16 大宗師- 가라사대 나의 教法 中에서 一圓을 宗旨로 한 教理의 大綱領은 어느 時代 어느 國家를 勿論하고 다시 變更할 수 없으나 그 細目이나 制度는 그 時代와 그 國家에 適當하도록 或 變更할 수 있나니라.*

* 교리의 大綱領·細目·制度는 무엇을 의미하고, 현행 『대종경』 부촉품 16장에 「三學, 八條와 四恩 등은」으로 변경하면서 '四要'를 제외한 근거·편찬과정의 경위와 절차를 재조명해야 함.

16 대종사 말씀하시기를 「나의 교법 가운데 일원을 종지로 한 교리의 대강령인 삼학 팔조와 사은 등은 어느 시대 어느 국가를 막론하고 다시 변경할 수 없으나, 그 밖의 세목이나 제도는 그 시대와 그 국가에 적당하도록 혹 변경할 수도 있나니라.」

17 大宗師- 가라사대 過去에는 道家나 政府나 民間에서 各各 差別세우는 法을 主로 하여 衆人을 다스려 왔지마는 돌아오는 世上에는 어떠한 處地에서나 그 쓰던 法이 偏狹하면 一般大衆을 고루 和하게 하지 못할찌니 그러므로 우리 會上에서는 在家 出家와 男女老少를 勿論하고 大覺한 道人이 나면 다 如來位로 받들 것이요, 生日이나 涅槃記念이나 其他 모든 行事에도 어느 個人을 本位로 할

17 대종사 말씀하시기를 「과거에는 도가나 정부나 민간에서 각각 차별 세우는 법을 주로 하여 여러 사람을 다스려 왔지마는 돌아오는 세상에는 어떠한 처지에서나 그 쓰는 법이 편벽되면 일반 대중을 고루 화하게 하지 못할 것이니, 그러므로 우리 회상에서는 재가·출가와 남녀노소를 물론 하고 대각한 도인이 나면 다 여래위로 받들 것이요, 생일이나 열반 기념일이나 기타 모든 행사에도 어

대종경 필사본

것이 아니라, 이 會上을 創立한 敎徒이면 다 같이 한 날에 즐겨할 일은 즐겨하고 슬퍼할 일은 슬퍼하게 하여야 하리라.

18 大宗師- 가라사대 그대들이 나의 法을 붓으로 쓰고 입으로 말하여 後世에 傳하는 것도 重한 일이나 거기에 그치지 말고 몸으로 實行하고 마음으로 證得하여 萬古後世에 이 正法의 宗統*이 기리** 끊기지 않게 하는 것은 더욱 重한 일이니 그리하면 그 功德의 無量함이 紙墨과 算數로 可히 헤아리지 못하리라.

* '正法의 宗統'의 의미는 무엇이고, 현행 '法統'과 같은 표현인지 재조명해야 함.
** '길이'의 誤字.

19 大宗師- 가라사대 내가 法을 새로 내는 일이나 그대들이 그 法을 받아서 後來 大衆에게 傳하는 일이나 또 後來 大衆이 그 法을 반가히 받들어 實行하는 일이 三位가 오직 一體되는 일이라 그 功德도 또한 다름이 없나니라.

대종경

느 개인을 본위로 할 것이 아니라, 이 회상을 창립한 사람이면 다 같이 한 날에 즐겨할 일은 즐겨하고 슬퍼할 일은 슬퍼하게 하여야 하리라.」

18 대종사 말씀하시기를 「그대들이 나의 법을 붓으로 쓰고 입으로 말하여 후세에 전하는 것도 중한 일이나, 몸으로 실행하고 마음으로 증득하여 만고 후세에 이 법통이 길이 끊기지 않게 하는 것은 더욱 중한 일이니, 그러하면 그 공덕을 무엇으로 가히 헤아리지 못하리라.」

19 대종사 말씀하시기를 「스승이 법을 새로 내는 일이나, 제자들이 그 법을 받아서 후래 대중에게 전하는 일이나, 또 후래 대중이 그 법을 반가이 받들어 실행하는 일이 삼위일체(三位一體)되는 일이라, 그 공덕도 또한 다름이 없나니라.」

초고로 읽는 대종경
草 稿 　　　大 宗 經

원기107년(2022) 4월 20일 인쇄
원기107년(2022) 4월 28일 발행

쓰고 엮음　　고시용(원국)

펴낸이　　주영삼
펴낸곳　　원불교출판사
출판등록　　1980년 4월 25일(제1980-000001호)
주소　　54536 전라북도 익산시 익산대로 501
전화　　063)854-0784
팩스　　063)852-0784
홈페이지　　www.wonbook.co.kr
인쇄　　문덕인쇄

ISBN 978-89-8076-384-9(93200)
값 25,000원

* 잘못 만들어진 책은 구입처에서 교환해 드립니다.